国学知识大全

吕思勉 著

大全

中国言实出版社

图书在版编目（CIP）数据

国学知识大全 / 吕思勉著 . -- 北京：中国言实出版社，2020.1

ISBN 978-7-5171-3414-5

Ⅰ.①国… Ⅱ.①吕… Ⅲ.①国学 - 基本知识 Ⅳ.① Z126

中国版本图书馆 CIP 数据核字（2020）第 018001 号

出 版 人　王昕朋
责任编辑　王建玲
责任校对　张　丽

出版发行　**中国言实出版社**
　　　　　地　址：北京市朝阳区北苑路 180 号加利大厦 5 号楼 105 室
　　　　　邮　编：100101
　　　　　编辑部：北京市海淀区花园路 6 号院 B 座 6 层
　　　　　邮　编：100088
　　　　　电　话：64924853（总编室）　64924716（发行部）
　　　　　网　址：www.zgyscbs.cn
　　　　　E-mail：zgyscbs@263.net
经　　销　新华书店
印　　刷　三河市祥达印刷包装有限公司
版　　次　2020 年 7 月第 1 版　　2020 年 7 月第 1 次印刷
规　　格　710 毫米 ×1000 毫米　1/16　29.75 印张
字　　数　473 千字
定　　价　52.00 元　　ISBN 978-7-5171-3414-5

出版前言

吕思勉先生读书广博，治学严谨，毕生以国学为根基、以时代为沉淀，著有两部通史、五部断代史以及多部享誉史坛的专题史研究之作，是我国唯一一位在通史、断代史和专题史等诸多领域均有著作传世且具有深远影响力的现当代历史学家，与陈寅恪、钱穆、陈垣并称为"现代史学四大家"。

《国学知识大全》收录了《国学概论》《经子解题》《理学纲要》《中国文化史》《历史研究法》《史学与史籍》《中国史籍读法》等七部作品，系吕思勉先生于学术盛年期完成的、指导青年学子阅读国学的开示门径之作。该书论述严谨，观点权威，考证精详，虽时移世易，其价值却历久弥新，对当代国学爱好者与研究者仍有极强的指导意义和参考价值。

此次出版的过程中，我们参考了多个版本进行了校勘，正其讹误。具体工作标准规范大体如下。

其一，前人引书，时有省略更改，倘不失原意，则不以原书文字改动引文。

其二，因作者自有其文字风格，各时代均有其语言习惯、概念术语等（如引用书籍名称多用简称），故不按现行用法、写法及表现手法改动原文。如确系作者笔误、排印舛误、数据计算错误等，则予径改。

其三，原书因年代久远而字迹模糊或纸页残缺者，据所缺字数用"□"表示；字数难以确定者，则用"（下缺）"表示。

编者水平有限，难免汲深绠短，书中如有不足之处，诚盼专家学者和广大读者共襄助之。

目 录

1

第四篇　中国文化史

第七篇　中国史籍读法

第一篇

国学概论

何谓国学

　　国学者，吾国已往之一种学问。包含中国学术之性质与变迁，而并非为与外国绝对不同之学问也。吾国汉代古谚曰："少所见，多所怪，见橐驼言马肿背。"吾国旧时视外人来华者，不知其学。较进，则知可学其一二端。更进，则知其自有其学术，而与吾国为截然不同。然由今之所见，则知中国之与外国，实为大同小异者也。古代各部落，有知造舟者，有知制车者，各有所能，各有所不知。今外国自工业革命以来，文明日启，距今亦为时不远。由将来观之，东西两洋之文化，犹古代各部落间文化之关系也。又常有以精神文明、物质文明等以区别东西洋之文化。实亦不然。今世之各社会，皆为文明之社会，其程度相差无几，善亦同善，恶亦同恶，固无何高下也。

中国学术之分期

1. 中国学术之渊源：（1）古代之宗教哲学。（2）政治机关经验所得，所谓王官之学。

2. 合此两者而生先秦诸子之学，诸家并立。

3. 儒家之学独盛。

4. 儒家中烦琐之考证，激起空谈原理之反动，偏重《易经》，与道家之学相合，是为魏晋玄学。

以上为中国学术自己的发展。

5. 至此而佛学输入，为中国所接受。萌芽于汉魏，盛于南北朝，而极于隋唐，其发达之次序，则从小乘至大乘，是为佛学时代，而玄学仍点缀期间。

6. 至唐而反动渐起。至宋而形成理学。理学之性质，可谓摄取佛学之长，而又去其不适宜于中国者。

此为中国学术受印度影响之时代，至明亡而衰。

7. 而欧洲学术，适于此时开始输入。近百年来，对中国学术逐渐发生影响。［前此与欧洲之接触，仅为技术上，而非学术上的，故未受若何之影响。］

先秦诸子之渊源一
——古代之宗教哲学

宗教哲学，今日为对立之物，在宗教起源之时则不然。一种宗教之初兴，必能综合当时人之宇宙及人生观，而为之谋得一合理之解决。此时之宗教，亦即其时最伟大最适宜的哲学。[凡一种大宗教，必具高深及浅显二方面之理论，以满足于高等与低等之人。]但宗教之为物，不徒重理智，而兼重意志及感情，故易于固执具体的条件，久之，遂变为落伍之物，而哲学乃与之分离。[宗教与理智方面，仅为其一种手段，使人得理智上之满足，其注重者，乃偏于意志及感情方面，使信之者得感情之安慰，秉坚强之意志以信仰其宗教。夫意志坚强之人，固不免易于固执也，故信教者，常以强烈之感情徘徊，以坚强之意志守旧，以致久而落伍。]故宗教之与哲学对立，非其本来对立，而由于宗教之陈旧。而论古代之学术，仍必溯源于宗教。

中国之宗教思想，最早盖系"拜物"，《周礼》分祭祀之对象为天神、地祇、人鬼、物魅四类。物魅盖即拜物时代之遗也。此时之思想，太觉幼稚，对于学术思想，无甚影响。

稍进，则为"天象崇拜"，其中又分为二期，前期盖在女权昌盛时代，所崇拜之大神，[神之为物，表面视为与人无关的，人外的，实则此种之神，已成为人为的神，具有人之性质。神之组织及一切，皆以人为依据，与人相类。]悉视为女性。《礼记·郊特牲》曰："郊之祭也，大报天而主日。"可见古无抽象的整个的天神。后世祭天之郊祭，只是祭日，而《楚辞》《山海经》皆以羲和为女神。整个的地神，古代更其没有，所祭的只是自己所住所种的一块土地，是为社祭。地神的被视为女性，更古今皆然。关于此问题，可参看日本田崎仁义所著《中国古代经济思想及制度》，王学文译，商务印书馆本。

女权时代之思想，存留于后世者甚少，只有一部《老子》，是表现女性优胜思想的。《礼记·礼运》，孔子曰："我欲观殷道，是故之宋，而不足征也。吾得坤乾焉。"说者谓殷《易》先坤。这该是一种女性优胜的遗迹，但殷《易》之内容不传，今所传之《周易》，则完全表现男性优胜之思想矣。[《周易》先乾。]

大概中国学术思想，大部分是从周朝流传下来的，殷以前的成分，已经很少了，周朝宗法特别发达，可见其为男权昌盛的社会。而殷朝兄终弟及，是一个母权社会的遗迹。周在西方，殷在东方。后来齐国长女，名为巫儿，为家主祠，不出嫁（《汉书·地理志》），而齐太公为出夫（《战国策》）。燕人宾客相遇，以妇侍宿，婚嫁之夕，男女无别，反以为荣（亦见《汉书·地理志》）。楚王妻妹（《公羊》桓公二年）。皆可见风俗与周不同。然此等文化，多已沦亡了。

古代宗教哲学之骨干，为阴阳五行，但二者似非一说。[阴阳最早见于《周易》，然不及五行之说，五行最早见于《洪范》，然不及阴阳之说。且自古至今，从未有合论二者者，后世言阴阳者众，而说五行者寡，则以阴阳能自圆其说，而五行不能也。]五行之说，见于《书》之《洪范》，后来衍其说最详者，为《白虎通义》之《五行篇》，虽煞费苦心，然究属勉强，予意水、火、木、金、土乃古代管此工事之五种官。[水，通沟渠，建桥梁。火，未知钻木取火，得火不易，设之以保存火种。木，伐木制物。金，冶金之事。土，营建之事。]本非哲学上分物质为此五类，后来哲学家就已成事实而强为之说。[物体之之然，气、液、固体。印度之哲学，言地、水、风、火四大。地，固体；水，液体；风，气体，益之以火。如此分法，尚觉可通。而五行之水、火、木、金、土，水为液体，木、金、土为固体占其三，无一气体，不必哲学家，亦知为不妥，故决非哲学家分物质为此五类。]其说本来不合论理，故虽煞费苦心，终不能自圆其说也。[五行之变化，有生胜之说，亦作生克，水生木，木生火，火生土，土生金，金生水，水克火，火克金，金克木，木克土，土克水。其中火生土、土生金、金生水、木克土、土克水等，实不甚可通。]

至于阴阳，则因人之认识，必始于两，而现象无论如何错杂，亦总可归纳之而成二组，即谋与非谋，此即正负，正负即阴阳也。故其说处处可通，而古人推论万物，必自小而推诸大，于是以天地为万物之父母。[此时以阴阳为实质，尚未合哲学之原理。]再进，知万物之原质推一，乃名此原质曰气。假想万物之变化，皆由于气之聚散，而气之所以动荡不已，则由于阴阳二力（阴静

阳动）之更迭起伏焉。至此而哲学上之泛神论成立矣。［泛神论者，即谓神即宇宙间一切现象之本身。］

宗教哲学之进步，既进于泛神论，则事物变动之原因，即在事物之本身。（古代野蛮人不知自然规律，只知人律，其视万物为有知，一切皆神所为。而其所谓神，亦有实体，《墨子·天志》《明鬼》之论，所谓天、鬼者，皆有喜怒，欲恶如人，则其证也。遂泛神论既成立，至此自有神而进为无神矣）而别无一物焉，在其外而使之者，此之谓自然。［自，始也；然，成也。古书自然之"然"字，无作如此之解者。］自然之力，至为伟大，只有随顺利用，而不能抵抗。而自然界之美德，如"不息""有秩序""不差忒"等，均为人所宜效法，此之谓"法自然"。［法家即如是，谓政治上之赏罚，当以自然界之美德为准则也。］自然之规律，道家称之曰道。［《老子》曰："有物混成，先天地生，寂兮寥兮，独立而不改，周行而不殆，可以为天下母，吾不知其名，字之曰道。"］自然现象，永远变动不居，而其变动也，又有一定之规律，是为"变易"，"不易"，加以永不止息，若人之任事，不觉其劳苦然，是为"简易"。所谓"易一名而兼三义"也，不易之现象，是为循环，祸福倚伏之义，由此而生。［吾国古代以农为主，注意于不易之现象，故有祸福倚伏等义。盖以为自然界之现象既如是，人事亦当如是也。］自然力既伟大，人根本绝无能为，委心任运之义，由此而生。

自然之力，固无从从时间上指其原理，亦无从从空间上指其根源。然强为之名，固可如此。［盖泛神论者，本无因果也，惟无因果之关系，则无可加以思想，故强为之名，而为是说者，亦明知其为强说而已。］此种力之原始（系人所强名的），儒家称之曰"元"。《易》曰："大哉乾元，万物资始，乃统天。"（《乾卦·彖辞》）《春秋》家谓："《春秋》以元之气，正天之端。"（《公羊》隐公元年何注）是也。［其他如《公羊》何注，隐公元年，曰："天不深正其元，则不能成化。"《春秋繁露·重政》曰："元者，万物之本，在乎天地之前。"］（古人以天为万物之原因，而元为天之原因）在男权优胜时代，最贵此种健行的美德，但女权优胜时代柔能克刚、静以制动等见解［今所存者，以《老子》为代表。］亦仍保有相当地位。

先秦诸子之渊源二
——王官之学

　　儒家，出于司徒之官。[《汉书·艺文志》曰："儒家者流，盖出于司徒之官，助人君，顺阴阳，明教化。游文于六经之中，留义于仁义之际。祖述尧、舜，宪章文武。宗师孔子，以重其言，于道最为高。"徒，众也，司徒主教化。《周礼》谓惟战事付司马，狱讼付司寇，此外治民之事，皆司徒掌之也。儒家治民，最重教化，此为其出司徒之官之本色，其欲合西周以前之法，斟酌而损益之。其处己之道，最高者为中庸。待人之道，最高者为絜矩。中庸者，随时随地，审处而求其至当；絜矩者，就所接之人，我所愿于彼者，即彼之所愿于我，而当以是先施之。]

　　道家，出于史官。[《汉书·艺文志》曰："道家者流，盖出于古之史官。历记成败存亡祸福古今之道，然后知秉要执本，清虚以自守，卑弱以自持。此为君人南面之术。"其宗旨：一在守柔，一在无为，所称颂者，为黄帝时之说。]

　　墨家，出于清庙之守。[《汉书·艺文志》曰："墨家者流，盖出于清庙之守。茅屋采椽，是以贵俭；养三老五更，是以兼爱。选士大射，是以尚贤；宗祀严父，是以右鬼；顺四时而行，是以非命；以孝视天下，是以上同。"盖古明堂、清庙、辟雍，皆一物也。蔡邕《明堂月令章句》谓："明堂者，天子大庙，所以祭祀、飨功、养老、选士，皆在其中。取正室之貌，则曰大庙；取其正室，则曰大室；取其堂，则曰明堂；取其四时之学，则曰大学；取其圆水，则曰辟雍；虽名别实同。"（详见《续汉书·祭祀志注》）阮元《明堂说》谓："有古之明堂，而有后世之明堂。古者政教朴略，宫室未兴，一切典礼，皆行于天子之居，后乃礼备而地分。礼不忘本，于近郊东南，别建明堂，以存古制。"（见所著《揅经室集》）盖古之清庙，原极简陋，墨家出于清庙之守，即欲以清庙之旧法，救当时之弊。其根本义曰兼爱，即所谓夏尚忠。其所欲行，盖夏道也。

由兼爱故不容剥民自奉，而节用、节葬、非乐之说出。由兼爱故不容夺人所有，而非攻之论出。]

名家，出于礼官。[《汉书·艺文志》曰："名家者流，盖出于古之礼官。古者名位不同，礼亦异数。孔子曰：'必也正名乎？名不正，则言不顺；言不顺，则事不成。'"礼主差别，差别必有其由，深求其由，是为名家之学，督责之术；必求名实之相符，故与法家，关系殊密也。]

法家，出于理官。[《汉书·艺文志》曰："法家者流，盖出于理官。信赏必罚，以辅礼制。"为切于东周时势之学。东周之要务有二：一为富国强兵，一为裁抑贵族。前者为法家言，后者为术家言，说见《韩非子·定法篇》。申不害言术，公孙鞅言法，韩非盖欲兼综二派者。法家宗旨，在"法自然"。故戒释法而任情。不主宽纵，亦不容失之严酷。]

阴阳家，出于羲和之官（古之历法之官）。[《汉书·艺文志》曰："阴阳家者流，盖出于古羲和之官。敬顺昊天，历象日月星辰，敬授民时。"以邹衍为大师，本所已知，推所未知。其五德终始之说，亦犹儒家之有通三统之论也。亦欲合西周之法，斟酌而损益之。]

纵横家，出于行人之官。[《汉书·艺文志》曰："纵横家者流，盖出于古行人之官。当权事制宜，受命不受辞。"又曰："及邪人为之，则上诈谖而弃其信。"则正指苏、张之流也。]

农家，出于农稷之官。[《汉书·艺文志》曰："农家者流，盖出于古者农稷之官，播百谷，劝农桑，以足衣食。"《孟子》所载云许行，实为农家巨子，其言有二：一君臣并耕，一则物价但论多少，不论精粗也。此盖皇古之俗。农家所愿，即在此神农以前之世也。]

杂家，出于议官。[《汉书·艺文志》曰："杂家者流，出于议官。兼儒、墨，合名、法。知国体之有此，见王治之无不贯。"盖专门之学，往往蔽于其所不知。西汉以前，学多专门，实宜有以祛其弊。故但综合诸家，即可自成一学也。所谓议官，盖即《管子》所谓"啧室"（《管子·桓公问》："黄帝立明台之议，尧有衢室之问，舜有告善之旌，禹立谏鼓于朝，汤有总街之庭，武王有灵台之复。欲立啧室之议，人有非上之过内焉"），而秦、汉之议郎（秦置，掌议论，汉特征贤良方正之士为之，秩比六百石，统于光禄勋。晋以后废），盖即古议官之制。而齐稷下谈士，四公子之养客，皆为此类。]

小说家，出于稗官。［《汉书·艺文志》曰："小说家者流，盖出于稗官，街谈巷议，道听途说者之所造也。"疑《周官》诵训、训方氏之所采正此类。九流之学，皆出士大夫，惟此为人民所造。《汉志》所载，书已尽亡。《太平御览》卷八百六十六引《风俗通》，谓宋城门失火，汲池中水以沃之，鱼悉露见，但就取之。说出《百家》。犹可略见其面目也，他如塞翁失马、鲁酒薄而邯郸围等，亦或此类。］

以上为《汉书·艺文志》诸子十家，其中去小说家，谓之九流，见《后汉书·张衡传》注［《刘子·九流篇》同。］《汉书·艺文志》本于刘向、歆父子《七略》，［《汉书·艺文志》："成帝时，诏刘向校经传诸子诗赋，向条其篇目，撮其旨意，录而奏之。会向卒，向子歆于是总群书而奏《七略》。故有《辑略》《六艺略》《诸子略》《诗赋略》《兵书略》《术数略》《方技略》。"］乃据汉时王室藏书而为之分类，故于学术流别，最为完全。古平民无学术，［王官者，大国之机关也。诸子出王官说，虽为汉人推论，然极有理，当时平民，无研究学术者。虽有学术思想，有志研究，亦无所承受，无所商讨，即有所得，亦无人承继之。而古代学术，为贵族所专有，然贵族亦非积有根柢，不能有所成就。王官专理一业，守之以世，岁月既久，经验自宏，其能有所成就，亦固其所。］近人胡适据《淮南要略》作《九流不出王官论》，［载《新青年》杂志，约当民国四、五、六年时。］以驳《汉志》，殊不知《汉志》言其由来，《淮南》言其促进之动机（所谓救时之弊）。［盖王官之学，固颇有成就，然非遭世变，乡学者不得如此其多，即其所成就，亦不得如此之大也。故《汉志》言因，《淮南》言缘也。］二者各不相妨，且互相补足也。［若谓出于王官之说非，而惟本《淮南》之说。则试观诸子之内容、文辞，多今古间杂，明非一时之物，惟其源本王官，故能多本往事以立说也。］

先秦诸子之学

讲先秦诸子之学，有应知者数题：

1. 诸子之学重在社会政治方面，不重在哲学科学方面，因诸子本身之发展及其对后来之影响皆如此（此意章炳麟曾言之）。[诸子之于哲学方面，颇与古代希腊之哲学相近，其程度亦相仿。盖吾国古代原有此等与宗教混合之哲学思想。诸子即上承此等哲学，而并非加以发展，故诸子之哲学思想，大致相同，不若社会政治之学经发展进步而分歧也。于科学方面，亦有称述，而以见于《墨子》者最多。盖亦旧时之所有，墨子承之也。惟亦不重于此，故其后迄未有何发展。]

2. 古有专门[专门者，以如今观之，实即一种学问之派别。]而无通学，[通学者，兼取各派，择善而从，至汉方有通学。]故诸子之学，就一方面论之则精，合各方面论之则空。其相互攻驳之语，多昧于他人之立场，不合论理，如墨子贵俭，所欲行者乃古凶荒札丧之变礼。而荀子驳以"不足非天下之公患"，[见《荀子·富国篇》]殊不知墨子本不谓平世亦当如是也。[古代治学者寡，而因交通不便，得书不易，学术之传播亦难。学者仅能就其近者习之，远者不知或知之不详，且人具成见，学问常以先入为主，故当时人可与一种学问接触，终身不知其他者。此专门之学之所以成也。]

3. 先秦诸子之学，非皆个人创造，大抵前有所承，新旧适不适不等，盖其时间有早晚，又地域亦有开通与僻陋之别也。鄙意先秦诸子最要者六家，其新旧之别略如下：

最早者农家，沿袭简陋（时代或地域）之农业社会之思想。次之者道家，代表简陋之游牧社会。次之者墨家，其思想与夏代政治颇有渊源。次之者儒家及阴阳家，见多识广，知若干种治法，应更迭使用。最新者法家，对外主张兼并，对内主张摧毁贵族，总而言之，是打倒封建势力（以开明专制为手段）。

农家之书尽亡，仅存者许行之说，见《孟子·滕文公》上篇。[农家之书，真系讲树艺之术者，为《吕览》之《任地》《辨上》《审时》诸篇。然此非所重。先秦诸子皆欲以其道移易天下，非以百亩为己忧者也。《汉志》论农家之学云："鄙者为之，欲使君臣并耕，悖上下之序。"可见《孟子》所载之许行，实为农家巨子。]（1）谓贤君当与民"并耕而食，饔飧而治"。此犹乌丸大人，各自畜牧营产，不相徭役（见《后汉书》本传）。（2）主买卖论量不论质，此由交易不重要，物品本少使然，古盖自有此简陋之世；亦或战国尚有此等落伍之地。许行欲率天下而从之，则其事不可行矣。[且复古必有其方，许行未尝有言（如其有之，则陈相当述之，孟子当驳之，不应徒就宗旨辩难），此则不能不令人疑其徒为高论者也。]

道家之代表为《老子》，《老子》之旨在无为。为，化也。[无为，犹言无化，古"为""化"实为同字，观"譌""讹"为同字之例可知。《论语》："子曰：张而不弛，文、武弗能（耐）也。弛而不张，文、武弗为也。"此"为"字即"化"字义，言不能使谷物变化也。]无化者，无使社会起变化。此犹今人慕效欧、美之文明，社会组织，因之改变。守旧者遂欲闭关绝市耳。当时落后之国，输入先进之国之文明者，盖（1）由其君大夫之好者，（2）由其自谓野蛮而欲驱其民以从当时所谓文明之俗，如商鞅谓秦初父子同室，吾今大筑冀阙，营如鲁、卫是也。[古人恒以是为戒，如由余对秦穆公之言是也。]《老子》最反对此等，故谓"无为而无不为"，犹言勿以汝之道化民，则民无不化而之善也。此说认社会之恶化，[盖当时之效法文明，不过任其迁流所心，非有策划，改变社会之组织，以与之相应也。则物质文明日增，而社会组织随之坏矣。然道家不能改变社会组织，以与新文明相应，而徒欲阻遏文明，则何可得？]皆由君大夫措施之误。而不知社会因日日在自化，[盖人之趋利，如水就下。慕效文明，其利显而易见；社会组织变坏，其患隐而难知，且亦未必及己，人又孰肯念乱？故社会日日在自化也。]老子特未之见也。

《庄子》历代著录，皆在道家，《管子》或属道或属法，二家之论，一部分诚与《老子》同。然讲个人在社会中自全之术而归结于委心任运，此《庄子》所有，而《老子》所无。[《列子》说亦同《庄子》。盖其时代之晚，各个间互相之接触已多，世事变化无方，其祸福殊不可知，故有《齐物论》之说（论同伦，类也）。物论可齐，复何所羡？何所畏避？故主张委心任运。]不思彻底改造，而只想因势利导（如不思去民好利之心，而徒欲因其好利而利用之），亦《管子》所有，而《老子》所无，此可见其时代之晚，其社会已不可控制，犹柏拉图与亚里斯多德之异也。

陈旧于农家道家者，为墨家。《淮南子·要略》云："墨子学于孔子而不悦，背周道而用夏政。"[今观《墨子》书，《修身》《亲士》《所染》纯为儒家言。他篇又多引《诗》《书》之文，则《淮南》之说是也。]《吕氏春秋·当染》云："鲁惠公使宰让请郊庙之礼于天子，天子使史角往，惠公止之，其后在鲁，墨子学焉。"[史固辨于明堂行政之典者。故墨子之学，诚为明堂之学也。]古大庙大学，皆与明堂同物，前已言之。墨子最讲实用，而其书《经上下》《经说上下》《大取》《小取》六篇，讲哲学、伦理，兼及自然科学，极其清深者，古明堂为宗教哲学之所存也。然此非墨子宗旨所在，特师授以书，则从而传之耳。[大学虽东周后尚不能尽废。然未闻有一人合，学成而出仕者，则以所肄者为宗教家言，非实用之事也。大学所教，既为宗教家言，故为涵养德性之地。《礼记》曰："君子如欲化民成俗，其必由学乎！"又曰："能为师，然后能为长；能为长，然后能为君。师也者，所以学为君也。"又曰："君子所不臣于其臣者二，当其为尸，则弗臣也；当其为师，则弗臣也。"乞言养老之礼，执酱而馈，执爵而酳（酳，虚口），所以隆重如此者，正以其所诣师者，其初乃教中尊宿耳。又《礼记·王制》曰："出征执有罪，反释奠于学。"凯旋而释奠于学。由此二端，可想见古代大学性质，为宗教哲学之所存也。]其宗旨所在，曰兼爱，而行之则以非攻。曰贵俭，而行之则以节用、节葬、非乐。所以动人者，曰天志（其天神为人格神），曰明鬼，而辅之以非命。曰上同，使下之人听于上。[盖本夏道，而夏时较古，人之思虑较少，人与人对立程度浅，乐尽力以服从于其上也。]曰上贤，盖前代亲亲，不如周人之甚。参观孙星衍《墨子后叙》，知用夏政之不虚也。

古书多以儒墨并称，亦以儒侠并称，侠者，后世江湖豪杰之流。盖封建制度之坏，士失所养，[封建制度之诸侯、大夫，多喜养士，及其国灭家亡，或习奢侈而暇养士，而士失所养。]而不能为农工商，乃别成为一阶级。性质近乎文者为儒，[游说之士，大抵从儒中出。]近乎武者为侠。孔子、墨子，乃就此两社会而感化之，非此两个阶级，为孔、墨所造成也。墨子长于守御（其书末二十篇），盖自侠之团体中来也（《墨子》非攻，故仅取兵法中守之一部分）。

儒为封建制度崩溃时失养之士，性质近乎文的阶级，前已言之（其性质见于《礼记》之《儒行》）。［儒之义为柔，若曾子之竞竞自守，言必信，行必果者，盖其本来面目。］孔子为此阶级中之闻人，惟孔子之道，不尽于儒。孔子之学颇博，多知前代之治法。此时前代治法之可考者，有夏、殷、周三代。孔子以为当更迭使用，于是有《春秋》通三统之义（谓封前二代之后以大国，使保存其治法，说见《春秋繁露》）。孔子又观治化升降，以为最古之时最美，是谓大同，时代渐降则渐劣，谓小康，说见《礼记·礼运篇》。然则更劣于小康，必为乱世矣。《春秋》张三世之义，以二百四十年，分为三世，据乱而作，（表示治乱世之法。）进于升平，（小康）更进于太平，（大同）（见于《公羊》何《注》）盖欲逆挽世运，复于郅治也。

孔子之道，具于六经，而六经之中，《易》与《春秋》为尤要。《易》言原理，《春秋》据此原理而施诸人事。故曰："《易》本隐以至显，《春秋》推见至隐。"（《史记》）其根据原理施诸人事，则恃君长为之。故《易》曰："大哉乾元，万物资始，乃统天。"（《乾卦·系辞》）而"《春秋》以元之气，正天之端，以天之端，正王之政，以王之政，正诸侯之即位，以诸侯之即位，正四竟之治。"（《公羊》隐公元年《注》）此略近希腊柏拉图推最高之哲人为君之义。惟希腊人无一统思想，故只计及一国之君。孔子则不然，故又计及诸侯之上，当有一王耳。

孔子所谓大同，盖农业共产小社会。所谓小康，则封建之初期，阶级虽已成立，旧时共产社会之规模，尚未甚坏者也。自此以后，资本势力又继封建势力而起，治化只有日趋于劣。不知铲除阶级而欲借政治之力，以谋革命之彻底完成，可谓南辕北辙。然自近代以前，学者之见解，固皆如此（革命常为政治的），不足为怪。

《易》之大义，为"变易""不易""简易"三者。"变易"谓宇宙间一切现象，无一息而不变；"不易"谓万变之现象，仍有其不易之则。（如气候时时在变，四季亘古如斯。古人只有循环之思想，无进化之思想。辩证法之变动，非其所知）"简易"，则言自然力出于自然，非如人之作事，倦而必须休息，故能永不间断差忒，犹佛家之贵无为而为贱有为也。此意义亦甚周匝（《易》一名而含之义，见易纬《乾凿度》，《周易义疏·八论》之一引）。

儒家出于司徒之官，故重教化。而其教化也，必先之以养。孔子言先富后教（《论语·子路·子适卫章》），孟子言有恒产然后有恒心，首欲浚井田制度，继之以庠序之教（《梁惠王》上、《滕文公》上），此皆思想也。此为历代儒家之传统思想，将来当再言之。惟儒家在政治上之抱负，因社会组织已变，无由实施。其有于中国者，乃在社会方面：（1）重人与人相和亲，而不重政治力量之控制。（2）儒家最重中庸，故凡事不趋极端，制度风俗，皆不止积重难返，而中国人无顽固之病。（3）儒家重恕，"己所不欲，勿施于人"。[谓"絜矩"。]其标准极简单明了，而含义又极高深，所谓愚夫愚妇，与知与能，而圣人有所不能尽。恕成为普遍的人生哲学，无意间为社会保持公道，此儒家之大有造于中国社会者。

阴阳家之书尽亡，惟邹衍之说，略见《史记·孟荀列传》。其说看似荒诞，实则不过就空间（彼所谓中国）、时间（所谓黄帝以来）两方面，据所知者，求得其公例，而推诸未知者耳。其研究结果，盖以治国当有五种方法，更迭使用，是为五德终始。[《汉书·严安传》载安上书引邹子之言曰："政教文质者，所以云救也。当时则用，过则舍之，有易则易之。"即五德终始之说也。]（衍之五德终始，始从所不胜，即水、土、木、金、火；汉末乃改从相生之次，为木、火、土、金、水）此正犹儒家之通三统，彼所谓一德，当有其一套治法，非如后世之阴阳家专讲改正朔、易服色等空文也。（《汉志》有《邹奭子》十二篇，则已拟有实行之法，果难施与否，今不可知，要非如汉人之言五德者，徒以改正朔、易服色为尽其能事也）故与儒家可列为一阶段。[《太史公自序》述其父谈之论，谓阴阳家言，"大祥而众忌讳，使人拘而多所畏"，此乃阴阳家之流失，而非其道遂尽于是也。]

以上诸家知识，均得诸历史上，均欲效法前代，惟其所欲法者，新旧不同耳。惟法家则注重眼前的事实，[切合于东周时势。]故其立说最新。法家之"法"字，又有广狭二义，广义包法、术二者言之，狭义则与术相对，[申不害言术，公孙鞅为法，韩非盖欲兼综二派者。]法所以治民，术所以治治民之人也，见《韩子·定法篇》。法家之书，存者有三：（1）《管子》，[二十四卷，原本八十六篇，今佚十篇。]（2）《韩非子》，[二十卷，五十五篇。]（3）《商君书》[五卷，原本二十九篇，今佚三篇幅。]也。法术之论，（治民及驭臣下之术）三书多同。惟《管子》多官营大事业，干涉借贷，操纵商业之论（大体见

《轻重》诸篇)。《商君书》则偏重一民于农战，（意欲遏抑商业）盖齐、秦经济发达之程度不同，故其说如此。［齐工商之业特盛，殷富殆冠海内；秦地广而腴，且有山林之利，开辟较晚，侈靡之风未甚。］［《韩非子》多言原理，兼及具体之条件。］法家之论，能训练其民而用之；术家则能摧抑贵族，故用法家者多致富强，［如韩申不害相韩昭侯十五年，内修政教，外应诸侯，终其身，无侵韩者。卫吴起为魏文侯将，拔秦五城，守西河以拒秦、韩，文侯卒，事其子武侯，遭谮奔楚，相楚悼王，南平百越，北并陈、蔡，却三晋，西伐秦，诸侯皆患楚之强。］秦且以之并天下也。［卫鞅（商鞅）入秦，说孝公变法修刑，内务耕稼，外劝战死之赏罚。孝公任之，遂大强。故秦并天下，原因虽有数端，以人事论，则能用法家之说，实为其一大端。盖惟用法家，乃能一民于农战，其兵强而且多（见《荀子·议兵》），亦惟用法家，故能进法术之士，而汰淫靡骄悍之贵族（列国皆贵族政治，独秦行官僚政治），政事乃克修举也。

秦汉时代学术之新趋势

1.交通便利，各种学术，渐相接触，启通学之机。［前此列国互相猜忌，往来之间，非有节符不能通，而关之稽查尤严，其极，遂至借以为暴。汉有天下，此弊尽去，有"通关梁，一符传"之美谈，而交通变利矣。］2.利用学术者，将抉择或折衷于诸学之间，而求其至当。故其结果，为不适宜于时代之学术，渐见衰息（如墨家、农家）。其适宜者亦渐与他学相混焉。［至此自先秦之新发明的时代，变为两汉之整理的时代。犹西洋史上之希腊——发明——与罗马——整理——之关系也。］

秦有天下，仍守法家之学不变，然此时法家用整齐严酷之法，以训练其民之办法，实已用不着。［法家宗旨，在"法自然"，故戒释法而任情。揆其意，固不主于宽纵，亦不容失之严酷。然专欲富国强兵，终不免以人为殉。《韩非子·备内篇》云："王良爱马，为其可以驰驱；句践爱人，乃欲用以战斗。"情见乎辞矣。在列国相争，急求统一之时，可以暂用，治平一统之时而犹用之，则恋蘧庐而不舍矣。秦之速亡，亦不得谓非过用法家言之咎。］秦亡之后，众皆以其刻薄寡恩，归咎于法家（其实此系误解），［盖专以成败论事，归咎法家。］而法家之学，一时遂为众所忌讳。是时急于休养生息，故道家之说颇行。［如孝惠元年，曹参相齐，尊治黄、老言者盖公，为言"道贵清静，而民自定"，参用之，相齐九年，齐国安集。及继萧何为相，举事无所变更，择谨厚长者为郡国史，掩人细过，不事事，百姓歌之，有"载其清靖，民以定壹"之辞。孝景时，窦太后好黄、老术，皆其著者。］然道家主无为，为正常之社会言之则可；社会已不正常，而犹言无为，是有病而不治也。故其说亦不能大盛。

此时社会，（1）当改正制度，（2）当兴起教化，此为理论上当然之结果，无人能加以反对，而此二者，惟儒家为独优，故儒学之必兴者，势也。秦始皇坑儒时，曾言："吾前收天下书不中用者尽去之，悉召文学方术之士甚众，欲以兴太平，方士欲练奇药。"[见《史记·始皇本纪》。]兴太平，即指改正朔兴起教化言，是始皇固尝有意于此矣。特未及行耳。[当时致力镇压诸侯之遗，北逐匈奴，筑长城，南略定南越，置郡，迄无闲暇。苟天假以年，或有兴太平之举，亦未可知。]汉兴，高、惠、文、景四世，海内或未大安，又皆非右文之主，[高祖贱儒，复值天下初定，陈豨、黥布之乱，迭兴干戈。惠帝时政由吕后，公卿皆武力功臣。文帝本好刑名，复专事安抚同姓诸侯。景帝不任儒，窦太后又好黄、老，而又有七国之乱，复起兵戎。]故隆儒之举，必待武帝而后行。[武帝雄略，右文之主，故能从社会趋势，而儒学遂兴。]

儒学至汉代，去实用渐远，专抱遗经研究，遂渐变成所谓经学。

六经中乐无经，故只有五经。经学初无分歧，至后来乃有今古文之别。今文学最初八家：《诗》齐、鲁、韩，《书》伏生，《礼》高堂生，《易》田生，《春秋》胡毋生、董仲舒。[《史记·儒林传》曰："今上（汉武帝）即位，赵绾、王臧之属明儒学，而上亦乡之。于是招方正贤良文学之士。自是之后，言《诗》于鲁则申培公，于齐则辕固生，于燕则韩太傅。言《尚书》，自济南伏生。言《礼》，自高堂生。言《易》，自菑川田生。言《春秋》，于齐、鲁自胡毋生，于赵自董仲舒。"]东汉立十四博士：《诗》鲁、齐、韩，《书》欧阳、大、小夏侯，[《书》分三家：欧阳生、夏侯胜、胜从兄子建。]《礼》大、小戴，[《礼》分三家：戴德、戴圣、庆普，庆氏未立学官。]《易》施、孟、梁丘、京，[《易》分四家：施雠、孟喜、梁丘贺、京房。]《春秋》严、颜。[《公羊春秋》分二家：严彭祖、颜安乐。皆见《汉书·儒林传》。]大体仍为今文（惟京氏《易》可疑）。

古文起于西汉之末，《诗》毛氏，[《汉书·儒林传》曰："毛公，赵人也。治《诗》，为河间献王博士。"《后汉书·儒林传》："赵人毛苌传《诗》，是为《毛诗》。"《隋书·经籍志》："汉初赵人毛苌善诗，自云子夏所传，作《诂训传》，是为《毛诗》古学。"]《书》《古文尚书》，谓鲁共王坏孔子壁，得《古文尚书》百篇，孔安国以今文读之，得多十六篇。（见《汉书·艺文志》《楚元王传》《景十三王传》《说文解字序》《论衡·佚文》《正说》。而其辗转传述，皆互相乖异）然此十六篇仍不传，《礼》云有《逸礼》，后亦不传（《礼记》中《奔丧》《投壶》，郑《注》谓皆同《逸礼》。然《逸礼》不传）。《易》有费、高二氏，[费友、高相，见《汉书·儒林传》。]《春秋》有《左氏传》，[《艺文志》《楚元王传》不言所自来，《说文解字序》谓献自张苍，《论衡·案书》谓得自孔壁。]《谷梁传》[《史记·儒林传》："瑕邱江生为《谷梁春秋》，自公孙弘得用，尝集比其义。"]昔人以为今文，近崔适考定其亦为古文，其说盖是。见所著《春秋复始》。

浅人闻今古文之名，每以为其经之文字大有异同。其实不然，所异者多无关意义。[郑玄注《仪礼》，备详今古文异字，读之可见（如古文"位"作"立"，"义"作"谊"，"仪"作"义"之类，皆与意指无关。）][其有关系者，如《尚书·盘庚》"今予其敷心腹肾肠"，今文作"今我其敷优贤扬历"之类，然极少。]故今古文之异，不在经文，而在经说。[经本古书，而孔子取以立教。古书本无深义，儒家所重，乃在孔子之说。说之著于竹帛者谓之传；其存于口耳者，仍谓之说；古书与经，或异或同，足资参证，且补经所不备者，则谓之记。今古文之经，本无甚异同，而说则互异，读许慎之《五经异义》可见。]今文家虽分家，然其说大体相同；[不独一经然，群经皆然，读《白虎通义》可见，此书乃今文家言之总集也。]古文则诸家之说各别。盖由今文得诸传授，其源同，其流不得大异；古文之说，由诸家自由研究，逐渐创立，故说各不同也。此两点最为紧要。

汉世今古文聚讼之端，最大者为孔壁得书一案。此说如确，则今文家经确不完；如其不然，则所谓古文者，不过民间经学，与立于博士官者不同，与后来古文家之说，出于今文家以外，并无二致矣。孔壁得书一案，似难认真实。详见拙撰《燕石札记·孔壁》条。但今古文之争论，其实与汉世学风变迁，无甚大之关系也。

汉初儒学，均讲经世致用，而是时最大之问题，为民生问题。西汉儒学，齐、鲁不同，今文为鲁学，古文为齐学。说见廖平《今古学考》，确不可易。但何以有此分派，至汉世何以分张更甚，廖氏初未能言。予意齐为大国，经济发达，鲁则不然，此为儒家分歧变化之重要原因。廖氏云：今学以《王制》（《礼记》篇名）为总汇，古学以《周礼》为大宗。《王制》者，百里之国之治法，《周礼》则千里之国之规模。节制资本之法，《周礼》中可寻得根据，今学中无之。汉世儒家，只讲平均地权，对于节制资本之义，初不了解，读《盐铁论》可见。王莽所行之政策，兼斯二者，此莽与其徒党所醉心于古学也，此为古学初得政府中人垂青之故。

王莽覆败，后汉继兴，一切政治，皆务反莽，故所立十四博士，仍皆今学，然社会上崇向古学之风，业已不可遏止矣。此则当时风气渐趋于自由研究，不甘为成说所囿故然也。

自王莽变法失败后，通经致用之风渐泯，经学乃渐流为繁碎之考据。《汉书·艺文志》言，古之学者，耕且养，三年而通一经，三十而五经立，存其大体，玩经文而已。其后则说《尧典》篇目至十余万言，但说"粤若稽古"（《书经》第一句）三万言。[皆指秦恭言之。《艺文志注》引桓谭《新论》云："秦近君（恭字，王先谦《汉书补注·艺文志》云："王应麟曰：《儒林传》作秦延君，注'近'字误。"）能记《尧典》篇目二字之说至十余万言，但说'曰若稽古'三万言。"]幼童而守一艺，白首而后能通。[系引《艺文志》之大意，与原文略有出入。]案释经之文，汉时通为章句，观《后汉书》所载，一经之章句至数百万言者不乏。盖儒学初兴时，从事焉者，率多孤寒之士；后其学流行渐盛，富贵者多从事焉，遂渐移于有闲阶级之手。[其情形皮锡瑞《经学历史》之《经学极盛时代》一篇中详言之。]学问一入有闲阶级之手，未有不流于繁碎者。又此辈多挂名读书，实则束书不观者，乃开专以意说经之风，见《后汉书·徐防传》。此两种风气，历两晋、南北朝未改，读《南》《北史》《儒林传》可见也。其中讲考据者，徒好繁征博引，而不衷于理，后汉之马（融）、郑（玄）、许（慎）诸儒，皆有此弊。王肃专与郑玄为难，然其方法，实与郑同也。[《经学历史·经学中衰时代》："郑学出而汉学衰，王肃出而郑学亦衰。肃善贾、马之学，而不好郑氏。贾逵、马融皆古文学，乃郑学所自出。肃善贾、马而不好郑，殆以贾、马专主古文，而郑又附益以今文乎？案王肃之学，亦兼通今古文……故其驳郑，或以今文说驳郑之古文，或以古文说驳郑之今文。"]

两汉之世，迷信之心理尚深。儒学既行，儒学所尊崇之圣人，遂渐被附会为无所不知，无所不能，不问而知，不学而能之人物（见王充《论衡》）。简括言之，即被造成为神是也。[盖古人之史学性质少，文学性质多，易于造成与神相类的崇拜之对象。]此等心理，与谶纬之成立，大有关系。《说文》曰："谶，先知也。"[刘熙《释名·释典艺》："谶，谶也，其义谶微而有效验也。"]此即今所谓预言，秦世之"亡秦者胡"[《史记·秦始皇本纪》曰："燕人卢生使入海还，以鬼神事，因奏录图书，曰'亡秦者胡也'。始皇乃使将军蒙恬发兵三十万人北击胡，略取河南之地。"裴骃《集解》曰："郑玄曰：胡，胡亥，秦二世名也。秦见图书，不知此为人名，反备北胡。"］及《史记·赵世家》所载怪异事迹。更推广言之，《左传》所载卜筮言论之有验于将来者，皆谶之性质也。《春秋》家说，（今文）孔子作《春秋》，有不便明言褒贬者，弟子口受其传旨。古文初兴时，利用此说，谓孔子作六经，别有六纬，阴书于策，与之并行。（其实与经相辅而行者，古人通称谓之传，无纬之名）与经相辅行者，大略有三：传、说、记是也。传、说二者，实即一物；不过其出较先，久著竹帛者，则谓之传；其出较后，犹存口耳者，则谓之说耳。古代文字用少，书策流传，义率存于口说，其说即谓之传。凡古书，莫不有传与之相辅而行。凡说率至汉师始著竹帛（以前此未著竹帛，故至汉世仍谓之说也），汉世传注，经义皆存于是。记与经为同类之物，以补经不备者。其本义盖谓史籍。因其为物甚古，亦自有传，而《礼记》又多引旧记也。传、说、记三者之中，自以说为最可贵，盖为汉世传经，精义之所存，此汉儒所由以背师说为大戒也。详见《燕石札记·传说记》条。］而纬之名以立，利用经说造作［纬说多同今文，以其初兴时，（西汉哀、平之间，纬书出。）古文说尚未出也］。因以所造之谶夹杂其中，故称谶纬。

谶纬之作，论者皆归咎于王莽。其实光武之造谶与信谶，乃更甚于王莽。［《后汉书·光武帝纪》："同舍生疆华自关中奉赤伏符曰：'刘秀发兵捕不道，四夷云集龙斗野，四七之际火为主。'群臣奏曰：受命之符，人应为大，万里合信，不议同情，符瑞之应，昭然若闻，宜答天神，以塞群望。"《桓谭传》："是时帝（光武）方信谶，多以决定嫌疑。"《东观汉记》："光武避正殿，读谶坐庑下，浅露，中风苦咳。"］足见此为当时社会心力所支持也。终后汉之世，称纬为内学，经为外学。

迷信及琐碎激起有思想者之反动，而魏、晋之玄学以兴。

魏晋玄学

今古文之外，经学中别有伪古文一派，其缘起于东晋时梅赜（梅，亦作枚，赜，亦作颐）[晋西平人，字仲真。元帝初，官豫章内史。]所献《伪古文尚书》（托名孔安国所传，并并真者全造一部安国之《注》）。宋朱熹、吴棫，明梅鷟皆疑之。[朱熹说见阎若璩《古文尚书疏证》卷八"朱子于古文犹为调停之说"节。吴棫，字才老，南宋时人，正史无传，曾著《书裨传》十三卷，今佚。说见同卷疑"古文自吴才老始"节。梅，明旌德人，字致齐。著《尚书考异》《尚书谱》，力攻古文之伪，为阎、惠（惠栋，著《尚书古文考》）所本]至清阎若璩而考定其伪。[谓为梅赜所伪。]（阎所著书曰《古文尚书疏证》）伪造之主名，丁晏指为王肃（见所著《尚书余论》）。近人又有疑之者（吴承仕，其《与章炳麟书》，见《华国》月刊中）。途辙，实与郑同，无足深论。《孔子家语》[十卷。]大约系王肃所造，《孔丛子》[三卷。]亦然。[详见《四库全书总目提要》子部儒家类一。《家语》又有清孙志祖《家语疏证》六卷，证为王肃所伪。]因东汉泥古、琐碎、迷信之学风所激起之反动，是为玄学。[参看梁启超《饮冰室丛著·论中国学术思想变迁之大势》第五章。]其学起于魏正始（废帝年号）时，直至南北朝之末。但至东晋中叶后，则渐与佛学相混，非复纯玄学矣。[故纯玄学之历期也极短。][玄学起于中原北方，后随晋室南迁而盛于南，北方反无玄学。亦犹其后理学起于北，随宋室南迁而盛于南，北方反无理学也。]纯玄学以《易》《老》二书为主，《庄子》次之。《列子》为晋人伪造。[《列子》盖即注者张湛所伪，一部分本诸古书，一部分为其伪作，如《杨朱篇》决非先秦思想，乃魏晋时颓废思想也。][以《易》《老》为主者，盖其空谈原理，实取诸儒、老二家之学之涉及原理之部分也。论者或谓其本道家而儒家仅其表面者，乃不知儒、老之涉及原理者本相同也（先秦诸子之言原理哲学，本多相同）。］其所研究者，为宇宙及神鬼之有无，人之情性、运命及安身、立命等问题；在政治及社会制度上，则主张重原理而不泥事实（重道而遗迹）。其中各种人物皆有。［见《燕石札记·清谈》一、二、三、四条。］其著述甚多，具见《隋书·经籍志》中，惜其书多已亡，只可一览而知当时有何等著述耳。［大抵无具有条理系统之书，多属注、讲义、讲疏之类。］存于今者，专书王弼《易注》、郭象《庄子注》最要，［至何晏之《论语集解》，仅包含一小部分之玄学，不及二书之要也。］《列子》之伪造部分，亦可供参考。单篇散见史传及各家集中。（看《全上古三代秦汉三国六朝文》最便［清严可均编。］）与佛家有关涉处（分赞、否二方面），可看《弘明集》。

此派之功绩，在破坏而不在建设。自经过玄学运动后，泥古及迷信之弊皆除（指学术界之风气）；琐碎之考证，人亦不视为重要矣。（考证为求正确起见者，别是一说，此其本身虽无用，联合之则成极有用之建设，乃学术分工之作用也。琐碎者则并无理想，无立场，连其本身亦未必正确）正所谓无用之用也。［某种学术，必溯其前时期之情形，方能知其价值，玄学即是矣。］

佛　学

玄学之后，遂继之以佛学。佛有宗教学术二方面。宗教方面，今姑措勿论。

学术方面，佛说大小二乘，旧以为一时之说，因人而施。[谓佛初时多与学问高深者接触，其说极高。后佛学渐广，其说亦渐低。及临终时又以最高之说为遗教。]据近来之研究，则小乘兴于佛灭后百年，大乘又后五六百年乃兴起（此项事迹，详见唐玄奘所著《异部宗轮论》）。近人因有称佛灭百年内之佛教为"原始佛教"者（日人某著有《原始佛教概论》）。

分别原始佛教与小乘佛说，其事较难。若大小乘之别，则其荦荦大者，固较易见也。[盖原始佛教之书不存，其说需自小乘书中分析出之，故较难也。]据近来之研究，印度哲学，发达颇早。因其受天惠优厚，生活问题，容易解决。故其所注意者，非维持身之生存，而为解除心之苦恼。故印度哲学，多带宗教的色彩。佛出世时，此等哲学，派别甚多（佛教概论之为外道），令人感无所适从之苦。佛则不为无益的辩论，而授之以切实可行之道，故其说一出，归向者甚多。故"佛非究竟真理之发见者，而为时代之圣者"（《原始佛教概论》中语）。[无论何种学术，皆逐步进化；非有一圣人出，而能发见此种真理也。]佛灭之后，环境情形，自有变化。加之佛教传播甚广，与他种哲学、宗教，接触自多，其本身自亦将随之而生变异。此则大小乘之所以次第兴也。[佛之时代，文字之应用尚未广。佛说在世时未有记录。入灭后，诸弟子相会，诵其昔所闻于佛者，得大众之同意，或不得同意而能伸说者，皆录之以为佛说——故佛经之首必曰"如是我闻"。——谓之结集。诸弟子之中，分上座、大众二部。佛灭百年后，二部乃分裂。]小乘距佛时代近，又出于上座部（佛教中前辈高级信徒），故其变化少；[因学识高深者，不易接受外界之影响也。]

大乘出大众部，时代又后，故其变化多也。［其后锡兰等地多小乘，行于北方者多大乘。］

四圣

- 佛。
- 菩萨。［梵语，具名菩提萨缍，旧译为大道心众生、道众生等，新译曰大觉有情、觉有情等，亦译正士。］
- 缘觉。［亦作辟支佛，梵语辟支迦佛陀之略。旧译缘觉，新译独觉，《智度论》二名具存，以辟支佛兼具二义也。盖好道潜修，自然独悟者，谓之独觉，或因事缘而觉悟，又或观十二因缘法而得道，谓之缘觉。］
- 声闻。［弟子闻佛之声教而得道果者。］

六凡

- 天。［福德大于人。——福，在中国为外的条件，德，有得于己，故称福德，以别于福。谓其能力、智慧等大于人。］
- 人。
- 阿修罗。［梵语，简称修罗；亦作阿素洛、阿须罗、阿须伦、阿苏罗等。《翻译名义集》："阿修罗旧翻无端正，男丑女端正，新翻非天。"——谓其果报似天而非天也。——神通大于人，而易生嗔怒。］
- 畜生。
- 饿鬼。［《大乘义章》："言饿鬼者，常饥虚，故名为饿；恐怯多畏，故名为鬼。"按鬼类中有如夜叉、罗刹等具大威力者，故新译曰鬼，不曰饿；然旧译之经论多曰饿鬼，以鬼类中饿鬼最多故也。］
- 地狱。［梵语那落迦、泥犁等之义译。那落迦、泥犁等本为不乐、可厌、苦具等之义，以其依处在地下，故谓之地狱；盖罪恶众生死后所生之处也。］

［无生者曰器世界，有生者曰有情世界。有情世界为四圣、六凡（天台宗依《法华经》所立），谓之十法界。密教依《理趣释经》所立，则以实佛、权佛、菩萨、缘觉、声闻为五圣，天、人、畜生、饿鬼、地狱为五凡。］［众生即于六凡轮回，谓之六道，众生各依其业因而趋向之，故又曰六趣。《法华经·序品》："六道，众生生死所趣。"六凡之中，修佛以人最易，天以其福德过厚，不易生修佛之心；阿修罗之易嗔怒，则更列三恶之一（佛以贪、嗔、痴为三恶）；至畜生等更不能矣。故谓"人生难得"也。畏怖生死即由此。］

大小乘之异点，重要者：小乘说缘觉、声闻，亦可成佛。大乘则非菩萨不能，故曰："地狱顿超，二乘聋瞽。"谓缘觉、声闻，"畏怖生死"，根本未脱自私之见，故不能成佛也；若菩萨则念念以利他为主，与恒人之以自己为本位者适相反，佛不可学，［佛则无人我之分矣。然不能学。］学菩萨，所以驯至于佛也。

佛之三身 ｛报身。 法身。 化身。

［天台宗所立为法、报、应三身。法相宗所立为自性、受用、变化三身（见《唯识论》）。《金光明最胜王经》所说为法、应、化三身。］

小乘之所谓佛，即释迦牟尼其人。大乘则不然，释迦牟尼其人，为佛之报身（从前造业，此时因因果关系而成此人身），饥则欲食，寒则求衣，不得衣食则饥寒而死，一切与恒人无异。［所异者为具伟大之人格，不可及之智慧。］若夫有是而无非，威权极大，人有一言一行一念，彼必知之，必随其量而与以适当之报应，是为佛之法身，实即自然律之象征耳，非人也。以法为师，即可自悟，如法修行，即可成佛，戴一人为偶像之见，大乘全无之矣。［自学理上论，不能不谓大乘进步于小乘。］又信佛之人，或能见佛形象，等等，人则不见，共斥为愚，或疑其妄，此亦不必，此乃心理变态，人不能见，彼固见有之也。大乘称此为佛之化身。

人之崇拜偶像，不过得一时心理上之安慰，而于真理，每有所空。小乘以释迦牟尼为偶像者也。大乘较小乘为进步，然不能去释迦牟尼乃创三身之说，谓佛有三种不同之人格也。

```
    ┌ 眼识——色
    │ 耳识——声
    │ 鼻识——香                     前六识。
    │ 舌识——味                     ［前六识为大、小乘所共说，七八
识  │ 身识——触［心理学上之筋觉］     识则为大乘所说。］
    │ 意识——法
    │
    │ 末那识——恒审思量，常执有我——七识。
    └ 阿赖耶识（藏识）——识种子所藏——八识。
```

前六识为尽人所知。［心理学上仅前六识。］佛教之特异者为第七、八识。第七识之义，为吾人常觉有一我在，此确为认识之根本。八识则佛说为识之种子所藏，故亦译为"藏识"。必将此识灭尽，然后识之根断。［第八识为公共的，其他诸识均属各个体的。］佛说"万法惟识"，勉强译以今语，则为吾人之认识世界，恒在一定的范畴中。但此所认识者，并非世界之真相，故必灭识，世界之真理乃可得见。故吾人研究之方法，一无所用。佛亦说教，只是引起人的信心而已。求知世界真相之方法，转在超出吾人今日之心理作用也，此则惟有修证而已。［至此修证之方法是否为对，亦无从说起，信与不信，由各人而已。盖终不脱其为一宗教也。］

识之本体，不可得灭。此即科学上质力不灭之理，亦即哲学上无者不能使之有，有者不能使之无之理也。故所谓灭识，并非将识消灭，——如有一物，而可消灭，则为色空对立矣。犯佛说之大忌。——而系转识成智，即转变吾人之认识（识），而使之别成一种认识也（智）。喻如水与波，水动则生波，波静还为水，波非于水之外别有一物，故止波非涸水也。吾人之本体，佛称之曰"真如"。一切罪恶之根本，佛称之曰"无明"（真如之恶的作用）。问无明何自起（本体何以会起恶的作用）？则不可得说，亦可曰"法尔而有"而已（犹言依定律如此而有）。然则何以知无明非本体？因无明可灭，而人又恒知其为恶而思来之故也。

佛教之派别称宗。中国之佛教，分宗甚多。其中最要者，为天台、法相、华严三宗。天台亦称性宗；从主观方面，法相亦称相宗，从客观方面，证明万法惟识之理；华严则示人以菩萨行相。［故有相当的文学趣味，但仍含极深之

哲理。] 是称教下三家。禅宗不立文字（谓无依据之经论），直指心源，是为教外别传。[禅，梵语禅那之略，亦云禅定。禅那之义，为思维修、静虑等，静即定，虑即慧。非若槁木死灰之谓，乃欲不遂环境变动，此为印度之一种修习方法，非佛教所独有也。行久之，心理上别生一种境界（谓之参禅）。然此时有诸境界可生，不知其是非，当请诸有经验者，此等有经验者即能加以指点。然非普通语言可说明者，故其一问一答间，常人不能知也，彼固自知之。故禅宗不能为一种学术，乃专讲实行者。] 佛教究系宗教，说教只为引起人之信心起见，苟其能信，则辩论研究，均属多事，故其发达之趋势，终必至诸宗皆衰，禅宗独盛而后已，唐中叶后，即亦如此。[唐初以华严最盛，唐高宗时密宗输入，自后中国遂无新立之宗。] 宋儒喜辟佛；人又或讥其阳儒阴释；又或称其先于释教中有工夫，故其辟之能得当。实则所辟所沾染者，多系禅宗一派，非佛教之全体也。

天台宗，亦名法华宗，本宗由天台智者大师成立，以《法华经》为根本，以《智度论》为旨趣，以《涅槃经》为辅翼，以《大品经》为观法。专习止观。

法相宗，取《解深密经一切法相品》为名，本宗有《唯识论》，明万法唯识之理，故亦称唯识宗，此名取《解深密经分别瑜伽品》之意，印度名为瑜伽宗。

华严宗，以华严论为宗派，故名。

禅宗，又名佛心宗或心宗，以达摩为初祖。

禅宗虽足救烦琐 [无谓之辩论研究，谓教下三宗。] 之失。然其意义，亦甚精深，非有智识，且非有闲阶级之人，不能修习。而佛教此时之情势，已非发达至普遍于各阶层不可。故复有净土宗，以普接利钝，[表面上无迷信之色彩，足自己辩护，而实足为迷信之需，使佛教至于普遍发达者，净土宗是矣。]

佛教要旨，为止 [消极方面。] 观 [积极方面。] 双修。止谓心不起不正之念，[不正之行，由不正之念而生。] 所谓"十二时中，常念于法"。观有二义：（1）在感情上，如人最畏死，乃时时设想被杀时之情景，以克服其畏死之情。（2）在知识上，遇事辄探求其因果关系，而得正确之救济方法是也。此二者皆甚难。又成佛须历"劫"（佛教上之一种时间 [极长。]），自恒人观之，亦将望而生畏。然成佛必须如此之难，又被前此之学说固定了，不能改易。净土宗于此诸点，乃想出一巧妙适应之法。

念佛 ⎡ 观。〔观佛像。校前之观为易。〕
⎢ 想。〔想佛。校前之止观为易。〕
⎣ 挂名。〔口诵"阿弥陀佛"不已。〕

净土宗以念佛一法，兼摄止观两门。

净土宗谓阿弥陀佛与此世界特别有缘。〔发誓造净土。〕一心念佛之人，至临终，阿弥陀佛即来接引，往生净土。在净土中修至成佛，依然艰难；然净土中环境特别佳良，既生此中，可以直向前进，不虞堕落。〔称此简易之法为"横超"。〕

又净土中种种境界，异常美妙，足满求福报者之欲。

故此宗通行最广。〔近日言佛学者，多属此宗。〕

宋明理学

宋学。此学最确当之名曰理学。后人尊称之曰道学。清代汉学兴，乃以时代称之曰宋学。

哲学之物虽空泛，然当社会起大变动时，必起响应而作根本之变动。盖哲学无所不包，得以一理而施诸各方面。必使哲学起根本改变，使各方面趋同一目的，不致冲突背驰而后可。宋学即承佛学之后，新兴之一种哲学也。

我国从前论理学及各种科学均不发达，学者对于讲说学术哲理，不能清楚；而整理著作时，复缺乏条理系统，更不能注意于由浅入深诸点（不独理学，一切学术皆然）。故研究理学，非下一番工夫，并头脑清楚之人，不易明白。

关于参考书籍。近人于理学之著作，有吕师所著《理学纲要》（民国十四年时吕师于沪江大学编成讲义，十五六年于光华大学编定，由商务出版），惟只述其哲学一方面，实则理学与政治、社会、道德诸方面，皆有关系也。然于近人著述中，当推最有价值，最可看。早于此书者，有谢无量（谢蒙）所著《朱子学派》《阳明学派》《象山学派》诸书，由中华出版距今已三十年。谢氏读书博，学亦谨慎。此诸书节钞丰富之材料，不著己意，初学读之无益。至商务所出《文化史丛书》中，有贾丰臻《理学史》。贾氏为近代研究理学者，然其书陈旧无意味处实多，无甚价值。

此学之发达，鄙意当分为三期：（1）周敦颐、［世居道州营道县濂溪上，学者称之为濂溪先生。］张载、［居陕西郿县横渠镇，学者称之为横渠先生。］邵雍［谥康节，学者称之为康节先生。］为创建一种新宇宙观、新人生观，亦即创建一种新哲学之人物。（2）程颢、程颐始注重于实行方法，至朱熹、陆九渊而分为两派。（3）依辩证法之进步，至王守仁又合两派之长而去其短。后人以陆、王为一派，仍视为与程、朱相对立，实非。[理学至王守仁，发达已趋极端。此后渐成衰落。然理学之本身，终为一极伟大之学术也。]

佛学之弊，在于空虚而不切于实务，专恃个人之觉悟，以拯救世界，然（1）人之天资，[自生物学上言之，天资特优与特劣者，恒占极少数。]非能个个人明白佛之所谓觉悟之道者。（2）社会情势，真能接受佛之教化者，又止一小部分人，大多数人看似信奉，其实全不相干。故行之久而不见其效，且颇有流弊。在此情势之下，自然须有一种新哲学以代之。

但佛之哲学，极为高深，甚不易驳。佛教哲学之高深，在认识论方面（中国旧哲学无之，盖未发达至此程度）。创新哲学者，乃将此方面抹杀不谈，而曰：谈认识论即是错。[其实此殊为武断。]故曰："释氏本心，吾徒本天。"天即理，理即外界的真实法则。此理学之名所由立。故宋儒之反佛，乃以哲学中之惟物论反哲学中之惟心论也。[故理学家无论其如何互不相同，必皆承认其外界的世界为真实。苟超出此范围，即属佛学矣。]

理学家中能创立一种新宇宙观、新人生观者为周、张、邵三家。周子之说，见于《太极图说》[宇宙观]及《通书》[人生观]。其说：以为"无极而太极"。"太极动而生阳，静而生阴。"（"一动一静，互为其根"）由是而生水、火、木、金、土，天地人物皆秉五行之质以生。"五行各一其性"，人物所禀五行之质各有不同，故其性亦不同。[希腊古分人为神经质、多血质、胆汁质、粘液质四种，亦同此思想。]而其见之于事，则不外仁、义二者。[以他人为本位，舍自己而顾他人，谓仁；以自己为本位，舍他人而顾自己，谓义。仁为人之本性；义为处事之办法。]仁、义本身皆善；过、不及则皆恶；故道在中正。[适当。]人何以守此中正之境？曰静。故曰："圣人定之以仁义中正而主静，立人极焉。"此中最当注意者：太极阴阳，非有实体。其相生也，非如母之生子，子与母为二。乃就实质之世界，而名其动静之作用曰阴阳；又即世界之本体，而名之曰太极耳，故曰："五行——阴阳也。阴阳——太极也。"世界之由来，不可得而知，故曰"无极而太极"，言无从知之也。[周子行文晦，说太极等实不分明，而我国古代学人哲学观念浅薄，遂于此点引起种种误解，造成哲学上一大公案。若以朱子作此等文，决无此弊矣。]

张横渠之说，见于《正蒙》。其说以气为惟一之原质。气之本身，运动不已。于是乎气与气之间有迎拒，因而有和合、冲突诸现象。[和合者终必分散，冲突者终必和解。]此为人心爱恶之源（因人亦气之所成也）。气，因其运动，而有轻清、重浊之不同。轻清者易变，故善；重浊者难变，故恶。人有气质之性与义理之性。气质之性出于重浊难变之形体者也，故当以义理之性克治之；而变化气质，为学问中最要之事。气之运动，有至而伸（积极的）、反而归（消极的）两种。至而伸者为神，反而归者为鬼。非谓天下有鬼神其物；乃谓物之具此两种作用者，其本身即鬼神耳。如吸是神，呼是鬼；发育为神，衰退为鬼。然则世间无物非鬼神也。张子之说，为极彻底之一元论。[周子为略观大意；张子则苦思力索，积数十年之力，而创此说。在哲学上，张子实高于周子也。]

根据物质之学，中国谓之数术。中国学者研究社会现象者多，研究自然现象者少，故此派学术不甚发达。[中国言哲学者多据社会现象，少凭自然现象者，亦因是故。]宋学倾向唯物，故喜言术数者颇有其人。其精而有创见者，实惟康节。康节最重要之观念，为"数起于质""天之象数可得而推，其神用不可得而测""以物观物，不以我观物""易地而观则无我"数语。数者，事物必至之符，其原因在于物质，故曰"数起于质"，此等可推测而知。然宇宙间何以有是物，物何以有是理，则所谓天之神用，不可说也。"以物观物，不以我观物"，谓绝去主观。主观之根源实在自私，离开利害关系，即无主观，故曰："易地而观则无我。"

	阴	阳	刚	柔
太	月	日	火	水
少	辰	星	石	土

邵子之言物质，以属于天者为阴阳，属于地者为柔刚，二者又各分太少。此盖以五行之说为不安而改之，特不欲显驳古说耳。其改八卦方位，亦犹是也[注]。问其何以如此？则曰：阳燧取于日而得火，方诸取于月而得水，星陨为石，天自三光外皆辰，犹地自山水外皆土。此可见邵子之说，由观察自然现象而得也。[一去前人五行之观念，虽于科学为不合，极堪钦佩者也。]

（注）

坎　艮

乾　　　震

兑

巽　　离

　　　坤

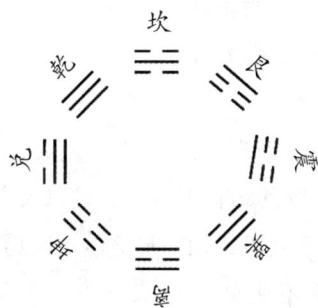

此八卦旧方位，见《易·说卦》，邵子以为文王所作，为后天方位。

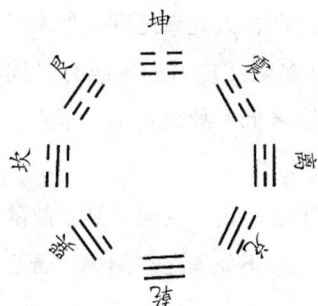

坤　　兑

艮　　　乾

坎　　　巽

震　　离

此邵子称为先天方位，谓伏羲所作，说殊无征。盖亦取与旧说调和耳。山在西北，泽在西南……亦本诸自然现象也。

邵子之言数，以日、月、星、辰四者为基本。日之数1，月之数30，星之数360，辰之数4320［1日12时。12（360）＝4320］，或乘或减，而成其所言各数。其言时间，以元、会、运、世为单位，30年为一世，129600年为一元，邵子曰：“一元在天地之间，犹一年［一单位，如是循环不已。］也。”盖因宇宙悠久广大，无法经验，乃欲截取其中之一段或一部，研究之而得其公例，以是推诸其余。此为凡数术家公共之思想。杨雄《太玄》，欲据一年间之变化立为公例，亦犹是也。夫既因无法经验而欲据一部一节以推测其余，则其所立之说，自不能谓为必确，不过姑以是为推测而已矣。此起凡数术家于九原而问之，必无异辞者也。迷信者流，乃云邵子之数学，可以豫知未来，不亦适得其反乎。［至其以元、会、运、世，而言皇、帝、王、霸，复以《易》《书》《诗》《春秋》配合之，而《礼》《乐》为实质，随四者而高低等，亦无甚意味矣。］

邵子之说，见于《观物内外篇》［言理］及《皇极经世书》［言数］；其《渔樵问答》，浅薄已甚，必伪物也。

理学引入实行方面，最重要者，为大小程、朱、陆、王五人。大程以识仁为本，[仁，即社会性。仁为目的；义为手段，为附属于仁者。]曰："识得此理，以诚敬存之而已。"又形容其状态曰："廓然而大公，物来而顺应。"善矣。然未说出切实下手之方法。

小程则说出居敬、致知两端。朱子为畅发其理，曰："人心之灵，莫不有知；天下之物，莫不有理；惟于理有未穷，故其知有不尽也。是以大学始教，必使学者，即其已知之物而益穷之，以求至乎其极，而一旦豁然贯通焉。则众物之表里精粗无不到，而吾心之全体大用无不明矣。"（《大学章句》释格物、致知）昧者或谓天下之物，不可胜格；或问豁然贯通，究在何日？此乃痴话。此所谓格物，本非如今物理学之所谓物理，乃谓吾人处事之理。处事时事事用心推求，久之，则处事之理明白。正如读书多则文理自通。岂有驳读书者曰"天下之书，安可胜读；文理之通；究在何日"者邪？故此初不足难程、朱矣也。

所难者，诸事用心，劳而寡要，不免陆子之所谓"支离"耳。故陆子欲先立乎其大者。然离开事物，而欲先用力于心，又不免失之空洞矣。若心之大本已立，又何须用功邪？

故必待王阳明出，谓知者心之体。用力于知，即是用于心。而心之本体既为知，必有被知之客体，客体即物。主客体不能分离，故用力于物，亦即用力于知。至此，然后朱、陆之说，可合为一也。敢曰：自朱、陆至王，实系辩证法之进化也。

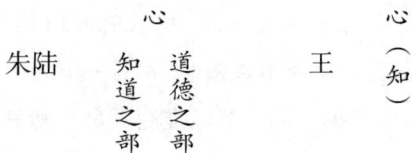

朱陆　{ 心 { 知道之部　道德之部　　王　心（知）

宋学自朱、陆而外，又有浙学一派。此派起于吕祖谦。[字伯恭。]祖谦好读史，[重事功故。时人为言："伯恭知古，君举知今。"]浙东学者承之。其后分为永嘉、永康两派，永嘉以陈傅良、[字君举。]叶适（字水心。在诸人中最有才德，然于理论上颇粗浅）为眉目，永康则以陈亮[字同父。]为巨擘。亮与朱子之辩论，乃针对贵王贱霸之意而发，其意谓英雄豪杰之心，皆有合乎天理之处，特不能纯耳，就其合时，亦与圣贤无异，故不可一概排斥，反使人认为不合天理，亦可有成：其言殊有理致。特亮之为人，不甚轨于正耳。叶适则颇攻宋人之空谈，其议论几于从根本上攻击宋学矣。宋代浙学，实开清代浙东史学之先路，亦为源远流长；但在理学中，不能称为正宗，以理学重内心，浙学偏重事功也。关学（张载一派）亦重实行，但偏于冠、昏、丧、祭之礼及缔约等，偏重社会事业及风俗改良。浙学则喜言礼、乐、兵、刑，偏重政治制度：此二者之异也。

理学家虽系以唯物论攻击佛学之唯心论，然其结果堕入空虚，亦与佛学家无异。惟佛家究尚有一成佛之希冀，虽后来竭力遮拨，究竟能知此意者系属少数，理学家讥其多著这些例子，如一点浮云翳太虚，不是真空者也：此由佛家本系宗教故然。理学则起源便非宗教，且系因反对佛教而起，而又能吸收佛教之长，故其自修之严肃，与笃信力行之宗教徒无异；而其脱尽迷信及祈求福报之观念，则非任何宗教徒所能逮也。其践履之严肃，纯以求本心安而已。人智日进，迷信无存在之余地，而感情不可无以陶冶之。现存之宗教，一切崩溃后，果何以陶冶人之感情邪？此种纯求本心之安之宗教作用，必大显其价值矣。

清代考据学

理学至王阳明，发达已臻极点。故此后学术之发达，方向遂转变，是为清代考证之学。

考证之学之初兴，不过厌宋学末流之空疏，务"多读书""求是"而已。其风实起自明世。专务博学者如焦竑、陈第等是也。兼讲经世者，如顾炎武、黄宗羲、王夫之等是也。诸人不但不排斥理学，且于理学入之甚深；但在讲经学时，不肯墨守宋人之说而已。降及清代康、雍之间，尚系如此。后人称为"汉、宋兼采派"（见《四库书目》）。至乾、嘉时，学者乃专务"搜辑""阐发"汉人之说；于宋儒之说，置之不论不议之列。至此，乃成为纯粹之汉学，为清代学术之中坚。

汉学家之功绩，在（1）通训诂，（2）勤校勘，（3）善搜辑，（4）精疏证；故使 a. 古书之误者可正、b. 佚者后复见、c. 古义之晦者复明，（5）而其实事求是，尊重客观之精神，于学者裨益尤大。惟其人无甚宗旨，内而身心，外而社会，皆非所措意。故梁任公谓为方法运动，而非主意运动也（见所著《清代学术概论》）。

考据学派之初兴，只是厌宋学末流之空疏，务多读书而已。其人并不反对宋学，且多深入宋学者，顾亭林（炎武）、黄梨洲（宗羲）、王船山（夫之）等无论矣，［顾氏所著《郡县论》等经世之学，多本诸宋学。黄氏著《明夷待访录》，人多仅称其《原君》《原臣》篇，实乃具彻底改革整个社会之精神，亦来自宋学也。诸人于汉学仅其一端，且或并非其主要者，不过因清代汉学大行，而诸人亦遂以汉学著矣。］即焦弱侯（竑）等亦然也。诸儒之立身及经世，仍以宋学为归，惟说经及考证古事，不囿于宋人之说耳。此派，后来之人，自经学之立场言之，称为汉宋兼采派。梁任公著《清代学术概论》称胡渭、阎若璩为汉学之开山人物（以胡著《易图明辨》，攻击宋人所谓《河图》《洛书》；阎著《古文尚书疏证》，就众所共尊之经，证明其为伪作之故），亦在此派中。必至其所言者，专于疏通证明，补苴缀给，而不复存一合汉宋之说而评判其是非之见，乃得称为纯正之汉学（此等人自亦非不可兼治宋学）。

汉学家人物甚多，难遍疏举。日人某分为皖、吴两派，章炳麟采其说，大致是也。皖派当以戴震为巨擘。近人多称道其《原善》及《孟子字义疏证》之说，以余观之，此说并无足取，此点俟后再论。皖派之伟绩，在长于小学。其巨子为段玉裁及王念孙。段为精治《说文》者之始（清之治《说文》者，并非专于《说文》一书；乃以《说文》为中心，而旁及其他字书），王则精治古人文法之始也。[王著《读书杂志》，曾国藩称其能含蕴语气而得正确之解释；以今日言之，则为精治文法之学也。其子王引之著《经传释词》。]俞樾之《古书疑义举例》，又为王之支流余裔。吴派当以惠栋为大宗，此派之伟绩，在长于搜辑及疏释。余萧客（《古经解钩沉》）、王鸣盛（《尚书后案》）、陈乔枞（《三家诗遗说考》）等，皆其代表人物。至于对一问题，搜罗证据，务极其周；疏释论断，务极其慎，则两派之所同也。

道、咸以后，经学又形成今文一派。此派起于常州之庄（存与）刘（申受），衍于仁和之龚（自珍）、邵阳之魏（源），而极盛于近代之廖平及康有为。考据之学，最重源流派别，经学尤甚。分析汉、宋之后，再分析汉人之派别，本无足怪。惟此派之有声光，不尽在学术方面，而兼在政论方面。故如陈乔枞之专辑今文经说，不参议论者，今学派并不重之。分析今古文之精，莫如廖平，晚亦好为怪论也。此派议论，多带有经世色采，（1）庄、刘，（2）龚、魏至（3）康有为，逐步加甚。此由（1）西汉经学，本重经世;（2）而时事日亟，亦有以诱之也。从纯学术立场言之，康有为新学伪经之说实非是。廖平分析今古学为齐、鲁学，则极可取。余为补充:齐学为治大国之规模，兼重节制资本；鲁学为治次等国之规模，但重平均地权（又极重教化）。新莽一派人，所以扶立古学者，由其所行政策，欲兼二者之故：似颇足备一解也。

清儒中，反对宋儒之理论者，著者有二派。一为戴震，说见其所著《原善》及《孟子字义疏证》。以为宋儒偏于言理而不顾人情，以改（1）视食色之欲，饥寒之患，为人情所不能免者，皆若无足轻重；而徒实一般人以旷世之高节。（2）太重名分，如君父与臣子之关系，几于不复论其是非。故主舍理而论情，情之所安，即为义之所在。案以凡民之欲为无足重轻，而不为之谋满足，宋儒并无其事，［宋儒甚注意井田、社会、水利等。］说近于诬。至于不得已之时，教民以轻生而重义，亦凡立教者皆如是。过重名分，宋儒诚有此弊，此由不知经传所言，乃就当时之社会立说，亦时君父之权固重也；至宋世，社会业已较为平等，宋儒不知此为社会之进步，而执古人之所言为天经地义，欲强后世之社会以就之，则人心觉其不平矣。然宋儒受病之原，戴氏并不知之；乃咎其偏于言理，而欲救之以情。不知情无客观标准，固有行之者以为协乎人情，而受之者以为不能堪者矣。况宋儒所言之理，并非吾人当下推度所得之理；其所谓理者，必人欲去尽而后能见；故就实际言之，亦可谓无人能见得此理；其说用诸实际，诚不免失之空洞，然非如戴氏之所诋也。

又一派为颜元［习斋］，则其所反对者，不仅限于宋学，特于宋学为尤甚耳。其说讥中国之读书人，大偏于纸上，而不习实务。于宋学之空谈心性，并书而不读者，自然反对尤烈矣。谓求之于心，久之而自觉其可信者，实系一种心理变态，逮用诸实事，则全不足恃。故主恢复古人六艺之教（礼、乐、射、御、书、数），凡事皆须实习。案谓中国读书人太疏于实务，自亦不错。但研究发明，与实际应用，分为两途，（1）由人性如有所长，（2）亦分工合作之理。若如颜氏所云，势必至降低学问之程度而后止。章炳麟讥颜氏弟子，［李添，字刚主。］言数则仅通筹算之乘除，言书则粗知今隶之讹谬：即其明验。

又有调和于汉、宋之间，而兼调和于文与学之间者，是为桐城派义理、考据、辞章，三者不可缺一之说。此说创自姚鼐（姬传），后来桐城派皆宗之。章学诚之议论，亦于此为近。曾国藩本服膺姚鼐，故亦主此说，特其晚年，又间或益之以经济（中国所谓经济，包括极广，非今经济学之义），为四门耳。此说可谓甚正。但不分别普通及专门，则欲一人兼擅三者极难。即桐城派之本身，亦偏于辞章，于汉、宋二学之间，则又侧重于宋也（如方植之著《汉学商兑》，力诋汉学，即其一极端之例）。

清代有特色之学术，尚有浙东学派之史学。浙西学派，亦推其考证之功，旁及史事；但多就事实为之补苴订正，而通观全局具有史识者甚少。［如钱大昕之《廿二史考异》，王鸣盛之《十七史商榷》，赵瓯北之《廿二史劄记》等皆是。］浙东派则与之相反［如万季野、全谢山等］。盖浙西学派，乃承王应麟、黄干等之遗绪，为朱学中之一派。而浙东学术，则仍承宋时浙学之遗绪者也（吕祖谦一派）。［此义《文史通义》首发之。］以今日眼光观之，则浙西派近于专门史家，浙东派近于通史家；惟通史乃可称史学之正宗（专门史仍可归入各种专门科学内），故必浙东派乃可称为史学之正宗也。

浙东派最重要之人物为章学诚。其重要之著作，为《文史通义》，[论文之语，固颇切当，然于文学上之价值并不高。其要乃在史学。] 其大功，在发明 1. 史料与作成之史非一物；2. 储备史料，宜求其丰富，著作历史，则当求其简；3. 记注、比次，各为一事。吾国史学，有三名著：（1）刘知几之《史通》；（2）郑樵之《通志序》；（3）章学诚之《文史通义》。（1）为始讲史法者；（2）为扩充史之内容者；（3）则确立史学与他学之界限，阐发史学真相者。必史籍稍多，乃想及讲史法；必人须之知识渐进步，乃觉史之所载为不备；必学问之内容，愈积愈丰富，乃感觉分种之必要。三先生之著作，恰代表史学进化之三阶级，亦时势使然也。

章氏对于汉、宋学及文学之意见，其结论颇近桐城派（义理、考据、辞章三者不可缺一），此无足深论。而其"六经皆史"之说，实由其对宋学之见解而来；此说能了解者颇少，致多误会，请一论之。

六经皆史者，章实斋对于宋学末流空谈心性之反动；固谓圣人不以空言立教，因之谓六经皆史。然在考证上，其说卒不能成立：盖执狭义之史（史官所载往事）为史，则六经除《书》与《春秋》之外，明明非史。若将史之义推而广之，谓一切故事之职掌，皆关涉史官；则如释学问，凡以文字记之者，何一不可目之为史；将史官之外无他职，而推原古代学术出于官守者，亦除史官而外，更无原本矣，有是理乎？章氏于六经皆史之说，引证论断，多属支离；《易》无可说，乃至牵涉历法，则更不足辨矣（所引者，皆后人以历法附会《易》之辞，非作《易》时历已发达至此程度也）。后来祖述章氏之说者，大抵不能离"学术必资记载，记载专职诸史官"一观念，非此则六经皆史之说，不能主持也。至近世之章太炎，则因受此观念之影响，专认史官所记者为史（其余即非金石证亦认为价值大减）；于是骂康有为为妄人。[章氏之论谓："……如是没丘明之劳，谓仲尼不专著录。假令生印度、波斯之墟，知己国之文化绵远，而欲考其事，文献无征；然后愤发于故书，哀思于国命矣。"（《国故论衡》）而不知论史材、史官所记，与传说、神话及他种著述，各有其用也。其又一反动，则为胡适之、顾颉刚一派。胡氏专取《诗经》《楚辞》为史料。顾氏初亦宗之；后虽渐变其说，而仍目古史官所记者为伪造（如世系事。于此问题，章太炎辨古史官所记与神话非同物，却不错）：皆不免固执一说，而未能观其会通也。

中国近代之思想家

顾炎武。发明有亡国（今所谓王朝）、有亡天下（今所谓国家、民族）之说，为民族主义之先驱。

黄宗羲。《明夷待访录》中《原君》《原臣》两篇，为民权主义之先驱。

然此大体上仍不能出宋学之范围，泛览理学家之书多者自知之。

俞正燮。亦一考据家。但深知古今社会之异，古之并不足尚。《癸巳类稿》《存稿》中，此类作品甚多。在思想方面，非他家可及。

但此亦不出汉学之范围。因汉学家中，亦时有能见到真际者，但不如俞氏之多而且透彻耳。其与近代思想关系最密切者，当首推龚自珍。（自珍与魏源并称。在学问方面，自珍远不如源之切实；以思想论，则源不如自珍之恢奇）梁启超谓近代之思想家，最初无不受自珍之影响，且多好之甚深；此事实也。大抵今文经说，多有与后世普通思想异者，故思想瑰奇者多好焉。庄（存与）、刘（逢禄）已微启其端，至龚、魏而大，至康有为而极。若王闿运、廖平，则流于荒怪，乃走入旁门，不足道矣。但廖氏分别古书源流派别之法，确系极精；其自己所立之说虽荒怪，而此方法在古史研究上，将来必能放一异彩也（现在蒙文通颇能用之）。[前人仅知以古书之整部，言其学问派别。而廖氏知古书之不尽纯，乃就其一章一节而分别之；此其所以胜于前贤也。]

康有为之学问，体段颇大。康氏之思想，自成一系统。其所用其资料者，则（1）西汉以前经学家之微言大义，（2）佛学，（3）理学，（4）又杂以西洋之科学、历史、政治制度、社会风俗等。康氏最富于六经皆我注脚之精神；其所取为资料者，不过取为资料，以佐吾说而已；或非其说之真相也。——康氏原非考据家。现在，有从考据方面，采取其说者，如顾颉刚、钱玄同；有从考据方面驳斥之者，如钱穆。于康氏价值，均不能为增损。

康有为之思想，自成一体段。彼视天下终可达于太平，而其致之必以渐；乃以《礼运》大同、小康及《春秋》三世（据乱而作，进于升平，再进于太平）之说佐之。其对于宗教感情之热烈，及其论修察克治之精严，则其精神，得诸佛学及宋学。其重视物质（有为著《物质救国论》），则其得诸近代欧化之观感者也。有为之为人也，富于理想，而于眼前之事实，认识不甚清楚。观其后来竭力反对对德宣战，且固执民主政体，必至争端，因之牵入复辟案中可知。

其弟子梁启超，世与其师并称为康、梁；实则性质与其师大异。启超之为人也，博学多通，而自己并无心得。但于各种学术，能（1）多所通晓；（2）且能观其会通；（3）又能援引学理，以批评事实。故其言论，对一般之影响甚大。

与康、梁同时者，尚有一谭嗣同，著有《仁学》一书；其思想之体段，亦颇伟大。但立说太幼稚，太杂乱，盖因早死，其思想未能成熟也。

此外近代有思想者，尚有一章炳麟（亦名绛），其人之思想，并不伟大，亦不精深，但极刻核，遇事皆能核其真相，不但就其表面立论；故不牵于感情，震于名声，如其所作《代议然否论》，是其一例。又有严复，论事亦主核实，近于炳麟。要之，近代之思想家，康有为近墨家、儒家、阴阳家。梁启超近纵横家，章炳麟、严复近法家。此外徒读故书，贩译新说，自己并无心得，皆不足称为学也。

西学输入以后中国学术曾受何等影响？此当以根本改变吾人之思想者为限。若忠实翻译，或引伸发论，则仍是他人之学术也。以吾观之，中国学术思想，受西洋之影响者，有下列数问题：（1）受科学之影响而知求真。（2）不责实用。（3）知分科之当务细密：此皆方法问题。在主义上，其初"中学为体西学为用"之说，固不足论。后来偏重政治，实则西洋政治学说，与中国并无根本异点。其最后能改变中国人之思想者，达尔文之《种源论》，马克斯之《资本论》，此两书本非只讲一种学问，其影响，可使各种学问之观点，皆因之而改变者也。（凡学问，必如此，乃可谓之伟大。但此等大发明，多系时代为之，非尽个人之聪明才力也）[《种源论》盛于民国前十余年至民五六年，自强之观念，由是普遍于中国。《资本论》盛于民五六年至今日，由是而得认识社会组织（社会之组织，各有不同，皆随环境而定，并无优劣之分）。至于其他西洋有名之学说，若"四度空间"等，则以不合中国学术之个性，未能有影响于中国（四度空间为物理学上最有价值者，而于哲学上则平；中国哲学之发达，远胜于物理学；故其说亦鲜有注意者矣）。学术之事，穷极则复；苟于其穷时，有一新学术输入，而惬心贵当，则遂假而用之，不复劳自己进行新发现。故设西洋学术不于是输入，中国学术亦自将另起一新局面。此犹玄学之后，适有高深之佛教输入，而学者不复旁求矣。]

第二篇

经子解题

自　序

　　本书皆予讲学时所论，及门或笔录之，予亦稍加补正。群经及先秦诸子之真者，略具于是矣。所积既多，或谓其有益初学，乃加以编次，裒为一帙，印以问世焉。此书有益初学之处凡三：切实举出应读之书，及其读之之先后，与泛论大要，失之肤廓，及广罗参考之书，失之浩博，令人无从下手者不同，一也。从前书籍解题，多仅论全书大概，此多分篇论列，二也。论治学方法及书籍之作，亦颇浩繁；初学读之，苦不知孰为可据，此所举皆最后最确之说，且皆持平之论，三也。然学问之道，贵自得之，欲求自得，必先有悟入处。而悟入之处，恒在单词只义，人所不经意之处，此则会心各有不同，父师不能以喻之子弟者也。昔人读书之弊，在于不甚讲门径，今人则又失之太讲门径，而不甚下切实工夫，二者皆弊也。愿与承学之士共勉之。驽才自识。民国十三年（1924）七月。

论读经之法

　　吾国旧籍，分为经、史、子、集四部，由来已久。而四者之中，集为后起。盖人类之学问，必有其研究之对象。书籍之以记载现象为主者，是为史；就现象加以研求、发明公理者，则为经、子。固无所谓集也。然古代学术，皆专门名家，各不相通。后世则渐不能然。一书也，视为记载现象之史一类固可，视为研求现象、发明公理之经、子一类，亦无不可。论其学术流别，亦往往兼搜并采，不名一家。此等书，在经、史、子三部中，无类可归；乃不得不别立一名，而称之曰"集"。此犹编新书目录者，政治可云政治，法律可云法律，至不专一学之杂志，则无类可归；编旧书目录者，经可曰经，史可曰史，至兼包四部之丛书，则不得不别立丛部云尔。

　　经、子本相同之物，自汉以后，特尊儒学，乃自诸子书中，提出儒家之书，而称之曰经。此等见解，在今日原不必存。然经之与子，亦自有其不同之处。孔子称"述而不作"，其书虽亦发挥己见，顾皆以旧书为蓝本。故在诸家中，儒家之六经，与前此之古书，关系最大。（古文家以六经皆周公旧典，孔子特补苴缀拾，固非；今文家之偏者，至谓六经皆孔子手著，前无所承，亦为未是。六经果皆孔子手著，何不明白晓畅，自作一书；而必伪造生民、虚张帝典乎？）治之之法，亦遂不能不因之而殊。章太炎所谓"经多陈事实，诸子多明义理；贾、马不能理诸子，郭象、张湛不能治经"是也。（《与章行严论墨学第二书》，见《华国月刊》第四期）按此以大较言之，勿泥。又学问之光大，不徒视前人之唱导，亦视后人之发挥。儒学专行二千年，治之者多，自然日益光大。又其传书既众，疏注亦详，后学钻研，自较治诸子之书为易。天下本无截然不同之理；训诂名物，尤为百家所同。先明一家之书，其余皆可取证。然则先经后子，固研求古籍之良法矣。

欲治经，必先知历代经学变迁之大势。今按吾国经学，可大别为汉、宋二流；而细别之，则二者之中，又各可分数派。秦火之后，西汉之初，学问皆由口耳相传，其后乃用当时通行文字，著之竹帛，此后人所称为"今文学"者也。末造乃有自谓得古书为据，而訾今文家所传为阙误者，于是有"古文之学"焉。今文学之初祖，《史记·儒林传》所列，凡有八家：所谓"言《诗》，于齐则辕固生，于燕则韩太傅；言《书》，自济南伏生；言《礼》，自鲁高堂生。言《易》，自灾川田生；言《春秋》，于齐、鲁自胡母生，于赵自董仲舒"是也。东京立十四博士：《诗》鲁、齐、韩；《书》欧阳、大小夏侯；《礼》大小戴；《易》施、孟、梁丘、京；《春秋》严、颜；皆今文学。古文之学：《诗》有毛氏，《书》有《古文尚书》，《礼》有《周礼》，《易》有费氏，《春秋》有左氏，皆未得立。然东汉末造，古文大盛，而今文之学遂微。盛极必衰，乃又有所谓伪古文者出。伪古文之案，起于王肃。肃盖欲与郑玄争名，乃伪造古书，以为证据——清儒所力攻之伪古文《尚书》一案是也。参看后文论《尚书》处。汉代今古文之学，本各守专门，不相通假。郑玄出，乃以意去取牵合，尽破其界限。王肃好攻郑，而其不守家法，亦与郑同（二人皆糅杂今古，而皆偏于古）。郑学盛行于汉末；王肃为晋武帝外祖，其学亦颇行于晋初；而两汉专门之学遂亡。此后经学乃分二派：一以当时之伪书玄学，羼入其中，如王弼之《易》，伪孔安国之《书》是。一仍笃守汉人所传，如治《礼》之宗郑氏是。其时经师传授之绪既绝，乃相率致力于笺疏。是为南北朝义疏之学。至唐代纂《五经正义》，而集其大成。（南北朝经学不同。《北史·儒林传》："其在江左：《周易》则王辅嗣，《尚书》则孔安国，《左传》则杜元凯。其在河洛：《左传》则服子慎，《尚书》《周易》则郑康成。《诗》则并主于毛公，《礼》则同遵于郑氏。"是除《诗》《礼》外，南方所行者，为魏、晋人之学；北方所守者，则东汉之古文学也。然逮南北统一，南学盛而北学微，唐人修《五经正义》，《易》取王，《书》取伪孔，《左》取杜，而服、郑之学又亡）以上所述，虽派别不同，而同导源于汉，可括之于汉学一流者也。

北宋之世，乃异军苍头特起。宋人之治经也，不墨守前人传注，而兼凭一己所主张之义理。其长处，在能廓清摧陷，一扫前人之障翳，而直凑单微；其短处，则妄以今人之意见测度古人，后世之情形议论古事，遂至不合事实。自南宋理宗以后，程、朱之学大行。元延祐科举法，诸经皆采用宋人之书。明初因之。永乐时，又命胡广等修《四书五经大全》，悉取宋、元人成著，抄袭成书。自《大全》出，士不知有汉、唐人之学，并不复读宋、元人之书；而明代士子之空疏，遂于历代为最甚。盖一种学问之末流，恒不免于流荡而忘反。宋学虽未尝教人以空疏，然率其偏重义理之习而行之，其弊必至于此也。物穷则变，而清代之汉学又起。

清儒之讲汉学也，始之以参稽博考，择善而从，尚只可称为汉、宋兼采。其后知凭臆去取，虽极矜慎，终不免于有失，不如专重客观之为当也。其理见下。于是屏宋而专宗汉，乃成纯粹之汉学。最后汉学之中，又分出宗尚今文一派，与前此崇信贾马许郑者立别。盖清儒意主复古，剥蕉抽茧之势，非至于此不止也。

经学之历史，欲详陈之，数十万言不能尽。以上所云，不过因论读经之法，先提挈其纲领而已。今请进言读经之法。

治学之法，忌偏重主观。偏重主观者，一时似惬心贵当，而终不免于差缪。能注重客观则反是。（今试设一譬：东门失火，西门闻之，甲乙丙丁，言人人殊。择其最近于情理者信之，则偏重主现之法也。不以己意定其然否，但考其人孰为亲见，孰为传闻；同传闻也，孰亲闻诸失火之家，孰但得诸道路传述；以是定其言之信否，则注重客观之法也。用前法者，说每近情，而其究多误；用后法者，说或远理，而其究多真。累试不爽）大抵时代相近，则思想相同。故前人之言，即与后人同出揣度，亦恒较后人为确。况于师友传述，或出亲闻；遗物未湮，可资目验者乎？此读书之所以重"古据"也。宋人之经学，原亦有其所长；然凭臆相争，是非难定。自此入手，不免失之汗漫。故治经当从汉人之书人。此则治学之法如是，非有所偏好恶也。

治汉学者，于今、古文家数，必须分清。汉人学问，最重师法，各守专门，丝毫不容假借。（如《公羊》宣十五年何注，述井田之制，与《汉书·食货志》略同，然《汉志》用《周官》处，《解诂》即一语不采）凡古事传至今日者，率多东鳞西爪之谈。掇拾丛残，往往苦其乱丝无绪；然苟能深知其学术派别，殆无不可整理之成两组者。夫能整理之成两组，则纷然淆乱之说，不啻皆有线索可寻。（今试举一实例。如三皇五帝，向来异说纷如，苟以此法驭之，即可分为今、古文两说。三皇之说，以为天皇十二头，地皇十一头，立各一万八千岁；人皇九头，分长九州者，河图、三五历也。以为燧人、伏羲、神农者，《尚书大传》也。以为伏羲、神农、燧人，或曰伏羲、神农、祝融者，《白虎通》也。以为伏羲、女娲、神农者，郑玄也。以为天皇、地皇、泰皇者，始皇议帝号时秦博士之说也。除纬书荒怪，别为一说外，《尚书大传》为今文说，郑玄偏重古文。伏生者，秦博士之一。《大传》云："遂人以火纪，阳尊，故托遂皇于天；伏羲以人事纪，故托羲皇于人；神农悉地力，种谷蔬，故托农皇于地。"可见儒家所谓三皇者，义实取于天、地、人。《大传》与秦博士之说，即一说也。河图、三五历之说，司马贞《补三皇本纪》，列为或说；其正说则从郑玄。《补三皇本纪》述女娲氏事云："诸侯有共工氏，与祝融氏战，不胜，而怒。乃头角虫不周之山，天柱折，地维缺。女娲乃炼五色石以补天"云云。上言祝融，下言女娲，则祝融即女娲。《白虎通》正说从今文，以古文备或说；或古文说为后人窜入也。五帝之说，《史记》《世本》《大戴礼》，并以黄帝、颛顼、帝喾、尧、舜当之；郑玄说多一少昊。今按《后汉书·贾逵传》，逵言："五经家皆言颛顼代黄帝，而尧不得为火德。左氏以为少昊代黄帝，即图谶所谓帝宣也。如令尧不得为火德，则汉不得为赤。"则左氏家增入一少昊，以六人为五帝之情可见矣。《史记》《世本》《大戴礼》，皆今文说，左氏古文说也）且有时一说也，主张之者只一二人；又一说也，主张之者乃有多人，似乎证多而强矣。然苟能知其派别，即可知其辗转祖述，仍出一师。不过一造之说，传者较多；一造之说，传者较少耳。凡此等处，亦必能分清家数，乃不至于听荧也。

近人指示治学门径之书甚多，然多失之浩博。吾今举出经学人人简要之书如下：

皮锡瑞《经学历史》。此书可首读之，以知历代经学变迁大略。

廖平《今古文考》。廖氏晚年著书，颇涉荒怪。早年则不然。分别今古文之法，至廖氏始精确。此书必须次读之。

康有为《新学伪经考》。吾举此书，或疑吾偏信今文，其实不然也。读前人之书，固可以观其事实，而勿泥其议论。此书于重要事实，考辨颇详，皆前列原书，后抒己见；读之，不啻读一详博之两汉经学史也。此书今颇难得；如能得之者，读廖氏《今古文考》后，可续读之。

《礼记·王制注疏》《周礼注疏》、陈立《白虎通疏证》、陈寿祺《五经异义疏证》。今古文同异重要之处，皆在制度。今文家制度，以《王制》为大宗；古文家制度，以《周礼》为总汇。读此二书，于今古文同异，大致已可明白。

两种皆须连疏注细看，不可但读白文，亦不可但看注。《白虎通义》，为东京十四博士之说，今文学之结晶也。《五经异义》，为许慎所撰，列举今古文异说于前，下加按语，并有郑驳，对照尤为明了。二陈疏证，间有误处；以其时今古文之别，尚未大明也。学者既读前列各书，于今古之别，已可了然，亦但观其采撷之博可矣。

此数书日读一小时，速则三月，至迟半年，必可卒业。然后以读其余诸书，即不虑其茫无把握矣。

古代史书，传者极少。古事之传于后者，大抵在经、子之中。而古人主客观不甚分明；客观事实，往往夹杂主观为说；（甚有全出虚构者，是为寓言。参看后论读子之法）而其学问，率由口耳相传，又不能无讹误；古书之传于今者，又不能无阙佚。是以随举一事，辄异说蜂起，令人如堕五里雾中。治古史之难以此。苟知古事之茫昧，皆由主客观夹杂使然，即可按其学术流别，将各家学说，分别部居；然后除去其主观成分而观之，即古事之真相可见矣。然则前述分别今古文之法，不徒可施之儒家之今古文，并可施之诸子也。此当于论读子方法时详之。唯有一端，论读经方法时，仍不得不先述及者，则"既知古代书籍，率多治其学者东鳞西爪之谈，并无有条理系统之作，而又皆出于丛残掇拾之余；则传之与经，信否亦无大分别"是也。世之尊经过甚者，多执经为孔子手定，一字无讹；传为后学所记，不免有误。故于经传互异者，非执经以正传，即弃传而从经，几视为天经地义。殊不知尼山删订，实在晚年，焉能字字皆由亲笔。即谓其字字皆由亲笔，而孔子与其弟子，亦同时人耳，焉见孔子自执笔为之者，即一字无讹？言出于孔子之口，而弟子记之，抑或推衍师意者，即必不免有误哉？若谓经难私造，传可妄为，则二者皆汉初先师所传，经可信，传亦可信；传可伪，经亦可伪也。（若信今文之学，则经皆汉代先师所传，即有讹阙，后人亦无从知之。若信古文之学，谓今文家所传之经，以别有古经，可资核对，所异唯在文字，是以知其可信；则今文先师，既不伪经，亦必不伪传也）是以汉人引用，经、传初不立别。崔适《春秋复始》，论"汉儒引《公羊》者皆谓之《春秋》；可见当时所谓《春秋》者，实合今之《公羊传》而名之"甚详。余谓不但《春秋》如此，即他经亦如此。《太史公自序》，引《易》"失之毫厘，缪以千里"。（此二语汉人引者甚多，皆谓之《易》）今其文但见《易纬》。又如《孟子·梁惠王下篇》，载孟子对齐宣王好勇之问曰："《诗》云：王赫斯怒，爰整其旅，以遏徂莒，以笃周祜，以对于天下。此文王之勇也。文王一怒而安天下之民。《书》曰：'天降下民，作之君，作之师；唯曰其助上帝，宠之四方，有罪无罪，唯我在，天下曷敢有越厥志？'一人衡行于天下，武王耻之。此武王之勇也。而武王亦一怒而安天下之民。""此文王之勇也"，"此武王之勇也"句法相同；自此以上，皆当为《诗》《书》之辞；然"一人衡行于天下，武王耻之"，实为后人评论之语。孟子所引，盖亦《书》《传》文也。举此两事，余可类推。近人过信经而疑传者甚多。予去岁《辨梁任公阴阳五行说之来历》一文，曾力辨之。见《东方杂志》第二十卷第二十册，可以参观。又如《北京大学月刊》一卷三号，载朱君希祖整理中国最古书籍之方法论，谓欲"判别今古文之是非，必取立敌共许之法。古书中无明文。今古文家之传说，一概捐除。唯《易》十二篇，《书》二十九篇，《诗》三百五篇，《礼》十七篇，《春秋》《论语》《孝经》七书，为今古文家所共信。因欲取为判别二家是非之准。"朱君之意，盖欲弃经说而用经文，亦与梁君同蔽。姑无论经、传信否，相去不远。即谓经可信，传不可信，而经文有不能解释处，势必仍取一家传说，是仍以此攻彼耳，何立敌共许之有？今古说之相持不决者，固各有经文为据，观许慎之《五经异义》及郑驳可见也。决嫌疑者视诸圣，久为古人之口头禅，岂有明有经文可据，而不知援以自重者哉？大抵古今人之才智，不甚相远。经学之所以聚讼，古事之所以茫昧，自各有其原因。此等疑难，原非必不可以祛除，然必非一朝所能骤决。若有如朱君所云直截了当之法，前此治经之人，岂皆愚骏，无一见及者邪？

治经之法，凡有数种：（一）即以经为一种学问而治之者。此等见解，由昔日尊经过甚使然，今已不甚适合。又一经之中，所包甚广，人之性质，各有所宜，长于此者不必长于彼。因治一经而遍及诸学，非徒力所不及，即能勉强从事，亦必不能深造。故此法在今日不甚适用。（二）则视经为国故，加以整理者。此则各本所学，求其相关者于经，名为治经，实仍是治此科之学，而求其材料于古书耳。此法先须于所治之学，深造有得，再加以整理古书之能，乃克有济。此篇所言，大概为此发也。（三）又有因欲研究文学，而从事于读经者。其意亦殊可取。盖文学必资言语，而言语今古相承，不知古语，即不知后世言语之根源。故不知最古之书者，于后人文字，亦必不能真解。经固吾国最古之书也。但文学之为物，不重在死法，而贵能领略其美。文学之美，只可直觉；非但徒讲无益，抑亦无从讲起。今姑定一简明之目，以为初学诵习参考之资。盖凡事熟能生巧，治文学者亦不外此。后世文学，根源皆在古书。同一熟诵，诵后世书，固不如诵古书之有益。而欲精研文学，则数十百篇熟诵之文字，固亦决不能无也。

诗　此书近今言文学者必首及之，几视为第一要书。鄙意少异。韵文视无韵文，已觉专门；谈韵文而及于《诗经》，则其专门更甚。何者？四言诗自汉魏后，其道已穷；非专治此一种文学者，不易领略其音节之美，一也。诗之妙处，在能动人情感；而此书距今太远，今人读之，实不能知其意之所在，二也。（诗义之所以聚讼莫决者，其根源在此。若现在通行之歌谣，其有寓意者，固人人能知之也）故此书除专治古代韵文者外，但略事泛览，知其体例；或择所好熟诵之即可。

书　书之文学，别为一体。后世作庄严典重之文字者，多仿效之。若细分之，仍有三种：（一）最难通者，如《周诰》《殷盘》是。（二）次难通者，通常各篇皆是。（三）最易通者，如《甘誓》《牧誓》《金縢》诸篇是。第一种存古书原文盖最多；第三种则十之八九，殆皆孔子以后人所为也。此书文字虽不易解，然既为后世庄严典重之文字所从出，则亦不可不熟诵而求其真了解。《洪范》《无逸》《顾命》（兼今本《康王之诰》）、《秦誓》四篇，文字最美，如能熟诵更妙。《禹贡》一篇，为后世地志文字体例所自出，须细看。

仪礼　礼记　周礼　《仪礼》《周礼》，皆记典制之书，不必诵读；但须细看，知其体例。凡记述典制之文皆然。《礼记》一书，荟萃诸经之传及儒家诸子而成，见后。文学亦极茂美。论群经文学者，多知重左氏，而罕及小戴，此皮相之论也。左氏所叙之事，有与《檀弓》同者；二者相较，左氏恒不如《檀弓》。其余论事说理之文，又何一能如《戴记》之深纯乎？不可不择若干篇熟诵之也。今更举示篇名如下：《檀弓》为记事文之极则，风韵独绝千古，须熟读；《王制》为今文学之结晶，文字亦极茂美，可熟读。既有益于学问，又有益于文学也。《文王世子》，文最流畅；《礼运》《礼器》，文最古雅；《学记》《乐记》，文最深纯；《祭义》，文最清丽；《坊记》《表记》《缁衣》，三篇为一类，文极清雅；《儒行》，文极茂美；《冠义》《昏义》《乡饮酒义》《射义》《燕义》《聘义》六篇，为《仪礼》之传，文字亦极茂美。以上诸篇，皆可熟读。然非谓《戴记》文字之美者遂尽于此，亦非谓吾所指为最美者必能得当，更非敢强人之所好以同于我也，聊举鄙意，以供读者之参考耳。

易 此书《卦辞》《爻辞》，知其体例即可。《彖辞》《文言》《系辞传》，文学皆极美，可择所好者熟诵之；《序卦》为一种序跋文之体，可一看。

春秋《三传》文字，自以《左氏》为最美。其文整齐研练，自成风格，于文学上关系极巨。《左氏》系编年体，其文字一线相承，无篇目，不能列举其最美者。大抵长篇词令叙事，最为紧要；但短节叙事，寥寥数语，亦有极佳者，须细看。《公羊》为《春秋》正宗，讲《春秋》者，义理必宗是书；论文学则不如《左氏》之要。读一过，知其体例可矣。(《公羊》之文字为传体，乃所以解释经文，与《仪礼》之传同。后人无所释之经，而抑或妄效其体，此大谬也。此等皆不知义例之过。故讲文学，亦必须略知学问)《谷梁》文体与《公羊》同。

论语 孟子 此两书文极平正，有极简洁处，亦有极反复排比处，(大抵《论语》，简洁者多，然亦有反复排比者，如"季氏将伐颛臾"章是；孟子反复排比者多，然亦有极简洁者，如各短章皆是)于文学极有益。凡书之为大多数人所习熟者，其义理，其事实，其文法，其辞句，即不期而为大多数人所沿用，在社会即成为常识。此等书即不佳，亦不可不一读，况其为佳者乎？《论语》《孟子》，为我国极通行之书，必不可不熟诵也。

此外，《尔雅》为训诂书，当与《说文》等同类读之，与文学无关。《孝经》亦《戴记》之流，但其说理并不甚精，文字亦不甚美。一览已足，不必深求也。

六经排列之次序，今、古文不同。今文之次，为《诗》《书》《礼》《乐》《易》《春秋》；古文之次，则为《易》《书》《诗》《礼》《乐》《春秋》。盖今文家以六经为孔子别作，其排列之次序，由浅及深。《诗》《书》《礼》《乐》，乃普通教育所资；(《王制》："乐正崇四术，立四教，顺先王《诗》《书》《礼》《乐》以造士。"《论语》："子所雅言，诗书执礼。"盖《诗》《书》《礼》《乐》四者，本古代学校中教科，而孔子教人，亦取之也)而《易》与《春秋》，则为"性与天道""经世之志"所寄；故其次序如此也。古文家以六经皆周公旧典，孔子特修而明之。故其排列之次序，以孔子作六经所据原书时代先后为序。愚谓今言整理国故，视凡古书悉为史材则通；谓六经皆史则非。故今从今文家之次，分论诸经源流及其读法如下。

一、诗

《诗》，今文有鲁、齐、韩三家；古文有毛。郑玄初学《韩诗》，后就《毛传》作笺，间用韩义。（《采苹》《宾之初筵》两诗皆难毛）王肃作《毛诗注》《毛诗义驳》《毛诗奏事》《毛诗问难》诸书，以申毛难郑。《齐诗》亡于曹魏；《鲁诗》不过江东；《韩诗》虽存，无传之者；于是三家与毛之争，一变而为郑、王之争。诸儒或申郑难王，或申王难郑，纷纷不定。至唐修《五经正义》，用《毛传郑笺》，而其争乃息（王肃之书，今亦已亡。然毛、郑相违处，《正义》中申毛难郑之言，实多用王说）。

读《诗》第一当辨明之事，即为《诗序》。按释《诗》之作，凡有三种：（一）释《诗》之字句者，如今之《毛氏诂训传》是也。（二）释《诗》之义者，如今之《诗序》是也。（三）推演《诗》义者，如今之《韩诗外传》是也。（三家诂训及释《诗》义之作，今皆已亡。三家诗亦有序，见《诗古微·齐鲁韩毛异同论》）魏、晋而后，《毛诗》专行者千余年。学者于《诗序》，率皆尊信。至宋欧阳修作《诗本义》，苏辙作《诗传》，始有疑辞。南渡而后，郑樵作《诗辨妄》，乃大肆攻击。朱子作《诗集传》，亦宗郑说；而《集传》与毛、郑之争又起。《小序》之义，诚有可疑；然宋儒之疑古，多凭臆为说，如暗中相搏，胜负卒无分晓，亦不足取也。清儒初宗毛、郑而攻《集传》，后渐搜采及于三家。始知毛、郑而外，说《诗》仍有古义可征；而《集传》与毛、郑之争，又渐变而为三家与毛之争。时则有为调停之说者，谓《诗》有"作义""诵义"；三家与毛所以异同者，毛所传者作义，三家所传者诵义；各有所据，而亦两不相悖也。其激烈者，则径斥《小序》为杜撰，毛义为不合。二者之中，子颇左袒后说。此非偏主今文，以事理度之，固如是也。

何则？《诗》分《风》《雅》《颂》三体。《雅》《颂》或有本事可指；《风》则本民间歌谣，且无作者可名，安有本义可得？而今之《诗序》，于《风诗》亦篇篇皆能得其作义，此即其不可信之处也。《诗序》究为谁作，说极纷纭。宋以后之说，亦多凭臆测度，不足为据。其传之自古者，凡有四说：以为《大序》子夏作，《小序》子夏、毛公合作者，郑玄《诗谱》也。《正义》引沈重说。以为子夏作者，王肃《家语注》也。以为卫宏作者，《后汉书·儒林传》

也。以为子夏首创，而毛公及卫宏，加以润饰增益者，《隋书·经籍志》也。肃说不足信，《隋志》亦系调停之辞；所当辨者，独《后汉书》及《诗谱》两说耳。予谓两说之中，《后汉书》之说，实较可信。今《毛传》之义，固有与《小序》不合者，如《静女》。且其序文义平近，亦不似西汉以前人手笔也（《毛传》之义，所以与《小序》无甚抵牾者，非毛先有《序》为据，乃《序》据《毛传》而作耳。《序》语多不可信，绝非真有传授。郑樵谓其采掇古书而成，最为近之）。

《诗序》有大小之别。今本《小序》分别列诸诗之前，而《大序》即接第一首《小序》之下。自"风，风也"以下，据《正义》《小序》之不足信，前已言之，《大序》亦系杂采诸书而成，故其辞颇错乱。但其中颇有与三家之义不背者。（魏源说，见《诗古微》）今姑据之，以定《风》《雅》《颂》之义。《大序》云："风，风也，教也。风以动之，教以化之。"又云："上以风化下，下以风刺上，主文而谲谏，言之者无罪，闻之者足以戒，故曰《风》。至于王道衰，礼义废，政教失，国异政，家殊俗，而变风、变雅作矣。国史明乎得失之迹，伤人伦之废，哀刑政之苛；吟咏情性，以讽其上，达于事变，而怀其旧俗者也。故变风，发乎情，止乎礼义。发乎情，民之性也；止乎礼义，先王之泽也。"此其言《风》之义者也。又云："一国之事，系一人之本，谓之《风》。言天下之事，形四方之风，谓之《雅》。《雅》者，正也。政有小大，故有《小雅》焉、有《大雅》焉。"此其言《雅》之义者也。又云："《颂》者，美盛德之形容，以其成功，告于神明者也。"此其言《颂》之义者也（按：《诗序》言《风》与《颂》之义，皆极允惬，唯其言《大／小雅》，则似尚欠明白。《史记·司马相如传》："《大雅》言王公大人，而德逮黎庶；《小雅》讥小己之得失，其流及上。"分别大小之义，实较今《诗序》为优。盖三家义也）。

今《诗》之所谓《风》者，周南、召南、邶、鄘、卫、王、郑、齐、魏、唐、秦、陈、桧、曹、豳，凡十五国。周南、召南为《正风》；自邶以下，皆为变《风》。王亦列于《风》者，《郑谱》谓："东迁以后，王室之尊，与诸侯无异；其诗不能复《雅》，故贬之也。"（《正义》：善恶皆能正人，故幽、厉亦名《雅》。平王东迁，政遂微弱，其政才及境内，是以变为《风》焉）十五国之次，郑与毛异。据《正义》：《郑谱》先桧后郑，王在豳后；或系《韩诗》原第邪？

《雅》之篇数较多，故以十篇为一卷。其中《小雅》自《鹿鸣》起至《菁菁者莪》止为正，自此以下皆为变。又分《鹿鸣》至《鱼丽》，为文王、武王之正《小雅》；《南有嘉鱼》至《菁菁者莪》，为成王、周公之正《小雅》。《六月》至《无羊》，为宣王之变《小雅》。《节南山》至《何草不黄》，申毛者皆以为幽王之变《小雅》；郑则以《十月之交》以下四篇，为厉王之变《小雅》。《大雅》自《文王》至《卷阿》为正，《民劳》以下为变。又分《文王》至《灵台》，为文王之正《大雅》；《下武》至《文王有声》，为武王之正《大雅》；《生民》至《卷阿》，为成王、周公之正《大雅》。《民劳》至《桑柔》，为厉王之变《大雅》；《云汉》至《常武》，为宣王之变《大雅》；《瞻卬》《召旻》二篇，为幽王之变《大雅》。皆见《释文》及《正义》。正《小雅》中，《南陔》《白华》《华黍》《由庚》《崇丘》《由仪》六篇，唯有《小序》。《毛诗》并数此六篇，故《诗》之总数，为三百十一篇；三家无此六篇，故《诗》之总数，为三百五篇。《小/大雅》诸诗之义，三家与毛，有同有异，不能备举。可以《三家诗遗说考》与《毛传郑笺》对勘也。

《颂》则三家与毛义大异。毛、郑之义，谓商、鲁所以列于《颂》者，以其得用天子礼乐；今文家则谓《诗》之终以三《颂》，亦《春秋》"王鲁新周故宋"之意，乃通三统之义也。又《鲁颂》《小序》以为季孙行父作，三家以为奚斯作。《商颂》《小序》以为戴公时正考父得之于周太师，三家即以为正考父之作。

《诗》本止《风》《雅》《颂》三体，而《小序》增出赋、比、兴，谓之六义。按此盖以附会《周礼》太师六诗之文，然实无赋、比、兴三种诗可指。故《郑志》："张逸问何《诗》近于比、赋、兴？郑答谓孔子录《诗》，已合《风》《雅》《颂》中，难可摘别。"（《正义》引）"郑意谓风、雅、颂者，诗篇之异体；赋、比、兴者，诗文之异辞也。"《正义》说。因此故，乃又谓《七月》一诗，备有《风》《雅》《颂》三体，以牵合《周礼》龠章豳诗、豳雅、豳颂之文。按：赋者，叙事；比者，寄意于物；兴者，触物而动；（譬如实写美人为赋，辞言花而意实指美女为比，因桃花而思及人面，则为兴矣）作《诗》原有此三法。然谓此作《诗》之三法，可与《诗》之三种体制，平列而称六义，则终属勉强；一诗而兼三体，尤不可通矣。窃谓《周礼》之六诗与《诗》之《风》《雅》《颂》；其豳诗、豳雅、豳颂与《诗》之《豳风》，自系两事，不必牵合。

郑君学未尝不博，立说亦自有精到处，然此等牵合今古、勉强附会处，则实不可从也。又今文家以《关雎》《鹿鸣》《文王》《清庙》为四始（见《史记·鲁诗说》），乃以其为《风》及《大／小雅》《颂》之首篇；而《小序》乃即以风、大小雅、颂为四始，亦殊不可解。

治《诗》之法，凡有数种：（一）以《诗》作史读者。此当横考列国之风俗，纵考当时之政治。《汉书·地理志》末卷及郑《诗谱》，最为可贵。按《汉志》此节本刘歆。歆及父向，皆治《鲁诗》。班氏世治《齐诗》。郑玄初治《韩诗》。今《汉志》与《郑谱》述列国风俗，大同小异，盖三家同有之义，至可信据也。何诗当何王时，三家与毛、郑颇有异说，亦宜博考。以《诗》证古史，自系治史一法。然《诗》本歌谣，托诸比、兴，与质言其事者有异。后儒立说，面面皆可附会，故用之须极矜慎。近人好据《诗》言古史者甚多，其弊也。于《诗》之本文，片言只字，皆深信不疑，几即视为纪事之史，不复以为文辞；而于某《诗》作于何时，系因何事，则又往往偏据毛、郑，甚者凭臆为说，其法实未尽善也。（二）以为博物之学而治之者。《论语》所谓多识于鸟、兽、草、木之名也。此当精研疏注，博考子部有关动植物诸书。（三）用以证小学者。又分训诂及音韵两端。《毛传》与《尔雅》，训诂多合，实为吾国最古之训诂书。最初言古韵者，本自《诗》人；今日言古韵，可据之书，固犹莫如《诗》也。（四）以为文学而研究之者。当先读疏注，明其字句。次考《诗》义，观《诗》人发愤之由（司马迁云：《诗》三百篇，大抵贤圣发愤之所由作），及其作《诗》之法。《诗》本文学，经学家专以义理说之，诚或不免迂腐。然《诗》之作者，距今几三千年；作《诗》之意，断非吾挤臆测可得。通其所可通，而阙其所不可通者，是为善读书。若如今人所云："月出皎兮，明明是一首情诗"之类，羌无证据，而言之断然，甚非疑事无质之义也。

《王制》述天子巡守，命太师陈《诗》，以观民风。何君言采《诗》之义曰：（《公羊》宣十五年注）"五谷毕入，民皆居宅……男女有所怨恨，相从而歌。饥者歌其食，劳者歌其事。男年六十，女年五十无子者，官衣食之，使之民间求诗。乡移于邑，邑移于国，国以闻于天子。故王者不出牖户，尽知天下所苦，不下堂而知四方。"其重之也如此。夫人生在世，孰能无幽约怨悱，不能自言之情？而社会之中，束缚重重，岂有言论自由之地？斯义也，穆勒《群己权界论》，严复译，言之详矣。故往往公然表白之言，初非其人之真意；而其真意，转托诸谣咏之间。古代之重诗也以此。夫如是，《诗》安得有质言其事者？而亦安可据字句测度，即自谓能得作诗之义邪？《汉书·艺文志》曰："汉兴，鲁申公为《诗》训诂。而齐辕固生、燕韩生皆为之传。或取《春秋》，采杂说，咸非其本义。与不得已，鲁最为近之。"此乃古学家攻击三家之辞，其端已肇于班固时。其后乃采取古书，附会《诗》义，而别制今之《诗序》。谓三家皆不知《诗》之本义，而古学家独能得之也。其实《诗》无本义。太师采诗而为乐，则只有太师采之之意；孔子删《诗》而为经，则只有孔子取之之意耳。犹今北京大学，编辑歌谣，岂得谓编辑之人，即知作此歌谣者之意邪？三家于诗，间有一二，能指出其作之之人，及其本事者（如《芣苢》《柏舟》之类），此必确有所据。此外则皆付阙如。盖《诗》固只有诵义也。以只有诵义故，亦无所谓断章取义。我以何义诵之，即为何义耳。今日以此意诵之，明日又以彼义诵之，无所不可也。以为我诵之之意，则任举何义皆通；必凿指为诗人本义，则任举何义皆窒。《诗》义之葛藤，实自凿求其本义始也。

治诗切要之书，今约举如下：

《毛诗注疏》 今所传《十三经注疏》，乃宋人所集刻。其中《易》《书》《诗》《三礼》《左》《谷》，皆唐人疏。疏《公羊》之徐彦，时代难确考，亦必在唐以前。《论语》《孝经》《尔雅》，皆宋邢昺疏，亦多以旧疏为本。唯《孟子疏》题宋孙奭，实为邵武士人伪托，见《朱子语录》。其疏极浅陋，无可取耳。唐人所修《正义》，诚不能尽满人意；然实多用旧疏，为隋以前经说之统汇，仍不可不细读也。特于此发其凡，以后论治诸经当读之书，即不再举注疏。

陈启源《毛诗稽古编》 宋人说《诗》之书甚多，读之不可遍。此书多驳宋人之说，读之可以知其大略。

马瑞辰《传笺通释》 陈奂《诗毛氏传疏》 以上两书为毛、郑之学。

陈乔枞《三家诗遗说考》 魏源《诗古微》 以上两书为三家之学。魏书驳毛、郑，有极警快处；其立说亦有不可据处。魏氏之学，通而不精也。辑三家《诗》者，始于宋之王应麟，仅得一小册。陈氏此书，乃十倍之而不止。清儒辑逸之精，诚足令前人俯首矣。

三家之中，《齐诗》牵涉纬说。如欲明之，可观迮鹤寿《齐诗翼奉学》及陈乔枞《诗纬集证》两书。意在以《诗》作史读者，于《诗》之地理，亦须考究，可看朱右曾《诗地理征》。意在研究博物者，《毛传郑笺》而外，以吴陆玑《诗草木鸟兽虫鱼疏》为最古，与《尔雅》《毛传》，可相参证也。

二、书

《尚书》真伪，最为纷纠。他经唯经说有聚讼，经文同异，止于文字；《尚书》则经文亦有真伪之分。按伏生传《书》，二十八篇，今文家以为无阙。刘歆《移太常博士》，所谓"以《尚书》为备"也。然《汉志》称《大小夏侯经》二十九卷，《欧阳经》三十一卷（此"三十一"，汲古阁本作二十二，武英殿本作三十二。按《志》下文《欧阳章句》三十一卷，则殿本三十字是，而二当作一）。陈寿祺谓今文书亦有序（《左海经辨》）。序说多与今文不合，说颇难信。王引之谓加后得《泰誓》（《经义述闻》）。说较近之（大小夏侯合为一，欧阳析为三）；唯以《泰誓》为伏生所固有，则未必然耳。古文家谓《书》本有百篇，鲁共王坏孔子宅得之。孔安国以今文读之，得多十六篇，献之；遭巫蛊之事，未立于学官。《汉志》《尚书古文经》四十六卷，除二十九篇与《今文经》同外，《逸十六篇》为十六卷，又一卷盖《序》也。《后汉书·儒林传》：杜林传《古文尚书》，贾逵为之作《训》，马融作《传》，郑玄《注解》，盖即此本。然《逸十六篇》，绝无师说，马、郑亦未尝为之作注也。迨东晋时，豫章内史梅赜，乃献所谓孔安国传者。其书凡五十八篇，为四十六卷。其三十三篇与郑同，二十五篇，又多于郑。今按伏生所传者：《尧典》一（合今《舜典》，而无篇首二十八字），《皋陶谟》二（合今本《益稷》），《禹贡》三，《甘誓》四，《汤誓》五，《盘庚》六，《高宗肜日》七，《西伯勘黎》八，《微子》九，《牧誓》十，《洪范》十一，《金縢》十二，《大诰》十三，《康诰》十四，《酒诰》十五，《梓材》十六，《召诰》十七，《洛诰》十八，《多士》十九，《无逸》二十，《君奭》二十一，《多方》二十二，《立政》二十三，《顾命》二十四（合今本《康王之诰》），《费誓》二十五，《吕刑》二十六，《文侯之命》二十七，《泰誓》二十八，加后得《泰誓》则二十九。郑分《盘庚》为三，析《康王之诰》于《顾命》，又分《泰誓》为三，得多五篇，为三十四。所谓《逸十六篇》者，其目见于《正义》。郑又分其《九共》为九篇，则《舜典》一，《汩作》二，《九共》九篇十一，《大禹谟》十二，《益稷》十三，《五子之歌》十四，《胤征》

十五，《汤诰》十六，《咸有一德》十七，《典宝》十八，《伊训》十九，《肆命》二十，《原命》二十一，《武成》二十二，《族冀》二十三，《合命》二十四，共为五十八篇。晚出《孔书》，于二十九篇内无《泰誓》，而析《尧典》之下半为《舜典》，《皋陶谟》之下半为《益稷》，《盘庚》分三篇，凡三十三。其多出之二十五篇，则《大禹谟》一，《五子之歌》二，《胤征》三，《仲虺之诰》四，《汤诰》五，《伊训》六，《太甲三篇》九，《咸有一德》十，《说命三篇》十三，《泰誓》三篇十六，《武成》十七，《旅冀》十八，《微子之命》十九，《蔡仲之命》二十，《周官》二十一，《君陈》二十二，《毕命》二十三，《君牙》二十四，《合命》二十五，合之三十三篇，共五十八。后又加《舜典》篇首二十八字，即今通行之《尚书》矣。（郑之《逸十六篇》，为此本所无）《孔书》与郑异，而《序》则同。（《正义》："马、郑之徒，百篇之《序》，总为一卷。孔以各冠其篇首；亡篇之序即随其次，居见存者之间。"）按汉时伪造《尚书》者，尚有张霸之《百两篇》。《儒林传》谓其采《左氏传》及《书叙》，则《书叙》亦张霸所有矣。予按东晋晚出之《伪书》，既已不雠；张霸《百两篇》之伪，当时即破；即博士所读后得《泰誓》，亦伪迹显然。马融疑之，极为有见；（见今《泰誓》及《左》襄三十一年疏）然则博士以二十八篇为备，说盖不诬。安有所谓百篇之《书》，更安有所谓百篇之《序》？然则《逸十六篇》，盖亦难信。郑玄、马融、王肃之徒，乃并以《书序》为孔子作，（见《正义》）岂不谬哉？然其说亦有所本。按《璇玑钤》谓"孔子求得黄帝玄孙帝魁之书，迄于秦穆公，凡三千二百四十篇。定可以为世法者百二十篇。以百二篇为《尚书》，十八篇为《中侯》"。此盖张霸之伪所由托，而亦古文家百篇之说所由防。纬说荒怪，诚难尽凭。然谓孔子删《书》，只取二十八篇，则其说可信；谓《尚书》一类之书，传于后代者，必只二十八篇，则未必然。何者？《逸书》散见古书者甚多（《尹吉》见《礼记·缁衣》，《高宗》见《坊记》；《夏训》见《左》襄四年，《伯禽》《康诰》见定四年；《相年》见《墨子·尚同》，《禹誓》见《兼爱》《明鬼》，《武观》《官刑》见《非乐》；《大战》《掩诰》见《尚书大传》；《大戊》见《史记·殷本纪》；《丰刑》见《汉书·律历志》。又《书序》所有之《九共》《帝告》《说命》《泰誓》《嘉禾》《冀命》六篇，亦见《大传》。详见《新学伪经考》），岂能尽指为伪物？《史记》谓古者《诗》三千余篇，说者亦多疑之。然今佚《诗》散见群书者亦甚多；谓孔子删《诗》为三百五篇则可，谓《诗》

止三百五篇，亦未必然也。盖孔门所传之《诗》《书》为一物，固有之《诗》《书》，又为一物。孔子所删，七十子后学奉为定本者，《诗》止三百五篇，《书》只二十八篇；原有之《诗》《书》，则固不止此。抑此三百五篇、二十八篇者，不过孔子删订时所取之数，固未必无所取义；然必谓在此外者，即与此三百五篇、二十八篇，大相悬殊，亦属决无之理。故删订时虽已刊落，讲论之际，仍未尝不诵说及之。门人弟子乃各著所闻于传，此今古籍中佚《诗》、佚《书》之所以多也。然则所谓以百二篇为《尚书》，十八篇《中侯》者，得毋二十八篇之外，又有数十百篇，虽不及二十八篇之美善，而亦胜于其余之三千余篇，故孔子于删订二十八篇之后，又特表异之于其余诸篇邪？必因此谓《书》有百篇，而訾博士所传为不备，则过矣；然并谓其不足齿于传说所引之《逸书》，则亦未是。经与传之相去，本不甚远。后得《泰誓》，诚不能遽比之于经，固不妨附益于传。此其所以伪迹虽显，而博士仍附之于经以为教，非真识不如马融也。东晋晚出之《古文书》，虽属伪造，亦多有古书为据。《逸十六篇》，未知是否此类；抑或真为古之逸书，要其亡佚，则固可惜矣。

东晋晚出之伪孔《传》，唐孔颖达作《正义》，原有疑词。然此后迄无人提及。宋吴棫作《书稗传》，乃始疑之。《朱子语录》，于此书亦尝致疑。明梅鷟作《尚书考异》，乃明斥其伪；然所论证，尚不甚确。清阎若璩作《古文尚书疏证》，一一从客观方面加以证明，而此书之伪乃定；然尚未得其主名。迨丁晏作《尚书余论》，乃证明其为王肃所造焉。初学欲明此一重公案者，宜读阎、丁两家之书。（一）为用考证方法攻击伪书，言之成理最早之作。（二）则累经考究后之定论也。此书虽属伪造，亦多有古书为据，为之一一抉其出处者，则为惠栋之《古文尚书考》。

晚《书》之伪既明，考索汉儒书说之事斯起。其中搜辑旧说，为之作疏者，凡有两种：（一）江声《尚书集注音疏》；（二）孙星衍《尚书今古文注疏》是也。江书早出，搜采未全；孙书较备。其时今、古文之派别，尚未大明。误以司马迁为古文，实为巨谬。然其搜辑颇备；学者于今、古文派别，自能分明，作材料看可也。段玉裁《古文尚书撰异》，左袒古学，立说颇偏。王鸣盛《尚书后案》，则专为郑氏一家之学。然二书钩校搜采，俱颇详密，亦可参稽。其后今、古学之派别渐明，乃有分别古今，及搜考今文之事。攻击古文最力者，为魏源之《书古微》，驳诘颇为骏快，而立说亦或不根，与其《诗古微》同。

搜采今文经说者，为陈乔枞《今文尚书遗说考》。

《尚书》中《禹贡》一篇，为言地理最古之书。历来注释者独多。盖不徒有关经学，抑且有关史部中之地理矣。胡渭《禹贡锥指》一书，搜考最博，初学可先读一过。因读此一书，即可见古今众说之崖略也。唯其书兼搜并蓄，初非专门之学。若求确守汉学门户者，则焦循《禹贡郑注释》、成蓉镜《禹贡班义述》最好。

《尚书》《春秋》，同为古史。所谓左史记言、右史记事，言为《尚书》、事为《春秋》是也。然既经孔子删修，则又自成其为经，而有孔门所传之经义。经义、史事，二者互有关系，而又各不相干。必能将其分析清楚，乃能明经义之旨，而亦可见史事之真；否则纠缠不清，二者皆病矣。今试举尧舜禅让之事为例。尧舜禅让之事，见于《孟子》《大传》《史记》者，皆以为廓然公天下之心。然百家之说，与此相反者，不可胜举。究何所折衷哉？予谓九流之学，其意皆在成一家言，本非修订古史；而春秋、战国时所传古事，亦实多茫昧之词。如今村夫野老之说曹操、诸葛亮、李世民、赵匡胤，但仿佛知有此人耳，其事迹则强半附会也。事实既非真相，功罪岂有定评？百家著书，乃各就己意，取为证佐。此犹后人谓"六经皆我注脚"，原不谓经意本如此也。尧舜禅让之事，百家异说，姑措勿论。即就儒书考辨，如鲧之不得其死，（见《癸巳类稿·鲧证》）及共工、欢兜、鲧皆在四岳之列，（见宋翔凤《尚书略说》）其事亦实有可疑。然则《孟子》《大传》《史记》所传，盖非其事之真相，特孔门之经说耳。托之空言，不如见之行事。借史事以发挥己意，后人亦时有之。如苏轼以李斯狂悖，归罪荀卿，谓"其父杀人报仇，其子必且行劫"。岂真好为是深文哉？心疾夫高言异论之徒，聊借此以见意也。姚鼐驳之，谓"人臣善探其君之隐，一以委曲变化从世好者，其为人尤可畏哉"意亦犹此。然则《孟子》《大传》《史记》之言，当径作经义读，不必信为史事。此所谓各不相干者也。然古代史籍，既已不传，欲知其事，固不得不就百家之说，披沙拣金，除去其主观之成分以求之。此则又所谓互有关系者矣。欲除去主观之成分，固非通知其书之义例不可。此则读书之所以贵方法也。今更就真书二十八篇，各示其概要如下：

尧典（包今本《舜典》，唯须除去篇首二十八字） 此篇记尧、舜之事。首记尧所行之政。次记尧举舜，命之摄政，及舜摄政后所行事。又次记尧之终，舜之践位，及舜践位后所行之政。终于舜之死。《大学》引此篇，谓之《帝典》，盖以其兼包尧、舜之事也。《逸十六篇》别立《舜典》之目已非，伪孔即割此篇下半为《舜典》，则《尧典》记尧事不终矣。此篇关涉历法、巡守、刑法，可考古代典制。

《皋陶谟》（包今本《益稷》）　此篇记禹、皋陶、伯益之事。《史记》云："禹即位，举皋陶，授之政。皋陶卒，又以政任益。"盖皋陶、伯益之于禹，犹舜之于尧、禹之于舜也。

《禹贡》　此篇记禹治水之事。先分述九州，次总叙名山大川，又次记五服贡赋之制。地志书之可信者，当以此为最古矣。近人或谓此篇必非禹作，遂目为伪。然传书者本未云《尧典》必尧时史官作，《禹贡》必禹自撰也。此等辨伪之法，几于无的放矢矣（参看《论读子之法》）。

《甘誓》　此篇记启伐有扈战于甘之誓辞。《墨子》谓之《禹誓》。古人蒙祖父之号者甚多，不足疑也。

《汤誓》　此篇为汤伐桀时誓辞。

《盘庚》（今本分为三篇）　此篇为盘庚自河北徙河南时诰下之辞。《史记》谓在盘庚即位后，《序疏》引《郑注》，谓在盘庚相阳甲时。此篇可考古者"询国迁"之制。篇中屡以乃祖乃父，及"我高后将降不样"，恐喝其下，可见殷人之尚鬼。

《高宗肜日》　此篇记武丁祭成汤，有飞雉升鼎耳而响，祖己训王之词。

《西伯戡黎》　此篇记文王灭黎，祖伊恐，奔告于纣之事。可见灭黎一役，于商、周兴亡，关系甚大。

《微子》　此篇记纣太师、少师劝微子去纣之语。

《牧誓》　此篇为武王与纣战于牧野时之誓辞。篇中庸、蜀、羌、髳、微、泸、彭、濮人云云，可考武王所用之兵。

《洪范》　此篇记箕子告武王以天锡禹之《洪范》九畴，乃我国最古之宗教、哲学书也。说虽近乎迷信，然讲古代之哲学、宗教者，不能离术数；古代之术数，实以此篇为统汇。（此篇所陈之数，与《易》数亦相通。故宋后易学之讲图、书者，又有"演范"一派）欲考古代哲学、宗教者，不容不究心也。

《金滕》　此篇记武王有疾，周公请以身代，及雷风示变之事。按《史记》谓克殷后二年，武王病，周公请以身代。武王有瘳，后而崩。成王幼，周公摄政。二叔及武庚叛，周公东伐之，二年而毕定。初成王少时，亦尝病；周公亦请以身代，而藏其策于府。成王亲政后，人或谮周公，周公奔楚。王发府，见策，乃泣，反周公。周公卒，成王葬之不以王礼，于是有雷风之异。成王开金縢，得周公欲代武王之说，乃以王礼改葬之。今文家说皆如此，可看《今文尚书经说考》。郑玄则谓管叔流言，周公避居东国，待罪以须君之察己。成王不悟，尽执其族党。逮有雷风之异，乃感悟，迎周公归，归而摄政焉（见《诗·豳谱》，及《七月》《鸱鸮》《东山》序疏，及《礼记·明堂位疏》。按郑说殊不近情。盖此篇"秋大熟"以下，与上文非记一时之事，而郑误合之也。孙星衍之说如此）。

《大诰》 此篇为周公伐殷时诰辞。篇中之"王"，郑以为周公摄政践王位自称，伪孔以为代成王立言。于古代摄政之制，颇有关系。

《康诰》 此篇为封康叔诰辞。多涉刑法，可考古代典制。

《酒诰》 此篇亦诰康叔，可见当时沫邦酗酒之甚，及周治之刑法之严。

《梓材》 此篇诰康叔以为政之道。

《召诰》 此篇记周、召二公，卒营洛邑之事。

《洛诰》 此篇为洛邑成后，周公诰戒成王之语。

《多士》 此篇为成周既成，迁殷民，诰之之辞。

《无逸》 此篇亦周公告戒成王之语。篇中历举殷代诸王及文王享国长短。共和以前，古史年代之可考者，以此为最可据矣（《尧典》记舜之年，适足百岁，即不可信）。

《君奭》 此篇为周公摄政时告召公之语。篇中多引殷及周初贤臣，可考古代史事。

《多方》 此篇为成王灭奄后，归诰多方之语。

《立政》 此篇为周公致政后告成王之语。述当时官名甚多，亦可考古代典制。

《顾命》（合今本《康王之诰》） 此篇记成王殁、康王立之事，可考古代大丧及即位之礼。所述陈列器物，亦可考古代重器。

《费誓》 此篇为伯禽伐淮夷誓辞。

《吕刑》 此篇记穆王改定刑法之事。言古代刑法者，以此篇为最完具。

《文侯之命》 此篇《史记》以为城濮战后，周襄王命晋文公之辞。《书序》

以为平王命晋文侯之辞。《书序》与今文说不合，即此可见。

《秦誓》　此篇为秦穆公胜晋后誓众之辞。秦文之可考者，当以此及《石鼓文》《诅楚文》为最古矣。石鼓文，昔人多以为周宣王作，非是。近人王国维、马衡考定为秦时物，说较可信。马作见《北京大学国学季刊》第一册。

三、附论《逸周书》

今之《逸周书》《汉志》列之书家。说者因以为孔子删《书》之余，其实非《书》之伦也。特以此说相沿已久，后人编甲部书者，亦多收之。（清《正续经解》尚然）又有入之乙部者；然古代经、子而外，实无所谓史，亦未安也。故附论之于此（就鄙见，此书入子部兵家最妥）。

此书《汉志》只称《周书》。《说文》"算"字下引之始称"逸"。所引见今本典篇。（然此语疑非许君原文）《隋志》系之汲冢。后人有信之者，有辨之者；亦有调停其说，谓此书汉后久晦，得汲冢本乃复明者。《四库提要》云："《晋书·武帝纪》及《荀勖束晳传》，载汲郡人不准所得《竹书》七十五篇，具有篇名，无所谓《周书》。杜预《春秋集解后序》，载汲冢诸书，亦不列《周书》名。"则辨之者是也。《汉志》七十一篇；师古注：存者四十五。然《史通》言"《周书》七十一章，上自文、武，下终灵、景"，不言有阙。则唐时所传，盖有两本。故《唐志》以《汲冢周书》十卷，与孔晁注《周书》八卷并列。师古所见，盖即孔晁注八卷本，不全。知几所见，则蒙汲冢名之十卷本，无阙也。今本篇目，凡得七十。陈振孙《书录解题》谓"此书凡七十篇，叙一篇，在其末。"则今本篇名，较之《汉志》，并未阙少。盖即知几所见之本。然篇名具存，而书则已阙十一篇矣。至孔晁注则今仅存四十二篇，较师古所见，又阙其三焉。

蔡邕《明堂月令论》，谓《周书》七十一篇，《月令》第五十三，篇数与《汉志》合，篇第亦同今本，似今本确为《汉志》之旧。然《汉志》自注曰："周史记。"师古引刘向曰："周时诰誓号令也。"今本非诰誓号令者，实居其半。序固举全书悉指为周史记，但观本文，则无以明之。序与书颇不合，不足信也。诸篇文体，有极类《尚书》者，（如《商誓》《祭公》两篇是）亦有全不类《尚书》，而类周秦诸子，且极平近者，（如《官人》《太子晋》两篇是）又有可决为原书已亡，而后人以他书补之者，（如《殷祝》篇是）谓其不可信，则群书所征引，今固多散见各篇之中。谓为可信，则群书所征引，为今本所无者，亦复不少。朱右曾本辑之。谡为尽在亡篇之中，似亦未安也。朱右曾曰："此书虽未必果出文、武、周公之手，要亦非秦、汉人所能伪托。何者？庄生有言：圣人之法，以参为验，以稽为决，一二三四是也。周室之初，箕子陈畴，《周官》分职，皆以数纪。大致与此书相似。"今此书亡篇中有《箕子》，安知其不与《洪范》相出入。《克殷》《度邑》两篇，为《史记·周本纪》所本。《世俘篇》记武王狩禽及征国、服国、俘馘、俘宝玉之数，迹似残虐。然与《孟子》所言"周公相武王，灭国者五十，驱虎豹犀象而远之"，隐相符合。《孟子》自述所见武、成，因亦有"血流漂杵"之语。是此书确可称为《尚书》之类也。然如《武称》《允文》《大武》《大明武》《小明武》《武顺》《武穆》《武纪》诸篇，则明明为兵家言。《文传》后半，文字极类《管子》。开塞为商君之术，参看论《商君书》。亦已见本篇中。又《汉书·食货志》：王莽下诏，谓"《乐语》有五均"。今《乐语》已亡，而五均之别，实见本书之《大聚》。五均者，抑并兼之政，亦《管子》轻重之伦也。吾国之兵家言，固多涉及治国。其记周事之篇特多者，著书托古，古人类然；亦或诚有所祖述。今《六韬》即如此，岂能附之书家乎？然则此书入之子部兵家，实最妥也。

此书隶之书家，虽拟不于伦，然全书中涉及哲理及论治道、治制之处，皆与他古书相类。文字除数篇外，皆朴茂渊雅，绝非汉后人所能为。所述史迹，尤多为他书所不见，实先秦旧籍中之瑰宝矣。

此书传本，讹谬甚多。卢抱经始有校本。其后陈逢衡有《逸周书补注》，朱右曾有《逸周书集训校释》。

《度训》第一 《命训》第二 《常训》第三 《文酌》第四 据序，自此至《文传》，皆文王之书。《度训》欲以弼纣，《命训》《常训》《文酌》所以化民。然序实不足信，不拘可也。此数篇之意，大约言法度原于天理，必能遵守法度，乃可以和众而聚人。一切赏罚教化之事，皆合群所必须，而亦无不当准诸天然之理者也。理极精深，文颇难解。

《籴匡》第五 此篇述成岁、俭岁、饥岁行事之异，可见古者视岁丰耗，以制国用之规。

《武称》第六 《允文》第七 《大武》第八 《大明武》第九 《小明武》

第十 此五篇皆兵家言，甚精。

《大匡》第十一 此篇言荒政。

《程典》第十二 此篇记文王被囚，命三卿守国，诰以治国之道。

《程寤》第十三 《泰阴》第十四 《九政》第十五 《九开》第十六 《刘法》第十七 《文开》第十八 《保开》第十九 《八繁》第二十 此八篇亡。

《酆保》第二十一 《大开》第二十二 《小开》第二十三 《文儆》第二十四 《文传》第二十五 以上五篇，为文王受命作丰邑后事。《酆保》为命公卿百官之语。《大 / 小开》皆开示后人之语。《文儆》《文传》则文王自知将死，诰太子发之语也。

《柔武》第二十六 《大开武》第二十七 《小开武》第二十八 《宝典》第二十九 据序，自二十六至四十六，皆武王之书。此四篇为武王即位后，与周公讲论治国之道。其以"武"名篇者，我国兵家言，固多涉及政治也。

《酆谋》第三十 《寤儆》第三十一 此两篇皆谋伐商之事。

《武顺》第三十二 《武穆》第三十三 前篇言军制，后篇言军政，亦兵家言之精者。

《和寤》第三十四 《武寤》第三十五 《克殷》第三十六 《世俘》第三十七 此四篇记武王克商之事，事迹多可与他书互证，或补其不备。《世俘》篇原第四十，朱本移前，与《克殷》相次。

《大匡》第三十八 《文政》第三十九 此两篇记武王在管之事。上篇东隅之侯，受赐于王，王诰之。下篇管、蔡以周政开殷人。

《大聚》第四十 此篇记武王克殷后，问周公以徕民之道，述治制甚详。

《箕子》第四十一 《耆德》第四十二 《耆德》，序作《考德》。此两篇亡。

《商誓》第四十三 "誓"读为"哲"。此篇记武王告商诸侯之语。先称商先哲王，次数纣之恶，终述己意，极与书类。

《度邑》第四十四 此篇记武王、周公图建洛邑之事，较《史记》为详。

《武儆》第四十五 《五权》第四十六 此两篇记武、成相继之事。《武儆》篇盖记立成王为太子，而残缺，只寥寥数语。《五权》为武王疾笃告周公之辞。

《成开》第四十七 据序，自此至五十九，为成王、周公之书。此篇为成王元年，周公开告成王之语。

《作雒》第四十八 此篇记周公克殷后，营建洛邑之事。

《皇门》第四十九　此篇记周公会群臣于皇门，诰诫之之语。

《六戒》第五十　此篇亦周公陈戒成王之辞。

《周月》第五十一　《时训》第五十二　《月令》第五十三　序云："周公正三统之义，作《周月》。辨二十四气之应，以明天时，作《时训》。制十二月赋政之法，作《月令》。"今《月令》篇亡，《时训》记二十四气之应，与《戴记·月令》同。盖《戴记·月令》实合此书之《时训》《月令》二篇为一也。《周月》篇末，言"夏数得天，百王所同"。周虽改正以垂三统，"至于敬授民时，巡守祭享，犹自夏焉。"文体与前不类；且此为儒家学说，盖后人以儒书窜入也。《崇文总目》有《周书·月令》一卷，则《月令》在宋时有单行本。

《谥法》第五十四　此篇历记谥法，谓周公葬武王时作。按《戴记》言"古者，生无爵，死无谥"，又言"死谥为周道"，则谥确始于周时。然以为周公作，则亦未必然也。

《明堂》第五十五　与《小戴记·明堂位》篇略同。

《尝麦》第五十六　此篇记成王即政，因尝麦求助于臣。篇中多涉黄帝、少昊、五观之事，可以考史。又云："命大正正《刑书》九篇。"按《左》文十八年，季文子言周公制周礼，作《誓令》曰："毁则为贼，掩贼为藏。窃贿为盗，盗器为奸。主藏之名，赖奸之用，为大凶德，有常无赦，在九刑不忘。"昭六年叔向诒子产书，亦曰："周有乱政而作九刑。"则九刑确为周时物。得毋即此《刑书》九篇邪？（《周礼》司刑疏引《郑书注》）以五刑五，加流宥、鞭、扑、赎，为九刑。

《本典》第五十七　此篇记成王问，周公对，盖与上篇相承。

《官人》第五十八　此篇记周公告成王以观人之术，文极平顺。

《王会》第五十九　此篇记八方会同之事。列举四夷之名甚多，考古之瑰宝也。

《祭公》六十　此篇记祭公谋父诲穆王之语，文体亦极似《尚书》。

《史记》第六十一　此篇记穆王命戎夫主史，朔望以闻，借以自镜。说如可信，则史官记注之事，由来已久；而人君之知读记注，亦由来已久矣。篇中历举古之亡国，多他书所不详，亦考古之资也。

《职方》第六十二　同《周官》职方。

《芮良夫》第六十三　此篇记厉王失道，芮伯陈谏之辞。

《太子晋》第六十四　此篇记晋平公使叔誉于周。太子晋时年十五，叔誉与之言，五称而叔誉五穷。叔誉惧，归告平公，反周侵邑。师旷不可。请使，与子晋言，知其不寿，其后果验。颇类小说家言。

《王佩》第六十五　此篇言王者所佩在德，故以为名。皆告戒人君之语。

《殷祝》第六十六　此篇记汤胜桀践天子位事。与周全无涉，与下篇亦绝不类。《御览》八十三引《书大传》略同。盖原书已亡，妄人意此书为《尚书》之类，遂取《大传》之涉殷事者补之也。

《周祝》第六十七　此篇盖亦陈戒之语。以哲学作成格言，极为隽永。

《武纪》第六十八　此篇亦兵家言。

《铨法》第六十九　此篇言用人之道。

《器服》第七十　此篇言明器，可考丧礼。

四、仪礼　礼记　大戴礼记　周礼

《周礼》《仪礼》《礼记》，今日合称《三礼》。按高堂生所传之《礼》，本止十七篇；即今《仪礼》，是为《礼经》。《周礼》本称《周官》，与孔门之《礼》无涉。《礼记》亦得比于传耳。然今竟以此三书并列，而《周礼》一书，且几驾《仪礼》而上之，其故何耶？

按《汉书·艺文志》谓："《礼》自孔子时而不具。汉兴，鲁高堂生传《士礼》十七篇。讫孝宣世，后仓最明。戴德、戴圣、庆普，皆其弟子。三家立于学官。《礼古经》者，出于淹中。及孔氏学七十篇（当作十七篇）文相似；多三十九篇。及《明堂》《阴阳》《王史氏之记》，所见多天子、诸侯、卿大夫之制。虽不能备，犹愈仓等推士礼而致于天子之说。"刘歆讥太常博士："国家将有大事，若立辟雍、封禅、巡守之仪，则幽冥而莫知其原。"此为古学家求礼于十七篇以外之原因，盖讥今学家所传为不备也。主今学者曰：今十七篇中，唯《冠》《昏》《丧》《相见》为士礼，余皆天子、诸侯、卿大夫之制。谓高堂生所传独有士礼，乃古学家訾謷之辞，不足为今学病也。其说良是。然谓十七篇即已备一切之礼，则固有所不能。《逸礼》三十九篇，群书时见征引，《注疏》中即甚多。信今学者悉指为刘歆伪造，似亦未足服人。然谓高堂生所传十七篇，真乃残缺不完之物，则又似不然也。此其说又何如耶？

予谓孔门所传之《礼经》为一物；当时社会固有之礼书，又为一物。孔门传经，原不能尽天下之礼；亦不必尽天下之礼。以所传之经，不能尽天下之礼，而诋博士，其说固非；然必谓博士所传以外，悉为伪物，则亦未是也。邵懿辰云："《周官·大宗伯》，举吉、凶、宾、军、嘉五礼，其目三十有六。后人以此为《周礼》之全。实仅据王朝施于邦国者言之，诸侯卿大夫所守，不及悉具，亦揭其大纲而已。古无以吉、凶、宾、军、嘉为五礼者，乃作《周官》者特创此目，以括王朝之礼；而非所语于天下之达礼也。天下之达礼，时曰丧、祭、射、乡、冠、昏、朝、聘，与《大戴礼经》，篇次悉合。见后。《礼运》亦两言之，特'乡（卿）'皆误为'御'耳。后世所谓《礼书》者，皆王朝邦国之礼，而民间所用无多；即有之，亦不尽用。官司所掌，民有老死不知不见者，非可举以教人也。孔子所以独取此十七篇者，以此八者为天下之达礼也。"（邵说见《礼经通论》，此系约举其意）按此说最通。礼源于俗，不求变俗，随时而异，随地而殊；欲举天下所行之礼，概行制定，非唯势有不能，抑亦事可不必。故治礼所贵，全在能明其义。能明其义，则"礼之所无，可以义起"，原不必尽备其篇章。汉博士于经所无有者，悉本诸义以为推，事并不误。古学家之訾之，乃曲说也。推斯义也，必谓十七篇之外，悉皆伪物，其误亦不辨自明矣。然此不足为今学家病，何也？今学家于十七篇以外之礼，固亦未尝不参考也。

何以言之？按今之《礼记》，究为何种书籍，习熟焉则不察，细思即极可疑。孔子删订之籍，称之曰"经"；后学释经之书，谓之为"传"，此乃儒家通称。犹佛家以佛所说为"经"，菩萨所说为"论"也。其自著书而不关于经者，则可入诸儒家诸子；从未闻有称为"记"者。故廖平、康有为，皆谓今之《礼记》，实集诸经之传及儒家诸子而成，其说是矣。然今《礼记》之前，确已有所谓"记"，丧服之记，子夏为之作传，则必在子夏以前。今《礼记》中屡称"记曰"，疏皆以为"旧记"。《公羊》僖二年传亦引"记曰：唇亡则齿寒"。则"记"盖社会故有之书，既非孔子所修之经，亦非弟子释经之传也。此项古籍，在孔门传经，固非必备，（故司马迁谓《五帝德》《帝系姓》，儒者或不传）而亦足为参考之资。何者？孔子作经，贵在明义。至于事例，则固有所不能该。此项未尽之事，或本诸义理，以为推致；或酌采旧礼，以资补苴，均无不可。由前之说，则即后仓等推士礼而至于天子之法，亦即所谓"礼之所无，可以义起"；由后之说，则《仪礼正义》所谓"凡《记》皆补《经》所不备"

是也。诸经皆所重在义，义得则事可忘，《礼经》固亦如此；然礼须见诸施行，苟有旧时礼以供采取参证，事亦甚便。此礼家先师，所以视"记"独重也。然则所谓《礼记》者，其初盖礼家裒集经传以外之书之称，其后则凡诸经之传，及儒家诸子，为礼家所采者，亦遂概以附之，而举蒙"记"之名矣。然则经传以外之书，博士固未尝不搜采；刘歆讥其"因陋就寡"，实乃厚诬君子之辞矣。今《礼记》中之《奔丧》《投壶》，郑皆谓与《逸礼》同，则《逸礼》一类之书，二戴固非不见也。

至于《周礼》，则本为言国家政制之书；虽亦被"礼"之名，而实与《仪礼》之所谓"礼"者有别。故至后世，二者即判然异名。《周礼》一类之书，改名曰"典"；《仪礼》一类之书，仍称为"礼"。如《唐六典》及《开元礼》是也。《周礼》究为何人所作，说者最为纷纭。汉时今学家皆不之信，故武帝谓其"渎乱不验"，何休以为"六国阴谋之书"；唯刘歆信为"周公致太平之迹"。东汉时，贾逵、马融、郑兴、兴子众皆治之，而郑玄崇信尤笃。汉末郑学大行，此经遂跻《礼经》之上。后人议论，大抵不出三派：（一）以称其制度之详密，谓非周公不能为。（二）则訾其过于烦碎，不能实行，谓非周公之书。（三）又有谓周公定之而未尝行；或谓立法必求详尽，行之自可分先后，《周官》特有此制，不必一时尽行，以为调停者。今按此书事迹，与群经所述，多相龃龉，自非孔门所传。其制度看似精详，实则不免矛盾。（如康有为谓实行《周官》之制，则终岁从事于祭，且犹不给是也。见所著《官制议》）故汉武谓其"渎乱不验"，何休指为"六国阴谋"，说实极确。"渎乱"即杂凑之谓，正指其矛盾之处；"不验"则谓所言与群经不合也。古书中独《管子》所述制度，与《周官》最相类。《管子》实合道、法、纵横诸家之言，固所谓"阴谋之书"矣。故此书与儒家《礼经》，实属了无干涉，亦必非成周旧典。盖系战国时人，杂采前此典制成之。日本织田万曰："各国法律，最初皆唯有刑法，其后乃逐渐分析。行政法典，成立尤晚。唯中国则早有之，《周礼》是也。《周礼》固未必周公所制，然亦必有此理想者所成，则中国当战国时，已有编纂行政法典之思想矣。"（见所著《清国行政法》）此书虽属渎乱，亦必皆以旧制为据。刘歆窜造之说，大昌于康有为，而实始于方苞。苞著《周官辨》十篇，始举《汉书·王莽传》事迹为证，指为刘歆造以媚莽，说诚不为无见。然窜乱则有之；全然伪撰，固理所必无，则固足以考见古制矣。此书虽属虚拟之作，然孔子删订"六经"，垂一王之法，亦未尝身见诸施行。当两千余年前，而有如《周官》之书，其条贯固不可谓不详，规模亦不可谓不大。此书之可贵，正在于此。初不必托诸周公旧典，亦不必附和孔门《礼经》。所谓合之两伤，离之双美。必如郑玄指《周官》为经礼，《礼经》为曲礼——见《礼器》（"经礼三百，咸仪三千"）注。一为周公旧典，足该括夫显庸创制之全；一则孔子纂修，特掇拾于煨烬丛残之后——则合所不必合，而其说亦必不可通矣。

《仪礼》篇次，《大／小戴》及刘向《别录》，各有不同。今本之次，系从《别录》，然实当以《大戴》为是。依《大戴》之次，则一至三为冠、昏，四至九为丧祭，十至十三为射乡，十四至十六为朝聘；十七丧服，通乎上下，且此篇实传，故附于末也。

篇名	大戴	小戴	别录
士冠礼	一	一	一
士昏礼	二	二	二
士相见礼	三	三	三
乡饮酒礼	十	四	四
乡射礼	十一	五	五
燕礼	十二	十六	十六
大射仪	十三	七	七
聘礼	十四	十五	八
公食大夫礼	十五	十六	九
觐礼	十六	十七	十
丧服经传	十七	九	十一
士丧礼	四	八	十二
既夕礼	五	十四	十三
士虞礼	六	十五	十四
特牲馈食礼	七	十三	十五
少牢馈食礼	八	十一	十六
有司彻	九	十二	十七

礼之节文，不可行于后世，而其原理则今古皆同。后世言礼之说，所以迂阔难行；必欲行之，即不免徒滋纷扰者，即以拘泥节文故。故今日治礼，当以言义理者为正宗；而其言节文者，则转视为注脚，为欲明其义，乃考其事耳。然以经作史读，则又不然。礼源于俗，故读古礼，最可考见当时社会情形。《礼经》十七篇，皆天下之达礼，尤为可贵。如冠、昏、丧、祭之礼，可考亲族关系、宗教信仰；射、乡、朝、聘之礼，可考政治制度，外交情形是也。而宫室、舟车、衣服、饮食等，尤为切于民生日用之事。后世史家，记载亦罕，在古代则以与《礼经》相关故，钩考者众，事转易明。（说本陈澧，见《东塾读书记》）尤治史学者所宜究心矣。

至治《周礼》之法，则又与《礼经》异。此书之所以可贵，乃以其为政典故，前已言之。故治之者亦宜从此留意。《周官》六官，前五官皆体制相同；唯冬官阙，以《考工记》补之。按古代工业，大抵在官。（除极简易，及俗之所习，人人能自制者）制度与后世迥异。今可考见其情形者，以此书为最详，亦可宝也（《周礼》有《冬官》补亡一派。其说始于宋俞庭椿之《周礼复古编》。谓五官所属，在六十以外者皆美，乃割裂之以补《冬官》。其说无据，不足信也）。

今《礼记》凡四十九篇。《正义》引《六艺论》曰："戴德传《记》八十五篇，则《大戴礼》是也；戴圣传《记》四十九篇，此《礼记》是也。"《经典释文·叙录》引刘向《别录》："《古文记》二百四篇。"又引陈邵《周礼论·序》："戴德删《古礼》二百四篇为八十五篇，谓之《大戴礼》；戴圣删《大戴礼》为四十九，是为《小戴礼》。后汉马融、卢植，考诸家同异，附戴圣篇章，去其繁重，及所叙略，而行于世，即今《礼记》是也。"《隋志》则谓："戴圣删《大戴》为四十六，马融足《月令》《明堂位》《乐记》为四十九。"今按《汉志》："礼家，《记》百三十一篇。"班氏自注："七十子后学者所记也。"（按其中实有旧记，此书未尽合）见前。此为今学。又《明堂阴阳》三十三篇，《王史氏》二十一篇。此即所谓"《礼古经》出淹中，多三十九篇，及《明堂阴阳》《王史氏记》者"。见前。更加《古封禅群祀》二十二篇，凡二百七。如《隋志》说，《月令》《明堂位》《乐记》三篇，为马融、卢植后加，则正二百四也。（此外礼家之书：《曲台后仓》，乃汉师所撰。《中庸说》《明堂阴阳说》皆说，《周官经》《周官传》，别为一书，与礼无涉。《军礼司马法》，为班氏所入。《封禅议对》

《汉封禅群祀》《议奏》，皆汉时物。故唯《古封禅群祀》，可以相加也。然此二百四篇中，百三十一篇，实为今学，不得概云古文记）然《乐记正义》又引刘向《别录》，谓《礼记》四十九篇。《后汉书·桥玄传》："七世祖仁，著《礼记章句》四十九篇。"仁即班氏《儒林传》所谓小戴授梁人桥仁季卿者。《曹褒传》："父充，治《庆氏礼》。褒又传《礼记》四十九篇。庆氏学遂行于世。"则《礼记》四十九篇，实小戴、庆氏之所共，抑又何耶？按陈邵言：马融、卢植去其繁重，而不更言其篇数，明有所增亦有所去，而篇数则仍相同。今《礼记》中，《曲礼》《檀弓》《杂记》，皆分上下，实四十六篇。四十六加八十五，正百三十一。然则此百三十一篇者，固博士相传之今学，无所谓删《古记》二百四篇而为之也。或谓今之《大戴记》《哀公问》《投壶》，皆全同《小戴》；苟去此二篇，篇数即不足八十五，安得谓小戴删取大戴乎？不知今之《大戴记》，无传授可考，前人即不之信。（《义疏》中即屡言之）虽为古书，必非大戴之书。然语其篇数，则出自旧传，固不容疑也。

《礼记》为七十子后学之书，又多存礼家旧籍。读之，既可知孔门之经义，又可考古代之典章，实为可贵。然其书编次错杂，初学读之，未免茫无头绪。今更逐篇略说其大要。

《曲礼》上第一、下第二　此篇乃杂记各种礼制，明其委曲者，故称《曲礼》。凡礼之节文，多委曲繁重。然社会情形，由此可以备睹。欲考古代风俗者，此实其好材料也。

《檀弓》上第三、下第四　此篇虽杂记诸礼，实以丧礼为多。檀弓，《疏》云六国时人；以仲梁子是六国时人，此篇有仲梁子故。然"檀弓"二字，特取于首节以名篇，非谓此篇即檀弓所记。或谓檀弓即仲弓，亦无确证也。

《王制》第五　此篇郑氏以其用"正"决狱，合于汉制；又有"古者以周尺""今以周尺"之言，谓其出于秦、汉之际。卢植谓汉文令博士诸生所作。按《史记·封禅书》："文帝使博士诸生刺取六经作《王制》。"今此篇中固多存诸经之传，（如说制爵禄为《春秋传》，巡守为《书传》）卢说是也。孔子作六经，损益前代之法，以成一王之制，本不专取一代。故经传所说制度，与《周官》等书述一代之制者，不能尽符。必知孔子所定之制，与历代旧制，判然二物，乃可以读诸经。若如《郑注》，凡度制与《周官》不合者，即强指为夏、殷，以资调停，则愈善附会而愈不可通矣。细看此篇《注疏》，便知郑氏牵合今古文之误。此自治学之法当然，非有门户之见也。

《月令》第六　此篇与《吕览·十二纪》《淮南·时则训》大同。《逸周书》亦有《时训》《月令》二篇。今其《月令》篇亡，而《时训》所载节候，与此篇不异。盖此实合彼之两篇为一篇也。蔡邕、王肃以此篇为周公作，盖即以其出于《周书》。郑玄则以其令多不合周法；而太尉之名，九月授朔之制，实与秦合，指为出于《吕览》。然秦以十月为岁首，已在吕不韦之后，则郑说亦未可凭。要之古代自有此等政制，各家同祖述之，而又颇以时制，改易其文耳。

《曾子问》第七　此篇皆问丧礼、丧服，多可补经所不备。

《文王世子》第八　此篇凡分五节。见《疏》。可考古代学制、刑法、世子事父之礼，王族与异姓之殊。此篇多古文说。

《礼运》第九　《礼器》第十　此两篇颇错杂，然中存古制及孔门大义甚多。如《礼运》首节，述大同之治，实孔门最高理想。"夫礼之初"一节，可考古代饮食居处进化情形。下文所论治制，亦多非春秋、战国时所有，盖皆古制也。《礼器》云："因名山以升中于天，因吉土以享帝于郊。"昊天上帝与五方帝之别，明见于经者，唯此一处而已。论礼意处，尤为纯美。

《郊特牲》第十一　此篇在《礼记》中最为错杂。大体论祭祀，而冠、昏之义，皆错出其中。

《内则》第十二　此篇皆家庭琐事，而篇首云："后王命冢宰，降德于众兆民。"令宰相以王命行之，可见古代之政教不分。所记各节，尤可见古代卿大夫之家生活之情况也。

《玉藻》第十三　此篇多记服饰。一篇之中，前后倒错极多，可见《礼记》编次之杂。因其编次之杂，即可见其传授之久也。

《明堂位》第十四　此篇记周公摄王位，以明堂之礼朝诸侯，与《周书·明堂》篇略同。篇中盛夸鲁得用王礼。又曰："君臣未尝相弑也，礼乐刑法政俗，未尝相变也。"郑玄已讥其诬。此篇盖鲁人所传也。

《丧服小记》第十五　《大传》第十六　此两篇为记古代宗法，最有条理之作；盖因说丧服而及之。

《少仪》第十七　郑云："以记相见及荐羞之小威仪，故名。""少""小"二字，古通也。

《学记》第十八　此篇皆论教育之法，涉学制者甚少。篇首即云："君子如欲化民成俗，其必由学乎！"又曰："古之王者，建国君民，教学为先。"下文又云："能为师，然后能为长。能为长，然后能为君。故师也者，所以学为君也。"此篇盖皆为人君说法，然其论教育之理则极精。

《乐记》第十九　　此篇凡包含十一篇见《疏》，论乐之义极精。《荀子》《吕览》诸书论乐者，多与之复，盖相传旧籍也。

《杂记》上第二十、下第二十一　　此篇杂记诸侯以下至士之丧事。

《丧大记》第二十二　　此篇记人君以下，始死、小殓、大殓，及殡葬之礼。

《祭法》第二十三　　此篇记虞、夏、商、周四代之祀典，极有条理。

《祭义》第二十四　《祭统》第二十五　　此两篇皆论祭祀。《祭义》中孔子与宰我论鬼神一段，可考古代之哲学。此外曾子论孝之语，及推论尚齿之义，皆可见古代伦理，以家族为之本。故修身、齐家、治国、平天下，义可一贯也。

《经解》第二十六　　此篇论《诗》《书》《乐》《易》《礼》《春秋》之治，各有得失。六艺称经，此为最早矣。下文论礼之语，颇同《荀子》。

《哀公问》第二十七　《仲尼燕居》第二十八　《孔子闲居》第二十九　　此三篇文体相类，盖一家之书也。《哀公问》篇，前问政，后问礼。《仲尼燕居》篇，记孔子为子张、子贡、子游说礼乐。《孔子闲居》篇，则为子夏说诗。皆反复推论，词旨极为详尽。

《坊记》第三十　　此篇论礼以坊民，列举多事为证。

《中庸》第三十一　　此篇为孔门最高哲学。读篇首云"天命之谓性，率性之谓道，修道之为教"三语可见。唯中间论舜及文、武、周公一节，暨"凡为天下国家有九经"一节，太涉粗迹，疑亦他篇简错也。

《表记》第三十二　　郑云："此篇论君子之德，见于仪表者，故名。"

《缁衣》第三十三　　以上四篇，文体相类。《释文》引刘瓛云：《缁衣》为公孙尼子作。"《隋书·音乐志》，谓《中庸》《表记》《坊记》《缁衣》，皆取《子思子》，《乐记》取《公孙尼子》。今按《初学记》引《公孙尼子》："乐者，审一以定和，比物以饰节。"《意林》引《公孙尼子》："乐者，先王之所以饰喜也。"皆见今《学记》；《意林》引《子思子》十余条，一见于《表记》，再见于《缁衣》；则《隋志》之言信矣。

《奔丧》第三十四　　此篇记居于他国，闻丧奔归之礼。郑云：此篇与《投壶》皆为逸礼，见《疏》。

《问丧》第三十五　《服问》第三十六　《闲传》第三十七　《三年问》第三十八　此四篇皆释丧礼之义，及丧服轻重所由，实亦《仪礼》之传也。

《深衣》第三十九　此篇记深衣之制。深衣为古者天子达于庶人之服，若能深明其制，则其余服制，皆易明矣。

《投壶》第四十　此篇记投壶之礼，为古人一种游戏。

《儒行》第四十一　此篇记孔子对哀公，列举儒者之行。与《墨子·非儒》《荀子·非十二子》等篇对看，可见当时所谓儒者之情形。

《大学》第四十二　此篇论学以治国之理。与《学记》篇合看，可见古代学与政相关。

《冠义》第四十三　《昏义》第四十四　《乡饮酒义》第四十五　《射义》第四十六　《燕义》第四十七　《聘义》第四十八　此六篇皆《仪礼》之传。但读《礼经》诸篇，殊觉其干燥无味；一读其传，则觉妙绪环生。此吾所以云今日治礼，当以言义理者为主，言节文者为注脚也。

《丧服四制》第四十九　此篇亦《丧服》之传也。

今之《大戴记》，虽未必为戴德之旧，然其中有若干篇，则确为大戴所有。如许慎《五经异义》引《盛德》记，已谓为今《戴礼》说是也。此书《隋志》作十三卷。司马贞言亡四十七篇，存者三十八篇。今存者实三十九篇；盖由《夏小正》一篇，尝摘出别行之故。《中兴书目》《郡斋读书志》谓存者四十篇，则因其时《盛德》记已析为两故也。此书《盛德》篇中论明堂之处，古书征引，皆称为《盛德》篇，不知何时析出，别标明堂之名。宋时诸本篇题，遂或重七十二，或重七十三，或重七十四，《四库》校本仍合之，篇题亦皆校正，具见《四库书目提要》。

此书《哀公问》《投壶》两篇，篇名及记文皆同《小戴》，已见前。此外尚有同《小戴》及诸书处，具见下。盖《戴德》旧本阙佚，后人取诸书足成之也。《汉志》所载《曾子》十八篇，《孔子三朝记》七篇，今多存此书中。不知为《大戴》之旧，抑后人所为。记本纂次古籍，以备参稽，患其阙，不患其杂。此书虽非《大戴》原本，然所采皆古籍，其功用亦与《礼记》无殊。史绳祖《学斋呫毕》，谓宋时尝以此书与《小戴》并列，称十四经，诚无愧色，非如以《周书》与《尚书》并列之拟不于伦也。旧注存者十四篇，王应麟《困学纪闻》谓出卢辩。事见《周书》，说盖可信。

《王言》第三十九　此书今自三十八篇以上皆亡。此篇记孔子闲居，曾子侍，孔子告以王天下之道，亦颇涉治制。此篇与《家语》大同小异。

《哀公问五义》第四十　此篇记孔子告哀公人有五等，与《荀子》《家语》略同。

《哀公问于孔子》第四十一　此篇同《小戴·哀公问》。《家语》亦袭之，而分《大昏》《问礼》两篇。

《礼三本》第四十二　此篇略同《荀子·礼论》。

《礼祭》第四十六　四十三至四十五阙　此篇同《小戴·经解》及贾谊《新书》。

《夏小正》第四十七　此篇与《周书·周月》篇大同。《小戴记·礼运》："孔子曰：吾得夏时焉。"郑注谓夏时存者有《夏小正》，则此篇确为古书也。《北史》：魏孝武释奠太学，诏中书舍人卢景宣讲《大戴礼·夏小正》；则南北朝时，此篇确在本书中。《隋志》：《夏小正》一卷，戴德撰；则隋时有别行本矣。

《保傅》第四十八　此篇与《汉书·贾谊传疏》同。《新书》分为《傅职》《保傅》《容经》《胎教》四篇。按此本古制，谊盖祖述之也。

《曾子立事》第四十九　《曾子本孝》第五十　《曾子立孝》第五十一　《曾子大孝》第五十二　《曾子事父母》第五十三　《曾子制言》上第五十四、中第五十五、下第五十六　《曾子疾病》第五十七　《曾子天圆》第五十八　《汉书·艺文志》有《曾子》十八篇。朱子曰：世称《曾子》书，取《大戴》十篇充之。晁公武《郡斋读书志》，陈振孙《书录解题》，皆云《曾子》二卷十篇，具《大戴》。盖《汉志》原书之亡久矣。《立事》《制言》《疾病》三篇，皆恐惧修省之意，与他书载曾子之言，意旨相合。《大孝》篇同《小戴·祭义》；《立孝》《事父母》，意亦相同。《天圆》篇："单居离问于曾子曰：天圆而地方者，诚有之乎？曾子曰：如诚天圆而地方，则是四角之不掩也。近人皆取之，为我国早知地圆之证。然天圆地方，本以理言，（犹言天动地静。然天动地静，亦以理言也）非以体言。古代天文家，无不言地圆者，亦不待此篇为证也。下文论万有皆成于阴阳二力，万法皆本于阴阳，颇同《淮南子·天文训》。《事父母》篇："若夫坐如尸，立如齐；弗讯不言，言必齐色，此成人之善者也，未得为人子之道也。"或谓《小戴·曲礼》上篇"若夫坐如尸，立如齐。"实与此篇文同，而下文脱去。《郑注》读"夫""如"字，乃即就脱文释之也。

《武王践阼》第五十九　此篇记师尚父以《丹书》诏武王，武王于各器物皆为铭，以自儆。前半亦见《六韬》。

《卫将军文子》第六十　此篇记卫将军文子问子贡以孔子弟子孰贤。子贡历举颜渊、冉雍诸人以对。子贡见孔子，孔子又告以伯夷、叔齐诸贤人之行。略同《家语·弟子行》。

《五帝德》第六十二　《帝系》第六十三　前篇略同《史记·五帝本纪》，后篇盖同《世本》。按《五帝本纪》既谓"轩辕之时，神农氏世衰，诸侯相侵伐，弗能征"，又谓"炎帝欲侵陵诸侯"，其词未免矛盾。黄帝与炎帝战于阪泉，蚩尤战于涿鹿。据《索隐》引皇甫谧，《集解》引张晏说，二者又皆在上谷，事尤可疑。今此篇只有与炎帝战于阪泉之文，更无与蚩尤战于涿鹿之说。炎帝，姜姓；蚩尤，九黎之君（《书·吕刑》伪孔传，《释文》引马融说，《战国策·秦策》高诱注）。苗民亦九黎之君，《小戴记·缁衣》疏引《吕刑》郑注。此苗民为九黎之君之贬称，非谓人民也。三苗亦姜姓，得毋炎帝、蚩尤，实一人，阪泉、涿鹿实一役耶？此等处，古书诚只字皆至宝也。

《劝学》第六十四　此篇略同《荀子》。后半又有同《荀子·宥坐》篇处。

《子张问入官》第六十五　论官人之道，略同《家语》。

《盛德》第六十六　此篇前半论政治，后半述明堂之制。略同《家语》《五刑》《执辔》三篇。

《千乘》第六十七　此篇论治国之道，有同《王制》处。此下四篇及《小辨》《用兵》《少闲》，《困学记闻》谓即《孔子三朝记》。

《四代》第六十八　《虞戴德》第六十九　《诰志》第七十　此三篇亦论政治。

《文王官人》第七十一　此篇同《逸周书》。

《诸侯迁庙》第七十二　《诸侯衅庙》第七十三　此两篇亦《逸礼》之类，后篇在《小戴·杂记》中。

《小辨》第七十四　此篇戒"小辨破言，小言破义，小义破道"，发明"主忠信"之旨。

《用兵》第七十五　此篇言人生而有喜怒之情，兵之作，与民之有生以俱来。圣人利用而弭乱，乱人妄用以丧身。与《吕览》《淮南》之说相似，实儒家论兵宗旨所在也。参看论彼二书处。

《少闲》第七十六 此篇论分民以职之道，与法家消息相通。

《朝事》第七十七 同《小戴·聘义》，《周官》《典命》《大行人》。

《投壶》第七十八 同《小戴》而少略。

《公冠》第七十九 此篇述诸侯冠礼，后附成王汉昭祝辞。《士冠礼》："公侯之有冠礼，夏之末造也。"可见公冠礼自古有之，特以非达礼故，孔子定《礼经》，不取之耳。然仍在二《戴记》中。解此，可无訾今文家所传之不备，亦不必尽斥古文家之《逸礼》为伪造也。

《本命》第八十 《易本命》第八十一 此两篇为古代哲学，推究万物原本，一切以数说之。但其中又有论及男女之义处，又有一段同《丧服四制》。盖古代伦理，亦原本哲学，故连类及之也。

礼之为物，最为烦琐。欲求易明，厥有二法：（一）宜先通其例。通其例，则有一条例为凭，可以互相钩考，不至茫无把握矣。看凌廷堪《礼经释例》最好。（二）宜明其器物之制。江永《仪礼·释宫注》、任大椿《深衣释例》二书最要。器物必参看实物，动作必目验实事，乃更易明。古物不可得，则宜看图。张皋文《仪礼图》最便。动作可以身演，阮元发其议，陈澧尝行之，（见《东塾读书记》）可法也。若喜考究治政制度者，则《周礼》重于《仪礼》。其中牵牵大端，如沈彤之《周官禄田考》、王鸣盛之《周礼军赋说》等，皆可参阅。《考工记》关涉制造，戴震有《考工记图》，阮元又有《车制图考》（《考工记》于各种工业最重车）。

"三礼"旧疏皆好。清儒新疏，《仪礼》有胡培翚之《正义》，《周礼》有孙诒让之《正义》，唯《礼记》无之。然古书皆编次错杂，任举一事，皆散见各处，钩稽非易，通贯自难。实当以类相从，另行编次。朱子之《仪礼经传通解》，即准此例而作。江永之《礼书纲目》，沿用其例；而后起更精，多足订正《通解》之失，不可不一阅也。若宋陈祥道之礼书，则该贯古今，更为浩博。清秦蕙田《五礼通考》，盖沿其流；卷帙太繁，非专门治礼者，但资翻检足矣。

《礼记》之注，以宋卫湜《礼记集说》，搜采为最多。宋以前诸儒之说《礼记》者，今日犹可考见，皆赖此书之存也。清杭世骏《续礼记集说》，搜采逮于清初，亦称浩博。然卷帙太巨，且中多空论，未免泛滥无归。初学欲求简明，读清朱彬《礼记训纂》却好。此书参考博，而颇能反之于约也。《大戴记》

久讹舛，清卢文弨、戴震，始厘正其文字。其后汪照有《大戴礼注补》，孔广森有《大戴礼记补注》，王聘珍有《大戴礼记解诂》。

五、易

言《易》之书，不外理、数两派。汉之今文家，言理者也；今文别派京氏，及东汉传古文诸家，言数者也。晋王弼之学，亦出汉古文家，然舍数而言理，宋邵雍、刘牧之徒，则又舍理而求诸数；唯程颐言理不言数。古今易学之大别，如此而已。

汉今文《易》立于学官者四家，施、孟、梁丘及京氏是也。《汉书·儒林传》谓"要言《易》者，本之田何"。据传所载：田何传王同、周王孙、丁宽、齐服生。王同传杨何，（即司马谈所从受《易》者；见《太史公自序》）丁宽传田王孙，田王孙传施雠、孟喜、梁丘贺。授受分明，本无异派也。然《传》又云："丁宽至洛阳，复从周王孙受古谊。"周王孙与宽，同学于田何，安所别得古谊，而宽从受之，已不免矛盾矣。《贺传》又云："从京房受《易》。房者，杨何弟子也。房出为齐郡太守，贺更事田王孙。"《房传》云："受《易》梁人焦延寿。焦延寿云：尝从孟喜'问《易》。房以为延寿《易》即孟氏学。翟牧白（生孟喜授《易》者）不肯，皆曰：非也。'"则纠纷弥甚。按《喜传》："得《易》家《候阴阳灾变书》，诈言师田生且死时，枕喜膝独传喜。同门梁丘贺，疏通证明之，曰：'田生绝于施雠手中，时喜归东海，安得此事？'博士缺，众人共荐喜，上闻喜改师法，遂不用喜。"则喜盖首为异说，以变乱师法者。然《京房传》言："成帝时刘向校书，考《易》说，以为诸家皆祖田何。杨叔、丁将军，大谊略同；唯京氏为异党。延寿独得隐士之说，托之孟氏，不相与同。"则又似孟氏之学，本无异说，而为京房所依托者。今按京氏易学，专言灾异，实出于中叶以后；丁宽当景帝时，安得有此？刘向谓为伪托，说盖可信。梁丘贺初学于京氏，丁宽更问于田王孙，盖亦造作之词也。汉古文《易》传于后者为费氏，《传》云："《费氏易》无章句，徒以《彖》《象》《系辞》十篇、《文言》解说上下经。"则其学亦应举大谊，不杂术数。然郑玄、荀爽，皆传《费氏易》者，其学顾多言象数，实与京氏为同党。何哉？盖古文《易》又有高氏。高氏亦无章句，而传言其专言阴阳灾异，正与京氏同。

盖汉初《易》家，皆仅举大谊，不但今文如此，即初出之《费氏古文》，亦尚如此。其后术数之学浸盛，乃一切附会经义；不徒今文之京氏然，即古文之高氏亦然矣。东汉传《费氏易》者，盖特用其古文之经。(《汉志》云："刘向以中古文《易经》校施、孟、梁丘经，或脱去'无咎''悔亡'，唯费氏经与古文同。")当时盖有费氏经优于施、孟、梁丘经之说。至其说，则久非费氏之旧。此所以王弼亦治《费氏易》，而其说顾与郑、荀诸家，判然不同也。《孟易》嫡传，厥唯虞氏。然《三国志·虞翻传》注载翻奏，谓"前人通讲，多玩章句：虽有秘说，于经疏阔"。此实虞氏叛孟氏之明证。今所传《孟氏易》说，盖亦非孟氏之旧矣。

东汉易学，至王弼而一变。弼学亦出费氏，然与郑、荀等大异，能举汉人象数之说，一扫而空之。盖还费氏以《彖》《象》《系辞》说经之旧，不可谓无廓清摧陷之功也。自是以后，郑、王之学并行，大抵河北主郑，江南行王。至唐修《五经正义》用王氏，而《郑易》亦亡。唐李鼎祚作《周易集解》，独不宗王，而取汉人象数之说，所搜辑者三十余家。后人得以考见汉《易》者，独赖此书之存而已。

至于宋代，则异说又兴，宋儒言《易》，附会图、书。其学实出陈抟，而又分二派：(一)为刘牧之《易数钩隐》，以九为《河图》，十为《洛书》。(二)为邵雍，说正相反。后邵说盛行，而刘说则宗之者颇希。程颐独指邵说为《易》外别传；所著《易传》，专于言理。朱子学出于颐，所作《易本义》，亦不涉图学，而卷首顾附以《九图》，王懋竑谓考诸《文集》《语类》，多相抵牾，疑为后人依附。然自此图附于《本义》后，图、书之学，又因之盛行者数百年。至于明末，疑之者乃渐多。至清胡渭作《易图明辨》，而图、书为道家之物，说乃大明。(疑图、书者始于元陈应润。应润著《爻变义蕴》，始指先天诸图为道家修炼之术。明、清之际，黄宗羲著《易学象数论》，宗羲弟宗炎著《图书辨惑》，毛奇龄著《图书原舛编》，而要以胡氏书为最详核。以此书与惠栋之《明堂大道录》并读，颇可考见古今术数之学之大略也)自此以后，汉《易》大兴，舍宋人之象数，而言汉人之象数矣。

从来治《易》之家，言理者则诋言数者为诬罔，言数者则诋言理者为落空。平心论之，皆非也。汉儒《易》说，其初盖实止传大义；阴阳灾异之说，不论今古文，皆为后起；已述如前。宋人之图，实出道家；在儒家并无授受；

经清儒考证，亦已明白。然谓汉初本无象数之说，图、书亦无授受之征，则可；谓其说皆与《易》不合，则不可。西谚云："算账只怕数目字。"汉、宋象数之说，果皆与《易》无关，何以能推之而皆合乎？参看论《淮南子》。盖古代哲学，导源宗教，与数、术本属一家。其后孔门言《易》，庸或止取大义。然为三代卜筮之书之《易》，则因未尝不通于数术。吾侪今日，原不必执言但考孔门之《易》，而不考三代卜筮之旧《易》，且亦不能断言孔门之《易》，决不杂象数之谈；即谓孔门之《易》不杂象数，而数显易征、理藏难见，今者《易》义既隐，亦或因数而易明也。然则象数之说，在易学虽非正传，固亦足资参证矣。唯此为专门之学，非深研古代哲学者，可以不必深究。

《易》为谁作，及其分篇若何，颇有异说。《汉志》："《易经》十二篇，施、孟、梁丘三家。"师古曰："《上下经》及《十翼》，故十二篇。"《十翼》者：《易正义》云："《上下彖》《上下象》《上下系》《文言》《说卦》《序卦》《杂卦》"是也。然《法言·问神》，谓"《易》损其一"；《论衡·正说》，谓孝宣时河内女子得《逸易》一篇；《隋志》亦述其事，而又云得三篇。按今《系辞》中屡有"系辞"字，皆指《卦辞》《爻辞》言之。《太史公自序》引今《系辞》之文，谓之《易大传》，据《释文》、王肃本《系辞》实有"传"字。今《系辞》中多有"子曰"字，明系后学所为，王肃本是也。《说卦》《序卦》《杂卦》，盖亦非汉初所有，故《隋志》以为三篇后得。然则今本以卦、爻辞及彖、象合为上下二篇，盖实汉师相传旧本。《汉志》谓施。孟、梁丘经即十二篇，其说盖误。志载各家《易传》皆二篇，（唯丁氏八篇，亦与十二篇不合）施、孟、梁丘《章句》，亦皆二篇，亦其一证也。然自东汉以后，皆以分十二篇者为古本。（《三国志·高贵乡公纪》：博士淳于俊谓郑氏合彖、象于经）宋吕祖谦如其说，重定之。朱子作《本义》，即用其本。明时修《五经大全》，以《本义》析入《程传》。后士子厌《程传》之繁，就其本刊去《程传》，遂失《本义》原次。清修《周易折中》，用宋咸淳吴革刻本，仍分为十二篇焉。

伏羲"画卦"，见于《系辞》，故无异说。至"重卦"，则说者纷纷。王弼以为伏羲自重，郑玄以为神农，孙盛以为夏禹，史迁以为文王；《卦辞》《爻辞》，郑学之徒，以为文王作；马融、陆绩之徒，以《卦辞》为文王、《爻辞》为周公作。至《十翼》则并以为孔子作，无异论。并见《正义八论》。今按《系辞》为传，《说卦》等三篇后得，已见前。既云后得，则必不出孔子。《史记·孔子世家》云："孔子晚而喜《易》，序《彖》《系象》《说卦》《文言》。""序"之云者，"次序"之谓，犹上文所谓"序书传"，初不以为自作。《汉志》乃云："孔氏为之《彖》《象》《系辞》《文言》《序卦》之属十篇。"与以《卦辞》《爻辞》为文王、周公作者，同一无确据而已。要之《易》本卜筮之书，其辞必沿之自古，纵经孔子删订，亦不必出于自为；疑事无质，不必凿言撰造之人可也。《周礼》："大卜三易：一曰《连山》，二曰《归藏》，三曰《周易》。"杜子春以《连山》为伏羲，《归藏》为黄帝。郑玄则谓："夏曰《连山》，殷曰《归藏》，周曰《周易》。"然郑以卦、爻辞并为文王作，则不以《连山》《归藏》为有辞也。

读《易》之法，可分精、粗二者言之。若求略通《易》义，可但观《王注》《程传》，以《易》本文与周秦诸子，互相钩考。（可用惠氏《易微言》之法）若求深造，则象数之说，亦不可不通。说已见前。唯仍须与哲学之义不背，不可坠入魔障耳。清儒治汉《易》者，以元和惠氏为开山，武进张氏为后劲；江都焦氏，则为异军苍头。初学读《易》者，即从此三家入手可也。汉儒《易》学，自唐修《五经正义》后久微。惠氏乃以李鼎祚《集解》为主，参以他种古书，一一辑出。其书有《周易述》二十一卷，《易汉学》八卷，《易例》二卷。《九经古义》中，涉《易》者亦不少。《明堂大道录》一书，实亦为《易》而作；《书目答问》，入之礼家，非也。（惠氏书多未成，《周易述》一种，其弟子江藩有《补》四卷）汉儒《易》学，各有家法。惠氏搜辑虽勤，于此初未能分别。至张氏乃更有进。张氏之书，有《周易虞氏义》九卷，《虞氏消息》二卷，《易礼》二卷，《易事》二卷，《易言》二卷，《易候》一卷，又有《周易郑氏义》二卷，《荀氏九家义》一卷，《易义别录》十四卷；始分别诸家，明其条贯，而于虞氏尤详；亦以《集解》存诸家说，本有详略之不同也。焦氏书曰《周易章句》十二卷，《易通释》十二卷，《易图略》八卷。焦氏不墨守汉人成说，且于汉儒说之误者，能加以驳正；《通释》一书，自求条例于《易》，立说亦极精密，诚精心之作也。予谓三家书中，惠氏之《明堂大道录》，及其《周易述》中所附之《易微言》，及焦氏之《易通释》三种，尤须先读。《明堂大道录》，举凡古代哲学，与术数有关之事，悉集为一编；可作古代宗教哲学史读，读一过，则于此学与古代社会，究有何等关系，已可了然。《易微言》将《易经》中哲学名词，一一逐条抄出，更附以他种古书，深得属辞比事之法。《易通释》则统合全书，求其条例，皆治学最善之法也。学者循其门径，不第可以读《易》，并可读古代一切哲学书矣。

六、春秋

《春秋》一书，凡有"三传"。昔以《公羊》《谷梁》为今文，《左氏》为古文。自崔适《春秋复始》出，乃考定《谷梁》亦为古文。

《春秋》之记事，固以《左氏》为详；然论大义，则必须取诸《公羊》。此非偏主今学之言也。孟子曰："其事则齐桓、晋文，其文则史，其义则丘窃取之矣。"若如后儒之言，《春秋》仅以记事，则《孟子》所谓义者，安在哉？大史公曰："《春秋》文成数万，其指数千。"今《春秋》全经，仅万七千字，安得云数万？且若皆作记事之书读，则其文相同者，其义亦相同。读毛奇龄之《春秋属辞比事表》，已尽《春秋》之能事矣，安得数千之指乎？《春秋》盖史记旧名。（韩起适鲁，见《易象》与《鲁春秋》，见左昭二年。孟子曰："晋之《乘》，楚之《梼杌》，鲁之《春秋》，一也。"而《晋语》：司马侯谓羊舌肸习于《春秋》，《楚语》：申叔论传太子，曰：教以春秋。盖《乘》与《梼杌》为列国异名，而《春秋》则此类书之通名也。《墨子》载《周春秋》记杜伯事，《宋春秋》记祐观辜事，《燕春秋》记庄子仪事，亦皆谓之《春秋》）孔子修之，则实借以示义。《鲁春秋》之文，明见《礼记·坊记》。孔子修之，有改其旧文者，如庄七年"星陨如雨"一条是也；有仍而不改者，如昭十二年"纳北燕伯于阳"一条是也。故子女子曰："以《春秋》为《春秋》。"闵元年。《传》曰："定、哀多微辞。主人习其读而问其传，则未知己之有罪焉尔。"定元年。封建之时，文网尚密，私家讲学，尤为不经见之事；况于非议朝政、讥评人物乎？圣人"义不讪上，知不危身"，托鲁史之旧文，传微言于后学，盖实有所不得已也，曷足怪哉！

《易》与《春秋》，相为表里。盖孔门治天下之道，其原理在《易》，其办法则在《春秋》也。今试就"元年春王正月"一条，举示其义。按传曰："元年者何？君之始年也。春者何？岁之始也。王者孰谓？谓文王也。曷为先言王而后言正月？王正月也。何言乎王正月？大一统也。公何以不言即位？成公，意也。"何君《解诂》曰：《春秋》变一为元。元者，气也，无形以起，有形以分，造起天地，天地之始也。故上无所系，而使春系之也。不言公言君者，所以通其义于王者。《春秋》托新王受命于鲁，故因以录即位。明王者当继天奉元，养成万物；春者，天地开关之端，养生之首，法象所出，四时本名也。文王，周始受命之王，天之所命，故上系天端。方陈受命，制正月，故假以为王法。不言谥者，法其生，不法其死，与后王共之，人道之始也。统者，总系之辞。王者始受命，改制，布政施教于天下，莫不一一系于正月，故云政教之始。即位者，一国之始。政莫大于正始，故《春秋》以元之气，正天之端；以天之端，正王之政；以王之政，正诸侯之即位；以诸侯之即位，正境内之治。诸侯不上奉王之政，则不得即位，故先言正月而后言即位；政不由王出则不得为政，故先言王而后言正月也。王者不承天以制号令则无法，故先言春而后言王；天不深正其元，则不能成其化，故先言元而后言春。五者同日并见，相须成体；乃天人之大本，万物之所系，不可不察也。"按中国古代哲学，最尊崇自然力。此项自然力，道家名之曰"道"，儒家谓之曰"元"。(参看论读子之法)《春秋》"元年春王正月"之"元"，即《易》"大哉乾元，万物资始，乃统天"之"元"。为宇宙自然之理，莫知其然而然，只有随顺，更无反抗。人类一切举措，能悉与之符，期为今人所谓"合理"；人类一切举措而悉能合理，则更无余事可言，而天下太平矣。然空言一切举措当合理甚易，实指何种举措为合理则难；从现在不合理之世界，薪至于合理之世界，其间一切举措，一一为之拟定条例，则更难。《春秋》一书，盖即因此而作。故有据乱、升平、太平三世之义。二百四十年之中，儒家盖以为自乱世至太平世之治法，皆已毕具，故曰："《春秋》易为终乎哀十四年？曰备矣。"曰："拨乱世，反之正，莫近于《春秋》。"曰："万物之散聚，皆在《春秋》也。("物""事"古通训)《春秋》之为书如此。其所说之义，究竟合与不合，姑措勿论。而欲考见孔子之哲学，必不能无取乎是，则正极平易之理，非怪迂之谈矣。

《公羊》一书，自有古学后，乃抑之与《左》《谷》同列，并称"三传"。其实前此所谓《春秋》者，皆合今之《经》与《公羊传》而言之，崔适《春秋复始》，考证甚详；(其实诸经皆然，今之《仪礼》中即有传，《易》之《系辞传》，亦与经并列)今之所谓《春秋》经者，乃从《公羊》中摘出者耳。汉儒言《春秋》者于齐、鲁，自胡母生；于赵，自董仲舒。今仲舒书存者有《春秋繁露》；何氏《公羊解诂》，系依胡母生条例。今学家之书传于后者，当以此为最完矣。（伏生《书传》，阙佚更甚于《繁露》。《韩诗》仅存《外传》。此外今学家经说，更无完全之书）清儒之治今学，其始必自《春秋》人，盖有由也。《繁露》凌曙有注；康有为《春秋董氏学》，条理极明，可合看。清儒疏《公羊》者，有孔广森之《通义》，及陈立之《义疏》。陈书校胜于孔，以孔于今古文家法，实未明白也。

董子曰："《诗》无达诂，《易》无达占，《春秋》无达例。"盖文字古疏今密，著书之体例亦然。孔子作《春秋》，为欲借以示义，原不能无义例。然欲如后人之详密，则必不能。若必一一磨勘，则"三传"之例，皆有可疑；过泥于例，而背自古相传之义，非所宜也。然初学治《春秋》，必先略明其例，乃觉自有把握，不至茫无头绪，特不当过泥耳。欲明《公羊》条例者，宜读刘逢禄《公羊何氏释例》、崔适《春秋复始》两书。

《谷梁》虽亦古学，然其体例，实与《公羊》为近。《公羊》先师有子沈子，《谷梁》亦有之。其大义虽不如《公羊》之精，然今《公羊》之义，实亦阙而不完；凡有经无传者皆是。《谷梁》既有先师之说，亦足以资参证也。范宁《集解自序》，于"三传"皆加诋，谓"当弃所滞，择善而从。若择善靡从，即并舍以求宗，据理以通经"。此自晋人治经新法，已开啖、赵"三传"束阁之先声矣。（《范注》屡有驳《传》之处，如隐九年、庄元年、僖八年、十四年、哀二年皆是。《杨疏》亦屡有驳《注》之处，见僖四年及文二年。僖元年"护莒挐"一事，《注》既驳《传》，《疏》又驳《注》）杨士勋《疏》称宁别有《略例》百余条，今皆不见。盖已散入《疏》中？清儒治此经者，柳兴宗《谷梁大义述》、许桂林《谷梁释例》两书最好。

至《左氏》一书，则与《公羊》大异。孔子之修《春秋》，必取其义，说已见前。今《左氏》一书，则释《春秋》之义者甚少。或有经而无传，或有传而无经。庄二十六年之传全不释经。夫传以解经，既不解经，何谓之传？故汉博士谓《左氏》不传《春秋》。杜预谓其"或先经以起事，或后经以终义，或依经以辨理，或错经以合异"，乃曲说也。《汉书·刘歆传》："初《左氏传》多古字古言，学者传训诂而已。及歆治《左氏》，引传文以解经，转相发明，由是章句义理备焉。"此语实最可疑。传本释经，何待歆引；曰"歆引以解"，则传之本不释经明矣。故信今学者，以此经为刘歆伪造。谓大史公《报任安书》"左丘失明，厥有《国语》"，云"左丘"不云"左丘明"，（下文左丘明无目，"明"字乃后人所加。《论语》"左丘明耻之"一章，出古论，齐、鲁论皆无之，见崔适《论语足征记》）云《国语》不云《左氏传》，则本有《国语》而无《左氏传》，有左丘而无左丘明。今之《左传》，盖刘歆据《国语》所编；今之《国语》，则刘歆编《左传》之余也。"其说信否难定。要之《左氏》为史，《春秋》为经；《春秋》之义，不存于《左氏》；《左氏》之事，足以考《春秋》，则持平之论矣（《左氏》《国语》为一家言，人人知之。其书与《晏子春秋》，亦极相似：所记之事，既多重复；且《左氏》时有"君子曰"，《晏子春秋》亦有之，盖皆当时史记旧文也。《史记·十二诸侯年表》："孔子西观周室，论史记旧闻，兴于鲁，而次《春秋》。七十子之徒，口受其传说。为有所刺讥褒讳贬损之文辞，不可以书见也。鲁君子左丘明，惧弟子人人异端，各安其意，失其真，故因孔子史记，具论其语，成《左氏春秋》。"说甚游移。具论其语，为论孔子传指，抑论史记旧闻。云成《左氏春秋》，则此书果为左氏一家言？抑孔子所修《春秋》之传乎？《汉志》曰："仲尼思存前圣之业，以鲁周公之国，礼文备物，史官有法，故与左丘明观其史记，据行事，仍人道，因兴以立功，败以成罚，假日月以定历数，借朝聘以正礼乐。有所褒讳贬损，不可书见，口授弟子。弟子退而异言。丘明恐弟子各安其意以失其真，故论本事而作传。明夫子不以空言说经也。"说较明白。然褒讳贬损，果失其真，论其本事何益？今《公羊》固非全不及事，特本为解经，故其述事但取足以说明经意而止耳。然则弟子固非不知本事，安有所谓空言说经者，而有待于左丘明之论乎？故"左氏不传春秋"，说实至确。唯《公》《谷》述事，既仅取足以解经，语焉不详。生当今日，而欲知《春秋》之本事，则《左氏》诚胜于二传。此则不徒以经作史读者，不可不究心；即欲求《春秋》之义者，本事亦不可昧，《左氏》固仍必读之书也）。

传必释经，儒家通义，故汉儒治此者，郑众、贾逵、服虔、许惠卿等，皆引《公》《谷》之例以释之。至杜预，乃自立体例，谓"专修丘明之传，以释经。经之条贯，必出于《传》；《传》之义例，总归于凡"。于是《左氏》一书，始离《公》《谷》而独立矣。今学说六经，皆以为孔子之制作，古学家乃推诸周公。杜预以"凡五十为周公垂法，史书旧章，仲尼从而明之。其书、不书、先书、故书、不言、不称、书曰之类，乃为孔子变例"。而六经出周公之说，益完密矣。杜预亦古学之功臣也。释例一书，已散入疏中，仍别有单行之本。

此可考见杜氏一家之学耳。不独非《春秋》义，即汉儒治《左氏》者，亦不如此也。欲考杜以前《左氏》注，可看洪亮吉《春秋左传诂》、李贻德《贾服注辑述》两书。《左氏》之专用杜义，亦唐定《正义》后始然。前此主贾、服诸家者，与杜相攻颇甚；刘炫规过，尤为有名。今之《孔疏》，往往袭刘炫规过之词，转以申杜。刘文淇《曰疏考证》，将今疏中袭用旧疏者，一一考出，颇足考见《孔疏》以前之旧疏也。

《左氏》一书，本只可作史读。故杜氏治此，即于史事极详。《释例》而外，又有《世族谱盟会图》《长历》，以考年月事迹世系。后儒治此，亦多注重史事，其中最便考索者，当推马骕《左传事纬》、顾栋高《春秋大事表》两书。《事纬》系纪事本末体，读《左氏》时参检之，可助贯串。《大事表》一书，将全书事迹分门别类，悉列为表，若网在纲，有条不紊，尤必须一读。不独有裨于《左》，兼可取其法以读他书耳。唯以《左氏》作史读，亦有不可不知者两端：（一）则《左氏》记事，多不可信。前人论者已多，无待赘述。（二）则《左氏》记事，亦有须参证《公》《谷》，乃能明白者。《公》《谷》述事，本为解经，故其所述，但取足说明经义而止，前已言之。《左氏》则不然，故其记事之详，十倍《公》《谷》，且皆较为可信。如邲之战：据《公羊》，楚庄王几于堂堂之阵，正正之旗；而据《左氏》，则先以和诳晋，继乃乘夜袭之，实不免于谲诈。《公羊》之说，盖杂以解经者之主观矣。然《左氏》云："晋人或以广队，不能进，楚人惎之脱扃少进，马旋，又惎之拔旆投衡，乃出。顾曰：吾不如大国之数奔也。"当交战之时，而教敌人以遁逃，以致反为所笑，殊不近情。故有训"惎"为"毒"，以"惎之"断句者。然如此，则晋人"顾曰"之语，不可解矣。必知《公羊》"还师以佚晋寇"之说，乃知庄王此役，虽蓄谋以败晋军，而初不主于杀戮；故其下得教敌人以遁逃。然则"晋之余师不能军，宵济亦终夜有声"之语，盖亦见庄王之宽大。杜注谓讥晋师多而其将师不能用，殆非也。此则非兼考《公羊》，不能明史事之真，并不能明《左氏》者矣。举此一事，余可类推。世之不信《公羊》者，每谓其不近情理；其实言《春秋》而不知《公羊》之条例，其事乃真不近情理。即如《春秋》所记，诸侯盟会，前半皆寥寥数国，愈后而其国愈多。若拨弃《公羊》之义，即作为史事读，岂《春秋》诸国，其初皆不相往来者乎？

宋人之治《春秋》，别为一派。其端实启于唐之啖助、赵匡。二人始于

"三传"皆不置信,而自以意求之经文。啖、赵皆未尝著书。其弟子陆淳,著《春秋集传纂例》《春秋微旨》,皆祖述啖、赵之说。宋儒之不守"三传",亦与啖、赵同;而其用意则又各异。宋儒所著之书,以孙复之《春秋尊王发微》、胡安国之《春秋传》为最著。孙书专主尊攘,盖亦北宋时势始然。《胡传》本经筵进讲之书,时值南宋高宗,故尤发挥大复仇之义,欲激其君以进取;意有所主,不专于说经也。明初颁诸经于儒学,皆取宋人之注;以胡氏学出程氏,遂取其书。学者乃并"三传"而称为"四传"焉。宋人讲《春秋》者,多近空谈;既未必得经之意,于史事亦鲜所裨益。非研究宋学者,可以不必措意。

七、论语　孟子　孝经　尔雅

《诗》《书》《礼》《易》《春秋》,乃汉人所谓《五经》。《论语》《孝经》,汉人皆以为传。(《孝经》虽蒙经名,亦在传列)《孟子》在儒家诸子中,《尔雅》则汉人所辑之训诂书也。自宋代以此诸书,与"五经""三传"及《小戴礼记》合刻,乃有"十三经"之名;朱子取《礼记》中之《大学》《中庸》,以配《论语》《孟子》,乃又有"四书"之名。经与传之别,自西汉专门之学亡后,实已不能深知;今日研究,传且更要于经,说见前。亦不必更严其别也。今就此诸书,略论其读法如下。

《四书》之名,定自朱子;悬为令申,则始元延祐。然《汉志》《礼记》之外,有《中庸说》二篇,《隋志》有戴颙《中庸说》二卷,梁武帝有《中庸讲疏》一卷;则《礼记》外有别行之本,由来已久。《大学》,唐以前无别行本,而《书录解题》有司马光《大学中庸广义》各一卷;亦在二程之前。王安石最尊《孟子》,司马光、晁公武却非议之,未免意气用事。宋《礼郑韵略》所附条式,元祐中即以《论》《孟》试士,则尊《孟》亦不始朱子矣。又朱子所定《四书》,以《大学》《论语》《孟子》《中庸》为次。后人移《中庸》于《大学》之后,则专以卷帙多少论耳。

朱子于四书皆有注,乃一生精力所萃。其于义理,诚有胜过汉儒处,不可不细读也。欲窥宋学之藩者,读此四书之注亦甚好。朱子注四书,《大学》分经传,颠倒原次;《中庸》虽无颠倒,分章亦不从郑氏,故皆谓之"章句"。《论》《孟》则聚众说,为之注解,故称"集注"。朱子注此四书之意,别著

《或问》以发明之；然其后于《集注》又有改定，而《或问》于《大学》外未及重编。故《或问》与《四书注》，颇多抵牾；《文集》《语类》中，有言及注四书之意者，亦不能尽合，不得据《或问》以疑四书之注也。

《论语》有《鲁论》《齐论》及《古论》之别。《鲁论》篇次与今本同。《齐论》别有《问王》《知道》二篇。二十篇中，章句亦颇多于《鲁论》。《古论》云出孔壁，分《尧曰》后半"子张问"以下，别为一篇，故有两《子张》；篇次亦不与《齐论》《鲁论》同。张禹受《鲁论》于夏侯建，又从庸生王吉受《齐论》；择善而从，号曰《张侯论》，已乱《齐》《鲁》之别；郑玄就《鲁论》篇章，考之《齐》《古》为之注，则并《齐》《鲁》《古》三者之别而泯之矣。魏何晏集诸家之说，并下己意为《集解》，盛行于世；即今《十三经注疏》所采之本也。梁时，皇侃为之作疏。宋邢昺疏，即系据《皇疏》删其支蔓，附以义理者。《梁疏》后亡佚，迄清代乃得之日本焉。《古论》云有孔安国注，今见《集解》所引，盖亦王肃所伪，其后此注亦亡；清时，歙县鲍氏，云得其书于日本，重刻之，则又六朝以来伪物也。《论语》一书，皆记孔子及孔门弟子言行，说颇平易可信。书系杂记，无条理。《正义》篇篇皆言其总旨及章次，殊属不必也。清儒作新疏者，有刘宝楠《论语正义》。

《孟子》一书，存儒家大义实多。他姑勿论，民贵君轻之义，非《孟子》即几于泯殁不传。此外道性善、明仁义，亦皆孔门大义，至可宝贵。康有为谓《孟子》传孔门大同之义，荀卿只传小康；合否今姑勿论，要其为书，则远出荀卿之上，非他儒书所得比并，真孔门之马鸣龙树矣。又《孟子》书中，存古经说甚多。其言《春秋》处，今人已多知之；言《尚书》处，则知者较鲜。予按《万章上》篇，言尧舜禅让事，无一不与《书大传》合者；盖今文书说，亦民贵君轻之大义也。若无此义，则《尧典》一篇，诚乃极无谓之物矣。古有赵岐注，颇无味。阮氏《校勘记》指其注"摩顶放踵"处，与《文选注》所引不合，疑亦有窜乱也。疏题宋孙奭，实邵武士人所伪，已见前。清儒作新疏者，有焦循《正义》，博而精。

《孝经》一书，无甚精义。姚际恒《古今伪书考》以为伪书。然其书在汉时，实有传授，且《吕览》即已引之，则姚说未当。此书于甚精义，而汉儒顾颇重之者，汉时社会宗法尚严，视孝甚重。此书文简义浅，人人可通，故用以教不能深造之人。如后汉令期门、羽林之士通《孝经》章句是也。（纬书云：

"志在《春秋》，行在《孝经》。"《六艺论》云："孔子以六艺题目不同，指意殊别，恐道离散，后世莫知根原，故作《孝经》以总会之。"可见汉人重此之心理）此书亦有今、古两本。今文注出郑玄，传自晋荀昶；古文出于刘炫，多《闺门章》四百余字。唐《开元御注》用今文，元行冲为之作疏。宋邢昺《疏》，即以《元疏》为蓝本。清儒治此者，有皮锡瑞《孝经郑注疏》。此书无甚深义，一览可也（孔门言孝之义，长于《孝经》者甚多）。

《尔雅》乃训诂书，后人亦附之于经。其实非也。张楫《上广雅表》谓"周公著《尔雅》一篇。释文以为释诂。今俗所传二篇，或言仲尼所增，或言子夏所益，或云叔孙通所补，或云沛郡梁文所考"，要之皆无确据。予按古人字书，共有三种：（一）四言或三七言韵语，自《史籀篇》以下皆然。王国维说。乃古人识字之书，与今私塾教学童读《三字经》《千字文》同法。（此事盖沿之自古，予别有论）（二）以字形分部，如今之字典，始于许慎之《说文解字》。（三）《尔雅》，今之词典也。此本抄撮以备查检，后人相传，亦必有增改，无所谓谁作。今此书训诂，几全同《毛传》，《释乐》同《周官·大司乐》，九州异《禹贡》而同《周官》，则古学既出后之物。《释兽》中狻麑即狮子，出西域；鸼出北方沙漠，翠生郁林，鳎鲀出乐浪、潘国，虾出秺邪头国；皆非战国前所有，明为后人增益。正如《神农本草经》有汉郡县名耳。此书专治小学者，宜熟读之；否但粗加涉猎，随时查检即可。清儒新疏，有郝懿行《义疏》、邵晋涵《正义》两种。

论读子之法

"吾国书籍，分为经、史、子、集四部；而集为后起之物，古代只有经、史、子三者。经、子为发表见解之书，史为记载事物之书。"已见前。逮于后世，则子亡而集代兴。集与子之区别，集为一人之著述，其学术初不专于一家；子为一家之学术，其著述亦不由于一人。勉强设譬，则子如今之科学书，一书专讲一种学问；集如今之杂志，一书之中，各种学问之作皆有也。

子书之精者，迄于西汉。东汉后人作者，即觉浅薄。然西汉子书之精者，仍多祖述先秦之说；则虽谓子书之作，迄于先秦，可也。然远求诸西周以前，则又无所谓子。然则子者，春秋、战国一时代之物也。其故何邪？予谓专家之学兴而子书起，专家之学亡而子书迄。春秋战国，专家之学兴起之时也。前乎此，则浑而未分；后乎此，则又裂而将合。故前此无专家之学，后此亦无专家之学也。请略言之。

诸子之学之起源，旧说有二：（一）出《汉志》，谓其源皆出于王官。（二）出《淮南·要略》，谓皆以救时之弊。予谓二说皆是也。何则？天下无无根之物；使诸子之学，前无所承，周秦之际，时势虽亟，何能发生如此高深之学术？且何解于诸子之学，各明一义，而其根本仍复相同邪？见下。天下亦无无缘之事，使非周秦间之时势有以促成之，则古代浑而未分之哲学，何由推衍之于各方面，而成今诸子之学乎？此犹今人好言社会主义，谓其原出于欧洲之马克思等可；谓由机械发明生财之法大变，国民生计受外国之侵削，而国内劳动资本阶级亦有划分之势，因而奋起研究者多，亦无不可也。由前则《汉志》之说，由后则《淮南》之说也。各举一端，本不相背。胡适之撰《诸子不出于王官论》，极诋《汉志》之诬，未免一偏矣。

人群浅演之时，宗教哲学，必浑而不分；其后智识日进，哲学乃自宗教中蜕化而来。吾国古代，亦由是也。故古代未分家之哲学，则诸子之学所同本；而未成哲学前之宗教，则又古代不分家之哲学之根源也。必明乎此，然后于诸子之学，能知其源；而后读诸子书，乃有入处。

宇果有际乎？宙果有初乎？此在今日，人人知非人智所逮，哲学家已置诸不论不议之列。然此非古人所知也。今人竞言"宇宙观""人生观"，其实二者本是一事。何则？我者，宇宙间之一物；以明乎宇宙之真理，然后我之所以自处者，乃皆得其道矣。故古人之所研究，全在哲学家所谓宇宙论上也。

吾国古代之宇宙论，果如何乎？曰：古之人本诸身以为推。见夫人之生，必由男女之合也，则以为物亦如此；而仰观、俯察，适又有苍苍者天，与抟抟者地相对；有日月之代明，有寒暑之迭更——在足以坚其阴阳二元之思想。于是以为天地之生物，亦如是而已矣。故曰："物本乎天，人本乎祖。"（《礼记·郊特牲》）

然哲学所求之原因，必为"最后"，为"唯一"。求万物之原因，而得阴阳二元，固犹非"一"；非"一"，则非其"最后"者也。然则阴阳之源，又何物耶？夫谓万物厘然各别，彼此不能相通者，乃至浅之见；不必证以科学，而亦能知其非是者也。人日食菽饮水而后生，又或豕承为酒以为食。方其未饮食时，菽自菽，水自水，豕自豕，酒自酒，人自人也；及其既饮食之后，则泯然不复见其迹焉。人三日不食则惫，七日不食则死。然则人与动植矿物，异乎？不异乎？且也，"众生必死，死必归土。骨肉毙于下，荫为野土；其气发扬于上为昭明，焄蒿凄怆。"（《礼记·祭义》）然则人与天地，是一乎？是二乎？（古以天为积气所成）故谓万物厘然各别，彼此不能相假者，至浅之见；稍深思之，而即知其非是者也。此固不待证之以科学也；古之人亦知此也，乃推求万物之本原，乃以为天地万物皆同一原质所成，乃名此原质曰"气"。

《易大传》曰："精气为物，游魂为变。""精"者，凝集紧密之谓。《公羊》庄十年："觕者曰侵，精者曰伐"，注"粗觕，粗也。精，犹密也"是也。魂者，人气。盖同一气也，古人又以为有阴阳之分。阳者性动，轻清而上升；阴者性静，重浊而下降。（《左》昭七年疏引《孝经说》曰："魂，芸也。""芸"芸动也。《广雅·释天》："三气相接，剖判分离；轻清者上为天，重浊者下为地。"）其在于人，则阳气成神，是曰魂；阴气成形，是曰魄。故魂亦气也。上言气，下言魂，变词耳。"游"者，游散。（《韩注》）构成万有之原质，循一定之律，而凝集紧密焉，则成人所知觉之物，是曰"精气为物"；循一定之律而分离游散焉，则更变化而成他物，是曰"游魂为变"而已矣。此其在人，则为生死。然非独人也，一切物之成毁莫不如是，即天地亦然。故古人论天地开辟，亦以气之聚散言之。《易正义八论》引《乾凿度》：有太易，有太初，有太始，有太素。太易者，未见气；太初者，气之始；太始者，形之始；太素者，质之始"是也。职是故，古人乃以万物之原质即气。凝集之疏密，分物质为五类，是为"五行"。五行之序，以微著为渐。《尚书·洪范》疏所谓"水最微为一，火渐著为二，木形实为三，金体固为四，土质大为五"也。（益以（一）有形无形；（二）有质无质；（三）同是有质也，而刚柔大小不同，为分类之准。犹今物理学分物为气体、液体、固体也）然则宇宙间一切现象，无所谓有无，亦无所谓生死，只是一气之变化而已。气之变化，无从知其所以然，只可归之于一种动力。然则此种动力，乃宇宙之根源也。故曰"易不可见，乾坤或几乎息"也（《易·系辞》）。

故此种动力，古人视为伟大无伦。《易》曰："大哉乾元，万物资始，乃统天。"《公羊》何注曰："春秋以元之气，正天之端。天不深正其元，则不能成其化。"《老子》曰："有物混成，先天地生；寂兮寥兮，独立而不改，周行而不殆；可以为天下母。吾不知其名，字之曰道。"皆指此种动力言之。夫如是，则天地亦遵循自然之律而动作而已；非能贵于我也，更非能宰制我也。大而至于天地，小而至于蚊虻，其为一种自然之质，循自然之律而变化，皆与我同也。故曰："天地与我并生，万物与我为一。"（《庄子》）然则中国古代之哲学，殆近于机械论者也。

此等动力，固无乎不在，是之谓"神"。《易·系辞》曰："神无方而易无体。"（盈天地之间皆是，则不能偏指一物为神，故无体）又曰："阴阳不测之谓神。"（盈天地之间皆是，自然无论男女、雌雄、牝牡皆具之；男女、雄雌、牝牡皆具之，则无复阴阳之可言矣）又曰："唯神也，故不疾而速，不行而至。"又曰："无思也，无为也，寂然不动，感而遂通天下之故；非天下之至神，其孰能与于此？"（言其充塞乎宇宙之间，故无从更识其动相）亦指此等动力言之也。此等动力，既无乎不在，则虽谓万物皆有神可也，虽谓物即神可也。故曰："鬼神之为德，其盛矣乎。体物而不可遗。"（《礼记·中庸》）神即物，物即神，则孰能相为役使？故曰"吹万不同，使其自己;咸其自取，怒者其谁"也。（《庄子·齐物论》）然则中国古代之哲学，又可谓之无神论，谓之泛神论也。

此等哲学思想，为百家所同具。至东周以后，乃推衍之于各方面，而成诸子之学焉。盖其时世变日亟，一切现象，皆有留心研究之人。而前此一种哲学，入于人人之心者既深，自不免本之以为推。其源既同，则其流虽异，而仍必有不离其宗者在。此周秦诸子之学，所以相反而相成也。今试略举数端以明之。

古代哲学，最尊崇自然力。既尊崇自然力，则只有随顺，不能抵抗。故道家最贵"无为"。所谓"无为"者，非无所事事之谓，谓因任自然、不参私意云耳。然则道家之所谓"无为"，即儒家"为高必因丘陵，为下必因川泽"之意；亦即法家"绝圣弃智"、专任度数之意也。自然之力，无时或息。其在儒家，则因此而得"自强不息"之义焉；其在道家之庄列一派，则谓"万物相刃相劘，其行如驰""一受其成形，不亡以待尽"，因此而得委心任运之义焉。自然力之运行，古人以为如环无端，周而复始。其在道家，则因此而得"祸福倚伏"之义，故贵"知白守黑，知雄守雌"；其在儒家，则因此而得穷变通久之义，故致谨于治制之因革损益；其在法家，则因此而得"古今异俗，新故异备"之义，而商君等以之主张变法焉。万物虽殊，然既为同一原质所成，则其本自一。夫若干原质凝集而成物，必有其所以然，是之谓"命"；自物言之则曰"性"。（"性"与"生"本一字，故告子曰"生之谓性"，而孟子驳之以"白之为白"也）"性命"者，物所受诸自然者也。自然力之运行，古人以为本有秩序，不相冲突。（《礼记·礼运》曰："事大积焉而不苑，并行而不缪谬，细行而不失；深而通，茂而有间；连而不相及也，动而不相害也。"《中庸》曰："万物并育而不相害，道并行而不相悖。"皆极言天然之有秩序，所谓"顺"也）人能常守此定律，则天下可以大治；故言治贵"反诸性命之情"，故有"反本""正本"之义。儒家言尽性可以尽物，道家言善义生者可以托天下，理实由此。抑《春秋》之义，正次王，王次春；言"王者欲有所为，宜求其端于天"。而法家言形名度数，皆原于道，亦由此也。万物既出于一，则形色虽殊，原理不异。故老贵"抱一"，孔贵"中庸"。抑宇宙现象，既变动不居，则所谓真理，只有"变"之一字耳。执一端以为中，将不转瞬而已失其中矣。故贵"抱一"而戒"执一"，贵"得中"而戒"执中"。"抱一""守中"，又即"贵虚""贵无"之旨也。（"抱一"者，抱无一可抱之一。"得中"者，得无中可得之中）然则一切现象正唯相反，然后相成。故无是非善恶之可言，而"物伦"可齐也。夫道家主因任自然，而法家主整齐画一，似相反矣。然所谓整齐画一者，正欲使天下皆遵守自然之律，而绝去私意；则法家之旨，与道家不相背也。儒家贵仁，而法家贱之。然其言曰："法之为道，前苦而长利；仁之为道，偷乐而后穷。"则其所攻者，乃姑息之爱，非儒家之所谓仁也。儒家重文学，而法家列之五蠹。然其言曰："糟糠不饱者，不务粱肉；短褐不完者，不待文绣。"则亦取救一时之急尔。秦有天下，遂行商君之政而不改，非法家本意也。则法家之与儒家，又不相背也。举此数端，余可类推。要之古代哲学之根本大义，仍贯通乎诸子之中。有时其言似相反者，则以其所论之事不同，史谈所谓"所从言之者异"耳。故《汉志》谓其"譬诸水火，相灭亦相生"也。必明乎此，然后能知诸子学术之源；而亦能知诸子以前，古代哲学之真也。

　　诸子中唯墨家之学为特异。诸家之言，皆似无神论、泛神论，而墨家之言"天志""明鬼"，则所谓"天"、所谓"鬼"者，皆有喜怒欲恶如人。故诸家之说，皆近机械论，而墨子乃独非命。予按墨子之志，盖以救世，而其道则出于禹。《淮南·要略》云："墨子学儒者之业，受孔子之术。以为其礼烦扰而不悦，厚葬靡财而贫民，服伤生而害事，（"服"上盖夺"久"字）故背周道而用夏政。"孙星衍《墨子后叙》，因此推论墨学皆源于禹，其说甚辩。予按古者生计程度甚低，通国之内，止有房屋一所，命曰明堂，（说本阮氏元，见《揅经室集·明堂论》）为一切政令所自出。（读惠氏栋《明堂大道录》可见）《汉志》云："墨家者流，盖出于清庙之守，茅屋采椽，是以贵俭；养三老五更，是以兼爱；选士大射，是以尚贤；宗祀严父，是以右鬼；顺四时而行，是以非命；以孝视天下，是以尚同。"茅屋采椽，明堂之制也。养三老五更，学校与明堂合也。选士大射，后世行于泽宫；然选士本以助祭，其即在明堂宜也。宗祀严父，清庙、明堂合一之制也。顺四时而行，盖《礼记·月令》《吕览·十二纪》《淮南·时则训》所述之制，所谓一切政令，皆出明堂也。明堂既与清庙合，以孝视天下，说自易明。《论语》："子曰：禹，吾无间然矣。菲饮食，而致孝乎鬼神；恶衣服，而致美乎黻冕；卑宫室，而尽力乎沟洫。""致孝乎鬼神""致美乎黻冕"，则宗祀严父之说也；卑宫室，则茅屋采椽之谓也。《礼记·礼运》："孔子曰：我欲观夏道，是故之杞；而不足征也，吾得《夏时》焉。"所谓《夏时》者，《郑注》以《夏小正》之属当之，而亦不能质言。窃以《月令》诸书所载，实其遗制。夏早于周千余岁，生计程度尚低，政治制度亦简，一切政令，皆出明堂，正是其时。周之明堂，即唐虞之五府，夏之世室，殷之重屋，乃祀五帝之所。（《史记·五帝本纪》索隐引《尚书·帝命验》）五帝者：东方青帝灵威仰，主春生；南方赤帝赤熛怒，主夏长；西方白帝白招拒，主秋成；北方黑帝汁光纪，主冬藏；而中央黄帝含枢纽，则寄王四时。以四时化育，亦须土也。盖以天地万物，同为自然之力所成，乃进化以后之说。其初则诚谓有一天神焉，"申出万物""阴骘下民"；继又本"卑者亲视事"之义，造为所谓五帝，以主四时化育；而昊天上帝耀魄宝，则"居其所而众星拱之"而已。君德之贵无为，其远源盖尚在此。夫学说之变迁，必较制度为速。以孔子之睿智，岂尚不知五行灾变之不足凭？然其删订六经，仍过而存之者，则以其沿袭既久，未可骤废故也。然则夏之遗制，犹存于周之明堂，正不足怪。墨子所取之说，虽与诸家异，又是考见未进化时之哲学矣（墨子救世之志，诚可佩仰；然其学不久即绝，亦未始不由于此。以是时哲学业已大进，而墨子顾欲逆行未进化时之说故也）。

诸子派别，《史记·太史公自序》述其父谈之论，分为阴阳、儒、墨、名、法、道德六家。《汉志·诸子略》，益以纵横家、杂家、农家、小说家，为十家；其中去小说家，为九流。此外兵家、数术、方技，《汉志》各自为略，而后世亦入子部。按兵家及方技，其为一家之学，与诸子十家同；数术与阴阳家，尤相为表里。《汉志》所以析之诸子之外者，以本刘歆《七略》；《七略》所以别之者，以校书者异其人。《七略》固书目，非论学术派别之作也。十家之中，阴阳家为专门之学，不易晓。小说家无关宏旨。（九流之学，皆出王官，唯小说家则似起民间。《汉志》所谓"街谈巷议，道听途说者之所造，闾里小知者之所及"也。《庄子·外物篇》："饰小说以干县令，其于大达亦远矣。"《荀子·正名篇》："故知者论道而已矣，小家珍说之所愿皆衰矣。"所谓"饰小说"及"小家珍说"，似即《汉志》之小说家。盖九流之学，源远流长，而小说则民间有思想、习世故者之所为。当时平民，不讲学术，故虽偶有一得，初不能相与讲明，逐渐改正，以薪进于高深；亦不能同条共贯，有始有卒，以自成一统系。故其说蒙"小"之名，而其书乃特多；《汉志》小说家之《虞初周说》，至九百四十三篇，《百家》至百三十九卷是也。其说固未尝不为诸家所采，如《御览》八百六十八引《风俗通》，谓"城门失火，殃及池鱼"，本出

《百家》书是。然徒能为小说家言者，则不能如苏秦之遍说六国，孟子之传食诸侯；但能饰辞以干县令，如后世求仕于郡县者之所为而已。墨家上说之外，更重下教。今《汉志》小说家有《宋子》十八篇，实治墨学者宋钘所为；盖采小说家言特多也。古之所谓小说家者如此；后世寄情荒怪之作，已非其伦；近世乃以平话尸小说之名，则益违其本矣）农家亦专门之学，可暂缓。纵横家《鬼谷子》系伪书。其真者《战国策》，今已归入史部。所最要者，则儒、墨、名、法、道及杂家六家而已。儒家之书，最要者为《孟子》，又《礼记》中存儒家诸子实最多，今皆已入经部。存于子部者，唯一《荀子》。此书真伪，予颇疑之。然其议论，固有精者；且颇能通儒法之邮，固仍为极要之书也。墨家除《墨子》外，更无传书。（《晏子春秋》，虽略有墨家言，而无甚精义）名家《经》及《经说》见《墨子》；其余绪论，散见《庄子》《荀子》及法家书中。法家《商君书》精义亦少；间有之，实不出《管》《韩》二子之外。道家又分二派：（一）明"欲取姑与"、"知雄守雌"之术，《老子》为之宗，而法家之《管》《韩》承其流。（二）阐"万物一体"、"乘化待尽"之旨，其说具于《庄子》。《列子》书晚出，较《庄子》明白易解；然其精深，实不逮《庄子》也。而杂家之《吕览》《淮南》，兼综九流，实为子部瑰宝。《淮南王书》，虽出西汉，然所纂皆先秦成说，精卓不让先秦诸子也。兵家精义，略具《荀子·议兵》《吕览·孟秋／仲秋二纪》《淮南·兵略》，及《管子》中言兵法诸篇。医经、经方，亦专门之学，非急务。然则儒家之《荀》，墨家之《墨》，法家之《管》《韩》，道家之《老》《庄》，杂家之《吕览》《淮南》，实诸子书中最精要者；苟能先熟此八书，则其余子部之书，皆可迎刃而解；而判别其是非真伪，亦昭昭然白黑分矣（读此八书之法，宜先《老》，次《庄》，次《管》《韩》，次《墨》，次《荀》，殿以《吕览》《淮南》。先《老》《庄》者，以道家专言原理，为诸家之学所自出也；次《管》《韩》者，以法家直承道家之流也；次《墨》，以见哲学中之别派也；《荀子》虽隶儒家，然其书晚出，于诸家之学皆有论难，实兼具杂家之用，以之与《吕览》《淮南》，相次并读，可以综览众家，考见其异同得失也）。

　　读诸子书者，宜留意求其大义。昔时治子者，多注意于名物训诂、典章制度，而于大义顾罕研求。此由当时偏重治经，取以与经相证；此仍治经，非治子也。诸家固亦有知子之大义足贵，从事表章者。然读古书，固宜先明名物制度；名物制度既通，而义乃可求。自汉以后，儒学专行，诸子之书，治之者少；非特鲜疏注可凭，抑且乏善本足据。校勘训释，为力已疲；故于大义，遂罕探讨。善夫章太炎之言曰："治经治子，校勘训诂，特最初门径然。大略言之：经多陈事实，诸子多明义理。校勘训诂而后，不得不各有所主。故贾、马不能理诸子，而郭象、张湛不能治经。"（《与章行严论墨学第二书》，见《华国月刊》第四期）胡适之亦谓"治古书之法有三：（一）校勘，（二）训诂，（三）贯通。清儒精于校勘训诂，于贯通工夫，尚有未逮"，（见所著《中国哲学史大纲》上卷第一篇）诚知言之选也。今诸子之要者，经清儒校勘训释之后，近人又多有集解之本，初学披览，已可粗通。若求训释更精，及以其所述制度，互相比较，并与群经所述制度相比较，制度以儒家为详，故以诸子所述制度与经比较尤要。则非初学所能。故当先求其大义。诸家大义，有彼此相同者，亦有相异者。相同者无论矣，即相异者，亦仍相反而相成，宜深思而求其会通；然后读诸子书，可谓能得其要。至于校勘疏解，偶有所得，亦宜随时札记，以备他日之精研。读书尚未终卷，即已下笔千言，诋排先儒，创立异说，此乃时人习气，殊背大器晚成之道，深愿学者勿效之也（凡人著书，有可速成者，有宜晚出者。创立新义，发前人所未发，造端宏大，欲求详密，断非一人之力所能；只可姑引其端，而疏通证明，则望诸异人，或俟诸后日。此可早出者也。此等新义之发明，恒历数百千年而后一见；乃时会为之，非可强求，亦决非人人可得。至于校勘考证之学，正由精详，乃能得阐，必宜随时改订，以求完密；苟为未定之说，不可轻出误人。今人好言著书，而其所谈者，皆校勘考证之事，此则私心期期以为不可者也）。

读古书固宜严别真伪，诸子尤甚。（秦汉以后之书，伪者较少，辨别亦较易，古书则不然。古书中之经，治者较多，真伪已大略可睹，子又不然也）然近人辨诸子真伪之术，吾实有不甚敢信者。近人所持之术，大要有二：（一）据书中事实立论，事有非本人所能言者，即断为伪。如胡适之摘《管子·小称篇》记管仲之死，又言及毛嫱、西施，《立政篇》辟寝兵兼爱之言，为难墨家之论是也。（二）则就文字立论，如梁任公以《老子》中有偏将军、上将军之名，谓为战国人语；（见《学术讲演集》评胡适之《中国哲学史大纲》）又或以文字体制之古近，而辨其书之真伪是。予谓二法皆有可采，而亦皆不可专恃。何则？子为一家之学，与集为一人之书者不同，前已言之。故读子者，不能以其忽作春秋时人语，忽为战国人之言，而疑其书之出于伪造；犹之读集者，不能以其忽祖儒家之言，忽述墨家之论，而疑其文非出于一人。先秦诸子，大抵不自著书。今其书之存者，大抵治其学者所为；而其纂辑，则更出于后之人。书之亡佚既多，辑其书者，又未必通其学；（即谓好治此学，然既无师授，即无从知其书之由来，亦无从正其书之真伪；即有可疑者，亦不得不过而存之矣）不过见讲此类学术之书共有若干，即合而编之，而取此种学派中最有名之人，题之曰"某子云"耳。然则某子之标题，本不过表明学派之词，不谓书即其人所著；与集部书之标题为某某集者，大不相同。集中记及其人身后之事，及其文词之古近错出，固不足怪。至于诸子书所记事实，多有讹误，此似诚有可疑。然古人学术，多由口耳相传，无有书籍，本易讹误；而其传之也，又重其义而轻其事。如胡适之所摘庄子见鲁哀公，自为必无之事。然古人传此，则但取其足以明义，往见者果为庄子与否，所见者果为鲁哀公与否，皆在所不问；岂唯不问，盖有因往见及所见之人，不如庄子及鲁哀公之著名，而易为庄子与鲁哀公者矣。然此尚实有其事，至如孔子往见盗跖等，则可断并其事而无之。不过作者胸中有此一段议论，乃托之孔子、盗跖耳；此则所谓"寓言"也。此等处若据之以谈史实，自易谬误；然在当时，固人人知为"寓言"。故诸子书中所记事实，乖谬者十有七八；而后人于其书，仍皆信而传之。胡适之概断为当时之人，为求利而伪造；又讥购求者之不能别白，亦未必然也。（误之少且小者，后人或不能辨；今诸子书皆蟫漏百出，谬误显然，岂有概不能辨之理）设事如此，行文亦然。今所传《五千言》，设使果出老子，则其书中偏将军、上将军，或本作春秋以前官名，而传者乃以战国时之名易之。此则如今译书者，于书中外国名物，易之以中国名物耳。虽不免失真，固与伪造有别也。又古人之传一书，有但传其意者，有兼传其词者。兼传其词者，则其学本有口诀可诵，师以是传之徒，徒又以是传之其徒；如今瞽人业算命者，以命理之书口授其徒然。此等可传之千百年，词句仍无大变。但传其意者，则如今教师之讲授，听者但求明其意即止；造其传之其徒，则出以自己之言。如是三四传后，其说虽古，其词则新矣。故文字、气体之古近，亦不能以别其书之古近也，而况于判其真伪乎？今各家学术，据其自言，皆有所本；说诚未必可信，《淮南子·修务训》已言之。然亦不能绝无关系。如管夷吾究但长于政事，抑兼长于学问，已杂质言。即谓长于学问，亦终不似著书之人。然今《管子·戒篇》载流连荒亡之说，实与孟子引晏子之言同，(《梁惠王》下篇)《晏子春秋》亦载之；则此派学术，固出于齐；既出于齐，固不能断其与管仲无关也。(《中小匡篇》所述治制，即或为管仲之遗。其他自谓其学出于神农、黄帝者视此。《孟子》"有为神农之言者许行"，梁任公谓其足为诸子托古之铁证。其意谓许行造作言语，托之神农也。然此语恐非如此解法。《礼记·曲礼》下篇："医不三世，不服其药。"《疏》引又说云："三世者：一曰黄帝针灸；二曰神农本草；三曰素女脉诀，又云夫子脉诀。"然则"神农本草"四字，乃一学科之名。今世所传《神农本草经》，非谓神农氏所作之《本草经》；乃谓神农本草学之经，犹今言药物学书耳。世多以其有后世郡县名，而訾其书非神农氏之旧，误矣。《月令》：季夏之月，"毋发令以妨神农之事"。此"神农"二字，决不能作神农氏解。然则诸书所引神农之教，如"一男不耕，或受之饥；一女不织，或受之寒"云云，亦非谓神农氏之教，乃谓神农学之说矣。"有为神农之言者"，为当训治，与《汉书·武帝纪》"丞相绾奏：所举贤良，或治申、商、韩非、苏秦、张仪之言"句法相同。《汉志》论农家者流曰："鄙者为之，以为无所事圣王，欲使君臣并耕"，正许行之说；初非谓其造作言语，托之神农也)夫神农、黄帝、管仲，诚未必如托之者之言；然其为此曹所托，亦必自有其故；此亦考古者所宜究心矣。要之古书不可轻信，亦不可抹杀。昔人之弊，在信古过甚，不敢轻疑；今人之弊，则又在一概吐弃，而不求其故。楚固失之，齐亦未为得也。

明乎此，则知诸子之年代事迹，虽可知其大略，而亦不容凿求。若更据诸子中之记事以谈古史，则尤易致误矣。盖古书之存于今，而今人据为史料者，约有数种：(一)史家所记，又可分为四种：《尚书》，一也。《春秋》，二也。《国语》，三也。(孔子所修之《春秋》，虽为明义而作，然其原本则为记事之书。《左氏》真伪未定，即真，亦与《国语》同类也)世系，四也。此最可信。(二)私家纪事之作。其较翔实者，如孔门之《论语》；其务恢侈者，则如《管子·大／中／小匡》三篇是也。前者犹可置信，后者则全不足凭矣。(古代史家所记之事，诚亦未必尽信。然较诸私家传说，则其谨严荒诞，相去不啻天渊。试取《大／中／小匡》三篇一读便见。此三篇中，《大匡》前半篇及《小匡》中"宰孔赐胙"一段，盖后人别据《左氏》一类之书补入，余则皆治法学者传述之辞也)(三)则诸子中之记事。十之七八为寓言。即或实有其事，人名、地名及年代等，亦不可据；彼其意，固亦当做寓言用也。据此以考事实，苟非用之十分谨慎，必将治丝益棼。夫诸子记事之不可尽信如此，而今人考诸子年代事迹，顾多即以诸子所记之事为据；既据此假定诸子年代事迹，乃又持以判别诸子之书之信否焉，其可信乎？一言蔽之，总由不知子与集之异，太重视用做标题之人，致有此误也。

　　吾谓整治诸子之书，仍当着重于其学术。今诸子书亟待整治者有二：（一）后人伪造之品，窜入其中者。（二）异家之言，误合为一书者。盖诸子既不自著书，而其后学之著者，又未尝自立条例，成一首尾完具之作，而其书亡佚又多；故其学术之真相，甚难窥见。学术之真相难见，则伪品之窜入自易，异家之误会亦多。夫真伪混淆，则学说湮晦；异家错处，则流别不明。此诚足为治诸子学之累，故皆急宜拣剔。拣剔之法，仍宜就其学术求之，既观其同，复观其异；即其同异，更求其说之所自来，而求其所以分合之由。如是，则诸子之学可明；而诸子之学之根源，及其后此之兴替，亦可见矣。此法今人必讥其偏于主观；然考校书中事实及文体之法，既皆不足恃，则仍不能不出于此也。

　　旧时学者，于吾国古书往往过于尊信，谓西方学术，精者不出吾书；又或曲加附会，谓今世学术，皆昔时所已有。今之人则适相反，憙新者固视国故若土苴；即笃旧者，亦谓此中未必真有可取，不过以为旧有之物，不得不从事整治而已。此皆一偏之见。平心论之，社会科学之理，古人皆已引其端；其言之或不如后世之详明，而精简则远过之。截长补短，二者适足相偿也。且古代思想，恒为后世学术风俗之源；昧乎其源，则于其流终难深晓。诸子为吾国最古之学，虽其传久晦，而其义则已于无形中蒸为习尚，深入于人人之心。不知此者，其论世事，纵或持之有故，终不免隔河观火之谈。且真理古今不异，苟能融会贯通，心知其意，古书固未必不周今用，正可以今古相证而益明也。唯自然科学，中国素不重视；即有发明，较诸今日，亦浅薄已甚。稍加疏证，不过知古代此学情形如何，当做史材看耳。若曲加附会，侈然自大，即不免夜郎之消矣。

　　读诸子者，固不为研习文辞。然诸子之文，各有其面貌性情，彼此不能相假，亦实为中国文学，立极于前。留心文学者，于此加以钻研，固胜徒读集部之书者甚远。（中国文学，根底皆在经、史、子中。近人言文学者，多徒知读集，实为舍本而求末，故用力多而成功少。予别有论）即非专治文学者，循览讽诵，亦足以祛除鄙俗，涵养性灵。文学者，美术之一。爱美之心，人所同具；即不能谓文学之美，必专门家乃能知之，普通人不能领略也。诸子之文，既非出于一手，并非成于一时。必如世俗论文者之言，谓某子之文如何，固近于凿；然其大较亦有可言者。大约儒家之文，最为中和纯粹。今《荀子》虽称为儒，其学实与法家近；其文亦近法家。欲求儒家诸子之文，莫如于《小戴记》中求之；前已论及。道家黄老一派，文最古质。以其学多传之自古，其书亦非东周时人所撰也见后。《庄子》文最诙诡，以当时言语程度尚低，而其说理颇深，欲达之也难，不得不反覆曲譬也。法家文最严肃。名家之文，长于剖析；而法家论事刻核处，亦实能辨别毫芒。以名、法二家，学本相近也。《墨子》文最冗蔓；以其上说下教，多为愚俗人说法，故其文亦随之而浅近也。（大约《墨子》之文，最近当时口语）纵横家文最警快，而明于利害；《战国策》中，此等文字最多。诸子中亦时有之；说术亦诸家所共习也。杂家兼名、法，合儒、墨，其学本最疏通，故其文亦如之；《吕览》《淮南》实其巨擘。而《吕览》文较质实，《淮南》尤纵横驰骋，意无不尽，则时代之先后为之也。要之，言为心声，诸子之学，各有专门，故其文亦随之而异，固非有意为之。然其五光十色，各有独至之处，则后人虽竭力模仿，终不能逮其十一矣。以今语言之，则诸子之文，可谓"个性"最显著者；欲治文学者，诚不可不加之意也。

一、老子

道家之书，后世为神仙家所依托，固已全失其本真；即反诸魏、晋之初，谈玄者率以《老》《庄》并称，实亦已非其朔。若循其本，则《汉志》所谓道家者流，其学实当分二派：一切委心任运，乘化以待尽，此一派也。现存之书，《庄》《列》为其代表。秉要执本，清虚以自守，卑弱以自持，此一派也。现存之书，以《老子》为最古。此二派，其崇尚自然之力同，然一因自然力之伟大，以为人事皆无可为，遂一切放下；一则欲因任之以致治，善用之以求胜，其宗旨固自不同。夷考汉人之言，多以黄、老连称，罕以老、庄并举。按今《列子》书第一篇《天瑞》，引《黄帝书》二条，黄帝之言一条。第二篇为《黄帝篇》，引老聃之言一条。第六篇《力命》引老聃谓关尹之言一条，《黄帝书》一条。而《天瑞篇》所引《黄帝书》，有一条与今《老子》书同。（"谷神不死，是谓玄牝；玄牝之门，是谓天地根。绵绵若存，用之不勤。"）《列子》原未必可信，然十之七八，当系采古书纂辑而成，必非晋人杜撰。然则"黄老"者，乃古代学派之名；其学远托诸黄帝，而首传其说者，则老子也。今观《老子》书，文体甚古。（全书多作三四言韵语，乃未有散文前之韵文。间有长句及散句，盖后来所加）又全书之义，女权皆优于男权（按今《周易》首乾，而《殷易》先坤，见《礼记·礼运》："吾得坤乾焉。"《郑注》：此亦吾国男女权递嬗之遗迹。然殷时女权，实已不盛。吾别有考。《老子》全书，皆称颂女权；可见其学必始于殷以前。托诸黄帝，固未必可信。然据《礼记·祭法》，严父配天，实始于禹，则夏时男权已盛；老子之学，必始五帝时矣。盖旧有此说，口耳相传，至老子乃诵出其文也）。书中无男女字，但称牝牡；亦可征其时代之早。近人如梁任公，以其书中有偏将军、上将军之名；又谓"师之所处，荆棘生焉，大兵之后，必有凶年"等语，似系见过长平等大战者，遂疑为战国时书。胡适之摘其"民之饥，以其上食税之多""天之道，损有余而补不足。人之道则不然，损不足以奉有余"等语，谓为反对东周后之横征暴敛，引《硕鼠》等诗为证，皆非也（偏将军、上将军等语，不足为《老子》书出战国后之证，前已辩之。"师之所处，荆棘生焉，大兵之后，必有凶年"，凡战事皆然，何必长平等大战？《老子》一书，皆发挥玄理之语，非对一时政治立言；又观其文体之古，即知其书非出周代，亦不得引风诗为证也）。

《老子》全书之旨，可以两言括之：（一）曰治国主于无为，（二）曰求胜敌当以卑弱自处而已。吾国古代哲学，近于机械论，前已言之。既近机械论，则视一切社会现象，皆有自然之律，运行乎其间，毫厘不得差忒，与研究自然科学者之视自然现象同。彼其视自然之力，至大而不可抗也，故只有随顺，断无可违逆之，使如吾意之理。欲违逆之使如吾意，即所谓"有为"；一切随顺天然之律，而不参以私意，则即所谓"无为"也。凡治事者，最贵发见自然之律而遵守之。而不然者，姑无论其事不能成；即使幸成焉，其反动之力，亦必愈大。此老子所以主张治国以无为为尚也。至其求胜敌之术，所以主于卑弱者，则因其以自然力之运行为循环之故。（所谓"道之动曰反"也）自然力之运行，既为循环，则盛之后必继以衰，强之后必流于弱，乃无可逃之公例。故莫如先以卑弱自处。此皆老子应事之术也。至其空谈原理之语，宗旨亦相一贯；盖所谓治国当主无为，胜敌必居卑弱者，不外遵守天然之律而已。古代哲学之宇宙论，以为万物同出一源，前文亦已言及；万物同出一源，则现象虽殊，原理自一。此形形色色之现象，老子喻之以"器"；而未成万物前之原质，则老子喻之以"朴"。其曰"朴散而为器"者，犹曰原质分而为万物耳。夫同一原质，断未有不循同一定律者；至其散而为万物，则有难言者矣。《老子》一书，反复推阐，不外谓朴散为器之后，仍当遵守最初之原理。其曰"见素"，欲见此也；其曰"抱朴"，欲抱此也；其曰"守中"，以此为中也；其曰"抱一"，以此为一也。又其言曰："有无相生，难易相成，长短相较，高下相倾。"又曰："天下皆知美之为美，斯恶矣；皆知善之为善，斯不善矣。"欲举天下对待之境，一扫而空之。亦以此等相对之名，皆"朴散为器"而始有；返诸其初，则只浑然之一境也。此其"绝圣弃智""圣人不死，大盗不止"之说所由来，而亦庄周"齐物"之理所由立。百家之学，其流异，其源固无不同；然其流既异，即不得因其源之同，而泯其派别也。

《老子》全书之宗旨如此；由前总论所述，已可见之。然《老子》书解者最多，而其附会曲说亦最甚；故不惮词费，更申言之。要之古书中语，具体者多，抽象者少。此自言语巧拙，今古不同使然。读书固贵以意逆志，不可以词害意。世之误解《老子》者，多由泥其字面，误取譬之词，为敷陈之论，有以致之也（又古书中"自然"字，"然"字当做"成"字解，不当做"如此"解。如《老子》："功成事遂，万物皆谓我自然"；《淮南子·原道训》："万物固以自然，圣人又何事焉"是也）。

《老子》书注者极多，最通行者，为《河上公注》《王弼注》《吴澄注》三种。《河上公注》为伪物，前人已言之。《王弼注》刻本虽晚出，然陆德明《经典释文》，为作音训；又《列子》引"黄帝书"一条，与《老子》同者，张湛即引《弼注》注之，皆与今本相符，可证其非伪物。《吴澄注》多以释理与道家言相证，虽非本旨，亦尚无金丹黄白，如涂涂附之谈。予谓《老子》书并不难解，读者苟具哲学常识，（凡研究中国古哲学及佛书者，必须先有现在哲学常识。此层最为紧要。否则研究中国哲学者，易致貌似玄妙，而实无标准；研究佛学者，更易流于迷信）即不看注，义亦可通；而一看注，则有时反至茫昧。初学读此书，可但涵咏本文，求其义理；诸家之注，一览已足，不必深求也。

欲求《老子》之义于本文，姚鼐《老子章义》，却可一览。《老子》原书，本无道经、德经之分，分章更系诸家随意所为；读者但当涵咏本文，自求条理，若一拘泥前人章句，则又滋纠纷矣。姚氏此书，即以前人分章为不然，以意重定；虽不必执其所定者为准，然其法自可用也。

古书"经传"恒相辅而行，大抵文少而整齐有韵者为"经"，议论纵横者为"传"。盖经为历世相传、简要精当之语，"寡其辞，协其音"，所以便诵读；而传则习其学者发挥经意之书也。《老子》书理精词简，一望而可知为经；其学之传授既古，后学之发挥其义者自多。据《汉志》，道家有《老子邻氏经传》四篇，《老子傅氏经说》三十七篇，《老子徐氏经说》六篇，刘向《说老子》四篇，盖皆《老子》之传。惜其书皆不传。然解释《老子》之词，散见于诸子中者仍不少。近人长沙杨树达，尝汇辑之而成《老子古义》一书，（中华书局出版）极可看。焦竑《老子翼》三卷，辑韩非以下解《老子》者六十四家，采摭可谓极博，然亦宋以后说为多，初学可暂缓。

二、庄子

《庄子》与《老子》，同属道家，而学术宗旨实异，前已言之。《庄子》之旨，主于委心任运，颇近颓废自甘；然其说理实极精深。中国哲学，偏重应用，而轻纯理；固以此免欧洲、印度哲学不周人用之消，而亦以此乏究极玄眇之观。先秦诸子中，善言名理，有今纯理哲学之意者，则莫《庄子》若矣。（《列子》宗旨与《庄子》大同。然其书似出后人纂辑，不免羼杂；精义亦不逮《庄子》之多。又据《庄子》末篇，则惠施之学，颇与庄子相近。然惠施学说，除此以外，无可考见；他书引惠子事，多无关哲理，如今《庄子》之有《说剑篇》耳）章太炎于先秦诸子中，最服膺《庄子》，良有由也。

今《庄子》书，分内篇、外篇及杂篇。昔人多重内篇，然外篇实亦精绝，唯杂篇中有数篇无谓耳。分见后。

《庄子注》以郭象为最古，《世说新语》谓其窃诸向秀，据后人所考校，诚然。（可参看《四库书目提要》）此注与《列子张湛注》，皆善言名理；（似尚胜王弼之《易注》及《老子注》）兼可考见魏、晋人之哲学，实可宝也。《四库》所著录者，有来褚伯秀《南华真经义海纂微》一百六卷。纂郭象、吕惠卿、林疑独、陈祥道、陈景元、王云、刘概、吴俦、赵以夫、林希逸、李士表、王旦、范元应十三家之说。《提要》谓宋以前解《庄子》者，梗概略具于是。又焦竑《庄子翼》八卷，体例与其《老子翼》同；虽《提要》议其不如彼书之精，然亦多存旧说也。近人注释，有郭庆藩《庄子集释》、王先谦《庄子集解》。郭氏书兼载郭象注及唐成玄英疏，更集众说，加以疏释，颇为详备；王氏书较郭氏为略，盖其书成于郭氏之后，不取重复，故但说明大意而止也。

《逍遥游》第一　此篇借物之大小不同，以明当境各足之义。盖世间之境，贫富贵贱，智愚勇怯，一若两端相对者然；语其苦乐，实亦相同。然世多以彼羡此，故借大小一端，以明各当其分；大者不必有余，小者不必不足《郭注》所谓"以绝羡欲之累"也。"列子御风而行"一段，为《庄子》所谓逍遥者，其义主于"无待"。夫世间之物，无不两端相对待者，欲求无待，非超乎此世界之外不可，则其说更进矣。此篇文极诙诡，然须知诸子皆非有意为文。其所以看似诙诡者，以当时言语程度尚低，抽象之词已少；专供哲学用之语，更几于绝无；欲说高深之理，必须取譬于实事实物；而眼前事物，欲以说明高深之理极难，故不得不如是也。此等处宜探其意而弗泥其辞；苟能心知其意，自觉其言虽诙诡，而其所说之理，实与普通哲学家所说者无殊矣。至于世俗评文之家，竟谓诸子有意于文字求奇，其说更不足论。此凡读古书皆然；然《庄子》书为后人穿凿附会最甚，故于此发其凡（此篇引《齐谐》之言。所谓《齐谐》者，盖诚古志怪之书，而作此篇者引之。不然，初不必既撰寓言，又伪造一书名，而以其寓言托之也。然则此篇中诙诡之语，尚未必撰此篇者所自造；有意于文字求奇之说，不攻自破矣）。

《齐物论》第二　"论"与"伦"古字相通。伦者类也，物必各有不同，然后可分为若干类，故"伦"字有"不同"之义。（犹今人各种东西之"种"字耳）此篇极言世界上物，虽形形色色，各有不同，然其实仍系一物。盖"彼出于是，是亦因彼"，去彼则此之名不存，去此则彼之名亦不立。又宇宙之间，变化不已，此物可化为彼，彼物亦可变为此。此足见分别彼此，多立名目者，乃愚俗人之见矣。此篇宗旨，在"天地与我并生，万物与我为一"十二字。惠施"泛爱天地，万物一体"之说，见《天下篇》。亦由此理而出。实仍本于古代哲学，宇宙万物皆同一原质所成之观念也；亦可见先秦诸子之学，同出一源矣。

《养生主》第三　此篇言做事必顺天理，以庖丁解牛为喻。天者自然，理者条理；随顺天理，即随顺自然之条理也。人能知此理，则能安时处顺，使哀乐不入，而可以养生。

《人间世》第四　此篇言处世之道，贵于虚己。所谓"虚己"者，即无我之谓也；人而能无我，则物莫能害矣（物兼人为之事，及自然之力言）。

《德充符》第五　此篇举兀者等事，见无我者之为人所悦，是为德充之符。

《大宗师》第六　郭注云："虽天地之大，万物之富，其所宗而师者无心也。"此篇盖发挥哲学中之机械论，夫举全宇宙而为一大机械，则人处其间，只有委心任运而已。故曰："天地大炉，造化大冶，唯所陶铸，无乎不可"也。

《应帝王》第七　以上内篇。此篇言应世之术，贵乎无所容心。其言曰："至人之用心若镜，不将不迎，应而不藏"，乃全篇之宗旨也。盖言无我则能因物付物，是为应世之术。

《骈拇》第八　此篇言仁义非人性。伯夷、盗跖，虽善恶不同，而其为失本性则均，齐是非之论也。

《马蹄》第九　此篇言伯乐失马之性，圣人毁道德以为仁义，与上篇宗旨意同。

《胠箧》第十　此篇言善恶不唯其名唯其实，因欲止世之为恶者，而分别善恶，为恶者即能并善之名而窃之；夫善之名而为为恶者所窃，则世俗之所谓善者，不足为善，恶者不足为恶审矣。乃极彻底之论也。

《在宥》第十一　此篇言以无为为治，而后物各得其性命之情。戒干涉、主放任之论也（性命二字之义见前）。

《天地》第十二　此篇为古代哲学中之宇宙论，极要。

《天道》第十三　此篇由哲学中之宇宙论，而推论治天下之道，见道德名法，皆相一贯，而归本于无为。

《天运》第十四　此篇言仁义等之不足尚。

《刻意》第十五　此篇言虚无无为之贵。

《缮性》第十六　此篇言心之所欲，多非本真，故戒去"性"而从心，当反情性而复其初。

《秋水》第十七　此篇首设河伯、海若问答，亦齐物之旨。"夔怜蚿"一节，言人当任天而动。"孔子畏于匡"一节，言穷通由于时命，非人所能为。"庄子与惠子游濠梁"一节，言名学之理颇深。唯"庄子钓于濮水""惠子相梁"两节粗浅。

《**至乐**》**第十八** 此篇言"无为为至乐，至乐者无乐"，因极言生死之同。"种有几"一段亦此义。（郭注：有变化而无死生也）近人以牵合生物学，似非也。

《**达生**》**第十九** 此篇言生之来不能却，其去不可止；能遗世则为善养生。亦委心任运之论。

《**山木**》**第二十** 此篇言人之处世，材不材皆足婴患，唯乘道德而游者不然。所谓乘道德者，虚己之谓也，虚己则无计较利害之心；无计较利害之心，则物莫之能累矣。亦《人间世》《德充符》两篇之旨也。

《**田子方**》**第二十一** 此篇记孔子告颜回语，亦齐物之旨。老聃告孔子语，推论生物之源，由于阴阳二力，亦古代哲学中之宇宙论也。

《**知北游**》**第二十二** 以上外篇。此篇言"道"，亦古代哲学中宇宙论也。其言"无无"之义，已颇涉认识论矣。

《**庚桑楚**》**第二十三** 此篇文颇艰深。其大意谓一切祸福，皆心所造；故心无利害之念，则物自莫之能侵。所谓"寇莫大于阴阳，犹今言自然力。无所逃于天地之间，非阴阳贼之，心自使之"；"身若槁木，心若死灰，祸亦不至，福亦不来"也。其云"万物出乎无有。有不能以有为有，必出乎无有；而无有一无有。圣人藏于是"，阐无有之理尤精。（此言一切万物，彼不能为此之原因，此亦不能为彼之原因）乃道家虚无无为之旨所从出也。

《**徐无鬼**》**第二十四** 此篇亦言为仁义，则必流于不仁义；道家所以贵道德而贱仁义者由此。末段亦涉及古代哲学中之宇宙论，文颇难解。

《**则阳**》**第二十五** 此篇亦言为仁义则必流于不仁不义，兼涉及宇宙论，与上篇同。篇末"莫为""或使"之辩，即哲学中"有神""无神"之争也。其论犯罪者非其罪一节，尤有合于社会主义。

《**外物**》**第二十六** 此篇为杂论。

《**寓言**》**第二十七** 此篇亦杂论，有与他篇重复处。

《**让王**》**第二十八** 此篇杂记让国之事，言唯轻天下重一身者，乃足以治天下。词意似浅。然道家所谓"养生"，其意实谓必如此之人，乃足以治天下，而非徒宝爱其身，欲求全其性命。即此可见此义道家屡及之，如《吕览·贵生》《淮南·精神训／诠言训》是。神仙家之窃取附会，而自托于道者，其失不待辩而自明矣。

《盗跖》第二十九　此篇言君子小人，名异实同，莫如恣睢而求目前之乐。与《列子·杨朱篇》同义。其言富者之苦乐一节，颇可考见古代社会生计情形。

《说剑》第三十　此篇记庄子说止赵文王好剑之事，意义浅薄，与《庄子》全书，了无关涉。且此事散见他书者甚多，所属之人亦各异。凡古代传说之事，固多如此。盖此事相传，一说以属庄子，故编《庄子》书者，遂以之辑入为一篇也。

《渔父》第三十一　此篇亦浅薄。

《列御寇》第三十二　此篇亦浅薄，而间有精论。

《天下》第三十三　此篇盖《庄子》之自叙，前总论，后分列诸家，可考见古代学术源流。论古代学术源流者，以《庄子》此篇、《淮南·要略》《太史公自序》《汉书·艺文志》四篇为最有条理，而四篇又各有胜处。《汉志》推论诸家之学所自出，可见其各有所本；《庄子》此篇，则言道术始合而后分，可见诸家之学，虽各有所本，而仍同出一源，（同出一源，谓其同根据于古代之哲学；各有所本，则言其以一种哲学，而推衍之于各方面）其义相反而相成；《淮南》论诸子之学，皆起于救时之弊，有某种弊即有某种学，如方药然，各有主治即各有用处；而《太史公自序》，则言诸家之学，各有所长，亦各有所短，其义亦相反而相成也。

三、列子

此书前列《张湛序》，述得书源流，殊不可信。而云"所明往往与《佛经》相参，大同归于老、庄"；"属辞引类，特与《庄子》相似；庄子、慎到、韩非、尸子、淮南子，玄示指归，多称其言"，则不啻自写供招。《佛经》初入中国时，原有以其言与老、庄相参者；一以为同，一以为异，两派颇有争论。湛盖亦以佛与老、庄之道为可通，乃伪造此书，以通两者之邮也。其云庄子、慎到等多称其言，盖即湛造此书时所取材。汪继培谓"后人依采诸子而稍附益之"，最得其实。然此固不独《列子》。凡先秦诸子，大都不自著书；其书皆后人采缀而成；采缀时，岂能略无附益，特其书出有早晚耳。故此书中除思想与《佛经》相同，非中国所固有者外，仍可认为古书也（篇首刘向校语，更不可信。凡古书刘向序，大都伪物。姚姬传唯信《战国策》序为真，予则并此而疑之）。

注《庄子》书者甚多，《列子》则唯张湛一注，孤行于世。唐殷敬顺就《张湛注》作释文，本各为书；元、明以来刻本，皆以《释文》入《注》，二有遂混淆不辨。谓汪继培得影宋抄本，又录《释文》单行本于《道藏》，据以参校，二者始各还其旧；此外参校之本尚多，实此书最善之本也。又有唐卢重元注，《唐书·艺文志》以下，皆不著录，郑樵《通志》始及之。书有陈景元序，谓得之徐灵府。清秦恩复得之金陵道院，重刻之。然今所传《文子缵义》，亦出徐灵府，其书殊不可信，则此书恐亦非唐时物也。

此书大旨与《庄子》相类。精义不逮《庄子》之多，而其文较《庄子》易解，殊足与《庄子》相参证。（读《庄子》不能解者，先读此书最好）其陈义有视前人为有进者，如《汤问篇》："殷汤问于夏革，曰：古初有物乎？夏革曰：古初无物，今恶得物？后之人将谓今无物，可乎？汤问曰：然则物无先后乎？夏革曰：物之终始，初无极已。始或为终，终或为始，恶知其纪？然自物之外，自事之先，朕所不知也。"按古人论宇宙原始者，率以为有气而后有形，有形而后有质，皆宇宙论中语。此则明人能知有，不能知无——时间之起讫，空间之际限，实非人所能知；人之所知，实以认识所及为限——已深入认识论之堂奥矣。盖佛学输入后始有之义也。

《天瑞》第一　此书为《列子》之宇宙论，与他古书所述大同，而文最明白易晓。

《黄帝》第二　此篇言气无彼我，彼我之分由形；任气而不牵于形，则与物为一；与物为一，则物莫能害。盖承上篇，言人所以自处之道也。

《周穆王》第三　此篇言造物与人之为"幻"无异，梦与觉无异，盖言真幻不别也；似亦已杂佛学之理矣。（《庄子》物化之说，虽亦已起其端，然言之不如此篇之透彻）西极化人，即西域眩人，乃汉时事。《穆天子传》及《山海经》中涉及西域者，后人以其地理多合，信为古书；不知其正西域地理既明后，伪造之作也。观此篇所取材，而知其为魏、晋间物矣。

《仲尼》第四　此篇总旨，在"忘情任理"四字。"中山公子牟"一节，述公孙龙之学，颇有条理。其说必有所本，注文亦极明了，可宝也（今《公孙龙子》殊不易读）。

《汤问》第五　此篇言空时间皆不可知。又言人所不知之事甚多，不可据其所知，以疑其所不知；乃极精之认识论也。

《**力命**》第六　此篇言力不胜命，今哲学中所谓定命论；又言凡事皆出于不得不然，今哲学中所谓机械论也。

《**杨朱**》第七　此篇为厌世之义。杨朱之学，除《孟子》称其"为我"外，他无可考；此书何从独有之？可知其伪。

《**说符**》第八　此篇言因果有必至之符，亦机械论。又言有术者或不能行，行之者不必有术；视学问事功，判然二物。又言人与物徒以智力相制，迭相食，见无所谓福善祸淫等天理，其理亦皆与机械论相通也。

四、荀子

儒家孟、荀并称，然《荀子》书予极疑之。予疑《荀子》书，自读其"非象刑"之论始。盖儒家论刑，止有二义：（一）曰五刑，是为肉刑，见《书·吕刑篇》；（二）曰象刑，见《尧典》。（今本分为《舜典》。象刑之说，见《书大传》，谓不残贼人之肢体，徒儆辱之而已。汉文《废肉刑诏》："盖闻有虞氏之时，画衣冠异章服以为戮而民弗犯。"）即今文《书》说也。皆《书》说也。"非象刑"之论，与儒家之尚德化，根本不相容。及读《汉书·刑法志》，《荀子》之论具在，乃恍然有悟。盖汉时地方豪族，以及游侠之士，（汉时去封建近，此等乃前此贵族及武士之遗也）势力极大，上捍国法，下凌小民，狱犴不平。职是之故，仁人君子，蒿目时艰，乃欲以峻法严刑，裁抑一切。此自救时之论，有激而云，而实行之者则王莽也。夫莽固事事托之于古者也，然则非象刑之论，盖亦不知何人所造，而托之荀子者矣。本此以推，则见其"性恶"之论，"法后王"之言，亦皆与儒家之义，不能并立。其论礼也，谓"人生不能无群，群而无分则争，争则乱，乱则离，离则弱，弱则不能胜物"，（见《王制篇》）亦法家论法之语也。夫如后世之论，则诸经皆出荀卿。（汪中《荀卿子通论》。按此篇所引诸经传源流，多不可信。董仲舒作书美荀卿，说出今所传《荀子》刘向叙；他无征验。此序之伪，亦显而易见也）今姑不必深求。但使战国之末，儒家大师荀卿，其议论果如今《荀子》书所云，则在儒家中实为异军苍头；安得历先汉二百年，迄无祖述之书，亦无反驳之论哉？今《荀子》书同《韩诗外传》《二戴记》《说苑》《新序》处最多，亦有同《书大传》《春秋繁露》《公羊》《谷梁》《左氏》《国语》《楚辞》《礼纬》《诗毛氏传》《孔子家语》

者；又有同《管》《韩》《庄》《列》诸子，《晏子春秋》《淮南王书》者。夫其同《说苑》《新序》，诚可诬为刘向校书中秘，已见是书。《大戴记》晚出，无传授，昔人即不之信；《小戴记》亦今古文杂；《谷梁》《左氏》《毛诗》皆晚出，姑勿论。其同《韩诗外传》《书大传》《公羊》《繁露》，何说之辞？谓诸儒袭《荀子》，则诸儒早见《荀子》书矣，何待刘向？谓其各不相袭，所本者同，又无解于《荀子》书中，与儒家持义根本不相容之处，他家皆无此论也。然则《荀子》者，乃较早出之《孔子家语》耳。其与诸书同处，正足证其书由抄袭而成；而较《荀子》晚出之书，则又转袭《荀子》者也。予之意见如此，当否诚不敢自信。至于《荀子》之书当读，则初不因其真伪而异；因其书有甚精处，要必为先秦之传，固不必问其集自何人，题为何子也。

《荀子》书多精论，然颇凌杂无条理，今为料拣之。按《荀子》书宗旨，荦荦大者，凡有八端：曰"法后王"，见《不苟》《非相》《儒效》《王制》诸篇；曰主人治，见《王制》《君道》《致士》诸篇；曰"群必有分"，见《王制》《富国》诸篇；曰阶级不能无，见《荣辱》《富国》诸篇；曰"性恶"，见《荣辱》《性恶》诸篇；曰"法自然"，见《天论》《解蔽》诸篇；曰正名，见《正名》篇。此外攻击儒、墨、名、法，与权谋诸家之语，散见《非十二子》《儒效》《王霸》《君道》《议兵》《强国》《正论》《乐论》诸篇。要之《荀子》书于诸家皆有诘难；语其宗旨，实与法家最近，而又蒙儒家之面目者也。全书中最精者，为《天论》《正论》《解蔽》《正名》四篇。

《荀子》书，《汉志》三十二篇。（今《汉志》作三十三，乃误字）隋、唐《志》皆十二卷。唐杨倞为之注，分为二十卷，于篇第颇有升降。今世通行者，为嘉善谢氏刻本，其校勘实出卢文弨。又有宋台州刻本，黎庶昌得之日本，刻入《古逸丛书》中。王先谦更取王念孙、俞樾诸家校释，又以台州本及卢氏取之未尽之虞、王合校本，与谢本相校，成《荀子集解》一书，采摭颇备，甚便观览。

《劝学》第一　《修身》第二　《不苟》第三　以上三篇，皆儒家通常之论。《不苟篇》"君子养心莫善于诚"一节，义与《礼记·中庸》篇通。又"君子位尊而志恭"一节，论"法后王"之义。

《荣辱》第四　此篇义亦主于修为，与前数篇同。"凡人有所一同"一节，谓人之行为，为生理所限，而生理受制于自然律，实性恶之说所本也。

《非相》第五　此篇只首节非相，盖以首节之义名篇也。与《论衡·看相》等篇参看，可见古者对于相人之术，迷信颇甚。

《非十二子》第六　此篇亦见《韩诗外传》，而止十子，无子思、孟轲。《荀子书》吾颇疑其为西汉末人所集。然其所取资，固不能尽伪。（凡古伪书皆然）墨子学于孔子，说似不诬。（见后）今其书《非儒》《公孟》《耕柱》诸篇，攻击儒家最烈。其中固有由宗旨不同处，然讥儒者贪于饮食，惰于作务，徒古其服及言而实无可取；颇与此篇所攻子张氏、子夏氏之贱儒合。此不得谓非儒者之病。盖儒者固自有其真，然徒党既多，不能无徒窃其名而无其实者。《礼记·儒行》记孔子之言曰："今众人之命儒也妄常，以儒相诟病。"篇末又记哀公闻孔子之言，"终没吾世，不敢以儒为戏"。则当时耳儒之名而不知其义；以儒相诟病、以儒为戏者甚多；皆"贪于饮食，饰其衣冠"之贱儒，有以自取之也。颇疑此篇中攻子思、孟轲之语，为后人所造；（详见鄙著《辨梁任公阴阳五行说之来历》，见《东方杂志》第二十卷第二十号）而其非子张、子夏氏之贱儒之语则真（但为先秦旧说耳，不必定出荀卿其人，且不必定出儒家。此义亦前已及之矣）。

《仲尼》第七　此篇言"仲尼之门，五尺之竖子，羞称五霸"，与《春秋繁露·封胶西王篇》合。（《汉书·董仲舒传》亦同）是今文家义也。夫董子者，"正其义，不谋其利，明其道，不计其功"者也；而此篇下文论擅宠于万乘之国，而无后患之术，几于鄙夫之谈，亦可见《荀子》书之杂矣。

《儒效》第八　此篇中有辟名家之论，亦及法后王之义。

《王制》第九　此篇中有述制度处，颇足与群经相考证。此外有论人治之语，有言法后王之义，又其言有群乃能胜物而群不可无分，则为法家重度数之意，可与下篇参看。

《富国》第十　此篇言群不可无分，有分为富国之道，辟墨子之徒以不足为患，陈义颇精。

《王霸》第十一　此篇斥权谋。"礼之所以正国也"一节，与《礼记·经解》篇同。（《礼论篇》"取绳墨诚陈"云云亦然）此数语法家论法，亦恒用之；亦可见《荀子》与法家相近也（《礼记》亦汉人集诸经之传及儒家诸子而成。见前）。

《君道》第十二　此篇言人治，辟权谋。此篇《杨注》亡。

《臣道》第十三　此篇为儒家通常之义。

《致士》第十四 此篇论人治数语，与《王制》篇复。"得众动天"十六字，文体及意义，并与上下文不相蒙；下文论刑赏及师术，亦与致士无涉。盖多他篇错简，或本篇本杂凑而成，而取其一端以名篇也。

《议兵》第十五 此篇论用兵之理极精。《韩诗外传》《新序》《史记·礼书》《汉书·刑法志》皆载之。

《强国》第十六 此篇亦通常之论。

《天论》第十七 此篇言"吉凶由人不由天""事非人力所能为者，不以措意""人当利用自然""怪异不足畏""合众事乃能求得公例，徒据一偏则不能得"，乃《荀子》书中最精之论也。此篇驳老子、慎到、墨翟、宋钘。

《正论》第十八 此篇皆诘难当时诸家之论。第一节即驳法家。然第二节论汤、武非篡，义不如《孟子》之精，而持论实与法家相近。第三节驳象刑，则弥与儒家反矣。要之此书虽驳法家，然其思想实与法家近也。篇末驳子宋子，颇可借考宋钘学说。

《礼论》第十九 此篇有精语。然大体与《大戴礼·礼三本》《史记·礼书》同（又有同《谷梁》及《礼记·经解》三年问处）。

《乐论》第二十 此篇同《礼记·乐记》，而多增人辟墨子语，（《史记·礼书》亦同。按《史记》八书皆亡，盖后又取他书补之）可见《荀子》书中辟他家之语，有后来增入者。亦足为《非十二子》中辟子思、孟轲之语，为后人增入之一证也。（又一段同《礼记·乡饮酒》义）此篇注亦亡。

《解蔽》第二十一 此亦《荀子》书极精者，足与《天论篇》媲美。《伪古文尚书》"人心唯危，道心唯微，唯精唯一，允执厥中"十六字，原出此篇。

《正名》第二十二 此篇论名学哲学极精。

《性恶》第二十三 按荀子"性恶"之论，为后人所訾。然此篇首句曰："人之性恶，其善者伪也。"《杨注》曰："伪，为也，矫也，矫其本性也。凡非天性而人作为之者，皆谓之伪。故为字人旁为，亦会意字也。"则伪非伪饰，其义皦然。《礼论篇》："故曰：性者，本始材朴也；伪者，文理隆盛也。无性则伪之无所加，无伪则性不能自美。"《正名篇》："心虑而能为之动，谓之伪；虑积焉、能习焉而后成，谓之伪。"尤不啻自下界说。以为真伪之伪，而妄肆诋諆，真不必复辩矣。（"为"之本义为母猴。盖动物之举动，有出于有意者，有不待加意者。其不待加意者，则今心理学家所谓"本能"也；其必待加意者，则《荀子》书所谓"心虑而能为之动，虑积焉、能习焉而后成"，《杨注》所谓"非天性而人作为之"者也。动物举动，多出本能。唯猿猴知识最高，出乎本能以外之行动最多，故名母猴曰"为"。其后遂以为人之非本能之动作之称。故"为"字之本义，本指有意之行动言之，既不该本能之动作，亦不涵伪饰之意也。古用字但主声，为、伪初无区别。其后名母猴曰"为"之语亡，"为"为母猴之义亦隐，乃以"为"为"作为"之为，"伪"为"伪饰"之伪。此自用字后起之分别，及字义之迁变尔。若拘六书之例言之，则既有伪字之后，非为伪饰，皆当作伪，其作为者，乃传形成声耳）然性恶之论，究与法家相近，而非儒家尚德化之义，则亦不容曲辨也。此篇本二十六，杨升。

《君子》第二十四　此篇言人君之事，无甚精义。本第三十一，杨升。

《成相》第二十五　此篇大体多以三七言成文。俞樾谓"相"即《礼记·曲礼》"邻有丧春不相"之相，为古人乐曲之名，盖是也。《汉志》赋分四家，《成相杂辞》十一篇，与《隐书》并附于杂赋之末。此篇盖即所谓成相。而下《赋篇》，每先云"爰有大物""有物于此"，极陈其物，然后举其名，盖即所谓隐书矣。或谓后世弹词文体，实出《成相》。此篇本第二十八，杨降。

《赋篇》第二十六　此篇之体，颇类《汉志》所谓隐书，已见前。然《汉志》亦有《孙卿赋》，不知其究谁指也。"天下不治，请陈佹诗"一节，文体与前不同。然末节文体与此同，《战国策·楚策》载之，亦谓之赋。盖"不歌而诵"，则皆谓之赋也。此篇本第二十二，杨降。

《大略》第二十七　此篇杂，杨云"弟子杂录荀卿之语"。按以下诸篇，多与他传记诸子同。

《宥坐》第二十八　《子道》第二十九　《法行》第三十　《哀公》第三十一　《尧问》第三十二　杨云："此以下皆荀卿及弟子所引记传杂事，故总推之于末。"《尧问篇》末一段，为他人论荀子之语，杨云："荀卿弟子之辞。"

五、晏子春秋

此书《汉志》八篇。《史记正义》引《七略》及隋、唐《志》皆七卷，盖后人以篇为卷，又合杂上下为一篇。《崇文总目》作十四卷，则每卷又析为二也。其书与经子文辞互异，足资参订处极多；历来传注，亦多称引，绝非伪书。《玉海》因《崇文总目》卷帙之增，谓后人采婴行事为书，故卷帙颇多于前，实为妄说，孙星衍已辨之矣。前代著录，皆入儒家。柳宗元始谓墨氏之徒为之，晁公武《读书志》《文献通考·经籍考》，遂皆入之墨家。今观全书，称引孔子之言甚多；（卷一景公衣狐白裘章，卷二景公冬起大台之役章、景公壁妾死章，卷五晋欲攻齐，使人往观章，晏子居丧逊答家老章，皆引孔子之言，以为平论。卷三景公问欲善齐国之政、章，则晏子对辞，称闻诸仲尼。卷五晏子使鲁，仲尼以为知礼，卷七仲尼称晏子行补三君而不有，亦皆称美晏子之言。又卷四曾子问不谏上不顾民以成行义者章，卷五曾子将行，晏子送之以言章，皆引曾子之事。晏子居丧逊答家老章，亦称曾子以闻孔子。又卷四叔向问齐德衰子若何章，卷五崔庆劫将军大夫盟章，晏子饮景公酒章，卷七公饮酒章，皆引《诗》）引墨子之言者仅两条；（卷三景公问圣王其行若何章，卷五景公恶故人章）诋毁孔子者，唯外篇不合经术者一至四四章耳。陈义亦多同儒家，而与墨异，以入墨家者非也。

全书皆记晏子行事，其文与《左氏》复者颇多。《左氏》之"君子曰"，究为何人之言，旧多异说。今观此书，引君子之言亦颇多，（卷三庄公问威当世服天下章，卷五齐饥，晏子因路寝之役以振民章、景公夜从晏子饮章、晏子之晋睹齐累越石父章，卷六景公欲更晏子宅章，下皆有"君子曰"。卷五景公使晏子予鲁地章，则曰："君子于鲁，而后知行廉辞地之可为重名也。"）则系当时史家记事体例如此。《左氏》与此书，所本相同，所谓"各往往捃摭春秋之文以著书"也。（《史记·十二诸侯年表》）然则《左氏》之"君子曰"，与经义无涉，概可见矣。

此书以孙星衍校本为最便。吴鼒覆刻元本，前有都凡，每篇有章次题目，外篇每章有定著之故；足以考见旧式，亦可贵也。

六、墨子

墨家宗旨，曰尚贤，曰尚同，曰兼爱，曰天志，曰非攻，曰节用，曰节葬，曰明鬼，曰非乐，曰非命。今其书除各本篇外，《法仪》则论天志；《七患》《辞过》，为节用之说；《三辨》亦论非乐；《公输》阐非攻之旨；《耕柱》《贵义》

《鲁问》三篇，皆杂记墨子之言。此外《经》上下、《经说》上下、《大／小取》六篇为名家言，今所谓论理学也。《备城门》以下诸篇，为古兵家言。墨翟非攻而主守，此其守御之术也。《非儒》《公孟》两篇，专诘难儒家，而《修身》《亲士》《所染》三篇，实为儒家言。（《修身》《亲士》二篇，与《大戴礼·曾子立事》相表里，当决与《吕氏春秋·所染》篇同。《吕氏春秋》亦多儒家言）因有疑其非《墨子》书者。予按《淮南·要略》谓："墨子学儒者之业，受孔子之术，以为其礼烦扰而不悦，厚葬靡财而贫民，服伤而害事，故背周道而用夏政。"其说实为可据。（见《辨梁任公阴阳五行说之来历》。又按《墨子书·七患篇》引《周书》之解，实当作《夏箴》，见孙氏《间诂》，又《公孟篇》墨子距公孟之辞曰："子法周而未法夏也。"并墨子用夏道之证）今《墨子书》引《诗》《书》之辞最多。（予昔尝辑之，然但及其引《诗》《书》之文，及其本文确为佚诗、佚书者，其与今文家经说同处，未能编辑，故尚未能写定）百家中唯儒家最重法古，故孔子之作《六经》，虽义取创制，而仍以古书为据。《墨子》多引《诗》《书》，既为他家所无；而其所引，又皆与儒家之说不背，即可知其学之本出于儒。或谓墨之非儒，谓其学"累世莫殚，穷年莫究"，安得躬道之而躬自蹈之。殊不知墨之非儒，仅以与其宗旨相背者为限；见下。此外则未尝不同。且理固有必不能异者。《公孟篇》："子墨子与程子辩，称于孔子。程子曰：'非儒，何故称于孔子也？'子墨子曰：'是亦当而不可易者也。今鸟闻热旱之忧则高，鱼闻热旱之忧则下。当此，虽禹、汤为之谋，必不能易矣。翟曾无称于孔子乎？'"又《贵义篇》："子墨子南游使卫，载书甚多。弦唐子见而怪之，曰：'夫子教公尚过，曰：揣世直而已。今夫子载书甚多，何也？'子墨子曰：'翟闻之，同归之物，信有误者，是以书多也。今若过之心者，数逆于精微，同归之物，既已知其要矣，是以不教以书也。'"然则墨子之非读书，亦非夫读之而不知其要；又谓已知其要者，不必更读耳，非谓凡人皆不当读书也。其"三表"之说，即谓上本之古圣王之事，而安得不读书。其称引《诗》《书》，又何怪焉？然则墨子之学，初出于儒，后虽立异，而有其异仍有其同者存，此三篇亦未必非《墨子书》矣（墨学与他家特异之处，及其长短，已见前）。

墨家之书，《汉志》著录者，除《墨子》外，又有《尹佚》二篇，《田俅子》三篇，《我子》一篇，《随巢子》六篇，《胡非子》三篇。隋、唐《志》仅

存《墨子》《随巢子》《胡非子》。(《旧唐志》无《随巢子》)《宋志》则仅存
《墨子》矣。《通志·艺文略》《墨子》有《乐台注》,《晋书·隐逸传》载鲁胜
《星辩注叙》,今其书皆不传。墨子上说下教,文最浅俗,说本易通。徒以传
授久绝,治其书者亦鲜;书中既多古言古字,又包名家、兵家、专门之言,遂
至几不可读。清毕沅,始为之校注;其后治《墨子》者,亦有数家;孙诒让乃
集其成,而成《墨子间诂》,而其书始焕然大明。然名家言,在中国久成绝学;
孙氏创通其说,阙憾犹多。近人得欧洲名学,以相印证,而其说又有进。梁启
超《墨经校释》,胡适《中国哲学史大纲》上卷中涉墨学者,皆可读也。予所
知又有张之锐《新考正墨经注》,刻于河南,惜未得读。《学衡杂志》载永嘉李
氏笠《定本墨子间诂校补序》,则似仅写定而未刊行也。

《亲士》第一 《修身》第二 《所染》第三 此三篇皆儒家言,已见前。
《所染篇》上半与《吕氏春秋·当染篇》同,而下半绝异。或以其所引事多出
墨子之后,疑其非《墨子书》;然某子之标题,本只以表明学派,非谓书即其
人所著,则此等处正不足疑矣。

《法仪》第四 此篇为天志之说。

《七患》第五 此篇论节用之义,兼及守御。

《辞过》第六 孙云:"此篇与《节用篇》文意略同。《群书治要》引并入
《七患篇》,此疑后人妄分,非古也。"

《三辩》第七 此篇为非乐之说。篇中载程繁之问,与墨子之答,辞不相
涉。今案此篇本有阙文,墨子答程繁之辞,盖亦有阙也。

《尚贤上》第八 《尚贤中》第九 《尚贤下》第十 凡《尚贤》《尚同》等
篇,文字皆极累重。盖墨子上说下教,强聒不舍,故其辞质而不文也。

《尚同上》第十一 《尚同中》第十二 《尚同下》第十三 三篇相复,中
最详,上最略。以中、上二篇相校,显见上篇有阙。尚同以天为极则,说与
《天志》相通。尚同之义,或有訾其近于专制者。然铲灭异论,固不可,而是
非太无标准亦有害。战国时正值群言淆乱之际,所患者不在异论之不申,而在
是非太无标准,令人无所适从;时势不同,未可以今人之见,议古人也。且彼
固主选贤以为长矣,是尚同亦即同于贤者也,而又何訾焉。

《兼爱上》第十四 《兼爱中》第十五 《兼爱下》第十六 亦三篇相复缠,
而上篇最略。兼爱为墨家之根本义,读《墨子书》,当一切以是贯通之。

《非攻上》第十七　《非攻中》第十八　《非攻下》第十九　亦首篇最略，但言其不义；中下篇则兼言其不利，且多引古事。

《节用上》第二十　《节用中》第二十一　《节用下》第二十二　上篇校略，中篇校详。兼有及节葬之语。下篇亡。篇中欲限民婚嫁之年以求庶；以人力为生财之本，因节用而兼及之也。

《节葬上》第二十三　《节葬中》第二十四　《节葬下》第二十五　上中皆阙。节葬之说，亦见《节用中篇》及《非儒》，宜参看。此篇言墨子所制葬法与禹同，亦墨子用夏道之证。

《天志上》第二十六　《天志中》第二十七　《天志下》第二十八　亦三篇相复缠。以兼爱为天志而非攻；又云："无从下之政上，必从上之政下，夫为政于天子。"则其义又与上同通也。

《明鬼上》第二十九　《明鬼中》第三十　《明鬼下》第三十一　上、中皆阙。论理并无足取，但引古事及夏、商、周之书以实之。按《论语》言"禹致孝乎鬼神"；据《礼记·祭法》，则严父配天，实始于禹；《汉志》谓墨家"宗祀严父，是以右鬼"，鬼者人鬼，明鬼盖亦夏教也。

《非乐上》第三十二　《非乐中》第三十三　《非乐下》第三十四　中、下皆阙。非乐之旨，太偏于实利；而其道大觳，使人不堪；故多为诸家所难。

《非命上》第三十五　《非命中》第三十六　《非命下》第三十七　此篇谓言有三表。三表者，上本之古圣王之事，下察之百姓耳目之实，发为刑政，中百姓人民之利。今上篇之论，大致本之古圣王，中篇大致考之耳目之实，下篇则言为政也。然则其余分为三篇者，亦必有一区别；特今或偏亡，或编次混乱，遂不可见耳。非命之说，亦见《非儒篇》中，宜参看。

《非儒上》第三十八　《非儒下》第三十九　上篇亡。下篇所言：非其丧服及丧礼，以其违节葬之旨也；非其娶妻亲迎，以其尊妻俾于父，违尚同之义也；非其执有命，以神非命之说也；非其贪饮食、惰作务，以明贵俭之义也，非其循而不作，以与背周用夏之旨不合也；非其胜不逐奔，掩函弗射，以其不如非攻之论之彻底也；非其徒古其服及言；非其君子若钟，击之则鸣，弗击不鸣；以其无强聒不舍之风，背于贵义之旨也。盖墨之非儒如此，皆以与其宗旨不同者为限，原无害于其说之本出于儒矣。此外诋訾孔子之词，多涉诬妄，则诸子书述古事者类然；因其说出于传述，不能无误也。此诚不必皆墨子之言，亦不必遂非墨子之说。当时传其家之学者，或推衍师意而自立说；或祖述师言，存其意而易其辞，固不能一一分别。毕氏必辨为非墨子之言，殊可不必矣。非儒之论，亦见《耕柱》《公孟》二篇，宜参看。

《经上》第四十　《经下》第四十一　《经说上》第四十二　《经说下》第四十三　《大取》第四十四　《小取》第四十五　以上六篇，皆名家言。《经说》即释《经》者。鲁胜注《墨辩》叙谓《墨辩》有上下经，经各有说，凡四篇，盖即指此。《大／小取》之"取"，孙诒让谓即"取譬"之取，盖是。六篇唯《小取》篇较易解，余皆极难解，宜参看近人著述，已见前。

《耕柱》第四十六　《贵义》第四十七　此两篇皆杂记墨子之言，论明鬼、贵义、非攻、兼爱等事。又有难公孟子非儒之言，疑《公孟》篇简错也。

《公孟》第四十八　此篇多非儒之论，皆墨子与公孟子，旗鼓相当，多与《非儒》复者。间有杂记墨子之言，与非儒无涉者。

《鲁问》第四十九　此篇多非攻之论，亦及劝学、贵义、明鬼。

《公输》第五十　此篇亦言非攻。

《□□篇》第五十一　亡。

《备城门》第五十二　《备高临》第五十三　《□□》第五十四　《□□》第五十五　《备梯》第五十六　《□□》第五十七　《备水》第五十八　《□□》第五十九　《□□》第六十　《备突》第六十一　《备穴》第六十二　《备蛾傅》第六十三　《□□》第六十四　《□□》第六十五　《□□》第六十六　《□□》第六十七　《迎敌祠》第六十八　《旗帜》第六十九　《号令》第七十　《杂守》第七十一　自《备城门》至此，凡二十一篇。今亡五十一、五十四、五十五、五十七、五十九、六十、六十四、六十五、六十六、六十七，共十篇。诸篇皆专门家言，不易晓。读一过，就其可考者考之可也。（凡读古书，遇不能解者，亦仍须读一过，不得跳过；以单词只义，亦有用处。且绝学复明，往往自一二语悟入也）今《墨子目录》，为毕氏所定。孙氏据明吴宽抄本，当养篇目，以《备城门》为五十四，《备高临》为五十五，册末《吴氏手跋》云："本书七十一篇，其五十一之五十三、五十七、五十九之六十、六十四之六十七，篇目并阙"云云，是吴所据本，实如此也。

七、公孙龙子

正名之学，浅言之，本为人人所共知，亦为百家所同趋。盖欲善其事，必求名实相符；名实不符，事未有能善者。此固至浅之理，而亦不诤之论也。然深求之，则正有难言者。何者？名实之宜正为一事；吾之所谓名实者，果否真确，又为一事。前说固夫人所共喻，后说或皓首所难穷，使执正名之术以为治，而吾之所谓名实者，先自舛误，则南辕而北其辙矣。职是故，正名之学，遂分为二派：（一）但言正名之可以为治，而其所谓名实者，则不越乎常识之所知。此可称应用派，儒、法诸家是也。（二）则深求乎名实之源，以求吾之所谓名实者之不误，是为纯理一派，则名家之学是也。天下事语其浅者，恒为人人所共知；语其深者，则又为人人所共骇；此亦无可如何之事，故正名之理，虽为名家所共趋；而名家之学，又为诸家所共非。孔穿谓"言减两耳甚易而实是，言减三耳甚难而实非"，司马谈谓名家"专决于名而失人情"，皆以常识难学人也。夫学术至高深处，诚若不能直接应用；然真理必自此而明；真理既明，而一切措施，乃无谬误；此固不容以常人之浅见相难矣。今名家之书，传者极少。《墨经》及《经说》，皆极简质，又经错乱，难读。此外，唯见《庄子·天下》《列子·仲尼》两篇，亦东鳞西爪之谈。此书虽亦难通，然既非若《墨经》之简奥，又非如《庄》《列》之零碎，实可宝也。《汉志》十四篇，《唐志》三卷，今仅存六篇，盖已非完帙；《通志》载陈嗣古、贾士隐两注，皆不传。今所传者，为宋谢希深注；全系门外语，绝无足观。读者如欲深求，当先于论理学求深造；然后参以名家之说散见他书者，熟读而深思之也。

《**迹府**》第一　此篇先总叙公孙龙之学术，次叙龙与孔穿辩难，与《孔丛子》略同。俞樾曰："《楚辞·惜诵》注：'所履为迹，迹与跡同。'"下诸篇皆其言，独此篇是实学一事，故谓之迹。府者，聚也，言其事迹具此也。"见《俞楼杂纂》。

《**白马论**》第二　此篇言白马非马，他书称引者最多。

《**指物论**》第三　此篇言"物莫非指，而指非指。""指也者，天下之所无也；物也者，天下之所有也。"按《庄子》"指穷于为。薪，火传也，不知其尽也。"历来注家，皆不得确解。今按《淮南·齐俗训》："至是之是无非，至非之非无是，此真是非也。若夫是于此而非于彼，非于此而是于彼者，此之谓一是一非也。此一是非，隅曲也；夫一是非，宇宙也"；（言限于一时一地而言之，则是非如此；通于异时异地而言之，则又不然）《泛论训》："今世之为武者则非文也，为文者则非武也；文武更相非，而不知时世之用也。此见隅曲之一指，而不知八极之广大也。故东向而望，不见西墙；南面而视，不睹北方；唯无所向者，则无所不通。"以"隅曲"诂"指"，与"宇宙"及"八极"对言；则"隅曲"当做一地方，"指"字当做一方向解。庄子"指穷于为"四字当断句，言方向迷于变化耳。此篇之"指"字，亦当如此解。言人之认识空间，乃凭借实物：天下只有实物，更无所谓空间；破常人实物自实物，空间自空间之谬想耳。

《通变论》第四　此篇言"二无一"，"羊合牛非马，牛合羊非鸡"。"青以白非黄，白以青非碧"，（"以"同"与"）盖言统类之名，均非实有。

《坚白论》第五　此篇谓"视得白无坚，拊得坚非白"，盖辨观念与感觉不同。

《名实论》第六　此篇述正名之旨，乃名学之用也。其言曰："天地与其所产，物也；物以物其所物而不过焉，实也；实以实其所实而不旷焉，位也；位其所位焉，正也。以其所正，正其所不正"云云，其说甚精。浅言之，则法家"综核名实"之治，儒家"名不正则言不顺，言不顺则事不成"之说；深言之，则"天地位，万物育"之理，亦寓乎其中已。故知诋名家为诡辩之学者，实诬词也。

八、管子

《管子》一书，最为难解，而亦最错杂。此书《汉志》列道家，《隋志》列法家。今通观全书，自以道、法家言为最多；然亦多兵家、纵横家之言，又杂儒家及阴阳家之语；此外又有农家言。（《轻重》诸篇论生计学理，大率重农抑商，盖亦农家者流也）全书凡八十六篇，与《汉志》合，而亡其十。《四库提要》云："李善注陆机《猛虎行》曰：《江邃释》引《管子》云：'夫士怀耿介之心，不荫恶木之枝。恶木尚能耻之，况与恶人同处。'今检《管子》，近亡数篇，恐是亡篇之内，而邃见之，则唐初已非完本矣。"又曰："今考其文，大抵后人附会，多于仲之本书；其他姑无论。即仲卒于桓公之前，而篇中处处称桓公，其不出仲手，已无疑义矣。书中称《经言》者九篇，称《外言》者八篇，称《内言》者九篇，称《短语》者十九篇，称《区言》者五篇，称《杂篇》者十一篇，称《管子解》者五篇，称《管子轻重》者十九篇。意其中孰为手撰，孰为记其绪言，如语录之类；孰为述其逸事，如家传之类；孰为推其义旨，如笺疏之类，当时必有分别。观其五篇明题《管子解》者，可以类推。必由后人混而一之，致滋疑窦耳。"予按某子之标题，本只取表明其为某派学术，非谓书即其人所著。（见前）《管子》之非出仲手，可以勿论。古书存者，大抵出于丛残缀辑之余，原有分别，为后人所混，亦理所可有。然古代学术，多由口耳相传。一家之学，本未必有首尾完具之书。而此书错杂特甚，与其隶之道、法，毋宁称为杂家；则谓其必本有条理，亦尚未必然也。今此书《戒篇》有流连荒亡之语，与孟子述晏子之言同。又其书述制度多与《周官》合；制度非可虚造；即或著书者意存改革，不尽与故事相符，亦必有所原本。此书所述制度，固不能断为《管子》之旧，亦不能决其非原本《管子》。然则此书盖齐地学者之言，后人汇辑成书者耳。《法法篇》有"臣度之先王"云云，盖治此学者奏议，而后人直录之。（《尹注》以"臣"为管子自称，恐非）亦可见其杂也。此书多古字古言；又其述制度处颇多，不能以空言解释，故极难治。旧传《房玄龄注》，晁公武以为尹知章所记。《四库提要》云："《唐书·艺文志》，玄龄注《管子》不著录，而所载有尹知章注《管子》三十卷。则知章本未记名，殆后人以知章入微、玄龄名重，改题之以炫俗耳。"其注极浅陋，（甚至并本书亦不相参校，以致误其句读，即随误文为释）前人已多议之。明刘绩有《补注》。今通行赵用贤校本，亦已择要列入。清人校释，除王念孙《读书杂志》、俞樾《诸子评议》外，又有洪颐煊《管子义证》、戴望《管子校正》、章炳麟《管子余义》三书，然不可通者尚多也。

《牧民》第一 《形势》第二 此两篇皆道、法家言，（此书以道、法家言为主。凡属道、法家言者，以后即不复出）理精深而文简古，《形势》篇有解。

《权修》第三 此篇言用其民以致富强之术（此术谓之权）。

《立政》第四 此篇凡八目，多关涉制度之言。其中《九败》有解。《九败》辟兼爱寝兵之说，可知为战国时物。

《乘马》第五 此篇为《管子书》中言制度者。篇中备述度地建国、设官分职及赋民以业之法；可见古者立国之规模。而仍归其旨于无为，则道、法家言也。此篇难解。

《七法》第六　此篇为兵家言。"七法"及"四伤百匿"二目，言法为兵之本。"为兵之数"，言治兵之术。"沥陈"言用兵之术也。此篇但言胜一服百，而无兼并之谈，盖尚非战国时语。此篇亦难解。

《版法》第七　此篇言赏罚之道，亦难解。此篇有解。

《幼官》第八　《幼官图》第九　（以上《经言》）此两篇为阴阳家言。盖本只有图，后又写为书，故二篇相复。两篇皆难解。

《五辅》第十　此篇言王霸在人，得人莫如利之，利之莫如政。文明白易解，然仍简质。

《宙合》第十一　此篇先列举若干句，下乃具释之。按《管子》书中如此者多，盖经传别行之体；今其解释有在本篇之内者，有仍别行者。其仍别行者，如有解诸篇是也；即在本篇之内者，如此篇是也。此篇篇首诸语，盖一气相承，而以末句名其篇。注分为十三日，非也。此篇极精深而难解。其言"宙合有橐天地其义不传"云云，可见古哲学中之宇宙论。

《枢言》第十二　理精而文简质难解。

《八观》第十三　此篇言觇国之法。文极质朴，却不难解。

《法禁》第十四　此篇言法禁。其论法制不议，与李斯主张焚书之理颇同。种种防制大臣之术，亦必三家分晋、田氏篡齐之后，乃有是言，殆战国时物也。以下三篇，文皆朴茂，却不难解。

《重令》第十五　此篇言安国在尊君，尊君在行令，行令在严罚，说极武健严酷。按古言法术有别。言法者主商君，言术者宗申子。（见《韩非子·定法篇》）今《商君书》颇乏精义。法术家言之精者，皆在管、韩二家书中。如此篇等者，盖皆主商君之法家言也。

《法法》第十六　此篇颇杂。其言"斗士食于功，小人食于力"。即一民于农战之意。又云"令未布而民为之，不可赏罚"云云，则意与上篇同。又云："民未尝可与虑始，而可与乐成功"，则商君变法之意。盖亦主商君之法家言也。篇中两云："故春秋之记，有臣弑其君，子弑其父者。"又云："政者，正也；正也者，所以正定万物之命也。是故圣人精德立中以生正，明正以治国。"又云："巧者能生规矩，不能废规矩而正方圆。虽圣人能生法，不能废法而必治国。"又云："凡民从上也，不从口之所言，从情之所好，上之所好，民必甚焉。"又云："贤人之行其身也，忘其有名也；王主之行其道也，忘其成功也。"皆与儒家言相近。论废兵数语，与上下皆不贯，疑下篇错简。篇中有"臣度之先王者"云云，疑直最后人奏议。（见前）此篇盖杂凑而成也。

《兵法》第十七 （以上《外言》）此篇为兵家言，文极简质。

《大匡》第十八 《中匡》第十九 《小匡》第二十 此三篇皆记管子之事。其中《大匡》上半篇及《小匡》"宰孔赐胙"一段，与《左氏》大同，余皆战国人语，述史事多颇谬。盖传达管子之事者之辞。自《大匡》后半篇以下，其事大略一贯。大中小盖犹言上中下；因篇幅繁重，分为三篇耳。《注》释《大匡》曰"谓以大事匡君"，盖谬。此三篇述史事不甚可据；而《中／小匡》中关涉制度之处颇多，足资考证。

《王言》第二十一 亡。

《霸形》第二十二 此篇记管仲、隰朋说桓公之事，多与他篇复。其文则战国时之文也。《霸言篇》说理颇精，而此篇无甚精义；疑原文已亡，而后人以杂说补之也。

《霸言》第二十三 此篇多纵横家及兵家言，其文亦战国时之文。

《问》第二十四 此篇列举有国者所当考问之事，可见古者政治之精密。文亦简质。

《谋失》第二十五 亡。

《戒》第二十六 （以上《内言》）此篇与儒家言相似处最多。其文亦战国时之文也。

《地图》第二十七 《参患》第二十八 《制分》第二十九 此三篇皆兵家言。其文则战国时之文也（《参患篇》与晁错《言兵事书》多同，盖古兵家言而错引之）。

《君臣上》第三十 《君臣下》第三十一 此两篇言君臣之道，道、法家言为多，间有似儒家言处。其文亦战国时人之文。

《小称》第三十二 此篇论敬畏民嵒之理，文颇古质。末记管仲戒桓公勿用易牙、竖刁等事，与《戒篇》大同小异，与上文全不贯，盖亦他篇错简。

《四称》第三十三 此篇记桓公问有道无道之君及臣而管子对，文颇古质。

《正言》第三十四 亡。

《侈靡》第三十五 此篇极难解。且与侈靡有关之语少，而篇幅极长。盖亦杂凑而成也。末段章氏《管子余义》以为谶。

《心术上》第三十六 《心术下》第三十七 两篇皆言哲学，文颇简质。

《白心》第三十八 此篇亦言哲学，文简质难解。

《水地》第三十九 此篇文尚易解，语多荒怪；然颇有生物学家言，亦言古哲学者可宝之材料也。

《四时》第四十 《五行》第四十一 此两篇为阴阳家言。

《势》第四十二 此篇为道家言，文极简质。

《正》第四十三 此篇言道德法政刑相一贯之理。道家之精义也。

《九变》第四十四 （以上《短语》） 此篇为兵家言，文尚易解。

《任法》第四十五 《明法》第四十六 《正世》第四十七 此三篇皆法家言，文皆明白易解。《明法》有解。

《治国》第四十八 此篇言重农贵粟之理，明白易解。

《内业》第四十九 （以上《区言》） 此篇盖言治心之法，故曰内业，多道家言，偶有与儒家言类处，又似有杂神仙家言处。文简质难解。

《封禅》第五十 注云："元篇亡，今以司马迁《卦禅书》所载管子言补之。"

《小问》第五十一 此篇首节言兵，次节言牧民，此外皆记杂事；无甚精义，而颇涉怪迂。

《七臣七主》第五十二 《禁藏》第五十三 此两篇亦法家言，而甚杂。两篇各有一节为阴阳家言，与《幼官》《四时》《五行》相出入，盖亦他篇简错也。

《入国》第五十四 此篇言九惠之政，文甚明白。

《九守》第五十五 此篇言君人所当守。文简质，然易解。

《桓公问》第五十六 此篇言啧室之议，颇合重视舆论之意。文亦明白。

《度地》第五十七 此篇言建国之法，于治水最详。"冬作土功，夏多暴雨"云云，亦阴阳家言。先秦学术，虽不尚迷信；然哲学源出宗教，故各种学术，多与阴阳家言相杂也。

《地员》第五十八 此篇言地质及所宜之物，农家言也。专门之学，殊不易解。

《弟子职》第五十九 此篇记弟子事先生之礼，皆四言韵语。盖《曲礼》《少仪》之类，与《管子》书全无涉；亦可见《管子》书之杂也。此篇庄述祖有《集解》，别为单行本一卷。

《言昭》第六十　《修身》第六十一　《问霸》第六十二　（以上《杂篇》）

《牧民解》第六十三　以上四篇皆亡。

《形势解》第六十四　《立政九败解》第六十五　《版法解》第六十六　《明法解》第六十七　（以上《管子解》）　以上四篇为解与原文别行者，文皆明白易晓。《尹注》疑为韩非《解老》之类，吾谓《解老》亦未必韩非所作，盖《老子书》本有此传耳。

《臣乘马》第六十八　《乘马数》第六十九　《问乘马》第七十　《事语》第七十一　《海王》第七十二　《国蓄》第七十三　《山国轨》第七十四　《山权数》第七十五　《山至数》第七十六　《地数》第七十七　《揆度》第七十八　《国准》第七十九　《轻重甲》第八十　《轻重乙》第八十一　《轻重丙》第八十二　《轻重丁》第八十三　《轻重戊》第八十四　以上皆《管子》中所谓《轻重》之篇。其中亡第七十及八十二两篇。诸篇文字，大致明白，而亦间有难解处。所言皆生计学理，大致可分为三端：（一）畜藏敛散，（二）盐铁山泽；（三）制民之产。盖法者正也，正之义必有取乎平；而致民之不平，莫大贫富之悬隔。故法家欲以予夺贫富之权，操之于上。其言最与近世之所谓国家社会主义者近。（此义未必可行于今，然不得以此议古人。盖今日之中国为大国，而古者则分为小邦；自汉以后，政治久取放任，而古代则习于干涉，国家之权力较大也。此盖东周以后，井田之制大坏，私人所营工商之业勃兴，而后有之。吾国古代小国小部落并主，皆行共产之制。其后虽互相吞并，此制犹有存者。故有横征厚敛之暴君污吏，而无豪夺巧取之富人大贾。至春秋以后，其制乃大变。其说甚长，一时难遍疏举。欲知其略，可看《史记·货殖列传》及《汉书·食货志》）观其所引之事，及于越、梁二国，即知其为战国时物矣。

《轻重己》第八十五　（以上《管子·轻重》）此篇以《轻重》名，而皆阴阳家言，盖误入“轻重”也。

九、韩非子

刑名法术，世每连称，不加分别，其实非也。刑名之“刑”，本当作“形”。形者，谓事物之实状，名则就事物之实状，加以称谓之谓也。凡言理者，名实相应则是，名实不相应则非；言治者名实相应则治，不相应则乱。就通常之言论，察其名实是否相应，以求知识之精确，是为名家之学。操是术以用诸政治，以综核名实，则法家之学也。故"形名"二字，实为名法家所共审；而"名法"二字，亦可连称。"法术"二字，自广义言之，法盖可以该术，故治是学者，但称法家。若分别言之，则仍各有其义：法者，所以治民；术者，所以治治民之人。言法者宗商君，言术者祖申子。（见本书《定法篇》）法家之学，世多以刻薄訾之。其实当东周之世，竞争激烈，求存其国，固不得不以严肃之法，整齐其民。且后世政治，放任既久，君主之威权，不能逮下，民俗亦日益浇漓。故往往法令滋章，则奸诈益甚；国家愈多所兴作，官吏亦愈可借以虐民。在古代国小民寡、风气淳朴之时，固不如是。天下无政治则已，既有政治，即不能无治人者与治于人者之分。然同是人也，治于人者固须治，岂得谓治人者，即皆自善而无待于治？今世界各国，莫不以治人者别成一阶级为患。其所谓利，上不与国合，下不与民同。行政官吏然，民选立法之议会，亦未尝不然。世界之纷扰，由于治于人者之蠢愚者，固不能免；出于治人者之狡诈昏愚、嗜利无耻者，殆有甚焉。术家之言，固犹不可不深长思也。《韩非》谓言法者宗商君，言术者祖申子。今《申子书》已不传。世所传《商君书》，虽未必伪，然偏激太甚，而精义顾少，远不逮《管》《韩》二书。道、法二家，关系最切。原本道德之论，《管子》最精；发挥法术之义，《韩非》尤切。二书实名法家之大宗也。

《韩非书》，《汉志》五十五篇，隋《新旧唐书》《宋史·志》二十卷，皆与今本符。《唐志》有尹知章《注》，今亡。今所传注之何犿，谓出李瓒，《太平御览》《事类赋》《初学记》诸书已引之，则其人当在宋前；然其注颇不备，且有舛误。何犿本刻于元至元三年，明赵用贤以宋本校之，知有缺脱。用贤刻本，与明周孔教大字本同。《四库》据周本著录，而校以赵本；然赵本实多误改。清吴鼒得朱乾道刻本，为赵本所自出；顾广圻为校，而鼒刻之。（顾氏《识误》三卷，刻原书之后）顾氏而外，卢文弨、王念孙、俞樾，于是书亦有校识。长沙王先谦，合诸家校释，而成《韩非子集解》一书，实最便观览也。

《初见秦》第一　此篇见《战国策》，为张仪说秦惠王之词，盖编《韩子》者误入之。司马光以此讥非欲覆宋国，非也。

《存韩》第二　此篇载非说秦毋攻韩。次以李斯驳议，请身使韩，秦人许之；斯遂使韩，未得见，因上书韩王。盖编《韩子》者，存其事以备考也。

《难言》第三　此篇即《说难》之意。

《爱臣》第四　此篇言人君防制其臣之术，术家言也。

《主道》第五　此篇言人君当虚静元为，以事任人；可见法家言之源出于道。

《有度》第六　此篇言君当任法以御下，多同《管子·明法篇》。

《二柄》第七　此篇言刑、德为制臣之二柄，不可失。又言人君不可以情借臣，当去好恶而任法。

《扬权》第八　此篇言无为之旨，君操其名，而使臣效其形；去智巧，勿授人以柄。可见刑名法术，皆源于道。此篇十之九为四言韵语，盖法家相传诵习之词也。

《八奸》第九　此篇言人臣所以成奸者有八术，亦术家言。

《十过》第十　此篇无甚精义。

《孤愤》第十一　此篇言智能法术之士，与权奸不两立；智能法术之士恒难进，然权奸之利，实与人主相反，术家之精言也。

《说难》第十二　此篇先陈说之难，继言说之术，极精。

《和氏》第十三　此篇言法术为人臣士民所同恶，可见"法"之与"术"，虽名异而理实相通。

《奸劫弑臣》第十四　此篇言君以同是非说其臣，于是臣以是欺其主，而下不得尽忠，故必参验名实。次节言学者不知治乱之情，但言仁义惠爱，世主不察，故法术之士无由进。皆言用人之术，亦术家言也。末节"厉磷王"，《国策》《荀子》，皆作荀子答春申君书。

《亡征》第十五　此篇列举可亡之事，而曰："亡征者，非曰必亡，言其可亡也。"乃自下"亡征"二字之界说也。

《三守》第十六　（一）戒漏言，（二）戒假威，（三）戒不自治事而假手于人，亦术家言。

《备内》第十七　此篇言人臣之于君，非有骨肉之亲，故窥觇其君无已时；而后妃、太子，亦利君之死，故有因后妃、太子以成其奸者。看似刻核，然于后世权奸宫闱之祸，若烛照而数计；其见理明，故其说事切也。大抵人类恶浊之性，恒人不甚乐道出，而法术家务揭举之，故常为世所訾；然其说理则甚精，而于事亦多验，固不可不措意矣。又言王良爱马，为其可以驰驱；勾践爱人，乃欲用以战斗，则法家刻酷之论矣。建国原以为民；欲保国者，有时原不能曲顾人民；然若全忘人民之利益，视若专供国家之用者然，则流连而忘本矣。此则法家之失也。

《南面》第十八　此篇言人君当任法以御臣，不可任甲以备乙，亦术家言也。末节言变法之理甚精。

《饰邪》第十九　此篇主明法以为治，戒信龟策、恃外援，可考见战国时迷信及外交情形。

《解老》第二十　此篇皆释《老子》之言，义甚精，然非必《老子》本意。盖治学问者，原贵推广其意，以应百事。韩婴之作《诗外传》即如此；凡古书之有传者，实皆如此也。

《喻者》第二十一　上篇释《老子》之意，此篇则举事以明之。

《说林上》第二十二　《说林下》第二十三　此篇列举众事，借以明义。《史记索隐》谓其"多若林"，故曰《说林》也。此可见古人"多识前言往行以畜其德"之义。

《现行》第二十四　《安危》第二十五　《守道》第二十六　《用人》第二十七　《功名》第二十八　《大体》第二十九　以上六篇，皆法术家言。《大体篇》亦及因任自然之旨，与道家言通。篇幅皆短。

《内储说上七术》第三十　《内储说下六微》第三十一　《外储说左上》第三十二　《外储说左下》第三十三　《外储说右上》第三十四　《外储说右下》第三十五　《内／外储说》皆言人主御下之术，乃法术家言之有条理者。其文皆先经后说，可见古者经传别行之体。

《难一》第三十六　《难二》第三十七　《难三》第三十八　《难四》第三十九　一至三皆述古事而难之；四则既难之后，更有难难者之语。剖析精微，可见法术家综核名实之道。

《难势》第四十　难任势为治之论。

《问辨》第四十一　非民以学议法，李斯焚书之理如此。

《问田》第四十二　此篇言法家不惮危身以婴暗主之祸。案战国之时，大臣跋扈，率多世禄之家。游说之士虽盛，然多出自疏远，能执国之柄者盖少。故韩非发愤屡言之，术家言之所由兴也。

《定法》第四十三　此篇言法与术之别。

《说疑》第四十四　此篇亦言人主御臣之术，多引古事以明之。

《诡使》第四十五 此篇言利与或与名，所以为治，然真能用之者少。

《六反》第四十六 此篇举奸伪无益之民六，谓其皆足以毁耕战有益之民。又辟轻刑。《商君书》之精义，已具于此及《五蠹》《饬令》《制分》三篇矣。

《八说》第四十七 此篇举匹夫之私誉，而为人主之大败者八事。又言法令必人人所能。古者人寡而物多，故轻利而易让；后世生计穷蹙，则不能。然天下无有利无害之事，但在权其大小。治国者不可恃爱。皆法术家之精论。

《八经》第四十八 （一）凡治天下，必因人情。人情有好恶，故赏罚可用。（二）力不敌众，智不尽物，与其用一人，不如用一国。故君当用人之智，而不自任其力。（三）言臣主异利。（四）言参伍之道。（五）言明主务周密。（六）言参听及言必责实之道。（七）言宠必在爵，利必在禄。（八）言功名必出于官法，不贵法外难能之行。亦法术家极精之论。

《五蠹》第四十九 此篇言圣王不期修古，不法常可；论世之事，因为之备。即商君变法之旨。又言文学非急务，取譬于糟糠不饱者不务粱肉，短褐不完者不待文绣。可见法术家言，虽刻核而重实利；然自为救时之论，非谓平世亦当如此也。篇末辟纵横之士，谓其徒务自利。此外大旨与上篇同。

《显学》第五十 此篇辟儒、墨，亦精。

《忠孝》第五十一 此篇非尚贤。

《人主》第五十二 此篇戒大臣太贵，左右太威，亦术家言。

《饬令》第五十三 此篇言人君任人当以功，而不可听其言。又主重刑厚赏，利出一孔。与《商君书·靳令篇》同（《商君书》亦有作"饬令"者）。

《心度》第五十四 此篇言圣人之治民，不从其欲，期于利之而已。其说甚精，可见法家之治，虽若严酷，而其意实主于利民，而尤足为民治时代之药石。盖求利是一事，真知利之所在，又是一事；人民自主张其利益者，往往不知利之所在，欲求利而适得害。故先觉之言，不可不察也。

《制分》第五十五 此篇言相坐之法，亦商君所以治秦也。

十、商君书

《汉志》：法家，《商君书》二十九篇。隋《新旧唐志》皆五卷。《通志》谓二十九篇亡其三。《直斋书录解题》谓二十八篇亡其一。严万里得元刻本，凡二十六篇，而中亡其二，实二十四篇。《史记·商君列传》："太史公曰：余读商君《开塞耕战》书，与其人行事相类。"《索隐》"按《商君书》：'开'谓刑严峻则政化开，'塞'谓布恩惠则政化塞，其意本于严刑少恩。又为田开阡陌，及言斩敌首赐爵，是耕战书也。"所释"开塞"之义，与今书《开塞篇》不合。晁公武谓司马贞未尝见其书，妄为之说。今案开塞、耕战，盖总括全书之旨。（或太史公时《商君书》有此名）非专指一两篇，《索隐》意亦如此，晁氏自误解也。《尉缭子·兵教下》："开塞，谓分地以限，各死其职而坚守。"此"开塞"二字古义。《索隐》庸或误释，然谓其未见《商君书》固非。或又以与《索隐》不合而疑今书为伪，亦非也。今《商君书》精义虽不逮《管》《韩》之多，然要为古书，非伪撰；全书宗旨，尽于"一民农战"一语。其中可考古制，及古代社会情形处颇多，亦可贵也。此书有朱师辙《解诂》，最便观览。

《更法》第一　此篇记孝公平画，公孙鞅、甘龙、杜挚三大夫御于君。鞅主变法，甘龙、杜挚难之，孝公从鞅。与《史记·商君列传》大同。

《垦令》第二　此篇主抑商废学以重农，说多偏激。

《农战》第三　此篇言官爵者，人主所以劝民；而国以农战兴，当使民求官爵以农战。又论绝学及去商贾技艺。

《去强》第四　此篇主峻刑法。金粟互生死一节，亦涉及生计。

《说民》第五　此篇亦主严刑重农战之论。其云："家断有余，官断不足，君断则乱。"则言人臣当各举其职，人君不可下侵臣事，法家多重"乡治"由此。

《算地》第六　此篇言任地之法，亦及重刑赏以一民于农战之意。

《开塞》第七　此篇首为原君之论。其言以乱而求立君，颇合欧西民权论中之一派。下为主严刑之论。

《壹言》第八　此篇言尚农战，下辩说、技艺，绝游学，杜私门。又言不法古，不修今，因势而治，皆与他篇互见。

《错法》第九　此篇论赏罚。

《战法》第十　《立本》第十一　《兵守》第十二　三篇皆论兵事。多阙误，难读。

《靳令》第十三　此篇言任人当以功，不当以言。又言重刑轻赏，利出一孔。《去强篇》曰："虱官者六：曰岁，曰食，曰美，曰好，曰志，曰行。"此篇又曰："六虱：曰礼乐，曰诗书，曰修善，曰孝弟，曰诚信，曰贞廉，曰仁义，曰非兵，曰羞战。国有十二者，上无使农战，必贫至削。十二者成群，此谓君之治不胜其臣；官之治不胜其民，此谓六虱胜其政也。"其词错乱，未知其说。此篇同《韩非子·饬令篇》（本书标题，亦有作"饬令"者）。

《修权》第十四　此篇言国所以治者三：（一）曰法，（二）曰信，（三）曰权。法与信，君臣所共；权，君之所独。又曰："尧、舜之位天下也，非私天下之利也，为天下位天下也；三王五霸，非私天下之利也，为天下治天下。今则不然。公私之交，存亡之本也。"亦廓然大公之论。

《徕民》第十五　此篇言秦患土满，三晋反之；当利其田宅，复其身，以徕三晋之民。颇有精论。

《刑约》第十六　亡。

《赏刑》第十七　此篇言圣人之为国也，壹赏，壹刑，壹教。壹赏谓利禄官爵，专出于兵；壹刑谓刑无等级；壹教谓富贵之门专于战。

《画策》第十八　此篇言胜敌必先自胜，亦主壹民于战。

《境内》第十九　此篇言户籍及军爵。

《弱民》第二十　此篇言民强则国弱，民弱则国强，乃以人民为国家机械之论。

《□□》第二十一　亡。

《外内》第二十二　此篇言重农战之理。

《君臣》第二十三　此篇言君不可释法，亦及重农战之论。

《禁使》第二十四　此篇主势治。

《慎法》第二十五　此篇言人主御下之术。"使吏非法无以守，则虽巧不得为奸；使民非战无以效其能，则虽险不得为诈"二语，乃一篇主旨也。

《定分》第二十六　此篇言立法、行法及司法之官吏，可以考见古制。

十一、尹文子

此书言名法之义颇精，然文甚平近，疑经后人改窜矣。按《汉志》，《尹文子》一篇。《隋志》二卷。《四库提要》云："前有魏黄初末山阳仲长氏《序》，称条次撰定，为上下篇。《文献通考》著录作二卷。此本亦题《大道》《上篇》

《下篇》，与《序》文相符，而通为一卷；盖后人所合并也。《序》中所称熙伯，盖缪袭之字。其山阳仲长氏，不知为谁。李淑《邯郸书目》以为仲长统。然统卒于建安之末，与所云黄初末者不合。晁公武因此而疑史误，未免附会矣。"按《四库》著录之本，与今通行本同。此《序》恐系伪物。《群书治要》引此书，上篇题《大道》，下篇题《圣人》，与今本不合，则今本尚定于唐以后也。今本两篇，精要之论，多在上篇中。然上篇实包含若干短章，因排列失次，其义遂不易通；盖条次撰定者，于此学实未深造。此篇盖《汉志》之旧，其文字平近处，则后人所改。下篇由杂集而成，盖后人所附益，非汉时所有。故《汉志》一篇，《隋志》顾二卷也。今略料拣上篇大意于下。学者依此意分节读之，便可见此书之意矣。

此书之旨，盖尊崇道德，故谓道贵于儒墨名法，非法术权势之治，所得比伦。夫所贵于道者，为其能无为而治也；无为而治，非不事事之谓，乃天下本无事可为之谓；天下所以无事可为者，以其治也；天下之所以治，以物各当其分也。盖天下之物，固各有其分；物而各当其分，则天下固已大治矣。然此非可安坐而致，故必借法以致之。所谓"道不足以治则用法，法不足以治则用术，术不足以治则用权，权不足以治则用势；势用则反权，权用则反术，术用则反法，法用则反道"也。夫权与术、与势，皆所以行法；法则所以蕲致于道也。法之蕲致于道奈何？曰：使天下之物，各当其分而已。然非能举天下之物，为之强定其分，而使之守之也；能使之各当其固有之分而已。所谓"圆者之转，非能转而转，不得不转；方者之止，非能止而止，不得不止。故因贤者之有用，使不得不用；因愚者之无用，使不得用"也。夫如是，则"形以定名，名以定事"之术，不可不讲矣。天下万事，不可备能；责其备能于一人，贤者其犹病诸。今也，人君以一身任天下之责，而其所操者，不过"形以定名，名以定事"之一事，不亦简而易操乎？故曰"以简治烦惑，以易御险难；万事皆归于一，百度皆准于法；归一者简之至，准法者易之极"也。夫任法之治，固尚未能合道。所谓"法行于世，则贫贱者不敢怨富贵，富贵者不敢凌贫贱；愚弱者不敢冀智勇，智勇者不敢鄙愚弱。道行于世，则贫贱者不怨，富贵者不骄；愚弱者不慑，智勇者不凌"是也。然必先合于法，而后可以蕲致于道；欲蕲致于道者，必先行法，则断然矣。而欲定法则必先审形名；此形名之术，所以为致治之要也。上篇之大旨如此。此篇虽经后人重定，失其次序；亦或有阙佚；其文字疑亦有改易。然诸书言形名之理，未有如此篇之明切者，学者宜细观之（"形名"二字，本谓因形以定名；后世多误为"刑名"，失之。释"形名"二字之义者，亦唯此书最显）。

又此书上篇，陈义虽精，然亦有后人窜入之语。如"见侮不辱，见推不矜；禁暴寝兵，救世之斗"，乃《庄子》论《尹文》语；此篇袭用之，而与上下文意义，全不相涉，即其窜附之证。盖古人之从事辑佚者，不肯如后人之逐条分列，必以己意为之联贯。识力不及者，遂至首尾衡决，亦非必有意作伪也。下篇则决有伪窜处。如"贫则怨人，贱则怨时"一节，断非周秦人语，亦全非名家之义也。

十二、慎子

此书亦法家者流，而阙佚殊甚。《汉志》法家，"《慎子》四十二篇。名到。先申、韩，申、韩称之"。《史记·孟荀列传》："慎到，赵人。田骈、接子，齐人。环渊，楚人。皆学黄老道德之术，因发明序其指意。故慎到著《十二论》，环渊著《上下篇》，而田骈、接子，皆有所论焉。"《集解》："徐广曰：今《慎子》刘向所定，有四十一篇。"（"一"系误字，《汉志》法家都数可证）《正义》："《慎子》十卷，在法家，则战国时处士。"按《荀子》谓"慎子蔽于法而不知贤"；又谓"慎子有见于先，无见于后"。（谓其物来顺应，更无他虑，即庄子"不师知虑，不知前后"之意，非谓其知进而不知退也）《庄子》以慎到与彭蒙、田骈并称，谓其"弃知去己，而缘不得已。笑天下之尚贤，非天下之大圣。不师智虑，不知前后；推而后行，曳而后往。曰：至于若无知之物而已。豪杰相与笑之。曰：慎到非生人之行，而死人之理也"。观荀、庄二子之论，其学实合道、法为一家。故《史记》谓其学黄老道德之术，《汉志》以其书隶法家也。（《韩子·难势篇》，《吕览·慎势篇》，引慎到语，皆法家之言）其书《唐志》十卷，与《史记·正义》合。《崇文总目》三十七篇，校《汉志》已损其五。王应麟谓唯有《威德》《因循》《民杂》《德立》《君人》五篇，与今本合。然今本每篇皆寥寥数行，《四库》谓又出后人捃摭，非振孙所见之旧已。

然如《威德》篇谓"古者立天子而贵之，非以利一人也。曰：天下无一贵，则理无由通；通理以为天下也。故立天子以为天下，非立天下以为天子也"。

可见法家虽尊君权，实欲借以求治，非教之以天下自私。又如《因循篇》谓："因则大，化则细。因也者，因人之情也；人莫不自为也，化而使之为我，则莫可得而用。"此"化"字实为《老子》"化而欲作"之"化"字之确诂。虽阙佚，亦可宝也。

十三、邓析子

此书《汉志》二篇，在名家。《隋志》一卷。《四库提要》云："今本仍分《无厚》《转辞》二篇，然其文节次不相属，似亦掇拾之本也。"又云："'圣人不死，大盗不止'一条，其文与《庄子》同，或篇章浅缺，后人摭《庄子》以足之欤？"愚按此书有采掇先秦古书处，又有后人们已意窜入处。核其词意，似系南北朝人所为。如"在己为哀，在他为悲"。"患生于宦成，病始于少瘳，祸生于懈慢，孝衰于妻子"等，皆绝非周、秦人语也。伪窜处固已浅薄；采掇古书处，亦无精论；无甚可观。

十四、吕氏春秋

《吕氏春秋》，为杂家之始。毕沅所谓"书不成于一人，不能名一家者，实始于不韦，而《淮南》内外篇次之"是也。《史记·吕不韦传》，谓不韦使其客人人著所闻，集论以为《八览》《六论》《十二纪》，号曰《吕氏春秋》；而《自序》及《汉书·迁传》载迁《报任安书》，又云："不韦迁蜀，世传《吕览》。"按《序》意云："维秦八年，岁在涒滩"，是时不韦未徙，故有议史公之误者。然史公本谓世传《吕览》，不谓不韦迁蜀而作《吕览》也。据《本传》"号曰《吕氏春秋》"之语，则四字当为全书之名，故《汉志》亦称《吕氏春秋》。然编次则当如梁玉绳初说，先《览》后《论》，而终之以《纪》。"世称《吕览》"，盖举其居首者言之；《序》意在《十二纪》之后，尤其明证。毕氏泥《礼运》注疏，谓以《十二纪》居首，为《春秋》之所由名；（说本王应麟，见《玉海》）《四库提要》谓唐刘知几作《史通》，《自序》在《内篇》之末、《外篇》之前，因疑《纪》为内篇，《览》与《论》为外篇、杂篇，皆非也。《礼运》郑注，本无吕氏以《春秋》名书，由首《十二纪》之意。古人著书，以《春秋》名者甚多，岂皆有《十二纪》以为之首邪？古书自序，例在篇末；《吕览》本无内、外、杂篇之名，何得援唐人著述，凿空立说乎？

此书合《八览》《六论》《十二纪》，凡二十六篇。自《汉志》以下皆同。庾仲容《子抄》，陈振孙《书录解题》，《史记索隐》作三十六，"三"盖误字；《文献通考》作二十，则又脱"六"字也。《玉海》引王应麟，谓"《书目》，是书凡百六十篇"，与今本篇数同。卢文弨曰："《序意》旧不入数，则尚少一篇。此书分篇，极为整齐，《十二纪》纪各五篇，《六论》论各六篇，《八览》当各八篇。今第一览止七篇，正少一。考《序意》本明《十二纪》之义，乃末忽载豫让一事，与《序意》不类。且旧校云一作廉孝，与此篇更无涉，即豫让亦难专有其名。因疑《序意》之后半篇俄空焉，别有所谓《廉孝》者，其前半篇亦简脱；后人遂相附和，并《序意》为一篇，以补总数之阙。然《序意》篇首无"六曰"二字，后人于目中专辄加之，以求合其数，而不知其迹有难掩也。"按卢说是也。予谓此书篇数，实止廿六。今诸《览》《论》《纪》又各分为若干篇，亦后人所为，非不韦书本然也。此书诸《览》《论》《纪》，义皆一线相承，说见后。固无取别加标题。《四库提要》谓"唯夏令多言乐，秋令多言兵，似乎有义，其余绝不可晓"，谬矣。

此书虽称杂家，然其中儒家言实最多。（今人指为道家言者，实多儒、道二家之公言。参看论《淮南子》处）《四库提要》谓其"大抵皆儒家言"，实为卓识。按《书大传》："古者诸侯始受封，则有采地。其后子孙虽有罪黜，其采地不黜，使其子孙贤者守之，世世以祠其始受封之人。此之谓'兴灭国，继绝世'。"《史记·秦本纪》：庄襄王元年，"东周君与诸侯谋秦，秦使相国吕不韦诛之，尽入其国。秦不绝其祀，以阳人地赐周君，奉其祭祀"。即"兴灭国、继绝世"之义也。史又称是年"大赦罪人；修先王功臣；施德，厚骨肉，而布惠于民"，亦必不韦所为。不韦其能行儒家之义矣！

不韦进身，诚不由正，然自非孔、孟，孰能皆合礼义？伊尹负鼎，百里自鬻，王霸之佐，皆有之矣。高似孙曰："始皇不好士，不韦则徕英茂，聚俊豪，簪履充庭，至以千计。始皇甚恶书也，不韦乃极简册，攻笔墨，采精录异，成一家言。《春秋》之言曰：十里之间，耳不能闻；帷墙之外，目不能见；三亩之间，心不能知。而欲东至开晤，南抚多鶡，西服寿靡，北怀儋耳，何以得哉？此所以讥始皇也。"方孝孺亦称其书"诋訾时君为俗主，至数秦先王之过无所惮"。夫不韦著书，意在"备天地万物古今之事"，《史记》本传语。原不为讥切一时。然其书立论甚纯，而不韦又能行之；使秦终相不韦，或能行德布化以永其年，不至二世而亡，使天下苍生亦蒙其荼毒，未可知也。今此书除儒家言外，亦存道、墨、名、法、兵、农诸家之言。诸家之书，或多不传，传者或非其真；欲考其义，或转赖此书之存焉，亦可谓艺林瑰宝矣。要之不韦之为人，固善恶不相掩，而其书则卓然可传；讥其失而忘其善，已不免一曲之见；因其人而废其书，则更耳食之流矣。

此书注者，唯有高诱；其注误处甚多。《史记》谓不韦书成，"布咸阳市门，县（悬）千金其上，延诸侯游士宾客，有能增损一字者予千金"。《高注》多摘其书误处，谓扬子云恨不及其时，车载其金。（见《慎人》《适威》二篇注）殊不知古人著书，重在明义；所谓误不误者，但就论道术之辞言之，非斤斤计较于称引故实之间也。高引扬雄语以诋吕氏，毕沅即摘《高注》误处，转以是语相讥，宜矣。近人孙德谦云，注此书已成，然未刊布。今通行者，仍为毕沅校本。

《孟春纪》《十二纪》皆与《礼记·月令》大同。按此所述，为古明堂行政之典。《淮南·时则训》《管子·幼官图》，皆是物也。此盖同祖述古典。参看论《墨子》处自明。或以《吕览》载之，疑为秦法，误矣。

《孟春纪》下标目凡四：曰《本生》，言养生之理。曰《重己》，言人当顺性之情，使之不顺者为欲，故必节之。曰《贵公》，曰《去私》，义如其题。盖天下之本在身，春为生长之始，故《孟春》《仲春》《季春》三纪之下，皆论立身行己之道，而《孟春纪》先上本之于性命之精焉（诸《览》《论》《纪》下之分目，虽后人所为，亦便识别，故今皆仍之；而又说明其一线相承之义，以见此书编次之整齐焉）。

《仲春纪》 纪下亦标四目：曰《贵生》，义与《庄子·让王篇》同。又云："全生为上，亏生次之，死次之，迫生为下。"此言生活贵有意义，尊生者非苟全其生命之谓，其说极精。后世神仙家言之自托于道家者，乃徒欲修炼服饵，以求长生，其说不攻而自破矣。曰《情欲》，言欲有情、情有节，圣人修节以止欲，故不过行其情。此"情"字当作"诚"字解，今所谓真理也。不主绝欲而务有节，实儒家精义。曰《当染》，前坐与《墨子·所染篇》同，而后文议论处异。又云："古之善为君者，劳于任人，而佚于官事。"盖因私人交友之道，而及人君用人之方也。曰《功名》，言立功名必以其道，不可强为。

《季春纪》　下标四目：曰《尽数》，言自然之力，莫不为利，莫不为害，贵能察其宜以便生，则年寿得长。又云："长也者，非短而续之也，毕其数也。"此可见求长生之谬矣。曰《先己》，亦言贵生之理。反其道而身善，治其身而天下治，是为无为。可见所谓无为者，乃因任自然，而不以私意妄为之谓，非谓无所事事也。曰《论》人，前半言无为之理，后半言观人之法。曰《圜道》，言天道圜，地道方，各有分职；主执圜，臣处方，贵各当其职。《仲春》《季春》二纪，因修己之道，旁及观人、用人之术，而极之于君臣分职之理。

《孟夏纪》　下标四目：曰《劝学》，曰《尊师》，义如其题。（《尊师篇》可考古者弟子事师之礼）曰《诬徒》，言教学当反诸人情，（即人性之本然）极精。曰《用众》，言取人之长，以补己之短。其曰："吾未知亡国之主，不可以为贤主也。其所生长者不可耳。"即今教育当重环境之说也。孟夏为长大之始；人之于学，亦所以广大其身，（《礼记·文王世子》："况于其君以善其身乎？"《郑注》："于读为迂。迂犹广也，大也。"）故论为学之事。

《仲夏纪》　下标四目：曰《大乐》，言乐之所由生，并驳非乐，论颇精。曰《侈乐》，言乐贵合度，不贵侈大，侈则失乐之情。（此篇有同《礼记·乐记》处）曰《适音》，言大小清浊之节，盖即所谓度量也。曰《古乐》，述乐之史。

《季夏纪》　下标四目：一曰《音律》，言十二律相生及十二月行政。曰《音初》，言东西南北之音所自始。（末节同《乐记》）曰《制乐》，言治厚则乐厚，治薄则乐薄。下引汤、文、宋景公之事，无甚深义。曰《明礼》，言乱国之主不知乐，多侈陈灾祥之言。"乐盈而进"，故于夏长之时论之。《仲夏纪》论乐之原理颇精；《季夏纪》所论，或为专门之言，或杂怪迂浅薄之论。

《孟秋纪》　下标四目：曰《荡兵》，推论兵之原理。谓有义兵而无偃兵，极精。曰《振乱》，曰《禁塞》，皆辟非攻之论，亦精。曰《怀宠》，此篇论所谓义兵者，即儒家所谓仁义之师。按儒家崇尚德化，而不言去兵。儒家经世之道，备于《春秋》；而《孟子》曰"《春秋》无义战"，则"义战"二字，乃儒家用兵标准也。《吕览》多儒家言，此篇所述，盖亦儒义（予别有论）。

《仲秋纪》　下标四目：曰《论威》，言立威之道。其言曰："死生荣辱之道一，则三军之士，可使一心；三军一心，则令无敌。士民未合，而威已谕，敌已服，此之谓至威。"又曰："兵欲急疾捷先，并气专精，心无有虑，一诸武而已。"皆兵家极精之论。曰《简选》，言简选不可专恃，然因此遂谓市人可胜教卒则非。曰《决胜》，言"民无常勇，亦无常怯。有气则实，实则勇；无气则虚，虚则怯"，"兵有本干，必义，必智，必勇"，"兵贵因，因敌之险，以为己用；因敌之谋，以为己事"，"兵贵不可胜，不可胜在己，可胜在彼；必在己，不必在彼"者，亦兵家极精之论也。曰《爱士》，言行德爱人，则民亲其上；民亲其上，则乐为君死。

《季秋纪》下标四目：曰《顺民》，曰《知士》，义如其题。曰《审己》，言凡物之然也必有故；不知其故，虽当，与不知同，其卒必困。（此言做事当通其原理，不可恃偶合）曰《精通》，言精神相通之理。圣人所以行德乎己，而四荒咸饬其仁。秋主则杀，故论用兵之事。《顺民》《知士》，乃用兵之本；《审己》则慎战之理；《精通》亦不战屈人之意也。

《孟冬纪》下标四目：曰《节丧》，曰《安死》，皆言厚葬之祸，可考古代厚葬及发墓者情形。曰《异宝》，言古人非无宝也，所宝者异耳，以破世俗之惑。曰《异用》，言人之所以用物者不同，为治乱、存亡、死生所由判。意承上篇。（盖人之愚，皆由为物所惑；不为物所惑，而且能用物，则所为皆成矣）此亦哲学家极精之论。

《仲冬纪》下标四目：曰《至忠》，言忠言逆耳，非明主莫能听。曰《忠廉》，言忠廉之士难得。曰《当务》，言辩而不当论，（同伦）信而不当理，勇而不当义，法而不当务；大乱天下，必此四者。即《孟子》"非礼之礼，非义之义，大人弗为"之说，亦所以恶"执中而无权"也。曰《长见》，言知愚之异，在所见之短长。审今可以知古，审古亦可以知后。故为后人所非之事不当做，因知而推之于行也。

《季冬纪》下标四目：曰《士节》，言定天下国家，必由节士，不可不务求。曰《介立》，言贵富有人易，贫贱有人难。晋文公贫贱时能有介之推，而贵富时不能有，所以不王。曰《诚廉》，言诚廉之士，视诚廉重乎其身，出乎本性。曰《不侵》，言尊富贵大，不足以来士，必知之然后可。冬主闭藏，故言丧葬之理。（墨家固主节葬，儒家、道家亦戒厚葬。然此特道术之士然，至于习俗，盖皆主厚葬；秦始皇等，特其尤甚者耳。故戒厚葬之谈，实其时当务之急也）人能多所蓄藏则必智，而智莫大于知人。故诸篇多论求智之事，及知人之方焉。

《序意》 此篇为全书自序。《十二纪》本列《六览》《八论》之后；此书在《十二纪》之后，亦即在全书之末；今本升《纪》于《览》《论》之前，故序亦在《纪》与《览》《论》之间也。《序语》似专指《十二纪》者，以其已非完篇也。见前。

《有始览》 首节言天地开辟。中与《淮南·地形训》同。末言"天地万物，大同众异"。与《庄子·天下篇》引惠施之说同。可见此为古代哲学家之公言，非庄、列、惠施等二三人之私论也。下标七目：曰《应同》，言祯祥感应之理。曰《去尤》，言心有尤则听必悖，故必去之，然后能听言。曰《听言》，言听言者必先习其心于学问。曰《谨听》，戒人自以为智。曰《务本》，言人臣当反身自省，不可徒取禄。曰《谕大》，言小之安必恃大，大之安必恃小，小大贵贱交相恃；然意偏于务大，则因人之蔽于小而不知大者多，故以是戒之也。古人论政，原诸天道；而一国之政，君若臣实共司之。此篇因论天地开辟之宇宙论，而及于君若臣所以自处之道，及其所当务也（此篇从天地开辟说起，亦可见《八览》当列全书之首）。

《孝行览》 言为天下国家必务本，本莫贵于孝，多同《孝经》及《礼记·祭义》。下标七目：曰《本味》，言功名之本在得贤。曰《首时》，言成功在于得时。曰《义赏》，言一事之成，皆有其外缘使之。赏罚之柄，上之所以使下也。赏罚所使然，久则成习，而安之若性；故赏罚之所加，不可不慎也。曰《长攻》，言治乱存亡，安危强弱，亦有外缘。汤、武非遇桀、纣不王，桀、纣非遇汤、武不亡。曰《慎人》，承上篇，言功名之成，虽由于天，然因是而不慎人事则不可。亦及不得时则不可强为之义。曰《遇合》，言外缘之相值，由于适然。曰《必己》，承上篇，言外物不可必，故君子必其在己，不必其在人者；多同《庄子·山木》。其言修德不必获报，无论如何，无必免患之法，可破修德获报之说。此览承上览，言治国之本，及总论成败之道。

《慎大览》 言强大当慎、居安思危之义。下标七目：曰《下贤》，言人主当下贤。曰《报更》，举报恩之事，言人主当博求士。曰《顺说》，言说术。曰《不广》，言智者之举事必因时。曰《贵因》，言创者难为功，因者易为力之理。曰《察今》，言先王之法不足法，当法其所以为法；因言察己可以知人，察今可以知古；法随时变之理。极精。此览亦承上览。《孝行览》论成功之术，盖就国家开创时立言；此览则就国家既成立后言之，皆守成之道也。

《**先识览**》 言国之兴亡，有道者必先知之。故有道者之言，不可不重。下标七目：曰《观世》，言有道之士少，不可不求。曰《知接》，言知者所接远，愚者所接近。所接近者，告之以远亦不喻。戒人不可自以为智。曰《悔过》，此篇承上篇，上篇言耳目有所不接，此篇言心智亦有所不至。因引秦穆公事，遂以悔过题篇，实非本意也。（此可见各纪、各览、各论中之分篇，多后人所为）曰《乐成》，言民可与乐成，难与虑始；汹汹之论，不可不察。曰《察微》，言治乱存亡，始于至微；能察之，则大事不过。曰《去宥》，"宥"同"囿"。曰《正名》，言名实之间，不可不察。此览亦承前言之。《孝行》《慎大》二览，皆就行事立言；此览则就知识立言也。

《**审分览**》 言君臣异职，人主不可下同群臣之事。下标七目：曰《君守》，言人君所处之分，以无为为尚。曰《任数》，言御下之术，当修其数；耳目智巧不足恃。曰《勿躬》，言人君不可躬亲事务。曰《知度》，言治要存乎除奸；除奸之要，存乎治官；治官之要，存乎治道；治道之要，存乎知性命。可见政治学与哲学一贯之旨。曰《慎势》，言以大畜小，以重使轻，此势不可失。曰《不二》，戒听众议以治国。此篇有脱文。曰《执一》，言天下之本在国，国之本在家，家之本在身；闻为身，不闻为国。亦道家养生之旨也。此览言臣主之分，而仍归本于性命之情，可见形名度数，皆源于道。

《**审应览**》 言人主应物，不可不审。其道在因人之言，以责其实，而不为先。下标七目：曰《重言》，言人主之言不可不慎。曰《精喻》，言慎密之道。曰《离谓》，言名实不副，为乱国之道。曰《淫辞》，言名实不副者，上不可无以察之。曰《不屈》，言察士应物，其辞难穷；然不必为福。曰《应言》，盖即举察士应物之辞。曰《具备》，言立功名者自有其具；说与治之务莫若诚。此览言人君听说之道，多难名、法家之言，以其能变乱是非也；而归结于臣主之务，莫若以诚，可谓得为治之要矣。

《**离俗览**》 言世以高行为贵，然以理义论，则神农、黄帝，犹有可非，微独舜、禹。盖极言理论与实际，不能相合，戒作极端之论也。下标七目：曰《高义》，言君子之所谓穷通与俗异，故不苟受赏逃罪；人之度量，相越甚远，不可不熟论。言以求众人之道驭非常之人，则必失也。曰《上德》，言用人者不可徒恃罚；曰《用民》，言用民者亦不可徒恃威。其理甚精，足箴法家过任威刑之失。曰《适威》，言立法必为民所能行。《管子》所谓"下令于流水之原"也。曰《为欲》，言民之可用，因其有欲；治乱强弱，由其使民之术不同。甚精。曰《贵信》，言信立则虚言可以赏，六合之内，皆为己府，而不患赏之不继矣。甚精。曰《举难》，戒求全。此篇承前览，前览言听言之术，此览则言用人之术也。

《恃君览》　言人之生恃乎群；群之所以不涣，恃乎群中之人，皆以群为有利；群之能利其群之人，以君道立也。此等原君之论，法家常主张之。然又曰："君道以利立，故废其不然而立其行道者。德衰世乱，然后天子利大下。"则又儒家"汤、武革命，应天顺人"之说矣。固知九流之学，流异源同也。下标七目：曰《长利》，言天下之士，必虑长利。利倍于今，而不便于后，弗为也；安虽长久，以私其子孙，弗为也。又谓贤者不欲其子孙恃险久存，以行无道，亦廓然大公之论。曰《知分》，言达乎生死之分，则利害存亡弗能惑。理颇近庄、列。曰《召类》，言祸福自来，众人不知，则以为命，其实皆有以召之。按上篇言理，偏重自然；故以此篇继之，以见事虽有非人力所能为者，然人事仍不可失也。曰《达郁》，言人身精气郁则病；一国亦然，郁则万恶并起。理极精。曰《行论》。言人主之行与布衣异，势不便，时不利，则当事仇以求存。何者？执民之命，不得以快志为事也。可破宋以后气矜之隆，不论利害之失。曰《骄恣》，言亡国之主之失。曰《观表》，言人心难测，圣人过人以先知。先知必审征表。众人以为神，以为幸，而不知其为数之所不得不然也。此览推论国家、社会所以成立之原，由于众以为利，因博论利害之理，及人所以知利害之术；并及立君所以利民，戒人主不可以国自私，真廓然大公之论。

《开春论》　言贤主不必苦心焦思，在能任贤。下标五目：曰《察贤》，义如其题。曰《期贤》，言世主多暗；人君有明德，则士必归之。曰《审为》，言身重于天下；今人多趋利而忘其身。盖因下篇言爱类，故先及此也。曰《爱类》，言仁者必爱其类。贤人往来王公之朝，非求自利，欲以利民。故人主能务民，则天下归之。曰《贵卒》，言智者之异于人，以其能应变于仓促之间。此论承前论：前论言人主利民之道，此论言贤人皆以利民为务，因及人君用人之方。

《慎行论》　言计利者未必利，唯虑义则利。下标五目：曰《无义》，极言义之利。曰《疑似》，言知必求其审；故疑似之务，不可不察。曰《壹行》，言人之行义，当昭然与天下以共见，使人信之。如陵上巨木，人以为期，易知故也。乘船者为其能浮而不能沉；贤士君子，为其能行义而不能行邪僻也。曰《求人》，上篇言壹行在己，故言求人以该其义也。曰《察传》，言得言不可不察。数传而白为黑，黑为白矣。故闻言必熟论，必验之以理。如"夔一足""穿井得一人"等，皆可以理决其无者也。此论实为破除迷信之根。此论承前二论：前二论皆言利，恐人误见小利，故此论极言以义为利之旨；利之为利易见，义之为利难知，故极言知之贵审；既知义则必行之，故又极言行之贵壹也。

《贵直论》 言直臣之可贵。下标五目：曰《直谏》，言非贤人不肯犯危谏诤，故人主当容察之。曰《知化》，言恶直言者，至其后闻之则已晚。曰《过理》，言亡国之主，皆由所乐之不当。曰《雍塞》，言亡国之主，不可与直言。曰《原乱》，举祸乱因雍塞而生者以为戒。前论言知贵审而行贵壹，知及行必借人以自辅，故此论承之，极言直臣之可贵也。

《不苟论》 言贤主必好贤。下标五目：曰《赞能》，言进贤之功。曰《自知》。言人主欲自知，则必得直士。曰《当赏》，言赏罚爵禄，人臣之所以知主；所加当，则人为之用。曰《博志》，言有所务，必去其害之者；贤者之无功，不肖者害之也。曰《贵当》，言治国之本在身，治身之本，在得其性。所谓性者，则自然之道也。此论亦承前论，前论言直臣之可贵，此论则言人主当用贤去不肖。人主之于贤臣，固不徒贵知之，必贵能用之也。而以用人之本，归结君心，则《孟子》所谓"唯大人为能格君心之非""一正君而国定"者也。

《似顺论》 言事有貌相似而实相反者，因言循环之道。下标五目：曰《别类》，言剖析疑似之事，因推论智识有限，故圣人不恃智而因任自然。极精。曰《有度》，言必通乎性命之情，则执一而万物治。所谓性命之情者，即今所谓真理也。曰《分职》，言君当守无为之道，使众为之。曰《处分》，言物各异能，合众异正所以为同，故贵因材授任；然立法则必为人之所共能。曰《慎小》，义如其题。此篇承前，前论以知人、用人归束于君，故此篇又总论君道也。

《士容论》 言诚则人应之，无待于言，言亦不足谕人。下标五目：曰《务大》，言务大则小自该。戒人臣欲贵其身，而不知贵其主于天下。与《谕大》篇有重复处。曰《上农》，言导民莫先于农。农则朴，朴则易用；农则重，重则少私义；少私义则公法立，可以战守。（义与《商君书》同。下言男女分职之理，义颇合于《孟子》；言制民之产之法，又与儒家言大同。亦可见九流之学之本无不合也）曰《任地》，曰《辨土》，曰《审时》，皆农家专门之言，不易解。（与《亢仓子》同。《亢仓子》伪书盖取诸此）此论亦承前。前五论皆言人君之道，此论则言臣民之务也。

十五、尸子

此书虽阙佚特甚，然确为先秦古籍，殊为可宝。按《汉志》：杂家，"尸子二十篇。名佼，鲁人。秦相商君师之。鞅死，佼逃入蜀。"《史记·孟荀列传》："楚有尸子。"《集解》："刘向《别录》曰：楚有尸子，疑谓其在蜀。今按《尸子书》，晋人也，名佼。秦相卫鞅客也。商君被刑，佼恐并诛，乃逃亡入蜀。自为造此二十篇书，凡六万余言。"《索隐》谓："尸子名佼，晋人，事具《别录》。"按裴骃、司马贞及见《别录》及《尸子全书》，所知较详，说当不误。"晋""鲁"形近，今《汉志》作鲁人，盖伪字也。其书二十篇，《隋／唐志》皆同。宋时遂残缺。王应麟《汉志考证》，李淑《邯郸书目》存四卷。馆阁书目只存二篇，合为一卷，其本又不传于后。清时所行，凡有三本：一为震泽任氏本，一为元和惠氏本，一为阳湖孙氏本。汪继培以三本参校，以《群书治要》所载为上卷，诸书称引与之同者，分注于下；其不载《治要》、散见诸书者为下卷；引用违错及各本误收者，别为存疑附于后。实最善之本也。今所传刘向校上《荀子》语，谓尸子著书，"非先王之法，不循孔氏之术"；刘勰谓其"兼总杂术，术通而文钝"。据今所辑存者，十之七八皆儒家言，刘向《校序》本伪物，不足信。此书盖亦如《吕览》，兼总各家而偏于儒。其文极朴茂，非刘勰所解耳。今虽阙佚已甚，然单词碎义，足以取证经子者，实属指不胜屈。今姑举其最要者数条。如《分篇》："天地生万物，圣人裁之。裁物以制分，便事以立官。""君臣，父子，上下，长幼，贵贱，亲疏，皆得其分曰治。爱得分曰仁，施得分曰义，虑得分曰智，动得分曰适，言得分曰信；皆得其分，而后为成人。""明王之治民也，事少而功立，身逸而国治，言寡而令行。事少而功多，守要也；身逸而国治，用贤也；言寡而令行，正名也。""君民者苟能正名，愚智尽情。执一以静，令名自正，令事自定。赏罚随名，民莫不敬。"《发蒙篇》："天下之可治，分成也；是非之可辨，名定也。过其实，罪也；弗及，愚也。是故情尽而不伪，质素而无巧。""故陈绳则木之枉者有罪，措准则地之险者有罪，审名分则群臣之不审者有罪。""是故曰：审一之经，百事乃成；审一之纪，百事乃理。名实判为两，合为一。是非随名实，赏罚随是非。是则有赏，非则有罚。人君之所独断也。""明君之立也正，其貌庄，其心虚，其视不躁，其听不淫，审分应辞，以立于廷，则隐匿疏远，虽有非焉，必不多矣。""明君不用长耳目，不行间谍，不强闻见；形至而观，声至而听，事至而应。近者不过，则远者治矣；明者不失，则微者敬矣。"实足以通儒、道、名、法四家之邮。又如《分篇》："夫弩机损若黍则不钩，益若□则不发。言者百事之机也，圣王正言于朝，而四方治矣。"实《易·系辞传》"言行者君子之枢机"一节绝好注脚。又如《仁义篇》："治水潦者禹也，播五种者后稷也，听狱折衷者皋陶；舜无为也，而天下以为父母，爱天下莫甚焉。"亦足与《论语》"无为而治者，其舜也欤"相补足。此外典制故实，足资考证者尚多，不及备举也。

十六、鹖冠子

此书历代著录，篇数颇有异同。《汉志》：道家，"《鹖冠子》一篇。楚人，居深山，以鹖为冠。"《隋／唐志》皆三卷。《四库》所著录，为宋《陆佃注本》，卷数同。《提要》云："此本凡十九篇。《佃序》谓韩愈读此称十六篇，未睹其全。佃北宋人，其时《韩文》初出，当得其真。今本《韩文》乃亦作十九篇，殆后来反据此书，以改《韩集》。此注则当日已不甚显，唯陈振孙《书录解题》载其名。晁公武《读书志》则但称有八卷一本，前三卷全同《墨子》，后两卷多引汉以后事；公武削去前后五卷，得十九篇。殆由未见《佃注》，故不知所注之本，先为十九篇欤。"按《汉志》只一篇，韩愈时增至十六，陆佃注时，又增至十九；则后人时有增加，已绝非《汉志》之旧。然今所传十九篇，皆词古义茂，绝非汉以后人所能为；盖虽非《汉志》之旧，又确为古书也。第七、第八、第九、第十四、第十五诸篇，皆称庞子问于鹖冠子，第十六篇称赵卓（悼之借字）襄王问于庞暖，第十九篇称赵武灵王问于庞暖；则庞子即庞暖，鹖冠子者，庞暖之师也。全书宗旨，原本道德，以为一切治法，皆当随顺自然。所言多明堂阴阳之遗。儒道名法之书，皆资参证，实为子部瑰宝。

《博选》第一　此篇言君道以得人为本，得人以博选为本。

《著希》第二　此篇言贤者处乱世必自隐，戒人君不可不察。

《夜行》第三　此篇言天文地理等，皆有可验。"有所以然者：然，成也。随而不见其后，迎而不见其首；成功遂事，莫知其状。故圣人贵夜行。"夜者，暗昧之意。第十九篇"《阴经》之法，夜行之道"，同义。《管子·幼官篇》，"若因夜虚守静"之夜，亦当如此解。

《天则》第四　此篇言"天之不违，以不离一；天若离一，反还为物"。"人有分于处，处有分于地，地有分于天，天有分于时，时有分于数，数有分于度，度有分于一。""列地而守之，分民而部之；寒者得衣，饥者得食，冤者得理，劳者得息；圣人之所期也。""同而后可以见天，异而后可以见人，变而后可以见时，化而后可以见道。"盖言天地万物，同出一源；然既为万物，则各有其所当处之分；各当其分，斯为至治。物所当处之分，出于自然；能知其所当处之分，而使之各当其分，斯为圣人。合天然与人治为一贯，乃哲学中最古之义也。

《环流》第五　此篇言"有一而有气，有气而有意，有意而有图，有图而有名，有名而有形。""物无非类，动静无非气。""物极则反，命曰环流。"盖古哲学中宇宙论。又云："一之法立，而万物皆来属"，"言者，万物之宗也；是者，法之所与亲也；非者，法之所与离也。是与法亲，故强；非与法离，故亡。"亦人事当遵循自然之意。又云："命者自然者也；命无所不在，无所不施，无所不及"，"命之所立，贤不必得，不肖不必失"，则定命机械之论也。

《道端》第六　此篇原本自然，述治世之法，与第八篇皆多明堂阴阳之言。

《近迭》第七　此篇言当恃人事，不当恃天然之福，而人道则以兵为先。颇合生存竞争之义。然云："兵者，礼义忠信也。行枉则禁，反正则舍。是故不杀降人，王道所高；得地失信，圣王弗贵。"则仍仁义之师，异夫专以杀戮为威者矣。

《度量》第八　此篇言度量法令，皆源于道。

《王鈇》第九　"王鈇"二字，义见首篇；此篇中亦自释之。此篇先述治道，亦法自然之意。后述治法，与《管子》大同。

《泰鸿》第十　此篇言"天地人事，三者复一"。多明堂阴阳家言。

《泰录》第十一　此篇亦言宇宙自然之道。又曰："神圣之人，后天地生，然知天地之始；先天地亡，然知天地之终。""知先灵、王百神者，上德，执大道；凡此者，物之长也。及至乎祖籍之世，代继之君，身虽不贤，然南面称寡，犹不果亡者，其能受教乎有道之士者也。不然，而能守宗庙、存国家者，未之有也。"按《学记》一篇，多言人君之学。《汉志》以道家为君人南面之术，观乎此篇，则可以知古代为人君者之学矣。

《世兵》第十二　此篇大致论用兵之事。

《备知》第十三　此篇先言浑朴之可尚，有意为之则已薄，与《老子》颇相近。继言功名之成，出于时命，非人力所可强为。因言"费仲、恶来，知心而不知事；比干、子胥，知事而不知心。圣人者，必两备而后能究一世。"盖其所谓备知者也。

《兵政》第十四　此篇言兵必合于道，而后能胜。

《学问》第十五　此篇载庞子问"圣人学问服师也，亦有终始乎？抑其拾诵记辞，阖棺而止乎？"鹖冠子答以"始于初问，终于九道"。盖学问必全体通贯，而后可谓之有成。此即《大学》"物有本末，事有终始"，《论语》"一以贯之""有始有卒，其唯圣人"之义也。

《世贤》第十六　此篇借医为喻，言治于未乱之旨。

《天权》第十七　此篇先论自然之道，而推之于用兵。亦多阴阳家言。

《能天》第十八　此篇言安危存亡，皆有自然之理。又曰："道者通物者也，圣者序物者也。"又曰："圣人取之于势，而弗索于察。势者，其专而在己；察者，其散而之物者也。"与第四篇义同。

《武灵王》第十九　此篇亦论兵事。

十七、淮南子

《汉志》：杂家，"《淮南》内二十一篇，外三十三篇"。《淮南王传》："招致宾客方术之士数千人，作为内书二十一篇，外书甚众。又有《中篇》八卷，言神仙黄白之术，亦二十余万言。"今所传《淮南王书》，凡二十一篇。其为内篇，似无疑义。然《高诱序》谓："与苏飞、李尚、左吴、田由、雷被、毛被、伍被、晋昌等八人，及诸儒大山、小山之徒，共讲论道德，总统仁义，而著此书。其旨近《老子》，淡泊无为，蹈虚守静，出入经道。言其大也，则焘天载地；说其细也，则沦于无垠。及古今治乱存亡祸福，世间诡异瑰奇之事，其义也著，其文也富。物事之类，无所不载；然其大较，归之于道。号曰《鸿烈》，鸿，大也；烈，明也；以为大明道之言也。故夫学者不论《淮南》，则不知大道之深也。是以先贤通儒，述作之士，莫不援采，以验经传。刘向校定撰具，名之《淮南》。又有十九篇，谓之外篇。"述外篇篇数，与《汉志》不合。《汉志·天文》有《淮南杂子星》十九卷，卷数与诱所述外篇篇数却符。然舍《汉志》外三十三篇不言，顾以其为《杂子星》者当外篇，于理终有可疑。按《汉志》，《易》家有《淮南王道训》二篇。《注》曰："淮南王安，聘明《易》者九人，号九师法。"今《淮南·要略》，为全书自序。其言曰："言道而不言事，则无以与世浮沉；言事而不言道，则无以与化游息。"又曰："今专言道，则无不在焉。然而能得本知末者，其唯圣人也。今学者无圣人之才，而不为详说，则终身颠顿乎混溟之中，而不知觉寤乎昭明之术矣。"可见淮南此书，实以道与事相对举。今《要略》两称"著二十篇"云云，盖以本篇为全书自叙，故不数之；若更去其首篇道训，则所余者适十九篇矣。《高注》久非故物，此序词意错乱，必为后人窜改无疑。颇疑《高序》实以十九篇与《原道训》分论。"言其大也，则焘天载地；说其细也，则沦于无垠"等，为论《原道训》之语。"及古今治乱存亡祸福，世间诡异瑰奇之事，其义也著，其文也富，物事之类，无所不载"等，为论其余十九篇之语。本无《外篇》之名，后人既混其论两者之语而一之，乃妄臆"其余十九篇"不在本书之内，遂又加入"谓之外篇"四字也。《汉志》言安聘明《易》者九人，《高序》所举大山、小山，或亦如《书》之大、小夏侯，《诗》之大、小毛公，一家之学，可作一人论；则合诸苏飞、李尚等，适得九人矣。得毋今书首篇之《原道训》，即《汉志》所谓《道训》者，《汉志》虽采此篇入《易》家，而于杂家仍未省；又或《汉志》本作二十篇，而为后人所改邪？书阙有间，更无坚证，诚未敢自信。然窃有冀焉者：九流之学，同本于古代之哲学；而古代之哲学，又本于古代之宗教。故其流虽异，其源则同。前已言之。儒家哲学，盖备于《易》，《易》亦以古代哲学为本。其杂有术数之谈，固无足怪。然遂以此为《易》义则非也。今所谓《汉易》者，大抵术数之谈耳。西汉今文之学，长于大义；东汉古文之学，则详于训诂名物之间。今施、孟、梁丘之《易》皆亡，今文家所传《易》之大义，已不可见。《淮南王书》引《易》之处最多，（见《缪称》《齐俗》《泛论》《人间》《泰族》诸篇）皆包举大义，无杂术数之谈者。得毋今文《易》义转有存于此书中者邪？《淮南》虽号杂家，然道家言实最多；其意亦主于道，故有谓此书实可称道家言者。予则谓儒、道二家哲学之说，本无大异同。自《易》之大义亡，而儒家之哲学，不可得见。魏晋以后，神仙家又窃儒、道二家公有之说，而自附于道。于是儒家哲学之说，与道家相类者，儒家遂不敢自有，悉举而归诸道家；稍一援引，即指为援儒入道矣。其实九流之学，流异源同。凡今所指为道家言者，十九固儒家所有之义也。魏晋间人谈玄者率以《易》《老》并称，即其一证。其时言《易》者皆弃数而言理，果使汉人言《易》，悉皆数术之谈，当时之人，岂《易》创通其理，与《老》相比。其时今文《易》说未亡，（施、孟、梁丘之《易》，皆亡于东、西晋间）其理固与《老子》相通也。河洛《图》《书》之存于道家，亦其一证。宋人好以《图》《书》言《易》，清儒极攻之。然所能言者，《图》《书》在儒家无授受之迹耳；如何与《易》说不合，不能言也。（方东澍说。方氏攻汉学，多过当误会之语，然此说则平情也）西谚云："算账只怕数目字。"《图》《书》皆言数之物，果其与《易》无涉，何以能推之而皆合，且又可以之演范乎？然则此物亦儒家所固有，而后为神仙家所窃耳。明乎此，则知古代儒、道二家之哲学，存于神仙家（即后世之所谓道家）书中者必甚多。果能就后世所谓道家之书，广为搜罗，精加别择，或能辑出今文《易》说，使千载湮沉之学，焕然复明；（即道家之说，亦必有为今日所不知者）而古代哲学，亦因之而益彰者也。意见所及，辄引其端，愿承学之士共详之。

此书今所传者，凡二十一篇。《汉书》所谓外篇及中篇者，盖久亡佚矣。《汉志》于内外篇皆仅称《淮南》；今题作《淮南子》，"子"字盖后人加之。（今所谓某某子，"子"字为后人所加者甚多）《隋书》及《新／旧唐志》皆作二十一卷，许慎、高诱两注并列。《旧唐志》又有《淮南鸿烈音》二卷，何诱撰；《新唐志》亦题高诱。《宋志》于《许注》仍云二十一卷，《高注》则云十三卷。晁公武《读书志》据《崇文总目》，云亡三篇。李淑《邯郸图志》，则云亡二篇。而洪迈《容斋随笔》，称所存者二十一卷，与今本同。盖其书自宋以后，有佚脱之本，而仍有完本。高似孙《子略》云二十篇者，以《要略》为淮南自叙，除去计之；《四库》亦以为非完本，非也。（《提要》又云："白居易《六帖》引乌鹊填河事，云出《淮南子》。今文无之，则尚有脱文。"按此必不出内篇，《四库》此言亦误也）《音》二卷，实出何诱；《新唐志》并题高诱者误。今本篇数仍完，而注则许、高二家，删合为一矣。（以上并据庄逵吉《叙》）向所行者为庄逵吉校本。原出钱坫所校《道藏本》。近人刘文典，撰《淮南鸿烈集解》，用力至勤，法亦严密，读胡适《序》可见。实佳者也。

《原道训》　此篇言道之体用，皆世所谓道家言也。极精。（《淮南书》中，世所谓道家言，予疑其实多与儒家言合）今从众所称名，仍称为道家言。廿一篇唯《要略》下无"训"字，姚范云：疑"训"字乃高诱自名其注解，非《淮南》篇名所有。

《俶真训》　此篇为古代哲学中之宇宙论，因推论及于事物变化无极，生死无异，极精。

《天文训》　言天文、律历、度量衡等事。亦推论及于哲学。

《地形训》　此篇颇似荒怪。然古实有此说，特今尚未能大通耳。凡古书言地理之荒怪，有可信，有不可信者。为后人窜造最多者，为《山海经》《穆天子传》等书。如此篇及《楚辞》等，则其较可信者也。

《时则训》　前述十二月行令，与《月令》同。下多五位六合，篇末明言为明堂之制，可见以《月令》为秦制者非矣。

《览冥训》　此篇大旨言物类之相感应，非人所能知，故得失亦无从定。圣人之所以不恃智而贵无为者以此，亦哲学中之精论。

《精神训》　此篇大旨言我本自然之物，故当随顺自然；所以不能随顺自然者，以嗜欲害之也，故当去嗜欲。又言天下之不足欲，死生之无异，以见嗜欲之不足慕。极精。末节辟儒家之言礼乐，不能使人无欲，而徒事强制，亦有精义。

《本经训》　此篇言仁义礼乐之不足行，世所谓道家言也。

《主术训》　此言人主所执之术。首言无为，道家言也。次言任人、任法、势治、名实，法家言也。末言制民之产，同《王制》，又有同《公羊》《礼记》《孟子》处，则儒家言也。

《缪称训》　此篇首言道灭而德用，德衰而仁义生，世所谓道家言也。下言治贵立诚，则世所谓儒家言也。

《齐俗训》　此篇言礼俗皆非本性，不得执成法以非俗，亦不得以高行为俗。颇精。

《道应训》　此篇解故事而以老子之言结之，颇似韩非之《喻老》。又引

《庄子》《管子》《慎子》各一条。

《**泛论训**》 此篇论变法，与商君之言同，盖法家言也。其论因迷信而设教一节，极有见。又言圣人处刚柔之间，贵权寡欲，则世所谓道家言。

《**诠言训**》 此篇言无欲则无缪举，故治天下之本在身，身之本在心，爱身者可以托天下。又言无为之旨。又言合道术者，但能无害，不必能求利。亦养生之论也。

《**兵略训**》 此篇先论兵之原理。次及用兵之利，用兵之术。兵家极精之言。

《**说山训**》《**说林训**》 此两篇以极简之言，说明一理，与他篇之议论纵横者，文体颇异，而味弥永。

《**人间训**》 此篇极言祸福倚伏之义，多引故事以明之。

《**修务训**》 此篇首言无为非不事事，下皆劝学之语。又针砭学者眩于名而不知真是非。论亦切至。

第三篇

理学纲要

序

本书计十五篇，乃民国十五年（1926）予在上海沪江大学讲《中国哲学史》时所手编之讲义也。今略加修改，以成是书。

理学行世几千年，与国人之思想关系甚深；然其书率多零碎乏条理，又质而不文，读者倦焉。虽有学案之作，人犹病其繁重，卒不能得其要领也。是书举理学家重要学说，及其与前此学术思想之关联、后此社会风俗之影响，一一挈其大要，卷帙虽少，纲领略具，读此一编，于理学之为如何学问，可以知其大概矣。故名之曰《理学纲要》。

自宋迄今，以理学名家者无虑千人；然其确有见地、不与众同者，不过十余家耳。兹编即以是为主（其大同小异者即附其人之后，如慈湖附象山后是也），其无甚特见者，总为一篇，叙其名氏传授，以见斯学之源流派别而已。诸贤事迹，限于篇幅，未及详叙；如欲尚论其世，固有史传及诸家学案在也。

理学与古代哲学及佛学皆有关系，近人类能言之，然所见者似皆非真也。兹故别为一篇论之，虽似旁文，实为斯学来历，了此则理学中重要之说，皆迎刃而解矣，不可不细读也。

数术非中国哲学正宗，然亦自成一派，且与社会思想关系颇深，世多目为索隐行怪，甚或斥为迷信，非也。数术家之所言，虽未必确，以为迷信，则实不然。真知数术家之所言，乃知迷信之流自附于数术者，悉非其实耳。兹总为一篇叙之。邵子虽以数术名，实于哲理发明为多，数术非所重也，故别为篇。

理学特色在于躬行实践，非如寻常所谓哲学者，但厌好奇之心，驰玄远之想而已。诸家之说，各有不同，非好为异也。补偏救弊，立言固各以其时；

殊途同归，辙迹原无须强合。又有前人见其浅、后人见其深者，此则思想演进，次第当然；当知其易地皆然，不必存入主出奴之见也。兹编于诸家相承相矫，及其同时分争合一之故，并详析言之，以见学术演进之迹。至于各人受用，则或因其性之所近，或矫其习之所偏，有难范以一律者，非兹编之所能言也。

民国十七年（1928）三月二十三日武进吕思勉识

绪　论

今之人有恒言曰"宇宙观"，又曰"人生观"，其实二者本系一事。何则？人者宇宙间之一物，明乎宇宙之理，则人之所以自处者，自得其道矣。

哲学非绝人之事也。凡人所为，亦皆有其所以然之故，即哲学之端也。虽然，此特随事应付耳。若深思之，则我之所以处此，与此事之究须措置与否，乃皆有可疑。（如饥而食，特应付事物耳。见在之饮食，是否相宜？食而生，不食而死，孰为真是？凡饮食者，未有能言之者也。——穷究之，即成哲学矣）恒人为眼前事物所困，随事应付且不暇，更何暇游心于高远？然一社会中，必有处境宽闲，能游心于远者；又必有因性之所近，遇事辄喜思索者。乃取恒人所不暇深思，及其困于智力、不能深思之端，而一一深思之，而哲学于是乎起矣。

然则哲学非随事应付之谓也。随事应付，恒人本自能之。所有待于哲学者，则穷究宇宙之理，以定目前应付之法耳（以非穷究到底，则目前应付之法，无从证为真是也）。然则哲学者，穷究宇宙之理，以明立身处世之法者也。故真可称为哲学家者，其宇宙观及人生观，必有以异于恒人；而不然者，则不足称为哲学家。有一种新哲学兴，必能改变旧哲学之宇宙观及人生观；而不然者，则不足称为新哲学。

吾国哲学，有三大变：邃古之世，本有一种幽深玄远之哲学，与神教相混，为后来诸子百家所同本。诸子之学，非不高深；然特将古代之哲学，推衍之于各方面，其宇宙观及人生观，初未有所改变也。西汉、魏、晋诸儒，不过发挥先秦诸子之学，更无论矣。此一时期也。佛教东来，其宇宙观及人生观，实有与吾国异者。吾国人受其感化，而其宇宙观、人生观，亦为之一变。此又一时期也。佛学既敝，理学以兴。虽亦兼采佛学之长，然其大体，固欲恢复吾国古代之哲学，以拯佛学末流之弊。宋学之中，朱、陆不同。有明之学，阳明、甘泉诸家，亦复互异。然此仅其修为之法，小有乖违；以言乎其宇宙观、人生观，则固大致相同也。此又一时期也。此等大概之迁变，今之人类能言之。然其所以然之故，及其同异之真，则能详悉言之者甚鲜。兹编略述宋明哲学，即所谓理学者之真相，及其与他时代之不同，并其所以然之故。千金敝帚，虽或实燕石而不自知；然大辂椎轮，先河后海，郢书燕说，世固有其物不足贵，而其功不必薄者矣。

理学之源

理学者，佛学之反动，而亦兼采佛学之长，以调和中国之旧哲学与佛学者也。一种学术，必有其独至之处，亦必有其流弊。流弊不可无以矫之，独至之处，亦不容埋没。故新兴之学术，必能祛旧学术之流弊，而保其所长；谓为代兴之新学术可，谓为改良之旧学术亦无不可也。凡百学术，新旧递嬗之际皆然。佛学与理学，亦何独不然。

又天下无突然而生之事物，新者之兴，必有所资于旧。天下亦无真刍狗可弃之事物，一种学术，一时为人所厌弃，往往隔若干年而又盛行焉。理学之于中国旧哲学则如是。中国旧有之哲学，盖自神教时代，递演递进，至周、秦之际而极盛。两汉、魏、晋，虽间有新思想，然其大体，固不越古代哲学之范围。佛教兴而中国哲学一时退处于无权，然其中固不乏独至之处。宋学兴，乃即以是为凭借，以与佛学相抗焉。故不知佛学之大要，不可以言宋学；不知中国古代哲学之大要，亦不可以言宋学也。

哲学有其质，亦有其缘。论其质，则世界哲学，无不从同；以人之所疑者同也。论其缘，则各民族所处之境，不能无异；所处之境异，斯其所以释其疑者，亦自异矣。此世界各国之哲学，所以毕同毕异也。明乎此，乃可据见在哲学之条理，以求中国古代之哲学。

哲学之根本云何？曰：宇宙观、人生观是已。人生而莫不求知；求知，则凡可知之物，莫不欲尽明其底蕴。人生而莫不求善；求善，则我之所执以为我者，必求措诸至当之地而始安。夫宇宙者，万物之总括也；明乎宇宙，则于事物无不明。我者，宇宙中之一物也；明乎宇宙之蕴，则我之所以自处者，不蕲得其道，而自无不得其道矣。此宇宙观与人生观，所以二而实一，而各国哲学，莫不始于宇宙论也。

宇果有际乎？宙果有初乎？此非人之所能知也。顾古之人，不知其不可知也。不知其不可知，而其事又卒不可知，古之人果何以释此疑哉？曰：不知彼者视诸此。由近以推远，即小以见大，此人类求知之恒蹊。哲学之初，亦若是则已矣。

物必有其所由来，欲明其物者，必先知其所由来，此不易之理也。芸芸万物，果孰从而知其所由来哉？古之人则本诸身以为推。见夫生物之生，必由牝牡之合也，则以为一切物亦若是而已矣。所谓"物本乎天，人本乎祖"也（《礼记·郊特牲》）。于是阴阳为万有之本之义立焉。是为哲学之第一步（古代哲学，殆无不自男女构精，推想而出者。易之━━--二画，疑即象男女阴。《老子》曰："大国者下流，天下之交，天下之牝。牝常以静胜，牡以静为下。故大国以下小国，则取小国；小国以下大国，则取大国。故或下以取，或下而取。大国不过欲兼畜人，小国不过欲入事人。夫两者各得所欲，大者宜为下。"尤皆以男女之事为喻也。哲学之初，杂以男女生殖之说，不独中国为然。实由古人所欲推求，首在万物之所由来也）。

顾既求所谓原因，则必得其惟一者。求万物之所由来，而得阴阳二元，非人智之所能甘也，则必进而求之。进而求之，而惟一之境，实非人所能知，则不得不出以假设，以为阴阳之前，实有一为阴阳之所自出者，是为两仪所从生之大极。是为哲学之第二步。

哲学者，所以解释一切现象者也。不能解释一切现象，不足以为哲学。既有哲学，则必对一切现象，力求有以解释之。故哲学以解释事物而兴，亦以解释事物而生变迁。有阴阳二者，足以释天地之相对矣，足以释日月之代明矣；然时则有四，何以释之？于是分阴阳为大少，而有所谓四象。人之前后左右，其方向亦为四，以四象配之足矣。加以身之所处则为五，更加首之所戴则为六，四正加以四隅则为八，八加中央为九，九之周围为十二，又何以说之？于是有以四时分配四方，更加中央为五帝，加昊天上帝为六帝；五帝分主四时化育，而昊天上帝，则无所事事之说出焉。有上帝周行八方，而还息乎中央，所谓大一行九宫之说出焉。九宫之周围为十二，恰与一年十二月之数相当；于是天子之治天下，十二月各有其当行之政，谓其本乎天意也。（五帝六天，说出纬候。谓"东方青帝灵威仰，主春生；南方赤帝亦熛怒，主夏长；西方白帝白招拒，主秋成；北方黑帝汁光纪，主冬藏；中央黄帝含枢纽，则寄王四时"。以四时化育，亦须土也。更加昊天上帝耀魄宝，则为六帝。昊天上帝为最尊之天神，余五帝则分主化育之功者也。大一行九宫，说出《乾凿度》。《郑注》曰："大一者，北辰神名。下行八卦之宫，每四乃还于中央。中央者，北辰之所居，故谓之九宫。天数大分，以阳出，以阴入。阳起于子，阴起于午。是以大一下行九宫，从坎宫始。自此而从于坤宫。自此而从于震宫。自此而从于巽宫。所行半矣，还息于中央之宫。既又自此而从于乾宫。又自此而从于兑宫。又自此而从于艮宫。又自此而从于离宫。行则周矣，上游息于大一之星，而反紫宫。行起从坎宫始，终于离宫也。"案此所谓大一者，即昊天上帝耀魄宝也。古说天有九野，故地有九州。明堂亦有九室，王者居之，以出政令，盖象昊天上帝也。五官之设，则所以象五方帝也。昊天上帝，无所事事，故古代君德，亦贵无为。无为非无所事事，乃复起之义，其初盖正谓无所事事耳。古代神教，最尊天象，故举四时八方等说，一一以此贯之也。〇天有九野，见《淮南子·天文训》）凡此者，皆举错杂之现象，一一以哲学释之，且穿贯诸说为一说者也。此为哲学之第三步。

自物质言之，则因天有四时，而万物皆生于土，乃分物质为五行。五行之生，以微著为次，此所以说万物之生成。（《尚书·洪范正义》："万物成形，以微著为渐。五行先后，亦以微著为次。水最微为一，火渐著为二，木形实为三，金体固为四，土质大为五也"）又有相生相胜之说，则所以说万物之迭成迭毁者也（萧吉《五行大义》："木生火者，木性温暖，伏其中，钻灼而出。火生土者，火热，故能焚木。木焚而成灰，灰即土也。金居石，依山津润而生；联土成山必生石，故生金。金生水者，少阴之气，温润流泽；销金亦为水。水生木者，水润而能生。"《白虎通·五行篇》："天地之性：众胜寡，故水胜火也。精胜坚，故火胜金。刚胜柔，故金胜木。专胜散，故木胜土。实胜虚，故土胜水也。"案此篇于万物之成毁，无不以五行生胜释之。其说虽不足信，然在当时，实能遍释一切现象，且颇有条理统系也）。

万物之迭成迭毁，自浅者视之，则以为成者自无而出有，毁者自有而之无而已。稍深思之，则知宇宙间物，只有所谓变化，更无所谓有无。质力不灭之理，固不必待科学为证，即据理推测，亦未尝不可得之也。既知宇宙间只有变化，更无有无，则不得不以万物之原质为一。万物之原质，古人名之曰气。"臭腐化为神奇，神奇化为臭腐"，皆此气之变化也。（《庄子·知北游》："人之生，气之聚也。聚则为生，生则死。臭腐复化为神奇，神奇复化为臭腐，通天下一气耳。"）于是万物之原因，乃不在其何以有，而在其何以变。（此时已知有无之不可知矣。《列子·汤问》："殷汤问于夏革曰：'古初有物乎？夏革曰：古初无物，今安得物？后之人将谓今之无物，可乎？'汤曰：'然则物无先后乎？'夏革曰：'物之终始，初无极已，始或为终，终或为始，恶知其纪？然自物之外，自事之先，朕所不知也。'"言此义最明）世界质力之变化，非人之所能知也。即其变而名之，则曰动而已矣。于是时界之真原因，乃成为一种动力。《易·大传》曰："易不可见，则乾坤或几乎息。"（《易》与《春秋》皆首元。元即动力也。《易》曰："大哉乾元！万物资始，乃统天。"《春秋繁露·重政篇》曰："元犹原也。元者，万物之本，在乎天地之间。"《乾凿度》曰："有太易，有太初，有太始，有太素。太易者，未见气也；太初者，气之始也；太始者，形之始也；太素者，质之始也。气形质具而未相离，谓之混沌。混沌者，言万物相混沌而未相离也。"皆以一种动力，为宇宙之源也）《老子》曰："有物混成，先天地生。寂兮寥兮，独立而不改，周行而不殆，可以为天下母。"又曰："谷神不死，是谓玄牝；玄牝之门，是谓天地根。绵绵若存，用之不勤。"皆指此而言之也。（谷者，空虚之义。神者，动力之谓。不死，言其不息。玄者，深远之义。牝者，物之所由生。玄牝之门，是谓天地根，言天地由此而生也。绵绵若存言其力之不可见。用之不勤，仍言其不息也）是为哲学之第四步。

宇宙之间，既无所谓有无，则寻常所谓有无之见破。寻常所谓有无之见破，则所谓无者，其实皆有。其实皆有，而又明见为无，则所谓有无者，非真有无，乃人能认识与不能认识之别耳。同一气也，何以或为人所能认识？或为人所不能认识？以其气有疏密故也。密则为人所能识，疏则非人所能识矣。故曰："精气为物，游魂为变。"（精者，物质凝集紧密之谓。《公羊》庄十年："牺者曰侵，精者曰伐。"《注》："牺，粗也；精，犹密也。"《老子》："窈兮冥兮，其中有精，其精甚真。"真阒同训。《管子·内业》："凡物之精，此则为生，下为河岳，上为列星。"即"精气为物"之说。又曰："流于天地之间，谓之鬼神。"则"游魂为变"之说也。游训游散，见韩康伯《注》）古人说死生之故，恒以是言之（人所识谓之明，所不识谓之幽，有幽明而无死生也。后来言此理者，张横渠最明）。

既以宇宙万物，为一气所成，阴阳二元之说，其自此遂废乎？曰：不然。阴阳之说，与一气之说，相成而不相破者也。自其本质言之曰一气，自其鼓荡言之曰阴阳。盖变动之象，为人所能识者，不外乎相迎相距。一迎一距，以理言，固可谓为同体而异用；以象论，夫固见其判然而不同。既已判然不同，即可立阴阳二名以命之矣。职是故，古人即所谓一气者，而判之为轻清重浊二端。"轻清者上为天，重浊者下为地。"（见《列子·天瑞篇》）物之轻浮而上升者，皆天类也。其重浊而下降者，皆地类也。（《易·文言》曰："本乎天者亲上，本乎地者亲下，则各从其类也"）天地之气，初非各不相涉，而且彼此相求。春融和，夏炎暑，则曰"天气下降，地气上腾。"秋肃杀，冬闭塞，则曰"天地不通"。（《月令》）自男女雌雄牝牡之相求，以至于日月之运行，寒暑之迭代，无不可以是释之。阴阳二元之说，与宇宙原质为一气之说，不惟不相背，且相得益彰、相待而成矣。是为哲学之第五步。

宇宙一切现象，既莫非气之所成；而其所由然，又皆一气之自为鼓荡，而非有物焉以为之主，（《庄子》所谓"吹万不同，使其自己，咸其自取，怒者其谁"也）则其说，已成今所谓泛神论。泛神论者，世界之本体即神。于其浩无边际，而见其伟大焉；于其更无起讫，而见其不息焉；于其变化无方，而仍有其不易之则，而见其不测与有秩序焉。泛神论之所谓神，较之一神论、多神论之所谓神，固觉其确实而可信；亦正因其确实可信，而弥觉其大也。故中国古籍，于神之一字，皆极其叹美。（《易·大传》曰："神无方而易无体。"又曰："阴阳不测之谓神。"言弥沦乎宇宙之间者，惟有一神，更不能偏指一物以当之也。故曰："鬼神之为德，其盛矣乎！视之而不见，听之而不闻，体物而不可遗。"张横渠说鬼神，亦深得古人之旨）而如"至诚无息"等之所谓至诚，亦皆所以状世界之本体者也。

通宇宙之间，既除一气之外，更无余物，则人亦自为此气之所成，而为宇宙之一体。宇宙之一体，何以成为人？自宇宙言之谓之命，自人言之谓之性（《大戴礼记·本命篇》）。宇宙间一切，各有其不易之则。人为宇宙之一体，自亦有其当循之道，故人贵尽性。抑人既为宇宙之一体，非尽明乎宇宙之理，固无从知自处之方；苟真明乎自处之方，则于宇宙之理，已无不贯矣。故曰："尽其心者，知其性也；知其性，则知天矣。"（《孟子·尽心》）又曰："穷理尽性，以至于命。"（《本命篇》）我者，宇宙之一体；万物亦宇宙之一体。万物与我，既同为宇宙之一体，则明乎处我之道者，亦必明乎处物之道。故曰："能尽其性，则能尽人之性；能尽人之性，则能尽物之性；能尽物之性，则可以赞天地之化育；可以赞天地之化育，则可以与天地参。"（《中庸》。《荀子·天论》："天有其时，地有其财，人有其治，夫是之谓能参。"亦此义。所谓治，乃尽性后之办法也）此所谓天人合一。至此，则人与自然，冥合无间，而推论之能事极，而力行之意蕴，亦尽于此矣。此为哲学之第六步。

中国古代之道德伦理，无一不本于法自然者。以全宇宙皆一气所成也，故我与天地万物，可以为一体。（惠施之说，见《庄子·天下篇》。一体，即融合无间之谓；与上文所用一体字异义。上文所用一体，乃《孟子》"子夏、子游、子张，皆有圣人之一体"之一体也）以全宇宙之动荡不已也，故有自强不息之义。夫合全宇宙而为一动，则虽谓其动即其静可也，故动静交相资。以其变化不居，而仍有其一定之则也，故有变易、不易、易简三义，乃尽《易》之蕴。（《周易正义·八论》引《乾凿度》曰："《易》一名而含三义：所谓易也、变易也、不易也。易者其德也：光明四通，简易立节，天以烂明，日月星辰，布设张列，通精无门，藏神无穴，不烦不扰，澹泊不失。变易者其气也：天地不变，不能通义。易者其位也：天在上，地在下。"郑玄依此作《易赞》及《易论》曰："《易》一名而含三义：易简，一也。变易，二也。不易，三也。"案此《易》之大义也。自然现象从差别中见其平等，亦从平等中见其差别。从平等中见其差别，则所谓易也；从差别中见其平等，则所谓不易也。所谓易简者，谓极错杂之现象，统驭于极简单之原理；莫之为而为，莫之致而至：亘古如斯，从不差忒也）以时时变动不居也，故贱执一而贵中庸。（以几何学之理譬之，世界犹体，至当不易之道为点。至当不易之道，必有一点，而亦仅有一点，此即《中庸》之所谓中庸也。使世界静止，则此点恒常，择而执之，初非难事。惟世界变易无一息之停，故此点所在，亦无一息而不变动。择而执之，斯为难矣。孔子所以叹"中庸不可能"也）以万物之动，各有其轨道而不相乱也，故各当其位，为治之至。（《易》之道，莫贵乎当位。《礼运》曰："物大积焉而不蕴，并行而不缪，细行而不失，深而通，茂而有间，连而不相及也，动而不相害也，此顺之至也。"即所谓各当其位也。大学之道，极于平天下。平天下之义，《荀子·荣辱篇》说之，曰："农以力尽田，贾以察尽财，工以巧尽械器，士大夫以上，至于公侯，莫不以仁厚知能尽官职。夫是之谓至平。"亦不过各当其位而已。法家之明分职，义亦如此）以自古迄今，一线相承也，故有正本、慎始、谨小、慎微之义；而"正其义不谋其利，明其道不计其功"，言道德者最重动机焉。以世界本为一体，彼之于此，无一息不相干也，故成己可以成物，正人必先正己；而反求诸己，则一心又为一身之本焉。（宋儒治心之学，古人有先发之者。《庄子·天道篇》曰："万物无足以挠其心者，故静。心静，天地之鉴也，万物之镜也。夫虚静恬淡、寂寞无为者，天地之平，而道德之至，故帝王圣人休焉。休则虚，虚则实，实者伦矣。虚则静，静则动，动则得矣。"《荀子·天论》曰："形具而神生，好恶喜怒哀乐臧焉，夫是之谓天性。耳目鼻口形能，各有接而不相能也，夫是之谓天官。心居中虚，以治五官，夫是之谓天君。"《解蔽》曰："治之要，在于知道。人何以知道？曰心。心何以知道？曰虚一而静。"皆与宋儒所言，无以异也）以天尊地卑，各有定位，故有君贵臣贱、重男轻女之义。以孤阳不生，独阴不长，故虽重男抑女，而阴阳仍有平等之义焉。以春夏秋冬，周而复始，认一切现象，皆为循环，故有祸福倚伏、持盈保泰之义，又有"天不变，道亦不变"之说焉。抑且万事万物，皆出阴阳二元，故有彼必有此，既贵仁又贵义，既重体亦重乐，一切承认异己者之并立，而不趋极端焉。此等要义，悉数难终。盖国人今日之思想，溯其源，无不与古代哲学相贯通者。哲学思想之初起，虽由一二哲人；而其昌大，则扩为全社会之思想。（亦可云，此种思想，在此环境中，最为适宜，故全社会人胥具之；而哲人，则其研究之尤透彻者也）虽屡与异族接触，而其根底曾未摇动。甚矣，国性之入人深也。

　　以上所述，为古代普通思想。又有所谓数术家者，则其思想，颇近于唯物派。案《汉志·诸子略》之阴阳家，出于羲、和之官。数术六家，亦云出于明堂羲、和史卜之职。二者盖同出一源，而一陈其事，一言其义也。数术六家，天文、历谱、五行、蓍龟、杂占，皆近迷信。（天文、历谱，本无所谓迷信；然古人于此，恒杂以占验之术。《汉志》谓"天文者，序二十八宿，步五星日月，以纪吉凶之象"；历谱以"探知五星日月之会，凶厄之患，吉隆之喜"是也。天文家有《图书秘记》十七篇，盖即谶之所本也）惟形法一家，《汉志》述其学曰："大举九州之执，以立城郭、室舍。形人及六畜骨法之度数，器物之形容，以求其声气、贵贱、吉凶。犹律有长短，而各征其声，非有鬼神，数自然也。"其思想最于惟物派为近。（此等思想，后世亦非无之，特不盛耳。如王仲任即其一也，细读《论衡》自见。中国各种迷信之术，惟相法较为通人所信。《荀子》已有《非相篇》。其后《论衡》《潜夫论》《申鉴》，于相学皆不全然排斥。亦以相法根据人之形体，究有所依据也。此亦据骨法之度数，以求贵贱吉凶之理）形法家之所谓数者，盖物质自然必至之符。形法家以为万物之变化，皆可求诸此；而不认有官体所不能感觉之原因。故曰："非有鬼神"。（古人以万有之原质为气，而气又分轻清、重浊二者。轻清者上为天，重浊者下为地。人则兼备此二气，所谓"冲和气者为人"也。物亦然，所谓"万物负阴而抱阳，冲气以为和"也。人之死也，轻清之气归于天，重浊之气归于地。所谓"体魄则降，和气在上"；所谓"骨肉归复于土，魂气则无不之"；所谓"骨肉毙于下，阴为野土，其气发扬于上为昭明，群蒿凄怆"也。此为普通思想。形法家之所持，为无鬼论）《汉志》则不以其说为然，故驳之曰："形与气相首尾。亦有有其形而无其气，有其气而无其形者。"《汉志》之所谓形，盖即《易·大传》"精气为物"之物；其所谓气，盖即"游魂为变"之魂，而亦即形法家所谓"鬼神"。《汉志》盖亦如普通之见，以万物之原质（气），时而有形可见，时而无形可见。（精气变为游魂，游魂复为精气，所谓"相首尾"也）故于形法家之说，加以诘难也。形法家之思想，而实如此，在诸学派中，实最与今所谓科学者相近；而顾与天文、历谱、五行、蓍龟、杂占等迷信之术，同列一略，其故何哉？岂校雠者之无识与？非也。天文、历谱、五行、蓍龟、杂占，并非必迷信之术。非必迷信之术，而其后卒入于迷信者，盖时势为之也。何也？夫"理事不违"，欲明一理者，不得不遍究万事，其说然矣。然事物之纷纭，卒非人所能尽究。于是不得不即已经研究之事，姑定为一理，而执之以推其余。（宇宙之广大悠久，实非人之所能知。乃有欲即其已知，以推其未知者。《史记》述邹衍之学谓其"先验小物，推而大之，至于无垠。先序以今以上至黄帝，学者所共术。大并世盛衰，因载其祥制度，推而远之，至天地未生，窈冥不可考而原也。先列中国名山大川，通谷禽兽，水土所殖，物类所珍。因而推之，及海外人之所不能睹。"所用者即此术也。《太玄》为扬雄最得意之作。其书起冬，迄大雪之末，备详一年之变迁。亦以宇宙久大，不可得而知，以为宇宙一期之变迁，必与一年之变迁相类，乃欲据此以测彼耳。邵子之元会运世，亦此思想也）此盖凡研究学术者所不能免，其法亦不得为误。其所以致误者，则以其所据之事，有确有不确；其所推得之理，遂有正有不正耳。

数术六家，盖皆欲即天然之现象，以研究其理者。其所根据之现象，有全然不确者，如蓍龟及杂占是也。有所根据之现象虽确，而其研究所得则不确者，如天文、历谱、五行、形法诸家是也。接于人之现象，大概可分为自然现象、社会现象二者。欲求宇宙之真理，二者固不可遗其一。中国学问，向来偏于社会现象，而缺于自然现象；其有据自然现象以研究哲理者，则古代之数术家，其先河也。后世之数术家，其思想亦不外此（学问不能前无所承。中国研究自然现象者，惟有数术家。故少数喜研究自然现象之人，不期而入于此派）。

以上论中国古代之哲学竟，以下请略论佛教之哲学。

哲学有其质，亦有其缘。以质言，则世界各国，无不从同；以缘言，则各民族因处境之不同，其所从言之者，遂不能无异。前已言之。中国哲学与印度哲学之异同，其理亦不外此。

哲学之演进，有其一定之步骤焉。其始也，必将宇宙全体，分析为若干事物，（浑沦之宇宙，为人所不能认识。人能知二，不能知一。故认识即是分别）而于其间立一因果关系，以此事为彼事之原因，此物为彼物之原因。如基督教谓天主造物，七日而成；中国古说谓天神申出万物，地祇提出万物是也。（《说文》。佛教不言时间之长，空间之际。有间及者，斥为戏论。见《金七十论》。佛经推原事物，但曰"无始以来""法尔而有"而已）稍进，乃知恒人所谓有无者，实为隐显而非有无。即人能认识与否，而非外物真有所谓有无。乃知一切事物，有则俱有，无则俱无；彼不因此，此亦不出于彼。万有之原因，只可即谓之万有而已（所谓一切摄一切也）。此则泛神之论所由兴也。夫将宇宙分析，而以此事为彼事之原因，此物为彼物之原因，其说实属不确。迷信此等说者，其所严恭寅畏，不过如世俗之所谓鬼神，如有物焉，临之在上、质之在旁而已。惟寻常人然后信之，少有思虑者，即唾弃不屑道已。至于泛神之论，则其理确不可易，而宇宙自然之律，其力之大莫与京，亦于是乎见之。此则明于哲学之士，所以恒主随顺自然，利用自然，而不主与自然相抗也。中国之哲学，盖循此途辙而演进。印度亦然。其在古代，所谓《优婆尼沙士》者，既以代表宇宙之梵，为最尊之神。（印度最古之经典曰《吠陀》，婆罗门专司之。是为婆罗摩奴之学。其书曰《阿兰若迦》。译言《林中书》，以婆罗门之年老者，恒居林中也。即《林中书》而精撰之，曰《优婆尼沙士》，译言《奥义书》。《奥义书》以梵为宇宙之本体，亦即为我，惟一而无差别。有差别者曰摩耶。摩耶为幻。人能知我与梵一，即得智明。其所以流转生死者，由为无明所迷，不知差别之为幻也。此已启佛教唯识之先路矣）佛教初兴，所尊崇者，虽为释迦牟尼其人，及其进为大乘，则所尊崇者，实为法而非佛。人能如法修行，即可成佛。（释尊即以法为师而自悟者）见佛固无异见法，见法亦无异见佛。佛之所以威力无边者，实以其法身而非以其报身。（报身，谓佛其人。法身，即自然之寓言。佛说一念皈依，则诸佛菩萨同时护念，使之去祸得福；犹言人能为善，则自然律中，必有善报，丝毫不得差忒也。其一心信佛，有所观见者，是为佛之应身。谓应于人之念虑而有。以今之学理言之，可谓应于人之心理作用而有，亦即人之心理作用所显现也。是为佛之三身。其说与科学，绝不相背）然则佛者，法之寓言耳。所谓法者，即宇宙定律之谓也。然则大乘教之所谓佛，即宇宙定律也。故佛教虽似一神教、有神教，而实则泛神论、无神论也。随顺自然之理，佛教中发挥尤切至。佛教贵无为而贱有为。所谓无为，即随顺自然；所谓有为，即与自然相抗之谓也。世间万事，一切无常，是即中国人所谓无一息不变之宇宙定律。知其无常而随顺之，是为圣人；强欲使之有常，则凡夫矣。圣凡之分，即在于此。然则佛非异人，所谓佛土，亦非异地。能明乎宇宙定律而遵守之，则娑婆世界，即是净土；凡夫之身，亦即圣人耳（此地狱之所以顿超也）。此其随顺自然之义，实与《易》《老》无二致也。此印度哲学与中国同者也。其与中国异者，则因其处境之不同。盖人之知识，虽曰借智而得；而智之所指，必有其方；所以定此向方者，则情感也。情之所向，实因其处境而异。中国地居温带，为文明所自起之黄河流域，在世界文明发源地中，又颇近于寒瘠，其民非力作则无以自存。故其所殚心者，在如何合群力作，以维其生，以求养生送死之无憾而已。印度则地处热带，民生较裕。其所殚心者，不在保其身之生存，而在免其心之烦恼。简言之：中国人所蕲得者身之存（至多兼安乐言之），印度人所求免者心之苦也。职是故，中国人观于宇宙而得其变，印度人观于宇宙而得其空。

何谓中国人观于宇宙而得其变，印度人观于宇宙而得其空也？夫宇宙一浑沦之体耳。自其全体而言之，可以谓之至实。若如恒人之见，析宇宙为若干事物，就人所能认识者，则谓之有；所不能认识者，则谓之无。则其所谓有者，亦可谓之至空（如实则实，分析则空。空者所谓真空，实者所谓妙有也）。何则？苟为实有，应不待因缘而成。然世间一切事物，无不待因缘成者；事物所待之因缘，亦无不待因缘成者。则万事万物，悉非实有可知。我者，事物之一也。一切事物，皆非实有，我安得独有？我且无有，安得与我相对之物？我、物俱无，更安有于苦乐？此盖印度人欲求免心之烦恼，乃即世间所谓苦者，而一一穷究其所自来，穷究至极，遂发现此理也。此说也，以理言之，诚亦无以为难。然理论只是理论，终不能改变事实。吾侪所谓我与物者，就当下之感觉言之，固明明可谓之有，有我有物，斯有逆顺；有逆顺，斯有苦乐矣。此盖人人之良知。佛虽有师子吼之辩，其如此良知何？为佛教者，乃从真空而得妙有，而断之曰"万法惟识"。盖恒人以物为实，以法为空。自哲学家言之，则物为空而法为实。更进一步，则法物两空，惟识是实。何也？夫恒人之所谓实者，岂非目可见、身可触之物邪？其所谓空者，岂非目不可见，手不可捉之宇宙律邪？曰：然。曰：金石者，至坚之物也。至坚者，不渝之谓也。岂不然邪？曰：然。然自矿物学家、地质学家言之，金石亦何尝不变？彼金石者，固自有其所以成，亦终不能免于毁。其成也，盖循宇宙之定律而成；及其既成，则循宇宙之定律而住。方其住时，已循宇宙之定律而坏；既坏之后，乃成恒人之所谓空，盖一切与他物同。金石且然，岂况生物？然则恒人之所谓实者，实则无一是实；所可称为实者，则此一切事物，循之而成，循之而住，循之而坏，循之而空之宇宙律耳（实物无一息不变，定律则无时或息）。此佛教中"我空法有"之说，亦即普通哲学家之见也。更进一步，则离宇宙论而入于认识论矣。夫世界万事，一切皆空，惟法是实，是则然矣。然所谓法者，果实有之物邪？抑亦吾人之认识所造邪？今日见为赤者，明日必不能变而为黄；一人以为甘者，众人必不至皆以为苦：似所谓法者，至可信也。然有目疾者，则视一切赤物皆若黄；有胃病者，则尝一切甘物皆若苦，又何以说之？此则恒人所谓物之真相，实非物之真相，而为认识所成，彰彰矣。人之论事，恒以同自证，以多自信。恶知其所谓同、所以多者，悉由人人所造业力相同，故其所见亦同邪？此唯识一宗，所以谓万物悉非实有，悉由人类业力所成，亦由人类业力，持使不坏也。（世界真相，实非人之所知。人之所知，只是感官所得之相。此理，今之哲学家，人人能言之。然则吾曹所知，必有吾曹主观之成分，更无疑矣。设使人类感官，增其一，或阙其一，即其所知，当不复如是。动物有以嗅辨别一切者，有以触辨别一切者，人不能也。然则彼所知之世界，人不知也。人之脑筋，特异于他动物。叔本华曰："惟人能笑，亦惟人能哭。"然则人所知之世界，他动物亦不知也。此特以大概言之。若一一细别，则吾之所知者，人不能知；人之所知者，我亦不知。人人自谓所知与人相同，实则无一真同者也。然则一切皆心造无疑矣。佛说创造此等者为第八识。八识能总持万法而不变坏。法者，人所由以认识世界，康德所谓"先天范畴"也。七识以八识所造之境为缘，恒审思量，执为实有；而所谓我，所谓世界，于是乎成矣。）此其说，实与今之认识论相通。其所异者，则今之认识论，但证明世界真相不可知，一切皆出人之认识而止；而佛教则于此义既明之后，又必有其蕲向之的、修持之法耳。此则以佛教究为教而非徒学故也。

所谓世界，苦邪乐邪？自乐观者言之，则曰乐，以世界本善也。今之所以不善者，乃其未至于善，而非其终不能善。抑且以进化之理言之，世界终当止于至善也（亚里士多德之说即如此。此西人进化之说所由来也）。自悲观者言之，则世界之为世界，不过如此。今日固不可为善，将来亦未必能善。以其质本恶也。然则欲求去苦得乐，惟有消灭世界耳。此佛教之终极，所以在于涅槃也。夫世界何自始邪？自恒人言之，则曰：盘古一身，化为万有；曰：上帝创造，七日而成耳。自不讲认识论之哲学家言之，则曰不可知耳。自持唯识论者言，则人有识之始，即世界成立之时；世界者，识之所造也。世界既为识所造，欲消灭世界，惟有灭识耳。故佛教假名识所由起曰"无明"。而曰："无明生行，行生识，识生名色，名色生六入，入生触，触生受，受生爱，爱生取，取生有，有生生，生生生老病死苦。"所谓"十二缘生"，亦即所谓"苦集二谛"也。断此二谛，时曰"灭谛"。灭也者，灭此识也。灭识非自杀之谓，自杀只能杀其身，不能断其识也。断其识者，所谓"转识成智"也。识所以可转为智者，以佛教假名一切罪业之本为无明，本来清净之体曰"真如"；"真如无明，同体不离"；（佛家喻之以水与波。在今日，则有一更切而易明之譬，生理、病理是也。病时生理，异乎平时，然非别有一身；去病还健，亦非别易一身也）"无明可熏真如而为迷，真如亦可还熏无明而成智也。"佛之所谓寂灭者，虽曰转识成智，非谓使识消灭。然所谓世界，既系依识而立，识转为智，即是识灭；识灭，即世界消灭矣。故佛教之究竟，终不离于涅槃也。

夫如是，则佛教与中国哲学之同异，可知已矣。佛家既谓一切迷误皆起于识，则借智以探求真理，自然无有是处。佛家所谓智，不徒不能借智以求，且必断识而后能得，所谓"惟证相应"也。夫如是，则其修持之法，必致漠视事物，而徒致力于一心；而其所谓致力于一心者，又非求以此心，驾驭事物，而在断灭此心之识。此为佛教进步必至之符。（一种学问，不能无所注重。有所注重，即有所偏矣。治理学者，曷尝谓当摒弃事物，专谈心性？然物莫能两大，既以心性为重，终必至于遗弃事物，此势所必至，无可如何者也。佛家六度、万行，曷尝偏于寂灭？然既以心识为主，终亦必偏于治内。亦犹理学未尝教人以空疏，而卒不免于空疏也）诸宗之所以皆衰，禅宗之所以独盛，盖由于此。又中国人之所求，为处置事物。处置事物，至当不易之道，惟有一点，是为儒家所谓中庸。仁义皆善，过即为恶。（理学家所谓"无善恶，只有过不及；中即善，过不及即恶"也）佛教既以去苦为的，较之中国，自不能不偏于仁。其所谓"菩萨行"者，即纯然一有人无我之境界。（读《华严经》，最可见之。佛说四圣：曰"佛"，曰"菩萨"，曰"缘觉"，曰"声闻"。缘觉、声闻，因怖畏生死而修道，犹有我之见存，故大乘斥其不足成佛。菩萨则全与恒人相反。恒人念念不离乎我，菩萨念念有人无我。基督所行，方佛斯义。犹有人我之见存，与恒人处于对待之地位，未为尽善也。佛则超乎对待之境之外矣。佛教以超出世界为宗旨，故必至佛而后为究竟。然佛无可学，恒人所能学者，止于菩萨。行菩萨行，所以薪成佛也）故可委身以饲饿虎，又可任人节节支解，不生嗔怒。由中国之道言之，则过于仁而适成为不仁矣。

佛教修持之宗旨，可摄以一语曰："悲智双修。"所谓悲者，本于佛教之悲观。其视世界，彻始彻终，皆为罪恶，无可改良之理。欲求善美，惟有举此世界而消灭之耳。故其视世界之内，无一人一物而非流转苦海，无一人一物而不可悲可悯也。所谓智者，则为救此世界之法所自出。必深观此世界之究竟，乃能知其致苦之由，乃知所以救之之道。救之之道既得，则一切善巧方便，皆自此出焉。其修持之法，亦可摄以一语，曰："止观双修"。止非寂然不动之谓，而常在正念之谓，（若以寂然不动为正念，则亦可，所谓"正念者无念"也）所谓"十二时中，常念于法，不相舍离"也。盖天下之祸，成于著而实起于微。一九一四年欧洲之大战，其祸可畏博矣。推厥由来，则曰：由各民族有互相疾恶之心也；由资本家皆思朘人以自肥也。各民族何以有互相疾恶之心？各资本家何故皆思朘人以自肥？其所由来者远矣。不能拔其本、塞其源，而徒欲去其相疾恶之心，与其朘人自肥之念，无益也。然此等原因，极为深远，推得一层，又有一层在其后，则将奈何？曰：原因虽极繁复，而其性质则极简单，一言蔽之，曰"不正之念"而已。一人起不正之念，则必传递激动第二人；第二人又激动第三人。如水起微波，渐扩渐大。其极，遂至于怀山襄陵，浩浩滔天。然分析之，原不过一一微波之相激。苟能使千万微波，同时静止，水患固可以立除；即能于千万微波中，静止其一二，其静止之力，亦必足以杀汹涌之势，犹其汹涌之势，足以破静止之局也。要之，止波其本矣，此止之义也。观则所以求智。世界上事，恒人但观其表面，故其论皆似是而非。佛则必须观鉴到底。故世俗所谓大善，自佛观之，悉成罪业。且如爱国、爱世界，岂非世俗以为大善者哉？然爱其国，则必不爱异国，而两国相争，伏尸流血之祸，伏于此矣。贪恋执著，祸之所由起也。爱世界而不知其方，使贪恋执著之情，波及于人人而不可拔，亦为世界造祸也。故恒人之所谓善，佛譬之"以少水沃冰山，暂得融解，还增其厚"。然则人固当常念于法，而何者为法，非观鉴极深，亦何由知之哉？此止观二者，所以如车两轮，如鸟双翼，不可偏废也。

佛教立说之法，亦有与中国人异者，曰"彻底"。中国人重实务。先圣先贤之说，大抵就事论事之言。诚不敢谓先圣先贤，不知究极之理，然其所传之说，则固以就事论事者为多矣。佛家则不然。每立一说，必审其所"安立"之处。曰"某说在某种标准之下言之，若易一标准，则不如是矣"；曰"某法不过一种方便，若语其究竟，则不如此矣"。此等处，中国多不之及，佛家则极为谨严。故其说路路可通，面面无病。称佛说者，所由以圆字美之也。此实印度人言语之法，与中国不同也。

以上所述，中国古代之哲学，乃理学家之所取材也；佛教之哲学，则或为其所反对，或为其所摄取者也。明乎此，而理学可以进论矣。

理学源流派别

自宋以来，以理学名家者甚多，一一讲之，势将不可胜讲。诸家有自有发明者，亦有仅守前人成说者。今先略述其源流派别，以下乃就其确有特见者，以次讲之。

宋学先河，当推安定（胡瑗，字翼之，泰州如皋人。世居安定，学者称安定先生）、泰山（孙复，字明复，晋州阳平人。退居泰山，学者称泰山先生）、徂徕（石介，字守道，奉符人。居徂徕山下，鲁人称为徂徕先生）。黄东发谓"本朝理学，虽至伊洛而精，实自三先生始"是也。安定于教育最有功。其在湖学，分经义、治事为两斋，为宋人之学纯于儒之始，亦宋儒喜言经世之学之始。泰山作《春秋尊王发微》，为宋学重纲纪、严名分之始。徂徕作《怪说》《中国论》，以讥斥佛老、时文，则宋学排二氏、黜华采之始也。三先生者，虽未及心性之精微，然其为宋学之先河，则卓然不可诬矣。

三先生同时，名儒甚多。其兼为名臣者，则有若范文正（范仲淹，字希文，苏州吴县人。文正之学，源出戚同文。同文，字同文，楚丘人。文正四子：长纯祐，字天成；次纯仁，字尧夫；次纯礼，字彝叟；次纯粹，字德孺。尧夫学最著。安定、泰山、徂徕，皆客文正门，尧夫皆从之游。又从南城李觏。觏，字泰伯，学者称盱江先生。○横渠少时喜言兵，尝欲结客取洮西。谒文正，文正曰："名教中自有乐地，何事于兵？"授以《中庸》。乃幡然志于道。故横渠之学，实文正启之也）、韩忠献（韩琦，字稚圭，安阳人）、欧阳文忠（欧阳修，字永叔，吉州庐陵人）、富文忠（富弼，字彦国，河南人）、司马文正（司马光，字君实，陕州夏县人），而司马氏最著。传其学者，刘忠定（刘安世，字器之，大名人。忠定学最笃实。尝问涑水："有一言而可终身行之者乎？"曰："其诚乎？"问其目。曰："自不妄语始。"学之七年而后成）、范正献（范祖禹，字淳夫，一字梦得，华阳人。文正子康，字公休，又从正献学）、晁景迂（晁说之，字以道，澶州人。传涑水之数学）也。其穷而在下，或虽仕官而不以勋业著者，则有齐鲁之士、刘、（士建中，字希道，郓州人。与泰山同时，泰山最推重之，徂徕亦服膺焉。刘颜，字子望，彭城人），闽中之四先生（陈襄，字述古，学者称古灵先生。陈烈，字季慈，学者称季甫先生。郑穆，字闳中。周希孟，字公辟。四先生皆侯官人。少后于安定，而在周、程、张、邵之前。讲学海上，有四先生之目。宋人溯道学渊源不之及。全谢山修《宋元学案》，为立《古灵四先生学案》），明州之杨、杜（杨适，字安道，慈溪人。杜淳，居慈溪），永嘉之儒志、经行（王开祖，字景山，学者称儒志先生。丁昌期，学者称经行先生。皆永嘉人），杭之吴师仁（字坦求，钱塘人），皆与湖学桴鼓相应。而闽中之章、黄（章望之，字表民，浦城人。黄晞，字景微，建安人），亦古灵一辈人。关中之申、侯（侯可，字无可，其先太原人，徙华阴。主华学二十年。为学极重礼乐。申颜，侯氏之友），开横渠之先路。蜀之宇文止（宇文之邵，字公南，绵竹人）则范正献之前茅也。

宋学之确然自成为一种学问，实由周、程、张、邵。康节之学偏于数，理学家不认为正宗。（邵雍，字尧夫，范阳人。曾祖家衡漳；先生幼从父迁河南。元祐赐谥康节）横渠之学纯矣，然小程谓其"苦心极力之象多，宽裕温和之气少"，后人尊之，亦遂不如廉溪之甚。（张载，字子厚，凤翔郿县横渠镇人）濂溪作《太极图说》及《通书》，实为宋儒言哲学之首出者。（周敦颐，字茂叔，道州营道人。知南康军，家庐山莲花峰下，有溪合于湓江，取营道故居濂溪名之）二程少尝受业于濂溪，长而所学实由自得。然周子以主静立人极，明道易之以主敬，伊川又益之以致知，其学识一脉相承；朱子又谓二程之学，出自濂溪，后人遂尊为理学之正宗焉（程颢，字伯淳，洛阳人。学者称明道先生。弟颐，字正叔，初称广平先生。后居伊阳，更称伊川先生）。

与五子同时者，有范蜀公（范镇，字景仁，华阳人。祖禹其从孙也。蜀公犹子百禄，及从曾孙冲，亦皆理学家）、吕申公（吕公著，字晦叔，东莱人。谥正献）、韩持国（韩维，谥持国，颍昌人）；又有吕汲公（吕大防，字微仲，其先汲郡人，祖葬蓝田，因家焉。谥正愍）、王彦霖（王严炎，字彦霖，大名清平人）；又有丰相之（丰稷，字相之，鄞县人）、李君行（李潜，字君行，虔州兴国人），虽不足与于道统，亦五子之后先疏附也。

术数之学，在中国本不盛，故传邵子之学者颇少。伯温（伯温，字子文。南渡后，赵鼎从之学。鼎字元镇，闻喜人）虽号传家学，实浅薄不足观也。张子为豪杰之士，其学又尚实行，故门下多慷慨善言兵。（种师道，字彝叔，洛阳人，为北宋名将。范育，子巽之，邠州三水人；游师雄，字景叔，武功人。皆兴于平洮河之役，争元祐弃熙河。李复，字履中，长安人，喜言兵。张舜民，字芸叟，邠州人，亦慷慨喜言事）而三吕（吕大忠，字晋伯，大防兄。大钧，字和叔；大临，字与叔，皆大防弟）尤为礼学大宗。（三吕皆并游张、程之门，然于张较厚。和叔知则行之，无所疑畏，论者方之季路。尝撰《乡约》。又好讲井田、兵制，撰成图籍，皆可施行。丧祭一本古礼。推之冠、昏、饮酒、相见、庆吊，皆不混习俗。横渠谓"秦俗之变，和叔有力焉"。小程子尝谓与叔守横渠说甚固，横渠无说处皆相从，有说处便不肯回。可见三吕皆笃于张氏矣）二程之门，最著称者为游（游酢，字定夫，建州建阳人。学者称鹰山先生）、杨（杨时，字中立，南剑将乐人）、尹（尹焞，字彦明，一字德充，洛阳人。学者称和靖先生）、谢（谢良佐，字显道，寿春上蔡人）。游氏书不传，弟子亦不著。谢氏之门，最著者为朱汉上（朱震，字子发，荆门军人）；然汉上《易》学，实由自得，不出师门也。尹氏最后起，守师说亦最醇（谢氏以觉言仁，实启象山之学。游、杨二家，晚亦好佛），其传亦不广。惟龟山最老寿，遂为洛学大宗。

龟山之学，传之罗豫章（罗从彦，字仲素，南剑人。学者称豫章先生）、延平（李侗，字愿中，南剑人）、韦斋（朱松，字乔年，婺源人。朱子之父。为尤溪县尉，因家焉。学者称韦斋先生），皆师豫章。而胡文定（胡安国，字康侯，崇安人）与游、杨、谢三先生，义兼师友。其子五峰（宏，字仁仲。其兄宁，字和仲，学者称茅堂先生。茅堂治《春秋》。文定作《春秋传》，修纂检讨，皆出其手）、致堂（寅，字明仲。实文定兄子。其母不欲举，文定夫人子之），皆学于豫章。籍溪（宪，字原仲，文定从父兄子。居籍溪，学者称籍溪先生）、邦衡（胡铨，字邦衡，庐陵人。从乡先生萧子荆学《春秋》，卒业于文定），则学于文定。朱子初师屏山（刘子翚，字彦冲，崇安人。韐子，子羽弟也）、籍溪、白水（刘勉之，字致中，崇安人。以女妻朱子。〇白水师元城及龟山），而卒业于延平。（朱熹，字元晦，一字仲晦，初居崇安五夫，筑书院于武夷之五曲，榜曰紫阳，识乡关也。后筑室建阳芦峰之巅，曰云谷。其草堂曰晦庵。自号云谷老人，亦曰晦庵，曰晦翁。晚更居考亭。筑精舍曰沧洲，号沧洲病叟。赵汝愚窜永州，将谏。门人谏。筮之遇"遯"之"同人"，乃取稿焚之。自号曰遯翁）、南轩（张栻，字敬夫，一字乐齐，号南轩，广汉人。迁于衡阳。浚子）之学，出于五峰。吕成公亦尝师籍溪。又事汪玉山。（吕祖谦，字伯恭，公著后也。祖好问，始居婺州。北宋理学，吕氏最盛，韩氏次之，详见《宋元学案》。〇汪应辰，字圣锡，信州玉山人）玉山者，横浦（张九成，字子韶，钱塘人。自号横浦居士。又号无垢居士）弟子；横浦亦龟山弟子。故南渡后三先生之学，实皆出于龟山者也。

乾淳三先生，吕、张皆早世，惟朱子年最高，讲学亦最久，故其流传最远。南轩之学，盛于湖湘，流衍于蜀，阅数传而渐微。吕氏同气，子约（成公弟，名祖俭。学于成公，谥忠）、泰然（成公从弟，名祖泰。居宜兴。赵汝愚之罢，子约论救，安置韶州。后移筠州，卒。泰然诣登闻鼓院上书，请诛佗胄。配钦州，卒），皆以忠节著。浙学好言文献，皆可谓吕氏之遗风。然如永嘉、永康，偏于功利，殊失吕氏之旨。（永嘉之学，始于薛季宣。季宣，字士龙，永嘉人。师事袁道洁。道洁师事二程，季宣加以典章制度，欲见之事功。陈傅良、叶适继之，而其学始大。傅良，字君举，瑞安人。适，字正则，永嘉人。永康之眉目为陈亮。字同甫，永康人，学者称瑞安先生）王伯厚（王应麟，字伯厚，庆元鄞县人，学者称厚斋先生）长于经制，全谢山以为吕学大宗，实则其学问宗旨，亦与朱氏为近也。

朱门之著者，有蔡西山父子（蔡元定，字季通，建之建阳人。居西山。子沈，字仲默），其律历象数之学，足补师门之缺。勉斋（黄干，字直卿，闽县人）以爱婿为上座，实能总持朱子之学。勉斋殁而后异说兴，犹孔门七十子丧而大义乖矣。勉斋之学，一传而为金华（何基，字子恭，金华人。居金华山，学者称金华先生），再传而为鲁斋（王柏，字会之，金华人）、白云（许谦，字益之，金华人。学者称白云先生）、仁山（金履祥，字吉父，兰溪人。居仁山下，学者称仁山先生）、双峰（饶鲁，字伯舆，一字仲元，余干人。筑石洞书院，前有两峰，因号双峰），皆卓有声光。辅汉卿（辅广，字汉卿，号潜庵，崇德人）学于朱子，兼受学于成公，其传为魏鹤山（魏了翁，字华父，邛州蒲江人。筑室白鹤山下，学者称鹤山先生）。詹元善（詹体仁，字元善，浦城人）亦学于朱子，其传为真西山（真德秀，字景元，后更曰希元，建之浦城人），皆宋末名儒。詹氏再传，辅氏四传而得黄东发（黄震，字东发，慈溪人。学者称于越先生。东发学于余端臣及王塈。野学于詹元善。端臣学于韩性。性，字明善，私谥曰庄节先生。性之学，出自其父翼甫。翼甫，字灼斋，会稽人。辅汉卿之弟子也），则体大思精，又非其师所能逮矣。此朱学之在南者也。其衍于北者，始于赵江汉。（赵复，字仁甫，德安人。学者称江汉先生。元屠德安，姚枢在军前，以归，教授于燕，北方始知有程朱之学）姚枢（字公茂，柳城人。后徙洛阳。O 枢从子燧，字端甫，学于许衡），许衡（字仲平，河内人。学者称鲁斋先生）、郝经（字伯常，泽州陵川人）、刘因（字梦吉，雄州容城人。学者称静修先生），皆出其门。朱学自宋理宗时，得朝廷表彰；元延祐科举，又用其法，遂如日中天矣。

洛学明道、伊川，性质本有区别。学于其门者，亦因性之所近，所得各有不同。故龟山之后为朱，而上蔡、信伯，遂启象山之绪。（朱子谓上蔡"说仁说觉，分明是禅"。又谓"今人说道，爱从高妙处说，自上蔡已如此"。又云："上蔡之说，一转而为张子韶。子韶一转而为陆子静。"案上蔡近乎刚，龟山近乎柔。朱子谓"上蔡之言，多踔厉风发；龟山之言，多优柔平缓"是也。王苹，字信伯。世居福之福清，父徙吴。师伊川。龟山最称许之。全谢山曰："象山之学，本无所承。东发以为遥出上蔡，予以为兼出信伯。"案信伯尝奏高宗："尧、舜、禹、汤、文、武之道，若合符节。非传圣人之道，传其心也。非传圣人之心，传己之心也。己之心，无异圣人之心，万善皆备。欲传尧、舜以来之道，扩充此心焉耳。"可见其学之一斑）金溪之学，梭山启之，复斋昌之，象山成之，与朱学双峰并峙。（象山兄弟六人：长九思，字子疆。次九叙，字子仪。次九皋，字子昭，号庸斋。次九韶，字子美，讲学梭山，号梭山居士。次九龄，字子寿，学者称复斋先生。次九渊，字子静，号存斋，结庐象山，学者称象山先生）传陆学者，为明州四先生。（舒㷡，字元质，一字元宾，奉化人。沈焕，字叔晦，定海人。袁燮，字和叔，鄞县人。杨简，字敬仲，慈溪人。筑宝德润湖上，更其名曰慈湖）袁、杨仕宦高，其名较显。袁言有矩矱，杨则颇入于禅。攻象山者，每以为口实焉。朱子门下，辟陆氏最力者为陈安卿（陈淳，字安卿，龙溪人），至草庐而和会朱、陆。（吴澄，字幼清，学者称草庐先生，抚州崇仁人。继草庐而和会朱、陆者，又有郑师山。名玉，字子美，徽州歙县人。尝构师山书院，以处学者，故称师山先生。论者谓师山多右朱，草庐多右陆）陆氏门下，至安仁三汤，而息庵、存斋，皆入于朱，惟晦静仍守陆学。（汤干，字升伯，学者称息庵先生，安仁人。弟巾，字仲能，学者称晦静先生。巾，字季庸，学者称存斋先生）传之从子东涧（汤汉，字伯纪）及径畈。（徐霖，字景说，衢之西安人。谢叠山其门人也。叠山名枋得，字君直，戈阳人）径畈之后，陆学浸衰。静明（陈苑，字立大，江西上饶人。学者称静明先生）、宝峰（赵偕，字子永，宋宗室与筹后。慈溪人。隐大宝山麓，学者称宝峰先生），得其遗书而再振之。元代科举用朱，朱学几于一统。至明，王阳明出，乃表彰陆氏焉。

元代理学，不过衍紫阳之绪余，明人则多能自树立者，而阳明其尤也。明初学者，笃守宋儒矩矱。方正学（方孝孺，字希直，台之宁海人。自名其读书之堂曰正学。正学大节凛然，论者谓其"持守之严，刚大之气。与紫阳相伯仲"焉）、曹月川（曹瑞，字正夫，号月川，河南渑池人。刘蕺山云：方正学后，斯道之绝而复续，实赖曹月川。即薛敬轩，亦闻其风而兴起者）、吴康斋（吴与弼，字子傅，号康斋，抚州崇仁人。刻苦奋厉，辞官躬耕。或讥其所学未见精微。然其克己安贫，操持不懈，凛乎其不可犯，要不易及也）、薛敬轩（薛瑄，字德温，号敬轩，山西河津人。其学兢兢于言行间检点，恫幅无华，可谓恪守宋人矩矱。然有未见性之讥），皆其卓卓者。河东之学，传诸泾野（吕柟，字仲木，号柟野，陕之高阳人。泾野讲学，所至甚广，讲席几与阳明中分。一时笃行之士，多出其门）、三原（王恕，字宗贯，号介庵，晚又号石渠，陕之三原人），仍重礼乐，笃躬行，存关学之面目，与师门少异其趣。康斋之学，传诸白沙，主张"静中养出端倪"，则于师门大变手眼矣。（陈献章，字公甫，号石斋，新会白沙里人，谥文恭。○康斋弟子，又有胡居仁，字叔心，饶州余干人，学者称敬斋先生；娄谅，字元贞，号一斋，广信上饶人。一斋以收放心为居敬之门，以"何思何虑、勿忘勿助"为居敬要指；敬斋辟之，谓其陷入异教）论者谓"有明之学，至白沙而后精，至阳明而后大"，白沙实阳明之前驱也。

有明之学，自当以阳明（王守仁，字伯安，余姚人）为大宗。理学名家，非衍阳明之绪余，即与阳明相出入者也。阳明之学，盖承朱学之敝而起。其学实近法象山，远承明道，特较象山、明道，尤精且大耳。传阳明之学者，当分浙中、江右、泰州三大派：浙中之学，以龙溪、绪山为眉目。（浙中王门，实以徐曰仁为称首。曰仁名爱，号横山，余姚人。阳明之内兄弟也。受业最早。及门有未信者，曰仁辄为骑邮，门人益亲。阳明称为吾之颜渊。早卒。龙溪、绪山，讲学最久，遂为王门之翘楚。龙溪王氏，名畿，字汝中，山阴人。绪山钱氏，名德洪，字洪甫，余姚人）江右则东廓（邹守益，字谦之，江西安福人）、念庵（罗洪先，字达夫，江西吉水人）、两峰（刘文敏，字宜充，安福人）、双江（聂敬，字文蔚，江西永丰人）；及再传塘南（王时槐，字子植，安福人。师两峰）、思默（万廷言，字以忠，江西南昌人。师念庵），皆有发明。泰州多豪杰之士，其流弊亦最甚。末年得刘蕺山（刘宗周，字起东，号念台，山阴人），提唱慎独，又王学之一转手也。与王学同时角立者，有止修、甘泉二家。（李材，字孟诚，号见罗，江西丰城人。以"止修"二字为学鹄。湛若水，字元照，号甘泉，广东增城人。师白沙）其继起而矫正其末流之弊者，则东林中之高、顾也（高攀龙，字存之，别号景逸；顾宪成，字叔时，别号泾阳，皆常州无锡人。泾阳契阳明，而深辟无善无恶之论）。

明末大儒：梨洲（黄宗羲，字大冲，余姚人）、夏峰（孙奇逢，字启泰，号钟元，北直容城人）、二曲（李中孚，盩厔人。家在二曲间，学者称二曲先生），皆承王学；而亭林（顾炎武，初名绛，字宁人，昆山人）、船山（王夫之，字而农，号姜斋，衡阳人）、蒿庵（张尔岐，字稷若，济阳人）、杨园（张履祥，字考夫，号念芝。居桐乡之杨园，学者称杨园先生。杨园尝师蕺山，然学宗程、朱）、桴亭（陆世仪，字道威，太仓人），则皆宗朱。其后清献起于南（陆陇其，字稼书，平湖人。辟陆、王最力），清恪起于北（张伯行，字孝先，号敬庵，仪封人），而学风乃渐变。汤文正（汤斌，字孔伯，号荆岘，晚号潜庵，睢州人）尝师夏峰，后亦折入程、朱，但不辟陆、王耳。清代名臣，负理学重名者颇多，皆宗朱，然实多曲学阿世之流；心学承晚明之猖狂，弥以不振。盖至是而宋明之哲学，垂垂尽矣。

濂溪之学

一种新哲学之创建，必有一种新宇宙观、新人生观，前已言之。宋代哲学，实至庆历之世，而始入精微。其时创立一种新宇宙观及人生观者，则有若张子之《正蒙》，司马氏之《潜虚》，邵康节之《观物》。司马氏之书，不过扬子《太玄》之伦。邵子之说，颇有发前人所未发者；然术数之学，我国本不甚行，故其传亦不盛。张子之说醇矣；然不如周子之浑融。故二程于周子，服膺较深。朱子集北宋诸家之成，亦最宗周、程焉。而周子遂称宋学之开山矣。

周子之哲学，具于《太极图说》及《通书》。《太极图说》或议其出于道家，不如《通书》之纯。此自昔人存一儒、释、道之界限，有以致之。其实哲学虽有末流之异，语其根本，则古今中外，殆无不同；更无论儒、道之同出中国者矣。《通书》与《太极图说》相贯通。《通书》者，周子之人生观；《太极图说》，则其宇宙观也。人生观由宇宙观而立。废《太极图说》，《通书》亦无根底矣。朱子辨《太极图说》，必为濂溪所作，而非受诸人（潘兴嗣作周子《墓志》，以《图》为周子自作，陆象山以为不足据），其说诚不可信。然谓"传者误以此图为《通书》之卒章，而读《通书》者，遂不知有所总摄"，则笃论也。

太极图之出于道家，殆不可讳。然周子用之，自别一意，非道家之意也。所谓《太极图》者，上一圈为太极。太极不能追原其始，故曰"无极而太极"。次圈之黑白相间者为阴静阳动。（黑为阴静，白为阳动）阴居右，阳居左。阳变为阴，阴变为阳，故左白右黑之外，间以左黑右白一圈，其外则复为左白右黑焉。其下为水、火、木、金、土，五小圈。水、金居右，火、木居左者，水、金阳而火、木阴也。土居中，冲气也。水、火、木、金、土，上属于第二圈，明五行生于阴阳也；下属于第四圈，明人物生于五行也。水、火、木、金、土，各为一小圈，所谓"五行各一其性"也。其序：自水之木，自木之火，自火之土，自土之金，沿《洪范》五行首水，及古人以五行配四时之说，所谓"五气顺布而四时行"也。下一圈为"乾道成男，坤道成女"，明万物所由生也。又下一圈曰"万物化生"，人亦万物之一，实不可分作两圈，周子盖沿道家旧图，未之改也（周子之意，或以"乾道成男，坤道成女"为抽象之言，不指人）。

周子之说太极图也，曰："无极而太极。太极动而生阳，动极而静；静而生阴，静极复动。一动一静，互为其根。分阴分阳，两仪立焉。阳变阴合，而生水、火、木、金、土，五气顺布，四时行焉。五行一阴阳也，阴阳一太极也，太极本无极也。五行之生也，各一其性。无极之真，二五之精，妙合而凝。乾道成男，坤道成女。二气交感，化生万物。万物生生，而变化无穷焉。"案此周子根据古说，以说明宇宙者也。古有阴阳五行之说，已见前。二说在后来，久合为一；而推原其始，则似系两说。以一为二元论，一为多元论也。其所以卒合为一者，则以哲学所求，实为惟一，多元、二元之说，必进于一元而后安。五行之说，分物质为五类，乃就认识所及言之。其后研究渐精，知人所能认识之物质，与其不能认识而指为虚空者，实无二致。其所以或能认识、或不能认识者，则以物质有聚散疏密之不同，自人观之，遂有隐显微著之各异耳。至此，则认识所及之水、火、木、金、土，与认识所不及之至微之气，可以并为一谈。而五行之多元论，进为一元矣。阴阳之说，盖因"男女构精，万物化生"悟入。其始盖诚以阴阳为二体。研究渐精，乃知所谓阴阳者，特人所见现象之异，其本体，初不能谓为不同。于是阴阳二者，可谓同体而异用。乃为之假立一名，曰太极。而阴阳二元之论，亦进为一元矣。二说既同进为一元，自可合并为一说。乃以太极为世界之本体；世界之现象，为人所认识者，实为变动。则以阴阳之变化说之，而二者仍为同体而异用，此所以说世界流转之原理。若以物质言：则一切物之原质，皆为气；水、火、木、金、土，皆此气之所为；万物之错综，则又五行之所淆而播也。气之所以分为五行，五行之所以淆而为万物，则以不可知之太极。无始以来，即有此一静一动之变化也。此乃自古相传之说；周子亦不过融会旧文，出以简括之辞耳，非有所特创也。

中国无纯粹之哲学，凡讲哲学者，其意皆欲措之人事者也。周子亦然。故于说明宇宙之后，即继之以人事。曰："惟人也，得其秀而最灵。"此言人之所以为人也。曰："形既生矣，神发知矣。五性感动，而善恶分，万事出矣。圣人定之以仁、义、中、正，而主静，立人极焉。"此为周子之人生观。凡一元论之哲学，必将精神物质，并为一谈（一物而两面）。此等思想，中国古代，亦已有之。其分人性为仁、义、礼、智、信五端，以配木、金、火、水、土五行是也。周子亦沿其说。思想浅薄之时，恒以为善、恶二者，其质本异；迨其稍进，用知所谓善恶者，其质实无不同，特其所施有当、有不当耳。至此，则二元论进为一元矣。周子之说亦如是。周子既沿旧说，以五性配五行，又总括之为仁义两端，以配阴阳。仁义二者，皆不可谓恶也。更进一步言之，阴阳同体而异用，仁义亦一物而二名（视其所施而名之）。愆阴伏阳，特其用之有当、有不当，而其本体（太极）初无所谓恶；则人之行为，所以或失之刚，或失之柔者，亦不过其用之或有不当，而其本体初无所谓恶；此世界之本体，所以至善，亦人性之所以本善也。然则所谓善恶者，即行为当不当之谓而已（不论其所施，而但论其行为，则无所谓善恶）。世界之现象，自认识言之，无所谓静也，只见其动耳。然自理论言之，固可假设一与动相对之境，名之曰静。本体既无所谓恶；所谓恶者，既皆出于用，则固可谓静为善、动为恶。然则人而求善，亦惟求静境而处之而已矣（恢复本体）。然认识所及，惟是变动；所谓静境，不可得也。乃进一步而为之说曰：世界本体不可见，可见者惟现象，本体既在现象之中。然则静境亦不可得，静即在乎动之中。人之所求，亦曰动而不失其静而已矣（虽堕落现象界，而仍不离乎本体）。动而不失其静者，用而不离乎体之谓也。用而不离乎体者，不失其天然之则之谓也。以几何学譬之：所谓真是，惟有一点；此一点，即人所当守之天则，即至当之动，而周子之所谓中正也。然此一点非有体可得，仍在纷纭蕃变之中。盖人之所为，非以为人，即以为我。为人，仁也；为我，义也。欲求于仁义之外，别有一既不为人、又不为我之行为，卒不可得。然则欲求中正，惟有即仁义之施无不当者求之。而欲求之仁义，亦必毋忘中正而后可。否则不当仁而仁，即为不仁；不当义而义，即为不义矣。故仁义同实而异名，犹之阴阳同体而异用。阴阳之体，所谓太极者，惟有假名，更无实体。仁义之体，所谓中正者亦然也。然则所谓善者，即仁义之施无不当者也。施无不当，则虽动而不离其宗。虽动而不离其宗，则动如未动。动如未动，固可以谓之静，此则周子所谓静也。此为道德之极致，故命之曰"人极"。能循此，则全与天然之则合，所谓"圣人与天地合其德，与日月合其明，与四时合其序，与鬼神合其吉凶"也。能循此者，必获自然之福；而不然者，则必遇自然之祸；所谓"君子修之吉，小人悖之凶"也。此以行为言也。若以知识言：则现象之纷纭蕃变，不外乎阴阳五行；阴阳五行，又不离乎太极。能明此理，则于一切现象，无不通贯矣。所谓"原始要终，故知死生之说"也。周子盖由《易》悟入，亦自以为祖述《易》说，故于篇末赞之曰："大哉《易》也，斯其至矣"也。

《太极图说》，虽寥寥数百言，然于世界之由来，及人所以自处之道无不备，其说可谓简而赅。宜朱子以为"根极领要；天理之微，人伦之著，事物之众，鬼神之幽，莫不洞然，毕贯于一"也。

《太极图说》，推本天道以言人事，《通书》则专言人事，然其理仍相通。故朱子以为废《太极图说》，则《通书》无所总摄也。《太极图说》所言自然界之理，《通书》名之曰"诚"。诚者，真实无妄之谓。自然界之事，未有不真实者也。故曰："大哉乾元，万物资始，诚之原也。乾道变化，各正性命，诚斯立焉。"自然界之现象，见其如此；即系如此，更无不如此者之可言，是为诚。自然界之现象，人所认识者，为变动不居；从古以来，未尝见其不动，则动即自然界之本相也。然则诚与"动"一物也，故曰："至诚则动，动则变，变则化。"圣人当与天地合其德，《通书》以诚称自然界，故亦以诚为圣人之德，曰："圣，诚而已矣。"人之所知，止于现象。然自理论言之，固可假说一实体界，以与动相对。恶既皆属现象，固可谓由动而生，则动最当慎。此由静而动之境（自实体界入现象界），周子名之曰"几"。所谓"动而未形，有无之间"也。本体无善恶可言，动则有善恶矣。故曰："诚无为，几善恶。"又曰："吉凶悔吝生乎动，吉一而已，可不慎乎"也。

动之循乎当然之道者为善，不循乎当然之道者为恶。循乎当然之道者，动而不失其则者也，所谓诚也。不循乎当然之道者，动而背乎真实之理者也，所谓"妄"也（如人四体之动，顺乎生理者为诚，逆乎生理者为妄）。人之动作，贵合乎天然之理，故当祛其妄而复其诚。故曰："诚，复其本善之动而已矣。不善之动，妄也。妄复则无妄矣。无妄则诚矣。"

本善之动为道。道之名，自人所当循之路言之也。自其畜于身，见于事为者言之，则曰德。德也，道也，二名一实，特所从言之者异耳。德之目周子亦如古说，分为仁、义、礼、智、信，而又以仁义二端总括之。礼者，所以行之而备其条理。智者，所以知之。信者，所以守之。而所行、所知、所守，则仍不外乎仁义。故曰："圣人之道，仁义中正而已矣。"其说全与《太极图说》合。

人性之有仁义，犹天道之有阴阳，地道之有刚柔，其本体皆不可谓之恶也。故世界本无所谓善，协乎两者之中而已矣；亦无所谓恶，偏乎两者中之一而已矣。故曰："性者，刚、柔、善、恶、中而已矣（见诸事乃可云仁义。此但就性言，故曰刚柔）。刚：善为义，为直，为断，为严毅，为干固；恶为猛，为隘，为强梁。柔：善为慈，为顺，为巽；恶为懦、弱，为无断，为邪佞。"义也，直也，断也，严毅也，干固也，非实有其体也，刚之发而得其当焉者也；猛也，隘也，强梁也，并非实有其体也，刚之发焉而不得其当者也。柔之善恶视此。然则天下信无所谓善恶，惟有中不中而已。故曰："惟中也者，和也，中节也，天下之达道也，圣人之事也。故圣人立教，俾人自易其恶，自至其中而止矣。"

然则人何以自易其恶而止于中哉？逐事检点，固已不胜其劳。抑且未知何者谓之中，自亦无从知何者谓之偏。苟能知何者谓之中，则但谨守此中焉足矣。夫人之本体，本能止于中者也。所以失其中者，以其有不当之动也。不当之动，始萌于欲，而终著于事为者也。人能无欲，则自无不当之动矣。无欲，所谓静也，亦所谓一也。无欲则动无不当矣。动无不当，则不离乎当然之境而谓之静，非谓寂然不动，若槁木死灰也。（《通书》曰："动而无静，静而无动，物也。动而无动，静而无静，神也。动而无动，静而无静，非不动不静也。"此之谓也）故曰："圣可学乎？曰：可。有要乎？曰：有。请问焉。曰：一为要。一者，无欲之谓也。无欲则静虚动直。静虚则明，明则通；动直则公，公则溥。明通公溥，庶矣乎？"夫人之所求，动直而已；而动直之本，在于静虚；此《太极图说》，所以谓"圣人以主静立人极"也。故"主静"实周子之学脉也。

中者，当然之则而已矣。当然之则，非人人所能知之也。必先求知之，然后能守之。求而知之者，智识问题；既知之，又求行之，则行为问题也。周子为理学开山，但发明其理于修为之方，尚未及详，故注重于思。《通书》曰："无思而无不通为圣人。不思则不能通微，不睿则不能无不通。是则无不通生于通微，通微生于思。是故思者，圣功之本，而吉凶之几"是也。程朱格物穷理之说，盖本诸此。

以上所言，皆淑身之术也。然一种新哲学之人生观，固不当止于淑身，而必兼能淑世。故曰："志伊尹之所志，学颜子之所学。"噫！周子之言，内外本末，亦可以谓之兼备矣哉！

周子之说，虽自成为一种哲学，然其源之出于道家，则似无可讳。黄晦木《太极图辩》曰："周子《太极图》，创自河上公，乃方士修炼之术也。河上公本图，名《无极图》。魏伯阳得之，以著《参同契》。钟离权得之，以授吕洞宾。洞宾后与陈图南同隐华山，而以授陈。陈刻之华山石壁。陈又得《先天图》于麻衣道者。（宋时有所谓《正易心法》者，托之麻衣道者，谓为希夷之学所自出，实则南宋时戴师愈之所伪也。见朱子书《麻衣心易后》《再跋麻衣易说后》）皆以授种放。放以授穆修与僧寿涯。修以《先天图》授李挺之，挺之以授邵天叟，天叟以授子尧夫。修以《无极图》授周子。周子又得先天地之《偈》于寿涯。（晁公武谓周子师事鹤林寺僧寿涯，得其"有物先天地，无形本寂寥。能为万象主，不逐四时凋"之偈。刘静修《记太极图说后》曰："或谓周子与胡宿、邵古，同事润州一浮屠，而传其《易书》。"所谓润州浮屠，即寿涯也）其图自下而上，以明逆则成丹之法。其重在水火。火性炎上，逆之使下，则火不熛烈，惟温养而和燠。水性润下，逆之使上，则水不卑湿，惟滋养而光泽。滋养之至，接续而不已；温养之至，坚固而不败。其最下圈名为玄牝之门。玄牝即谷神。牝者，窍也；谷者，虚也。指人身命门，两肾空隙之处，气之所由生，是为祖气。凡人五官百骸之运用知觉，皆根于此。于是提其祖气，上升为稍上一圈，名为炼精化气，炼气化神。炼有形之精，化为微芒之气；炼依希呼吸之气，化为出有入无之神；使贯彻于五藏六府，而为中层之左木火、右金水、中土相联络之一圈，名为五气朝元。行之而得也，则水火交媾而为孕。又其上中分黑白而相间杂之一圈，名为取坎填离，乃成圣胎。又使复还于无始，而为最上之一圈，名为炼神还虚，复归无极，而功用至矣。周子得此图，而颠倒其序，更易其名，附于《大易》，以为儒者之秘传。盖方士之诀，在逆而成丹，故从下而上。周子之意，以顺而生人，故从上而下。太虚无有，有必本无，乃更最上圈炼神还虚，复归无极之名曰无极而太极。太虚之中，脉络分辨，指之为理，乃更其次圈取坎填离之名曰阳动阴静。气生于理，名为气质之性，乃更第三圈五气朝元之名曰五行各一性。理气既具，而形质呈，得其全者、灵者为人，人有男女，乃更第四圈炼精化气，炼气化神之名曰乾道成男、坤道成女；得其偏者、蠢者为万物，乃更下圈玄牝之名曰万物化生。"案

《参同契》有《水火匡廓》及《三五至精》两图，即周子《太极图》之第二、第三圈也。胡朏明《易图明辨》曰："唐《真玄妙精品》有《太极先天图》，合三轮五行为一，而以三轮中一〇，五行下一〇为太极。又加以阴静阳动，男女万物之象，凡四大〇。阴静在三轮之上，阴动在三轮之下。（三轮左离右坎，水火既济之象。二〇上阴下阳，天地交泰之象。《鼎器歌》云："阴在上，阳在奔，即此义也"）男女万物，皆在五行之下。与宋绍兴甲寅朱震在经筵所进周子《太极图》正同。今《性理大全》所载，以三轮之左为阳动，右为阴静，而虚其上下二〇，以为大极，乃后人所改，非其旧也。"其说与晦木，又有异同。盖在道家，此图亦非一本也。然《太极图》之源出道家，则无疑矣。然此不过借用其图，其用意则固大异也。

朱、陆无极、太极之辩，亦为理学家一重公案。案此说似陆子误也。《通书》与《太极图说》，实相贯通，已如前说。而梭山谓"《太极图说》与《通书》不类，疑非周子所为；否则其学未成时作，又或传他人之文，后人不辨"似于周子之学，知之未审。象山谓无极二字，出《老子·知其雄章》。以引用二氏之言为罪案，此实宋儒习气。理之不同者，虽措语相同，而不害其为异。理之不易者，凡古今中外，皆不能不从同。安得摭拾字面，以为非难乎？（象山又谓"二程言论文字至多，亦未尝一及无极字。"案即就字面论，儒家用"无极"二字者，亦不但周子。黄百家曰："柳子厚曰：'无极之极'。邵康节曰：'无极之前，阴舍阳也。有极之后，阳分阴也。'是周子之前，已有无极之说"）若谓"《系辞》言神无方矣，岂可言无神？言易无体矣，岂可言无易？"则《系辞》乃就宇宙自然之力，无乎不在言之。周子之言，则谓世界本体，无从追原其所自始。其所言者，固异物也。无极而太极，犹佛家言"无始以来"，言"法尔而有"耳。必责作《系辞传》者，推原神与易所自始，彼亦只得云无从说起矣。安得拘泥字面，而疑周子所谓"无极而太极"者，乃谓有生于无，落"断空"之见哉？朱子曰："无极而太极，犹曰莫之为而为，莫之致而至。乃语势当然，非谓别有一物也。"又曰："无极二字，乃周子令后之学者，晓然见太极之妙，不属有无，不落方体。"可谓能得周子之意矣。故"无极而太极"之辩，实陆子误会文义，以辞害意也。又陆子谓"一阴一阳，即是形而上者"；朱子则谓"一阴一阳，属于形器。所以一阴一阳者，乃道理之所为"，亦为两家一争端。案此说两家所见本同，而立言未明，遂生辩难。盖陆子之意：以为人之所知，止于现象；现象之外，不得谓更有本体其物，为之统驭。朱子之意：谓现象之然，虽不必有使之然者；然自理论言之，有其然，即可谓有其所以然。固不妨假立一名，名之曰道，而以现象为形器。陆子疑朱子谓本体实有其物，立于现象之外，遂生辩难。若知朱子所谓道者，乃系就人之观念，虚立一名，而非谓实有其物，则辩难可以无庸矣。陆子曰："直以阴阳为形器，而不得为道，尤不敢闻命。《易》之为道，一阴一阳而已。先后，始终，动静，晦明，上下，进退，往来，阖辟，盈虚，消长，尊卑，贵贱，表里，隐显，向背，顺逆，存亡，得丧，出入，行藏，何适而非一阴一阳哉？奇耦相寻，变化无穷，故曰其为道也屡迁。"朱子曰："若以阴阳为形而上者，则形而下者，复是何物？熹则曰：凡有形有象者皆器也，其所以为是器之理则道也。如是，则来书所谓始终、晦明、奇耦之属，皆阴阳所为之形器。独其所以为是器之理，乃为道耳。"此则谓现象之所以然；虽不可知；然自理论言之，不得不分为两层：名其然曰器，名其所以然曰道也。此特立言之异，其意固不甚悬殊也（朱陆辩论之辞甚多，除此节所举两端外，皆无甚关系，故今不之及。○朱子论道与形器之说，须与其论理气之说参看。○又案太极、两仪等，皆抽象之名，由人之观念而立。后人或误谓实有其物，遂生缪辐。许白云曰："太极，阴阳，五行之生，非如母之生子，而母子各具其形也。太极生阴阳，而太极即具阴阳之中；阴阳生五行，而太极、阴阳，又具五行之中，安能相离也？何不即五行一阴阳、阴阳一太极之言观之乎？"其言最为明析。昔之讲哲学者，不知有认识论，此太极、阴阳、理气等说，所以缪辐不清也）。

康节之学

北宋理学家，周、程、张、邵，同时并生。其中惟邵子之学，偏于言数。我国所谓数术者，为古代一种物质之学，前已言之。邵子之旨，亦不外此。其《观物篇》谓"天使我如是谓之命，命之在我谓之性，性之在物谓之理"。又谓"数起于质""天下之数出于理"是也（人性即精神现象，物理即物质现象，邵子以为二者是一。"数起于质"者，如谓筋肉发达至何种程度，即能举何种重量；筋力衰弛，则举重之力亦减是也。何以筋肉发达即能举重，衰弛即不能？此则所谓"数出于理"之理。此理不可知。所谓"天之象数，可得而推，其神乃不可得而测"也）。

邵子之学，亦以《易》为根据。其所谓《易》者，亦出于陈抟。（朱震《经筵表》谓陈抟以《先天图》传种放，放传穆脩，脩传李之才，才之传邵雍）盖亦道家之学也。其《先天次序》《卦位图》如图：

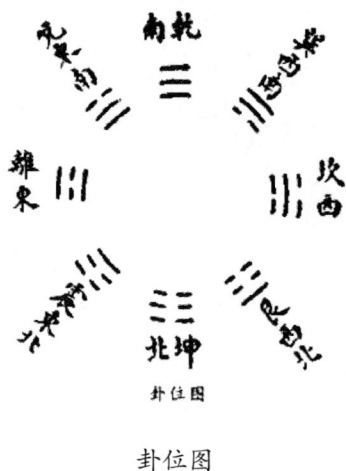

卦位图

《八卦次序图》，最下一层为太极。其上为两仪。又其上为四象。又其上为八卦，其序则乾一、兑二、离三、震四、巽五、坎六、艮七、坤八是也。以图之白处，代《易》之一画，黑处代《易》之一画。是为一分为二，二分为四，四分为八。如是推之，八分为十六，十六分为三十二，三十二分为六十四，即成《伏皇先天六十四卦横图》。以六十四卦规而圆之，则成圆图；割而叠之，则成方图。圆图以象天，方图以象地也。

　　八卦方位，见《易》"帝出乎震"一节。与大乙行九宫之说合，见第二篇。据其说，则离南、坎北、震东、兑西、乾西北、坤西南、艮东北、巽东南。邵子以为后天卦位，为文王所改。而云；此图为先天方位，为伏羲所定。其根据，为《易》"天地定位"一节。为之说者：谓此先天方位，"天位乎上，地位乎下，日生于东，月生于西，山镇西北，泽注东南，风起西南，雷动东北，自然与天地造化合"也。

先天图

　　邵子之学，亦以阴阳二端解释世界，而名阴阳之源为太极，其《经世衍易图》所谓"一动一静之间"者也。《观物内篇》云："一动一静者，天地之至妙者欤？一动一静之间者，天地人之至妙者欤？"即指太极言之也。邵子谓"天生于动，地生于静"，"动之始则阳生焉，动之极则阴生焉。静之始则柔生焉，静之极则刚生焉"。阴阳之中，复有阴阳；刚柔之中，复有刚柔，故各分为太少。太阳为日，太阴为月；少阳为星，少阴为辰，此天之体也。太柔为水，太刚为火；少柔为土，少刚为石；此地之体也。日为暑，月为寒，星为昼，辰为夜，此天之变也。水为雨，火为风，土为露，石为雷，此地之化也。暑变物之性，寒变物之情，昼变物之形，夜变物之体，此动植之感天而变者也。雨化物之走，风化物之飞，露化物之草，雷化物之木，此动植之应地之化者也。推之一切，莫不皆然。

　　邵子之说，皆由博观物理而得。试问天何以取日月星辰为四象？地何以取水火土石为四体？曰："阳燧取于日而得火，火与日一体也。""方诸取于月而得水，水与月一体也。""星陨而为石，石与星一体也。""日月星之外，高而苍苍者皆辰，水火石之外，广而厚者皆土，辰与土一体也。"何以不用五行，而别取水火土石？曰："木生于土，金出于石。水火木金土者后天，水火土石者先天。后天由先天出。一以体言，一以用言也。"（邵伯温《观物内篇注》。案此实以五行之说为不安而改之耳。不欲直斥古人以骇俗，乃立先后天之名以调停之。其八卦之说，亦犹是也。故邵子之说，实可谓自有所得，非全凭借古人者）日为暑，月为寒，星为昼，辰为夜，其理易明。水为雨，火为风，土为露，石为雷者？邵子曰："其气之所化也。"暑变物之性，寒变物之情，昼变物之形，夜变物之体者？邵子以动者为性，静者为体。谓"阳以阴为体，阴以阳为唱""阳能知而阴不能知（人死则无知者，性与体离也），阳能见而阴不能见"。能知、能见者为有，故阳性有而阴性无。（阳有所不遍，而阴无所不遍。阳有去而阴常居）（邵子之意，凡知觉所及皆阳，出于知觉之外者皆阴）。无不遍而常居者为实，故阴体实而阳体虚。性公而明，情偏而暗。公而明者属阳（阳动故公，能见故明。阴常居故偏，不能见故暗），故变于暑；偏而暗者属阴，故变于寒。形可见，故变于昼；体属阴，故变于夜也。（以上皆据《观物内外篇》。О邵子言哲理之作，为《观物内外篇》及《渔樵问答》。《渔樵问答》，理甚肤浅，或云伪物，盖信）其余一切，皆可以是推之。此等见解，今日观之，诚不足信。然在当日，则其观察，可谓普遍于庶物，而不偏于社会现象者矣。中国数术之家，所就虽不足观，然研究物质现象于举世莫或措意之日，要不可谓非豪杰之士也（邵子之学，二程颇不以为然。晁以道云："伊川与邵子，居同里巷三十余年，世间事无所不问，惟未尝一字及数。一日雷起，邵子谓伊川曰：'子知雷起处乎？'伊川曰：'某知之，尧夫不知也。'邵子愕然曰：'何谓也？'曰：'既知之，安用数推之？以其不知，故待推而知。'"是邵子之数学，伊川颇不然之矣。明道云："尧夫欲传数学于某兄弟。某兄弟那得工夫？要学，须是二十年工夫。"虽不如伊川谓不待数推而知，亦以数为非所急矣。朱子曰："伊川之学，于大体上莹澈，于小小节目上，犹有疏处。康节能尽得事物之变，却于大体有未莹处。"夫使如心学者流，谓直证本体，即万事皆了，则诚无事于小节目上推。若如程朱之说，"人心之灵，莫不有知。天下之物，莫不有理。惟于理有未穷，故其知有不尽"，则一物之格未周，即致知之功有歉。邵子所用之法，固不容轻议也）。

邵子本阴阳刚柔变化之见，用数以推测万物之数。其法：以阳刚之体数为十，阴柔之体数为十二。故太阳、少阳、太刚、少刚之数凡四十；太阴、少阴、太柔、少柔之数凡四十八。以四因之，则阳刚之数，凡一百六十；阴柔之数，凡一百九十二。于一百六十中，减阴柔之体数四十八，得一百十二，为阳刚之用数；于一百九十二中，减阳刚之体数四十，得一百五十二，为阴柔之用数。以一百五十二，因一百十二，是为以阳用数，唱阴用数；为日月星辰之变数；

其数凡一万七千有二十四，谓之动数。以一百十二，因一百五十二，是为以阴用数，和阳用数，是为水火土石之化数；其数亦一万七千有二十四，谓之植数。再以动数、植数相因（以一万七千二十四，因一万七千二十四），谓之动植通数；是为万物之数（求万物之数，不本之实验，而虚立一数以推之，亦物质科学未明时不得已之法也。〇《易》用九六，《经世》用十二，皆以四因之。《易》之数：阳用九，以四因之，得三十六，为乾一爻之策数；阴用六，以四因之，得二十四，为坤一爻之策数。以六因三十六，得二百一十六，为乾一卦策数；以六因二十四，得一百四十四，为坤一卦策数。相加得三百六十，故曰："乾坤之策，凡三百六十也。"以三十二因二百一十六，得六千九百一十二，为三十二阳卦之策数；以三十二因一百四十四，得四千六百有八，为三十二阴卦之策数。二者相加，得万有一千五百二十，所谓"二篇之策，万有一千五百二十"也）。

邵子之推万物如此。至于人，则邵子以为万物之灵。蔡西山尝推邵子之意曰："万物感于天之变，性者善目，情者善耳，形者善鼻，体者善口。万物应于地之化，飞者善色，走者善声，木者善气，草者善味。人则得天地之全。暑寒昼夜无不变，雨风露雷无不化，性情形体无不感，走飞草木无不应。目善万物之色，耳善万物之声，鼻善万物之气，口善万物之味。盖天地万物，皆阴阳刚柔之分，人则兼备乎阴阳刚柔，故灵于万物，而能与天地参也。"其言最为简约明了。《观物内篇》曰："人之所以灵于万物者，谓其目能收万物之色，耳能收万物之声，鼻能收万物之气，口能收万物之味。人亦物也，一物当兆物；圣亦人也，一人当兆人。是知人也者，物之至者也；圣也者，人之至者也。"又曰：人之至者，谓其能以"一心观万心，一身观万身，一世观万世"。如是，则能"上识天时，下尽地理，中尽物情，通照人事"；则能以"心代天意，口代天言，手代天工，身代天事"。盖明乎宇宙之理，则措施无不当。宇宙之理，邵子之所谓物理也。（此"物"字所该甚广。能观者我，我所观者，一切皆物）邵于谓人为万物之灵，以其能通物理；谓圣人为人之至，以其能尽通物理而无遗也。

元会运世，岁月日时，乃邵子借数以推测宇宙之变化者。其见解与扬子《太玄》等同，特其所用之数异耳。其法：以日经天之元，月经天之会，星经天之运，辰经天之世。日之数一，象一日也；月之数十二，象十二月也；星之数三百六十，象一年之日数也；辰之数四千三百二十，一日十二时，则三百六十日，得四千三百二十时也。一世三十年，凡十二万九千六百年，是为皇极经世一元之数。《注》曰："一元在大化之间，犹一年也。"更以日月星辰四者，经日月星辰四者，则其数如下：

以日经日	元之元	一
以日经月	元之会	一二
以日经星	元之运	三六〇
以日经辰	元之世	四三二〇
以月经日	会之元	一二
以月经月	会之会	一四四
以月经星	会之运	四三二〇
以月经辰	会之世	五一八四〇
以星经日	运之元	三六〇
以星经月	运之会	四三二〇
以星经星	运之运	一二九六〇〇
以星经辰	运之世	一五五五二〇〇
以辰经日	世之元	四三二〇
以辰经月	世之会	五一八四〇
以辰经星	世之运	一五五五二〇〇
以辰经辰	世之世	一八六六二四〇〇

至此而后数穷焉。《注》曰："穷则变，变则生，生而不穷也。"《皇极经世》，但著一元之数，使人引而伸之，可至于终而复始也。此等思想，盖以为宇宙现象，一切周而复始，特其数悠久而非人之所能知，乃欲借其循环之近者，以推测其远者耳。朱子曰："小者大之影，只昼夜便可见"，即此思想也。

此等数术，其可信与否，渺不可知。即著此等书者，亦未必以为必可信；特以大化悠久，为经验所不及，不得不借是以推测之耳。彼其信数可以推测宇宙者，以其深信"数起于质"一语也。此等数术家，视宇宙之间，无非物质；而物质运动，各有定律，是为彼辈所谓"数"。物质运动，既必循乎定律而不能违，则洞明物理者，固可以豫烛将来之变，此其所以深信发明真理，在乎"观物"也。然今之所谓科学者，乃将宇宙现象，分为若干部而研究之；研究愈精，分析愈细。谓其能知一部现象之原因结果则可；谓其能明乎全宇宙之现象，因以推测其将来，微论有所不能，并亦无人敢作此妄想也。然昔之治学问者，所求知者，实为全宇宙之将来。夫欲知全宇宙之将来，非尽明乎全宇宙之现在不可。全宇宙之现在，固非人所能知。夫全宇宙之现在，数术家所谓"质"也；全宇宙之将来，数术家所谓"数"也。明乎质，固可以知数。今也无从知全宇宙之质，而欲据一部分之质，以逆测其余之质，以推得全宇宙之数焉，孰能保其必确？故彼辈虽据一种数以推测，彼辈亦未必自信也。此所以数术之家，各有其所据之数，而不相袭也（无从推测之事，姑立一法以推测之而已）。

　　然则术数家之所谓术数，在彼亦并不自信；而世之迷信术数者，顾据昔人所造之数，谓真足以推测事变焉，则惑矣。邵子曰："天下之数出于理。违乎理，则入于术。世人以数而入术，则失于理。"此所谓术，谓私智穿凿，强谓为可以逆测将来之术。所谓理，则事物因果必至之符。惟人于术，故失于理。邵子之说如此，此其所以究为一哲学家，而非迷信者流也。

　　术数家所用之数，固系姑以此为推，未必谓其果可用。假使其所用之数，果能推测宇宙之变化，遂能尽泄宇宙之奥秘乎？仍不能也。何也？所用之数，而真能推测宇宙之变化，亦不过尽知宇宙之质，而能尽知其未来之数耳。宇宙间何以有是质？质之数何以必如是？仍不可知也。故曰："天之象数，可得而推。如其神用，则不可得而测。"此犹物理学家言：某物之理如何？可得而知也。何以有是物？何以有是理？不可得而知也。又曰："道与一，神之强名也。以神为神者，至言也。"此犹言宇宙之秘奥，终不可知；以不可知说宇宙，乃最得当之论也。此邵子之所以终为一哲学家，而非迷信者流也。

　　皇王帝霸，《易》《书》《诗》《春秋》，乃邵子应世运之变，而谓治法当如是变易者。《观物内篇》曰："昊天之尽物，圣人之尽民，皆有四府焉。昊天之四府，春夏秋冬之谓也；阴阳升降于其间矣。圣人之四府，《易》《书》《诗》《春秋》之谓也；礼乐隆污于其间矣。"是也。

　　邵子求知真理之法，由于观物。其观物之法，果何如乎？曰：邵子之观物，在于求真；其求真之法，则贵乎无我。《观物内篇》曰："所谓观物者，非以目观之也；非观之以目，而观之以心也；非观之以心，而观之以理也。圣人之所以能一万物之情者，谓能反观也。反观者，不以我观物，以物观物之谓也。"《行篇》曰："物理之学，或有所不通，不可以强通。强通则有我，有我则失理而入于术矣。"以物观物，谓纯任物理之真，而不杂以好恶之情、穿凿之见，即今所谓客观；有我则流于主观矣。

宇宙之原理，邵子名之曰道。虽以为不可知，然极尊崇之。故曰："天由道而生，地由道而成，人物由道而行。天、地、人物则异，其由于道则一也。"道之所以然不可知，其然则无不可知。所以知之，观物而得其理而已。故曰："道也者，道也。道无形，行之则见于事矣。"又曰："以天地观万物，则万物为物。以道观天地，则天地亦为物。道之道，尽于天矣。天之道，尽于地矣。天地之道，尽于物矣。天地万物之道，尽于人矣。（天地之道尽于物，即理具于事，事外无理之谓。天地万物之道尽于人，谓一切生于人心；无人，则无天地万物，更无论天地万物之理矣）人能知天地万物之道所以尽于人者，然后能尽民也。天之能尽物，则谓之昊天。人之能尽民，则谓之圣人。"此道之所以可贵也（邵子曰"道为太极"，又曰"心为太极"，即"天地万物之道尽于人"之说）。

世界之真原因唯一，而人之所知，则限于二。此非世界之本体有二，而人之认识，自如此也。此理邵子亦言之。其说曰："本一气也，生则为阳，消则为阴，故二者一而已矣。是以言天而不言地，言君而不言臣，言父而不言子，言夫而不言妇。然天得地而万物生，君得臣而万化行，父得子、夫得妇而家道成。故有一则有二，有二则有四，有三则有六，有四则有八。""言天而不言地"云云，谓世之所谓二者，其实则一，特自人观之，则见为二耳。"有一则有二，有二则有四"，自此推之，则世界现象，极之亿兆京垓，其实一也。朱子所谓一本万殊，万殊一本，即此理。

世界之本体为一，而人恒见为二者，以其动也。动则入现象界矣。入现象界，则有二之可言矣。故曰："自下而上谓之升，自上而下谓之降。升者，生也；降者，消也。故阳生于下而阴生于上。是以万物皆反。阴生阳，阳生阴，是以循环而不穷也。"人所知之现象，不外阴阳两端。而阴阳之变化，实仍一气之升降：降而升，则谓之阳；升而降，则谓之阴耳。然则世界之本体果惟一，而所谓阴阳者，亦入所强立之二名耳，其实则非有二也。此论与张横渠若合符节。

世界之现象，人既为之分立阴阳刚柔等名目；至于本体，则非认识所及。

非认识所及，则无可名。无可名而强为之名，则曰"神"。邵子曰："气一而已，主之者神也。神亦一而已，乘气而变化。能出入于有无生死之间，无方而不测者也。"又曰："潜天潜地，不为阴阳所摄者，神也。"又曰："气者，神之宅也。体者，气之宅也。气则养性，性则乘气。故气存则性存，性动则气动也。""出入于有无生死之间，不为阴阳所摄"，言其通乎阴阳也；通乎阴阳，则惟一之谓也。"潜天潜地，不行而至"，言其无所不在也；无所不在，则惟一之谓也。然又云："神乘气而变化"，"气者神之宅，体者气之宅"，则形体即气，气即神，非物质之外，别有所谓神者在也。故邵子之论，亦今哲学家所谓泛神论也。

邵子曰：人能尽物，则谓之圣人。所谓尽物者，谓其能尽通乎物理也。人所以能通乎物理者，以人与物本是一也。故曰："神无所在，无所不在。至人与他心通者，以其本一也。"

邵子之学，一言蔽之，曰：观察物理而已。其《观物外篇》中，推论物理之言颇多。虽多不足据，（如云："动者体横，植者体纵，人宜横而反纵"，以是为人所以异于动物。又云："指节可以观天，掌文可以察地。"又曰："天之神栖于日，人之神栖于目。人之神，寝则栖心，寐则栖肾，所以象天也。"以是比拟天人，自今日观之，俱觉可笑）然在当日，自不失为一种推论也。夫推论物理，极其所至，亦不过明于事物之原理而已。何益？曰：不然，果能明于事物之理，则人之所以自处者，自可不烦言而解。其道惟何？亦曰："循理"而已。宇宙之原理，天则也；发现宇宙之原理而遵守之，则所谓循理者也。故程朱循理之说，亦与邵子之学相通也。《观物内外篇》中，论循理之言颇多。如曰："自然而然者，天也。惟圣人能索之。效法者，人也。若时行时止，虽人也亦天。""刘绚问无为。对曰：时然后言，人不厌其言；时然后笑，人不厌其笑；时然后取，人不厌其取；此所谓无为也。"（此与周子"非不动为静，不妄动为静"之意同）皆是。循理之要，在于无我。故曰："以物观物，性也。以我观物，情也。性公而明，情偏而暗。"又曰："任我则情，情则蔽，蔽则昏矣。因物则性，性则神，神则明矣。"又曰："以物喜物，以物悲物，此发而中节者也。"又曰："时然后言，乃应变而言，不在我也。"又曰："不我物，则能物物。"又曰："易地而处，则无我。"夫人我何以不可分？以其本不可分也。人我何以本不可分？以其本是一也。何以本一？曰：神为之也。故曰："形可分，神不可分。木结实而人种之，又成是木，而结是实。木非旧木也，此木之神不二也。

此实生生之理也。"又曰:"人之神,则天地之神。人之自欺,所以欺天地,可不慎哉!"此邵子本其哲学,所建立之人生观也。

邵子之学,其原亦出于道家。宋时有所谓《先天图》及《古太极图》者。《先天图》见赵㧑谦(㧑谦,字古则,余姚人。宋宗室。别号古老先生。《名山藏》作赵谦。云洪武初聘修《正韵》)《六书本义》云:此图世传蔡元定得之蜀隐者,秘而不传。虽朱子亦莫之见。今得之陈伯敷氏。《古太极图》,见赵仲全《道学正宗》(盖以濂溪有《太极图》,故加古字以别之)。乃就《先天图》界之为八。宋濂曰:"新安罗端良愿,作阴阳相含之象,就其中八分之,以为八卦,谓之《河图》。用井文界分九宫,谓之《洛书》。言出青城隐者。"正即此图也。胡朏明曰:此二图,盖合二用、三五、月体纳甲、九宫、八卦而一之者。盖就《古太极图》所界分者而观之:则上方之全白者即乾,下方之全黑者即坤。左方下白上黑,黑中复有一白点者当离;右方下黑上白,白中复有一点黑者当坎。乾之左,下二分白、上一分黑者为兑;其右,下一分黑、上二分白者为巽。坤之左,下一分白、上二分黑者为震;其右,下二分黑、上一分白者为艮。所谓与八卦相合也。八卦分列八方,而虚其中为太极,所谓与九宫相合也。(案全图为太极。左白右黑相向互为两仪。白中有黑,黑中有白,合为四象。界而分之,则成八卦)月体纳甲,出魏伯阳《参同契》。以月之明魄多少,取象于卦画,而以所见之方,为所纳之甲。震一阳始生,于月为生明,三日夕出于庚,故曰震纳庚。谓一阳之气,纳于西方之庚也。兑二阳为上弦,八日夕见于丁,故曰兑纳丁。谓二阳之气,纳于南方之丁也。乾纯阳,望,十五夕,盈于甲,故曰乾纳甲。谓三阳之气,纳于东方之甲也。此望前三候,阳息阴消之月象也。巽一阴始生,于月为生魄。十六旦,明初退于辛,故曰巽纳辛。谓以一阴之气,纳于西方之辛也。退二阴为下弦。二十三旦,明半消于丙,故曰艮纳丙。谓二阴之气,纳于南方之丙也。坤纯阴为晦。三十旦,明尽灭于乙,故曰坤灭乙。谓三阴之气,纳于东方之乙也。此望后三候,阳消阴息之象也。乾纳甲而又纳壬,坤纳乙而又纳癸者?谓乾之中画,即太阴之精。望夕夜半,月当乾,纳其气于壬方,地中对月之日也。坤之中画,即太阳之精。晦朔之间,日在坤,纳其气于癸方,地中合日之月也。徐敬可曰:"望夕之阳,既盈于甲矣,其夜半,日行至壬,而与月为衡。月中原有阴魄,所谓离中一阴者。平时含蕴不出,至是流为生阴之本,故其象为☉,即望夕夜半壬方之日也。晦旦之阳,既尽于乙矣，其夜半，日行至癸，而与月同躔。月中原有阳精，所谓坎中一阳者。平时胚浑不分，至是发为生阳之本，故其象为●，即晦朔间癸方之月也。离为日，日生于东，故离位乎东。坎为月，月生于西，故坎位乎西。至望夕，则日西月东，坎离易位。其离中一阴，即是月魄；坎中一阳，即是日光；东西正对，交位于中；此二用之气，所以纳戊己也。"此盖仍方家修炼，注重坎离之故智，太极图白中黑点，黑中白点，即其义也。胡氏谓："此图盖真出希夷，儒者受之，自种放后，皆有所变通恢廓，非复希夷之旧。蜀之隐者，为得其本真。故朱子属蔡季通入峡求之。"案朱子属季通入峡购得《三图》，见袁氏桷《谢仲直易三图序》。而其图仍不传。胡氏谓此必其一，未知信否。然谓邵子之学，源出此图，则说颇近之以此图与《先天次序》《卦位图》，若合符节也。此可见邵子之学，源出道家矣。黄黎洲《易学象数论》曰："乾南坤北，实养生家大旨。谓人身本具天地，因水润火炎，会易交易，变其本体，故令乾之中画，损而成离；坤之中画，塞而成坎。是后天使然。今有取坎填离之法：挹坎水一画之奇，归离火一画之耦。如炼精化气、炼气化神之类，益其所不足，离得固有也。凿窍丧魄，五色五声五味之类，损其所有余，坎去本无也。离复返为乾，坎复返为坤，乃先天之南北也。养生所重，专在水火。比之天地，既以南北置乾坤，坎离不得不就东西。"尤可见道家之说所自来。然邵子之学，自与养生家异。用其图作蓝本，亦犹周子之借用《太极图》耳。不得以此，遂诬邵子为方士之流也。

横渠之学

　　周、程、张、邵五子中，惟邵子之学，偏于言数；周、张、二程，则学问途辙，大抵相同。然伊川谓横渠："以大概气象言之，有苦心极力之象，而无宽裕温和之气。非明睿所照，而考索至此，故意屡偏而言多窒。"朱子亦谓："若论道理，他却未熟。"后人之尊张，遂不如周、程。然理学家中规模阔大，制行坚卓，实无如张子者。张子之学，合天地万物为一体，而归结于仁。闻人有善，喜见颜色。见饿莩，辄咨嗟，对案不食者经日。尝以为欲致太平，必正经界，欲与学者买田一方试之，未果而卒。是真能以民胞物与为怀者。其言曰："学必如圣人而后已。知人而不知天，求为贤而不求为圣，此秦汉以来学者之大蔽。"又曰："此道自孟子后，千有余岁。若天不欲此道复明，则不使今日有知音者。既使人有知者，则必有复明之理。"其自任之重为何如？又曰："言有教，动有法。昼有为，宵有得。息有养，瞬有存。"其自治之密为何如？朱子谓："横渠说做工夫处，更精切似二程。"又谓："横渠之学，是苦心得之，乃是致曲，与伊川异。"则其克治之功，实不可诬也。朱子又曰："明道之学，从容涵泳之味洽。横渠之学，苦心力索之功深。"又谓："二程资禀，高明洁净，不大段用工夫。横渠资禀，有偏驳夹杂处，大段用工夫来。"似终右程而左张。此自宋儒好以圣贤气象论人，故有此语。其实以规模阔大、制行坚卓论，有宋诸家，皆不及张子也。张子之言曰："为天地立心，为生民立命，为往圣继绝学，为万世开太平。"此岂他人所能道哉？

　　横渠之学，所以能合天地万物为一者，以其谓天地万物之原质唯一也。此原质惟何？曰：气是已。横渠之言曰："凡可状皆有也，凡有皆象也，凡象皆气也。"又曰："大和所谓道，中涵浮沉、升降、动静相感之性；是生缊缊相荡、胜负屈伸之始。其来也，几微易简；其究也，广大坚固。散殊而可象为气，清通而不可象为神。"神也，道也，气也，一物而异名。宇宙之间，惟此而已。宇宙本体，亦此而已。

一非人所能识。宇宙本体，既惟是一气，何以能入认识之域乎？以其恒动故也。宇宙之本体惟一，动则有纲缊相荡、胜负屈伸之可见，而入于现象界矣。故曰："气，块然太虚。升降飞扬，未尝止息。"又曰："气聚则离明得施而有形，气不聚则离明不得施而无形。"（谓聚则可见，散则不可见也。不可见而已，非无）又曰："气不能不聚而为万物，万物不能不散而为太虚。"（太虚即气之散而不可见者，非无）夫如是，则所谓有无者，特人能认识不能认识，而非真有所谓有无。故曰："气之聚散于太虚，犹冰之凝释于水。知太虚即气则无无。圣人语性与天道之极，尽于参伍之神，变易而已。诸子浅妄，有有无之分，非穷理之学也。"（案诸子亦未尝分有无为二；此张子之误。朱子谓："濂溪之言有无，以有无为一。老子之言有无，以有无为二。"五千言中，曷尝有以有无为二者耶？）又云："圣人仰观俯察，但云知幽明之故，不云知有无之故。"所谓幽明，即能认识、不能认识之谓也。

知天下无所谓无，则生死之说，可不烦言而解。故曰："气之为物，散入无形，适得吾体；聚为有象，不失吾常。"（此言质力无增减）"太虚不能无气，气不能不聚而为万物，万物不能不散而为太虚。循是出入，是皆不得已而然也。"（此言质力之变化，一切皆机械作用）"彼语寂灭者，往而不反；（此辟佛。然佛之所谓寂灭者，实非如张子所辟。要之宋儒喜辟二氏，然于二氏之言，实未尝真解）徇生执有者，物而不化（此辟流俗）。二者虽有间矣，以言乎失道则均焉。聚亦吾体，散亦吾体，知死之不亡者，可与言性矣。"（张子之意，个体有生死，总体无所谓生死。个体之生死，则总体一部分之聚散而已。聚非有，散非无，故性不随生死为有无。故深辟告子"生之为性"之说，以为"不通昼夜之道"。然告子之意，亦非如张子所辟，亦张子误也。如张子之说，则死生可一。故曰："尽性，然后知生无所得，则死无所丧"）

生死之疑既决，而鬼神之疑随之。生死者，气之聚散之名；鬼神者，气之聚散之用也。张子之言曰："鬼神者，往来屈伸之义。"又曰："鬼神者二气之良能也。"盖以往而屈者为鬼，来而伸者为神也。又详言之曰："动物本诸天，以呼吸为聚散之渐；植物本诸地，以阴阳升降为聚散之渐。物之初生，气日至而滋息；物生既盈，气日反而游散。至之为神，以其伸也；反之为鬼，以其归也。"

然则鬼神者，非人既死后之名，乃其方生方死、方死方生之时，自然界一种看似两相反对之作用之名耳。然则鬼神者，终日与人不相离者也。然则人即鬼神也。然则盈宇宙之间，皆鬼神也。此论至为微妙。理学家之论鬼神，无能越斯旨者。

鬼神与人为一体，则幽明似二而实一。幽明似二而实一，则隐微之间，不容不慎。故曰："鬼神尚不死，故诚不可掩。人有是心，在隐微，必乘间而见。故君子虽处幽独，防亦不懈。"夫鬼神所以与人为一体者，以天地万物，本系一体也。故曰："知性知天，则阴阳鬼神，皆吾分内耳。"此张子由其宇宙观，以建立其人生观者也。

宇宙之间，惟是一气之运动。而自人观之，则有两端之相对。惟一者本体，两端相对者，现象也。故曰："一物而两体，其太极之谓与？"又曰："一物两体，气也。一故神，两故化。"又曰："两不立，则一不可见。一不可见，则两之用息。两体者，虚实也，动静也，聚散也，清浊也其究一而已。"

所谓现象者，总括之为阴阳两端；细究之，则亿兆京垓而未有已也。故曰："游气纷扰，合而成质者，生人物之万殊。其阴阳两端，循环不已者，立天地之大义。"又曰："气坱然太虚，升降飞扬，未尝止息。浮而上者阳之清，降而下者阴之浊。其感遇聚散，为风雨，为霜雪。万品之流形，山川之融结，糟粕煨烬，无非教也。"（张子之学，虽与邵子异，然格物之功，亦未尝后人。张子曰："地纯阴，凝聚于中。天浮阳，运旋于外。"又曰：一阴性凝聚，阳性发散。阴聚之，阳必散之。阳为阴累，则相持为雨而降；阴为阳得，则飘扬为云而升。云物班布太虚者，阴为风驱，敛聚而未散者也。阴气凝聚，阳在内者不得出，则奋击而为雷霆；在外者不得入，则周旋不舍而为风。其聚有远近虚实，故雷风有大小暴缓。和而散，则为霜雪雨露；不和而散，则为戾气霾霾。又曰："声者，形气相轧而成。两气者，谷响雷声之类；两形者，桴鼓叩击之类。形轧气，羽扇敲矢之类；气轧形，人声笙簧之类。"皆其格物有得之言。自今日观之，虽不足信，然亦可见其用心之深矣。〇敲矢，《庄子》作嚆矢，即鸣镝，今响箭也）

既知宇宙之间，惟有一气，则一切现象，本来平等，无善恶之可言。然清虚者易于变化，则谓之善；重浊者难于变化，则谓之恶。又以寂然不动者为主，纷纭变化者为客。此等思想，哲学家多有之。盖以静为本体，动为现象。本体不能谓之恶，凡恶，皆止可归诸现象界也。张子亦云："太虚无形，气之本体。

其聚其散，变化之客形耳。至静无感，性之渊源。有识有知物交之客感耳。客感客形，与无感无形，惟尽性者能一之。"又曰："太虚为清，清则无碍，无碍故神。反清为浊，浊则碍，碍则形。"又曰："凡气清则通，昏则壅，清极则神。"又曰："凡天地法象，皆神化之糟粕。"盖凡有形可见者，皆不足当本体之名也。

认识所及，莫非纷纭之现象也，何以知其为客，而别有渊然而静者为之主？以其动必有反，而不差忒，如久客者之必归其故乡也。故曰："天地之气，虽聚散攻取百途，然其为理也，顺而不妄。"又曰："天之不测谓之神，神之有常谓之天。"然则纷纭错杂者现象，看似纷纭错杂，而实有其不易之则者，本体也。现象之变化，不啻受制驭于本体矣。故曰："气有阴阳，推行有渐为化，合一不测为神。"

张子之论天然如此。其论人，则原与天然界为一物。盖宇宙之间，以物质言，则惟有所谓气，人固此气之所成也。以性情言，则气之可得而言者，惟有所谓浮沉升降、动静相感之性，而此性即人之性也。故人也者，以物质言，以精神言，皆与自然是一非二也。张子之言曰："气于人：生而不离，死而游散者为魂。聚成形质，虽死而不散者为魄。"然则魂也者，即清而上浮之气；魄也者，即浊而下降之气也。又曰："气，本之虚，则湛一无形。感而生，则聚而有象。有象斯有对，对必反其为。有反斯有仇，仇必和而解。故爱恶之情，同出于太虚，而卒归于物欲。倏而生，忽而成，不容有毫发之间。"此言人之情感，亦即自然界之物理现象也。故断言之曰："由太虚，有天之名；由气化，有道之名。合虚与气，有性之名。合性与知觉，有心之名。"又曰："惟屈伸动静始终之能，一也。故所以妙万物而谓之神，通万物而谓之道，体万物而谓之性。"天也，道也，性也，其名虽异，其实则一物也。一元之论至此，可谓毫发无遗憾矣。

人之性与物之性是一，可以其善感验之。盖宇宙之间，惟有一气，而气升降飞扬，未尝止息。其所以不止息者，以其有动静相感之性也。而人亦然。故曰："感者性之神，性者感之体。"又曰："天所不能自已者为命，不能无感者为性。"夫人与物相感，犹物之自相感也。此即所谓天道也。故曰："天性，乾坤阴阳也。二端故有感，本一故能合。""天地生万物，所受虽不同，皆无须臾之不感"，所谓性即天道也。

张子以天地万物为一体，故深辟有无隐显、歧而为二之论，其言曰："知虚空即气，则有无隐显，神化性命，通一无二。若谓虚能生气，则虚无穷、气有限，体用殊绝，入老氏有生于无，自然之论。若谓万象为太虚中所见之物，则物与虚不相资；形自形，性自性；形性天人不相待，陷于浮屠以山河大地为见病之说。"以如是，则人与自然，不能合为一体也（释老之言，实非如此，又当别论）。

张子以人与天地万物为一体。夫天地万物，其本体至善者也。而人何以不能尽善？曰：张子固言之矣："太虚为清，清则无碍，无碍则神。反清为浊，浊则碍，碍则形。"人亦有形之物，其所以不免于恶者，正以其不能无碍耳。张子曰："性通乎气之外，命行乎气之内。"性通乎气之外，谓人之性，与天地万物之性是一，故可以为至善。命行乎气之内，命指耳之聪、目之明，知慧、强力等言，不能不为形体所限，人之所以不能尽善者以此。夫"性者，万物一源，非有我之所得而私也。"然既寓于我之形，则不能不借我之形而现。我之形不能尽善，而性之因形而现者，遂亦有不能尽善者焉。此则张子所谓气质之性也。气质之性，所以不能尽善者，乃因性为气质所累而然，而非性之本不善。犹水然，因方为圭，遇圆成璧；苟去方圆之器，固无圭璧之形。然则人能尽除气质之累，其性固可以复于至善。故曰："形而后有气质之性。善反之，则天地之性存焉。故气质之性，君子有弗性者焉。"又曰："性于人无不善，系其善反与不善反而已。"

人之性，善反之，固可以复于至善。然既云性为气质所限，则其能反与否，自亦不能无为气质所拘。故曰："凡物莫不有是性。由通蔽开塞，所以有人物之别。由蔽有厚薄，故有智愚之别。塞者牢不可开。厚者可以开，而开之也难。薄者开之也易。"又曰："上智下愚，习与性相远既甚而不可变者也。"横渠论性之说，朱子实祖述之。其说与纯粹性善之说，不能相容。为理学中一重公案。

气质何以为性累？张子统括之曰："攻取之欲""计度之私"。前者以情言，后者以智言也。人之性，即天地之性；天地之性固善感；使人之感物，亦如物性之自然相感，而无所容心于其间，固不得谓之不善。所以不善者，因人之气质，不能无偏，遂有因气质而生之欲，如"口腹于饮食，鼻舌于臭味"是。所谓"湛一气之本，攻取气之欲"也。既有此欲，必思所以遂之，于是有"计度之私"。抑且不必见可欲之物，而后计度以取之也；心溺于欲，则凡耳目所接，莫不惟可欲是闻，可欲是见；而非所欲者，则倾耳不闻，熟视无睹焉。所谓"见闻之知，乃物交而知，非德性所知"也。甚有无所见闻，亦凭空冥想者，则所谓"无所感而起者妄也"。凡若此者，总由于欲而来，故又可总括之曰"人欲"。对人欲而言，则曰"天理"。故曰："徇物丧心，人化物而灭天理者与？"又曰："德不胜气，性命于气；德胜其气，性命于德。穷理尽性，则性天德，命天理。气之不可变者，独死生寿夭而已。"又曰："为学大益，在自能变化气质"也。分性为气质之性、义理之性，又以天理人欲对举，皆理学中极重要公案。而其源，皆自张子发之。张子之于理学，实有开山之功者也。

反其性有道乎？曰：有。为性之累者气质，反其性者，去其气质之累而已。去气质之累如之何？曰：因气质而生者欲，去气质之累者，去其心之欲而已。故曰："不识不知，顺帝之则。有思虑知识，则丧其天矣。"又曰："无所感而起，妄也。感而通，诚也。计度而知，昏也。不思而得，素也。"又曰："成心者，意之谓与？成心忘，然后可与进于道。"

此等功夫，贵不为耳目等形体所累，而又不能不借形体之用。故曰："世人之心，止于闻见之狭。圣人尽性，不以闻见梏其心。"又曰："耳目虽为心累，然合内外之德，知其为启之之要也。"夫不蔽于耳目，而又不能不用耳目，果以何为主乎？曰：主于心。主于心以复其性。张子曰："心统性情者也。"与天地合一者谓之性，蔽于耳目者谓之情。心能主于性而不为情之所蔽，则善矣。故曰："人病以耳目见闻累其心，而不务尽其心。尽其心者，必知心所从来而后能。"夫心所从来，则性之谓也。

能若此，则其所为，纯乎因物付物，而无我之见存。所谓"不得已而后为，至于不得为而止"也。人之所以不善者，既全由乎欲，则欲之既除，其所为自无不善。故曰："不得已，当为而为之，虽杀人，皆义也。有心为之，虽善，皆意也。"盖所行之善恶，视其有无欲之成分，不以所行之事论也。故无欲即至善也。故曰："无成心者，时中而已矣。"又曰："天理也者，时义而已。君子教人，举天理以示之而已。其行己，述天理而时措之者也。"

人之所为，全与天理相合，是之谓诚。《中庸》曰："诚者，天之道也。思诚者，人之道也。"张子曰："天所以长久不已之道，乃所谓诚。"所谓诚者，天之道也。又曰："屈伸相感而利生，感以诚也。情伪相感而利害生，杂之伪也。至诚则顺理而利，伪则不循理而害。"又曰："诚有是物，则有终有始。伪实不有，何终始之有？"所谓思诚者人之道也。张子曰："天人异用，不足以言诚。天人异知，不足以尽明。所谓诚明者，性与天道，不见乎大小之别也。"谓在我之性，与天道合也。夫是之谓能尽性。能尽性，则我之所以处我者，可谓不失其道矣。夫是之谓能尽命。故曰："性其总，命其受。不极总之要，则不尽受之分。"故尽性至命，是一事也。夫我之性，即天地人物之性。性既非二，则尽此即尽彼。故曰："尽其性者，能尽人物之性。至于命者，亦能至人物之命。"然则成己成物，以至于与天地参，又非二事也。此为人道之极致，亦为修为之极功。

此种功力，当以精心毅力行之，而又当持之以渐。张子曰："神不可致思，存焉可也。化不可助长，顺焉可也。"又曰："穷神知化，乃养盛自致，非思勉之能强。故崇德而外，君子未之或知也。"又曰："心之要，只是欲乎旷。熟后无心，如天简易不已。今有心以求其虚，则是已起一心，无由得虚。切不得令心烦。求之太切，则反昏惑。孟子所谓助长也。孟子亦只言存养而已。此非可以聪明思虑，力所能致也。"张子之言如此，谓其学，由于苦思力索，非养盛自致，吾不信也。

张子之学，以天地万物为一体，故其道归结于仁。故曰："性者，万物一源，非有我所得私也。惟大人为能尽其性，故立必俱立，知必周知，爱必兼爱，成不独成。"盖不如是，不足以言成己也。故曰："天体物而不遗，犹仁体事而无不在也。礼仪三百，威仪三千，无一物而非仁也。"张子又曰："君子于天下，达善达不善，无物我之私。遁理者共悦之，不循理者共攻之。攻之，其过虽在人，如在己不忘自讼。其悦之，善虽在己，盖取诸人，必以与人焉。善以天下，不善以天下。"又曰："正己而物正，大人也。正己以正物，犹不免有意之累也。有意为善，利之也，假之也。无意为善，性之也，由之也。"浑然不见人我之别，可谓大矣。

以上引张子之言，皆出《正蒙》及《理窟》。而张子之善言仁者，尤莫如《西铭》。今录其辞如下。《西铭》曰："乾称父，坤称母。予兹藐焉，乃混然中处。故天地之塞吾其体，天地之帅吾其性。民吾同胞，物吾与也。大君者，吾父母宗子，其大臣，宗子之家相也。尊高年，所以长其长；慈孤弱，所以幼其幼。圣其合德，贤其秀也。凡天下疲癃残疾，茕独孤寡，皆吾兄弟之颠连而无告者也。于时保之，子之翼也。乐且不忧，纯乎孝者也。违曰悖德，害仁曰贼。济恶者不才，其践形，维肖者也。知化则善述其事，穷神则善继其志。不愧屋漏为无忝，存心养性为匪懈。恶旨酒，崇伯子之顾养。育英才，颍封人之锡类。不弛劳而底豫，舜其功也。无所逃而待烹，申生其恭也。体其受而全归者参乎？勇于从而顺令者，伯奇也。富贵福泽，将厚吾之生也。贫贱忧戚，庸玉汝于成也。存吾顺事，没吾宁也。"寥寥二百余言，而天地万物为一体，不成物不足以言成己，成己即所以成物之旨，昭然若揭焉。可谓善言仁矣。

杨龟山寓书伊川，疑《西铭》言体而不及用，恐其流于兼爱。伊川曰："《西铭》理一而分殊，墨氏则二本而无分。子比而同之，过矣。"刘刚中问："张子《西铭》与墨子'兼爱'何以异？"朱子曰："异以理一分殊。一者一本，殊者万殊。脉络流通，真从乾父坤母源头上连贯出来。其后支分派别，井井有条。非如夷之爱无差等。且理一体也，分殊用也。墨子'兼爱'，只在用上施行。如后之释氏，人我平等，亲疏平等，一味慈悲。彼不知分之殊，又恶知理之一哉？"释氏是否不知分殊，又当别论。而张子之学，本末咸备，体用兼该，则诚如程朱之言也。

惟其如是，故张子极重礼。张子曰："生有先后，所以为天序。小大高下，相并而相形焉，是为天秩。天之生物也有序，物之既形也有秩。知序然后经正，知秩然后礼行。"盖义所以行仁，礼所以行义也。张子又曰："世学不讲，男女从幼便骄惰坏了。到长，益凶狠。只为未尝为子弟之事，则于其亲，已有物我，不肯屈下。病根常在，又随所居而长，至死只依旧。为子弟，则不能安洒扫应对。在朋友，则不能下朋友，有官长，则不能下官长。为宰相，则不能下天下之贤。甚则至于徇私意，义理都丧，也只为病根不去，随所居所接而长。人须一事事消了病，则义理常胜。"又曰："某所以使学者先学礼者？只为学礼，便除去了世俗一副当习熟缠绕。譬之延蔓之物，解缠绕即上去。上去，即是理明矣，又何求？苟能除去一副当世习，便自然洒脱也。"可见张子之重礼，皆所以成其学。非若俗儒拘拘，即以节文之末，为道之所在矣。张子教童子以洒扫应对进退。女子未嫁者，使观祭祀，纳酒浆。其后学，益酌定礼文，行之教授感化所及之地。虽所行未必尽当，然其用意之善，则不可没也。张子曰："天下事大患，只是畏人非笑。不养车马，食粗衣恶，居贫贱，皆恐人非笑。不知当生则生，当死则死。今日万钟，明日弃之；今日富贵，明日饥饿；亦不恤，惟义所在。"今日读之，犹想见其泰山岩岩，壁立万仞之气象焉。吾师乎！吾师乎！百世之下，闻者莫不兴起也。

明道伊川之学

二程之性质，虽宽严不同，（二程之异，朱子"明道弘大，伊川亲切"一语，足以尽之。大抵明道说话较浑融，伊川则于躬行之法较切实。朱子喜切实，故宗伊川。象山天资高，故近明道也）然其学问宗旨，则无不同也。故合为一篇讲之。

欲知二程之学，首当知其所谓理气者。二程以凡现象皆属于气。具体之现象固气也，抽象之观念亦气。必所以使气如此者，乃谓之理。大程曰："有形总是气，无形是道"；小程曰："阴阳气也，所以阴阳者道"是也（非谓别有一无形之物，能使有形者如此。别有一所以阴阳者，能使阴阳为阴阳。乃谓如此与使之如此者，其实虽不可知，然自吾曹言之，不妨判之为二耳。小程曰："冲穆无朕，万象森然已具。未应不是先，已应不是后。如百尺之木，自根本至枝叶，皆是一贯。不可上面一段，是无形无兆，却待人安排引出来。"此言殊有契于无始无终之妙。若谓理别是一物，而能生气，则正陷于所谓安排引出来者矣。或谓程子所谓理能生气，乃谓以此生彼，如横渠所讥，"虚能生气，虚无穷，气有限，体用殊绝"者，乃未知程子之意者也。〇程子所以歧理气为二者，盖以言气不能离阴阳，阴阳已是两端相对，不足为宇宙根源，故必离气而言理。亦犹周子于两仪之上，立一太极也。小程曰："寂然不动，感而遂通，此已言人分上事。若论道，则万理皆具，更不说感与未感。"其意可见。然以阴阳二端，不足为世界根源，而别立一冲穆无朕之事以当之，殊不如横渠之说，以气即世界之实体，而阴阳两现象，乃是其用之为得也。〇小程以所谓恶者，归之于最初之动。其言曰："天地之化，既是两物，必动已不齐。譬如两扇磨行，使其齿齐不得。齿齐既动，则物之出者，何可得齐？从此参差万变，巧历不能穷也。"盖程子之意，终以恶生于所谓两者也。夫如明道之言，"有形总是气，无形是道。"天地亦有形之物也，亦气也。天地有恶，诚不害于理之善。然理与气既不容断绝，则动者气也，使之动者理也，理既至善，何故气有不善之动？是终不能自圆其说也。故小程子又曰："事有善有恶，皆天理也。天理中物须有美恶。盖物之不齐，物之情也。"至此，则理为纯善之说，几几乎不能自持矣。然以理为恶，于心究有不安。乃又委曲其词曰："天下善恶皆天理。谓之恶者本非恶，但或过或不及。"未免进退失据矣。○又案二程之论，虽谓理气是二，然后来主理气是一者，其说亦多为二程所已见及。如"恶本非恶，但或过或不及"一语，即主理气是一者所常引用也。小程又曰："天地之化，一息不留。疑其速也，然寒暑之变甚渐。"又曰："天地之化，虽廓然无穷，然而阴阳之度，日用寒暑昼夜之变，莫不有常。此道之所以为中庸。"此二说，后之持一元论者，亦常引用之。要之二程论理气道器，用思未尝不深，而所见不如后人之莹澈。此自创始者难为功，继起者易为力也）。

职是故，伊川乃不认气为无增减，而以为理之所生。《语录》曰："真元之气，气之所由生。不与外气相杂，但以外气涵养而已。若鱼之在水，鱼之性命，非是水为之，但必以水涵养，鱼乃得生耳。人居天地气中，与鱼在水无异。至于饮食之养，皆是外气涵养之道。出入之息者，阖辟之机而已。所出之息，非所入之气。但真元自能生气。所入之气，正当辟时，随之而入，非假外气以助真元也。若谓既反之气，复将为方伸之气，则殊与天地之化不相似。天地之化，自然生生不穷，更何资于既毙之形，既返之气。人气之生，生于贞元。天地之气，亦自然生生不穷。至如海水，阳盛而涸，及阴盛而生，亦不是将已涸之气却生水，自然能生往来屈伸，只是理也。盛则便有衰，昼则便有夜，往则便有来。天地中如洪炉，何物不销铄。"此说与质力不灭之理不合；且于张子所谓"无无"之旨，见之未莹，宜后人之讥之也。

凡哲学家，只能认一事为实。主理气合一者，以气之屈伸往来即是理。所谓理者，乃就气之状态而名之，故气即是实也。若二程，就气之表，别立一使气如是者之名为理，则气不得为实，惟此物为实审矣。故小程谓"天下无实于理者"也。

二程认宇宙之间，惟有一物，即所谓理也。宇宙间既惟此一物，则人之所禀受以为人者，自不容舍此而有他。故谓性即理。大程曰："在天为命，在人为性，主于身为心。"（小程亦有此语）小程曰："道与性一"是也。明道又曰：

"穷理尽性，以至于命，二事一时并了。"《伊川语录》："问人之形体有限量，心有限量否？曰：以有限之形，有限之气，苟不通之以道，安得无限量？苟能通之以道，又岂有限量？天下更无性外之物。若曰有限量，除是性外有物始得。"其所谓理者，既为脱离现状、无可指名之物，故其所谓性者，亦异常超妙，无可把捉。大程谓"生之谓性，性即气""人生而静以上不容说；才说性，便已不是性"是也。《伊川语录》："季明问喜怒哀乐未发谓之中曰：当中之时，耳无闻，目无见否？曰：虽耳无闻、目无见，然见闻之理在始得。贤且说静时如何？曰：谓之无物则不可。然自有知觉处。曰：既有知觉，即是动也，怎生言静？人说《复》以静见天地之心，非也。《复》之卦，下面一画，便是动也，安得谓之静？"又："或问先生于喜怒哀乐未发之前，下动字，下静字？曰：谓之静则可。然静中须有物始得。这是最难处。"又："或曰：喜怒哀乐未发之前求中，可乎？曰：不可。既思于喜怒哀乐未发之前求中，却又是思也。既思即是已发，便谓之和，不可谓之中。"既思即是已发，有知觉即是动，此即明道才说性便已不是性之说。盖二程之意，必全离乎气，乃可谓之理；全离乎生，乃可谓之性也。既无闻无见，而又须有见闻之理在；谓之静，而其中又须有物；则以理气二者，不容隔绝尔。二者既不容隔绝，而又不容夹杂，则其说只理论可有，实际无从想象矣。二程亦知其然。故于夹杂形气者，亦未尝不认为性。（以舍此性更无可见也）大程谓"善固性，恶亦不可不谓之性"；小程谓"论性不论气不备，论气不论性不明"是也。夫如是，则二程所谓性者，空空洞洞，无可捉摸，自不得谓之恶。故二程以所谓恶者，悉归诸气质。

小程曰："性即是理。理自尧舜至于途人一也。才禀于气。气有清浊，禀其清者为贤，禀其浊者为愚。"又曰："气有善有不善，性则无不善。人之所以不知善者，气昏而塞之耳。"又曰："性即理也。天下之理，原其所自来，未有不善。故凡言善恶者，皆先善而后恶；言是非者，皆先是而后非；言吉凶者，皆先吉而后凶。"《明道语录》中论性一节，号为难解，其意亦只如此。其言曰："生之谓性，性即气，气即性，生之谓也。人生气禀，理有善恶。然不是性中元有此两物，相对而生也。有自幼而善，有自幼而恶，是气禀使然也。善固性也，恶亦不可不谓之性也。盖生之谓性；人生而静以上不容说，才说性，便已不是性也。凡人说性，只是说继之者善也。孟子言人性善是也。夫所谓继之者善也，犹水流而就下也。皆水也：有流而至少，终无所污，此何烦人力之为也。有流而未远，固已渐浊；有出而甚远，方有所浊。有浊之多者，有浊之少者。清浊虽不同，然不可以浊者不为水也。如此，则人不可以不加澄治之功。故用力敏勇则疾清，用力缓怠则迟清。其清也，却只是元来水也。亦不是将清来换却浊，亦不是取出浊来，置在一隅也。水之清，则性善之谓也。故不是善与恶在性中为两物相对，各自出来。"大程此言，谓性字有两种讲法：一告子所谓"生之谓性"，此已落形气之中，无纯善者。孟子所谓性善，亦指此，不过谓可加澄治之功耳。一则所谓人生而静以上。此时全不杂气质，故不可谓之恶。此境虽无可经验。然人之中，固有生而至善，如水之流而至海，终无所污者；又有用力澄治，能复其元来之清者。如水然。江河百川，固无不与泥沙相杂。然世间既有清澄之水；人又可用力澄治，以还水之清；则知水与泥沙，确系两物。就水而论，固不能谓之不清，而浊非水之本然矣。此人性所以可决为善，而断定其中非有所谓恶者，与善相对也。（性本至善，然人之生，鲜有不受气质之累者。不知此理，则将有性恶之疑。故小程谓"论性不论气不备，论气不论性不明"也。〇二程谓心性是一，故于心，亦恒不认其有不善。大程曰："心本善，发于思虑，则有善有不善。既发则可谓之情，不可谓之心。"小程谓："在天为命，在人为性，主于身为心，运用处是意。""问上知下愚不移是性否？曰：此是才。才犹言材料，曲可以为轮，直可以为梁是也。"朱子则善横渠心统性情之说。谓"性是静，情是动，心则兼动静而言"）

天下惟有一理；所谓性者，亦即此理。此理之性质，果何如乎？二程断言之曰仁。盖宇宙现象，变化不穷，便是生生不已。凡宇宙现象，一切可该之以生；则生之外无余事。（生杀相对，然杀正所以为生，如冬藏所以为春生地也。故二者仍是一事）故生之大无对。生即仁也，故仁之大亦无对。人道之本，惟仁而已。大程《识仁篇》畅发斯旨。其言曰："仁者浑然，与物同体。义礼智信，皆仁也。识得此理，以诚敬存之而已。不须防检，不须穷索。此道与物无对，大不足以明之。天地之用，皆我之用。孟子言万物皆备于我。须反身而诚，乃为大乐。若反身未诚，犹是二物有对，以己合彼；终未有之，又安得乐。《订顽》意思，乃备言此体。（横渠铭其书室之两牖，东曰《砭愚》，西曰《订顽》。伊川更为《东铭》《西铭》）以此意存之，更有何事？必有事焉而勿正，心勿忘，勿助长，未尝致纤毫之力，此其存之之道。若存得，便合有得。盖良知良能，元不丧失。以昔日习心未除，却须存习此心。久则可夺旧习。此理至约，惟患不能守。然既体之而乐，亦不患不能守也。"曰"与物同体"，曰"天地之用，皆我之用"，曰"万物皆备于我，苟能有之，则非复二物相对，不待以己合彼"，皆极言其廓然大公而已。无人我之界，则所谓仁也。小程曰："仁人道，只消道一公字"，亦此意（《伊川语录》："问仁与心何异？曰：心是就所主言，仁是就事言。"伊川以心与性为一，理与仁为一。性即理，故心即仁也。○大程言仁，有极好者。如曰："医书言手足痿痹为不仁，此言最善名状。仁者以天地万物为一体，莫非己也。至仁则天地万物为一身；而天地之间，品物万形，为四支百体。夫人岂有视四支百体而不爱者哉？"又曰："仁至难言。故曰：己欲立，而立人；己欲达，而达人。能近取譬，可谓仁之方也已。如是观之，可以得仁之体。"又曰："舍己从人最难。己者，我之所有。虽痛舍之，犹惧守己者固，而从人者轻也。"又曰："大凡把捉不定，皆是不仁。"其言皆极勘察入微。○明道曰："昔受业于周茂叔，每令寻颜子、仲尼乐处，所乐何事。"《朱子语录》："问颜子所乐何事。周子、程子终不言。先生以为所乐何事？曰：人之所以不乐者，有私意耳。克己之私，则乐矣。"尽去己私，则不分人我矣。○《伊川语录》："问仁与圣何以异？曰：人只见孔子言何事于仁，必也圣乎？便为仁小而圣大。殊不知仁可以通上下言之，圣则其极也。今人或一事是仁，可谓之仁。至于尽人道，亦可谓之仁。此通上下言之也。如曰：若圣与仁，则吾岂敢，则又仁与圣两大。大抵尽仁道者即是圣人，非圣人则不能尽得仁道。亦以仁为人道之极也。○所谓"义礼智信皆仁"者，乃谓义礼智信，皆可赅于仁之中耳；非谓有仁，遂可无义礼智信也。《明道语录》曰："仁者体也，义者用也。知义之为用而不外焉，可以语道矣。世之所论于义者皆外之。不然，则混而无别。"此数语为义礼知信皆仁之绝好注脚。盖所谓义礼智信皆仁者，谓仁者目的，义礼智信，皆其手段；手段所以达目的，故目的而外，更无余事也。外之，则义礼智信，与目的对立为二物矣。如杀以止杀，杀，义也，以止杀故乃杀，则所以行仁也。毒蛇螫手，壮士断腕，断腕，义也，行此义，正所以全其身，则仍仁也。良药苦口，忍痛而饮之，饮之，义也，亦所以全其身，则仁也。盖义之目的在仁，而其手段则与仁相反。故以仁为目的而行之，则义仍是仁。即以义为目的而行之，则竟是不仁矣。此外之之谓也。故外义即不仁也。混而无别，则又有目的而无手段，所谓妇人之仁也。其心虽仁，其事亦终必至于不仁而后已。故混而无别，亦不仁也）。

　　识得仁，以诚敬存之，固已，然人何缘而能识仁，亦一问题也。此理也，大程于《定性篇》发之。其言曰："所谓定者，动亦定，静亦定；无将迎无内外。苟以外物为外，牵己而从之，是以己性为有内外也。且以己性为随物于外，则当其在外时，何者为在内？是有意于绝外诱，而不知性之无内外也。既以内外为二本，则又乌可处语定哉？夫天地之常，以其心普万物而无心；圣人之常，以其情顺万事而无情。故君子之学，莫若廓然而大公，物来而顺应。《易》曰：贞吉悔亡，憧憧往来，朋从尔思。苟规规于外诱之除，将见灭于东而生于西也。非惟日之不足，顾其端无穷，不可得而除之。人之情，各有所蔽，故不能适道。大率患在于自私而用智，自私则不能以有为为应迹，用智则不能以明觉为自然。今以恶外物之心，而求昭无物之地，是反鉴而索照也。《易》曰：艮其背，不获其身。行其庭，不见其人。孟氏亦曰：所恶于智者，为其凿也。与其非外而是内，不若内外之两忘也。两忘则澄然无事矣。无事则定，定则明，明则尚何应物之为累哉？"此篇所言，一言蔽之，因物付物而已。因物付物，而我无欲焉，则合乎天然之理。合乎天然之理，则仁矣。故诚敬存之，是识仁后事。而因物付物（不自私，不用智），则由之以识仁之道也（此篇所言，亦为针砭学佛者而发。伊川曰："学佛者多要忘是非。是非安可忘得？自有许多道理，何事忘得？夫事外无心，心外无事。世人只为被物所役，便觉苦事多。若物各付物，便役物也。"又曰："如明鉴在此，万物毕照，是鉴之常，难为使之不照。人心能交感万物，亦难为使之不思虑。"皆与此篇意同。〇二程所谓止者，即物各付物之谓也。明道曰："知止则自定。"伊川曰："释氏多言定，圣人则言止。"〇伊川论止之理，有极精者。其言曰："人多不能止。盖人万物皆备，遇事时，各因其心之所重者，更互而出。才见得这里重，便有这事出。若能物各付物，便是不出来也。"又曰："养心莫善于寡欲。欲不必沉溺，只有所向便是欲。"又曰："外物不接，内欲不萌，如是而止，乃得止之道。有疑病者，事未至，先有疑端在心。周罗事者，先有周罗事之端在心。皆病也。"其言皆深切著明，足以使人猛省。〇伊川又曰："圣人与理为一，故无过不及，中而已矣。其他皆是以心处这个道理。故贤者常失之过，不肖者尝失之不及。"此可见因物付物，即私欲净尽之时也）。

　　大程之所谓定，即周子之所谓静也。盖世界纷纷，皆违乎天则之举动。若名此等举动为动，则反乎此等举动者，固可以谓之静，谓之定。故周子所谓静，大程所谓定，无二致也。虽然，周子仅言当静而已，如何而可以静，未之及也。程子则并言所以求定之方，曰："涵养须用敬，进学在致知。"盖当然之天则，在自悟而不容强求。若迫切求之，则即此迫切之心，已与天则为二矣。（《伊川语录》："问吕学士言：当求于喜怒哀乐未发之前。信斯言也，恐无著摸。如之何而可？曰：看此语如何地下。若言存养于喜怒哀乐未发之时则可；若言求中于喜怒哀乐未发之时则不可。又问：学者于喜怒哀乐发时，固当勉强裁抑。于未发之前，当如何用功？曰：未发之前，更怎生求？只平日涵养便是。"又："伊川曰：志道恳切，固是诚意。若迫切不中理，则反为不诚。盖实理中自有缓急，不容如是之迫。"〇明道曰："中者，天下之大本。天地之间，亭亭当当，直上直下之正理。出则不是。惟敬而无失最尽。"亦涵养须用敬之意也）故识得此理之后，在此以勿忘勿助之法存之也。（勿忘者不离乎此之谓。勿助者，不以人力强求，以致反离乎此之谓也）此即程子所谓敬也。然此为识得天则后事，至于未识天则之前，欲求识此天则，则当即物而求其理。此则程子所谓致知也。故定者（周子之静），目的；主敬致知，则所以达此目的也。故程氏之学脉，实上承周子；而其方法，则又较周子加详也。

"涵养须用敬，进学在致知"二语，为伊川之宗旨。朱子亟称之。然其说实已备于明道。故二程之性质虽异，其学术则一也。明道论敬之语，已见前。伊川于此，发挥尤为透彻。其言曰："有主则虚，虚则邪不能入。无主则实，实则物来夺之。今夫瓶罌，有水实内，则虽江海之侵，无所能入，安得不虚？无水于内，则淳注之水，不可胜注，安得不实？大凡人心不可二用。用于一事，他事便不能入，事为之主也。事为之主，尚无思虑纷扰之患。若主于敬，又焉有此患乎？（所谓'闲邪则诚自存，主一则不消闲邪'也）所谓敬者，主一之谓敬。所谓一者，无适之谓一。且欲涵泳主一之义。一则无二三矣。但存此涵养，久之，自然天理明。"程子所谓主一，乃止于至当，而无邪思杂念之谓。故其所谓一者，初非空空洞洞，无所着落。《语录》："或问思虑果出于正，亦无害否？曰：且如宗庙则主敬，朝廷则主庄，军旅则主严，此是也。若发不以时，纷然无度，虽正亦邪。"如此说，则强系其心于一物；或空空洞洞，一无着落者，皆不得为思之正。何则？所谓一物者，初非随时随地所当念，而随时随地，各有其所当念之事，原亦不当落入空寂故也。《语录》又载伊川语曰："张天祺尝自约：上着床，便不得思量事。不思量事后。须强把这心来制缚；亦须寄寓在一个形像，皆非自然。君实只管念个中字，则又为中系缚。愚夫不思虑，冥然无知。此过与不及之分也。"周子所谓静，本系随时随地、止于至当之谓，非谓虚寂。然学者每易误为虚寂。易之以主敬，则无此弊矣。故主敬之说，谓即发明周子主静之说可；谓补周子之说末流之弊而救其偏，亦无不可也。故伊川又郑重而言之曰："敬则自虚静。不可把虚静唤作敬。"（虚寂之静固有弊。然恒人所患，究以纷扰为多。故学道之始，宜使之习静，以祛尘累而见本心。此非使之入于虚寂也。故伊川每见人静坐，辄叹其善学。〇初学敬时，虽须随时检点，留意于主一。及其后，则须自然而然，不待勉强。否则有作意矜持之时，必有遗漏不及检点之处矣。故伊川又谓"忘敬而后无不敬"也。〇诚敬二字，义相一贯。盖诚即真实无妄之谓，敬即守此真实无妄者而不失之谓也。一有不敬，则私意起；私意起，即不诚矣。《伊川语录》："季明曰：尝患思虑不定；或思一事未了，他事如麻又生，如何？曰：不要。此不诚之本也。"令人悚然）

致知之说，欲即事物而求其理，颇为阳明学者所訾。今之好言科学者，又颇取其说。其实二程所谓致知，不尽如阳明学者所讥，亦非今世所谓科学之致知也。致知之说，亦发自明道。《语录》："问不知如何持守？曰：且未说到持守。持守甚事？须先在致知"是也。明道训"致知在格物"之格为至。谓穷理而至于物，则物理尽。伊川则训格为穷，训物为理。谓格物犹言穷理。意亦相同。伊川云："若只守一个敬，不知集义，却是都无事也。且如欲为孝，不成只守个孝字，须知所以为孝之道。所以奉侍当如何，温清当如何，然后能尽孝道也。"与后来阳明之说正相反。又曰："学者先要会疑。"又曰："人思如泉涌，汲之愈新。"又曰："不深思而得者，其得易失。"又："问人有志于学，然知识蔽锢，力量不至，则如之何？曰：只是致知。若致知，则知识当渐明。不会见人有一件事，终思不到也。知识明，则力量自进。"其视致知之重，而劝人以致思如此。明道谓："知至则便意诚。不诚，皆知未至耳。"伊川曰："勉强行者，安能持久？除非烛理明，自然乐循理。"又曰："人谓要力行，亦只是浅近语。人既能知见，岂有不能行？"一若行全系于知；既知，则行更无难者。不独主阳明之学者訾之，即从常识立论者，亦多疑之。然二程之所谓知，实非常人之所谓知也。常人所谓知者，不过目击耳闻，未尝加以体验，故其知也浅。二程所谓知，则皆既经身验，而确知其然者也，故其知也深。伊川曰："知有多少般，煞有浅深。向亲见一人，曾为虎所伤，因言及虎，神色便变。旁有数人，见他说虎，非不知虎之猛、可畏，然不如他有畏惧之色。盖真知虎者也。学者深知亦如此。且如脍炙，贵公子与野人，皆知其美。然贵人闻着，便有欲嗜脍炙之色。野人则不然。学者须是真知。才知得，便泰然行将去也。"又曰："如曾子易箦，须要如此乃安。人不能若此者，只为不见实理。实理得之于心，自别。若耳闻口道，心实不见。若见得，必不肯安于所不安。"又曰："古人有捐躯殒命者。若不实见得，乌能如此？须是实见得生不重于义，生不安于死也，故有杀生成仁者。只是成就一个是而已。"又曰："执卷者莫不说礼义。王公大人，皆能言轩冕外物。及其临利害，则不知就义理，却就富贵。如此者，只是说得，不实见。"凡此所谓知者，皆身体力行后之真知灼见，非口耳剿袭者比。故伊川谓"闻见之知，非德性之知"，而訾世之所谓博学多闻者，皆闻见之知也。盖二程所谓致知者，原系且实行，且体验，非悬空摸索之谓也。然则其所谓知者，实在行之后矣。安得以流俗知而不行之知识之哉？故曰：二程之致知，不尽如阳明学者所讥也。（知行二者，真切言之，固亦难分先后。然自理论言之，固可谓知在先、行在后，此则人之言语思想，不得不然者也。伊川谓"譬如行路，须是光照"，即此理。〇不知而行，往往有貌是而实非者。《伊川语录》："到底须是知了方能行。若不知，只是觑了尧，学他行事。无尧许多聪明睿智，怎生得如他动容周旋中礼"是也。〇用过此等工夫后，自然有真知灼见，与常人不同。故小程谓为人处世，闻见事无可疑，多少快活也）至谓二程之致知，非今世科学所谓致知者，则以其所言，多主道德，不主知识。明道曰："良知良能，皆出于天，不系于人。人莫不有良知。惟蔽于人欲，乃亡天德。"伊川曰："致知在格物，非由外铄我也，我固有之也。因物而迁，迷而不悟，则天理灭矣。故圣人欲格之。"其所谓知者可知。故伊川又曰："致知但知止于至善，如为人子止于孝，为人父止于慈之类，只务观物理。正如游骑无归。"又曰："物我一理，才明彼，即晓此，合内外之道也。"此岂今科学所谓知哉？伊川曰："人道莫如敬。未有致知而不在敬者。"又曰："致知在格物，物来则知起，物各付物，不役其知，则意诚。意诚则心正。此始学之事也。"明道曰："目畏尖物，此事不得放过，须是克下。室中率置尖物，以理胜他。"有患心疾者，见物皆狮子。伊川教以见即直前捕执之，无物也。久之，疑疾遂愈。此等致知工夫，皆兼力行言之。故伊川谓"有恐惧心，亦是烛理不明"；

又谓"克己所以治怒，明理所以治惧"。若如寻常人所为，则稍有知识者，谁不知鬼魅之不足畏，然敢独宿于墟墓之间者几人欤？故曰：二程之致知，非今科学家所谓致知也。

格物之说，欲即事物而穷其理。事物无穷，即理无穷，格之安可胜格？然于物有所未格，即于理有所未穷，而知亦有所不致矣。此世之致疑于格物之说之最大端也。虽然，此以疑今科学之所谓格物则可。若二程所言之格物，则其意本主于躬行，但须格到此心通晓为止，岂有格尽天下之物之疑哉？（如欲通文字者，但须将他人文字读之，至自己通晓为止。岂有忧天下文字多，不能尽读之理？）故如此之说，实不足以疑二程也。《伊川语录》："或问格物须物物格之，还是格一物而万物皆知？曰：怎生便会赅通？若只格一物，便通众理，虽颜子亦不能如此。须是今日格一件，明日格一件。积习既多，然后有脱然贯通处。"又曰："自一身之中，至万物之理，但理会得多，相次，自然豁然有觉处。"所谓脱然贯通、豁然有觉，虽不能谓其必当于真理；然自吾心言之，确有此快然自得之境。试问今之为学者，孰敢以其所得为必确？然用力既深，又孰无此确然自信之境乎？故如此之说，实不足以难二程也。故曰："所谓穷理者，非道须尽穷天地万物之理，又不道是穷得一理便到。只是要积累多后，自然见去。"（穷理以我为主，故无论何物皆可穷。小程谓"穷理亦多端：或读书讲明义理；或论古今人物，别其是非；或应事接物，而处其当然"是也。惟其然，故不通于此者，不妨舍而之彼。小程谓"若于一事思未得，且别换一事思之，不可专守着这一事。盖人之知识，在这里蔽着，虽强思亦不通"是也。然则王阳明格庭前之竹七日而至于病，乃阳明自误，不关二程事矣。）

格物穷理，皆所以求定性，而定性则所以求合乎天则，故宋儒于天理人欲之界最严。明道曰："吾学虽有所受，天理二字，却是自家体贴出来。"其视之之重可知。所谓天理者，即合乎天则之谓也。所谓人欲者，即背乎天理之谓也。伊川曰："视听言动，非礼不为，即是礼，礼即是理也。不是天理，便是人欲。"又曰："无人欲即是天理。"可见其界限之严矣。理学家所谓天理者，往往实非天然之则，而持之过于严酷，故为世人所訾。然谓理学家所谓天理者非尽天理则可，谓立身行事，无所谓当然之理者，固不可也。伊川曰："天下之害，无不由末之胜也。峻宇雕墙，本于宫室。酒池肉林，本于饮食。淫酷残忍，本于刑罚。穷兵黩武，本于征伐。凡人欲之过者，皆本于奉养。其流之远，则为害矣。先王制其本者，天理也；后人流于末者，人欲也。损之义，损人欲以复天理而已。"历举各事，皆性质同而程度有差者，而其利害，遂至判然。殊足使人悚惕也。

统观二程之学：《定性》之说，与周子之主静同。《识仁》一篇，与横渠之《正蒙》无异。所多者，则"涵养须用敬，进学在致知"二语。实行之法，较周、张为详耳。盖一种哲学之兴，其初必探讨义理，以定其趋向；趋向既定，则当求行之之方。学问进趋之途辙，固如是也。然二程性质，实有不同，其后朱子表章伊川，象山远承明道，遂为理学中之两大派焉。

二程格物致知之说，既非如流俗所疑，则其与阳明之学之异，果何在乎？曰：二程谓天则在物（伊川曰："物各有则，须是止于物"），阳明谓天则在心，此其异点也。参看讲《阳明之学》一篇自明。

晦庵之学

宋学家为后人所尊者，莫如朱子。朱子于学，最宗濂溪及二程；然于其余诸家，亦皆加以研究评论。至其哲学思想，则未有出于周、张、二程之外者；不过研究更为入细，发挥更为透辟耳。故朱子非宋学之创造家，而宋学之集成者也（陆子一派，仅修养之法，与朱子不同。哲学思想，亦不能出周、张、二程之外）。

人类之思想，可分为神学、玄学、科学三时期。神学时期，恒设想宇宙亦为一人所创造。遂有天主造物、黄土抟人等说。此不足论。玄学时期，则举认识之物分析之，或以为一种原质所成，或以为多种原质所成。所谓一元论、多元论是也。二者相较，又以一元论为较圆满。玄学之说明宇宙，至此而止，不能更有所进也。

宋学家以气为万物之原质，与古人同。而又名气之所以然者为理。此为当时之时代思想，朱子自亦不能外此。

有其然必有其所以然，乃人类思想如此，非事实也。就实际言，然与所以然，原系一事。故理气为二之说，实不如理气为一之说之的。然谓气之外，真有一使气如此之理则非，若明知理气是一，特因人类思想，有其然，必推求其所以然，因为假立一名，以资推论，则亦无所不可。朱子之论理气，即系如此。其所见，诚有不如后人莹澈之处。然世之讥之者，或竟疑朱子谓气之外别有所谓理之一物焉，则亦失朱子之意已。

《语类》云："理气本无先后之可言。必欲推其所从来，则须说先有是理。然理又非别为一物，即存乎是气之中。"又云："天地之间，只有动静两端，循环不已，更无余事。此之谓易。而其动其静，则必有所以动静之理。是则所谓太极者也。"（伊川论《复》卦云："一阳复于下，乃天地生物之心也。先儒皆以静为见天地之心，盖不知动之端，乃天地之心也。"朱子又论之曰："天地以生物为心者也。虽气有阖辟，物有盈虚，而天地之心，则亘古亘今，未始有毫厘之间断也。故阳极于外，而复生于内，圣人以为于此可以见天地之心焉。盖其复者气也；其所以复者，则有自来矣。向非天地之心，生生不息，则阳之极也，一绝而不复续矣，尚何以复生于内，而为阖辟之无穷乎？此则动之端，乃一阳之所以动，非指夫一阳之已动者而言之也"）答刘叔文云："所谓理与气，决是二物。但在物上看，则二物浑沦，不可分开，各在一处。然不害二物之各为一物也。若在理上看，则虽未有物，而已有物之理。"此皆谓理气之别，出于人之拟议，而非真有此二物也（《语类》云："太极，理也。动静，气也。气行则理亦行。二者常相依，而未尝相离也。当初元无一物，只有此理。有此理，便会动而生阳，静而生阴；静极复动，动极复静"云云。极似以理为实有其物者。此等处，最易招后人之訾议。然统观全体，则朱子未尝以理为实有一物，在气之外，固彰彰也。《语类》又云："太极非是别为一物。即阴阳而在阴阳，即五行而在五行，即万物而在万物，只是一个理而已。"其说固甚明显已）。

《语类》："问天地之气，当其昏明驳杂时，理亦随而昏明驳杂否？曰：理却只恁地，只是气如此。又问：若气如此，理不如此，则是理与气相离矣。曰：气虽是理之所生，然既生出，则理管他不得。如这理寓于气了，日用运用间，都由这个气。只是气强理弱。"朱子之意，盖亦如横渠，谓气之清虚者无碍，无碍则神；重浊者有形，有形则不免有碍也。如人，禀天地之气以生，元依据这个理。然形质既成，则其所受之理，即不免随其形质之偏，而有昏明之异。至此，则理亦不能超乎形气，而自全其善矣。所谓"管他不得"也。然此固非理之罪，所谓"理却只恁地"也。

又："可机问：大钧播物，还是一去便休？还有去而复来之理？曰：一去便休耳，岂有散而复聚之气。"此说与伊川"天地之化，自然生生不穷，更何资于既毙之形，已反之气"同。殊与质力不灭之理相背，不免陷于断绝之讥。

朱子之论阴阳，亦以为同体而异用，与横渠同。语录曰："阴阳只是一气。阳之退，便是阴之生。不是阳退了，又别有个阴生。"答杨元范曰："阴阳只是一气。阴气流行即为阳，阳气凝聚即为阴。非直有二物相对"是也。

阴阳亦人之观念，而非实有其物，故逐细分析，可以至于无穷。（人非分别不能认识。凡人所认识，皆有彼此之分，即可以阴阳名之）此理朱子亦见及。《语类》："统言阴阳只是两端，而阴中自分阴阳，阳中亦有阴阳。乾道成男，坤道成女。男虽属阳，而不可谓其无阴；女虽属阴，而不可谓其无阳。人身气属阳，而气有阴阳；血属阴，而血有阴阳"云云。此说殊有裨于实用。知此，则知大小善恶等，一切皆比较之词，而非有一定之性质。以临事，不滞固矣（如人之相处，凌人为恶，见凌于人为善，此通常之论也。然世实无凌人之人，亦无见凌于人之人，视所值而异耳。甲强于乙，则凌乙，而乙不敢凌甲。则甲为凌人之人，而乙为见凌于人之人。然丙弱于乙，乙又将凌之；丁更强于甲，亦不免凌甲；则甲又为见凌于人之人，乙又为凌人之人矣。知此，则知世无真可信之人，亦无真可托之国。同理，亦无真不可信之人，真不可托之国。吾国当日俄战前，群思倚日以排俄；德日战后，又欲结美以攘日；近日高唱打倒帝国主义，则又不分先后缓急，欲举外人一切排之；皆不知此等理误之也。故哲学思想真普及，则群众程度必增高）。

凡言学问，必承认因果。因果者，现象界中，自然且必然之规律也。此规律，以时间言，则不差秒忽；以空间言，则不爽毫厘；此为旧哲家所谓数。朱子之思想亦如此。《语类》云："有是理，便有是气；有是气，便有是数。"又云："数者，气之节候"是也。

理学家之所谓理，非普通人之所谓理也。普通人之所谓理，乃就彼所知之事，籀绎得之，约略言之而已。至理学家之所谓理，则必贯通万事而无碍，乃足以当之。盖就知识言，必于万事万物，无所不晓，而其所知乃真；以行为言，必其所知既真，而所行始可蕲其不缪也。此等思想，在今日科学既明，固已知其徒存虚愿。然在昔日，哲学家之愿望，固多如是。职是故，理学家之于物理，亦多有格致之功。以此虽非急务，固亦在其学问之范围内也。朱子之好学深思，实非寻常理学家所及。故于物理，探索尤勤，发明亦多。衡以科学，固多不足信。然自是当时哲学家一种见解，而于其学问宗旨，亦多有关系，固不可以不知也。今试略述其说如下：

朱子推想宇宙之生成，亦以阴阳五行之说为本。其言曰："天地始初混沌未分时，想只有水火二者。水之滓脚便成地。今登高而望，群山皆为波浪之状，便是水泛如此。只不知因什么事凝了。初间极软，后方凝得硬。问：想得如潮水涌起沙相似。曰：然。水之极浊便成地。火之极清，便成风云雷电日星之属。"又曰:"大抵天地生物,先其轻清,以及重浊。天一生水,地二生火,二物在五行中最轻清。金木重于水火,土又重于金木。"又论水火木金土之次曰:"窃谓气之初,温而已。温则蒸溽,蒸溽则条达,条达则坚凝,坚凝则有形质。五者虽一有俱有,然推其先后之序,理或如此。"又曰:"天地初开,只是阴阳之气。这一个气运行,磨来磨去。磨得急了,便拶许多渣滓。里面无处出,便结成个地在中央。气之清者,便为天,为日月,为星辰,只在外常周环运转。地便在中央不动,不是在下。"又曰:"造化之运如磨。上面常转而不止。万物之生,似磨中撒出。有粗有细,自是不齐。"又曰:"昼夜运而无息,便是阴阳之两端。其四边散出纷扰者,便是游气,生人物之万殊。如磨面相似。其四边只管层层散出。天地之气,运转无已,只管层层生出人物。其中有粗有细,如人物有偏有正。"朱子设想宇宙之生成如此。

又推想宇宙之毁坏。其见地,亦与旧说所谓浑沌者同。《语类》:"问天地会坏否? 曰:不会坏。只是相将人无道极了,便一齐打合,混沌一番,人物都尽。此所谓不坏者,即是坏。但不断绝了。""或问:天地坏也不坏? 曰:既有形气,如何不坏? 但一个坏了,便有一个生得来。凡有形有气,无不坏者。坏已复生,不知其极。天地亦不能不坏,坏已不能不生。气之作用如此。"又曰:"万物浑沦未判,阴阳之气,混合幽暗。及其既分,中间放得开阔光朗,而两仪始立。邵康节以十二万九千六百年为一元,则是十二万九千六百年之前,又是一个大开辟,更以上亦复如此。真是动静无端,阴阳无始。小者大之影,只昼夜便可见。五峰所谓一气大息,震荡无垠。海宇变动,山川勃湮。人物消尽,旧迹大灭。是谓洪荒之世。尝见高山有螺蚌壳,或生石中。此石即旧日之土,螺蚌即水中之物。下者却变而为高,柔者却变而为刚。"云"有形有气,无不坏者。天地亦不能不坏,坏已不能不生。"可见其深信物理规则。又谓"虽坏而不断绝","动静无端,阴阳无始";则其说,虽置之认识论中,亦无病矣。

生物之始,朱子亦以意言之。《语类》:"问初生第一个人时如何? 曰:以气化。二五之精,合而成形,释家谓之化生。如今物之化生者甚多,如虱然。"又曰:"生物之初,阴阳之精,自凝结成两个,一牝一牡。后来却从种子渐渐生去,便是以形化。"

张子以鬼神为二气之良能,程子以鬼神为造化之迹,朱子则兼取其说。

《语类》："问：《近思录》既载鬼神者造化之迹，又载鬼神者二气之良能，似乎重了？曰：造化之迹，是日月星辰风雨之属。二气良能，是屈伸往来之理。"又曰："且就这一身看，自会笑语，有许多聪明知识，这是如何得恁地？虚空之中，忽然有风有雨，忽然有雷有电，这是如何得恁地？这都是阴阳相感，都是鬼神。看得到这里，见得到一身只是个躯壳在这里，内外无非天地阴阳之气。如鱼之在水，外面水，便是肚里面水；鳜鱼肚里水，与鲤鱼肚里水一般。"又曰："以二气言，则鬼者，阴之灵也；神者，阳之灵也。以一气言，则至而伸者为神，反而归者为鬼。日自午以前是神，午以后是鬼。月自初三以后是神，十六以后是鬼。草木方发生来是神，凋残衰落是鬼。人自少至壮是神，衰老是鬼。鼻息呼是神，吸是鬼。"如此，则宇宙之间，一切现象，无非鬼神矣。故曰："以功用谓之鬼神，以妙用谓之神。"

如此，则所谓鬼神，初不足怪，亦不必以为无何则？不足怪，自不待以为无也。朱子论世俗所谓鬼神怪异者曰："雨露风雷，日月昼夜，此鬼神之迹也。此是白日公平正直之鬼神。若所谓有啸于梁、触于胸，此则所谓不正邪暗，或有或无，或去或来，或聚或散者。又有所谓祷之而应、祈之而获，此亦所谓鬼神。同一理也。问：伊川言鬼神造化之迹，此岂亦造化之迹乎？曰：皆是也。若论正理：则似树上忽生出花叶，此便是造化之迹；又如空中忽然有雷霆风雨，皆是也。但人所常见，故不之怪。忽闻鬼啸鬼火之属，则便以为怪。不知此亦造化之迹，但不是正理，亦非理之所无也。"又曰："如起风、做雨，打雷、闪电，花生、花结，非有神而何？自不察耳。才说见鬼神事，便以为怪。世间自有个道理如此，不可谓无，特非造化之正耳。此为得阴阳不正之气，不须惊惑。所以夫子不语怪，以其明有此事，特不语耳。南轩说无便不是。"此等说，今日观之，未为得当。然在当日，无实验科学可据；而自古相传之说，其势方盛，势难遽断为无。故虽有哲学思想者，于神怪之说，亦多认其有，而以物理释之（如王仲任即其人也）。其说虽未得当。然其务以平易可据之理，解释奇怪不可思议之事，则固学者所有事，而与恒人不同者也。

理学家之论鬼神如此。其说，与世俗"人死为鬼，一切如人，特有形无质"之见，最不相容。自理学家之论推之，可决世俗所谓鬼神者为无有。然古代书籍，固多以鬼为有。宋儒最尊古者也，其敢毅然决此藩篱乎？曰：朱子固能之矣。此说也，见于朱子答廖仲晦之书。廖氏《原书》曰："德明平日鄙见，未免以我为主。盖天地人物，统体只是一性。生有此性，死岂遽亡之？夫水，有所激与所碍，则成沤。正如二机，阖辟不已，妙合而成人物。夫水固水也，沤亦不得不谓之水，特其形则沤，灭则还复是本水也。人物之生，虽一形具一性，及气散而灭，还复统体是一而已。岂复分别是人是物之性。所未者，正惟祭享一书，推之未行。若以为果飨耶？神不歆非类，大有界限，与统体还一之说不相似。若曰飨与不飨，盖不必问，但报本之道，不得不然，而《诗》《书》却明言神嗜饮食、祖考来格之类，则又极似有飨之者。窃谓人虽死无知觉，知觉之原仍在。此以诚感，彼以类应。若谓尽无知觉之源，只是一片太虚寂，则断灭无复实然之理，亦恐未安。君子曰终，小人曰死，则智愚于此，亦各不同。故人不同于鸟兽草木，愚不同于圣。虽以为公共道理，然人须全而归之，然后足以安吾之死。不然，则人何用求至圣贤？何用与天地相似？倒行逆施，均于一死，而不害其为人，是真与鸟兽禽鱼俱坏，憒不知其所存也。"廖氏之说，即以所谓鬼者，自理论推之，不能有；然古书明言其有，不敢决其为无；因而曲生一解，以为人死，仍有其知觉之源，凝然具在，不与大化为一。虽与世俗之见异，实仍未脱乎世俗之见之曰寠也。朱子答之曰："贤者之见，所以不能无失者，正坐以我为主，以觉为性尔。夫性者，理而已矣。乾坤变化，万物受命，虽禀之在我，然其理，则非有我之所得私也。所以反身而诚，盖谓尽其所得乎己之理，则知天下万物之理，初不外此。非谓尽得我之知觉，则众人之知觉，皆是此物也。性只是理，不可以聚散言。其聚而生、散而死者，气而已矣。所谓精神魂魄，有知有觉者，皆气之所为也。故聚则有，散则无。若理，则初不为聚散而有无也。但有是理则有是气；苟气聚乎此，则其理亦命乎此耳。不得以水沤比也。鬼神便是精神魂魄。程子所谓天地之功用、造化之迹，张子所谓二气之良能，皆非性之谓也。故祭祀之礼，以类而感，以类而应。若性则又岂有类之可言邪？然气之已散者，既化而无有矣；其根于理而日生者，则固浩然而无穷也。上蔡谓我之精神即祖考之精神，盖谓此也。岂曰一受其成形，则此性遂为吾有，虽死而犹不灭，截然自为一物，藏乎寂然一体之中，以俟夫子孙之求，而时出以飨之邪？必如此说，则其界限之广狭，安顿之处所，必有可指言者。且自开辟以来，积至于今，其重并积叠，计已无地之可容矣。是又安有此理邪？且乾坤造化，如大洪炉，人物生生，无少休息，是乃所谓实然之理，不忧其断灭也。今乃以一片太虚寂目之，而反认人物已死之知觉，谓之实然之理，岂不误哉？又圣贤所谓归全安死者，亦曰：无失其所受乎天之理，则可以无愧而死耳。非以为实有一物，可奉持而归之，然后吾之不断不灭者，得以晏然安处乎冥汉之中也。夭寿不贰，修身以俟之，是乃无所为而然者。与异端为生死事大，无常迅速，然后学者，正不可同日而语。今乃混而言之，以彼之见，为此之说，所以为说愈多而愈不合也。"此论将世俗所谓有鬼之见，摧破殆尽。其曰理无断灭，气之根于理而日生者，浩然而无穷，可见宇宙虽不断灭，而人之自私其身，而不欲其亡，因之强执死后仍有一无体质而有精神之我，纯是虚说。如此，则既无天堂可歆，亦无地狱可怖；而犹力求不愧不作，全受全归，可谓无所为而为之。其情感，或不如信教者之热；其动机，则较之信教者高尚多矣。然宋学所以仅能为哲学，而不能兼神教之用者亦以此（古书所谓有鬼者，自系世俗迷信之谈。以理学家之理释之，无论如何，无有是处。朱子《答吴伯丰书》曰："吾之此身，即祖考之遗体。祖考之所以为祖考者，盖具于我而未尝亡也。是其魂升魄降，虽已化而无有；然理之根于彼者，既无止息；气之具于我者，复无间断。吾能致精竭诚以求之，此气既纯一而无所杂，则此理自昭著而不可掩。此其苗脉之较然可睹者也。上蔡云：三日斋，七日戒，求诸阴阳上下，只是要集自家之精神。盖我之精神，即祖考之精神；在我者既集，即是祖考之来格也。"此说虽勉强调和，然几于即以生人之精神，为鬼神矣）。

　　然朱子之说虽妙，而谓气聚则有，散则无；又谓气之已散者化而无有，根于理而日生者，浩然无穷；则殊与质力不灭之理相背；而与其大钧播物、一去便休之说同病。实信伊川大过致之也。《语类》："横渠说：形溃反原。以为人生得此个物事。既死，此个物事，却复归大原去，又从里面抽出来生人。如一块黄泥，既把来做弹子了；却依前归一块里面去，又做个弹子出来。伊川便说是不必以既屈之气，为方伸之气。若以圣人精气为物、游魂为变之语观之，则伊川之说为是。盖人死则气散。其生也，又从大原里面发出来。"此二说者，比而观之，不必科学，亦不必森严之论理，即以常识推断，亦觉张子之说为是，小程之说为非。以张子能泯有无之见，而小程不然也。而朱子顾以程子之说为是，何哉？盖由先存一辟佛之见，故有此蔽。《语类》又曰："释氏谓人死为鬼，鬼复为人。如此，则天地间只是许多人来来去去，更不由造化。生生都废。却无此理也。"此朱子所以不信横渠之说也。殊不知所谓生生，只是变化，并非自无出有。轮回之说，实较伊川之言，为合于论理也。

朱子既有此蔽，故于有无聚散，分别不甚清楚。其论鬼神皆然。《语类》："问人死时，这知觉便散否？曰：不是散，是尽了。气尽则知觉亦尽。"又曰："神祇之气，常屈伸而不已。人鬼之气，则消散而无余矣。其消散，亦有久速之异。人有不伏其死者，所以既死而此气不散，为妖为怪。如人之凶死，及僧道既死，多不散者。圣贤则安于死，岂有不散而为神怪者乎？"又曰："死而气散，泯然无迹者，是其常道理恁地。有托生者，是偶然聚得气不散，又怎生去凑着那生气，便再生。然非其常也。"又曰："气久必散。人说神仙，一代说一项。汉世说甚安期生。至唐以来，则不见说了。又说钟离权、吕洞宾。而今又不见说了。看得来，他也养得分外寿考，然终久亦散了。"又曰："为妖孽者，多是不得其死，其气未散。若是尩羸病死的人，这气消耗尽了方死，岂复更郁结成妖孽？然不得其死者，久之亦散。如今打面做糊，中间自有成小块核不散底，久之，渐渐也自会散。"面糊中小块核，可云散而不可云无，朱子未之思也（朱子之意，盖以尚有形迹者为散，毫无形迹，即寻常人所谓空者为无。然此说殊误也）。

朱子论人，则以为魄属鬼，气属神。其说曰："人之语言动作是气，属神；精血是魄，属鬼。发用处皆属阳，是神；气定处皆属阴，是魄。知识处是神，记事处是魄。人初生时，气多魄少。后来魄渐盛。到老魄又少。所以耳聋目昏，精力不强，记事不足。"此据阴阳立说也。又据五行，谓水是魄，火是魂。以《左氏》有"人生始化曰魄，既生魄，阳曰魂"之语也。因谓人有魄而后有魂，故"魄为主为干。"（案此与邵子"阳有去而阴常居"之说合）又谓人"精神知觉，皆有魄后方有"。引周子"形既生矣，神发知矣"之说为证（周子之意，似不谓形神有先后）。又有取于释氏地水火灾之说，谓火风是魂，地水是魄。人之暖气是火，运动是风，皮肉属地，涕唾属水。魂能思量记度，运用作为，魄则不能。故人之死也，风火先散，则不能为祟。皆据旧说推度而已矣。

朱子论性，亦宗程子"论性不论气不备，论气不论性不明"之说。其所以谓论性不论气不备者？盖以确见人及禽兽，其不善，确有由于形体而无可如何者也。《语类》曰："论万物之一源，则理同而气异。睹万物之异体，则气犹相近，而理绝不同（谓万物已禀之而为性之理也）。气相近，如知寒暖，识饥饱，好生恶死，趋利避害，人与物都一般。理不同，如蜂蚁之君臣，只是他义上有一点子明；虎狼之父子，只是他仁上有一点子明；其他更推不去。大凡物事禀得一边重，便占了其他的。如慈爱的人少断制，断制之人多残忍。盖仁多便遮了那义，义多便遮了那仁。"（案此即无恶、只有过不及之说）又曰："惟其所受之气，只有许多，故其理亦只有许多。如犬马，他这形气如此，故只会得如此事。"此犹今之主心理根于生理者，谓精神现象，皆形体之作用也。惟其然也，故朱子谓人确有生而不善者，欲改之极难。《语类》曰："今有一样人，虽无事在这里坐，他心里也只思量要做不好事。如蛇虺相似，只欲咬人。他有什么发得善？"又曰："如日月之光，在露地则尽见之。若在蔀屋之下，有所蔽塞，则有见有不见。在人则蔽塞有可通之理。至于禽兽，则被形体所拘，生得蔽隔之甚，无可通处。"朱子之见解如此，故曰："人之为学，却是要变化气质，然极难变化"也。此等处，朱子以为皆从气质上来。盖朱子以全不着形迹者为理，而谓性即理，则性自无可指为不善。《语类》曰："气之精英者为神。金木水火土非神，所以为金木水火土者是神。在人则为理，所以为仁义礼智信者是也。"又曰："人生而静以上，即是人物未生时。人物未生时，只可谓之理，说性未得，此所谓在天为命也。才谓之性，便是人生以后，此理已堕在形气之中，不全是性之本体矣。"夫如是，则所谓性者，全与实际相离，只是一可以为善之物，又安得谓之不善。故朱子将一切不善，悉归之于气也。气何以有不善？朱子则本其宇宙观而为言曰："人所禀之气，虽皆是天地之正气，然滚来滚去，便有昏明厚薄之异。"又曰："天地之运，万端而无穷。日月清明，气候和正之时，人禀此气，则为清明浑厚之气，须做个好人。若是日月昏暗，寒暑反常，皆是天地之戾气。人若禀此气，则为不好的人。"此朱子谓气不尽善之由也。"性无气质，却无安顿处。"自朱子观之，既落形气之中，无纯粹至善者。（"或问：气清的人，自无物欲。曰：也如此说不得。口之欲味，耳之欲声，人人皆然。虽是禀得气清，才不检束，便流于欲去"）若不兼论形气，则将误以人所禀之性为纯善，而昧于其实在情形矣。此所谓论性不论气不备也。

其谓论气不论性不明者？则以天下虽极恶之人，不能谓其纯恶而无善。抑且所谓恶者本非恶，特善之发而不得其当者耳。朱子论"恶亦不可不谓之性"，曰："他源头处都是善，因气偏，这性便偏了。然此处亦是性。如人浑身都是恻隐而无羞恶，都羞恶而无恻隐，这个便是恶德。这个唤作性邪？不是？如墨子之性，本是恻隐。孟子推其弊，到得无父处。这个便是恶亦不可不谓之性也。"然则论气不论性，不但不知恶人之善处，并其恶性质，亦无由而明矣。夫犹是善性也，所以或发而得其当，或发而不得其当者，形质实为之累，此所谓论性不论气不备。然虽发不得当，而犹是可以发其当之物，则可见性无二性，理无二理。故《语类》譬诸隙中之日，谓"隙之大小长短不同，然其所受，却只是此日"；又谓"蔽锢少者，发出来天理胜；蔽锢多者，发出来私欲胜；便见本源之理，无有不善"也。此而不知其同出一源，则于性之由来，有所误会矣。此所谓论气不论性不明也。

善恶既同是一性；所谓恶者，特因受形气之累而然。夫形气之累，乃后起之事；吾侪所见，虽皆既落形气之性，然性即是理，不能谓理必附于形质。犹水然，置诸欹斜之器，则其形亦欹斜，不能因吾济只见欹斜之器，遂谓水之形亦欹斜也。故世虽无纯善之性，而论性则不得不谓之善也。

性既本善，而形气之累，特后起之事，则善为本质，而不善实非必然。故曰："人生都是天理。人欲却是后来没把鼻生底。"此说实与释氏真如无明之说，消息相通（朱子所谓善者，不外本性全不受形气之累。本性全不受形气之累而发出，则所谓天理。而不然者则所谓人欲也。所谓天理者，乃凡事适得其当之谓，此即周子之所谓中。朱子曰："有个天理，便有个人欲。盖缘这天理须有个安顿处，才安顿得不恰好，便有人欲出来。"安顿得恰好，即周子所谓中；守此中而勿失，则周子所谓静也。故朱子之学，实与周子一脉相承者也。〇安顿得恰好者，朱子曰："饮食，天理也。要求美味，人欲也。"设喻最妙）。

朱子论性之说如此。盖其所谓善者，标准极高，非全离乎形气，不足以当之，故其说如此。因其所谓善者，标准极高，故于论性而涉及朱子之所谓气者，无不加以驳斥；而于程、张气质之说，程子性即理之言，极称其有功于圣门，有补于后学。盖论性一涉于气质，即不免杂以人欲之私，不克与朱子之所谓善者相副；而朱子之所谓性者，实际初无其物，非兼以气质立论，将不能自圆其说也（朱子评古来论性者之说：谓"孟子恐人谓性元来不相似，遂于气质内挑出天之所命者，说性无有不善。不曾说下面气质，故费分疏。荀子只见得不好底。扬子又见得半上半下底。韩子所言，却是说得稍近，惜其少一气字，性那里有三品来？""以气质论，则凡言性不同者，皆冰释矣。""气质之说，起于张、程，极有功于圣门，有补于后学。"又谓"程先生论性，只云性即理也，岂不是见得明？真有功于圣门。"〇朱子之坚持性即理，而力辟混气质于性，亦由其欲辟佛而然。故曰："大抵诸儒说性，多说着气。如佛氏，亦只是认知觉作用为性。"知觉作用，固朱子所谓因形气而有者也）。

人之一生，兼备理气二者，其兼备之者实为心。故朱子深有取于横渠"心统性情"之说，以为颠扑不破。又详言之曰："性者，心之理。情者，性之动。心，性情之主。"又譬之曰："心如水，性犹水之静，情则水之流，欲则水之波澜。"（又曰："心如水，情是动处，爱即流向去处。"又以"心为太极，心之动静为阴阳"）孟子所善四端，朱子谓之情，曰："性不可言，所以言性善者，只看恻隐辞逊四端，如见水流之清，则知源头必清矣。"心兼动静言，则动静皆宜致养。故朱子曰："动静皆主宰，非静时无所用，至动时方有主宰。"又谓："惟动时能顺理，则无事时能静。静时能存，则动时得力。须是动时也做工夫，静时也做工夫也。"

朱子论道德，亦以仁为最大之德，静为求仁之方。其《仁说》：谓"仁者仁之本体。礼者仁之节文。义者仁之断制。知者仁之分别。信以见仁义礼智，实有此理。必先有仁，然后有义礼智信。故以先后言之，则仁为先；以大小言之，则仁为大。"又谓"明道圣人以其情顺万物而无情，说得最好"。（《语类》曰："动时静便在这里。顺理而应，则虽动亦静；不顺理而应，则虽块然不交于物，亦不能得静。"顺理而应，即所谓以其情顺万物而无情也）至于实行之方，则亦取伊川"涵养须用敬，进学在致知"二语。而于用敬，则提出"求放心"三字；于致和，则详言格物之功。实较伊川言之，尤为亲切也。

《中庸》曰："喜怒哀乐之未发，谓之中。发而皆中节，谓之和。中也者，天下之大本也。和也者，天下之达道也。"龟山门下，以"体认大本"，为相传指诀。谓执而勿失，自有中节之和。朱子以为少偏。谓"才偏便做病。道理自有动时，自有静时。学者只是敬以直内，义以方外，见得世间无处不是道理。不可专要去静处求。所以伊川谓只用敬，不用静，便说平也。"又云："周先生只说一者无欲也，这话头高，卒急难凑泊。寻常人如何便得无欲？故伊川只说个敬字，教人只就这敬字上挨去。庶几执捉得定，有个下手处。要之，皆只要人于此心上见得分明，自然有得尔。然今之言敬者，乃皆装点外事，不知直截于心上求功。遂觉累坠不快活。不若眼下于求放心处有功，则尤得力也。"此朱子主敬之旨也（又曰："敬有死敬，有活敬，若只守着主一之敬，遇事不济之以义，而不活。熟后敬便有义，义便有敬。静则察其敬与不敬，动则察其义与不义。敬义夹持，循环无端，则内外透彻"）。

其论致知，则尽于《大学补传》数语。其言曰："人心之灵，莫不有知。而天下之物，莫不有理。惟于理有未穷，故其知有不尽也。是以大学始教，必使学者，即凡天下之物，莫不因其已知之理而益穷之，以求至乎其极。至于用力之久，而一旦豁然贯通焉，则众物之表里精粗无不到，而吾心之全体大用无不明矣。"此数语，谓理不在心而在物，最为言阳明之学者所诋訾。然平心论之，实未尝非各明一义。至于致知力行，朱子初未尝偏废。谓朱子重知而轻行，尤诬诋之辞也。今摘录《语类》中论知行之语如下：

《语类》曰："动静无端，亦无截然为动为静之理。且如涵养致知，亦何所始？谓学莫先于致知，是知在先。"又曰：未有致知而不在敬者，则敬亦在先。从此推去，只管恁地。"是朱子初未尝谓知在先、行在后也。又曰："自家若得知是人欲蔽了，便是明处。只这上，便紧紧着力主定。一面格物。"是朱子实谓力行致知，当同时并进也。又曰："而今看道理不见，不是不知，只是为物塞了。而今粗法，须是打叠了胸中许多恶杂，方可。"则并谓治心在致知之前矣。又曰："方其知之而未及行之，则知尚浅。既亲历其域，则知之益明，非前日之意味。"则知必有待于行，几与阳明之言，如出一口矣。又朱子所谓格物致知，乃大学之功，其下尚有小学一段工夫。论朱子之说者，亦不可不知。朱子答吴晦叔曰："夫泛论知行之理，而就一事以观之，则知之为先，行之为后，无可疑者。然合夫知之浅深、行之大小而言，则非有以先成乎其小，亦将何以驯致乎其大者哉？盖古人之教：自其孩幼，而教之以孝悌诚敬之实；及其少长，而传之以诗书礼乐之文；皆所以使之即夫一事一物之间，各有以知其义理之所在，而致涵养践履之功也。及其十五成童，学于大学，则其洒扫应对之间，礼乐射御之际，所以涵养践履之者，略已小成矣。于是不离乎此，而教之以格物以致其知焉。致知云者，因其所已知者，推而致之；以及其所未知者，而极其至也。今就其一事之中而论之，则先知后行，固各有其序矣。诚欲因夫小学之成，以进乎大学之始，则非涵养践履之有素，亦岂能以其杂乱纷纠之心，而格物以致其知哉？故《大学》之书，虽以格物致知，为用力之始，然非谓初不涵养践履，而直从事于此也；又非谓物未格、知未至，则意可以不诚，心可以不正，身可以不修，家可以不齐也。若曰：必俟知至而后可行，则夫事亲从兄，承上接下，乃人生所一日不能废者，岂可谓吾知未至，而暂辍以俟其至而后行之哉？"读此书，而朱子于知行二者，无所轻重先后，可以晓然矣。

偏重于知之说，朱子亦非无之。如曰："讲得道理明时，自是事亲不得不孝，事兄不得不弟，交朋友不得不信。"论前人以黑白豆澄治思虑（起一善念，则投一白豆于器中。起一恶念，则投一黑豆于器中）曰："此则是个死法。若更加以读书穷理底工夫，则去那般不正底思虑，何难之有？"皆以为知即能行。（惟此所谓知者，亦非全离于行。必且力行，且体验，乃能知之）盖讲学者，大抵系对一时人说话。阳明之时，理学既已大行。不患此理之不明，惟患知之而不能有之于己，故阳明救以知行合一之说。若朱子之时，则理学尚未大行，知而不行之弊未著，惟以人之不知为患，故朱子稍侧重于知。此固时代之异，不足为朱子讳，更不容为朱子咎。朱子、王子，未必不易地皆然也。读前所引朱子论知行之说，正可见大贤立言之四平八稳，不肯有所偏重耳（在今日观之，或以为不免偏重。然在当日，则已力求平稳矣。必先尚论其世，乃可尚论其人。凡读先贤之书皆然，亦不独朱子也）。

以上为朱子学说之大略。其与他家辩论之语，别于讲他家之学时详之。

朱子之不可及处，实在其立身之刚毅，进学之勇猛。今录其言之足资激发者如下，俾学者知所矜式焉。《语类》曰："事有不当耐者，岂可常学耐事。学耐事，其弊至于苟贱不廉。学者须有廉隅墙壁，便可担负得大事去。如子路，世间病痛都没了。亲于其身为不善者不入，此大者立也。"又曰："耻有当忍者，有不当忍者。今有一样人，不能安贫，其气错屈，以至立脚不住，亦何所不至？因举吕舍人《诗》云：逢人即有求，所以百事非。"又曰："学者常常以志士不忘沟壑为念，则道理重而计较死生之心轻矣。况衣食至微末事，不得亦未必死，亦何用犯义犯分，役心役志以求之邪？某观今人，因不能咬菜根，而至于违其本心者，众矣！可不戒哉？惟君子，然后知义理之必当为，与义理之必可恃。利害得失，既无所入于其心；而其学，又足以应事物之变。是以气勇谋明，无所慑惮。不幸蹉跌，死生以之。小人之心，一切反是。"答刘季章曰："天下只有一理，此是即彼非，此非即彼是，不容并立。故古之圣贤，心存目见，只有义理，都不见有利害可计较。日用之间，应事接物，直是判断得直截分明。而推以及人，吐心吐胆，亦只如此，更无回互。若信得及，即相与俱入圣贤之域；若信不及，即在我亦无为人谋而不尽的心。而此理是非，昭然明白；今日此人虽信不及，向后他人，须有信得及底，非但一人之计也。若如此所论，则在我者，未免视人颜色之可否，以为语默，只此意思，何由能使彼信得及乎？"以上数条，皆足见朱子立身之刚毅。国有道，不变塞焉；国无道，之死不变。真足使贪夫廉，懦夫有立志也。其论进学之语云："书不记，熟读可记。义不精，细思可精。惟有志不立，直是无着力处。只如而今，贪利禄而不贪道义，要做贵人而不要做好人，皆是志不立之病。直须反复思量，究见病痛起处，勇猛奋跃，不复作此等人。一跃跃出，见得圣贤所说，各言万语，都无一事不是实语，方始立得此志。就此积累工夫，迤逦向上去，大有事在。"又曰："直须抖擞精神，莫要昏钝。如救火治病然，岂可悠悠岁月？"又曰："学者读书，须是于无味处致思。至于群疑并兴，寝食俱废，乃能骤进。因叹骤进二字，最下得好。须是如此。若进得些子，或进或退，若存若亡，不济事。如用兵相杀，争得些儿，小可一二十里地，也不济事。须大杀一番，方是善胜。"以上数条，皆足见朱子进学之勇猛。能使玩时愒日者，读之悚然汗下。固知一代大儒，其立身行己，必有异于寻常人之处也。凡我后学，可不怀见贤思齐之念哉？

象山之学

一种学问，必有其兴起之时，亦必有其成熟之时。兴起之时，往往万籁争鸣，众源并发。至成熟之时，则渐汇为一二派。北宋之世，盖一种新哲学兴起之时；南宋之世，则渐就成熟之时也。其时讲学有名者，乾淳三先生而外，当推陆象山。乾淳三先生：吕之学较粗，其后遂流为永嘉、永康两派。虽可谓独树一帜，然在宋代学派中，不过成割据之局。南轩之学，与朱子大同，并不能独树一帜。（南轩亦主居敬穷理，惟稍侧重于居敬耳。其说谓"必先从事于敬，使人欲浸除，乃可以言格物。否则辨择于发见之际，恐不免于纷扰。"案此等议论，朱子亦非无之。朱子谓"南轩伯恭之学皆疏略。南轩疏略，从高处去。伯恭疏略，从卑处去。"盖谓其操持之功稍欠。至其学问宗旨，则无甚异同也）其与朱学对峙，如晋楚之争霸中原者，则象山而已。

朱子谓"上蔡之说，一转而为张子韶，张子韶一转而为陆子静"。又谓"上蔡说仁说觉，分明是禅"。又云："如今人说道，爱从高妙处说，便入禅去。自上蔡以来已然。"又谓"明道说话浑沦。然太高，学者难看"。又云："程门高第，如谢上蔡、游定夫、杨龟山，稍皆入禅学去。必是程先生当初说得高了，他们只腺见上一截，少下面着实工夫，故流弊至此。"然则象山之学，实远承明道。（象山不甚称伊川，而称明道处极多）盖道理自有此两派，至南宋众流渐汇时，朱陆各主其一也（上蔡以有知觉痛痒为仁。又曰："桃杏之核，为种而生者谓之仁，言有生之意。"又曰："尧舜汤武事业，只是与天理合一。几曾做作？盖世的功业，如太空中一点云相似，他把做什么？"说皆极似象山。然实自明道《识仁》《定性篇》出）。

朱陆之异，象山谓"心即理"，朱子谓"性即理"而已。惟其谓性即理，而心统性情也，故所谓性者，虽纯粹至善；而所谓心者，则已不能离乎气质之累，而不免杂有人欲之私。惟其谓心即理也，故万事皆具于吾心；吾心之外，更无所谓理；理之外，更无所谓事。一切工夫，只在一心之上。二家同异，后来虽枝叶繁多，而溯厥根源，则惟此一语而已。

《象山年谱》云："象山三四岁时，思天地何所穷际，不得，至于不食。父呵之，乃姑置，而胸中之疑终在。后十余岁，读书，至宇宙二字，解者曰：四方上下曰宇，往古来今曰宙。忽大省，曰：元来无穷。人与天地万物，皆在无穷之中者也。乃援笔书曰：宇宙内事，乃己分内事。己分内事，乃宇宙内事。又曰：宇宙便是吾心，吾心即是宇宙。东海有圣人出焉，此心同，此理同也。西海有圣人出焉，此心同，此理同也。南海北海有圣人出焉，此心同，此理同也。千百世之上，有圣人出焉，此心同，此理同也。千百世之下，有圣人出焉，此心同，此理同也。"象山之摄万有于一心，自小时已然矣。

惟其然也，故象山之学，极为"简易直截"（此阳明称之之语）。其言曰："道遍满天下，无些小空阙。四端万善，皆天之所予，不劳人妆点。但是人自有病，与他相隔了。"此言人心之本善也。又曰："此理充塞宇宙。所谓道外无事，事外无道。舍此而别有商量，别有趋向，别有规模，别有形迹，别有行业，别有事功，则与道不相干；则是异端，则是利欲；谓之陷溺，谓之曰窜；说只是邪说，见只是邪见。"此言欲做工夫，惟有从事于一心也。又曰："涓涓之流，积成江河。泉源方勋，虽只有涓涓之微，却有成江河之理。若能不舍昼夜，如今虽未盈科，将来自盈科；如今虽未放乎四海，将来自放乎四海。然学者不能自信，见夫标末之盛者，便自慌忙，舍其涓涓而趋之。却自坏了。曾不知我之涓涓，虽微，却是真；彼之标末，虽多，却是伪。恰似担水来，其涸可立而待也。"此言从事于此一途者之大可恃也。象山尝曰："余于践履，未能纯一。然才自警策，便与天地相似。"又语学者："念虑之不正者，顷刻而知之，即可以正。念虑之正者，顷刻而失之，即可不正。"又谓："我治其大而不治其小，一正则百正。"诚不愧简易直截矣。

象山之学，实阳明所自出，放其言有极相似者。如曰："人精神在外，至死也劳攘。须收拾作主宰。收得精神在内。当恻隐，即恻隐；当羞恶，即羞恶。谁欺得你？谁瞒得你？"居象山，多告学者曰："汝耳自聪，目自明；事父自能孝，事兄自能弟。本无欠阙，不必他求，在自立而已。"皆与阳明如出一口。

象山之学，以先立乎其大者为主。故于傍人门户，无所自得者，深鄙视之。于包藏祸心，作伪于外者，尤所痛绝。其言曰："志于声色货利者，固是小。剿摸人之言语者，与他一般是小。"又曰："学者须是打叠田地净洁，然后令他奋发植立。若田地不净洁，则奋发植立不得；亦读书不得。若读书，则是借寇兵，资盗粮。"象山非谓不当读书，亦非谓不当在事上磨炼。特如吾侪今日之居心，则自象山视之。皆不足读书，亦不足磨炼者耳。所谓先立乎其大者也。

象山与阳明，学皆以心为主，故有心学之称。凡从事于心学者，其于外务必较疏，自省之功则较切；其能发觉心之病痛，亦较常人为深。故其言多足发人深省。象山策励人之语曰："要当轩昂奋发，莫恁地沉埋在卑陋凡下处。"又云："龌龊终日营营，无超然之意。须是一刀两断。何故营营如此？营营底讨个什么？"此等语，真是暮鼓晨钟，令吾辈日在世情路上讨生活者，悚然汗下矣。陆子之访朱子于南昌也，朱子请登白鹿洞讲席，讲"君子喻于义"一章。后刻其文于石。其言曰："此章以义利判君子小人，辞旨晓白。然读之者苟不切己观省，恐亦未能有益也。某平日读此，不无所感。窃谓学者于此，当辨其志。人之所喻，由其所习；所习由其所志。志乎义，则所习者必在于义；所习在义，斯喻于义矣。志乎利，则所习者必在于利；所习在利，斯喻于利矣。故学者之志，不可不辨也。科举取士久矣。名儒巨公，皆由此出。今为士者，固不能免此。然场屋之得失，顾其技与有司好恶如何耳。非所以为君子小人之辨也。而今世以此相尚。使汩没于此，而不能自拔，则终日从事者，虽曰圣贤之书，而要其志之所乡，则有与圣贤背而驰者矣。推而上之，则又惟官资崇卑、禄廪厚薄是计。岂能悉心力于国事民隐，以无负于任使之者哉？从事其间，更历之多，讲习之熟，安得不有所喻？顾恐不在于义耳。诚能深思是身，不可使之为小人之归，其于利欲之习，但焉为之痛心疾首；专志乎义，而日勉焉。博学，审问，慎思，明辨而笃行之。由是而进于场屋，其文，必皆道其平日之学，胸中之蕴，而不诡于圣人。由是而仕，必皆供其职，勤其事；心乎国，心乎民；而不为身计。其得不谓之君子乎？"此文滑口读过，亦只平平。细思之，真乃一棒一条痕，一掴一掌血。宜乎朱子谓其"切中学者隐微深痼之病"；而能令听者悚然动心，至于泣下也。夫钧是人也，或为大人，或为小人，何也？流俗不察，或曰：是地位为之，遭际为之。斯固然也。然人即至贫至贱，必有可以自奋之途。何以并此而不能为？解之者或曰：

"人固有智愚贤不肖之不同，天限之也。斯固然也。然尚论古人，纵观并世，或则立德，或则立功，或则立言，其天资高于我者固多，才智仅与我等者亦自不乏，而何以彼有成而我无成？解者将曰：彼学焉，我未尝学。彼学，我何以不学？流俗或又将曰：地位为之，遭际为之。然则我之地位，我之遭际，果所成就者，必止于我之今日；而我之所以自靖者，已毫发无遗憾乎？无论何人，不敢应曰然也。推论至此，则图穷而匕首见矣。志为之也。天下尽有在同一境地中，彼之所见，此则不见；彼之所闻，此则不闻者。否则同在一学校中，所读之书同也，所师所友亦相同，因天资之高下，学业成就，有浅深大小可也；而何以或为圣贤，或为豪杰，或为中庸，或且入于下流哉？无他。初则好恶不同，因好而趋之，因恶而去之。久之，则所趋者以习焉而愈觉其便安，虽明知其非，而不能去；甚或入鲍鱼之肆，久而不知其臭。所恶者以不习焉而日益荆棘，虽明知其善，亦无由自奋以趋之；甚或并不知其善矣。此则陆子所谓所喻由其所习，所习由其所志者也。人徒见两方向相反之线，引而愈远，而恶知其始之发自一点哉？吾侪今日所志，果何如乎？诚有如陆子所谓先立必为圣贤之志者乎？抑亦如陆子所谓从事圣贤之书，而志之所向，则与圣贤背驰者乎？由前之说，则即陆子所谓才自警策，便与天地相似者，何善如之？由后之说，则岂徒不能上进为圣贤，诚恐如陆子所云：更历愈多，讲习愈熟，所喻愈深，而去圣贤且益远也。可不惧哉？"

工夫既惟在一心，则从事于学者，首须将"田地打扫洁净"。然此事最难。陆子曰："人心只爱去泊着事。教他弃事时，如猢狲失了树，更无住处。"又曰："内无所累，外无所累，自然自在。才有一些子意，便沉重了。"（恒人所好，不越声色货利名位之私。终日泊着事，则将如龟鸡之终日营营，无超然之意矣。凡事根株尽绝最难。世非无自谓能超然于利欲之外者。然试一自检勘，果能无一些子意，而免于陆子所谓沉重之患者乎？不可不深自省也）谓此义也。然此自谓不可牵累于物欲。至于心地澄澈，然后去理会事物，则非徒无害，抑且有益。所谓"大纲提掇来，细细理会去"也（所谓先立乎其大者也）。又人之所知，固由其最初意之所向。然所知愈多，所志亦愈大，故知识亦不可以已。陆子曰："夫子曰：吾十有五，而志于学。今千百年，无一人有志，也是怪他不得。志个甚底？须是有智识，然后有志愿。"又曰："人要有大志，常人泊没于声色富贵间，良心善性，都蒙蔽了。今人如何便解有志，须先有智识始得。"诋陆王之学者，每谓其尽弃万事，专主一心，其实殊不然也（《朱子语录》："子静只是拗。伊川云：惟其深喻，是以笃好。子静必要云好后方喻。看来人之于义利，喻而好也多。若全不晓，又安能好。然好之则喻矣。毕竟伊川说占得多。"案喻而后好，好而后谕，自常识言之。两说皆通，莫能相破。必深论之，则好之与喻，原系一事，不过分为两语耳。此亦见阳明知行合一之说之确也）。

朱陆异同，始于淳熙三年乙未鹅湖之会，而成于乙巳丙午之间。乙未之岁，朱子年四十六，象山年三十七。东莱以二家讲学有异同，欲和会之，约会于信州之鹅湖寺。朱子及复斋、象山皆会。《象山语录》："先兄复斋谓某曰：伯恭约元晦为此集，正为学术异同。某兄弟先是不同，何以望鹅湖之同？先兄遂与某议论致辩。又令某自说。至晚罢。先兄云：子静之说是。次早，某请先兄说。先兄云：某无说。夜来思之，子静之说极是。方得一诗云：孩提知爱长知钦，古圣相传只此心。大抵有基方筑室，未闻无址忽成岑。留情传注方榛塞，着意精微转陆沉。珍重友朋勤琢切，须知至乐在于今。某云：诗甚佳。但第二句微有未安。先兄云：说得恁地，又道未安，更要如何？某云：不妨一面起行，某沿途却和此诗。及至鹅湖，伯恭首问先兄别后新功。先兄举《诗》。才四句，元晦顾伯恭曰：子寿早已上子静船了也。举诗罢，遂致辩于先兄。某云：某途中和得家兄此诗：墟墓兴哀宗庙钦，斯人千古不磨心。涓流积至沧溟水，卷石崇成泰华岑。易简工夫终久大，支离事业竟浮沉。举诗至此，元晦失色。至末二句云：欲知自下升高处，真伪先须辨自今。元晦大不怿。于是各休息。翌日，二公商量数十折。议论来莫不悉破其说。继日，凡致辩，其说随屈。伯恭甚有虚心相听之意，竟为元晦所尼。"所谓议论数十折者，悉已不可得闻。惟《象山年谱》，谓"鹅湖之会，论及教人。元晦之意，欲令人泛观博览，而后归之约；二陆之意，欲先发明人之本心，而后使之博览。朱子以陆之教人为太简，陆以朱之教人为支离"而已。《朱子年谱》曰："其后子寿颇悔其非，而子静终身守其说不变。"案子寿以五年戊戌，访朱子于铅山。是岁，朱子与吕伯恭书曰："近两得子寿兄弟书，却自讼前日偏见之说。不知果如何？"庚子，东莱与朱子书曰："陆子寿前日经过，留此二十余日。幡然以鹅湖所见为非。甚欲着实看书讲论。心平气下，相识中甚难得也。"是岁，九月，子寿卒。朱子祭之以文，有曰："别未岁时，兄以书来。审前说之定，曰子言之可怀。逮予辞官而未获，停骖道左之僧斋。兄乃枉车而来教，相与极论而无猜。自是以还，道合志同"云云。此所谓子寿颇悔其非者也。象山则庚子朱子答吕伯恭书曰："其徒曹立之者来访。持得子静答渠书与刘淳叟书。却说人须是读书讲论。然则自觉其前说之误矣。但不肯翻然说破今是昨非之意，依旧遮前掩后，巧为词说。"又一书云："子静似犹有旧来意思。闻其门人说：子寿言其虽已转步，而末曾移身。然其势久之亦必自转。回思鹅湖讲论时，是甚气势？今何止十去七八邪？"案陆子但欲先发明人之本心，而后使之博览，非谓不必读书讲论。则朱子谓其自觉前说之误，实属亿度之辞。在陆子，初未尝改。故辛丑朱子答吕伯恭书，谓"子静近日讲论，此旧亦不同。但终有未尽合处"。又一书云："子静旧日规模终在。"此则所谓子静终身守其说不变者也。朱子癸卯答项平父书曰："大抵子思以来，教人之法，惟以尊德性、道问学两事，为用力之要。今子静所说，专是尊德性事。而熹平日所论，却是道问学上多了。所以为彼学者，多持守可观；而看得义理，全不仔细。又别说一种杜撰道理遮盖，不肯放下。而熹自觉，虽于义理不敢乱说，却于紧要为己为人上，多不得力。今当反身用力，去短截长，集思广益，庶几不堕一边耳。"又答陈肤仲书："陆学固有似禅处。然鄙意近觉婺州朋友，专事见闻，而于自己身心，全无功夫。所以每劝学者兼取其善。要得身心稍稍端静，方于义理知所抉择。吾道之衰，正坐学者各守己偏，不能兼取众善，所以终有不明不行之弊。"丙午答陆子静书："道理虽极精微，然初不在耳目见闻之外。是非黑白，即在面前。此而不察，乃欲别求玄妙于意虑之表，亦已误矣。迩来日用功夫，颇觉有力，无复向来支离之病。甚恨未得从容面论。未知异时相见，尚复有异同否耳？"虽仍各持一说，议论颇极持平。循是以往，未必不可折衷和会。然癸卯岁，朱子撰《曹立之墓表》，陆子之徒，谓攻其短，颇为不平。丙午，朱子答程正思书，又谓"去年因其徒来此，狂妄凶狠，手足尽露，乃始显然鸣鼓攻之"。而辟陆学之语又多矣。然及淳熙十五年戊申，无极太极之辩，词气虽少愤戾，究仍以辨析学术之意为多。盖朱陆两家，学问途辙，虽或不同，其辩论亦止于是。至于入主出奴，叫嚣狂悖，甚有非君子之词者，则其门下士意气用事者之失；及后世姝姝暖暖者，推波助澜之为之也。

朱子之学，所以与陆子异者？在陆子以心为至善，而朱子则谓心杂形气之私，必理乃可谓之至善。故《语录》谓"陆子静之学，千般万般病，只在不知有气禀之杂，把许多粗恶的气，都把做心之妙理，合当恁地，自然做将去"也。其所以一认心为至善，一以心为非至善者？则以陆子谓理具于心，朱子谓理在心外。陆子曰："天理人欲之言，亦不是至论。若天是理，人是欲，则天人不同矣。此其源盖出于老氏。《乐记》曰：人生而静，天之性也。感于物而动，性之欲也。物至知知，然后好恶形焉。不能反躬，天理灭矣。天理人欲之言，盖出于此？《乐记》之言，亦根于老氏。"排天理人欲之说，即谓理出于心也。朱子曰："古人之学，所贵于存心者，盖将推此以穷天下之理。今之所谓识心者，乃欲恃此而外天下之理。"（《答方宾王书》）则明谓理在心外矣。然二家谓理在心之内外虽异，而其谓理之当顺则同。陆子与朱济道书曰："此理在宇宙间，未尝有所隐遁。天地之所以为天地者，顺此理而无私焉耳。人与天地并立为三极，安得自私而不顺此理哉？"其说与朱子初无以异。此其所以途辙虽殊，究为一种学问中之两派也。

刘蕺山曰："世言上等资质人，宜从陆子之学；下等资质人，宜从朱子之学。吾谓不然。惟上等资质，然后可学朱子。以其胸中已有个本领，去做零碎工夫，条分缕析，亦自无碍。若下等资质，必须识得道在吾心，不假外求，有了本领，方去为学。不然，只是向外驰求，误却一生矣。"又曰："大抵诸儒之见，或同或异，多系转相偏矫，因病立方。尽是权教。至于反身力践之间，未尝不同归一路。"黄梨洲《明儒学案发凡》曰："学问之道，以各人自用得著者为真。凡倚门傍户，依样葫芦者，非流俗之士，则经生之业也。此编所刊，有一偏之见，有相反之论。学者于其不同处，正宜着眼理会。所谓一本而万殊也。以水济水，岂是学问？"此数条，皆足为争朱陆异同者，痛下针砭。

象山之学，当以慈湖为嫡传。而其流弊，亦自慈湖而起。象山常说颜子克己之学。其所谓克己者，非如常人，谓克去利害愤欲之私也。乃谓于意念起时，将来克去。意念克去，则还吾心体之本然。此心本广大无边，纯粹至善。功力至此，则得其一，万事毕矣。慈湖尝撰《己易》，谓天地万物皆一道，道即易，易即吾心。（大旨谓"天者吾性中之象，地者吾性中之形。在天成象，在地成形，皆吾之所为也。坤者，乾之两者也；其他六卦，乾之错综者也。故举天下非有二物"）此即象山"宇宙内事，皆己分内事；己分内事，乃宇宙内事"之说也。又谓人当以天地为己，不当以耳目鼻口为己，此则克去己私之本。盖人与道本一，（道与天地万物为一）所以隔之者乃私意，而私意由形体而起也

（由我而起）。职是故，慈湖之学，以"不起意"为宗。所谓意者？慈湖谓其状不可胜穷。"穷日之力，穷年之力，纵说横说，广说备说，不可得而尽。"要之由己而起者皆是（以形体为己之己）。然则心与意奚辨？曰："一则为心，二则为意。直则为心，支则为意。通则为心，阻则为意。"（以天地万物为一体为心，物我相对待为意）人心本与道一，意则蔽之。故须将意克尽心体乃复见也。人之恶，何一非由意而起？苟能从此克去，则一切恶一扫而空。此诚最根本之义，亦最简易之法矣。然此语谈何容易？吾人自旦之暮，自暮至旦，刻刻不断，生息于意念之中者，既非一日；加以众生业力，相熏相染；直是意即我，我即意。一朝觉悟，而欲克去，所费功力，盖十百千万于建立事功，研求学问者而未有已也。能见及此，不过觉悟之始。自此以往，功力方将无穷。而慈湖以救当时学者沉溺于训诂词章之习，所说多在绝意明心，而不及于斩艾持守。及门弟子，遂以入门义为究竟法。偶有所见，即以为道在是，而不复加省察克治之功。后来王门之弊，亦多如是。此则自谓得心体之本然，而不知其仍息于意念之中也。（《己易》："昏者不思而遂己，可乎？曰：正恐不能遂己。诚遂己，则不学之良能，不虑之良知，我所自有也；仁义礼知，我所自有也；万善自备也，百非自绝也；意必固我，无自而生也；虽尧、舜、禹、汤、文、武、周公、孔子，何以异于是？"此中正恐"不能遂己"一句，最须注意。〇袁絜斋称慈湖："平生践履，无一瑕玷。处闺门如对大宾，在暗室如临上帝。年登耄耋，兢兢敬谨，未尝须臾放逸。"可见其持守之严）此固学者之误，不能以咎慈湖。然慈湖立教之少偏，似亦不能辞其责矣。袁洁斋宗旨，与慈湖同。然其教人，谓"心明则本立"，又谓"当精思以得之，兢业以守之"，似较慈湖为周备也。

浙　学

理学何学也？谈心说性，初不切于实际，而其徒自视甚高。世之言学问者，苟其所言，与理学家小有出入，则理学家必斥为俗学，与之斤斤争辩。其所争者，不过毫厘之微，而其徒视之，不翅丘山之重。此果何义哉？果其别有所见欤？抑实无所有，而姑枵然以自大也？

随事应付，常人本自能之。哲学家所以异于常人者，乃在每一问题，必追究到底，而不肯作就事论事之语。此义前已言之。理学亦一种哲学也。故理学之异于寻常学问者，在于彻底。（以一种学问与寻常人较，则寻常人之所言，恒不彻底，而学问家之所言，恒较彻底；以寻常学问与哲学较，则寻常学问之所言，恒不彻底，而哲学家之所言，恒较彻底。故以寻常人与言学问者较，犹以寻常学问与哲学较也）彻底即追究到底之谓也。理学家就宇宙间事物，追究到底，而得其不易之则焉，即其所谓理也。此理也，自理学家言之：则亘古今而不变，通世界而无二。大之至于书契所不能纪，巧历所不能穷，而莫之能外；小之至于耳目所不能听睹，心思所不能想象，而亦不能不由。天下事由之则是，背之则非。一切学问议论，与此合者，看似迂曲，实甚迳捷；看似背谬，实极得当。而不然者，则皆似是而非；由之虽可得近功，而隐祸实已伏于其后者也。是则所谓俗学也已（理学家曰：言天理而不能用诸人事，是谓虚无，是为异学。言人事而不本之于天理，是为粗浅，是为俗学）。

职是故，理学家之行事，不求其有近功，而必求其根底上无丝毫破绽。所以贵王贱霸者以此。以一身论，亦必反诸己而无丝毫之慊，而后可以即安。否则虽功盖天下，泽被生民，犹为袭取，犹为侥幸也。（理学家所以不肯轻出身任天下事者，有二义：（一）己不正，必不能善事。朱子谓"多只要求济事。不知自身不立，事决不能成。自心若有一毫私意未尽，皆足败事"是也。（二）

则论至精微处，天下至当不易之理，如几何学之只有一点。此一点稍偏即不是，即必有后祸。而有心为善，即已偏而与此点离矣。邹聚所曰："今人要做忠臣的，只倚着在忠上，便不中了。为此惊世骇俗之事，便不庸了。自圣人看，还是索隐行怪。"理学家之精神，专注于内，事事求其至当不易，故觉得出身任事之时甚难）理学家之见解如此，其言，自不能不与寻常人大异。寻常人目为迂曲、为背谬，彼正忻然而笑，以世人为未足与议也。

理学家之议论，自理论言之，固亦无以为难。然天下事理，至无穷也。凡事必从根柢上做起，不容丝毫苟且，固是一理。然必先撑持目前，根柢上事，乃可徐图，亦是一理。（如谓产当公不当私，岂非正论。然专将目前社会破坏，共产之蕲望，岂遂得达？欲求共产，有时或转不得不扶翼私产矣。世界大同，岂非美事？然欲跻世界于大同，必先自强其国。若效徐偃、宋襄之为，转足为世界和平之累也）以一人言之，必自己所学，十分到家，乃可出而任事。又必事事照吾主张做去，不容有丝毫委曲，乃得免于枉尺直寻之消，而其事亦无后灾。固是一理。然如此，则天下将永无可为之日，而吾身亦永无出而任事之时。以天下为己任者，正不容如此其拘。亦是一理。由前之说，则理学家之所以自处；由后之说，则非理学者之所以难理学家也。宋时所谓浙学者即如此。

浙学分永嘉、永康二派。永嘉一派，道源于薛艮斋，而大成于叶正则。与宋时所谓理学者，根本立异。永康一派，道源于吕东莱，变化于其弟子约及陈同甫。其所争者，则以理学家所谓天理，范围太隘，而欲扩而充之也。今略述其说如下。

薛艮斋问学于袁道洁，袁道洁问学于二程，故永嘉之学，亦出伊洛。艮斋好言礼乐兵农，而学始稍变。陈君举继之，宗旨亦与艮斋同。然不过讲求实务，期见诸施行而已（君举颇主《周官》，谓不能以王安石故，因噎废食）。于伊洛宗旨，未尝显有异同也。至叶水心出，而其说大变。水心之意，以为圣人之言，必务平实。凡幽深玄远者，皆非圣人之言。理学巨子，当推周、张、二程，其哲理皆出于《易》。故水心于《易》，力加排斥。谓惟《彖》《象》系孔子作，《十翼》不足信。而后儒讲诵，于此独多。魏晋而后，既与老庄并行，号为孔老。佛说入中国，亦附会《十翼》，于是儒释又并称。使儒与释老相杂者，皆《十翼》为之。世之好言《十翼》者，皆援儒以入释老者也。有范巽之者（名育，邠州三水人），受业于横渠，而其序《正蒙》，谓其以"六经所未载，圣人所不言者，与浮屠老子辩，实为寇盗设郛郭，助之捍御。"水心深然其说。谓浮屠之道非吾道，学者援《大传》"天地絪缊""通昼夜之道而知""不疾而速，不行而至"，子思"诚之不可掩"，孟子"大而化，圣而不可知"，而曰：吾所有之道固若是，实阳儒而阴释者也。案宋儒之论，究与《易》意合否，诚难断言。然一种学问，必有其哲学上之根据。儒亦当时显学，安得无之？如水心言，凡高深玄远之说，悉出后人附会，则孔子乃一略通世故，止能随事应付之人乎？必不然矣。

　　宋时有道统之说。其思想，盖远源于孟子，而近接韩退之。孟子曰："五百年，必有王者兴，其间，必有名世者。"又曰："由尧舜至于汤，五百有余岁。若禹、皋陶，则见而知之；若汤，则闻而知之。由汤至于文王，五百有余岁。若伊尹、莱朱，则见而知之；若文王，则闻而知之。由文王至于孔子，五百有余岁。若大公望、散宜生，则见而知之；若孔子，则闻而知之。由孔子而来，至于今，百有余岁。去圣人之世，若此其未远也！近圣人之居，若此其甚也！然而无有乎尔。则亦无有乎尔。"孟子屡言愿学孔子。又曰："予未得为孔子徒也，予私淑诸人也。"又曰："由周而来，七百有余岁矣。以其数，则过矣！以其时考之，则可矣！夫天，未欲平治天下也；如欲平治天下，当今之世，舍我其谁也。"盖隐然自附于见知孔子之列，而以名世之任自期。韩氏《原道》曰："吾所谓道，尧以是传之舜，舜以是传之禹，禹以是传之汤，汤以是传之文、武、周公，文、武、周公传之孔子，孔子传之孟轲。轲之死，不得其传焉。荀与杨也，择焉而不精，语焉而不详。"始以孟子继孔子。宋人以孟子受业于子思，子思受业于曾子，遂谓曾子独得孔子之传。朱子又推濂溪、二程，遥接其绪。其《沧州精舍告先圣文》，所谓"恭惟道统；万理一原，远自羲轩，集厥大成，人属玄圣。述古垂训，万世作程。三千其徒，化若时雨。维颜曾氏，传得其宗。逮思及舆，益以光大，自时厥后，口耳失真。千有余年，乃云有继。周、程授受，万理一原"者也。后人又以朱子承周、程之绪，而理学家所谓道统者以成。水心既不喜伊、洛，故亦不承其道统之说。别叙道统，自尧、舜、禹、汤、文王、周公以至孔子，而斥宋儒曾子传孔子之学，以至子思、孟轲之说为不足信。其言曰："四科无曾子，而孔子曰参也鲁，则曾子在孔门弟子中，不为最贤。若谓孔子晚岁，独进曾子；或孔子殁后，曾子德加尊，行加修；则无明据。又孔子谓中庸之德民鲜能，而子思作《中庸》。以为遗言，则颜、闵犹无是告；以为自作，则非传也。"此等议论，看似考据精详，实亦凭臆为说。与主张曾子传孔子之道，以及子思、孟子者，同一无据。不足深论。水心之意，亦初不在此。所以必列叙道统，驳斥旧说，不过以达其崇实黜虚之见而已。水心之言曰："孔子教颜渊：非礼勿视，非礼勿听，非礼勿言，非礼勿动，必欲此身尝行于度数折旋之中。而曾子告孟敬子，乃以为所贵者动容貌、正颜色、出辞气三事而已。是则度数折旋，皆可忽略而不省；有司徒具其文，而礼因以废。"又曰："《周官》言道则兼艺。《易传》，子思、孟子言道，后世于道，始有异说。益以庄、列西方之学，愈以支离。"其意可概见矣。

宋儒于《戴记》，独尊《大学》《中庸》，诸子中独尊《孟子》，以配《论语》，而为《四书》。固由于《大学》言为学之方，最有系统；（《朱子语录》："问初学当读何书？曰：《六经》《语》《孟》皆当读。但须知缓急。《大学》《语》《孟》，最是圣贤为人切要处。然《语》《孟》随事答问，难见要领。惟《大学》是说古人为学之大凡，体统都具。玩味此书，知得古人所乡，读《语》《孟》便易入，后面功夫虽多，而大体已立矣。"又曰："今且须熟究《大学》作间架，却以他书填补之。"又曰："《大学》是修身治人的规模。如起屋相似，须先打个地盘"）《中庸》所言之精微；《孟子》于诸子中，独为纯正；亦与其道统之说相关也。水心既不信道统之说，故于《学》《庸》《孟子》，咸有诘难，其难《大学》格致之说，曰："《大学》以致知格物，在诚意正心之先。格字可有二解：物欲而害道，格而绝之；物备而助道，格而通之是也。程氏以格物为穷理。夫穷尽物理，则天下国家之道，已无遗蕴，安得意未诚，心未正，知未至？以为求穷理，则未正之心，未诚之意，未致之知，安能求之？故程氏之说不可通。然格物究作何解，殊未能定。盖由为《大学》之书者，自未能明，以致疑误后学也。"其难《中庸》，谓："《书》惟皇上帝，降衷于下民，即《中庸》天命之为性。若有恒性，即率性之为道。克绥厥猷惟后，即修道之谓教。（案所引三语，出《伪汤诰》）然言降衷可，言天命不可。何者？天命物所同，降衷人所独也。惟降衷为人所独，故人能率性而物不能。否则物何以不能率性邪？性而曰恒，是以可率。但云受命，则不知当然之理，各以意之所谓当然者率之，则道离于性矣。民有恒性，而后绥之，无加损也。云修则有损益矣。是教者强民从己也。"其难《孟子》，曰："《洪范》：耳目之官不思，而为聪明，自外入以成其内也。思曰睿，自内出以成其外也。古人未有不内外交相成，而至于圣贤者。古人之耳目，安得不官而蔽于物？思有是非邪正，心有人危道微，后人安能常官而得之？盖以心为官，出孔子后；以性为善，自孟子始；然后学者尽废古人之条目，而专以心为宗主，虚意多，实力少，尧舜以来内外相成之道废矣。"案此诸说，均属牵强。格物之释甚多，是非诚难遽定。然因其说之难定，遂谓古人自不能通，则未免失之武断。水心谓"功力当自致知始"，则《大学》言致知在格物，不云欲致其知者，先格其物，明格物致知，即系一事，原自致知为始也。古书言性，本皆指人性言之。言物性须别之曰物，言人性不须别之曰人，言语之法，自如此也。《孟子》曰："耳目之官不思，而蔽于物，物交物，则引之而已矣。心之官则思。思则得之，不思则不得也。此天之所以与我者。先立乎其大者，则其小者不能夺也。"谓当以心之思，正耳目之蔽，非谓任心而遂废耳目也。谓古人之耳目，安得不官而蔽于物？后人之心，安能常思而得之？试问耳目为物所引，果有此事乎？无此事乎？耳目为物所蔽，不借心之思以正之，将何以正之乎？心不能常思而得，将废心而专任耳目乎？抑当致力于治心乎？水心曰："唐虞三代，上之治为皇极，下之教为大学，行之天下为中庸。汉以来无能明之者。今世之学始于心，而三者始明。然唐虞三代，内外无不合，故心不劳而道自存。今之为道者，独出内心以治外，故常不合。"夫心思耳目，非对立而为二物也。用耳目者，非能不用心思；而心思亦非能离耳目而为用也。（物交物则引之，所引者仍系其心。谓心随耳目之欲，而不思其邪正也。若竟废耳目之用，则本无物欲之蔽矣）今乃曰：自外入以成其内，自内出以治其外，其说果可通乎？

水心于太极先后天之说，亦皆加以驳诘。谓孔子《象辞》，无所谓太极。太始太素等茫昧荒远之说，实惟庄、列有之。又谓《河图》《洛书》之说，已为怪诬，况于先后天乎？孔子系《易》，辞不及数。惟《大传》称大衍之数五十，其下文有五行生成之数。五行之物，遍满天下，触之即应，求之即得，而谓其生成之数，必有次第，盖历家立其所起，以象天地之行，不得不然。《大传》以《易》之分揲象之，盖《易》亦有起法也。《大传》本以《易》象历，而"行反以为历本于《易》。夫论《易》及数，非孔氏本意，而谓历由《易》起，摭道以从数，执数以害道"云云。此说诚亦有理。然太始太素等名，见于《易纬》。纬书固多怪迁之论，中亦多存经说。谓其不足信则可，谓非古说则不可。专言数诚非孔氏之意。然古代哲学，与天文历数，相关极密。谓孔子不专言数则可，必谓言数之说，尽出后人附会，亦非。水心谓"天地阴阳，最忌以密理窥测"。推其意，必专就事论事；高深玄远之说，一语不及而后可。然哲学固不容如是也。

水心又论"黄叔度为后世颜子"之说云："孔子所以许颜子者，皆言其学，不专以质。汉人不知学，以质为道。遂使老、庄之说，与孔、颜并行。"案宋儒好言"圣贤气象"。在彼修养之余，诚不能谓无所见。然亦有入魔道处。水心此论，颇中其失。

水心既以实角为主，自不免功利之见。故谓"正谊不谋利，明道不计功，初看极好，细看全疏阔。古人以利与人，而不自居其功，故道义光明。既无功利，则道义乃无用之虚语耳"。殊不知上下交征利，势必至于不夺不厌。未有仁而遗其亲，未有义而后其君，正古人之以义为利；而正谊不谋利，明道不计功，亦正所以规远利也。此等说，皆未免失之偏激。

凡主张功利之说者，世人每谓其心术不可问，此实不然。彼不过立说少偏耳，其意，固欲以利人也。若但图自利，则鸡鸣而起，孳孳为之可矣；而何必著书立说，以晓天下乎？故主张功利之说者，其制行，往往高洁过人，方正不苟。以其策书与主张道义之人异，其蕲向则同也。水心当韩侂胄用兵时，尝一出任事，以是颇为论者所讥。此实理学家好苛论人，而不察情实之弊。不可不有以正之。案水心当淳熙时，屡以大仇未复为言。开禧欲用兵，除知建康府。顾力言此事未可易言，欲先经营淮、汉，使州有胜兵两万，然后挑彼先动，因复河南；河南既复，乃于已得之地，更作一重，为进取之计。实为老谋胜算。而侂胄急于建功（急于建功，便是私意），不能用。水心又上简子，请修实政，行实德。意主修边而不急于开边，整兵而不急于用兵。尤欲节用减赋，以宽民力。时亦以为迂缓，不能用。但欲借其名以草诏。水心力辞。则其不同侂胄之轻举，彰彰矣。兵既败，乃出安集两淮。力陈救败之计。旋兼江淮制置，措置屯田。时传言金兵至。民渡江者亿万，争舟至覆溺。吏持文书至官，皆手颤不能出语。水心叹曰："今竟何如？"乃用门下士滕戒计，以重赏募勇士，渡江劫其营。十数往返，俘馘踵至。士气稍奋，人心稍安。金人乃解。水心相度形势，欲修沿江堡坞，与江中舟师相掎。自此渐北，抚用山水寨豪杰。中朝争于求和。水心以为不必，请先自固，徐为进取之图。盖其审慎于启衅之先，效命于偾军之际，其忠忧才略，咸有足多者。而忍以一节轻议之哉？况所议者，皆捕风捉影，不察情实之谈乎？侂胄既死，其党许及之、曾孝友等，惧得罪，反劾水心附会用兵，以图自免。遂夺职奉祠。前此封事具在，竟莫能明其本末。亡国之是非必不明，功罪必倒置，可为浩叹矣。水心弟子周南（字南仲，吴县人），北伐时，尝奉长枢密院机速房之命。辞曰："吾方以先事造兵，为发狂必死之药，敢乡迩乎？"卒不受命。侂胄之诛，水心弟子与者三人。（赵汝谈、汝谠、王大受。汝谠，一作汝说，字蹈中，大梁人。大受，字宗可，一字拙斋，饶州人）亦可见水心之宗旨矣。水心既废，杜门家居，绝不自辩，尝叹"女真复为天祚，他人必出而有之"。又谓"自战国以来，能教其民而用之，惟一诸葛亮，非驱市人之比。故其国不劳，其兵不困，虽败而可战。"其经纶又可见矣。其与丁少詹（丁希亮，字少詹，黄严人。水心弟子）书，谓"世间只常理。所谓豪杰卓然兴起者，不待教诏而自能，不待勉强而自尽耳。至于以机变为经常，以不逊为坦荡，以窥测隐度为义理，以见人隐伏为新奇，以跌荡不可羁束为通透，以多所疑忌为先觉，此道德之弃材也。读书之博，只以长敖；见理之明，只以遂非"云云。则卓然儒者之言，虽程、朱无以逾其淳也。然则世之踔弛自喜，好为大言，而实际并无工夫，隐微之地，且不可问；而顾谬托于功利之论，以哗世而愚众者，宁非言功利者之罪人哉？

　　永康之学，源于东莱。然东莱之论，实与永康绝异，不可不察也。东莱与叶正则书曰："静多于动，践履多于发用，涵养多于讲说，读经多于读史，功夫如此，然后可久可大。"与朱侍讲曰："向来一出，始知时事益难平，为学功夫益无穷，而圣贤之言益可信。"其与陈同甫，则曰："井渫不食，正指汲汲于济世者。所以未为井之盛？盖汲汲欲施，与知命者殊科。孔子请讨见却，但曰以吾从大夫之后，不敢不告；孟子虽有自任气象，亦云吾何为不豫哉？殆可深镜也。"则实非急于功名之流。其论政事，亦恒以风俗为重。所撰《礼记说》，訾"秦汉以来，外风俗而论政事"。《论语说》曰："后世人所见不明，或反以轻捷便利为可喜，淳厚笃实为迟钝，不知此是君子小人分处。"《与学者及诸弟书》曰："尝思时事所以艰难，风俗所以浇薄，推其病原，皆由讲学不明之故。若使讲学者多，其达也，自上而下，为势固易；虽不幸皆穷，然善类既多，熏蒸上腾，亦有转移之理。虽然，此特忧世之论耳。中天下而立，定四海之民，所性不存焉，此又当深长思也。"皆卓然儒者之论。其论自治，谓："析理当极精微，毫厘不可放过。"又谓："步趋进退，左右周旋，若件件要理会，必有不到。惟常存此心，则自然不违乎理。"颇能兼朱、陆之长。史称东莱少时，性极褊。后病中读《论语》，至"躬自厚而薄责于人"有省，遂终身无暴怒。《困学纪闻》纪其言，谓"争校是非，不如敛藏收养"，则其气象宽博，自有过人者。宜其不与于朱、陆之争，且能调和二家也。

东莱死后，其弟子约，议论渐变。朱子答刘子澄曰："伯恭无恙时，爱说史学。身后为后生辈糊涂说出一般恶口小家议论。贱王尊霸，谋利计功，更不可听。子约立脚不住，亦曰：吾兄，盖尝言之云尔？"又一书曰："婺州自伯恭死后，百怪都出。至如子约，别说出一般差异的话。全然不是孔孟规模，却做管商见识。令人骇叹。然亦是伯恭自有些拖泥带水，致得如此，又令人追恨也。"答潘端叔曰："子约所守，固无可疑。然其论甚怪。教得学者相率舍道义之途，以趋功利之域。充塞仁义，率兽食人，不是小病。故不免极力陈之。以其所守言之，固有过当。若据其议论，则亦不得不说到此地也。"可见功利之说，皆起于子约时矣。然其主持，实以陈同甫为最力。故朱子答黄鲁直书，谓"婺州近日一种议论愈可恶。大抵名宗吕氏，而实主同甫"。《语类》又谓"伯恭门人，亦有为同甫之说"者也。

同甫之为人，不如水心之纯；其才，亦不如水心之可用。（水心行事具见前。龙川落魄，以疏狂为侠。尝三下大理狱。其言曰："研穷义理之精微，辨析古今之同异；原心于秒忽，较理于分寸；以积累为工，以涵养为主，晬面盎背，则于诸儒诚有愧焉。至于堂堂之陈，正正之旗；风雨云雷，交发而并至；龙蛇虎豹，变见而出没；推倒一世之智勇，开拓万古之心胸；自谓差有一日之长。"乃大言耳）然其论王霸义利之说，则其攻驳当时之论，实较水心为有理致，不可诬也。龙川之言曰："自孟荀论义利王霸，汉唐诸儒，未能深明其说。本朝伊洛诸公，辨析天理人欲，而王霸义利之说，于是大明。然谓三代以道治天下，汉唐以智力把持天下，固已使人不能心服。而近世诸儒，遂谓三代专以天理，汉唐专以人欲行。其间有与天理暗合者，是以亦能久长。亮以为汉唐之君，本领非不洪大开廓。惟其时有转移，故其间不无渗漏。谓之杂霸者，其道固本于王也。诸儒自处者，曰义曰王；汉唐做得成者，皆曰利曰霸。一头自如此，一头自如彼。说得虽甚好，做得亦不恶。如此，却是义利双行，王霸并用。如亮之说，却是直上直下，只有一个头颅做得成耳。"又曰："心之用，有不尽而无常泯，三代，做之尽者也；汉唐，做不到尽者也。本末感应，只是一理。使其田地根本，无有是处，安得有小康？"龙川之说，盖谓义之与利，王之与霸，天理之与人欲，惟分量多少之异，性质则初无不同也。戢山之言曰："不要错看了豪杰。古人一言一动，凡可信之当时、传之后世者，莫不有一段真至精神在内。不诚则无物，何从生出事业来？"与龙川之言，若合符节。如龙川、戢山之言，则天下惟有一理，可以成事。如朱子之说，转似伪者，有时亦可成事矣。其意欲使道尊，而不知适以小之也。且如朱子之说，则世之求成事者，将皆自屏于道之外，而道真为无用之物矣。龙川又极论其弊曰："以为得不传之绝学者，皆耳目不洪、见闻不遗之辞也。人只是这个人，气只是这个气，才只是这个才。譬之金银铜铁，炼有多少，则器有精粗。岂其本质之外，挨出一般，以为绝世之美器哉。故浩然之气，百炼之血气也。使世人争惊高远以求之，东扶西倒，而卒不着实而适用，则诸儒所以引之者过矣。"又曰："眼盲者摸索得着，谓之暗合。不应两千年之间，有目皆盲也。亮以为后世英雄豪杰，有时闭眼胡做，遂为圣门之罪人。及其开眼运用，无往而非赫日之光明。今指其闭眼胡做时，便以为盲无一分光。指其开眼运用时，只以为偶合天下之盲者能几？利欲汩之则闭。心平气定，虽平平眼光，亦会开得。况夫光如黑漆者，开则其正也，闭则霎时浮翳耳。今因吾眼之偶开，便以为得不传之绝学。画界而立，尽绝一世之人于门外。而谓两千年之君子，皆盲眼不可点洗；两千年之天地日月，皆若有若无；世界皆是利欲，斯道之不绝者，仅如缕耳。此英雄豪杰，所以自绝于门外；以为建功立业，别是法门；这些好说话，且与留着妆景足矣"。案世谓儒术迂疏，正是如此。龙川之言，亦可深长思也。

凡讲学家，往往设想一尽美尽善之境以为鹄。说非不高，然去实际太远，遂至成为空话。中国人素崇古，宋儒又富于理想，用举其所谓尽美尽善之境，一一传之古人；而所谓古人者，遂成为理想中物。以此期诸实际，则其功渺不可期；以此责人，人亦无以自处矣。此亦设想太高、持论太严之弊也。龙川与朱子书曰："秘书以为三代以前，都无利欲，都无要富贵底人。今诗书载得如此洁净，只此是正大本子。亮以为才有人心，便有许多不洁净。"破理想之空幻，而据实际以立论，亦理学家所当引为他山之石也。

所谓义利，往往不可得兼。然此自系格于事实，以致如此。若论究竟，则二者之薪向，固未尝不一。所谓舍利而取义者，亦以格于事势，二者不可得兼云然，非有恶于利也。主张之过，或遂以利为本不当取，则又误矣。龙川之言曰："不失其驰，舍矢如破，君子不必于得禽也，而非恶于得禽也。范我驰驱，而能发必命中者，君子之射也。岂有持弓矢审固，而甘心于空反者乎？"亦足箴理学家偏激之失也。

龙川之论，朱子拒之如洪水猛兽，又视其辟江西为严，然其议论之可取如此。亦可见道理之弘，不容执一成之见以自封矣。然朱子之言，亦有足资警惕者。朱子答吕子约书曰："孟子一生，忍穷受饿，费尽心力，只破得枉尺直寻四字。今日诸贤，苦心劳力，费尽言语，只成就得枉尺直寻四字。"其言足资猛省。盖谓凡能成事者，皆有合于当然之道，不得谓惟吾理想中之一境有合，而余皆不合，其言自有至理。然世事错综已极，成否实难预料。就行事论，只能平心静气，据我所见为最是者，尽力以行之，而不容有一必其成功之念。苟欲必其成功，则此心已失其正。成功仍未可必，所行先已不当矣。故论事不宜过严，而所以自律者，则本源之地，不容有毫发之间。龙川箴朱子立论之过隘，朱子讥龙川立心之未淳，其言亦各有一理也。

宋儒术数之学

宋儒术数之学，其源有二：一则周子之《太极图》，邵子之《先天图》，与《参同契》为一家言，盖方士修炼之书也；一则天地生成之数，司马氏之《潜虚》，及刘氏、蔡氏、《河图》《洛书》之说本之。

所谓天地生成之数者？其说见于郑氏之《易注》。《易系辞传》曰："天一，地二。天三，地四。天五，地六。天七，地八。天九，地十。"又曰："天数五、地数五，五位相得而各有合。天数二十有五、地数三十。凡天地之数，五十有五，此所以成变化而行鬼神也。"一、三、五、七、九为天数，二、四、六、八、十为地数，所谓天数五，地数五也。一、三、五、七、九相加，为二十有五，二、四、六、八、十相加，为三十，所谓天数二十有五、地数三十也。二十五与三十相加，为五十有五，则《易》所言之凡数也。郑氏《注》曰："天一生水于北，地二生火于南，天三生木于东，地四生金于西，天五生土于中。阳无耦，阴无妃，未得相成。于是地六成水于北，与天一并；天七成火于南，与地二并；地八成木于东；与天三并；天九成金于西，与地四并；地十成土于中，与天五并。"此所谓五行生成之数。《汉书·五行志》《左氏》昭公九年："神灶曰：火，水妃也，妃以五成。"《疏》引《阴阳之书》，言五行妃合；十八年，"梓慎曰：水，火之牡也。"《疏》引《阴阳之书》，言五行嫁娶，说皆略同。后人于郑氏之说，或多驳难，然非此无以释五位相得而各有合也。《月令》言五方，木、火、金、水皆成数，惟土为生数。《太玄玄图篇》云："一与六共宗，二与七为朋，三与八成友，四与九同道，五与五相守。"说亦大同，惟中央不言五与十而已。司马氏《潜虚》所用，即系此数。

温公《潜虚》，亦从万物之所由来说起。由此推原人性，而得其当然之道。其说曰："万物皆祖于虚，生于气。气以成体。体以受性。性以辨名。名以立行。行以俟命。故虚者，物之府也。气者，生之户也。体者，质之具也。性者，神之赋也。名者，事之分也。行者，人之务也。命者，时之遇也。”盖亦欲通天人之故者也（谓万物皆祖于虚，不如张子泯有无为一之当）。

其《气图》：以五行分布五方，用其生数为原、荧、本、丱、基，而以其成数为委、焱、末、刃、冢。以此互相配合，其数五十有五，尽成级数，是为《体图》。《体图》一等象王，二等象公，三等象岳，四等象牧，五等象率，六等象侯，七等象卿，八等象大夫，九等象士，十等象庶人。其说曰：“少以制众，明纲纪也。位愈卑，诎愈多，所以为顺也。”又以五行生成之数递相配，其数亦五十有五，谓之《性图》（其中以水配水，以火配火，谓之十纯。其余谓之配）。又以一至十之数互相配，各为之名，亦得五十五。其中以五配五曰齐，居中。余则规而圆之，始于元而终于余。是为《名图》。齐包于万物，无位。元，余者，物之终始，无变。余各有初、二、三、四、五、六、上七变。凡三百六十四变。变尸一日。授于余而终之。其说曰：“人之生本于虚。虚然后形。形然后性。性然后动。动然后情。情然后事。事然后德。德然后家。家然后国。国然后政。政然后功。功然后业。业终则反于虚矣。故万物始于元，著于裒，存于齐，消于散，讫于余。五者，形之运也。柔、刚、雍、昧、昭，性之分也。容、言、虑、聆、觌，动之官也。繇、懠，得、罹、耽，情之诉也。求、却、庸、妥、蠢，事之变也。讱、宜、忱、喆、戛，德之途也。特、偶、昵、续、考，家之纲也。范、徒、丑，隶、林，国之纪也。禋、准、资、宾、戒，政之务也。教、乂、绩、育、声，功之具也。兴、痡、泯、造、隆，业之著也。”盖欲以遍象万事也。元、余、齐无变，不占。初、上者，事之终始，亦不占。余五十二名，各以其二、三、四、五、六为占。五行相乘，得二十五；又以三才乘之，得七十五以为策。虚其五而用七十占之。其占，分吉、臧、平、否、凶五者。

温公好《太玄》，留心三十年，集诸说而作注。其作《潜虚》，自云：“《玄》以准《易》，《虚》以拟《玄》。”《玄》起冬至，终大雪，盖象物之始终。《虚》亦然。其系元之辞曰：“元，始也。夜半，日之始也。朔，月之始也。冬至，岁之始也。”继之以裒，曰：“裒，聚也。气聚而物，宗族聚而家，圣贤聚而国。”终之以散，继之以余，盖亦象物之始终。其思想，实未能出于《太玄》之外。此等书，殊可不必重作也。

温公《潜虚》，虽不足贵，而其践履，则有卓然不可诬者。温公之学，重在不欺。自谓"生平所为，未尝不可对人言"。弟子刘安世，问："有一言而可以终身行之者乎？"曰："其诚乎？"问其目。曰："自不妄语始。"安世学之，七年而后成，故能屹然山立。论者称涑水门下，忠定（安世谥）得其刚健笃实，范正献（祖禹）得其纯粹云。传温公之数学者，则晁景迂也。

景迂从温公游，又从杨贤宝（康节弟子）传先天之学，姜至之讲《洪范》。温公著《潜虚》，未成而病，命景迂补之；景迂谢不敏。所著书，涉于《易》者甚多，今惟《易玄星纪谱》，尚存《景迂集》中。其书，乃将温公之《太玄历》，康节之《太玄准易图》，据历象合编为谱，以见《易》与《玄》之皆本于天也。

五行生成之数，郑氏以之注《系辞传》天地之数，其注大衍之数亦用之。其注"河出图，洛出书"，则引《春秋纬》云："河以通乾出天苞，洛以流坤吐地符。河龙图发，洛龟书成。《河图》有九篇，《洛书》有六篇。"初不言九篇、六篇所载为何事。《汉书·五行志》载刘歆之言曰："虙牺氏继天而王，受《河图》，则而画之，八卦是也。禹治洪水，赐《雒书》，法而陈之，《洪范》是也。"（张衡《东京赋》："《龙图》授羲，《龟书》畀姒"）始以《河图》为八卦，《洛书》为五行。（《伪孔传》及《论语集解》引孔氏，亦皆以《河图》为八卦）然亦仅言八卦五行，出于《图》《书》，而《图》《书》究作何状，则莫能质言。（邢昺《论语疏》："郑玄以为《河图》《洛书》，龟龙衔负而出。如《中候》所说：龙马衔甲，赤文绿字。甲似龟背，袤广九尺。上有列宿斗正之度，帝王录纪兴亡之数。"云"列宿斗正之度"，似《图》；云"帝王录纪兴亡之数"，则亦似《书》矣。又云："赤文绿字，甲似龟背"，则龙马所负，亦龟书也。《隋志》："《河图》二十卷。《河图龙文》一卷。其书出于前汉。有《河图》九篇，《洛书》六篇。自黄帝至周文王所受本文。又别有三十篇，云自初起至于孔子九圣之所增演，以广其意。"其书既亡，无可究诘。《汉书·五行志》，以"初一曰"以下六十五字，皆为《洛书》本文；孔以"初一曰"等二十七字，系禹加；刘彪、顾烨以为龟背有二十八字，刘炫谓止二十字，亦皆以意言之而已。要之《河图》《洛书》，本神怪之谈，无从征实。必欲凿求，适成其为痴人说梦而已）至宋时，始有所谓《易龙图》者，托诸陈抟（见李淑《邯郸书目》）。朱子已明言其伪。清胡渭《易图明辨》，谓其图见于张仲纯《易象图说》者凡四：

其第一图，即天数二十有五，地数三十；第二图上为五行生数，下为五行成数；第三图合二者为一；第四图则所谓"戴九履一，左三右七，二四为肩，六八为足，五为腹心，纵横数之皆十五"者也。其数与《大戴记》明堂九室（《大戴记·明堂篇》："明堂者，古有之也。凡九室。二、九、四；七、五、三；六、一、八"）及《后汉书·张衡传》注引《易乾凿度》同。案《后汉书·刘瑜传》：瑜上书："《河图》授嗣，正在九房"，则以此数为《河图》。然九宫之数，合于九畴，故又有以此为《洛书》者。

宋刘牧撰《易数钩隐图》，就《龙图》天地已合之数，虚其中，以上图为两仪，下图为四象，以为《河图》，其有五数及十数者为《洛书》。蔡元定则以第三图为《河图》，第四图为《洛书》。引关朗《易传》为证。《易传》曰："《河图》之文，七前六后，八左九右。圣人观之以画卦。是故全七之三以为离，奇以为巽。全八之三以为震，奇以为艮。全六之三以为坎，奇以为乾。全九之三以为兑，奇以为坤。正者全其位，隅者尽其量。《洛书》之文，九前一后，三左七右；四前左，二前右，八后左，六后右。后圣稽之为三象：一、四、七为天生之数，二、五、八为地育之数，三、六、九为人资之数。"所谓则图画卦者，与刘牧之《四象生八卦图》合，宋时言《图》《书》者，所由以《图》《书》附合于《易》也。（刘氏曰："水居坎而生乾，金居兑而生坤，火居离而生巽，木居震而生艮。"谓水数六，除三画为坎，余三画为干；金数九，除三画为兑，余六画为坤；火数七，除三画为离，余四画为巽；木数八，除三画为震，余五画为艮也。乾坤艮男，画数恰合，巧矣。然坎离震兑皆止三画，殊不可通）关朗易传，乃北宋阮逸所造伪书，见陈无己《后山丛谈》；实本诸刘牧，而又小变其说者，蔡氏为所欺也。

《东都事略·儒学传》谓："陈抟读《易》，以数学授穆脩，脩以授种放，放授许坚，坚授范谔昌。"朱汉上《经筵表》谓："陈抟以《先天图》传种放，放传穆脩，脩传李之才，之才传邵雍。（明道志康节墓，亦谓其学得之李挺之，挺之得之穆伯长）放以《河图》《洛书》传李溉，溉传许坚，坚传范谔昌，谔昌传刘牧。脩以《太极图》传周敦颐，敦颐传程颢、程颐。"晁公武《郡斋读书志》："《易证坠简》一卷。天禧中，毗陵从事范谔昌撰。自谓其学出于溢浦李处约、庐陵许坚。"处约不知即溉否。然邵之学，出于《先天图》；刘牧之学，出于《河图》《洛书》；周子之学，出于《太极图》，则不可诬也。

南渡以后，精于数学者，莫如蔡西山父子。西山以十为《河图》（五行生成数），九为《洛书》（九官）。又谓"《河图》《洛书》虚其中为太极。奇耦各居二十（谓一、三、七、九，与二、四、六、八，相加皆为二十），则亦两仪。一、六为水，二、七为火，三、八为木，四、九为金，五、十为土，固《洪范》之五行，而五十有五，又九畴之子目也。（五行五，五事五，八政八，五纪五，皇极一，三德三，稽疑七，庶征十，福极十一）《洛书》一、二、三、四，而合九、八、七、六，纵横十五，而互为九、八、七、六，则亦四象也。四方之正，以为乾、坤、离、坎，四隅之偏；以为兑、震、巽、艮（此邵子先天方位），则亦八卦也。《洛书》固可以为《易》，《河图》固可以为《范》；且又安知《图》之不为《书》，《书》之不为《图》邪？"又曰："太极者，象数未形，而其理已具之称；形器已具，而其理无朕之目。在《河图》《洛书》，皆虚中之象也。周子曰'无极而太极'；邵子曰'道为太极'，又曰'心为太极'，此之谓也。太极之判，始生一奇一耦，而为一画者二，是为两仪。其数则阳一而阴二。在《河图》《洛书》，则奇耦是也。周子所谓太极动而生阳；动极而静，静而生阴；静极复动；一动一静，互为其根；分阴分阳，两仪立焉；邵子所谓一分为二者，皆谓此也。两仪之上，各生一奇一耦，而为二画者四，是为四象。其位则太阳一，少阴二，少阳三，太阴四；其数则太阳九，少阴八，少阳七，太阴六。以《河图》言之：则六者，一而得于五者也；七者，二而得于五者也；八者，三而得于五者也；九者，四而得于五者也。以《洛书》言之：则九者，十分一之余也；八者，十分二之余也；七者，十分三之余也；六者，十分四之余也。周子所谓水、火、木、金；邵子所谓二分为四者，皆谓此也。四象之上，各生一奇一耦，而为三画者八，于是三才略具，而有八卦之名矣。其位则乾一、兑二、离三、震四、巽五、坎六、艮七、坤八。在《河图》：则乾、坤、离、坎，分居四实；兑、震、巽、艮，分居四虚。在《洛书》：则乾、坤、离、坎，分居四方；兑、震、巽、艮，分居四隅。《周礼》所谓三易经卦各八；大传所谓八卦成列；邵子所谓四分为八者，皆指此而言也。"（以上皆引《易学启蒙》。此书实西山所撰也）盖将先天、太极，及宋人所谓《河图》《洛书》者，通合为一矣。

西山于《洪范》之数，未及论著，皆以授九峰。九峰著《洪范皇极》，以九九之数为推。其言曰："数始于一，参于三，究于九，成于八十一，备于六千五百六十一。八十一者，数之小成也；六千五百六十一者，数之大成也。天地之变化，人事之始终，古今之因革，莫不于是著焉。"又曰："一变始之始，二变始之中，三变始之终。四变中之始，五变中之中，六变中之终。七变终之始，八变终之中，九变终之终。数以事立，亦以事终。"盖欲以数究万物之变者也。此等说，太觉空漠，无可征验，即无从评论其是非。然《洪范皇极》，颇多微妙之言。今略引数条于下。

九	八	七	六	五	四	三	二	一
八十一	七十二	六十三	五十四	四十五	三十六	二十七	十八	九
七百二十九	六百四十八	五百六十七	四百八十六	四百有五	三百二十四	二百四十三	一百六十	八十一
六千五百六十一	五千八百三十二	五千一百有三	四千三百七十四	三千六百四十五	二千九百一十六	二千一百八十九	一千四百五十八	七百二十九

九九积数图

《洪范皇极》曰："有理斯有气，气著而理隐。有气斯有形，形著而气隐。人知形之数，而不知气之数；人知气之数，而不知理之数。知理之数则几矣。动静可求其端，阴阳可求其始。天地可求其初，万物可求其纪。鬼神知其所幽，礼乐知其所著。生知所来，死知所去。《易》曰："穷神知化，德之盛也。"形者，已成之局。气者，形之原因。理又气之原因。数者，事之必然。知理之数，则形气自莫能外矣。故以为穷神知化也。

又曰："欲知道，不可以不知仁。欲知仁，不可以不知义。欲知义，不可以不知礼。欲知礼，不可以不知数。数者，礼之序也。知序则几矣。"仁义二者，仁为空名，义则所以行仁。礼之于义亦然。数者，礼之所以然也。知数，则所行之礼，皆不差忒；于仁义无遗憾，于道亦无不合矣。此说将仁、义、礼一以贯之，即所以使道与数合而为一也。

又曰："数运无形而著有形。智者一之，愚者二焉。数之主生，化育流行。数之已定，物正性命。圆行方止，为物终始。随之而无其端也，迎之而无其原也。浑之惟一，析之无极。惟其无极，是以惟一。"此言原因结果之间，所以无毫厘差忒者，以其本是一体。惟本是一体，而分析特人所强为，故毫厘不得差忒。以其析之无穷，而仍毫厘不得差忒。可见其本是一体，而分析特人之所为也。

又曰："数者，动而之乎静者也。象者，静而之乎动者也。动者，用之所以行。静者，体之所以立。用既为体，体复为用。体用相仍，此天地万物所以化生而无穷也。"此所谓静者，谓人所能认识之现象；动者，现象之所由成也。用既为体，体复为用，言现象皆有其所以然之原因；而此现象，复为他现象之原因也。

又曰："顺数则知物之所始，逆数则知物之所终。数与物非二体也，始与终非二致也。大而天地，小而毫末；明而礼乐，幽而鬼神。知数即知物也，知始即知终也。九峰所谓数，即宇宙定律之谓。明乎宇宙定律，则于一切事物，无不通贯矣。故曰：'物有其则，数者尽天下之物则；事有其理，数者尽天下之物理'也。"

以上所引，皆《洪范皇极》中精语。略举数条，不能尽也。然亦可见宋代理学家；其学虽或偏于术数，而其意恒在明理；其途径虽或借资异学，而多特有所见，不为成说所囿。后人訾謷之辞，实不尽可信也。

阳明之学

阳明之学，盖远承象山之绪。而其广大精微，又非象山所及。

一种哲学，必有其特异之宇宙观及人生观。此理前已言之。阳明之学，虽不能离乎宋儒，而别为一学；然以佛教譬之，固卓然立乎程朱之外，而自成一宗者矣。其宇宙观及人生观，果有以特异于程朱乎？曰：有。

宋学至朱子而集其大成。其异乎朱子者，如陆子，则当阳明时，其说不甚盛行。故朱子之学，在当时，实宋学之代表也。朱子以宇宙之间，有形迹可指目想象者，皆名为气；而别假设一所以然者，名之曰理。形迹之已然者，不能尽善；然追溯诸未然之时，固不能谓其必当如是。故以理为善，凡恶悉委诸气。本此以论人，则人人可以为善，而未必人人皆能为善。其可以为善者理，使之不能为善者气也。于是分性为义理、气质两端。义理之性，惟未生时有之；已堕形气之中，则无不杂以气质者。人欲为善，必须克去其气质之偏，使不为天理之累而后可。朱子论理气及人性之说如此。

阳明之说则不然。阳明以理、气为一，谓："理者气之条理，气者理之运用。无条理固不能运用；无运用，亦无所谓条理矣。"然则所谓理与气者，明明由人之观念，析之为二，在彼则实为一物也。然则理不尽善，气亦不尽善乎？曰：不然。理者，气之流行而不失其则者也。春必继以夏，秋必继以冬，此即气之流行之则，即是理，纯粹至善者也。其流行之际，不能无偶然之失。则如冬而燠，夏而寒，是为愆阳伏阴。愆阳伏阴，卒归于太和。可见流行虽有偶差，主宰初未尝失。主宰之不失，即至善也（阳明门下，论理气合一最明白者，当推罗整庵。整庵之说曰："通天地，亘古今，无非一气而已。气本一也，动静往来，阖辟升降，循环无已。积微而著，由著复微。为四时之温凉寒暑，为万物之生长收藏，为斯民之日用彝伦，为人事之成败得失。千条万绪，纷纭缪辖，而卒不克乱。莫知其所以然而然。是即所谓理也。初非别有一物，依于气而立，附于气以行。或因易有大极之说，乃疑阴阳之变易，类有一物主宰乎其间，是不然矣。"〇"理者气之条理"之说，虽畅发于阳明，实亦道原于宋儒。张子谓"虚空即气""天地之气，虽聚散攻取百途，然其为理也，顺而不妄"；程子谓"天地之化，一息不留。疑其速也，然寒暑之变甚渐"；朱子曰："有个天理，便有个人欲。盖缘这天理有个安顿处。才安顿得不恰好，便有个人欲出来"，皆阳明之说之先河也）。

推此以论人，则气即心，理即性。心与性之不可歧而为二，犹理与气之不可歧而为二也。宇宙全体，无之非气，即无之非理。人禀气以生，即禀理以生也。人心千头万绪，感应纷纭而不昧。其感应，流行也；其不昧，主宰也。感应不能无失，犹气之流行，不能无愆阳伏阴。其终能觉悟其非，则即其主宰之不昧也。故理善气亦善，性善心亦善（上知下愚，所禀者同是一气。然一知一愚者，上知所禀之气清，下愚所禀之气浊也。同一气也，而有清浊之分，何也？曰：气不能无运行，运行则有偏胜杂糅之处。有偏胜杂糅，斯有清浊矣。然论其本，则同是一气。恶在偏胜杂糅，不在气也。故气不可谓之恶。故曰性善。〇宋儒以人之不善，归咎于气质。阳明则归咎于习。所谓习者，非有知识后始有，并非有生后始有，禀气时即有之。气之偏胜，即习之所从出也。如仁者易贪，知者易诈，勇者易暴。其仁即圣人之仁，其知即圣人之知，其勇即圣人之勇；以其所禀者，与圣人同是一气也。其所以流于贪、诈、暴者，则以其气有偏胜故。此当学以变化之。惟虽有偏胜，而其本质仍善，故可变化。若其质本恶，则不可变矣。阳明之说如此，实亦自宋儒之说一转手耳。〇失在流行，不在本体，故只有过不及，无恶）。

气之流行而不失其则者，理也；心之感应而不昧其常者，性也。理与气非二，则性与心非二。欲知气之善，观其流行而不失其则，则知之矣；欲求心之善，于其感应之间，常勿失其主宰，即得之矣。此主宰，即阳明之所谓知也。而致良知之说以立。

夫谓良知即人心之主宰者，何也？阳明以天地万物为一体。其言曰："自其形体而言谓之天。自其主宰而言谓之帝。自其流行而言谓之命。自其赋于人而言谓之性。自其主于身而言谓之心。心之发谓之意。意之体谓之知。其所在谓之物。"盖宇宙之间，本无二物。我之所禀以生者，即宇宙之一部分；其原质，与天地万物无不同。（故曰：人与天地万物一体，非以天地万物为一体也。阳明之言曰："人的良知，就是草木瓦石的良知。岂惟草木瓦石，天地无人的良知，亦不可为天地矣。盖天地万物，与人原是一体。其发窍之最精处，是人心一点灵明。故五谷禽兽之类，皆可以养人；药石之类，皆可以疗疾。只为同此一气，故能相通耳。"钱绪山曰："天地间只有此知。天只此知之虚明；地只此知之凝聚；鬼神只此知之妙用；日月只此知之流行；人与万物，只此知之合散；而人只此知之精粹也。此知运行，万古有定体，故曰太极。无声臭可即，故曰无极。"欧阳南野曰："道塞乎天地之间，所谓阴阳不测之神也。神凝而成形，神发而为知。知也者，神之所为也。神无方无体。其在人，为视听，为言动，为喜怒哀乐。其在天地万物，则发育峻极。故人之喜怒哀乐，与天地万物，周流贯彻，而无彼此之间"云云。阳明之学，于一元之论，可谓发挥尽致矣）而此原质，自有其发窍最精之处。此处即我之心。心也，意也，知也，同物而异名。故用力于知即用力于心。而用力于心，即用力于造成我之物质发窍最精之处也。此致良知之说所由来也。

不曰用力于心，而曰用力于知者，何也？曰：心、意、知同体不离；舍意则无以见心，舍知则无以见意也。故曰："心无体，以知为体。"然知亦非能离所知而独存也。故曰："知无体，以感应是非为体。""心之本体至善，然发于意则有善有不善。"此犹主宰虽是，而流行之际，不能无差也。意虽有善有不善，"然知是知非之知，未尝不知"。则犹流行偶差，而主宰常存也。心之体，既必即意与知而后可见，则欲离意与知而用力于心者，自系邪说诐辞。故曰："欲正心者，本体上无可用功。必就其发动处著力。知其是而为之，知其非而不为，是为致知。知至则意诚，意诚则心正，心正则身修。故曰：大学之要，在于诚意。诚意之功，在于格物。诚意之极，厥惟止至善"也。阳明之学之纲领如此。

所谓格物者，非谓物在外而以吾心格之也。意之所在谓之物。故曰："意在于事亲，事亲便是一物。意在于事君，事君便是一物。意在于仁民爱物，仁民爱物，便是一物。意在于视听言动，视听言动，便是一物。"意之所在谓之物何也？曰："一念未萌，则万境俱寂。念之所在，境则随生。如念不注于目前，则泰山觌面而不赌；念苟注于世外，则蓬壶遥隔而成象"矣。（塘南之言）盖知者能知，物者所知。所之不能离能，犹能之不能离所也。故曰："无心外之理，无心外之物。"故理一者，在我之主宰；分殊者，主宰之流行。故曰："物之无穷，只是此心之生生"而已。故无所谓物之善不善，只有此心之正不正也（塘南曰："事之体，强名曰心。心之用，强名曰事。其实只是一件，无内外彼此之分也。故未有有心而无事，有事而无心者。故充塞宇宙，皆心也，皆事也，皆物也。"又曰："心常生者也。自其生生而言，即谓之事。心无一刻不生，即无一刻无事。事本心，故视听言动，子臣弟友，辞受取予，皆心也。洒扫应对，便是形而上者。学者终日乾乾，只默识此心之生理而已。时时默识，内不落空，外不逐物，一了百了，无有零碎本领之分也。"又曰："盈天地间皆物也，何以格之？惟以意之所在为物，则格物之功，非逐物，亦非离物也。至博而至约矣。"〇尤西川《格训通解》曰："阳明格物，其说有二，曰：知者意之体，物者意之用。如意在于事亲，即事亲为一物。只要去其心之不正，以全其本体之正。故曰：格者正也。又曰：致知在格物者，致吾心之良知于事事物物。致吾心之良知于事事物物，则事事物物皆得其理矣。致吾心之良知者，致知也。事事物物，皆得其理者，物格也。前说似专举一念，后说则并举事物，若相戾者。然性无内外，而心外无物，二说只一说也。"西川，名时熙，字季美，洛阳人）。

流行、主宰，即是一事。主宰即见于流行之中。非离乎流行，而别有其寂然不动之一时也。故心之动静，亦非二时。欲正心者，必动静皆有事焉。阳明曰："太极生生之理，妙用无息，而常体不易。太极之生生，即阴阳之生生。就其生生之中，指其妙用无息者，而谓之动，谓之阳之生，非谓动而后生阳也。指其常体不易者，而谓之静，谓之阴之生，非谓静而后生阴也。若静而后生阴，动而后生阳，则是阴静阳动，截然各自为一物矣。"此就宇宙言也。推诸吾心亦如此。故曰："心无动静者也。其静也者，以言其体也；其动也者，以言其用也。故君子之学，无间于动静。其静也，常觉而未尝无也，故常应；其动也，常定而未尝有也，故常寂。常应常寂，动静皆有事焉，是之谓集义。所谓动亦定，静亦定者也。心一而已。静其体也，而复求静根焉，是挠其体也。动其用也，而惧其易动焉，是废其用也。故求静之心即动也，恶动之心非静也。是之谓动亦动，静亦动。故循理之谓静，从欲之谓动。"阳明正心之说，皆自其宇宙观来。故曰：必有新宇宙观，而后有新人生观。人生观与宇宙观，实不容分析为二也。（阳明曰："告子只在不动心上著功。孟子便真从此心原不动处分晓。

心之本体，原是不动的。只为所行有不合义，便动了。孟子不论心之动不动，只是集义。所行无不是义，此心自然无可动处。"《传习录》："无善无恶者理之静，有善有恶者气之动。不动于气，即无善无恶，是为至善。曰：佛氏亦无善无恶，何以异？曰：佛氏著在无上，便一切不管。圣人无善无恶，只是无有作好，无有作恶。不作好恶，非是全无好恶。只是好恶一循于理，不去著一分意思，即是不曾好恶一般。曰：然则好恶全不在物？曰：只在汝心。循理便是善，动气便是恶。世儒惟不知此，舍心逐物，将格物之学错看了。"）

阳明之学，虽极博大精微，然溯其源，则自"心即理"一语来而已。故曰：阳明之学，远承象山之绪也。然其广大精微，则实非象山所及。此亦创始者难为功，继起者易为力也。

人心不能无妄动。然真、妄原非二心，故苟知其妄，则妄念立除，而真心此即立现。故曰："照心非动者，以其发于本体明觉之自然，而未尝有所动也。妄心亦照者，以其本体明觉之自然者，未尝不存于其中，但有所动耳。无所动即照矣。"夫妄心之所以能觉者，以良知无时而不在也。故曰："七情顺其自然之流行，皆是良知之用。但不可有所著。七情有著，俱谓之欲。（有著即所谓动也。阳明又曰："理无动者也，动即为欲。"然"才有著时，良知亦自会觉。觉即蔽去，复其本体矣。此处能看得破，方是简易透测工夫。"又曰："虽妄念之发，而良知未尝不在。但人不知存，则有时而或放耳。虽昏塞之极，而良知未尝不明。但人不知察，则有时而或蔽耳。"又曰，"良知无过不及，知过不及的是良知。"夫如是，则为善去恶之功，实惟良知是恃。故曰："一点良知，是尔自家的准则。是便知是，非便知非，更瞒他一些不得。尔只不要欺他；实实落落，依他做去；善便存，恶便去。何等稳当？此便是致知的实功"）

人心虽动于妄，而良知未尝不知，故致知之功，实大可恃。良知虽无时不存，而不能不为物欲所蔽，故致知之功，必不容缓。以良知为足恃，而遂忘致之之功，则所谓良知，亦终为物欲所蔽耳。故曰："良知之发，更无私意障碍，即所谓充其恻隐之心，而仁不可胜用。常人不能无私意，所以须用致知格物之功。"又曰："知得善，却不依这个良知便做去。知得不善，却不依这个良知，便不去做。这个良知，便遮蔽了。"又曰："天理即是良知。良知愈思愈精明。若不精思，漫然随事应去，良知便粗了。"然"学以去其昏蔽，于良知之本体，初不能有加于毫末"，此义亦不可不知。

知是知非之良知，不能致即将昏蔽，于何验之？曰：观于人之知而不行，即知之矣。盖良知之本体，原是即知即行。苟知之而不能行，则其知已非真知，即可知其为物欲所蔽矣。"徐爱问：今人尽有知父当孝、兄当弟，却不能孝、不能弟，知行分明是两件。曰：此已被人欲间断，不是知行本体。未有知而不行者。知而不行，只是未知。圣贤教人知行，正是要复那本体。故《大学》指个真知行与人看：说如好好色，如恶恶臭。见好色属知，好好色属行。只见好色时，已自好了；不是见后又立个心去好。闻恶臭属知，恶恶臭属行。只闻恶臭时，已自恶了；不是闻后别立个心去恶。（龙溪曰："孟子说孩提之童，无不知爱其亲；及其长也，无不知敬其兄。止曰知而已已；知便能了，更不消说能爱能敬。"）知是行的主意，行是知的工夫。知是行之始，行是知之成。若会得时，只说一个知，已自有行在；只说一个行，已自有知在。（故曰："知之真切笃实处便是行，行之明觉精察处便是知。"Ｏ龙溪曰："知非见解之谓，行非履蹈之谓，只从一念上取证。"）古人所以既说知，又说行者？只为世间有一种人，懵懵懂懂，任意去做；全不解思维省察；只是个冥行妄作；所以必说个知，方才行得是。又有一种人，茫茫荡荡，悬空去思索；全不肯着实躬行；只是个揣摩影响；所以必说一个行，方才知得真。此是古人不得已补偏救弊的话。""此已被私欲间断，不是知行本体"一语最精。好好色、恶恶臭之喻尤妙。"见好色时，已是好了，不是见后又立个心去好；闻恶臭时，已自恶了，不是闻后别立个心去恶。"人之所知，一切如此，岂有知而不行之理？见好色而强抑其好之之心，闻恶臭而故绝其恶之之念，非有他念不能然。此即所谓间断也。良知之有待于致，即欲去此等间断之念而已矣。

真知未有不行者；知而不行，只是未知；故欲求真知，亦必须致力于行。此即所谓致也。故曰："人若真切用功，则于此心天理之精微，日见一日；私欲之细微，亦日见一日。若不用克己功夫，天理私欲，终不自见。如走路一般。走得一段，方认得一段。走到歧路，有疑便问；问了又走，方才能到。今于已知之天理不肯存，已知之人欲不肯去；只管愁不能尽知；闲讲何益？"

知行既系一事，则不知自无以善其行。阳明曰："今人学问，只因知行分作两件，故有一念发动，虽是不善，却未曾行，便不去禁止。我今说个知行合一，正要人晓得一念发动处，便即是行；就将这不善的念克倒；不使那一念不善，潜伏在胸中。"人之为如何人，见于著而实积于微。知者行之微，行者知之著者耳。若于念虑之微，不加禁止，则恶念日积，虽欲矫强于临时，必不可得矣。《大学》曰："小人闲居为不善。见君子，而后厌然。掩其不善，而著其善。人之视己，如见其肺肝然，则何益矣？此谓诚于中，形于外，故君子必慎其独也。"正是此理。凡事欲仓促取办，未有能成者。非其事之不可成，乃其败坏之者已久也。然则凡能成事者，皆非取办于临时，乃其豫之者已久也。欲求豫，则必谨之于细微；欲谨之于细微，则行之微（即知）有不容不措意者矣。故非知无以善其行也。故曰：知行是一也。

知行合一之理，固确不可易。然常人习于二之之既久，骤闻是说，不能无疑。阳明则一一释之。其说皆极精当。今录其要者如下：

"徐爱问：至善只求诸心，恐于天下事理，有不能尽。曰：心即理也。此心无私欲之蔽，即是天理。不须外面添一分。以此纯乎天理之心，发之事父便是孝；发之事君便是忠；发之交友治民，便是信与仁。爱曰：如事父一事，其间温凉定省之类，有许多节目，亦须讲求否？曰：如何不讲求？只是有个头脑，只就此心去人欲存天理上讲求。此心若无人欲，纯是天理：是个诚于孝亲之心；冬时自然思量父母寒，自去求温的道理。夏时自然思量父母热，自去求清的道理。譬之树木：这诚孝的心便是根；许多条件，便是枝叶。须先有根，然后有枝叶。不是先寻了枝叶，然后去种根。"阳明此说，即陆子所谓先立乎其大者也。"温清定省之类，有许多节目"，最为恒人所质疑。得此说而存之，而其疑可以豁然矣（阳明曰："圣人无所不知，只是知个天理。无所不能，只是能个天理。天下事物，如名物度数、草木鸟兽之类，不胜其烦。虽是本体明了，亦何缘能尽知。但不必知的，圣人自不消求知。其所当知者，圣人自能问人。知得一个天理，便自有许多节文度数出来。"此说与朱子"生而知之者义理，礼乐名物，必待学而后知"之说，似亦无以异。然朱子谓人心之知，必待理无不穷而后尽。阳明则虽名物度数之类，有所不知，而仍不害其为圣人。此其所以为异也）。

枝叶条件，不但不必豫行讲求也，亦有无从豫行讲求者。阳明曰："良知之于节目事变，犹规矩尺度之于方圆长短也。节目事变之不可豫定，犹方圆长短之不可胜穷也。舜之不告而取，岂舜之前，已有不告而取者，为之准则邪？抑亦求诸一念之良知，权轻重之宜，不得已而为此邪？武之不葬而兴师，岂武之前，已有不葬而兴师者，为之准则邪？抑亦求诸一念之良知，权轻重之宜不得已而为此邪？后之人不务致其良知，以精察义理于此心感应酬酢之间，顾欲悬空讨论此等变常之事，执之以为制事之本，其亦远矣。"悬空讨论变常之事愈详，则致其良知之功愈荒。致其良知之功愈荒，则感应酬酢之间，愈不能精察义理。以此而求措施之悉当，是却行而求及前人也。故曰："在物为理，处物为义，在性为善，因所指而异其名，其实皆吾之心也。吾心之处事物，纯乎天理，而无人欲之杂，谓之善。非在事物上有定则可求也。"（又曰："良知自然的条理，便谓之义；顺这个条理，便谓之礼。知这个条理，便谓之智。终始这个条理，便谓之信。"）

学所以求是也。以良知为准则，以其知是知非也。今有二人于此，各准其良知，以断一事之是非，不能同也。而况于多人乎？抑且不必异人，即吾一人之身，昨非今是之事，亦不少焉。良知之知是知非，果足恃乎？阳明曰："凡处得有善有未善，及有困顿失次之患，皆是牵于毁誉得丧，不能实致其良知耳。实致其良知，然后知平日所谓善者，未必得善。"或谓心所安处是良知。阳明曰："固然。但要省察，恐有非所安而安者。"又谓"人或意见不同，还是良知有纤翳潜伏"。此说与伊川"公则一，私则万殊。人心不同如面，只是私心"之说，若合符节。盖良知虽能知是知非，然恒人之良知，为私欲蒙蔽已久，非大加省察，固未易灼见是非之真也。

然则现在之良知，遂不足为准则乎？是又不然。恒人之良知，固未能造于其极，然亦皆足为随时之用。如行路然。登峰造极之境，固必登峰造极而后知。然随时所见，固亦足以定随时之程途也。故曰："我辈致知，只是各随分量所及。今日良知见在如此，便随今日所知，扩充到底。明日良知又有开悟，便随明日所知，扩充到底。"故曰："昨以为是，今以为非；己以为是，因人而觉其非，皆良知自然如此。"有言童子不能格物，只教以洒扫应对。曰："洒扫应对就是物。童子良知，只到这里，教去洒扫应对，便是致他这一点良知。我这里格物，自童子以至圣人，皆是此等工夫。"真可谓简易直截矣。

致知既以心为主，则必使此心无纤毫障翳而后可。随时知是知非，随时为善去恶，皆是零碎工夫，如何合得上本体？此则贤知者之所疑也。阳明亦有以释之。《传习录》："问：先生格致之说，随时格物以致其知，则知是一节之知，非全体之知也，何以到得溥博如天、渊泉如渊地位？曰：心之本体，无所不该，原是一个天。只为私欲障蔽，则天之本体失了。心之理无穷尽，原是一个渊。只为私欲窒塞，则渊之本体失了。如念念致良知，将此障蔽、窒塞，一齐去尽，则本体已复，便是天渊了。因指天以示之曰：如面前所见，是昭昭之天。四外所见，亦只是昭昭之天。只为许多墙壁遮蔽，不见天之全体。若撤去墙壁，总是一个天矣。于此便见一节之知，即全体之知；全体之知，只一节之知；总是一个本体。"盖零碎工夫，皆系用在本体上。零碎工夫，多用得一分，即本体之障蔽，多去得一分。及其去之净尽，即达到如天如渊地位矣。此致良知之工夫，所以可在事上磨炼也。

以上皆阳明所以释致良知之疑者。统观其说，精微简捷，可谓兼而有之矣。梨渊曰："先生闵宋儒之后，学者以知识为知。谓人心之所有者，不过明觉，而理为天地万物之所公共；必穷尽天地万物之理，然后吾心之明觉，与之浑合而无间。说是无内外，其实全靠外来闻见，以填补其灵明。先生以圣人之学，心学也；心即理也。故于格物致知之训，不得不言致吾心之良知于事事物物，则事事物物，皆得其理。以知识为知，则轻浮而不实，故必以力行为工夫。良知感应神速，无有等待；本心之明即知，不欺本心之明即行也，不得不言知行合一。"龙溪曰："文公分致知格物为先知，诚意正心为后行，故有游骑无归之虑；必须敬以成始，涵养本原，始于身心有所关涉。若知物生于意，格物正是诚意工夫，诚即是敬，一了百了，不待合之于敬，而后为全经也。"蕺山曰："朱子谓必于天下事物之理，件件格过，以几一旦豁然贯通。故一面有存心，一面有致知之说。非存心无以致知，而存心又不可以不致知。两事递相君臣，迄无把柄，既已失之支离矣。至于存心之中，分为两条：曰静而存养，动而省察。致知之中，又复分为两途：曰生而知之者义理，礼乐名物，必待学而后有以验其是非之实。安往而不支离也？"此朱学与王学之异也。

良知之说，以一念之灵明为主。凡人种种皆可掩饰，惟此一念之灵明，决难自欺。故阳明之学，进德极其勇猛，勘察极其深切。阳明尝谓"志立而学半"。又谓"良知上留得些子别念卦带，便非必为圣人之志"。又曰："凡一毫私欲之萌，只责此志不立，则私欲即退听。一毫客气之动，只责此志不立，则客气便消除。责志之功，其于去人欲，有如烈火之燎毛，太阳一出，而罔两潜消也。"此等勇猛精进之说，前此儒者，亦非无之。然无致良知之说，以会其归，则其勘察，终不如阳明之真凑单微，鞭辟入里；而其克治，亦终不如阳明之单刀直入，凌厉无前也。阳明之自道曰："赖天之灵，偶有悟于良知之学，然后悔其向之所为者，固包藏祸机，作伪于外，而心劳日拙者也。十余年来，虽痛自洗剔创艾，而病根深痼，萌蘖时生。所幸良知在我，操得其要，譬犹舟之得舵，虽惊风巨浪，颠沛不已，犹得免于倾覆者也。"《寄邹谦之书》包藏祸机，谁则能免？苟非以良知为舵，亦何以自支于惊风巨浪之中乎？良知诚立身之大柄哉？

"心即理"一语，实为王学骊珠。惟其谓心即理，故节文度数，皆出于心；不待外求，心本明即知无不尽。亦惟其谓心即理，故是非善恶，皆验诸心；隐微之地有亏，虽有惊天动地之功，犹不免于不仁之归也。阳明曰："世人分心与理为二，便有许多病痛。如攘夷狄、尊周室，都是一个私心，便不当理。人却说他做得当理，只心有未纯。往往慕悦其所为，要来外面做得好看，却与心全不相干。分心与理为二，其流至于霸道之伪而不自知。故我说个心即理。要使知心理是一，便来心上做工夫，不去袭取于义，便是王道之真。"阳明此说，即董子"正其义不谋其利，明其道不计其功"之真诠。持功利之说者，往往谓无功无利，要道义何用？又安得谓之道义？殊不知功利当合多方面观之，亦当历长时间而后定。持功利之说者之所谓功利，皆一时之功利，适足贻将来以祸患。自持道义之说者观之，将来之祸患，皆其所自招；若早以道义为念，则此等祸害，皆消弭于无形矣。佛所以喻世俗之善为"如以少水，而沃冰山，暂得融解，还增其厚"也。功利之说，与良知之说，最不相容，故阳明辟之甚力。阳明之言曰："圣人之学，日远日晦；功利之习，愈趋愈下。其间虽尝督惑于佛老，卒未有以胜其功利之心。又尝折衷于群儒，亦未有以破其功利之见。"可谓深中世人隐微深痼之病矣。今之世界，敦不知其罪恶之深？亦孰不知其祸害之烈？试问此罪恶祸害，何自来邪？从天降邪？从地出邪？非也。果不离因，仍不得不谓为人所自为。人何以造此罪恶？成此祸害？则皆计一时之功，而不计久远之功；图小己之利，而不顾大我之利为之也。此即所谓功利之见也。惟举世滔滔，皆骛于功利之徒，故随功利而来之祸害，日积月累而不可振救。阳明之言，可谓深得世病之症结矣。

"学不至于圣人，终是自弃"，为学者诚皆当有此志。然人之才力，天实限之。谓人人可以为圣人，验诸事实，终是欺人之语。此所以虽有困知勉行，及其成功一也之说，仍不能使人自奋也。阳明谓圣人之所以为圣，在其性质而不在其分量。此说出，而后圣人真可学而至。实前古未发之论也。阳明之言曰："圣人之所以为圣，只是其心纯乎天理，而无人欲之杂；犹精金之所以为金，但以其成色足而无铜铅之杂也。圣人之才力，亦有大小不同，犹金之分两有轻重。所以为精金者，在足色而不在分两。故凡人而肯为学，使此心纯乎天理，则亦可以为圣人。后世不知作圣之本，却专在知识才能上求圣人。以为圣人无所不知，无所不能，我须是将圣人许多知识才能，逐一理会始得。不务去天理上著工夫。徒弊精竭力，从册子上钻研，名物上考索，形迹上比碍。知识愈广，而人欲愈滋；才力愈多，而天理愈蔽。正如见人有万镒精金，不务锻炼成色，无愧彼之精纯；而乃妄希分两，务同彼之万镒。锡铅铜铁，杂然而投。分理愈增，成色愈下。及其梢末，无复有金矣。"又曰："后儒只在分两上较量，所以流入功利。若除去了比较分两的心，各自尽著自己力量精神，只在此心纯乎天理上用功。即人人自有，个个圆成。便能大以成大，小以成小。不假外慕，无不具足。此便是实实落落，明善诚身的事了。"阳明此说，亦从心即理上来。盖惟其谓心即理。故全乎其心，即更无欠缺。非如谓理在心外者，心仅有其灵明，必格尽天下之物，乃于理无不尽，而克当圣之目也。（阳明又曰："良知人人皆有，圣人只是保全，无些子障蔽。兢兢业业，亹亹翼翼，自然不息，便也是学。只是生的分数多，所以谓之生知安行。众人自孩提之童，莫不完具此知。只是障蔽多。然本体之知，自难泯息。虽问学克治，也只凭他。只是学的分数多，所以谓之学知，利行。"）

阳明与程朱之异，乃时会为之，不必存入主出奴之见也。盖自周子发明"以主静立人极"，而人生之趋向始定。程子继之，发明"涵养须用敬，进学在致知"，而求静之方始明。夫所谓静者，即今所谓合理而已。人如何而能合理？第一，当求理无不明。第二，当求既明理，又不致与之相违。由前之说，所谓进学在致知；由后之说，则所谓涵养须用敬也。求合理之初步，自只说得到如此。逮其行之既久，然后知事物当然之理，虽若在于外物，实则具于吾心。理有不明，实由心之受蔽。欲求明理，亦当于心上用功；正不必将进学涵养，分为两事也。此非程朱之说，行之者众，体验益深，不能见到。故使阳明而生程朱之时，未必不持程朱之说；使程朱而生阳明之时，亦未必不持阳明之说。为学如行修途，后人之所行，固皆继前人而进也。此理非阳明所不知。顾乃自撰《朱子晚年定论》，以治人口实。则以是时朱子之学方盛行，说与朱子相违，不易为人所信，故借此以警觉世人。且阳明理学家，非考据家；岁月先后，考核未精，固亦不足为阳明病也（《朱子晚年定论》者，阳明龙场悟后之作。辑朱子文三十四篇，皆与己说相合者。谓朱子晚年之论如此；《四书集注》《或问》等，其中年未定之论也。当时罗整庵即诒书辩之，谓所取朱子《与何叔京书》四通，何实卒于淳熙乙未，后二年丁酉，而《论孟集注》始成。后陈建撰《学蔀通辨》，取朱子之说，一一考核其岁月，而阳明之误益见矣。然阳明答整庵书，亦已自承岁月先后，考之未精；谓意在委曲调停，不得已而为此也。О罗整庵，名钦顺，字允升，泰和人。陈建，字廷肇，号清澜，东莞人）。

王门诸子

黄梨洲曰："阳明之学：始泛滥于辞章。继而遍读考亭之书，循序格物。顾物理、吾心，终判为二，无所得入。于是出入于佛老者久之。及至居夷处困，动心忍性。因念圣人处此，更有何道？忽悟格物致知之旨，圣人之道，吾性自足，不假外求。其学凡三变而始得其门。自此以后，尽去枝叶，一意本原。以默坐澄心为学的。有未发之中，始能有发而中节之和。视听言动，大率以收敛为主，发散是不得已。江右以后，专提'致良知'三字。默不假坐，心不待澄。不习不虑，出之自有天则。盖良知即是未发之中，此知之前，更无未发。良知即是中节之和，此知之后，更无已发。此知自能收敛，不须更主于收敛。此知自能发散，不须更期于发散。收敛者，感之体，静而动也；发散者，寂之用，动而静也。知之真切笃实处即是行，行之明觉精察处即是知，无有二也。居越以后，所操益熟，所得益化。时时知是知非，时时无是无非。开口便得本心，更无假借凑泊。如赤日当空，而万象毕照。是学成之后，又有此三变也。"阳明江右以后境界，乃佛家所谓中道，非学者所可骤几。其自言教人之法则曰："吾昔居滁时，见诸生多务知解，无益于得，姑教之静坐。一时窥见光景，颇收近效。久之，渐有喜静厌动，流入枯槁之病。故迩来只说致良知。良知明白，随你去静处体悟也好，随你去事上磨炼也好。良知本体，原是无动无静的。"良知本体，既无动无静，即不当更有动静之分。动静之分且无，更何有于偏主？然后来学者，似皆不能无所偏。则以中道非夫人所能；各因其性之所近，而其用力之方有不同，其所得遂有不同也。

阳明之学，首传于浙中。浙中王门，以绪山、龙溪为眉目。而二子之学，即有异同。具见于《传习录》及龙溪之《天泉证道记》。此事为王门一重公案。为阳明之学者议论颇多。今略述其事如下：

　　嘉靖六年九月，阳明起征思田。将行，绪山与龙溪论学。绪山举阳明教言曰："无善无恶心之体。有善有恶意之动。知善知恶是良知。为善去恶是格物。"龙溪曰："此恐未是究竟话头。若说心体是无善无恶，意亦是无善无恶，知亦是无善无恶，物亦是无善无恶矣。若说意有善恶，毕竟心体还有个善恶在。"绪山曰："心体是天命之性，原无善恶。但人有习心，意念上见有善恶在。格致诚正修，此是复性体工夫。若原无善恶，工夫亦不消说矣。"是夕，坐天泉桥，请正于阳明。阳明谓："二君之见，正好相资，不可各执一边。我这里接人，原有二种：利根之人，直从本源上悟入。人心本体，原是明莹无滞，原是个未发之中。利根之人，一悟本体，即是工夫。人己内外，一齐俱透。其次不免有习心在，本体受蔽。故且教在意念上实落为善去恶。工夫熟后，渣滓去尽，本体亦明净了。汝中之见，是我接利根人的。德洪之见，是我为其次立法的。相取为用，则中人上下，皆可引入于道。若执一边，眼前便有失人，便于道有未尽。"既而曰："利根之人，世亦难遇。人有习心，不教他在良知上实用为善去恶工夫，只去悬空想个本体，一切事为，俱不着实，不是小小病痛。不可不早说破。"

　　以上略据《传习录》。龙溪所记，无甚异同。而邹东廓记其事，则云："绪山曰：至善无恶者心。有善有恶者意。知善知恶是良知。为善去恶是格物。龙溪云：心无善而无恶。意无善而无恶。知无善而无恶。物无善而无恶。"至善无恶，与无善无恶，颇相径庭。刘蕺山谓："阳明、天泉之言，与平时不同。平时常言至善是心之本体。又言至善只是尽乎天理之极，而无一毫人欲之私。又言良知即天理。有时说无善无恶者理之静，亦未尝径说无善无恶是心体。"黄梨洲谓："考之《传习录》，因薛中离（薛侃，字尚谦，号中离，广东揭阳人）去花间草，阳明言无善无恶者理之静，有善有恶者气之动。盖言静为无善无恶，不言理为无善无恶，理即是善也。独天泉《证道记》，有无善无恶者心之体，有善有恶者意之动之语。夫心之体即理也。心体无间于动静。若心体无善无恶，则理是无善无恶，阳明不当但指共静时言之矣。释氏言无善无恶，正言无理也。善恶之名，从理而立，既已有理，安得言无善无恶？""心体果是无善无恶，则有善有恶之意，从何处来？知善知恶之知，又从何处？为善去恶之功，从何处起？无乃语语断流绝港乎？"因谓四句教法，阳明集中不经见，疑其出于龙溪。又谓绪山所举四语，首句当依东廓作至善无恶。亦绪山之言，非阳明立以为教法。何善山（何廷仁，字性之，号善山，江西雩县人）云："无善无恶者，指心之感应无迹，过而不留，天然至善之体也。有善有恶者，心之感应谓之意；物而不化，著于有矣。故曰意之动。若以心为无，以意为有，是分心意为二，非合内外之道也。"案此所争，皆失绪山之意。绪山释"无善无恶者心之体"曰："至善之体，恶固非其所有，善亦不得而有也。至善之体，虚灵也。虚灵之体，不可先有乎善；犹明之不可先有乎色，聪之不可先有乎声也。目无一色，故能尽万物之色。耳无一声，故能尽万物之声。心无一善，故能尽天下万事之善。今之论至善者，乃索之于事事物物之中，先求其所谓定理者，以为应事宰物之则，是虚灵之内，先有乎善也。虚灵之内，先有乎善，是耳未听而先有乎声，目未视而先有乎色也。塞其聪明之用，而窒其虚灵之体，非至善之谓矣。今人乍见孺子入井，皆有怵惕恻隐之心。圣人不能加，而途人未尝减也。但途人拟议于乍见之后，渖入纳交要誉之私耳。然而途人之学圣人，果忧怵惕恻隐之不足邪？抑去其蔽，以还其乍见之初心也？虚灵之蔽，不但邪思恶念，虽至美之念，先横于中，积而不化，已落将迎意必之私，而非时止时行之用矣。故先师曰：无善无恶者心之体。是对后世格物穷理之学，先有乎善者言之也。"然则绪山所谓无善无恶，即其所谓至善者也。（龙溪、东廓所记，辞异意同。〇绪山又曰："善恶之机，纵其生灭相寻于无穷，是藏其根而恶其萌蘖之生，浊其源而辨其末流之清也。是以知善知恶为知之极，而不知良知之体，本无善无恶也。知有为有去之为功，而不知究极本体，施功于无为，乃真功也。正念无念。正念之念，本体常寂。"或问："胸中扰扰，必猛加澄定，方得渐清。"曰："此是见上转。有事时，此知著在事上；事过，此知又著在虚上。动静二见，不得成片。若透得此心彻底无欲，虽终日应酬百务，本体上何曾加得一毫？事了即休，一过无迹，本体上何曾减得一毫？"可与前所引之言参看。〇周海门谓："发明心性处，善不与恶对。如中心安仁之仁，不与忍对。主静立极之静，不与动对。《大学》善上加一至字，实绝名言，无对待之辞。天地贞观，不可以贞观为天地之善。日月贞明，不可以贞明为日月之善。星辰有常度，不可以有常度为星辰之善。岳不可以峙为善；川不可以流为善。有不孝，而后有孝子之名；有不忠，而后有忠臣之名。孝子无孝；若有孝，便非孝矣。忠臣无忠；若有忠，便非忠矣。"亦与绪山之说相发明。〇海门，名汝登，字继元，嵊县人）蕺山、梨洲所疑，可以释矣。至善山所疑，亦在字句之间。彼所谓"感应无迹，过而不留"者，即阳明所谓"理之静"，亦即其所谓"尽乎天理之极，而无一毫人欲之私"。其所谓"物而不化著于有"者，即其所谓"气之动"，亦即其所谓"人欲"。二者自然皆出于心。特龙溪、东廓所记，皆辞取对偶，径以心与意为相对之词，未尝详言之曰："无善无恶心之体，有善有恶，乃心之动而离乎体者，亦谓之意。"又未尝于意字之下，加一注语曰："即心之动而失其体者"，遂致有此误会耳（梨洲曰："如善山之言，则心体非无善无恶，而有善有恶者，意之病也。心既至善，意本澄然无动。意之灵即是知。意之明即是物。"案此亦立名之异。梨洲名澄然无动者为意，动而不善者为意之病。绪山则名澄然无动者为心，其动而不善者，则但名之为意耳）。

罗念庵曰："绪山之学数变：其始也，有见于为善去恶者，以为致良知也。已而曰：良知者，无善无恶者也。吾安得执以为有而为之？而又去之？已又曰：吾恶夫言之者淆也。无善无恶者，见也，非良知也。吾惟即吾所知以为善者而行之，以为恶者而去之，此吾所能为者也。其不出于此者，非吾所得为也。又曰：向吾之言，犹二也，非一也。夫子尝有言矣，曰：至善者心之本体，动而后有不善也。吾不能必其无不善，吾无动焉而已。彼所谓意者动也，非是之谓动也。吾所谓动，动于动焉者也。吾惟无动，则在吾者常一矣。"所谓"动于动"者，即阳明所谓"气之动"之至微者也。故知绪山之言，与阳明实不相背也。

至龙溪所谓"心体是无善无恶，则意亦是无善无恶，知亦是无善无恶，物亦是无善无恶；若说意有善恶；毕竟心体还有个善恶在"者？《证道记》自申其说曰："显微体用，只是一机；心意如物，只是一事。天命之性，粹然至善，神感神应，其机自不容已。恶固本无，善亦不可得而有也。若有善有恶，则意动于物，非自然之流行，著于有矣。自然流行者，动而无动；著于有者，动而动也。"此原即绪山"虚灵之体，不可先有乎善"；善山"至善之体，感应无迹，过而不留；物而不化则为动"；阳明"理之静，气之动"之说。其所争者，乃谓当在心体上用功，不当在意念上用功。故曰："意是心之所发。若是有善有恶之意，则知与物一齐皆有，心亦不可谓之无矣。"龙溪之意，盖谓意念之生，皆由心体流行之不得其当。吾人用功，当真彻根源，正其流行之体。不当沿流逐末，以致劳而少功也。职是故，其教人，乃以正心为先天之学，诚意为后天之学。其言曰："吾人一切世情嗜欲，皆从意生。心本至善，动于意始有不善。能在先天心体上立根，则意所动自无不善；世情嗜欲，自无所容；致知工夫，自然易简省力。若在后天动意上立根，不免有世情嗜欲之杂；致知工夫，转觉烦难。"其言诚极超妙。然其所谓先天心体者，实使人无从捉摸。所谓致知工夫，遂使人无从下手。此则阳明所以有利根人难遇，苟非其人，悬空想象一个本体，一切事为，俱不着实，病痛非小之戒也。龙溪曰："良知即是独知。"又曰："独知便是本体，慎独便是工夫。"其说独知曰："非念动后知。乃先天灵窍，不因念生，不随念迁，不与万物作对。"其说慎独之工则曰："慎非强制之谓。兢业保护此灵窍，还他本来清净"而已。又曰："浑然一体，无分于已发未发，亦无先后内外。才认定些子，便有认定之病。随物流转，固是失却主宰。即曰：我于此收敛握固，便有枢可执；以为致知之实，未免犹落内外二见。才有执著，终成管带。即此管带，便是放失之因。"其言之超妙如此，诚令学者体悟不及，功力难施，故梨洲谓其"一著工夫，未免有碍虚无之体，则不得不近于禅。流行即是主宰，悬崖撒手，茫无把握，以心息相依为权法，则不得不近于老。"盖几于静处体悟，事上磨炼，两无依据矣。唐荆川（名顺之，字应德，武进人）最服膺龙溪。自言于龙溪只少一拜，然其言曰："近来谈学，谓认得本体，一超直入，不假阶级。窃恐虽中人以上，有所不能。竟成一番议论，一番意见而已。"又曰："近来学者病痛，本不刻苦搜剔，洗空欲障。以玄妙之语，文夹带之心，直如空花，竟成自误。"过高之流弊，亦可见矣。

钱绪山曰："昔者吾师之立教也，揭诚意为《大学》之要旨，致知格物为诚意之功。门弟子闻言，皆得入门用力之地。用力勤者，究极此知之体，使天则流行，纤翳无作，千感万应，而真体常寂，此诚意之极也。故诚意之功，自初学用之，即得入手；自圣人用之，精诣无尽。吾师既殁，吾党病学者善恶之机，生灭不已，乃于本体提揭过重。闻者遂谓诚意不足以尽道，必先有悟而意自不生；格物非所以言功，必先归寂而物自化。遂相与虚亿以求悟，而不切乎民彝物则之常；执体以求寂，而无有乎圆神活泼之机。师云：诚意之极，止至善而已矣。是止至善者，未尝离诚意而得也。言止则不必言寂，而寂在其中；言至善则不必言悟，而悟在其中。然皆必本于诚意焉。何也？盖心无体，心之上，不可以言功也。应感起物，而好恶形焉，于是乎有精察克治之功。诚意之功极，则体自寂而应自顺。初学以至成德，彻始彻终，无二功也。"案此所谓

"诚意不足以尽道，必先有悟而意自不生"者，即龙溪之说也。绪山谓"心之上不可以言功"，必于应感起物之时，致其精察克治，即为善去恶是格物之说。二家宗旨之不同如此。至所评归寂之说，则出于聂双江。

阳明之致良知，原兼静处体悟、事上磨炼两义。其后浙中之学，偏于事上磨炼，遂有义袭助长之病。其主于凝聚者，则江右诸家也。江右王门、东廓、双江、念庵、两峰，皆有特见。今略述其说。

东廓主戒惧。其言曰："敬也者，良知之精明而不杂以私欲者也。性体流行，合宜处谓之善；障蔽而壅塞处，谓之不善。忘戒惧，则障蔽而壅塞。无往非戒惧之流行，即无往非性体之流行矣。戒惧，禹之治水也。堤而遏之，与不决不排，其失维钧。"东廓尝曰："诸君试验心体，是放纵的？不放纵的？若是放纵的，添个戒惧，却是加了一物。若是不放纵的，则戒惧是复还本体。"此即所谓"一念不发，兢业中存"，盖以此保其循理之静也。

双江主归寂。双江尝为陕西按察副使，为辅臣夏言所恶，罢归，逮系。闲久静极，忽见此心真体，光明莹澈，万物皆备。出狱后，遂与来学者立静坐法。使之归寂以通感，执体以应用。谓独知是良知萌芽处，与良知似隔一尘。此处著力，虽与半路修行不同，要亦是半路话头。致虚守寂，方是不睹不闻之学，归根复命之要。故夫子于《感卦》，特地提出虚寂二字，以立感应之本。其言曰："心无定体之说，谓心不在内也；百体皆心也，万感皆心也。亦尝以是求之，譬之追风逐电，瞬息万变，茫然无所措手，徒以乱吾之衷也。"又曰："无时不寂，无时不感者，心之体也。感惟其时，而主之以寂者，学问之功也。故谓寂感有二时者非也。谓功夫无分于寂感，而不知归寂以主夫感者，又岂得为是哉？不识不知，顺帝之则，惟养之豫者能之。临事而择，不胜憧憧，中亦袭也，况未必中乎？"（双江谓"感物之际，加格物之功，是迷其体以索用"）双江之学，同门多相驳难。惟念庵深相契。两峰晚乃是之。梨洲谓"阳明之学，本以静坐澄心为的。慎独便是致中，中立而和生焉。先生之学，实《传习录》中之正法眼藏也"。（双江之学，主于致中而和应。其余诸家，则大抵谓已发、未发，非有二候，致和即所以致中。其说曰："以流动为感，则寂感异象，微波即荡，感皆为寂累，固不待牿之反复，而后失其虚明之体。若以鉴物为感，则终日鉴，固无伤于止也。若患体之不正，故鉴之不明，亦当即鉴时言之，不当离鉴以求止。何则？其本体常鉴，不可得而离也。若欲涵养本原停当，而后待其发而中节，此延平以来相沿之学，非孔门宗旨矣。"双江则谓一未发寂然之体，未尝离家国天下而别有其物，即感而寂然者在焉耳。格致之功，通于寂感体用）。

念庵之学，主于收摄保聚。是时阳明门下之谈学者，皆曰：知善知恶，即是良知。依此行之，即是致和。其弊也，取足于知，而不原其所以良；且易致字为依字。失养其端，而任其所发。遂至以见存之知，为事物之则；以外变之物，为知觉之体，而不知物我之倒置矣。念庵谓善恶交杂，岂即为主于中者乎？中无所主，而谓知本常明，不可也。知有未明，依此行之，而谓无乖戾于既发之后，能顺应于事物之来，不可也。故知善知恶之知，随出随泯，特一时之发见焉耳。一时之发见，未可尽指为本体；则自然之明觉，固当反求其根源。故必有收摄保聚之功，以为充达长养之地；而后定静安虑，由此以出。故致知者，致其静无动有焉者也。非经枯槁寂寞之后，一切退听，天理炯然，未易及此。其言曰："不睹不闻，即吾心之常知处。自其常知不可以形求者，谓之不睹；不可以言显者，谓之不闻；非杳冥之状也。诸念皆泯，炯然中存，亦即吾之一事。此处不令他意搀杂，即是必有事焉。"又曰："良知该动静，合内外，其统体也。吾之主静，所以致之，盖言学也。盖动而后有不善，有欲而后有动，动于欲而后有学。学者，学其未动焉者也。学其未动，而动斯善矣，动无动矣。""故自良知言之，无分于已发未发也。自知之所以能良者言之，则固有未发者以主之于中。夫至动莫如心，圣人犹且危之。苟无所主，随感而发，譬之驭马，衔勒去手，求斯须驰骤之中度，岂可得哉？"念庵之说如此。实足救一时之流弊也。

然念庵后来，又有进于此者。其告龙溪曰："一二年来，与前又别。当时之为收摄保聚，偏矣。盖识吾心之本然者，犹未尽也。以为寂在感先，不免于指感有时。以为感由寂发，不免于指寂有处。其流之弊，必至重于为我，疏于应物。盖久而后疑之。夫心一而已。自其不出位而言，谓之寂，非守内之谓也。自其常通微言之，谓之感，非逐外之谓也。寂非守内，故未可言处（以其能感故也）。感非逐外，故未可言时（以其本寂故也）。绝感之寂，非真寂矣；离寂之感，非真感矣。此乃同出异名。吾心之本然酬酢万变，而于寂者未尝有碍。非不碍也，吾有所主故也。苟无所主，则亦驰逐而不反矣。声臭俱泯，而于感者未尝有息。非不息也，吾无所倚故也。苟有所倚，则亦胶固而不通矣。

此所谓收摄保聚之功，君子知几之学也。举者自信，于此灼然不移，即谓之守寂可也，谓之妙感亦可也；谓之主静可也，谓之慎动亦可也。使于真寂端倪，果能察识，随动随静，无有出入；不与世界事物相对待；不倚自己知见作主宰；不著道理名目生证解，不借言语发挥添精神；则收摄保聚之功，自有准则矣。"案此论试有契于心体之妙，宜龙溪之闻其说而无间然也。

两峰之学，以涵养本原为主。梨洲曰："双江主于归寂，同门辩说，动盈卷轴。先生言：发与未发，本无二致。戒惧慎独，本无二事。若云：未发不足以兼已发，致中之外别有一段致和之功；是不知顺其自然之体，而加损焉，以学而能，以虑而知者也。又言事上用功，虽愈于事上讲求道理，均之无益于得也。涵养本原，愈精愈一，愈一愈精，始是心事合一。又言吾心之体，本止本寂。参之以意念，饰之以道理，侑之以闻见，遂以感通为心之体。而不知吾心虽千酬万应，纷纭变化之无已，而其体本常止常寂。彼以静病之者，似涉静景，非为物不贰，生物不测之体之静也。凡此所言，与双江相视莫逆，故人谓双江得先生而不孤云。"

塘南、思默，皆王门再传弟子。然其所言，实有视前辈为进者。阳明殁后，致良知一语，学者不深究其旨，多以情识承当。双江、念庵，举未发以救其弊，终不免头上安头。塘南谓："生生之机，无有停息，不从念虑起灭。今人将发字看粗，以澄然无念为未发。澄然无念，是谓一念，乃念之至微者，非无念也。生生之机，无一息之停，正所谓发。譬之澄潭之水，乃流之至平至细者，非不流也。未发水之性。离水而求性曰支。即水以为性曰混。以水与性为二物曰歧。惟时时冥念，研精入神，乃为道之所存。"又曰："意非念虑起灭之谓，乃生几之动而未形者。知者，意之体；物者，意之用。但举一意字，则寂感体用悉具。有性则常发而为意，有意则渐著而为念。意不可以动静言，动静者念也。意本生生。造化之几不充，则不能生。故学贵从收敛入。收敛即慎独，此凝道之枢要也。欲悟未有天地之先，言语道断，心行处灭，乃为不学不虑之体，此正邪说淫辞。以念头转动为生几，则落第二义矣。"其分别生生之机与意念，实绝精之论也。（塘南曰："性之一字，本不容言，无可致力。知觉意念，总是性之呈露，皆命也。性者，先天之理。知属发窍，是先天之子，后天之母也。此知在体用之间。若知前求体则著空，知后求用则逐物。知前更无未发，知后更无已发；合下一齐俱了，更无二功，故曰独。独者，无对也。无对则一，故曰不贰。意者，知之默运，非与之对立而为二也。是故性不假修，只可云悟。命则性之呈露，不无习气隐伏其中，此则有可修矣。修命者，尽性之功。"又曰："性廓然无际。生几者，性之呈露处也。性无可致力，善学者惟研几。研几者，非于念头萌动，辨别邪正之谓也。此几生而无生，至微至密，非有非无。惟绵若存，退藏于密，庶其近之矣。"）

思默亦主研几。其说曰："所知因感而有，用之发也。能知不因感有，常知而常无知，体之微也。此体是古今天地人物之灵根，于穆中一点必不能自己之命脉。圣门学者，惟颜子能在知上用功，其余多在所知上用力。"又曰："诚无为，几则有善恶。何者？凡动便涉于为，为便易逐于有。逐于有，则虽善亦粗，多流于恶。故学问全要研几。研者，研磨之谓。研磨其逐有而粗者，务到极深极微处，常还他动而未形，有无之间的本色，则无动非神矣。"其说亦极入微也。

传姚江之学者，当以泰州为最雄伟，而其流弊亦最甚。泰州之学，始自心斋。其行本怪，其学又纯是蒲翰辙环意见。（王良，字汝止，号心斋，泰州安丰场人。七岁，受书乡塾。贫不能竟学。从父商于山东。常袖《孝经》《论语》《大学》，逢人质难。久而信口谈解，如或启之。虽不得专功于学，然默默参究，以经证悟，以悟释经，历有年所，人莫能窥其际也。一夕，梦天堕压身，万人奔号求救。先生举臂起之。视其日月星辰失次，复手整之。觉而汗溢如雨，心体洞彻。自此行住语默，皆在觉中。乃按礼经，制五常冠、深衣、大带、笏板服之。曰："言尧之言，行尧之行，而不服尧之服，可乎？"时阳明巡抚江西，讲良知之学。大江之南，学者翕然信从。顾先生僻处，未之闻也。有黄文刚者，吉安人也，而寓泰州。闻先生论，诧曰：此绝类王巡抚之谈学也。先生喜曰：有是哉？王公论良知，艮谈格物。如其同也，是天以王公与天下后世也。如其异也，是天以艮与王公也。即日启行，以古服进见。至中门，举笏而立。阳明出迎于门外，始入。先生据上坐辩难。久之，稍心折，移其坐于侧。论毕，乃叹曰："简易直截，艮不及也。"下拜，称弟子。退绎所闻，间有不合。悔曰："吾轻矣。"明日，入见，告之。阳明曰："善哉！子之不轻信从也。"先生复上坐辩难。久之，始大服。遂为弟子如初。阳明谓门人曰："向者吾擒宸濠，一无所动，今却为斯人动矣。阳明归越，先生从之。来学者多从先生指授。已而叹曰：'千载绝学，天启吾师，可使天下有不及闻者乎？'因问阳明以孔子辙环车制。阳明笑而不答。归，自创蒲轮，招摇道路。将至都。有老叟，梦黄龙无首，行雨至崇文门，变为人立。晨起往候，而先生适至。时阳明之学，谤议蜂起，而先生冠服言动，不与人同，都人以怪魁目之。同门在京者劝之归。阳明亦移书责之。先生始还会稽。阳明以先生意气太高，行事太怪，痛裁抑之。及门，三日不得见。阳明送客出门，先生长跪道旁，曰：'良知过矣。'阳明不顾而入。先生随之，至庭下，厉声曰：'仲尼不为已甚。'阳明乃揖之起。阳明卒于师，先生迎哭，至桐庐，经纪其家而后返。开门授徒，远近皆至。同门会讲者，必请先生主席。阳明而下，辩才推龙溪，然有信有不信。惟先生于眉睫之间，省觉人最多。先生以九二见龙为正位。孔子修身讲学，以见于世，未尝一日隐也。有以伊、傅称先生者。先生曰：'伊、傅之事我不能，伊、傅之学我不由。伊、傅得君，可谓奇遇。如其不遇，终身独善而已。孔子则不然也。'黄梨洲曰：'此终是蒲轮辙环意见。于遁世不见知而不悔之学，终隔一尘也。'"）故其后多豪杰之士，而其决裂亦最甚焉。心斋格物之说：以身与天下国家为物。身为本，天下国家为末。行有不得，皆反求诸己，是为格物工夫。故齐治平在于安身。知安身者必爱身敬身。爱身敬身者，必不敢不爱人，不敬人。爱人者人恒爱之，敬人者人恒敬之，而身安矣。一家爱我、敬我则家齐，一国爱我、敬我则国治，天下爱我、敬我则天下平。亦仍是蒲轮辙环意见也。

心斋弟子，著者为王一庵（名栋，字隆吉，泰州人）、徐波石（名樾，字子直，贵溪人）。一庵谓诚意即慎独，其说颇精。（其说曰："身之主宰谓之心，心之主宰谓之意。心者，虚灵善应，而其中自有寂然不动者，为之主宰，是之为意。人心所以应万变而不失者，只缘有此灵体；不虑而知，为之主宰耳。圣狂之分，即在此主宰之诚不诚。故诚意工夫，即是慎独。独者，意之别名。慎者，诚之用力者耳。以此灵体，不虑而知，自作主张，自裁生化，故谓之独。少间，搀以见闻才识之能，情感利害之便，则不可谓之独矣。若谓意为心之发动，而欲审机于动念之初，则情念一动，便属流行，于此用功，恐仓促之际，物化神驰，虽有敏者，莫措其手。非圣门诚意之功，先天易简之学矣。"）波石之学，则以不犯手为妙。谓人心自然明觉。起居食息，无非天者。又从而知觉之，是二知觉也。所谓"见成良知"也。波石之学，传诸颜山农（名钧，吉安人）及赵大洲（名贞吉，字孟静，内江人）山农好侠，学主率性而行。大洲亦谓禅不害人。山农之学，传诸何心隐（本性梁，名汝元，字夫山，后自改姓名。吉州永丰人）及罗近溪（名汝芳，字维德，江西南城人）心隐亦豪杰之士。尝授计乩者，以去严嵩。近溪之学，以赤子良心，不学不虑为的；以天地万物同体，彻形骸，忘物我为大。谓"此理生生不息。不须把持，不须接续，当下浑沦顺适。工夫难得凑泊，即以不屑凑泊为工夫。胸次茫无畔岸，便以不依畔岸为胸次。解缆放船，顺风张棹，无之非是。学人不省，妄以澄然湛然为心之本体，沈滞胸膈，留恋景光，是为鬼窟活计。"实禅语之精者也。近溪之传，为焦澹园（名竑，字弱侯，南京旗手卫人）及周海门（见前）。澹园尝驳明道辟佛之说。海门教人，亦以直下承当为贵。尝问门人刘塙曰："信得当下否？"曰："信得。""然则汝是圣人否？"曰："也是圣人。"曰："又多一也字。"洪舒民问："认得心时，圣人与我一般。今人终身讲学，到底只做得乡人，何也？"曰："只是信不及耳。汝且道，今日满堂问答咏歌，一种平心实意，与杏坛时有二乎？"曰："无二也。"曰："如此何有乡人疑？"曰："只为他时便不能如此。"曰："违则便觉，依旧不违。"曰："常常提起方可。"曰："违则提起，不违提个什么？"皆禅机也。海门之学，传诸陶石篑（名望龄，字周望，会稽人）亦泛滥方外，与澄然、澄密、云悟诸僧交。大洲之学，传诸邓太湖（名豁渠，初名鹤，内江人）。太湖尝为僧。其学只主见性，不主戒律。身之与性，截然分为两事。又有方湛一者（名兴时，黄陂人），曾入太和山，习摄心术。又得黄白术于方外。尚玄虚，侈谈说。龙溪、念庵，皆自为奇士。耿楚倥（名定理，字子庸，黄安人）初出其门；后知其伪，去之。事邓豁渠、何心隐，皆有得。不烦言说，当机指点，机锋迅利。其兄天台（名定向，字在伦）则排斥狂禅，力主实地。然其弟子管东溟（名志道，字登之，娄江人）著书数十万言，仍多鸠合儒释。盖其末流之势，业已不可遏止也。

王学流传，梨洲《明儒学案》，分为七派（浙中，江右，南中，楚中，北方，粤闽，泰州），其崭然见头角者，实惟浙中、江右、泰州。江右最纯谨。浙中之龙溪，泰州之心斋，天分皆极高。然其后流弊皆甚。论者谓阳明之学，得龙溪、心斋而风行天下，亦以龙溪、心斋故，决裂不可收拾焉。盖浙中之弊：纯在应迹上安排、凑泊，则失之浅俗。玩弄本体，以为别有一物，可以把持，则堕入魔障。而纯任流行，尤易致解缆放船，绝无收束。更益以泰州之猖狂机变，遂无所不至矣。清张武承（名烈，大兴人）撰《王学质疑》，攻王学流弊曰："高者脱略职业，歇睡名庵。卑者日沉迷于酒色名利。案有《楞严》《南华》者为名士。挟妓呼卢、裸而夜饮者为高致，抗官犯上、群噪而不逊者为气节，矫诈嗜杀、侥倖苟利者为真经济，谨纲常、重廉隅者为宋头巾。举天下庠序之士，如沸如狂；入则诟于家，出则哗于朝。闯、献之形，日积于学士大夫之心术，而天下不可为。"流弊如此，宜其为一世所疾恶也。然如张氏所述之情形，何代无之？则亦不必尽归咎于王学耳。

有明诸儒

明代理学，当以阳明为中心。前乎阳明者，如白沙，则阳明之先河；与阳明并时者，如甘泉，则与阳明相出入；后乎阳明者，如蕺山，如见罗，则与阳明小异其趣者也。故阳明之学，是非然否且弗论，其为明代理学之中心，则好之者、恶之者，皆不能有异辞也。

白沙之学，主静中养出端倪。其初求之简册，累年无所得。一朝以静坐得之。然后见此心之体，广大高明，不离日用。一真万事，本自圆成。不假人力，无内外、大小、精粗，一以贯之，其言曰："人争一个觉。才觉，便我大而物小，物有尽而我无尽。"又曰："终日乾乾，只是收拾此理而已。此理干涉至大；无内外，无终始；无一处不到，无一息不运。会此，则天地我立，万化我出，而宇宙在我矣。得此把柄入手，更有何事？往古来今，四方上下，一齐穿纽，一齐收拾。随时随处，无不是这个充塞。色色任他本来，何用脚劳手攘？"

白沙之学，吃紧工夫，全在涵养。以虚为本，以静为门户，以勿忘勿助之间，为体认之则。或訾其近禅。或谓有明之学，至白沙而后精，至阳明而后大云。或问龙溪："白沙与阳明同异？"龙溪曰："白沙缘世人精神撒泼，向外驰求，欲返其性情而无从入，只得假静中一段行持，窥见本来面目，以为安身立命根基，所谓权法也。若致知宗旨，不论语默动静，从人情事变，彻底练习，以归于元。譬之真金为铜铅所杂，不遇烈火烹熬，则不可得而精。师门有三种教法：从知解而得者，谓之解悟；未离言诠。从静中而得者，谓之证悟；犹有待于境。从人事练习而得者，忘言忘境，触处逢源；愈摇动，愈凝寂；始为彻悟。"龙溪教人，向偏于事上磨炼。此说亦不离此旨。然白沙与姚江之大小，则于此可见矣。

与阳明同时并称者，厥惟甘泉。（湛若水，字元照，号甘泉，广东增城人）甘泉为白沙弟子。阳明尝溺于二氏，与甘泉交，乃一意圣学。阳明主致良知，而甘泉标"随处体认天理"为宗旨。两家各立门户。湛氏门人，不如王氏之盛。然当时学于湛者，或卒业于王；学于王者，或卒业于湛。其后名湛氏之学者亦多，湛氏亦有明一大师也。

甘泉之说，有与阳明极相似者。其说天理曰："天理二字，人人固有，非由外铄。不为尧存，不为桀亡。故人皆可以为尧舜，初学与圣人同此心，同此一个天理。虽欲强无之不得。见孺子入井，见饿莩，过宗庙，到墟墓，见君子，不知不觉，萌动出来，遏他又遏不得。有时志不立，习心蔽障，忽不见了，盖心不存故也。心若存时，自然见前。"此犹阳明之言良知也。又曰："心存得中正时，便见天理。"又曰："心中无事，天理自见。"亦以天理为在心。又曰："后世儒者，认行字别了。皆以施为班布者为行。殊不知行在一念之间耳。自一念之存，以至于事为之施布，皆行也。且事为施布，岂非一念为之乎？所谓存心，即行也。"此亦阳明知行合一之说也。所异者，阳明以为心即理，甘泉则虽谓理在吾心，终不免体认于外以足之耳。

甘泉之说曰："格，至也。物，天理也，即道。格即造诣之义。格物，即造道也。知行并进，学、问、思、辨、行，所以造道也。故读书，亲师友，酬应，随时随处，皆求体认天理而涵养之，无非造道之功。"此纯似程子"穷理亦多端"之说。然甘泉又不甘居于务外，乃曰："以随处体认为求之于外者，非也。心与事应，然后天理见焉。天理非在外也。特因事之来，随感而应耳。"又曰："尧舜允执厥中，非独以事言，乃心事合一。允执之者，吻合于心，与心为一，非执之于外也。若能于事物上察见天理，平时涵养，由中正出，却由仁义行之学。平时无存养工夫，事到面前，才寻讨道理，即是行仁义；即是义外；即是义袭而取之者也。"既曰天理为人人所固有，初学与圣人无异，又必待事物上察见，未免自相矛盾。若曰心与事应而后天理见，则心岂有不感时邪？甘泉盖恐人堕入见成良知一路，故欲加之以学、问、思、辨、行之功。（或问："先生尝言是非之心，人皆有之，此便是良知，亦便是天理。依着自己是非之心，存养扩充将去，便是致良知；亦便是随处体认天理也。然而外人多言先生不欲学者言良知，岂虑其体察未到，将误认于理欲之间，遂以为真知也邪？"曰："如此看得好。良知二字，自孟子发之，岂不欲学者言之？但学者往往徒以为言。皆说心知是非皆良知；知得是便行到底，知得非便去到底；如是是致。恐师心自用。还须学、问、思、辨、行，乃为善致"）而不知言精察于吾心之理，以为规矩准绳，而施之于事为，与体认于事物之上，以求吾心天理之著见，然后持之以为应事之具，其简直迂曲，则大有别矣。若谓离事物无从精吾心之理，则又有说。甘泉之言曰："阳明与吾，看心不同。吾所谓心，体万物而不遗者也，故无内外。阳明所谓心，指腔子里而为言者也，故以吾之说为外。"（阳明谓"随处体认天理，是求之于外"）梨洲评之曰："天地万物之理，不外于腔子里，故见心之广大。若以天地万物之理，即吾心之理，求之天地万物，以为广大，则先生仍为成说所拘也。天理无处而心其处。心无处而寂然未发者其处。体认者，亦惟体认之于寂而已。今日随处体认，毋乃体认于感？其言终有病也。"

或问聂双江："随处体认天理何如？"曰："此甘泉揭以教人之学，甘泉得之罗豫章。豫章曰：为学不在多言。但默坐澄心，体认天理。若见天理，则人欲自退听。由此持守，庶几有功。"案双江之说，殊能得其来历。甘泉之说，实与豫章之说，息息相通。但豫章之说，少偏于静。甘泉不以为然。乃改"默坐澄心"为"随处体认"，欲合"静而存养，动而省察"为一耳。然欲合此二语为一，随处体认天理，实远不如致良知之简捷而深入也。（阳明与毛古庵书："致良知之说，与体认天理之说，本亦无大相远。但微有直截、迂曲之差耳。譬之种植：致良知者，培其根本之生意，而达之枝叶者也；体认天理者，茂其枝叶之生意，而求复之根本者也。"）

随处体认天理之说，虽曰理在吾心，实仍即物求理之变相。其失易堕于支离。故其后学，咸欲以直截救之。湛门如吕巾石（名怀，字汝德，广信永丰人），则以为天理良知，本同宗旨。如洪觉山（名垣，字峻之，徽州婺源人），则谓体认天理，是不离根之体认，工夫全在几上用。如唐一庵（名枢，字惟中，归安人），则标"讨真心"三字为的，谓随处体认，或失于反身寻讨；致良知，或失于误认灵明。如许敬庵（名孚远，字孟仲，德清人。学于唐一庵），则谓学以克己为要，谓人有血气心知，便有种种交害，虽未至目前，而病根常在；必在根上看到方寸地不挂一尘，方是格物。皆鞭辟入里，浸浸近于王学矣。其初学于许敬庵，后倾向王学，而又能救正王学之失者，厥惟刘蕺山。

蕺山标慎独为宗旨。其说曰："知善知恶之知，即好善恶恶之意，亦即无善无恶之体。意者，心之所存（心之主宰），非所以发也；心之体，非心之用也（流行为用），与起念之好恶不同（念有起灭，意则常存常发）。人心无思无不思，无思虑未起时。必物感相乘，思为物化，乃憧憧往来耳。阳明以诚意为主意，致良知为工夫。谓诚意无工夫，工夫皆在致知。殊不知好善恶恶，即知善知恶；非知善后好，知恶后恶，故更无知善知恶之可言。然则知即意也。好必善，恶必恶，故心善。意者，心之所存。好善恶恶之心，即好善恶恶之意，故意有善而无恶。（恶恶即恶不善，恶不善即好善）此所谓独知也。良知不虑而知，诚者不思而得，故诚即知。致也者，诚之者也。离却意根一步，即无致知可言。故诚意慎独非二事。宋儒不从慎独认取，故不得不提敬于格物之前。阳明云：有善有恶者意之动。是以念为意。善恶杂糅，何处得觅归宿？专提致良知三字，遂致以流行心体承当。今知诚意即慎独，离意根一步，即妄而不诚，则愈收敛，是愈推致；而动而省察可废。何也？存养不专属静，省察正存养之得力处也。"案蕺山之说，盖宗江右，而尤于塘南为近。

初为阳明之学，而后变焉者，又有李见罗。（名材，字孟城，丰城人。学于邹东廓）见罗提"止修"二字，以止为主意，修为工夫。谓"人生而静以上是至善。发为恻隐、羞恶、辞让、是非四端，有善便有不善。知是流动之物，都已向发边去。以此为致，远于人生而静以上之体"。故主"摄知归止"。"刻刻能止，则视听言动，各当其则，不言修而修在其中。稍有出入，不过点检提撕修之工夫，使当归于止而已。"见罗辟阳明之说曰："释氏以知觉运动为性。吾儒本天，故于性上只道得一个善字。就于发用之际，见其善之条理。恻隐名仁，羞恶名义，辞让名礼，是非名智。未尝云有善无不善也。后儒曰：无善无恶者心之体。以其就知上看体，知固有良有不良故也。玉本无瑕，只合道个白，不可云有白无黑。水本无污，只合道个清，不可云有清无浊。无善无恶既均，作善作恶亦等。何也？总之非吾性所有也。见性一差，弊至于此。则知知觉运动，不可言性；儒者之学，断须本天。程朱之论，固自有其独到之处也。"案见罗此辩，殊失阳明本意，参观前两篇自明。见罗又谓"致知二字，并列于八目之中。知本知止，特揭于八目之外。略知本而揭致知，五尺之童，知其不可。自古之欲明明德，至一是皆以修身为本，详数事物，而归本于修身。本在此，止在此。知本者，知修身为本而本之。知止者，知修身为本而止之。知修身为本而止之，即止于至善也。"合"此谓知本"之本，与"一是皆以修身为本之本"为一，亦未必其遂安耳。

东林之学，与阳明有异同者，为顾径阳（名宪成，字叔时，无锡人）及高景逸（名攀龙，字存之，无锡人）。泾阳提出性字，谓"性是心之根底。舍性言心，必堕情识"。"善即心之本色，说恁著不著？明目之本色，聪耳之本色，说得个不著否？何云无善乃不著于善耶？"景逸主格物，谓"不穷其理，物是外物。穷其理，物即吾心"。"学者无穷工夫，心之一字，是大总括。心有无穷工夫，敬之一字，是大总括。心无一事为敬。主一之谓敬。无适之谓敬。人心如何能无适？须先穷理，识其本体。""圣人只从矩，不从心所欲。徒知昭昭灵灵者为心，而外天下之物，是为无矩之心。以应天下之物，师心自用而已。""阳明曰：致知在格物者，致吾心之良知于事事物物。致吾心之良知于事事物物，则事事物物，各得其理。是格物在致知。又曰：格，正也。格去心之不正，以归于正。是格物在正心诚意。""吾人日用，何尝离格物。开眼便是，开口便是，动念便是。善格物者，时时知本。善知本者，时时格物。格透一分，则本地透一分，知地透一分。谈良知者，致知不在格物，故虚灵之用，多为情识，而非天则之自然，去知远矣。"案高、顾所辟，皆王学末流之弊。若阳明本说，则实不如是也（景逸又曰："阳明曰：有善有恶意之动。善谓善念，无善则无念。吾以善为性，彼以善为念也。"此说亦非。参看上篇钱绪山之说自明）。

总　论

以上各篇，举理学中之重要家数，一一加以论列。理学之为理学，亦略可见矣。今再统其学而略论之。

理学之特色，在其精微彻底。一事之是非，必穷至无可复穷之处，而始可谓定。否则画一境以自足，而曰：吾之所论者，姑止于是而已。则安知所研究者出此以外，而其是非不翻然大变乎？理学家则不然。或问伊川："人有言：尽人道谓之仁，尽天道谓之圣。此语何如？"曰："安有知人道而不知天道者？道一也，岂人道自是一道，天道自是一道？扬子曰：通天地人曰儒，通天地而不通人曰技。此亦不知道之言。岂有通天地而不通于人者哉？天地人只一道也。才通其一，则余皆通。如后人解《易》，言乾天道也，坤地道也，便是乱道。语其体，则天尊地卑；论其道，岂有异哉？"横渠答范巽之云："所访物怪神奸，此非难语，顾语未必信耳。孟子所论，知性知天。学至于知天，则物所从出，当源源自见。知所从出，则物之当有当无，莫不心喻；亦不待语而后知。诸公所论，但守之不失，不为异端所劫，则进进不已，物怪不须辨，异端不必攻，不逾期年，吾道胜矣。若欲委之无穷，付之不可知，则学为疑挠，知为物昏，交来无间，卒无以自存，而溺于怪妄必矣。"宋儒所谓理者，果能贯天地人幽明常变而无间否，自难断言。然其所求，则固如此。其说自成一系统；其精粹处，确有不可磨灭者，则固不容诬也。

以其所求之彻底，故其所为，必衷诸究极之是非；而寻常人就事论事之言，悉在所不取。或问伊川："前世隐者，或守一节，或惇一行，不知有知道者否？"曰："若知道，则不肯守一节一行也。此等人鲜明理，多取古人一节事专行之。古人有杀一不义，虽得天下不为；则我亦杀一不义，虽得天下不为。古人有高尚隐逸，不肯就仕；则我亦高尚隐逸不仕。如此，则仿效前人所为耳，于道鲜有得也。是以东汉尚名节，有虽杀身不悔者，只是不知道也。"阳明亦曰："圣贤非无功业气节，但其循着天理，则便是道，不可以事功气节名矣。"盖天下有真知其故而为之者；亦有并不真知，但慕悦他人之所为，而从而效之者。不真知而为之，必有毫厘千里之差；浸至冬葛夏裘之谬。此宋儒之所以重明理也。理学家之所谓理，果至当不易与否，自难断言；然其心，则固求明乎究极之理，而后据之以行事也。

以此推之政治，则不肯做一苟且之事。宋儒有一习道之语，曰"治非私智之所出"。所恶于私智者，以其欲强自然之事实，以从我之欲。不合乎天然之理，不足致治，而转益纠纷也。伊川曰："孔明有王佐之才，道则未尽。王者如天地之无私心焉，行一不义，而得天下不为。孔明必求有成，而取刘璋，圣人宁无成耳。"一时一事之成功，就一时一事言之固有利，统全局言之实有害，故有所不为也。吕与叔《明道哀辞》，谓其"宁学圣人而未至，不欲以一善成名。宁以一物不被泽为己病，不欲以一时之利为己功"。真理学家，都有此意。

其行诸己者，尤为卓绝。横渠曰："学必如圣人而后已。知人而不知天，求为贤而不求为圣，此秦汉以来学者之大蔽。"伊川曰："且莫说将第一等让与别人，且做第二等。才如此说，便是自弃。虽与不能居仁由义者，差等不同，其自小则一也。言学便以道为志，言人便以圣人为志。自谓不能者，自贼者也。谓其君不能者，贼其君者也。"所以必希圣，必以第一等人自期者，以天下惟有一真是，舍此皆不免毫厘千里之差也。

如此彻底之道，并不恃天赋之资。其功皆在于学。伊川曰："别事都强得，惟识量不可强。今人有斗筲之量，有釜斛之量，有钟鼎之量，有江河之量。江河之量亦大矣，然有涯，有涯亦有时而满。惟天地之量则无满。圣人，天地之量也。圣人之量，道也。常人之有量者，天资也。天资之量须有限。大抵六尺之躯，力量只如此，虽欲不满，不可得也。"读"六尺之躯力量只如此"九字，真足使困知勉行者，气为之一壮矣。

理学家之学，于理求其至明，于行求其无歉。然二者又非二事，明理者，所以定立身之趋向；立身者，所以完明理之功用也。抑此非徒淑身，施之当世，亦无亏慊。以天下惟有一理，治身之理，即治世之理也。理学家最服膺之语曰："体用一源，显微无间。"（语出伊川《易传》序）其斥理学以外之学，则曰："言天理而不用诸人事，是为虚无，是为异学。言人事而不本诸天理，是为粗浅，是为俗学。"二者之为失虽异，而其失惟钧。皆以不明乎独一无二之理，故其所行遂至差谬也。

理学家视修己治人，非有二道。故曰："志伊尹之所志，学颜子之所学。"虽然，物莫能两大，有所重于此，势必有所轻于彼。理学家论治，每谓己不立则无以正物，其说固然。（横渠曰："德未成而先以功业为事，是代大匠斲，希不伤手也。"明道曰："不立己后，虽向好事，犹为化物。己立后，自能了当得天下万物。"朱子曰："古人只是日夜皇皇汲汲，去理会这个身心。到得做事业时，只随自家分量以应之。"又曰："多只要求济事，而不知自身不立，事决不能成。人自心若一毫私意未尽，皆足败事。"或问："学者讲明义理之外，亦须理会时政，庶他日临事，不至墙面。"曰："学者若得义理明，从此去量度事物，自然泛应曲当。今世文人才士，开口便说国家利害，把笔便述时政得失，济得甚事？只是讲明义理，以淑人心。使世间识义理之人多，何患政治不举？"）然因此，全副精神，皆贯注于内，而于外事遂有所不暇及，亦其势也。后来颜习斋所攻击，专在于此。

凡事皆欲从源头上做起，皆欲做到极彻底，而所言遂不免于迂阔，此亦理学之一弊也。为治如行修途，眼光须看得极远，脚步须走得极稳。千里之行，始于跬步，意不可不存于千里，足不可不谨于跬步也。徒顾目前之险夷，而遂忘其所欲至，此为理学家所讥之俗学。目前虽幸免蹉跌，而所欲至之地，卒无可至之时，则其行为无谓矣。反于此者，又或眼光看得极远，而于目前之情形，有所不悉，遂不免于蹉跌，此则理学之弊。理学家言治本，则致谨于王霸之辨；言治法，则欲复封建井田。姑勿论所言之是非，然见在之世界，去封建井田亦远矣。必如何而后封建井田可复，理学家不能言也。（非不言之，然其言多迂阔，实与未尝言等）则其欲复封建井田，亦徒存其愿而已。况夫封建井田之未必可复邪？

泥古之足以致弊，宋儒亦非不知之，然其所以自解者，则曰："必有《关雎》《麟趾》之意，而后可以行《周官》之法度。"（明道之言）然则周官法度之不能行，皆由《关雎》《麟趾》之意之不足。《关雎》《麟趾》之意苟足，《周官》之法度，遂无不可行矣。（宋儒论治，偏重德化，略于事为，弊亦由此）然宋儒于古人之法度，实考之未精。故其所主张，自谓参酌古今，实不免墨守古法。（由其误谓古代成法，皆合于至当不易之天理也。使其真能详考，自无此弊）论治则欲复井田封建，善俗则欲行古冠昏丧祭之礼，皆坐此弊。（宋儒于礼，实行者甚多。关学无论矣。朱子所修《仪礼经传通解》，自一家以至一国之礼悉具焉。陆象山之父，名贺，字道乡，亦酌先儒冠昏丧祭之礼，行之于家。此等事不胜枚举。〇宋儒于礼，考古之作亦甚多。《仪礼经传通解》外，如陈祥道之《礼书》，敖继公之《仪礼集说》等皆是。〇宋儒所谓礼，实不可行于世，读吕氏之《蓝田乡约》，便可见之）古代社会，阶级较后世为严。宋儒率古礼而行之，实于后世情形有所不合，人心遂觉其不安；人人皆觉其所行为不近情。后来戴东原所攻击，专在于此（阳明言心学，故其所言，较宋儒稍为活动。阳明之言曰："天下古今之人，其情一而已矣。先生制礼，皆因人情而为之节文，是以行之万世而皆准。其或反之吾心而有所未安者，非传记之讹缺，则必风气习俗之异宜。此虽先王未之有，亦可以义起。三王之所以不相袭礼也。若徒拘泥于古，不得于心，而冥行焉，是乃非礼之礼，行不著而习不察者矣。"其与邹守益书曰："今之为人上而欲道民以礼者，非详且备之为难，惟简切明白，使人易行之为贵耳。"其言皆较宋儒为弘通。然必谓先王之法，可行之万世而准，则仍未免蓬之心。率此行之，必致仍以先王之法为本，以吾之意见，略加参酌，自谓可行之当世，而仍未必有当于世人之情耳）。

宋儒之尊君权，与其严阶级同蔽。固由晚唐五代，裂冠毁冕，有以激之；亦其拘守古人成法太过，谓欲求治，必如古人所为；古代君权本尊，宋人持论，遂不觉其太过也。宋学开山孙明复，作《春秋尊王发微》，即大昌尊君之义。且谓《春秋》有贬无褒。其持论之酷如此。温公疑孟子，诋其贵戚易位之言。李觏作《常语辨》，以孟子为五霸之罪人，谓"五霸率诸侯事天子，孟子劝诸侯为天子。苟有人性，必知其逆顺矣"。然则孔子称"汤武革命，应天顺人"，孔子亦五霸之罪人乎？此弊理学家入之颇深。至清代曾国藩等，犹有此见。社会之所以能立，其原因自极深远。此辈则谓非有封建之世，阶级森严，下之视上，懔乎其不可犯之风气，不足维持。谓此等名分一坏，即不免于大乱。实由其于社会现象，研之未深，而徒以古为郅治之世，致有此缪见也。

宋儒自谓于二氏之学颇深，故能入其室而操其戈。后之议理学家者，则又谓周、程、张、朱等，其初皆与二氏有交涉，故其说实不免于儒其貌而释老其心。（叶水心之论即如此。水心《习学记言》云："程氏答张氏论定性，动亦定，静亦定；无将迎，无内外：当在外时，何者在内？天地普万物而无心，圣人顺万事而无情；扩然而大公，物来而顺应；有为为应迹，明觉为自然；内外两忘；无事则定，定则明；喜怒不系于心而系于物；皆老佛语也。程张攻击老佛，然尽用其学而不自知。"又谓周、张、二程，无极、太极、动静、形气、聚散等，为以佛说与佛辩。〇晁以道谓谦溪师事鹤林寺僧寿涯，得"物先天地，无形本寂寥。能为万象主，不逐四时凋"之偈。《性学指要》谓濂溪初与东林总游。久之，无所入。总教之静坐。月余，忽有得。以诗呈曰："书堂兀坐万机休，日煗风和草自幽。谁道两千年远事，而今只在眼睛头。"总肯，即与结青松社游。则濂溪早年，确与二氏有交涉，无怪其《太极图》之取资于彼也。至张子、朱子等之出入二氏，则更事实确凿，无待考证矣）至于邵子之被斥以道家，陆王之见疑于佛学，则更不俟深论矣。然宋明儒者，于二氏之学，入之实不深。故其所诘难，多不中理。焦澹园谓"伯淳未究佛乘，故其掊击之言，率揣摩而不得其当。大似听讼者，两造未具，而亿决其是非；臧证未形，而县拟其罪案。"斯言得之。"改头换面"，实非理学家所能也（宗杲教张子韶，谓"既得把柄，开道之际，当改头换面，随宜说法"，即使为阳儒阴释之论也。子韶，名九成，钱塘人。自号横浦居士，又称无垢居士。龟山弟子。朱子辟之，以为洪水猛兽）。

老、释相较，释氏之说，远较老氏为高。理学家虽以二氏并称，实则其所辟者，十九在释氏也。儒家辟佛之说，为宋儒所称者，为韩退之之《原道》。其说实极粗浅。宋初辟佛者，有石介之《中国论》，欧阳修之《本论》，亦《原道》之类耳。稍进而其说乃精。

宋儒辟佛第一要语，为程子之"吾儒本天，异端本心"。为所谓天者，即天地万物之定理。谓宇宙间一切皆有定则，为人所当遵守而不逾。释氏惟任其心之所见，则一切无定。故以知识言，则不能明理；以制行论，遂至猖狂妄行也。张子谓释氏"不能穷理，故不能尽理"，意亦同此。其实天下无不明事理，可成学问者。释氏之注重一心，乃将人类一切罪恶，加以穷究，谓其根源皆出于心耳。能所二者，不能相离。承认有我，即不奢承认有物；承认有物，亦不奢承认有我矣。理学家谓："吾儒知有理，故其言心也，从至变之中而得其不变者。释氏但见流行之体。"未免以禅宗之流失，概佛教之本来也。

又谓："释氏有敬以直外，无义以方外。"（亦明道之言）案佛氏有三千威仪，八万细行。更进而言之，则有六波罗蜜。凡可以饶益有情者，善巧方便，无所不为。戒律之严，尤为他教所莫比。安得谓无制行之义邪？

延平云："吾儒异于异端者，理一而分殊也。理不患不一，所难者分殊耳。"朱子曰："理一，体也。分殊，用也。"盖谓释氏有仁而无义也。然冤亲平等，乃以究极之义言之。至于应事，则释氏亦有种种方便，曲尽其妙。试读《华严》之五十三参可知。正不得谓有仁，而无义也。况理不患不一，所难者分殊，语亦有病。此则阳明之心学，足以正之矣。

有以善为吾心所本有，疑释氏一切空之，遂并善而欲空之者。明道谓其"直欲和这些秉彝，都消铄得尽"是也。然善者心之本体，正空无一物之谓（如鉴之明），若先有世间之所谓善者，杂乎其中（如鉴中美景），则眼中金屑矣。心学家谓心体本空，恻隐、羞恶、辞让、是非，皆自此空体流出，颇得佛意。空者，空其欲障。四端即心之本体。非本体为一物，而四端别为一物，藏于其中也。然则秉彝安可消铄尽邪？秉彝而消铄尽，则并明道所谓佛所欲见之心性而无之矣。（明道曰："彼所谓识心见性也。若存心养性一段事，则无矣。"）何也？秉彝即心性也。

有谓二氏专从生死起念，不离乎贪生畏死之情者。案后世所谓道教，实古之神仙家。神仙家专求长生，冀享世间之快乐，宋儒辟之是也。然此实不直一辟。至于真道家及佛氏，则了无贪生畏死之念。世末有浅至贪生畏死，犹能成为学，成为教者。此亦不足辩也。宋儒之说，乃睹世俗信奉二氏者，皆不离乎贪生畏死之念，遂以此咎二氏耳。亦可见其于二氏之学，入之实不深矣。

或谓佛氏专从事于一心，久之，见其昭昭灵灵，如有一物，遂以此为心之本体，得此则天地万物虽坏，而此不坏；幻身虽亡，而此不亡。又或静久，精神光彩，其中了无一物，遂以为真空。此皆禅宗之末失。宋时佛教，诸宗皆衰，惟禅宗独盛。故宋儒辟佛，多指禅宗言之。后之理学家，不加深察，遂谓佛教仅如此耳。其实禅宗不足概佛教之全；禅宗之流失，即彼亦以为魔道也。

张子曰："若谓虚能生气，则虚无穷，气有限，体用殊绝，入老氏有生于无自然之论。"老氏说果如此，张子辟之，诚为得当。然老子所谓"天地万物生于有，有生于无"者，即庄子"有不能以无为有"之说。谓天下万物，彼不能为此之原因，此亦不能为彼之原因，故不得不归之于无。无犹言不可知，正认识论之精义也。又有谓我之所谓无为，乃无私意造作，彼则真入于无为者。此则《道德五千言》俱在，其余道家之言亦俱在，稍一披览，即可知其所谓无为者，果系一事不为，抑系无私意造作。亦不俟辩也。

理学家之辟二氏，多属误会之谈。然其说仍有极精者。不能以其于二氏之说，有所误会，遂概斥为不足道也。今试引数事如下：

或谓明道："释氏地狱之类，皆是为下根人设，怖会为善。"曰："至诚贯天地，人尚有不化，岂有立伪教而人可化乎？"或问阳明："佛以出离生死，诱人入道；仙以长生久视，诱人入道。究其极致，亦见得圣人上一截，然非入道正路。"阳明曰："若论圣人大中至正之道，彻上彻下，只是一贯。更有甚上一截、下一截？"明道论神教不能普行之理甚精。盖凡神教，虽亦见得究极之理，终不免有许多诱人之说。究极之理真，诱人之说则伪。一时虽借此诱人，久之，其遭人掊击者，即在于此。此亦可见说非真理，终不能立也。阳明之说，尤觉简易直截，独标真谛。

阳明曰："仙释说道虚，圣人岂能虚上加得一毫实？佛氏说道无，圣人岂能无上加得一毫有？但仙家说虚，从养生上来；佛氏说无，从出离生死苦海上来。却于本体加这一些子意思，便不是虚无的本色，便于本体有障碍。圣人只是还他良知的本色，更不着些子意思。良知之虚，便是天之太虚，良知之无，便是太虚无形。日月、风雷、山川、民物，凡有貌象形色，皆在太虚无形中，发用流行，未尝作得天的障碍。圣人只是顺其良知之发用。天地万物，俱在我良知发用流行中，又何尝有一物超于良知之外，能作障碍？"案神仙家不足论。阳明谓佛氏亦有所著，亦非真知佛说之谈。然所说之理则甚精。真空妙有，原系一事。必知此义，乃不致以空为障也。

梨洲曰："佛氏从生死起念，只是一个自为。其发愿度众生，亦即一个为人。何曾离得杨墨科臼？岂惟佛氏？自科举之学兴，儒门哪一件不是自为为人？自古至今，只有杨墨之害，更无他害。"案谓佛氏从生死起念，前已辨之。其发愿度人，则正所谓秉彝之不容已。儒家力争性为善而非空，正是此意；不得转以此病释氏也。然梨洲辟佛虽非是，而其将一切恶，悉归到为人为己上，见得至善惟有一点，更移动分寸不得，则其说甚精。

凡教总不能无迷信之谈，此乃借以牖世，本非教中精义。得其义，弃作筌蹄可矣。佛说来自天竺，彼土之人，好骛遐想，说尤恢诡。此亦非佛说精义所在也。而此土之人，或竟信以为真，则堕入迷信矣。温公不信佛，曰："其微言不能出吾书，其诞者吾不信也。"佛说之诞，乃其兴于天竺使然，不足为佛病；然论佛说而能及此，却可扫除许多障碍也。

朱子《释氏论》曰："佛之所生，去中国绝远。其书来者，文字音读，皆累数译而后通。而其所谓禅者，则又出于口耳之传，而无文字之可据。以故人人得窜其说以附益之，而不复有所考验。今其所以或可见者，独赖其割裂装缀之迹，犹有隐然于文字之间，而不可掩者耳。盖凡佛之书，其始来者，如《四十二章》《遗教》《法华》《金刚》《光明》之类。其所言者，不过清虚缘业之论，神通变见之术而已。及其中间为其学者，如惠远、僧肇之流，乃稍窃《列》《庄》之言，以相之；然尚未敢以为出于佛之口也。及其久而耻于假借，则遂显然窃取其意，而文以浮屠之言。如《楞严》所谓自闻，即《庄子》之意；而《圆觉》所谓四大各离，今者妄身当在何处，即《列子》所谓精神入其门，骨骸及其根，我尚何存者也。凡若此类，不胜枚举。然其说皆萃于书首，其玄妙无以继之，然后佛之本真乃见。如结坛、诵咒、二十五轮之类，以至于大力金刚、吉盘茶鬼之属，则其粗鄙俗恶之状，较之首章重玄极妙之旨，盖水火之不相入矣。至于禅者之言，则其始也，盖亦出于晋宋清谈论议之余习，而稍务反求静养以默证之。或能颇出神怪，以玄流俗而已。如一叶五花之谶，只履西归之说，虽未必实有其事，然亦可见当时所尚者，止于如此也。其后传之既久，聪明才智之士，或颇出于其间，而自觉其陋。于是更出己意，益求前人之所不及者，以阴佐之，而尽讳其怪幻鄙俚之谈。于是其说一旦超然，真若出乎道德性命之上；而惑之者，遂以为果非尧、舜、周、孔之所能及矣。然其虚夸诡诞之情，淫巧儇浮之态，展转相高，日以益盛，则又反不若其初时清闲静默之说，犹为彼善于此也。"（《语类》："宋景文《唐书赞》，说佛多是华人之谲诞者，攘庄周、列御寇之说佐其高，此说甚好。如欧阳公只说个礼法，程子又只说自家义理，皆不见他正赃。佛家先偷《列子》。《列子》说耳目口鼻心体处有六件，佛家便有六根。又三之为十八戒。初间只有《四十二章经》，无恁地多。到东晋，便有谈议，如今之讲师，做一篇议总说之。到后来，谈议厌了，达磨便入来，只静坐。于中稍有受用处，人又都向此。今则文字极多，大概皆是后来中国人以《列》《庄》说自文，夹插其间，都没理会了"）案佛说有大小乘，其来有早晚。其经有真伪，译有善否，又有意译、直译之殊：直译者或能传其说之真，意译者则不免搀以此方之语。若以为学术而研究之，其中应考校处甚多。朱子所论，虽未尽当。（如不知《列子》系伪书，窃佛说；反以为佛窃《列子》之类）然能见及此中罅隙，要不可谓非善读书者。自汉学之兴，群诋宋儒为空疏武断。其实宋儒如朱子，即读书极博之人。此外博洽者尚多。其勇于怀疑，善于得闲，尤非汉唐及清儒所及。清代考证之学，实亦自宋儒开其源（如朱子疑《古文尚书》、吴棫发明古韵等，皆是），特未竟其业耳。此说甚长，当别专论，乃能尽之。此篇不能详也。

理学自创始迄今几千年，信从者固多，攻击者亦不少。综所攻击，不外两端：一病其空虚无用，一以为不近人情而已。前说可以清之颜习斋为代表，后说可以戴东原为代表。然二家所攻，实皆理学末流之弊。至于理学之真，则自有其卓然不可没者。予旧有《订戴》一篇，今附录于后，以见戴氏之说之所由来，及其当否。今更略评颜氏之说如下。

颜氏之攻理学，一言蔽之曰：不切实用而已。故其释"致知在格物"，必以《周官》之乡三物为物，而曰："知无体，以物为体。"其说穷理，则谓理在事中，必就事分析极精，乃为穷理（此说与戴氏同）。习斋之言曰："以读经史，订群书为穷理处事以求道之功，则相隔千里；以读经史，订群书为即穷理处事，而曰：道在是焉，则相隔万里矣。譬之学琴；书犹琴谱也。烂熟琴谱，讲解分明，可谓学琴乎？故曰：以讲读为求道，相隔千里也。更有妄人，指琴谱曰：是即琴也。辨音律，协风韵，理性情，通神明，比物此志也。谱果琴乎？故曰：以书为道，相隔万里也。歌得其调，抚娴其指，弦求中音，徽求中节，是之谓学琴矣，未为习琴也。手随心，音随手；清浊疾徐有常功，鼓有常规，奏有常乐；是之谓习琴矣，未为能琴也。弦器可手制也，音律可耳审也，诗歌惟其所欲也；心与手忘，手与弦忘，于是乎命之曰能琴。"（《存学编性理书评》）颜氏之言如此，此其所以以"习"自号也。颜氏之訾宋儒曰："宋儒如得一路程本，观一处，又观一处，自以为通天下路程，人亦以晓路程称之，其实一步未行，一处未到。"（见《年谱》）颜氏谓宋儒之病在习静，在多读书，故提倡习动。谓："诵说中度一日，则习行上少一日；纸墨上多一分，则身世上少一分。"又谓："读书愈多愈惑，审事机愈无识，办事愈无力。"又谓："书生必自知，其愚益深。"案理学末流之弊，诚有如习斋所云者。然流弊何学蔑有？要不得以此并没有学之真。偏于静，偏于读书，诚理学必至之弊。然始创理学者，及理学大家，初未谓当如此。读前此诸篇可见也。大抵思想当大变动之时，其人必好骛心于玄远。以其视前此之是非然否，悉不足凭，而当别求标准也。宋代正是其时。今日时势危急，群趋实际，救焚拯溺之不暇，而讲哲学之风反大盛，亦以此故。偏于读书之弊，不独宋学为然。率天下之人，而至于疏于处事，亦诚在所不免。然此亦分工之道，不得不然。今之科学家，固有终身在试验室中，而未尝一用其所学，以作实事者矣；亦得诋为但读琴谱，但观路程本邪？

附订戴

戴东原作《原善》《孟子字义疏证》，以攻宋儒。近人亟称之，谓其足救宋儒之失，而创一新哲学也。予谓戴氏之说，足正宋学末流之弊耳；至其攻宋学之言则多误。宋学末流之弊，亦有创始之人，有以召之者，戴氏又不足以知之也。宋学之弊，在于拘守古人之制度。制度不虚存，必有其所依之时与地。而各时各地，人心不同。行诸此时此地，而犁然有当于人心者，未必其行诸彼时彼地，而仍有当于人心也。欲求其有当于人心，则其制不可不改。是以五帝不袭礼，三王不沿乐。此犹夏葛而冬裘，其所行异，其所以求其当同也。宋之世，去古亦远矣，民情风俗，既大异于古矣，古代之制，安能行之而当于人心乎？宋儒不察，执古之制，以为天经地义，以为无论何时何地，此制皆当于理。略加改变，实与未改者等，而欲以施之当时。夫古之社会，其不平等固甚。宋时社会之等级，既不若古之严矣。在下者之尊其上，而自视以为不足与之并，并不若古之甚矣。宋儒执古之制而行之，遂使等级之炎复炽，与人心格不相入。戴氏之言曰："今之治人者，视古圣贤体民之情，遂民之欲，多出于鄙细隐曲，不屑措诸意。而及其责以理也，不难举旷世之高节，著于义而罪之。尊者以理责卑，长者以理责幼，贵者以理责贱，虽失谓之顺；卑者，幼者，贱者，以理争之，虽得谓之逆。于是下之人，不能以天下之同情，天下所同欲，达之于上。上以理责其下，而在下之罪，人人不胜指数。人死于法，犹有怜之者；死于理，其谁怜之？"夫使尊者、长者、贵者，威权益增；而卑者、幼者、贱者，无以自处，是诚宋学之弊，势有所必至。由其尊古制、重等级，有以使之然也。（东原又谓："今处断一事，责诘一人，莫不曰理者。于是负其气，挟其势位，加以口给者理伸；力弱，气慑，口不能辞者理屈。"此则由人类本有强弱之殊，理特其所借口耳。不能以此为提倡理者之罪也）至于以理责天下之人，则非创宋学者之所为，而为宋学末流之失。戴氏又谓"理欲之说行，则谗说诬辞，得刻议君子而罪之，使君子无完行"。夫以宋儒克己之严，毫厘不容有歉，因推此绳君子而失之严，事诚有之。至于小人，则宋儒易尝谓其欲可不遂，而不为之谋养生送死之道哉？横渠见饿莩，辄咨嗟，对案不食者经日。尝以为欲致太平，必正经界。欲与学者买田一方试之，未果而卒。程子提倡社会，朱子推行社会。凡宋儒，讲求农田、水利、赋役之法，勒有成书，欲行之当世者，盖数十百家。其志未尝行，其书亦不尽传，然其事不可诬也。乡曲陋儒，抱《性理大全》，侈然自谓已足；不复知世间有相生相养之道；徒欲以旷世之高节，责之人民，此乃宋学末流之失，安可以咎宋学乎？宋儒所谓理者，即天然至善之名，戴氏所谓必然之则也。戴氏称人之所能为者为"自然"，出于血气；其所当止者为"必然"，出于心知。与宋儒称人之所能为而不必当者为气质，为欲；所当善者为义理，为性，有以异乎？无以异乎？夫特异其名而已。戴氏则曰："吾所谓欲者，出于血气所谓理义者，出于心知。血气、心知，皆天之所以与我，是一本也。宋儒谓理出于天，附着凑泊于形体。形体者气质，适足为性之累。是二之也。"夫宋儒曷尝谓气质非出于天哉？谓"义理气质，同出于天，则气质不应为义理之累。宋儒谓气质为义理之累，是二之也。"然则戴氏所谓血气者，任其自然，遂不足为心知之累欤？谓任血气之自然，不足为心知之累，则戴氏所谓"耳目鼻口之欲，必以限制之命节之"之说，为不可通矣。谓性必限之以命；而声色臭味当然之则，必以心为之君；则宋儒之说，戴氏实未有以易之也。若曰："民之秉彝，好是懿德。心知之自然能好懿德，犹耳目鼻口之自然能好声色臭味。以是见义理之具于吾心，与宋儒谓义理之性原于理，而理出于天者不同。"则宋儒固亦未尝不谓理具于吾心也，特本之于天耳。即戴氏谓义理之性天然具于吾之心知，而推厥由来，亦不能谓其不本之于天也。戴氏谓"饮食能为身之养者，以其所资以养之气，与所受之气同。问学之于德性亦然"是也。安得谓宋儒"更增一本"乎？

戴氏曰："宋儒所谓理，即老氏所谓真宰，释氏所谓真空也。老释自私其身，欲使其身离形体而长存。乃就一身分为二，而以神识为本。推而上之，遂以神为有天地之本。以无形无迹者为有，而视有形有迹者为幻。宋儒以理当其无形无迹者，而以气当其形体。故曰心性之郭廓。"老氏、释氏是否自私其身？是否歧神与形而二之？今不暇及。宋儒之辟释氏也，曰："释氏本心，吾儒本天。"其所谓理，与老释之所谓神识非同物，则彰彰明矣。宋儒盖病老释以万物为虚，独吾心所知见者为实，则一切皆无定理，猖狂妄行，无所不可，故欲以理正之。宋儒所谓理者，乃事物天然之则，即戴氏所谓"有物必有则"；而其所谓义理之性，则吾心之明，能得此天然之则者，即戴氏所谓"能知不易之则之神明"也。安得视为虚而无薄之物乎？

戴氏谓"老释内其神而外形体。举凡血气之欲，悉起于有形体之后，而神至虚静，无欲无为。宋儒沿其说。故于民之饥寒愁怨、饮食男女、常情隐曲之感，咸视为人欲之甚轻。古之言理也，就人之情欲求之，使之无疵。今之言理也，离人之情欲求之，使之忍而不顾。故用之治人，则祸其人。夫人之生也，莫病于无以遂其生。欲遂其生，亦遂人之生，仁也。欲遂其生，至于戕人之生而不顾，不仁也。不仁实始于欲遂其生之心。无此欲，必无不仁矣。然使无此欲，则于天下之人，生道穷促，亦将漠然视之。己不必遂其生，而遂人之生，无是情也。故欲不可无，节之而已。谓欲有邪正则可，以理为正，以欲为邪，则不可也。"此为戴氏主意所在，自比于孟子不得已而言者。吾闻朱子之言曰："饮食，天理也。要求美味，人欲也。"则朱子所谓天理，亦即欲之出于正者。与戴氏谓"欲其物，理其则"同。未尝谓凡欲皆不当于理也。人之好生，乃其天然不自已之情。自有人类以来，未有能外之者也。世固有杀身以成仁，亦有杀以止杀者。彼以为不杀其身，不杀杀之可以止杀之人，则于生道为有害。其事虽出于杀，其心仍以求夫生也。自有人类以来，未有以死为可歆，生为可厌者。戴氏以为宋学者不欲遂其生为虑，可谓杞人忧天之队矣。若谓欲遂人之生者，先不能无自遂其生之心，则又有说。世无不肯舍其身而可以救人者。盖小我之与大我，其利害时有不同。于斯时也，而无舍己救人之心；亦如恒人，徒存一欲遂其生之念，则终必至于戕人之生而不顾。此成仁之所以必出于杀身；而行菩萨行者，所以必委身以饲饿虎也。彼行菩萨行者，宁不知论各当其分之义，固不当食肉以自养，亦不委身以饲虎哉？不有纯于仁之心，固无以行止于义之事。彼行止于义者，其心固纯于仁。所以止于义者，所能行之仁，止于如此；不如此，则转将成为不仁。故不得已而止于此，而非其心之遂尽于此也。心之量，适如其分而已；及其行之，未有能尽乎其分者，而戴氏所谓戕人之生以遂其生之祸作矣。故以纯乎理恒人，宋儒未尝有此；其有之，则宋学之末失也。至于以纯乎理自绳其身，则凡学问，未有不当如此者。抑天下之人，使皆进于高节则不能。诱掖天下之人，使同进于高节，则固讲学问者，所当同具之志愿。而非天下之人，真能同进于高节，天下亦决无真太平之望也。

　　戴氏谓"老释以其所谓真宰、真空者为已足，故主去情欲勿害之，而不必问学以扩充之。宋儒之说，夫老释之说，故亦主静。以水之清喻性。以其受污浊喻气质。宋儒所谓气质，即老释所谓情欲也。水澄之清，故主静，而易其说为主敬存理"云云。主静之说，发自周子。其说曰："立天之道，曰阴与阳。立地之道，曰柔与刚。立人之道，曰仁与义。"又曰："圣人定之以中正仁义而主静，立人极焉。"盖以人之所行，不越义。而二者名异而实同。义所以行仁，而仁则所以为义立之体。无义固无以行仁，无仁亦无所谓义。当仁仁，正其所以为义；当义而义，亦所以全夫仁；所谓中也。止于中而不过，则所谓静也。何以能静，必有持守方焉，则程子所谓主敬也。主敬而事物至当不易之则（宋儒所谓理）存焉矣。宋儒所谓静，非寂然不动之谓也。戴氏之说，实属误会。

　　戴氏谓："宋儒详于论敬，而《略于论学》，此亦宋学末流之生。若程朱，则"涵养须用敬，进学在致知"，两端固并重也。抑进学亦必心明而后能之，故反身自勘之学，终不能不稍重于内。戴氏曰："圣人之言，无非使人求其至当，以见之行。求其至当，即先务于知也。凡去私不求去蔽，重行不先重知，非圣学也。"此说与程朱初无以异。又曰："闻见不可不广，而务在能明于心。一事豁然，使无余蕴。更一事而亦如是。久之，心知之明，进于圣知，则虽未学之事，岂足以穷其知哉？"此说亦与朱子一旦豁然贯通之说同。天下事物，穷之不可胜穷，论明与蔽者，终不得不反之于心也。然与戴氏力主事物在吾心之外，谓心知之资于事物以益其明，犹血气之资于饮食以益其养者，则未免自相矛盾矣。

　　戴氏谓："心之能悦懿德，犹耳目鼻口之能悦声色臭味。接于我之身气，辨之而悦之者，必其尤美者也。接于我之心知，辨之而悦之者，必其至是者也。"夫口之同嗜易牙，目之皆姣子都，耳之皆期师旷，亦以大致言之耳。鸱枭嗜鼠，即且甘带，人心之异，有不翅其若是者矣。谓义理之尤美者，必能为人所悦，其然，岂其然乎？乃戴氏又曰："理也者，情之不爽失者也。凡有所施于人，反躬而静思之，人以此施于我，能受之乎？凡有所责于人，反躬而静思之，人以此责于我，能尽之乎？以我絜之人则理明。"故曰："去私莫如强恕。"

第四篇

中国文化史

夫历史者，为一种社会科学，为世故人情之较深切之常识也。研究之目的，不外打通眼前之人情世故而已。然事由直接经验，恒不能顾及全部，见其大者，必当知其小而推其大，通大小之事而为一。

研究历史之目的

"现在不能说明现在。"

历史者，所以求知社会之所以然，必注重于文化。不可偏重一二端。

"现在不能说明现在。"常称于今世之史学上。夫历史者，为一种社会科学，为世故人情之较深切之常识也。研究之目的，不外打通眼前之人情世故而已。然事由直接经验，恒不能顾及全部，见其大者，必当知其小而推其大，通大小之事而为一。人多信任故知，鲜任新交，苟不得已，亦必探求新交之履历。此何故者？盖现在所以为如此之人，非偶然之事，亦非起自现在。其深受过去种种之影响，而为已往历史所规定矣。固不能以现在说明之。任故知，求新交之履历，不外知其过去而已。社会亦如是，研究历史，即研究过去社会之事实，所以求知现社会之所以然，通眼前之人情世故。此则所以研究之理由也。

何谓文化

文化之定义，研究史学与社会学者，各有不同，大别之可分为二：（1）视文化之范围过狭。仅以学术、文学、美术、宗教等为文化。若文化人、文化事业等名词，颇通行于社会，成文化之通俗意义。实则不然。盖社会之种种，不在狭义文化中者颇多。仅注意学术等一方面，即不能将社会作为整个的研究。（2）视文化之范围过广。凡一切人为之事，概谓之文化现象。其意即谓有意的。然有意之事，不仅人为，一切生物之所为，亦莫不有意。既不闻有动物文化等语，则凡属有意之举动，亦不能谓之文化现象。今依据相当之理由，折中言之，而得以下之文化定义。

人的特色，使用工具，故不待机体的进化。其所以能使用工具，由于：（1）手足分工。（2）手之拇指与余指相对。又人之脑特别发达，能构成概念。人之发音器官发达，能造成繁之语言——其扩大者为文字。故人不但能改变自己以适应于环境，且能改变环境使适应于自己，是谓控制环境。又人系一种社群动物（对家庭动物而言），凡事皆以群力为之。——此为人与猿极重要的区别，几与四手及手足之区别相等，因猿之群居本能，比之于人，殊不足数。

文化者，人有特殊之禀赋，能制造使用工具，有良好之交通工具（语言）所造成之控制环境之共业（见商务本《文化进化论》）。因而人之行为纯粹从机体来看，不在文化范围之内。但人之行为之殆全部机体都只供给能力，其以何形式而出现，几全视乎其文化。故文化之范围极广。

前人以为天下之事，一动一静，故社会亦一治一乱，为不易之真理。实则其过重视机体，而混超机体与纯机体为一。盖整个社会可以此动而彼静，一治一乱，仅能谓之社会之病态。

中国文化之起源

世界各民族之分歧，由于文化之相异，而生活之不同。世界之民族，能自言其缘起者，率由开化较早之邻族为之记述。吾国开化极早，无可借镜。而民族缘起，必在有史以前，既不可能求之故书，仅能求之于考古发掘。故近二十年来之说，可资采取，前此则无甚价值。

民国十二三（1923～1924）年，河北房山县周口店发见古人遗迹，考古学家名其人为"北京人"。推究其年代，约距今四十万年。此只能证明中国地方，有甚古之居人，不能言其与中国民族有何关系。民国十年（1921），辽宁锦西县沙锅屯，河南渑池县仰韶村，十二三年，甘肃（西南部）青海（东部），发见古人遗迹。专家言其人之骨骼，与今华北人同（同种族）。此种遗迹中，有彩色陶器，与亚洲西南部、欧俄、意大利北部相似。

民国十九年（1930），山东历城县城子崖，廿年，滕县、日照县，浙江杭县等地发见之古迹中，有黑色陶器。此为沿海江、河下流之一种古文化。名之为"黑陶文化"，若以此为中国文化之基本，则中国文化系起于东部，江、河之下流。然若无更古之文化发见，则"黑陶文化"当为中国文化之起源。可以下列诸点证明之。

1. 自黄河流域以北，石器时代的情形，近来略有些明白。大约漠南北各为一种。自黑龙江北部经朝鲜北部至黄河流域又为一种。此种石器，多与鬲（三足土器）并存。鬲在考古学上，为中国所独有，为鼎之前身。[前一种为渔猎遗迹，后一种为农耕遗迹，可推之与中国民族相衔接。]

2. 又考古学上中国之古迹，与太平洋沿岸诸地相类者颇多。

3. 在历史上。（1）中国食以植物并鱼为主。[湿热之地，植物繁茂，故多以植物为主，寒冷之地，则多以动物为主。]（2）衣以麻、丝为主，而其裁制宽博。[湿热之地，衣多宽博，寒冷之地，衣多短窄。]（3）宫室以木为主。[以木为架，起自巢居，以土为墙，起自穴居。]（4）货币以贝为主。[用金后最著者钱，钱有孔，犹仿贝制。]（5）宗教上敬畏龙蛇。[龙蛇皆水属。]皆足见其文化起于东南湿热之地。（6）人所聚处曰州。

　　如前所述，中国文化起于东南江、河下流沿海之地，似无疑义。[愈古之民族，其受地理之影响也愈甚。是以古代开化早前之民族，必沿海，旁大河，土地肥沃，温湿之地。]惟近来作此主张者，不能分别中国人与马来人（古之越人，越亦作粤），亦是一病。

　　1. 在文化上，古代中南北分为三派。[古代文化，多就地理之纬度而不同。]而处置头发之方法，恰为其表征。即北族辫发（亦作编发），南族断发，[亦作祝发，断、祝音近，古通。又作披发、被发，披、被，皆为髳之假借，髳，假发也，有离字之义。]中原冠带。此俗古人执之甚固。盖由来已久。[《论语·宪问》，子曰：“微管仲，吾其被发左衽矣。”《左传》，哀公十五年，子路曰：“君子死，冠不免。”结缨而死。皆可见吾国古代视冠带之事甚重。盖一种风俗，传之既久，则常带有神秘性矣。]

　　2. 又越族之文身（包雕题言之。雕题，即脸上刺文），[越族特异之俗有二：一曰断发文身，二曰食人。征诸后世史乘，地理学家所谓亚洲大陆之真缘边者，无不皆然。而在古代，我国沿海之地亦如是。中国古谓文身之故，即因入海可避鱼害。清阎若璩笔记载，广东省城孙禄文身事，即谓因下海取珠故。则古说亦为可信。]入中国则为黥刑。盖初以异族俘虏为奴隶，后乃施诸本族之罪人。[古不知劳力之可贵，故得俘虏即杀之，而本族之有罪者，则以逐出本族为最酷之刑。以古依族为生，逐出后他族又不容之，不啻置之死地矣。及悉劳力之可贵，则获俘虏以为奴，而本族之罪人，亦以为奴隶，而侪诸异族，乃亦黥其额以为识。五刑之黥，本与文身为一事，即起于此也。]此二者，可证中国与马来，决非同族也。

　　3. 又马来之族，最重铜鼓，吾族则无此物。中国民族，就古史观之，似起于今山东。古书说九州，每州皆方千里（1000平方），略与《禹贡》之州相当。《禹贡》之九州，约当今江、河二流域之地。但此系一说。[前人以此九州，即为尧、舜、禹时之土地。实则不然，经近人证明，《禹贡》所述，盖战国时学者以意区分，最早亦仅在春秋时。]《淮南子·地形训》言：“九州之大，纯方千里。"（纯即边，谓以横直线相乘）［纯，深衣之边。引申之凡边皆曰纯。］则合九州，只与《禹贡》一州相当。蒙文通说（见所作《古史甄微》），其正北之济，即在齐地。而《尔雅·释地》言中有岱岳，则泰山为古中国之中心，其说是也。然则古九州，大略不过今山东之地耳。

《说文·川部》："州，水中可居者。昔尧遭洪水，民居水中高土，故曰九州。"此为州之古义。古"州""洲"两字，亦即后世之"岛"字。［州，古音雕，一字二训，乃别造"洲"字，以洲水中可居者。至"岛"字更属后起。《书·禹贡》"岛"字，伪孔安国传谓读为"岛"字。伪孔安国传为晋人作。则"州""洲"之转今音。"岛"字之造，为水中可居者，后"州"字之训，兼为陆地所居之区域。古音之废，约当晋时也。］中国民族古盖湖居，［泽居。］岛为人之所聚，故由水中可居之义，引申为人所聚之义，后乃分造"洲""州"两字耳。

此边线之东南西北四点，《尔雅》谓之四极，再加四隅四点，《淮南》谓之八极。

历史年代

石器时代，大体无文字。铜器时代，则为文字萌芽之期。故石器、铜器时代，大体与历史及史前史时代相当。

中国历史上确实之纪年，为共和元年，在公元前841年。[民国纪元前2752年。韩非《说难》曰："《记》曰：周宣王以来，亡国数十，其臣弑君而取国者众矣。"宣王元年，后于共和纪元14年。《史记·三代世表》曰："孔子因史文，次春秋，纪元年，正时日月，盖其详哉。至于序《尚书》，则略，无年月；或颇有，然多阙，不可具。故疑则传疑，盖其慎也。"《春秋》记始鲁隐公元年，实周平王四十九年，其后于共和元年119年。足征古史纪年，起于西周末造，史公之作，自有所本也。]

自此以前，只有零碎的材料。如《书经》记某年之某月某日为某甲子；及朔、望、生魄、死魄。《春秋》记晦、朔、日食。《诗》言"十月之交，朔日辛卯，日有食之"之类。后人据之，用历法逆推。[谓之"长历"。然昔人从事于此者，其术多未甚精；古历法亦多疏舛；史籍记载，及经传钞，又皆有讹误。故其所推，未可尽据。然因据事实，故各家所推年数，亦多相差无几。]大抵上溯至尧为止。[因实多本之《书》，而《书》以尧为始也。]（更上于此者，如《汉书·律历志》所载之张寿王等，不知其所据）最普通者有二：（1）汉刘歆所推，见《汉书·律历志》。尧元年在公元前2144年。[刘歆作《世经》，推校前世年岁，唐七十，虞五十，夏四百三十二，殷六百二十九，周八百六十七。]（2）宋邵雍所推，见其所著之《皇极经世书》。尧元年在公元前2357年。[为甲辰，民国纪元前4268年。]

近代考古学上所发掘。据安特生所假定，仰韶一系之文化，约自公元前3500至1700年，正在中国有史时代与先史时代之间也。

　　古书所言古史年代，多不足据。然亦非信口开河。以予所研究，则古人好举成数。而其成数，可举至百位。［此在今人，亦有此习，特至十而已。］凡在位较久之君主，大率假定其年代为百年。如尧七十二使舜摄政，其时舜年三十，摄政二十八年而尧死，时舜年五十八。服丧三年，舜年六十一，明年即帝位。三十九年而死，则年正百岁。是其一例。［盖先臆定其年为百岁，然后以其事分隶之年。］尚有一种说得庞大无伦，则系根据历法，而其所根据之历法又有二：（1）刘歆之《三统历》，以十九年为一章，［以一章内置七闰。］四章（76年）为一蔀。二十蔀（1520年）为一纪。三纪（4560年）为一元。六百十三元，为二百七十九万五千二百八十年。此《诗疏》引纬书言文王受命以前之年岁也。（2）为王莽《三万六千岁历》（36000）81＝3276000年。《路史·余论》引《春秋纬》言春秋末年以前年数如此。纬书所言年代，皆以此二者为本。［又"历元"者，历法之元始也。《后汉书·律历志》："建历之本，必先立元，元正然后定日法。"大抵上推日月五星至适宜之时，定此日为历元。凡一种历法，必自有其元也。］

三皇五帝事迹

古代公众事业，必附会于一个人。古代的所谓政治，是包括一切的。故古代一切事业，悉归诸部落酋长，此即后人所谓古帝王。古帝王的系统，为三皇五帝之王。此纯系后人所编制。古代一部族中，有最高主权者谓之君。为许多君所归往者谓之王（王者，往也）［盖古之民，或氏族而居（自谓有血统关系者），或部落而处（居地相近而联合者）。至不辨其为氏族与部落，则名之曰部族，《辽史》有《部族志》），酋长主之，即所谓君，文化较低时，各自为政，迨稍进步，彼此之间，皆不能无关系，有关系，则必推有才德者主其各部族间之事，又或一部族人口独多，财力独裕，兵力独强，他部族或当空无之时，资其救恤；或有大役之际，听其指挥；又或为其所慑，其强者且可涉及其内政，于是诸部族率听命于一部族，此部族之长，即所谓王也。故同时各地，皆可有王，实力衰，则复降为君。］古语"天无二日，民无二王"，［见《孟子·万章上》］此乃一种理想。事实上系许多王同时并列，各不相涉。（大者如春秋时吴、楚皆称王，小者如战国时越为楚所破。《史记》言句践之后。或为王，或为君，服于楚。［见《越世家》]）春秋时北方大而文明之国较多，最强大之齐、晋不敢称王，只争做诸侯之长，是之谓霸。［霸，原当作伯，伯，长也。盖是时北方之周王，既无实权，复受传统观念，虽诸侯强大，不遽废之。遂别争霸。］战国时，七国皆称王，［七雄地小者与王畿侔，大者则又过之，实即春秋前之王，故各国后皆称王。］其时又感觉诸王之上须有一个为诸王所听命者，无以名之，乃借天神之名而称之为帝。但帝迄未能成。［齐、秦尝并称东、西帝，旋去之。秦围邯郸时，魏使客将军辛垣衍欲令赵尊秦为帝，亦未果。］

古有德号地号之别（见《礼记·月令疏》引服虔说），［服虔云："自少暭以上，天子之号以其德，百官之号以其征。自颛顼以来，天子之号以其地，百官之号以其事。"] 三皇皆德号，可见言古史而取三皇，系用以代表社会进化之重要现象。至五帝则代表政治系统之意多矣。

五帝世系图：

```
（一）皇帝 ┬ 玄嚣即青阳 ── △ ──（三）帝喾 ┬（四）帝尧
          │                                ├ 稷（周之祖）
          │                                └ 契（殷之祖）
          └ 昌意 ──（五）颛顼 ┬ 鲧 ─── 禹（夏）
                              └ ┄┄┄┄┄┄┄（五）帝舜（七世孙）
```

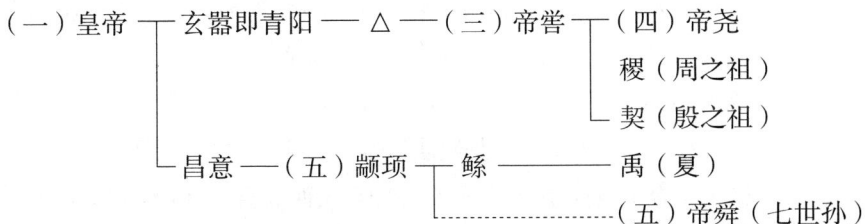

见《史记·五帝本纪》《大戴礼记》《帝系》。

《史记·五帝本纪》，黄帝与蚩尤战于涿鹿，又与炎帝战于阪泉。他书或只载其一。[《大戴礼记·五帝德》只有与炎帝战于阪泉之文，而《贾子·益壤》曰："炎帝无道，黄帝伐之涿鹿之野。"《制不定》曰："黄帝行道，而炎帝不听，故战于涿鹿之野。"尤可见此二事实一。] 神农（炎帝）姜姓，蚩尤亦姜姓，涿鹿、阪泉，释者皆以为一地。[阪泉，《史记集解》引皇甫谧云：在上谷。又引张晏云：涿鹿在上谷。此虽因汉世县名附会，然可证其为一地也无疑。] 故或谓阪泉、涿鹿之战，实一事。炎帝、蚩尤即一人，其说似是。涿鹿释者或谓在涿郡（今河北涿县），[服虔说。] 或谓在上谷涿鹿县（今察哈尔涿鹿县）。盖因汉世地名附会，不足据。《太平御览·州群部》载《帝王世系》引《世本》，谓涿鹿在彭城，则今江苏铜山县也。[《战国策·魏策》云："黄帝战于涿鹿之野，而西戎之兵不起；禹攻三苗，而东夷之兵不至。"此为涿鹿在东方之明证。《史记集解》又引《皇览》，谓蚩尤冢在寿张（后汉县，今山东东平县），其肩髀冢在钜野（汉县，今山东钜野县），亦距彭城不远也。]

《大戴礼记》《史记》又言青阳降居江水，昌意降居若水。常璩《华阳国志》以江水为金沙江，若水为鸦龙江。郦道元《水经注》因之。此大非。其实古江为南方之水之通称。若水，王筠说：古桑字作🜲，亦可作🜲，作🜲（加口以象根）。《楚辞》之若木，即桑木 [《楚辞·离骚》："饮余马于咸池兮，总余辔乎扶桑。折若木以拂日兮，聊逍遥以相羊。"]（见所著《说文释例》）其说极通。故青阳，昌意所居，亦当在东方也。尧都据《世本》亦在彭城。[《太平御览·州郡部》引《帝王世纪》，谓"尧之都后迁涿鹿，《世本》谓在彭城"。] 而《孟子》称舜为东夷之人（《离娄下》），故五帝踪迹，皆在东方，至夏乃居于河、洛流域，见《楚辞》（《天问》），《周书》（《度邑》）等皆然。[《周书·度邑解》曰："自洛汭延于伊汭，居易无固，其有夏之居。"盖尧遭洪水，使禹治之，用力虽勤，而沈灾实未能澹，自禹以后，我族乃渐次西迁。自伊、洛渡河，即为汾、浍之域。唐、虞、夏支庶，盖有分徙于是者。]

商又兴于东方，其始祖契封于商。旧说在今陕西商县。[《书伪孔传疏》曰："《商颂》云：帝立子生商，是契居商也。郑玄云：契本封商，国在大华之阳。皇甫谧云：今上洛商是也。"上洛商即今陕西商县。] 似不如谓在河南商邱之确。[《左传》襄公九年曰："阏伯居商丘，相土因之。"服虔曰："汤以为号。"又《书序》王肃注云："契孙相土居商丘，故汤因以为国号。"《左氏》襄公九年《疏》引《释例》曰："宋、商、商丘，三名一地。"《伪孔》、杜预，多同王肃，然则《汤誓》《伪孔传》谓"契始封商，汤遂以为天下号"者，意亦不谓其在大华之阳，乃《疏》强分商与商丘为两地，转谓《伪孔》、杜预之说，同于郑玄，实郑玄之说非，而《伪孔》、杜预之说为实也。商丘即今河南商邱。] 又居蕃（《世本》），[《世本》曰："契居蕃。"] 王国维说：即汉之蕃县（今山东滕县），[见所著《观堂集林·说自契至于成汤八迁》。] 古人率以当时地名述古事。《世本》战国时书，汉地名于战国为近，此说似可信。汤居亳，汉京兆杜县有亳亭。然汤所居，《孟子》而外作薄，恐《孟子》所用乃借字。[《管子·地数》《轻重甲》《荀子·议兵》《吕览·具备》《墨子·非攻下篇》皆作薄。惟《非命上篇》及《孟子》作亳，《说文》亳字下不言汤所都。然《史记·六国表》以"汤起于亳"，与"禹兴于西羌，周以丰镐伐殷，秦用雍州兴，汉之兴自蜀汉"并言，则汉人久混薄、亳一。故纬候有"天乙在亳，东观于洛"之文。] 汉薄县，在今河南夏邑永城县境。汤破桀于鸣条，地不可考。《孟子》言舜卒于鸣条，为东夷之人，则亦当在东方。[《吕览·简选篇》曰："殷汤良车七十乘，必死六千人，战于郕，登自鸣条，乃入巢门。"郕，见《春秋》隐公五年，《公羊》作成，今山东宁阳县。《淮南子·修务训》曰："汤整兵鸣条，困夏南巢，谯以其过，放之历山。"《荀子·解蔽篇》曰："桀死于亭山。"巢门者南巢之门，亭、历声之转，后人以春秋时地名释之，谓南巢为今安徽巢县，历山在和县，实不然。历山疑即舜耕处，仍在今山东境内。由此二地观之，鸣条盖亦在山东也。]古书多言桀与东夷之交涉，盖桀之势力东展，乃与汤起冲突也。然汤胜桀后居偃师（河南今县），仍在河洛流域。[《春秋繁露·三代改制质文篇》曰："汤受命而王，作官邑于下洛之阳。"盖即偃师之地。]

周又兴于西方，后稷封邰，[《史记·周本纪》："封弃于邰，号曰后稷。"]旧说今陕西武功县。公刘居豳，[按《史记》曰："公刘卒，子庆节立，国于豳。"则公刘尚未居豳。《史记·刘敬列传》《匈奴列传》《诗毛传》皆言公刘居豳者，乃约略之辞。]今邠县，大王迁岐，今岐山县。至文王居丰，武王居镐，在今长安境内。[《史记集解》："徐广曰：丰在京兆鄠县东，有灵台。镐在上林昆明北，有镐池。去丰二十五里，皆在长安南数十里。"]为自西而东。近人钱穆作《西周地理考》，谓周自今山西西南部汾水流域入渭水流域，于发展形势亦合。[《西周地理考》谓邰即台骀之地。《左氏》昭公元年，言金天氏有裔子曰昧，生台骀，"宜汾、洮，障大泽，以处大原。帝用嘉之，封诸汾川。"《水经·涑水注》：涑水兼称洮水。是台骀居汾、涑之域也。《左氏》昭公九年，王使詹桓伯辞于晋，曰："我自夏以后稷、魏、骀、芮、岐、毕，吾西土也。"《御览》引《隋图经》："稷山，在绛郡（今山西稷山县），后稷播百谷于此。"《水经注》：山西去介山五十里（介山，在今山西荣河县北）。《周书·度邑》：武王升汾之阜，以望商邑。汾即邠，亦即豳。然则公刘旧邑，实在山西；大王逾梁山，当在今韩城；岐山亦当距梁山不远也。案，虞、夏之间，吾族西迁河、洛，更渡河而入河东。山西之地，三面皆山，惟自蒲津渡河入渭域为平坦，钱氏之言，衡以地理情势，固无不合矣。]要之，不论何说，周之根据地，总较夏又展向西北。

此事于汉族之发展，关系殊大。盖东南水利较饶，西北地较瘠，人力奋而文明进展矣。[地理气候较优，无所需人力之地，及地理气候过劣，尽人力而无所得之地，文化皆不易发展。文化进展最宜者，乃为人力尽而有所获，生计无乏之地。西北较瘠之区，盖正合此条件也。]沟洫之制，发达于北方。《周官》遂人、匠人，言沟洫之制甚详。]又用铜东南较西北为发达（战国时，楚与吴、越，皆以兵器著名。古兵器用铜）。[浙江杭县之古荡，发掘得有孔石斧，似用铁器旋入，又多石英器，质坚，非金属不能穿凿，则已在石铜兼用之期。虽时代尚难推断，然南方之用铜，必尚在黄帝之先，古书皆言蚩尤制兵，盖亦受之于南，观五刑始于蚩尤可知。夏以后，乃稍传于北。南方所用，皆系镕合铜、锡为之，而北方铜、锡皆少于南。故穆王及管子，皆有赎刑之制（《尚书·吕刑》《管子·中小匡》），《管子》言美金以铸戈、剑、矛、戟，恶金以铸斤、斧、钼、夷、锯、櫙，盖以铜为兵器，铁为农器也。《左氏》僖公八年，"郑伯朝于楚，楚子赐之金。既而悔之，与之盟，曰：无以铸兵。"《吴越春秋》《越绝书》，皆盛称南方兵甲之利，可见北方之用铜，至东周时，尚远在南方之后。〕而用铁则落北方之后（《管子》书言盐铁，古以铁为农器）。即其明证。此事之原因何在，现尚难言。我所推测：（1）禹之治水，实仅较暂时见功。因避水患而西迁。（2）禹再传而遭羿、浞之乱，为避敌国而西迁。二者或居其一。然则推测，亦殊薄弱难信也。

古代之社会组织

中国古代所谓姓，等于今社会学家所谓氏族，其始盖系女系，故"于文，女生为姓"（《左传》。案凡古之姓字皆从女，其不然者则氏也）。后渐转为男系，以始祖所受之姓为姓，是为正姓。如后稷之后皆姓姬。其一姓中之分支。则表之以氏，国君即以国为氏，如鲁君氏鲁。国君之别子（嫡长之外），皆别立一宗，即别受一氏。如鲁桓公之三子，为孟孙、叔孙、季孙氏是。氏亦曰庶姓，婚姻则论正姓。（如鲁、吴氏虽异，正姓同为姬。鲁昭公娶吴女为非礼。［见《论语·述而》《礼记·坊记》。]）古男子称氏，［顾亭林言："男子称氏，女子称姓，考之于《传》，二百五十五年之间，无男子称姓者。"（见其《原姓》)]非不论姓（正姓），以举氏而姓可知也。女子只称姓，以婚姻关系，氏可弗论。

古氏族有外婚者，周人之同姓不婚是也。有内婚者，如楚王妻媦是也（见《公羊》桓公二年。《注》："媦，妹也。"）。自殷以前，六世亲属尽，则婚姻可通。［见上所载《礼记·大传》。则殷以前，同姓婚之禁不甚严。］盖通婚之禁，只以血缘相近为限，不论姓之同与不同。然则同姓不婚之制，似起于周也。古宗与族异，［《白虎通义》曰："族者，凑也，聚也，谓恩爱相流凑也。生相亲爱，死相哀痛，有会聚之道，故谓之族。"盖纯论情谊者也。又曰："宗者，尊也。为先祖主者，为宗从之所尊。"则有督责之意矣。］所谓九族者：(1)父系之五服以内；[《白虎通义》作父之姓为一族。](2)姑及其子；(3)姊妹及其子；(4)女及其子；(5)母之父姓；(6)母之母姓；[《白虎通义》于(5)(6)作母之父母为一族，母之昆弟为一族。](7)从母及其子；(8)妻之父姓；(9)妻之母姓。此说见《诗·葛藟疏》引《五经异义》，为今文说。［亦见《白虎通义》，为今《戴礼》《欧阳尚书》说。］古文以上自高祖、下至玄孙为九族，纯乎男系，乃秦、汉时制也。［见《五经异义》，为高祖、曾祖、祖、父、己、子、孙、曾孙、玄孙九族。盖误以九世当之也。]然据《白虎通义·宗族篇》，则今文家所言之制，已不甚古，此制父族四、母族三、妻族二。更古之制，则父母妻三族各三也。[此为《白虎通义》之又一说，谓尧时父母妻之族俱三。周乃贬妻族以附父族。《白虎通义》此处脱佚，不能知其详，但知妻之姊妹为一族耳。[欲详知氏族之情形，可观《礼记·大传》《通志·氏族略》二篇，前详于古，后详于后世。]

所谓宗法者，除嫡长子[诸侯之子]继承其父之地位外，余皆别立一宗，是为"别子为祖"。[盖诸侯不敢祖天子，而大夫不敢祖诸侯。]其嫡长之子，世世承袭，为大宗宗子。次子以下，别为小宗，亦其嫡长子继承之。二世曰继父小宗，[继祢小宗。]三世曰继祖小宗，四世曰继曾祖小宗，五世曰继高祖小宗。凡宗子，应管辖、收恤其族人，但至六世，则不复有此权利义务。[继祢者亲弟宗之，继祖者从父昆弟宗之，继曾祖者从祖昆弟宗之，继高祖者从曾祖昆弟宗之。更一世服绝，则不复来事，而自事其五服内继高祖以下者，所谓五世则迁也。]惟大宗宗子，对凡同出一祖之人，永远有之，故曰："小宗五世则迁，大宗百世不迁。"诸侯对大夫，天子对诸侯，实犹大宗之对小宗也。

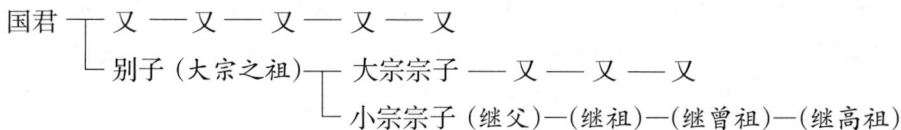

国君 ┬ 又 — 又 — 又 — 又 — 又
　　 └ 别子（大宗之祖）┬ 大宗宗子 — 又 — 又 — 又
　　　　　　　　　　　 └ 小宗宗子（继父）—（继祖）—（继曾祖）—（继高祖）

宗法之立，能将同出一祖之人，团结为一，其所团结之范围，较族为狭，而其所团结之人数，转较族为多（此由其在时间上悠久故）。此为男系氏族最完整之组织，但必一氏族中人，生活互相依赖，乃可维持。[古宗子皆有土之君，故能收恤其族人。族人实其宗子共恃封土以为生，故必翼戴其宗子。"众建亲戚，以为屏藩"，一族之人，互相卫翼，以便把持也。"讲信修睦"，戒内讧也。"兴灭继绝"，同族不相剪也。美其名曰"亲亲者天下之达道"。语其实，则一族之人，肆于民上，腹民以自肥而已。曷怪孔子以"大人世及以为礼"，为小康之治哉？（《礼运》）]然其后事实渐变，士大夫之家，见于《仪礼·丧服传》者，名为大功以下同财，实则不过有一笔公款。[《丧服继父同居传》谓"夫死子稚，子无大功之亲"，则"与之适人"，故说者谓古卿大夫之家，大功以下皆同财。然《传》又曰："昆弟之义无分，然而有分者，则辟子之私也。子不私其父，则不成为子。故有东宫，有西宫，有南宫，有北宫，异居而同财，有余则归之宗，不足则资之宗。"人各私其父，则所谓大功同财者，亦其名焉而已。其实亦与一夫上父母下妻子者，相去无几矣。]小民之家，见于《孟子》《礼记·王制》等篇者，不过五口八口而已。[一夫上父母下妻子，率五口至八口（《孟子·滕文公上集注》引程子说）。]此盖耕作方法渐变，家族取氏族之土地而分裂之，以至于此也。[古者交易未盛，生活所资，率由一族之人通力合作，人口愈多，生利之力愈大，故其人率能抟结；至交易之道开，则相待而生者，实为林林总总，不知谁何之人。生活既不复相资，何必集亲尽情疏之人以共处？且交易开，则人人皆有私财，而交易之际，已啬则人丰，己益则人损，尤为明白易见。如此切近之教育，日日受之，安有不情疏而涣者？氏族替而家族兴，固势所必至矣。]中国至此时，其情形已与今日无大异矣。

人类之团结，有依于血统者，亦有依于地域者。依于血统者曰氏族，依于地域者曰部落。（合若干氏族组成一团体，亦当称为部落。）其首领皆可称为君。合一个区域中若干部族所共归向者则为王，前已言之矣。凡氏族之长，愈到后来，其政治上统治之性质，必渐增加，与其所治之人之亲族关系，必渐趋淡薄。[如族人于小宗之子，仅以本服服之，于大宗宗子，则五世而外，悉为之齐衰三月，于其母妻亦然。此庶人为君之服也，而亲族之关系淡薄矣。]故氏族之长，与部落之长，成因虽不同；至后来，性质并无异同。惟氏族之长，继承之法，必依血统；部落之长，其初或有出于公举者耳。但在中国，此等史料，尚无所得。至于王，则惟视列国之归向与否（不论以德致，以力服），本不能常存不替也。

社会阶级

中国古代似有一农渔之民为猎牧之民所征服之事实，故牛、羊、犬等为贵人之食，谷与鱼鳖为贱者之食（可看《诗·无羊疏》）[《礼记·王制》曰："国君无故不杀牛，大夫无故不杀羊，士无故不杀犬豕。"亦见《王藻》。《国语·楚语》：屈建曰："祭典有之曰：国君有牛享，大夫有羊馈，士有豚犬之献，庶人有鱼炙之荐。"又观射父曰："天子举以大牢，祀以会。诸侯举以特牛，祀以大牢。卿举以少牢，祀以特牛。大夫举以特牲，祀以少牢。士食鱼炙，祀以特牲。庶人食菜，祀以鱼。"《诗·无羊》："牧人乃梦，众惟鱼矣。""大人占之，众惟鱼矣，实惟丰年。"《笺》云："鱼者，众人之所以养也。今人众相与捕鱼，则是岁熟相供养之祥。"案《孟子》言："鸡豚狗彘之畜，无失其时，七十者可以食肉。"又言："数罟不入污池，鱼鳖不可胜食。"与"不违农时，谷不可胜食"并言，盖以为少者之食。《公羊》言晋灵公使勇士杀赵盾，窥其户，方食鱼飧。勇士曰："嘻，子诚仁人也。为晋国重卿，而食鱼飧，是子之俭也。"（宣公六年）则鱼飧实贱者之食，郑《笺》之言是也。] 田猎借以讲武，而渔为贱业，为人君弗视。

凡征服者，初期往往立于被征服之团体以外，此时纳税服役等皆系以团体之资格负责。龙子述夏后氏税法，其名曰贡，系取数年收获之平均数定为常额，不问岁之丰凶，即其遗迹（见《孟子·滕文公上篇》）。[《孟子》引龙子曰："贡者，校数岁之中以为常，乐岁粒米狼戾，多取之而不为虐，则寡取之，凶年粪其田而不足，则必取盈焉。"此制犹后世义役之制，乡自推若干人以应役，官但求役事无阙，应役者为谁，初不过问也。]

其后农业日重，征者亦从事于耕作。当此时也，征服者则择山险之地，筑城郭而居之。[盖所以便守御，其人则曰国人。至后世城郭，必筑平夷之地，则以利交通矣。]而使被征服者，居四面平夷之地，从事耕农。[谓之野人。]故古云："设险以守国。"（古国字指郭以内言）[《易·坎卦·彖辞》曰："王公设险以守国。"《孟子·公孙丑下》曰："域民不以封疆之界，固国不以山谿之险。"]郭以内行畦田，郭以外行井田。[田有畦田与井田之别，《九章算术》有圭田（圭、畦即一字）求广从法，有直田截圭田法，有圭田截小截大法，凡零星不成井之田，一以圭法量之。盖井田者，平地之田；畦田，则在高下不平之处者也。《孟子》述井田之制，谓"方里而井，井九百亩。其中为公田，八家皆私百亩，同养公田"。又曰："请野九一而助。"即井田之制也。又曰："国中什一使自赋，卿以下必有圭田，圭田五十亩"者，圭田即"国中什一使自赋"之田，以其在山险之地，不可井授，故名之曰畦田。]兵皆近国都（见江永《群经补义·春秋》）。[据朱大韶《实事求是斋经义·司马法非周制说》，盖征服者居中央山险之地，服兵役，是为乡，故兵皆近国都也。被征服者非不能兵，惟但使保卫闾里，不事征戍，如后世之乡兵然。古兵农不合一之说江永《群经补义》首发之，而此篇继其后，其论皆极精辟者也。]《周礼》询国危、询国迁、询立君等参政之权利皆国人所享，[《周官》乡大夫之职，大询于众庶，则各帅其乡之众寡而且致于朝，所谓大询，即小司寇所谓询国危、询国迁、询立君者，故有参政权者，国人也。]政变时，参与其事者，亦皆国人。[如厉王监谤，国人莫敢言，三年乃流王于彘（见《国语·周语》）。盖国人如辽世之契丹，金世之女真，与其国关系较密。]若野人，则有仁政即来归，遇暴政则在可能之范围中逃亡而已。

缅想当初，国人与野人间，当有甚深之仇恨，但时代太早，故记载已不可见矣。

古代之阶级：大约在征服者中，执权者为贵族，其余为平民，平民即国人也；被征服者为野人，近为农奴（至于奴隶，古书所载，无以之为生产主力者）。其初，平民当与贵族近，与农奴远。但至后来，武力把持之局，渐成过去，执政柄者，威权益大；又因杂居通婚之关系，[国有限，野无限，国中人口渐繁，不得不移居于野；即野人亦有移居于邑者。居地既近，婚姻遂通。]则平民与农奴，渐相混合，而其贵族判为两阶级矣。此项阶级之起源，古书亦无记载，只能从遗迹上推想而已。盖其时代甚早故也。

此种制度，为中国史与西洋史之一异点。或可云中国史与西洋史走向分歧之路之第一步，希腊、罗马，皆仅视其市府中人为国民，余皆认为征服之地，歧视其人，不能与自己平等者也（罗马较希腊稍扩大）。故其全国之民，难于融合为一体。康有为《欧洲十一国游记》极论此事，近人钱穆祖之，其所著《国史大纲》，推论近代欧人剥削殖民地之根源，仍自古希腊、罗马来焉。中、欧所以有此不同者，鄙意：欧洲古史，重海路通商，所至之地远，所据之地多，故不能与土著同化；中国为大陆上之农国，征服部族，与被征服部族同生息于一片土地上，时日积久，故其同化易也。中国之同化作用，在古代即如此逐渐进行，故至战国时，略已风同道一，而秦始皇所建之大帝国，与亚历山大所建，基础不同。

$$
\text{征服者} \begin{cases} \text{贵族（君、大夫）} \\ \text{平民（国人）} \end{cases} \\
\qquad\qquad\qquad\qquad\qquad\quad \text{平民} \\
\text{被征服者} \begin{cases} \text{农奴（野人）} \\ \text{奴隶} \end{cases}
$$

奴隶在古书中有两种：一从事于大家庭中消费品之生产（如舂米、酿酒、缝衣。[《周官》司厉："其奴，男子入于罪隶，女子入于舂藁。"《墨子·天志下》："妇人以为舂酋。"（《说文》："酋，绎酒也。"）《周官》酒人：女酒三十人，奚（《周官》禁暴氏《注》："奚隶，女奴也。"）三百人。《注》曰："女酒，女奴晓酒者。"惠士奇《礼说》："酒人之奚，多至三百，则古之酒皆女子为之。"《吕览·精通》："臣之父不幸而杀人，不得生，臣之母得生，而为公家为酒。"]），或供使令，《周官》天官所载是也。[《周官》内竖："掌内外之通令，凡小事。"《左氏》所载，晋侯有竖头须（僖公二十四年），士伯有竖侯獳（二十八年），叔孙氏有竖牛（昭公四年）。《礼记·曲礼》曰："长者赐，少者贱者不敢辞。"《注》曰："贱者，童仆之属。"盖亦备左右使令者。《周官》司厉："凡有爵者，与七十者，与未龀者，皆不为奴。"未龀者不为奴，盖以其力未足以事生业，当即以之给使令也。]一为主权者之卫队，如《周官》之司隶是。无以为生产之主力者。

统一之前，昔人称为封建时代，此名在今日颇觉混淆。吾意必（1）能征服异部族，使之表示服从。（2）进一步，则能改易其酋长。（3）或本部族移殖于外，与本国之关系仍不断，方可称为封建。自此以前，各部族之间，彼此毫无关系者，以另立新名，称为"部族时代"，["部落曰部，氏族曰族。"见《辽史·营卫志》。] 或"先封建时代"为较妥。

古代各部族之中，有最高之主权者曰君，部族与部族间之共主曰王。古语曰："天无二日，民无二王。"此乃理想，非事实。事实上所谓王者，仅限于一区域之中，故春秋时吴、楚等国皆称王。惟其时之北方地丑德齐之国太多，称王不易得人之承认，故仅争为霸主（诸侯之长），而仍以王之空名奉诸周天子。至战国时，二等以下之国渐尽，则七国皆称王矣。此时国际间之情势，又觉诸王之上有产生一共主之必要，乃借天神之名而称之为帝，秦称西帝，齐称东帝，辛垣衍欲令赵尊秦为帝是也。皇者，始王天下之义，似时人所造之名。秦王政并天下，博士等议尊之为泰皇，皇字似取大义，"泰"即"大"字，古"大"字与"人"字通。故其议曰："古有天皇，有地皇，有泰皇，泰皇最贵"也。政改其议，自号为皇帝。[见《史记·始皇本纪》。] 似以帝高于王，为时人所习知，而斯时既统一天下，又与战国时所谓帝立于诸王之上者不同，故又加一皇字以示别也。

又自战国以来，似习以皇为尊贵而无实权之称，故有太上皇之号，[皇帝父之称，《史记·始皇本纪》："追尊庄襄王为太上皇。"此死者进尊之号，后则生存者亦用此称。《汉书·高帝纪》："上尊太公曰太上皇。"《注》："太上，极尊之称也，皇，君也，天子之父，故号曰皇。"王先谦《补注》："蔡邕云：不言帝，非天子也。盖太上者，无上也，皇者，德天于帝。"] 不曰太上帝，亦不曰太上皇帝也。汉哀帝之父，仅追尊为皇。至汉献帝殁，王肃犹上书以为可追谥之为皇焉（但不得曰帝而已）。

县之起原有三：（1）灭国而为之。[古书多记灭国为县者；其不记其兴灭建置者，县名亦率多旧国名，可推想其灭国而为县也。]（2）卿大夫之采邑，发达而成为县。[《左氏》昭公二年，晋分祁氏之田以为七县，羊舌氏之田为三县。五年，蔿启强言："韩赋七邑皆成县。"又言："因其十家七县，长毂九百，其余四十县，遗守四千。"此卿大夫采地，浸盛而成县者也。]（3）并小乡聚为之。[《史记·商君列传》，言商君治秦，集小都乡邑聚为县，此则国家新设之县，君之者不复世袭者也。] 凡一县，大抵自成一行政区域。大国之吞灭小国，非改若干小行政区为一大行政区，乃以一国而包若干个行政区域也。故被灭之国，仍为政治上之一单位，不过改世袭之君为任命之官吏而已。边荒之地，则称为郡，本与县不相统属。但（1）郡之地必广大，至其渐次发达，民政加详，则可分设为县。（2）又郡率有兵力，以之保护县；而以县之物力支持郡，亦相甚宜。如此者，县皆易受郡之统属。战国以前，郡皆设于边地；至秦始皇灭六国，觉到处有用兵力控制之必要，乃举天下而分为三十六郡矣。然秦之旧地，固仍属内史也。

原始政治，必为民主，此乃自然之理。［盖一群之中，公事本无由一人把持之理也。愈近古代，世界各地之情况必愈相似，故凡各地古代之政治，必经一民主之时期者，虽即无遗迹可证，实乃当然之理，无足怪者也。］中国古代民主遗迹亦多，最著者如《周礼》所载询国危、询国迁、询立君之制是也。［见小司寇。《左氏》定公八年，卫侯欲叛晋，朝国人，使王孙贾问焉；哀公元年，吴召陈怀公，怀公召国人而问焉：此所谓询国危者也。盘庚之将涉河也，命众悉造于庭（《书·盘庚上》）；太王之将迁岐山也，属其耆老而告（《孟子·梁惠王下》）：此所谓询国迁者也。《左氏》僖公十五年，子金教即缺朝国人，而以君命赏。且告之曰：孤虽归，辱社稷矣，其卜贰圉也。昭公二十四年，晋侯使士景伯莅问周政，士伯立于乾祭，而问于介众；哀公二十六年，越人纳卫侯，文子致众而问焉：此所谓询立君者也。］不知者或谓中国本无民主制度，附会者又喜据此等遗迹自夸，均属误谬。民主政治之废坠：（1）地大人众，并召集代表而有所不能，而直接参与无论矣。（2）执行常务者专擅，应询问大众之特殊事务，亦视为常务而执行之。（3）政治之性质，日益精深复杂，大众不能参预；又政治之范围日广，大众对之，不感兴趣。陵夷堕废之制度，不能得正面之证据，论其原理，则当如是也。

古代之生业

古人食鸟兽之肉，草木之实，[见《礼记·礼运》]后者谓之疏食。[盖鸟兽之肉，时患不足，当不能饱时，遂食草木之实，受经济状况之限制也。此渔猎搜采之时之食也。][疏食有二义：一指谷以外物，一指谷类之粗疏者，《礼记·杂记》："孔子曰：吾食于少施氏而饱，少施氏食我以礼。吾祭，作而辞曰：疏食不足祭也。吾飧，作而辞曰：疏食也，不足以伤吾子。"《疏》曰："疏粗之食。"是后一义也。前一义，后人作蔬以别之（《管子·七臣七主》曰："果蓏素食当十石。"《墨子·辞过》曰："古之民，素食而分处。"素食即此疏食，见《月令》郑注），盖草木较谷食为粗疏，故得疏食之名，后遂引申以称谷食之粗疏者也。]从此进化为谷食。在谷食中，再存其精而去其粗，故始称百谷，继言九谷、五谷也。[又言六谷。]药物似系疏食时代所发明。[因疏食之世，所食之物甚杂，乃渐知草木之性也。]故称神农本草（此神农乃农业之意，非人名）。[《礼记·月令》：季夏之月，"水潦盛昌，神农将持功"；又曰："毋发令而待，以妨神农之事。"此神农乃农夫之名。《曲礼》："医不三世，不服其药。"《疏》引旧说云："三世者，一曰黄帝针灸；二曰神农本草；三曰素女脉诀，又云夫子脉诀。"神农乃农业之名，神农本草，犹言农家原本草木之书。《淮南·修务》言："神农尝百草之滋味，水泉之甘苦，一日而遇七十毒。"乃附会之辞也。古书传于后之《神农本草经》，即神农本草之学。]疏食，后世在饥馑之时仍有之。研究之者，亦有《救荒本草》等书（明人所撰）。

衣之材料为麻、丝、绵、裘、革。革仅以制甲；非武器则用之为屦及弁耳。[《礼记·礼运》曰：昔者先王"未有麻丝，衣其羽皮"，后圣有作，"治其麻丝，以为布帛"。《墨子·辞过》曰："古之民未知为衣服时，衣皮带茭，冬则不轻而温，夏则不轻而清。圣王以为不中人之情，故作诲妇人，治丝麻，捆布帛，以为民衣。"案古冠之最通用者为弁，弁以皮为之。甲则后世犹用革。带用韦，韠（袜）亦从韦。屦用皮。此皆衣皮之遗俗。] 绵盖颇贵。[知用麻丝，实为衣服一大变。既有丝，即絮纩（《礼记·玉藻》："纩为茧，缊为袍。"《注》云："纩谓新绵，缊谓纩及絮。"《疏》云："好者为绵，恶者为絮。"《说文》："絮，敝绵也。"《公羊》昭公二十年《解诂》，又以絮为新绵，盖皆对文别，散则可以相通），古絮纩颇贵，故必五十乃得衣帛。] 不能衣裘者则衣褐，以杂毛制成。[贵者衣裘，贱者衣褐。《诗》"无衣无褐"，《笺》云："褐，毛布也。"《孟子·滕文公上》"许子衣褐"，《注》云："褐，以毳织之，若今马衣。"] 木棉则非此时所有。裁制之式样：盖最初有后世之所谓韨，[亦曰韠，以皮为之。] 后世以此着于裳外，用为装饰；古则惟有此物，所谓"田渔而食，因衣其皮，先知蔽前，后知蔽后"也。[《诗·采菽》《左氏》桓公二年《疏》引郑注《乾凿度》。案衣服之始，非以裸露为亵，而欲以蔽体，亦非欲以御寒。盖古人本不以裸露为耻，冬则穴居或炀火，亦不借衣以取暖也。衣之始，盖用以为饰，故必先蔽其前。此非耻其裸露而蔽之，实加饰焉以相挑诱。] 但知蔽前为韨，兼知蔽后则为裳。[裳幅前三后四，皆正裁。祭服、朝服，襞积无数，丧服则三襞积。（《丧服》郑注）] 能知作袴管，则有裈（短袴）[亦曰襌（《方言》），又曰犊鼻（《史记·司马相如传》）。] 及袴矣。[引长裈，而为之袥以便行动，而成袴。] 蔽上体者为衣。衣之长者，有着（棉絮）曰袍，无着曰衫。古人虽着袍衫，外必加以衣裳。[凡礼皆重古，故知初惟有短衣，长衣为后起也。] 然服装实以上下衣合一为便，故有连衣裳而一之深衣，以为过渡也。[深衣之制，详见《礼记·玉藻》《深衣》二篇。古衣裳皆异色，惟妇人之服，上下同色（《诗·绿衣》笺），深衣亦然。士以上别有朝祭之服，庶人即以深衣为吉服，盖古男子之好修饰，本甚于女子（古男子为求爱者，女子则操选择之权），又惟贵族为能尽饰也。然贵族燕居，亦服深衣，即非燕居，深衣之为用亦甚广，则所谓"可以为文，可以为武，可以摈相，可以治军旅，完全弗费"者（《深衣》文），以简便切用言，固有不得不然者矣。]

冠以豢发，[见《说文》。] 其形略如后世之丧冠，中有梁，较后世为狭。[梁广二寸（丧冠广二寸，见《丧服》，《疏》云：古冠当同）。] 束发而韬之曰纵，以梁压之，中贯以簪（男曰簪，女曰笄）。冠为贵人服，[亦为成人之服。] 平民则用巾。[故《吕览》谓庶人不冠弁（《上裳》），《释名》谓二十成人，庶人巾，士冠也。巾以葛为之，形如帕（《后汉书·郭泰传》注引周迁《舆服杂事》。《玉篇》：帢，帽也）。]巾以覆髻曰帻。[《独断》谓帻古卑贱执事不冠者之所服，后世以巾为野人处士之服，盖沿之自古也。]朝祭之服，别有冕弁。冕以木为干，其形长方，[《周官·并师·疏》引叔孙汉礼器制度，广八寸，长尺六寸。《续汉书·舆服志》：明帝永平二年，用欧阳、夏侯说制，广七寸，长尺二寸。前圆后方。《礼记·王制·疏》引应劭《汉官仪》，广七寸，长八寸。]以布包之。[《论语·子罕》：子曰：麻冕礼也。《礼记·王制·疏》：以三十升玄布为之，裹用朱，不知布缯。]上玄下朱，[是为延，亦作綖。][前俯后仰。]前有旒，旁有纩（黄绵丸），[纩，薛综《东京赋注》云：以黄绵大如丸，悬冠两边当耳，后易以玉；曰瑱，悬瑱之绳曰紞。见《左氏》桓公二年《疏》。]以为最尊之服。盖野蛮时代之饰，以古而见尊重也。[所谓"英主纩掩聪，垂旒蔽明"者，乃后世为之解释之辞也。]弁以皮为之，冕前俯后仰，弁前后平。[弁制略与冕同。所异者，"弁前后平，冕则前低一寸余耳"。（《弁师·疏》）弁为初制，冕其后起加饰者。]

足衣曰韤（袜）（初用皮，故字从韦）。外有履及屦，以革及丝麻为之，以革为之曰屦。[《左氏》僖公四年《疏》引《方言》曰："丝作者谓之履，麻作者谓之扉。"《礼记·少仪》言："国家靡敝，君子不履丝屦。"则丝履君子之所服也。]又有今之绑腿，谓之行滕，[《战国·秦策》言苏秦"赢滕履屩，负书儋橐"。]亦作邪幅，[《诗》曰："赤芾在股，邪幅在下。"]亦曰偪，行路则用之，然亦为装饰。[其初所以自逼束，便行走，后以为饰也。]古入室必脱屦，为之跣。[古者席地而坐，故必解屦而后升堂。既解屦，则践地者袜也，久立或渍污，故必解袜而后就席。屦皆脱于户外，惟尊者一人脱于户内。此礼至后世犹沿之。至举国胡坐时，跣礼始废也。]

带有大带，有革带（女丝带）。革带束于腰间，所谓"当无骨者"（《礼记·深衣》）。大带[以素丝为之，亦曰鞶。其垂者曰绅。]较高，以之佩物。——德佩及事佩。[德佩谓玉，事佩则《内则》所谓纷帨等也。又有笏，亦插于带，笏佩之制，皆见《玉藻》。]

宫室，从巢居、穴居进化而来。[《礼记·礼运》曰："昔者先王未有宫室，冬则居营窟，夏则居橧巢。"《孟子》言："当尧之时，水逆行，泛滥于中国，龙蛇居之，民无所定，下者为巢，上者为营窟。"（《滕文公》上）《淮南子》言："舜之时，江、淮流通，四海溟涬，民上丘陵，赴树木。"（《本经训》）即其事。穴居多在寒地，巢居则在温热而多毒蛇猛兽之区。《御览·皇王部》引项峻《始学篇》曰："上古皆穴处，有圣人教之巢居，号大巢氏，今南方人巢居，北方人穴处，古之遗俗也。"可见其一起于南、一起于北也。]（穴居有二种：一是真正的穴；一在地面上累土为之，形如后世的窑，是为窋，亦但作复。[《诗》云："古公亶父，陶复陶穴。"《礼记·月令·疏》曰："古者窋居，随地而造，若平地则不凿，但累土为之，谓之复。若高地则凿为坎，谓之为穴。"其形皆如陶灶。故《诗》云陶复陶穴也（《诗·疏》不甚清晰，故引《礼记·疏》）。]）以木为骨干，以土为肌肉，[砖即熟土。]则成宫室矣。[《易·系辞传》曰："上古穴居而野处，后世圣人易之以宫室，上栋下宇，以待风雨。"《淮南子·修务训》曰："舜作室筑墙茨屋，辟地树谷，令民皆知去岩居，各有家室。"栋宇者，巢居之变，筑墙则穴居之变也。]

古贵族之居[寝制]如图：

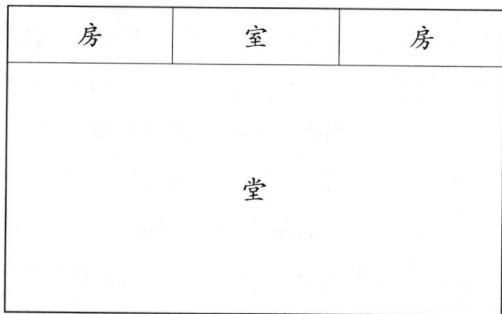

房	室	房
	堂	

[郑玄云：天子、诸侯左右房，大夫士仅有东房。见《诗·斯干·笺》《礼·公食大夫礼·注》。][欲知古代宫室之详，可阅焦循《群经宫室图》。]平民之居，汉晁错谓其有一堂二内。[张晏曰："二内，二房也。"（《论移民塞下书》。所述乃古说。）盖以室为堂，以堂为房。[《史记·孔子世家》："故所居堂，弟子内，后世因庙，藏孔子衣冠琴车书。"盖改一堂二内之居，为庙寝之制也。]

古命士以上，父子皆异宫，后世则数世合居，厅即古之堂，其后多进房屋，即其房及室，盖多组房室共一堂也。[古代造宫室，非专门之技术，人人能为之；命士以上等贵族，且有其所属之平民奴隶为之工作矣；其时所用土木等材料，皆可不费而得；地又多空旷，故得父子异宫也。后世此三点有异，势不能矣。〕

古代生业，初以农业为主。井田之制，昔人以为普遍施行于全国；近人〔胡适等〕又疑为孟子等理想之谈，古无其事；恐皆非。此制大约文明发达，水利关系重要之地则有之。最初一部族之地，均属公有；其后耕作方法渐精，家族渐次分割部族之土地，为田间之"阡陌""沟洫"，极为整齐，则成此制矣。人口渐繁，惜土地之荒废，沟洫、阡陌，渐被开垦成田，田之疆界，因之混淆。斯时地代〔耕种人之地，而纳田租，谓之地代。〕发生，遂有乘机兼并者，而地权不均矣。田以外之土地，古人总称为山泽，本属公有，依一定之规则，大家皆可使用；后来大约先由有政权者封禁，〔《王制》曰："名山大泽不以封。"《注》云："与民同财，不得障管，亦赋税之而已。"按《王制》又言："泽梁无禁。"而《荀子·王制》言"山林泽梁，以时禁发而不税"，则税之亦非今文家意也。《左氏》襄公十一年，同盟于亳，载书云："毋壅利。"《注》云："专山川之利。"昭公二十年，晏子言："山林之木，衡鹿守之。泽之萑蒲，舟鲛守之。薮之薪蒸，虞候守之。海之盐蜃，祈望守之。"此即所谓障管者。而三年又言陈氏厚施曰："山木如市，弗加于山；鱼盐蜃蛤，弗加于海。"则春秋时犹有行之者，然其后则渐少矣。《月令》：季冬，"命水虞渔师，收水泉池泽之赋，毋或敢侵削众庶兆民，以为天子敛怨于下。"《周官》：山师，"掌山材之名，辨其物与其利害，而颁之于邦国，使致其珍异之物。"川师，"掌川泽之名，辨其物与其利害，而颁之于邦国，使致其珍异之物。"皆税之之法也。《曲礼》曰："问国君之富，数地以对，山泽之所出。"盖国君视山泽为私产久矣。〕〔然有政权者来必能利用山泽之利也。〕再以赏赐租借等形式，转入私人之手，《史记·货殖列传》所载种树、畜牧、煮盐、开矿等人是也。

工业。在公产之世，简易者人人能为之；较难者，则有专司其事之人，此为封建时代工官之前身。但其后私人工业渐兴。〔工官之制，亦有其阻遏工业，使停滞不进者在：人之才性，各有不同，子孙初不必尽肖其父祖，而古工官守之以世，必有束缚驰骤，非所乐而强为之者矣，一也。工官之长，时曰工师，所以督责其下者甚严。下者乃不得不苟求无过，凡事率由旧章，则无由改善矣，二也。封建之世，每尚保守，尤重等级，故《月令》再言"毋或作为淫巧，以荡上心"；《荀子》亦言："雕琢文采，不敢造于家。"《管子》曰："寂粟不足，末生不禁，民必有饥饿之色，而工以雕文刻镂相稚也，谓之逆。布帛不足，衣服无度，民必有冻寒之色，而女以美衣锦绣綦组相稚也，谓之逆。"（《重令》）此即汉景帝"雕文刻镂伤农事，锦绣纂组伤女红"诏语所本，原不失为正道，然新奇之品，究以利用厚生，抑或徒供淫乐，实视其时之社会组织而定，不能禁富贵者之淫侈，而徒欲禁止新器，势必淫侈仍不能绝，而利用厚生之事，反有为所遏绝者矣，三也。凡制度，皆一成而不易变者也。而社会日新无已。阅一时焉，社会遂与制度不相中。削足适履，势不可行，制度遂至名存实亡矣。工官之制，亦不能免于是。工官之设，初盖以供民用。然其后在上者威权日增，终必至专于奉君，而忽于利民。孟子之诘白圭也，曰："万室之国，一人陶，则可乎？曰：不可，器不足用也。"（《告子》下）明古之工官，皆度民用而造器，然所造之数，果能周于民用乎？生齿日繁；又或生活程度日高，始自为而用之者，继亦将以其所有易其所无；则相需之数必骤增，然工官之所造，未必能与之俱增也，则民间百业，缘之而起矣。工官取应故事，民间所造之器，则自为牟私，相竞之余，优绌立见，则一日盛而一式微矣，况乎新创之器，又为工官所本者邪？此皆私人工业代工官而兴之故也。]

商业。初止行于团体之间，[《老子》曰："郅治之极，邻国相望，鸡狗之声相闻，民各甘其食，美其服，安其俗，乐其业，至老死不相往来。"（据《史记·货殖列传》)《管子》曰："市不成肆，家用足也。"（《权修》)《盐铁论》曰："古者千室之邑，百乘之家，陶冶工商，四民之术，足以相更。故农民不离畎亩而足乎田器，工人不斩伐而足乎陶冶，不耕而足乎粟米。"（《水旱》）盖古代部族，凡物皆自为而用之，故无待于外也。然智巧日开，交通稍便，分业即渐行于各部族之间。《洪范》八政，一曰食，二曰货，货即化，谓变化此物为他物也。] 商人如伙友，团体方系老板。——损益皆由团体负之。——但团体间之交易行，则团体内部之组织，不复合理，遂至渐次破坏，斯时并无新组织起而代之，于是人之所需，渐不能仰给于团体，必须自行设法，与人交换，商业遂渐行于团体之内，人与人之间矣。商业能（1）打破部族间之界限。（2）使团体内部，人与人之利害对立。（3）贫富不均。（4）使下级者对于上级之命令，不肯真实服从（因商业专从利害打算，不轻信人）。改变社会之力最大。

古代之道路

最初《庄子》所谓"山无蹊隧，泽无舟梁"。[《马蹄篇》] 其后，田间有阡陌，其较宽平者为驰道。国中之道路，大约宽广。

交通上利用牛马之力，但皆乘车，牛车曰大车，马车曰小车。[《论语·为政》："子曰：大车无輗，小车无軏，其何以行之哉？"《集解》："包曰：大车，牛车；小车，驷马车。"] 战车亦用马。以人推挽者曰辇，甚大，用人甚多。[《周官》乡师云："大军旅会同，正治其徒役，与其辇辇。"《注》云："辇驾马，辇人挽行，所以载任器也。止以为藩营。《司马法》曰：夏后氏谓辇曰余车，殷曰胡奴车，周曰辎辇。辇，一斧、一斤、一凿、一梩、一锄，周辇加二版二筑。"又曰夏后氏二十人而辇，殷十八人而辇，周十五人而辇。案《春官》巾车，"王后之五路"有辇车。《注》云："为轻轮，人换之而行。"又服车五乘，士乘栈车，庶人乘役车。《注》但云：役车方箱，可载任器以共役，与栈车皆不言为人挽。而《诗》"有芃者狐，率彼幽草，有栈之车，行彼周道"，《毛传》云："栈车，役车也。"《笺》云："狐草行草止，故以比栈车、辇者。"一似栈车、役车，皆以人挽行者，盖役车既可驾马，又可人挽行；既可乘坐，亦可供役；而栈车、役车同为无饰，故二者又可通名也。《说文》"辇，挽车也，从车伴，在车前，引之也。"伴训并行，盖二人挽之，抑或一推一挽。《司马法》所言，乃行军时制，寻常役车，固不必如是其大也。]

有驿以传命。[其初盖以便人行，后因其节级运送，人畜不劳，而其至可速，乃因之以传命。《说文》传、遽互训，而《管子·大匡》言，三十里置遽委，有司职之，若宿者，令人养其马，食其委，是其征也。驿有车有骑。] 报信之方法更速者为烽火。（古烽火之制，见《史记·周本纪》末，《索隐》但说烽火似互讹。[《周本纪》："幽王为熢燧大鼓，有寇至，则举熢燧。"]）

开辟渐及山地，乃渐骑马。［顾亭林《日知录》论骑射之始云："春秋之世，戎、翟杂居中夏者，大抵皆在山谷之间，兵车之所不至。齐桓、晋文仅攘而却之，不能深入其地者，用车故也。中行穆子之败翟于大卤，得之毁车崇卒；而知伯欲伐仇犹，遗之大钟，以开其道，其不利于车可知，势不得不变而为骑。骑射，所以便山谷也。胡服，所以便骑射也。"虽论军事，而交通从可见焉。］

最古刳木为舟（独木舟），后能用箄、筏（桴），至能斫木成板，再加联合，则有今之舟。［舟之兴，盖始于浮木，《庄子·逍遥游》曰："今子有五石之瓠，何不虑以为大樽，而浮乎江湖？"《释文》引司马云："樽如酒器，缚之于身，浮于江湖，可以自渡。"此盖最古之法。稍后，则知刳木。《淮南子·说山》曰："古人见窾木浮而知舟。"《诗》曰："就其深矣，方之舟之。"《疏》云："《易》曰：利涉大川，乘木舟虚。《注》曰：舟谓木板，如今船，空大木为之，曰虚。即古又名曰虚，总名皆曰舟。"案《诗》所谓方，即《淮南子》所谓方版，乃后世之筏，不足以当舟。虚则其所谓窾木，而亦即《易》所谓刳木也。舟之始，盖仅如此，能方版而为筏，技已稍精，知造舟则更进矣。］

桥，大约多木桥，水浅时为之。水阔者用船连接而渡，所谓"造舟为梁"，即后世之浮桥也。［宋陆放翁有句曰："九轨徐行怒涛上，千艘横系大江心。"］［既能浮木以渡水，则亦能架木以为桥。《说文》："榷，水上横木，所以渡者"是也。其字亦作杠。《孟子》曰："岁十一月徒杠成，十二月舆梁成。"梁与杠字并从木，盖亦架木为之。《尔雅》曰："石杠谓之徛。"则后来更用石也。《郭注》云："聚石水中，以为步渡。"盖未能为桥时，又有此法。］

水路的交通，南方较北方为发达。试观《左传》，北方用船运漕，只"泛舟之役"一次。（秦输晋粟，在僖公时。［十三年］）南方吴、楚沿江屡有水战。末年，吴徐承又以舟师自海伐齐，（哀公时。［十年，《左氏》]）［越王勾践亦命范蠡、后庸率师沿海溯淮，以绝吴路。（《国语·吴语》)］则不徒内河，并及缘海矣。又吴"沟通江、淮"，即今淮南运河也。［《史记·河渠书》云："荥阳下引河东南为鸿沟，以通宋、郑、陈、蔡、曹、卫，与济、汝、淮、泗会于楚；西方则通渠汉水、云梦之野，东方则通鸿沟、江、淮之间。于吴，则通渠三江、五湖。于齐，则通菑、济之间。于蜀，蜀守冰，凿离碓辟沫水之害，穿二江成都之中。此渠皆可引舟，有余则用溉浸，百姓飨其利。"《左氏》昭公九年："吴城邗，沟通江、淮。"《吴语》：夫差"起师北征，阙为深沟，通于商、鲁之间。北属之沂，西属之济，以会晋公午于黄池"。盖自江至河，水道几于纵横交贯矣。果谁所为不可知，而其较大之工程，明见记载者，为徐偃王、吴夫差。]故知水道之发达，必始于南，而南方古史传者甚少，故中国水道交通之发达史不详。

《禹贡》九州入贡，皆有水道，盖战国时情形。

行路歇宿之处，古皆官营，其制略见《周礼》。[《周礼》野庐氏，"比国郊及野之道路宿息井树。"遗人，"凡国野之道：十里有庐，庐有饮食。三十里有宿，宿有路室，路室有委。五十里有市，市有候馆，候馆有积。"]君、大夫等至他国，或有他预备之馆舍，或即供宿其贵族之家，所谓馆于某氏也。《觐礼》："天子有赐舍。"《曾子问》曰："卿大夫之家曰私馆，公馆与公所为曰公馆。"《觐礼》又曰："卿馆于大夫，大夫馆于士，士馆于工商。"盖无特设之客舍，故各就其家馆之。民间往来，亦当如是。]公家经营之歇宿，平民本亦可止息，观汉世之亭，犹官民公用可知。但行路多，势难遍给，于是有民营之逆旅，其事略见《商君书》。至后世则虽欲官营，而不可得矣，见《晋书·潘岳传》。

古代之用人

古代之用人，大抵大夫以上，多属世官，征服之族中执政权者为之。士则出于选举（选举与世官为对待之名词），[邃古之世，公产之群，群之公事，必有人焉治之，则必举其贤者能者，此即孔子所谓"选贤与能"也（《礼记·礼运》）。后为黩武之群所征服，百战所得，视同私产，遂行世官。然旧有之事，征服者初不甚干涉之，故选举之法仍存。]其法有二：（1）如《周礼》所说，乡大夫以下治民之官，平时考察其民之德行道艺，三年大比（查轧人口及军用品）之时，与其贤者能者。（2）如《礼记·王制》所说，乡论秀士，升于司徒，司徒升之于学，学升之于司马，然后用之。大约两法都有些事实做根据。

至于学校，在国中者谓之学，为宗教哲学之府，初与明堂合一，后乃分出，欲知其说，须看惠栋《明堂大道录》、阮元《明堂说》。（在《揅经室集》中）在乡间者为校、（见《公羊》宣公十五年何《注》。[《注》曰："一里八十户，八家共一巷。中里为校室，选其耆老有高德者，名曰父老。十月事讫，父老教于校室。八岁者学小学，十五者学大学。"《孟子》所谓："校者，教也。"]）庠（行乡饮酒礼。[《孟子》："庠者，养也。"]）、序（行乡射礼。[《孟子》："序者，射也。"]），乃兴教化之处，非讲学问之处。汉人言兴乡学者犹如此。

此等学校中，并无应用之学（看《礼记·学记》可知）。应用之学，则从办事之机关中来，《汉书·艺文志》推论九流之学，皆出于王官者如此。封建制度破坏，官失其守，遂变为私家之学，平民之能术学问者渐多，教育之权，移于私家，学术亦散布于社会矣。战国之世，上级官吏，渐不能专用贵族，于是游士兴，贵族政治，渐变成官僚政治。

战国时，社会剧变有二：在经济上，（1）井田之制大坏。（2）商业大盛。前已言之。在政治上，则（1）为官僚阶级之兴起。（2）为国民军之编成。古大夫以上皆世官，士以下乃出选举。选举之法有二：（1）如《周礼》所言，乡大夫以下，治民之官，皆有考察其民德行道艺之责，三年大比之时，与其贤者能者，盖即用为比（五家）、闾（二十五家）、族（百家）、党（五百家）、州（二千五百家）、乡（万二千五百家）之长，所谓"使民兴贤，入使治之；使民兴能，出使长之"也。［见《周礼》。俞正燮《乡兴贤能论》曰："出使长之，用为伍长也。入使治之，用为乡吏也。"］（2）如《王制》所说，乡论秀士，升之司徒，司徒升之于学，学成，升诸司马，司马辨其才而用之，则与贵族同其作用矣。战国时，士之干求进用者，不限一国；君之用之，亦不拘常法，于是游说之事盛行，此辈浸代贵族之地位（在朝及治理地方），而官僚阶级之兴（此事于封建破坏，大有关系）。

古正式军队，限于征服之族。故《周礼》出兵，限于六乡；齐有士之乡与工商之乡；（见《国语》《管子》）楚庄王亦"荆尸（一种出兵之法）而举，商农工贾，不败其业"（《左传》邲之战）。非士乡之人，只令保卫本地方而已。故《左传》鞌之战，齐顷公见保者而勉之也。［成公二年］至战国时，则此等守卫本地方之兵，悉数调上前线，故其数骤增，论者谓"韩、魏战而胜秦，则兵半折，四竟不守"也。［苏秦说齐宣王之辞。］中国兵制，近乎通国皆兵者，莫如此时若。而此制秦人行之，尤为有效，读《荀子·议兵篇》可知。

先秦诸子学术

先秦诸子学术，《史记·自序》述其父谈之言，分为阴阳、儒、墨、名、法、道德六家。《汉书·艺文志》诸子略盖以纵横、农、杂家、小说为十家。其中去小说家谓之九流。[此外古书论及先秦学术者甚多，如《庄子·天下》《荀子·非十二子》《淮南·要略》等，皆为近人所征引。]古学术之分类，似以《汉志》为最完全，因其系根据书籍分类，其他皆一学者之见，一人不能遍通诸学也。

先秦诸子之学，《汉志》以为皆出王官之守；《淮南·要略》则以为起于救时之弊，此二说实可并存，盖一言其来源，一言其兴起之由也。诸子之学，根据各有不同：（1）所承受之学说不同。（2）所兴起之社会不同。虽各能阐发一种真理，[不能兼顾全局。] 然并非皆通于其时之时势。此点似颇紧要，[我国人向有崇拜古代之心理；而先秦诸子之学，去今复远，不易发见其弊，故人多誉之。实则衡以学术进化之原理，自应不如后世之学也。]

依鄙见：先秦诸子之学，其能综揽全局者（如纵横家、兵书略中之兵家等，只效一节之用），当依新旧分为五派：

最旧者：农家。

次旧者：道家。

又次者：墨家。

较新者：儒家、阴阳家。

最新者：法家。

名家与法家颇相附为用。

而杂家则自专门渐趋于会通焉。

农家之学，书并不存；只许行之说，见于《孟子·滕文公》上篇。其说，乃主张：（1）人君与民并耕而食，饔餮而治。（2）卖买论量不论质。此盖以隆古农业小社会之文化为根据者，断不能行于是时。

道家主无为。为，旧训化。野蛮之族，恒因文明之输入，而社会组织随之改变，风俗因以薄恶。而文明之输入，则（1）由君主之以此为文明而加以提倡。（2）由其慕效淫侈。道家戒之以无为，犹今戒中国人勿欧化，戒西南土司毋汉化耳。其实文明之传播，终非可以人力阻也。故其说亦陈旧。《淮南·要略》言：“墨子学于孔子而不悦，弃周道而用夏正。”其说是也。《吕氏春秋》言：“鲁惠公请郊庙之礼于天子，天子使史角往。其后在鲁，墨子学焉。”史角盖知夏政者也。然墨子主兼爱，既非其时之社会组织所能行。主上同亦然。反对战争，而但以攻守为是非之准，说亦嫌粗。天志、明鬼之说，欲借助于迷信，而不悟迷信已破，非可以人力建说也。故其说亦不能行。

儒家之学，较为广博。《易》言原理，《春秋》言人事。《春秋》先示治乱世之法，次言治升平世之法，末言治太平世之法，是为张三世。又言夏、殷、周三种治法，当更迭变换，故王者必封前二代（如夏、殷之于周）之后以大国，使得保存其治法，以备取用，此为通三统，与阴阳家五德终始相似（五德谓有五种治法，当求之于民）。五德终始亦谓有五种治法，当更迭用之耳。二家之学，皆非博闻广见不能，故较新。

法家之学，细别之，又包含法（治民）、术（治治民之人）两派（见《韩非子·定法篇》）。而狭义之法亦有殊：商君主农战，《管子》言轻［价贱］重［价贵］敛散是也。此派最能造成一强有力之国家，故在战国时为最适，秦卒用之以取天下。

秦、汉时之新局势

1. 内战乍息，[秦末之乱为例外，通常可谓息内战矣。]民生获苏。尤其交通上之限制废除，[前此国际间并一国内之交通，皆有种种限制，观《周官》之《夏官》《秋官》可知。至是则关津虽存，而讥察无矣。]得以完成广大之分工，国富总量之增加，殆非前此所能想象。

2. 统一则国力强盛，便于对外；然中国在此时，开始与骑寇相遇。（蒙古高原之游牧民族。黄河流域之戎、狄皆居山，如今西南诸族，所谓山戎也。[居山戎、狄，远不若骑寇之强盛。]）[前此中国与蒙古高原游牧民族间，为山戎所隔。其时，游牧民族之不南侵者，固由其本身未臻强盛，而其南向之山戎之不足侵，实一大缘故也。至战国末而北方诸国拓地与游牧民族相遇矣。]

3. 封建制度告终。秦尽废封建。["父兄有天下，子弟为匹夫。"无尺土之封。]秦亡后，诸侯相王（此语见《史记·自序》），[分王诸侯，决非项籍一人所能为。]义帝犹周天子，西楚霸王犹春秋时霸主，其余之王犹列国，其下为侯，犹战国时之王封其臣民为侯（王侯列爵二等，汉亦沿之），乃恢复东周时之局面也。但封建之基础，（各区域内之自足经济。[封建非政治力之所为；实政治随经济情形而如此耳。]《王制》等之经济计划即如此。）业已不存，故卒不能持久。经（1）楚、汉之争。（2）汉初之剪灭异姓。（3）吴、楚七国之乱。而封建之实，遂荡然无存焉。

此时之政情

1.民主政治之废坠。此由（1）民意无表见之方法，如古之大询于众庶等。（2）民意之表见为习惯，习惯愈不适于时势，则拘束之力愈弱。又列国问罪大夫叛变等事皆无之。故君主之地位，日益神圣。最后，遂谓其权系受之于神，而非受之于民，两汉、新莽之言符瑞是也。［此节与西方颇相似。］

2.地方自治之废坠。古之国，等于后世之县。［古国方百里，而汉县亦方百里；汉县名多仍古国名，皆可见也。］国君等于县令，大夫等于乡镇长，士则保甲长矣。汉世十里一亭，亭有长；十亭一乡，乡有三老、（掌教化。［体制最尊］啬夫、（职听讼，收赋税，威权尤大。［至人只知啬夫，不知复有县令者，观《两汉书》可知］）游徼（主徼循，禁盗贼），犹存此意。然左雄谓乡亭禄薄，多取于民，（《后汉书》本传）则其弊必有为吾人所不知者。［且人心必日趋于民主之心理，对啬夫等服从之传统观念，必日趋淡薄。人心对啬夫等既渐变，则啬夫等之威权必渐不行，以至于废坠。］又丧乱之际，官吏及割据者，每向此曹压迫，人莫利为之，而其职遂废。［两汉时存此制，魏、晋时而废坠。东晋元帝尝问臣下削掠者之众，即有对以亭、邮（两亭间有一邮）之废之所致，可见也。］县令实不能躬亲办事，而地方公务悉废矣。

3.放任政治之形成。贵族既倒，处于治者之地位者，为官僚阶级，［幕友、吏胥、衙役、绅士、读书人（官僚之后备军）亦属之。］同时亦即成为榨取阶级，［阶级无不自利者。世有不自利之个人，无不自利之阶级。此阶级中，仅有少数之不自利者，亦救于其阶级之自利。只有铲除阶级，无法改良阶级——欲实行良好教育已造成整个阶级之各不自利，为不可能之事。——而此时于官僚阶级，非铲除之时也，于是取监督之方式矣。］政治上之首领，理宜加以监督。但监督者少，被监督者太多，势不能给，则惟有将所办之事，减至最小限度，使其无所借以虐民。中国之良吏，每劝人民早完国课（或"自有组织"义图等），少打官司，免得与吏役接触，此正与政府之取放任主义同。顾亭林讥后世大官多，小官少。而不知其在昔时之政治上，只重监督官僚阶级，不使虐民，兴利治国，固在其次也。［自汉以来，中国之政治向如此。］

儒学之专行及其效果。九流之学，农、道、墨、儒、阴阳，皆太陈旧，或迂阔；惟法家见用于时，前已言之。统一之后，法家之"法"，已不宜再用，仅其"术"当施诸官僚，政治一味放任，尚非汉时所知。［"治天下不如安天下，安天下不如与天下安。"此乃中国旧日政治上最主要之格言，一切放任政治，皆由此出。然此乃积累年之经验而得知，固非汉初人所得知也。］斯时对于人民，则有富与教两问题，此为理论上当然之结果，故儒与阴阳二家，处于必兴之势。［汉世儒与阴阳二家，实相混杂。］秦始皇言："吾前收天下书不中用者尽去之，悉召文学方术士，欲以兴太平，方士欲练以求奇药。"兴太平指儒学言。使始皇不死，而其时之内治外攘，始皇认为已无问题，亦未必不用儒家，以图足民而兴教化，特未及而早死耳。汉高、惠、高后，皆未及有所作为，文帝一用公孙臣，旋因为新垣平所欺而罢。［帝实非贤君，其真相见应劭《风俗通义》载刘向语。］景帝本无能为之主。故至武帝而儒术兴焉。此乃事势之自然。或谓武帝之崇儒，乃利其明君臣之义，可以专制：此乃数十年前梁启超等之议论，有为言之，非事实。汉世儒家，明民贵君轻之义者极多，最甚者如睦孟，劝汉帝求索贤人，禅以帝位，而退自封百里：便于专制者安在。武帝即位，年仅十六，赵绾、王臧、田蚡等说以崇儒术，斯时听从之者，恐实即后来反对儒术之窦太后（后以儒术行，有碍外戚之权利反对）。窦太后而亦许崇儒，可知儒术之兴，乃事势之自然也。

汉宣帝言汉家自有治法，以王霸之道杂之（见《汉书·元帝纪》）。王指儒，霸指法。以儒家之道治民，法家之术察吏，固极合理也。

	主张	汉世	新莽
儒家	平均地权	急激者主恢复井田，缓和者主限民名田	王田之制，系行急激派之主张
	节制消费	法令颇多，不能实行	同上
法家新世之《周官》	节制工商	重农抑商之法令，桑弘羊之盐铁官卖，耿寿昌之常平仓	五均、六莞
	干涉借贷	官贷种食，贷者或勿收	司市、泉府

廖季平谓经学中之今古文，系鲁学齐学之分：可谓卓识。[在廖氏《今古学考》中。]但未言其所以然。予意鲁之经济，不如齐之发达。故鲁学仅主平均地权，齐学兼重节制资本。明节制资本之义者，莫如《管子》；汉时桑弘羊行之，读《盐铁论》可见。儒家之学，发达于齐，则有《周官》(《周礼》)一书，所述乃治千里之国之规模，有治工商之法。鲁学治国之规模，见于《礼记》之《王制》，则治百里之国自足经济区域之规模也。关于社会政策：汉初所行之鲁学（今文），与法家分道扬镳；若兼取《周官》，则足与法家相调和。新莽等所以重《周官》扶古学者以此。此予最近之见解也。

此项主张，乃先秦以来学者公共之主张。及王莽得政权而实行之而失败。[莽编集学者之主张，经详实之考虑，抱绝大之决心，作有系统大规模之实行者也。]此失败乃先秦以来学者公共之失败，非王莽一人之过也。

此政策何以行之而失败？则以未知社会之阶级性，不能领导被压迫阶级以行革命，而欲以治者阶级操刀代斫之故。[以治者阶级操刀代斫，是犹"与虎谋皮"矣。]

教化问题，则儒家主张，本在民生问题解决之后。汉初儒者尚知此义。[如叔孙通为汉高祖征朝仪，二儒生不行，即其例。]但至后来，渐与生活问题相脱离（此风起于宣帝以后）。遂至空言教化，其不能有成也决矣。

故儒家在政治上，可以谓之失败。但其在社会上，则颇有功绩。因其能示人以做人之方法，且教人民互相亲爱也。

汉代学术

（1）自王莽变法失败后，经世致用一派，渐以消沉。经学流为琐碎之考据。南北朝、隋、唐义疏之学，皆承其流。（2）其有思想者，至魏、晋之际，竞务研求《老》《易》（后加以《庄子》），遂开玄学一派，与佛家衔接。（1）琐碎。（2）玄妙。（3）文字渐趋于骈俪。书法则隶书变为八分。[求美故。前此之由篆至隶，则由篆书圆笔，不适于实用，代之以隶也。]其仍供应用之章程书（正书，亦曰真书。正书真书之名，乃对行、草而立），亦渐趋美化。甚至专于求速之草书亦然，草书既趋美化，则必去真日远而不画一，不能供实用。而实用又不能皆作正书，于是有行书以代草。然行书之近真者为"真行"，与真书相去无几；近草者为"行草"，与草书相去无几，仍不适于实用。讲实用者，遂只得求之减笔矣。要之琐碎、玄妙、求美，皆学术为有闲阶级专有之现象也。

隶书 〔 笔画做成一定样子，即挑法，亦曰波磔，是为八分。
　　　　不须的即章程书。

汉代兵制变迁

本来人民二十三岁有服兵役之义务，至五十六乃免；人人有戍边三日之义务，事实上不能自行，则须出钱雇人，或入钱于官，由官代为雇人。［汉沿秦法，盖本诸古］然统一之后，兵役之负担，自然偏于缘边，有失公平之旨。于是渐用谪戍、谪发，甚且兼用异族，其事起于汉武帝之世。［以武帝屡用兵，不欲有扰于民故也。］至后汉光武罢郡国都尉，无复"都试"，［亦简称曰"都"。］而民兵之制遂废。［民兵之时，对外大战，命将军统之；有数军则有数将军，而各加名号；其上或置大将军以统之。戡定小乱，则郡太守、州刺史自将之。］

汉代刑法变迁

1.战国时，李悝为魏文侯相，"撰次"诸国法，为《法经》六篇。商君取之以相秦。汉初沿用之。后苦其不足用，渐次增加；又益之以"令"及"比"（成案），遂大病其杂乱。直至魏世，始行重纂。至晋初颁行之，[稍加改删。]是为《晋律》。此后中国法律，无甚根本变动矣。此一改变，由古依习惯解决之事多，后世依法律解决之事多也。

2.汉文帝除肉刑，代以髡（髡钳）、笞，刑法之种类太少。[不能得其平。]故多主复肉刑者；又因其残酷，终不能行。直至隋世，定笞、杖、徒、流、死五刑，而此问题乃息。此缘古代习以伤及肉体，使蒙不可恢复之创伤者，乃称为刑；故一时想不到以笞、杖、徒、流为刑也。

3.秦时法吏，自成风气，习于严酷。[此或自古而然。]汉人力加矫正，其风气乃渐变。此可谓儒家之主义，战胜法家。

西谚云："罗马非思想之人，乃作事之人。"在此点，先秦极似希腊，汉人极似罗马。两晋、南北朝，则为中国与西洋走向两路分歧之点。罗马经蛮族侵入后，欧洲非复罗马人之世界；中国则经过五胡之乱，仍然是中国人之世界也。此其故似有四：（1）中国有广大之长江流域，以资退守，而罗马无之。（2）中国人与五胡人口之比例，似较罗马人与蛮族之比例为大。（3）五胡亦已渐染中国之文化，程度非欧洲蛮族所及（淫暴之主，如刘曜、石虎等，其行政立法，仍依据中国习惯）。（4）欧洲此时，处处有小政治中心，持久不敝，加以组织，遂成封建政体，中国虽亦有此端倪，而地势平坦，风俗相同，中央力量较强，割据之局，不能持久（观南朝陈之事，最可见也）。

此时代重要之现象

1.南方文化及产业，渐次发达。尤其荆、扬两州，即湖南、湖北两省间之湖沿地带，及江、浙两省之太湖流域，成为全国经济重心。［南朝财赋，尽出于此，文化亦最高。］

2.自后汉之末，人民开始大迁移。（1）将积古以来各地方豪族之根基拔去（此时迁徙，多宗族、姻戚、乡里等，成群而行。此等人离开本乡，势力即减小，且难持久）。（2）贫民入山，与异族杂居，是为北方之山胡，南方之山越。山地借以开拓，异族因之同化。

3.南方之发达，偏于文化及产业。故未能将政治之重心，自北方转移至南方。［此因缺乏战斗性质之故。］

古代之政治，实多带属人主义，［此固积古之相沿，而实由交通阻塞，各地之民，皆显著之隔膜之故。］观晋、南北朝之侨州、郡、县可知。后因久不获归；政治上复厉行"土断"，［此因当时迁移侨置之民，各自为政，颇多不便，于赋役尤甚，于是遂厉行土断。］乃皆为属地主义。此于畛域之化除，实甚有益。魏晋以后所谓门阀，实皆沿自封建时代。盖前此居于本地，不待自异，人自尊之；一迁徙则失其所恃，故须标举郡望以自异。贵族恒互相援引，故九品中正之制，区别士庶极严。然主动立事者，率多出于庶族。又贵族多穷困（似与其家族之大有关系），贪庶族之富，而与之通谱通婚。则其根柢业已摇动。至隋，废九品中正及乡官，肇行科举之制。唐、宋而后，科举日重，而其立法亦日严，于是士族在政治上亦无占便宜之处。至五代而士庶之别荡然矣。积古相沿之等级至此破除，实社会组织之一大变也。

科举制度，1.打破门阀阶级，2.看重学术出身者（吏道系经验出身），皆为优点。惟汉世丞相，四科取士，（1）重德行，（2）重学术（经中博士），（3）

重才能（才任三辅令），（4）重文法（文中御史），实最合理。（1）（3）皆杂以文字考试，故唐有明经［（2）］明法［（4）］两科，此于理论亦合。惟（1）所试者太不足以得人才，（2）而无补实用之进士科（试诗赋）为重，则殊不合宜。

因唐人重视进士，宋王安石变法，遂废诸科，独存进士。后又分为诗赋、经义两科。［试诗赋者仍众。］至明、清，又合为一。所试既皆无用（策及明代诏、诰、表、判等仅存虚名），又不分科，其事既非夫人之所能，所试遂皆有名无实。近代之士子，遂大固陋而不可救。

自先秦至汉之社会政策，本兼有平均地权、节制资本两方面。后儒学专行，法学废绝，节制资本之说，遂无人提起，而平均地权，亦止敢行缓和之法。是为晋之户调式、魏之均田令、唐之租庸调法。此三法，皆（1）乘乱后土田失主之时，官以授民。（2）其授之，则以年龄属性而异其多少。（3）而课役随之。（4）还授……皆有法度。但其1.推行至何种程度，先已可疑。即不论此，而2.人口日增，无移民之法。3.农民无他产业，缓急时不得将田质赏，亦终必破坏也。［而当时仅按人口征税，而失田者，遂纷纷伪为官、吏、士人、僧、道或外邑人，以图逃税。而有力兼并者，多数之田，反不需纳税矣。］唐德宗时，杨炎立两税法，但就其所有而税之。而民之有产无产，国家不复过问矣。自晋武行户调式至此适五百年。

户调之法，实起汉末，为魏武帝所行。盖汉人取诸民者，曰田租，曰口赋（出钱，亦曰口钱）。此时田皆荒废，不能恃田租为收入；而交易破坏，钱法紊乱，民亦难于得钱；乃因其势而取其布帛，遂成为一种户税。晋时户调，亦是如此，特给之以田为异耳。

户调之制，起于后汉之末，与当时经济状况，颇有关系。盖古之取于民者，曰税，即汉世之田租；曰赋，一为马、牛、车、辇等战时所用之物，一则随时之征取，此二者，汉世并作口钱，又其一则力役也。后汉之末，天下大乱，耕者少，田租不足供军国之用；是时商业，盖极凋零；又当时钱贵，而币制汉末又大坏，无从征钱；乃改为按户取布帛：此为户调之始。晋以后，有授田之法，乃更取其谷物。唐世身丁有可稽，则又并力役而责之，遂成租庸调之法耳。田既不能授，则不能不变为两税，就有负担力者而课其钱。此法行，民之有田产与否，官不过问；负担却较为均平，以其就有财力者而取之，非如租庸调法之专责诸人也。但力役则仍责诸人。后虽亦兼论赀产，究之丁仍为一重要之元素，然丁根本无负担力，此役之所以病民也。赀产调查，最难得实，久之，乃侧重于田，于是应役专论丁粮。又因丁之无负担力也，变为丁随粮行（将一地方丁额，摊派于有粮之家），则不啻加田赋而免力役矣。此清圣祖所以有"盛世滋生人丁、永不加赋"之诏也。历代农民所负担之租税，变迁大略如此。杂税则隋时曾尽除之。唐中叶乃逐渐兴起。其重要者，为（1）盐、（2）酒（或曲）、（3）茶、（4）商（分过税、住税）。而近世契税、牙税亦稍盛。

民兵既废，后汉末，乃有州、郡之兵；至南北朝未革。〔晋武平吴，亦罢州郡兵备。而于诸王国，顾皆假以兵权，遂致酿成八王之乱。五胡交哄，盗贼大起，仍借州郡募兵镇压；而方镇之权始重。渡江以后，荆、扬二州，积世相猜。其初下流之势常弱，迨北府兵起，而形势乃一变。刘裕率阶以图篡。然自宋迄于梁、陈，州郡之拥重兵，内外之相猜忌，实始终一辙也。〕后周创府兵之制，隋、唐因之。〔北方五胡迭起，所用者皆其种人。迨周、齐之末，诸种人皆已凋敝，乃不得不参用汉人。又大乱之后，物力凋残，军资无出，不得不令兵人屯种自食。而府兵之制以兴。迄唐而益臻完备。唐制，于全国设折冲府六百三十四，而其在关内者二百六十一。府置折冲府都尉，而以左右果毅都尉为之副。上府千二百人，中府千人，下府八百人。其军队编制之法：三百人为团，团有校尉。五十人为队，队有正。十人为火，火有长。诸府分隶十二卫。平时力耕以自食，有事调集，临时令将统之。事讫，则将上所佩印，兵归其府。颇得寓兵于农之意。宿卫亦由府兵番上。〕

唐中叶后，府兵制坏，而藩镇之兵兴。内之则禁军强横。〔高宗、武后时，天下久不用兵，府兵之法浸坏，至不能给宿卫。宰相张说，乃请以募兵代之，号曰彍骑，以充宿卫。外之则有藩镇之兵。又有所谓禁军者，初以从定天下，不愿散归之士为之；授以渭北闲田。其后增置渐广。中叶后，原驻陇右之神策军，入京师，列为禁军。德宗自奉天还，始统以宦官。其时各方分戍之兵，饷精皆薄，而神策军独厚；遂皆请遥隶焉。于是宦官之势骤盛。终至把持朝局，与唐偕亡。〕

〔自有藩镇之后，地擅于将，将又擅于兵；节度使之废立，每操之军人之手。五代时天子之兵，其实仍即前此藩镇之兵，故视置君如弈棋也。周世宗始大革其弊，又务弱外州兵，以强京师。〕宋惩藩镇之弊，将全国强兵，悉隶三衙（殿前司、侍卫亲军马、步军司），谓之禁军。诸州厢军，给役而已。

后禁军数多而不可用。王安石裁其大半。［置将分驻，以代番戍。］创保甲之法，渐次练为民兵；［变募兵为民兵；募兵阙额，则收其饷，以供保甲教阅之费。于是民兵盛而募兵衰。］亦未有成。［元祐以后，保甲教阅之制既废，蔡京为相，又务封桩缺额军饷，以充上供；而民兵亦衰焉。］

南渡后则恃屯兵为固。［南宋之兵，多出招募及招降群盗。其从高宗总宿卫者，为杨沂中之兵。此外则张浚、韩世忠、岳飞、刘光世之兵最盛。四川之兵，多皆并于吴玠。杨沂中（中）及韩（后）、岳（左）、张（前）、刘（右）之兵，初称御前五军。刘光世死后，其众叛降齐，以吴玠之兵升补。时张、韩、岳之兵，为三宣抚司，分驻于外。秦桧与金言和，乃罢之。虽仍驻扎外州，而直隶朝廷，帅臣不加节制。设总领以掌其财赋，并带报发御前军马文字之衔焉。］

明卫所之制，类唐府兵，实亦近法元之万户分屯。［其制：以五千六百人为卫，千一百二十人为千户所，百二十人为百户所。每所设总旗二，小旗十人。其取兵之途有二：一曰从征，二曰归附。此外又取之谪发。凡诸卫皆隶于五军都督府，征伐则命将充总兵官，调卫所兵领之。师旋，则将上所佩印，兵士如归卫所。］

清制兵有1.八旗［清制编兵，起于佐领。每佐领三百人。五佐领设一参领，五参领设都统一。其后得蒙古、汉人，皆以是编制之，是为八旗兵。］分（1）禁旅、［驻直隶、奉天。］（2）驻防。［驻其他各省。］2.汉兵谓之绿旗，后通称绿营。［乾、嘉以前，出征多用八旗，内乱则多用绿营。］中叶后有勇营（湘、淮军皆勇营）。同治大乱平后，抽练绿营兵，谓之练军；又或以勇丁补绿营之缺，意在裁勇营而使绿营亦强也。然未有成。

中国宗教之变化。在列国分立时代，止有保护一地方一部族之神。全国统一以后，渐发生为全国各阶级各民族所共同崇拜之宗教。此时吾国之旧宗教，乃集合而成道教；将前此崇拜之对象，概行网罗，而编成一系统（自然随时随地又有不同）。道教教理，并无足可取，且亦说不出有甚教理（马贵与言道家杂而多端，其多端中，又或自相矛盾，如清虚与符箓丹鼎等即是）。然卒与佛教并峙者，即以此等崇拜之对象，不能骤废；而佛教又不能包容也。儒家放弃灵魂界，道、释二家皆放弃俗生活方面之权利，而道、释亦各有分野，不相冲突。此为中国宗教优于西方之点。所谓三教，乃为政府所承认者。此外反政府或反抗现社会组织之宗教，亦尚不乏；并有托诸释、道者；统治阶级，概目为邪教。[《旧约全书》耶和华仅保护以色列一族，即原始神之褊狭性也。中国古代，盖亦如是。]

儒家之真精神，贯注在社会政治方面。其视为重要之问题，为教养二者。宋儒尚承袭此精神。养之问题，偏重于平均地权；教之问题，必求其百废俱举。故正统派之宋儒，多主张井田封建（因读古书，在封建时代政治，非如后世之放任。不知此为部族时代之遗迹，误以为封建政治之效果也）。又多欲以冠昏丧祭等礼，社仓乡约等法，行之于一地方（教之事）。至宋儒之哲学，又有受佛家之影响者，讲"国学概论"时已言之，今为时间所限，不再赘。

印刷术之发明，于文化之传播关系最大。可看孙毓修《中国雕版源流考》（商务本）。

中国近代与西洋交通以来，文化发展至相当程度，每易生停顿状态，非加之以外力，则不生变动。

前此所受之外力：（1）北族之武力，不能摇动我之文化。（2）西域、印度之文明，或无物质的基础，或仅枝节之技术。至近世欧美实业革命，社会之组织，随之而起变化；我亦不得不随之而起变化，迄今犹在动荡之中。然必能合全世界而产生一种新文化，可知也。

窃谓今后文化变动之方向，在于社会力量之苏生。盖古代部族，原属博爱、自由、平等，特限于部族之内，而不能及乎其外。人类在物质方面，必求劳费少而报酬多；欲达此目的，必求分工合作范围之扩大；故分立之团体，不得不合而为一；而当其合并时，并非有意识的为之；于是从有组织变为无组织，此团体与彼团体（国家、民族），一团体之中，此阶级与彼阶级，利害日趋于背驰，或以智取，或以力征，而人道苦矣。

人为环境的产物，而环境之中，又以社会的环境为更切。故欲恃前此之观念论，以改良社会，必无此理。而不得不举社会之组织而改变之。举社会之组织而改变之，必须有一种力。此种力必不能恃今日之所谓国家，无待再计也——以国家恒为一阶级所把持也。但非谓国家在目前即可废弃，因外侮来时，国内被统治阶级与统治阶级之利害，即暂归一致。此今日民族主义，所以大显光芒，而民生主义，一若奄奄不振之故。

放开眼光看，现在世界的情势，是物质的及人类真正的精神求其合，而特殊的阶级求其分——因其利益在于分，其意识自亦蔽于分。最为世界观大同的障碍的，大约有几端：（1）民族的界限。（2）国家的组织（因其实为一阶级所蟠据，固亦有可利用之时。然在真正进化的路上，则因其蔽于阶级之偏私；且其本身之发达，嫌于庞大，以致不切实际；而又有过大之威权）。（3）家族。［起于女性的奴役。］（4）交换制度。因人类为环境所铸造，而社会之组织，必随经济状态而变化。故欲图改革，必有其物质的基础——前此孔、佛、耶等大宗教，及诸圣贤豪杰改革之所以无成，皆因缺此基础故。今者生产工具及劳动力之集中，已借（或可借）资本主义造成。所缺者，最后之一转移而已。此次世界大战之后，文化方向，能否改变，此则今后数十百年人类祸福之所系也。

第五篇
历史研究法

为什么要研究历史

历史到底是怎样一种学问？研究了它，有什么用处？

提出这一个问题，我知道多数人都能不待思索而回答道：历史是前车之鉴。什么叫前车之鉴呢？那就是：从前的人所做的事情，成功的，大家认为好的，我们可奉以为法，照着他做；失败的，大家认为坏的，我们当引以为戒，不照着他做。姑无论成功失败，不尽由于做法的好坏；众人所谓好坏，不足为准；即置二者于弗论，世事亦安有真相同的？执着相同的方法，去应付不同的事情，哪有不失败之理？在社会变迁较缓慢之世，前后的事情，相类似的成分较多，执陈方以医新病，贻误尚浅，到社会情形变化剧烈时，就更难说了。近代世界大通，开出一个从古未有的新局面，我们所以应付之者，几于着着失败，其根源就在于此。所以愤激的人说道：历史是足以误事的。因为不读历史，倒还面对着事实，一件新事情来，要去考察它的真相，以定应付的方针；一有了历史知识，先入为主，就会借重已往的经验，来应付现在的事情，而不再去考察其真相；即使去考察，亦易为成见所蔽，而不能见其真相了。如咸丰十年，僧格林沁被英、法兵打败了，薛福成的文集里，有一篇文章记载其事，深致惋惜之意。他说：咸丰八年，业经把英、法兵打败了，这一次如能再打一个胜仗，则他们相去数千里，远隔重洋，不易再来第三次，时局就可望转机了。近代世界交通的情形，是否英、法再战败一次，即不易三来？当日清朝腐败的情形，是否再战胜一次，时局即可望转机？我们在今日看起来，可谓洞若观火，而在当日，号称开通的薛福成竟不能知，这也无怪其然。当日英、法的情形，自非薛氏所能洞悉。然使薛氏而毫无历史知识，倒也不会作英、法再败即不易三来的推测。有了历史知识，照历史上的成例推测，相去数千里，远隔重洋，而要兴兵至于三次、四次，确是不容易的，无怪薛氏要作此推测了。据此看来，历史知识足以误事之言，并不能说它不对。然而没有历史知识，亦未当不误事。当袁世凯想做皇帝时，先由筹安会诸人列名发出通电，说要从学理上研究中国的国体问题，到底君主民主，孰为适宜？当时大家看见这个通电，就说：袁世凯想做皇帝了。我却不以为然。我说：这其中必然别有缘故，深曲隐蔽，不可轻于推测。为什么呢？我以为生于现今世界，而还想做皇帝，还想推戴人家做皇帝，除非目不识丁，全不知天南地北的人，不至于此，以此推测袁世凯和筹安会诸人，未免太浅薄了，所以我有此见解。然而后来，事情一层层披露出来，竟尔不过如此，这不是一件奇事么？此无他，还是缺乏历史知识而已。据这件事情看来，历史知识是不会误事的，所以误事，还是苦于历史知识的不足。这话怎样讲呢？须知道世界上是没有全无历史知识的人的。我们和人家谈话，总听得他说从前如何如何，这就是历史知识。所谓历史，原不过是积从前如何如何而成，所以此等人和专门的史学家，其知识之相去，亦不过程度之差而已。袁世凯和筹安会中人，想做皇帝，想推戴人家做皇帝时，亦何尝没有他们的历史知识？在中国历史上，皇帝是如此做成的；推戴人家做皇帝，是如此而成功的，岂能说是没有？以当时的情形而论，反对的人，自然不会没有的，然而据历史上的成例推测，岂不可期其软化？即有少数人不肯软化，又岂不可望其削平？这个，据着他们仅有的、一偏的历史知识推测，自亦可以作此断案，自不免于希冀侥幸。倘使他们再多读一些近代的外国历史；倘使他们的心思再能用得深一点，知道历史上的事情前后不符的甚多，未可轻易地执著前事以推断后事，他们自然不至于有此失着了。所以说：误事的不是历史知识，只是历史知识的不足。

历史上成功的，大家所认为好的事情，既不能摹仿；据历史上的成例，以推断事情，又易陷于错误；而没有历史知识，又要误事，然则如何是好呢？须知道：应付事情，最紧要的，是要注意于学与术之别。学是所以求知道事物的真相的，术则是应付事物的方法。浅薄的人往往说：我能够应付就得了，事物的真相，管它干？殊不知你知道了事物的真相，应付的方法自然会生出来，只有浅薄的应付方法，则终必穷于应付而后已。浅近些说：我们要做一张桌子、一张椅子，这自然是有成法可循的，然而木料之类，有时而不凑手，怎样办呢？倘使你只会按照一定的样子做，就要束手无策了。如你明于原理，那就可以随时变化。桌面上是要安放东西的，所以要是个平面，只要是平面，其形状是正方的、长方的、正圆的、椭圆的，甚而至于都不是的，却不是顶紧要的条件。普通的桌、椅，总是四只脚，那是求其安放得牢，然则只要安放得牢，三只脚也未尝不可以；倘使只有一根粗的木材，能够撑定在中间，也未尝不可以，又何必定要四只脚呢？这是举其两端为例，其余可以类推。做桌、椅是最呆板的事，尚且如此，何况较活动的事？何况所应付的是人而不是物呢？然则事物的真相，如何能够知道呢？那史学家有一句名言道："现在不能说明现在。"为什么现在不能说明现在呢？那是由于一切事物，有其"然"，必有其"所以然"，不知其所以然，是不会了解其然的性质的。我们要用一个人，为什么要打听他的出身？为什么要打听他的经历？岂不以一个人的性格、才能等，就是他的出身、经历等造成的。我们试再反躬自省：我为什么成为这样子的我，岂不和我所生长的家庭、我所肄业的学校、我所交往的朋友、我所从事的职业，都有很大的关系？倘使我生在别的家庭里，在别的学校里肄业；我所交往的朋友，换过一班人；我所从事的职业，也换成别一种，我岂能成为现在的我？我们再放眼纵观：我们所认得的人，为什么成为他现在这个样子？读书的人多少有些迂腐气，做官的人多少有些官僚气，生意人多少有些市侩气，白相人多少有些流氓气，这是为什么？他们是生来如此的么？然则中国的社会，为什么和欧洲不同？欧洲的社会，为什么和日本不同？甚而至于英国和美国不同；日本和朝鲜不同；就中国的社会，南北风气亦不能尽同，其故安在？就可以深长思了。寻常人对于一切事物，大都不甚深求，所以觉得不成问题。其实略加思考，任何事物，所以如此，莫不有很深远的原因在内；深求其故，无不可以追溯至于极远之世的。固然，我们对于一切事物，总不能真正寻根究柢，然而多知道一些，毕竟要好一些，然则历史怎好不研究呢？

有人说：你的话是对了。可是已往的事情多着呢，我们如何能尽记，亦且如何能尽知？这话不错。一天的新闻纸所载，奚啻社会上所发生的事情的几万万万分之一；历史的所载，又奚啻新闻纸的几万万万分之一，我们能知道什么？历史又何从谈起呢？且慢，我们现在是怎样的一个人？你在社会上，占如何一种位置？人家如何应付你？你没有不明白的。我们所以能够明白这些，岂不由于已往的记忆？然而我们已往的事，我们亦何尝能尽记？然则我要明白我之所以为我，正不必把已往的事情全记牢，只要记得其"足以使我成为现在的我的事情"就够了。在人如此，社会亦何独不然？又何至于要把已往的事情全记呢？然而问题就在这里了。

历史的历史

任何一件事，非追溯其已往，不能明白其现在；任何一件事，求其原因，都可以追溯到极远，而又不必把已往的事情全记。这种说法，看似微妙，其实是容易明白的。问题就在：对于已往的事情，要把其使现在成为现在的，挑选出来，而我们现在所挑选的是否得当呢？这话就很难说了。须知历史，亦只是在一定的环境中，自然发生、成长之物，并不是自始即照着理想做的；更不是人类自始就有什么高远的理想。说到此，则我们不能不一一考究所谓历史的历史了。

用普通人的眼光看起来，历史的起源是很远的，所以一开卷，就是些荒诞不经、渺茫难考的话。其实历史比起人类的年龄来，是很小的。人类的年龄，假定为五十万年，则历史的年龄，大约不过其百分之一；而且比较可靠的，还至少要打一个对折。我们对于已往的知识，自不甘以此为限。所以在没有历史的时代，也要想法子把它补作起来。因此，有所谓历史时代和先史时代。所谓历史时代，是当时的人，有意把他当时或以前的事，记载下来，传给后人，而其所传者，至今还有存留的。所谓先史时代，则这种遗留之物，已无所有，所有的一切，都是后人补作出来的。历史的流传，原不以语言和文字为限，然由语言或文字流传的，究居其极大部分。语言和文字，从广义上说起来，原即一物，文字不过是语言的扩大而已，然语言非借文字，不能传诸久远。所以从大体上说，亦可以说：历史时代，大略和有文字的时代相当；先史时代，则属于未有文字的时代。

历史时代所流传下来的，是些什么东西呢？据我们所见到的，可以分为下列几种：（一）国家所设立的记事之官，即所谓史官所记的。其中又分为：（1）记事之史。其书之存于现在者为《春秋》。（2）记言之史。其书之存于现在者为《尚书》。（此系就整部的体例言，若记事、记言之史，零碎材料存于古书之中的，则不可胜举。又《春秋》为记事之史，《尚书》为记言之史，亦系就其大体言之，其中亦自有不能划一之处，如《禹贡》即并非记言之体。总之，古书编纂错乱，体例总不能尽纯，不可十分拘泥）（3）古代的法、令、章程之类。其书之存于现在者为《礼》。（小的为一事的仪式，如《仪礼》所记是；大的则可以关涉国家行政机关的组织及法令的全般，古人亦称为礼，如《周礼》是。后世之《唐六典》，即系仿《周礼》而作的；明、清《会典》又系仿《唐六典》而作的）（4）贵族的世系，古称为帝系、世本，简称为系、世，但世本亦是它的通名。所以《世本》这部书，内容亦兼记帝王的统系。系、世的记载，据《周礼》，系小史之职。（5）古人自记其功勋，或记其先世功勋之作，即所谓金石刻。（金属的寿命，尤较石为悠久，故古器物存于后世的，以金为尤多）（二）私人所传述的故事，或伟大人物的言行。以其起于口耳相传，故其后虽笔之于书，而仍称为语。传述一件故事或一个人的言行的，都谓之语。前者如武王克商之事，《礼记·乐记》称为《牧野之语》是；后者如《国语》，是分国编纂的语。《论语》，论同伦，类也，此书乃孔子及孔门弟子的言行，被分类编纂的。《史记》的列传，其原本实称为语，所以在他篇中述及，尚称之为语，如称《淮阴侯列传》曰《淮阴侯语》是。大抵士大夫所传述的，其所关涉之事较大，其说亦较近情理；农夫野老所传述的，则正相反。但要考见当时社会的情况，以及较古的情况，反宜于后者求之，一入士大夫口中，就被其以"言不雅驯"四字删去了。（四字见《史记·五帝本纪赞》）中国的神话，颇觉贫乏，其原因即由于此（中国神话，惟《山海经》及《楚辞》的《离骚》《天问》等篇，包含较多。其见于纬书的，看似丰富，然多出后人伪造，至少曾经过改造，不甚可信）。

历史的缘起，从心理方面说来，可以说：（一）属于理智方面。因为人类有求知的欲望，所以（1）属于无可解释之事，亦要给它一个解释，神话的起源即如此。（2）要记录已往之事，以做将来办事的根据或参考，国家设立史官的根源，就在于此。（3）要记录已往的事。以作后人的法戒，其说已如第一章所述。（二）属于情感方面。不论什么人，都有一个恋旧而不忍忘记之感情，所以要把自己的经历，或他人的事情，是他认为有意义的，传述下来，留给后人。有这两种动机，历史就诞生出来了。但是古人对于主客观的分别，不甚清楚。所以（一）其所流传，真正的事实，和自己的意思，往往混合不分，甚至全篇的话，都是以意构造的，和现在的小说一般，而亦用记事的形式，流传下来，此即所谓寓言，最易使事实淆混。（古代所谓小说，乃谓其出于街谈巷议，而不出于士大夫，说见《汉书·艺文志》。事实出于虚构，如后世之小说者，古人谓之寓言。后世的小说，情节虽经理想化，事实或有根据，然其人名、地名等，则必非真实，故不易与事实相混。古代之寓言，则正相反。情节出于虚构，而人、地名则多用真者，如《庄子·盗跖篇》，欲寓其"秀才遇着兵，有理讲不成"的理想，乃捏造一孔子欲说服盗跖，反为所大骂，几至遇祸之事，即其一例）（二）更古的人，则连生物和无生物、人和动植物的区别，都弄不清楚了，所以又有所谓神话。（三）就是述及制度，也是如此的，孰为当时实有的制度？孰为传述者的理想？二者并不分开。（记制度者，以儒家之书为最多。儒学分今古文两派，今文言制度者，以《礼记》的《王制》篇为总汇，古文以《周礼》为大宗，皆系如此）诸子书言制度者，以《管子》为最多，亦系如此。所以古代的史实特别模糊。这种性质，大概秦、汉之际，是一个界限。在汉朝初年以前，历史所传的，如赵高指鹿为马之事，如流俗所谓鸿门宴的故事。见《史记·秦本纪》及《项羽本纪》。都是说得天花乱坠，极有趣味，而细想一想，就知道其万无此理的。其可信的程度，决不会超出后世的《三国演义》之上。秦、汉之际，尚且如此，前乎此者，就更不必说了。所以所谓古史，实当别为一科，专门研究。（因为研究的人，各有专长，而古史的研究，有需于特别技术者尤多。至某书或某书的某部分，是否当属于古史的范围，则当以其是否具有此种性质而定，不能执时代为断）从汉朝统一天下以后，文化发达，传述者的程度骤然提高；可靠的材料，流传下来的亦多（前乎此者，采取不足信的材料，亦不能为其人咎。因为历史是不能造作的，断不能以自己推想所信的，作为史实。流传下来的，只有这样的材料，自只能照其原样，传给后人。而采取它的人，原并不以为可信，所以既采取之，而又加以辨正者亦甚多），历史便焕然改观了。

史学的发达，不能不为物力所限。古代作书的材料，简牍笨重，缣帛价贵，而书写又烦难，于是乎（一）著作难，（二）材料之搜辑亦不易。所以能成立一部巨著的，非依靠国家，得其助力不可。司马谈、迁父子世为史官，即其一例。但自隋以前，作史的人，虽借国家的助力，而其事则仍系私人的事业。虽然有时候编成某一朝的历史，系出于国家的命令，亦都就有志于此，或业已从事于此者而命令之，国家不过给以某种助力而已。时代愈后，则（一）材料愈多，（二）所关涉的范围亦愈广，从分量和门类两方面而论，都非一人之力所克胜，唐时遂开集众纂修之例，此后就沿为故事了。（可参看《史通》的《古今正史》《史官建置》两篇。其唐以后的事，可以参看本书的《史通评》）向来论史学的人，多数偏袒私家著述，而贱视集众修纂，这亦是一偏之见，其实二者是各有所长的。（如《晋书》系集众所修，其纪、传的凌乱和琐屑，诚不能为讳，然志却是好的，即由聚集各专家，各用其所长之故）况且一人独著，事实上已陷于不可能，那也不必去追慕它了。

著述的人，都要靠国家的助力，其事自然和政治接近了，因书写材料之笨重和昂贵，以致书写艰难，流传不易的情形，自造纸术成功而一小变，至印刷术发明而一大变。然而从事于作史的，都是所谓士大夫，士大夫是以政治为职业的，所以历史注重政治的情形，始终无甚变动。政治方面的现象，昔人所重视的有两种：（一）随时发生的事情，如某年月日太子生，某年月日旧君死，新君立，某年月日某外国入寇之类，这是无从预知的。（二）则政治上预定一个办法，以处理某种事务，此即所谓政治制度。其能行与否，诚未可知；行之而能历多久，亦未可知；然既定为制度，总是期其行之永久，至少亦是期其行之于某一时期之中的。这两种政治现象，马端临的《文献通考·总序》中，各给了它一个名目，称前者为理乱兴亡，后者为典章经制。历代的史籍，实以此二者为记载的中心。所谓正史，它的体裁，大体上有纪、传、表、志四种，（《史记》尚有世家一体，乃系记载未统一前的列国的，后世已无其物，故诸史皆不用，欧阳修《新五代史》，袭用其名，实属无谓；《晋书》有载记一体，源于《东观汉记》，《东观汉记》用以记开国时的群雄，《晋书》则用以记割据诸国，然亦可以不必别立名目，故他书亦总称为列传）本纪、列传，是所以记前一类的事实的，志是所以记后一类的事实的，表则二者皆可用。因其体例，于此两种事实，能够包括无遗，所以历代功令，定为正史。但纪、传之意，虽在于记事，而以人为单位，于事实未免割裂，不便观览（此不能为司马迁咎，因古代的纪、传，事实多不相关涉；其相关涉的，材料性质亦各有不同，不能合并也。但后世袭用之，则使史事割裂），所以又有取别种体裁的书，与之并行。其记前一类事实，而以时间为条理系统的，谓之编年；挑选若干大事，逐事详其始末的，谓之纪事本末。记后一类事实的，有的通贯列代，如《通典》和《文献通考》是；有的专详一代，如《两汉会要》是。其随意记载，并无一定的范围，或并无条理系统的，则称为杂史。（又有稗史、野史等名。其体例与正史同，而未列为正史的，清《四库书目》称为别史。专以人为主，而记其事迹的，则称为传记。包括年谱等。传记有专记一人的，亦有并列多人的，后者如《高僧传》《耆献类征》等都是）从前的历史，所取编纂的方式，重要的，大抵不外乎此。此外地理应当独立为一科。旧时书目，亦入史部之中，乃因（一）从前的地理偏于考古，论其性质，大部分系读史地理，不能独立为一科；（二）又旧时书籍，以经、史、子、集为四大部，地理不能归入经、子、集，势不得不附于史部之中。目录学的归入史部，亦可说是出于后一个理由。此外如诏令奏议、职官等门，则只可说是未经编纂的历史材料而已。时令亦列入史部，最为无理，即以旧时的分部论，亦应列入子部天文家之中。史评一门，内容分为（一）考证、评论史事，（二）论作史之法。二者同用一名，亦为未妥。有史时代的史材，大致如此。

先史时代的史材，则不是求之于书，而是取之于物的。其物，从性质上言之，可分为三类，即：（一）人类的遗骸。（二）古物。此门包括极广，不论食物、衣服、用具、建筑物、道路及天产品等都属之。能得实物固佳，如不能得，则得图画、模型，亦较但用文字说明者为亲切明白。惜乎从前绘画之技不甚精，辗转传抄或翻刻，更易失其原样；仿制之物，亦多以牟利为动机，如古钱便是。不尽可信而已。书籍，自其又一方面观之，亦为实物，如宋版、元椠，可观其纸墨、字体，而知当时制造及印刷的技术是。他种实物，更不待论，如钟鼎，一方面可观其铭刻，又一方面，即可观其冶铸的技术，其重要，实有过于根据其文字以考史事。中国从前科学不发达，不甚知道实物的价值，属于古物，偏重其有文字者，以致作伪者亦以此为务。（如殷墟甲骨文，据中央研究院历史语言研究所报告，伪造者确有其人，且有姓名及每伪造一片的价格）今后实不可不翻然改图。（三）为法、俗。法、俗二字，乃历史上四裔传中所用的。这两个字实在用得很好。法系指某一社会中有强行之力的事情，俗则大家自然能率循不越之事，所以这两个字，可以包括法、令和风俗、习惯；而衣、食、住、行等物质生活，在古代，亦皆包括于俗之中；所以这两个字的范围很广，几乎能包括一个社会的一切情形。（1）法、俗的变迁，有的很迟，所以古代的法、俗，还存于现在，这固不啻目击的历史。（2）又其变迁，大抵有一定的途径，所以业经变迁之后，考察现在的情形，仍可推想已往的情形。（3）社会进化的阶段，亦往往相类。所以观察这一群人现在的情形，可以推测别一种人前代的情形。社会学之所以有裨于史学，其根源实在于此。此种材料，有的即在地面上，有的则须掘地以求之。大概时代愈远，则其有待于发掘者愈多。历史的年代，是能追溯得愈远愈好，所以锄头考古学和史学大有关系。

史学进化的几个阶段

不论哪一种学问，都是逐渐进步的，史学将来的进步未知如何，这或者连它所要走的方向，亦非现在所能预知。若回顾既往，则其进步，有历历可指的。我现在把它分做几个阶段，这可以看出史学发达的情形，而史学研究的方法，亦即因此而可知。

中国史学的进化，大略可以分做五个阶段：

第一个阶段，可以把司马谈、迁父子做代表。他父子俩才有意网罗一切史材，做成一部当时的世界通史。（所谓世界，总系以当时的人所知道的为界限，在近世世界大通以前，西洋人的所谓世界，亦系如此。所以《史记》实在是当时的世界史，而不是本国史。不但《史记》，即中国历代的正史，称为其时的世界史，亦无不可，因为它已经把它这时代所知道的外国，一概包括在内了）在他以前，固非没有知道看重历史的人，所以有许多材料，流传下来，还有一部无名氏所作的《世本》，史学家称它为《史记》的前身。（《世本》亦有本纪，有世家，有传；又有谱，即表的前身；有《居篇》，记帝王都邑；有《作篇》，记一切事物创作之原；为书之所本。所以洪饴孙作《史表》，把它列在诸史之前）然总还是片段的、部分的保存而已，重视历史的观念，总还觉得未臻于圆满，到他父子俩，就大不相同了。所以他父子俩，可说是前此重视史学的思想的结晶，亦可说是后世编纂历史的事业的开山。这种精神，这种事业，可以说是承先启后。后来许多史学家的著作，都是从此基础之上发展出来的。

第二，自司马迁以后，史学界有许多名家。不过觉得史料要保存，要编纂，以诒后人而已，编纂的方法如何，加以研究的很少。到唐朝的刘知几，才于此加以检讨。据《唐书》的《刘知几传》，和他同时，怀抱相类的思想的，有好几个人，可见这是史学上进化自然的趋势，刘知几只是一个代表。他著了一部《史通》，对于古今的史籍，加以批评。他先把史籍分成正史和非正史两种，评论其可称为正史的，共有几家；其体裁适用于后世的，共有几种。（见《史通》之《六家》《二体》《杂述》三篇。《六家》系刘知几认为正史的；《二体》则六家之中，刘氏谓其可行于后世的，所以其《古今正史篇》所述，亦以此二体为限；《杂述》则其所认为非正史的）对于材料的去取，以及编制的方法，文辞的应当如何，都一一加以研究。实为作史方法的一个大检讨。

第三，刘知几的《史通》，不过遵守前人的范围，对其作法加以研究而已。所谓范围，就是何种材料，当为史家之所取，何种材料可以置诸不问，刘知几和他以前的人，意见实无大异同，即可说他史学上根本的意见，和他以前的人，亦无大异同。到宋朝的郑樵，便又不同了。他反对断代史而主张通史，已经是史法上的一个大变。这还可说是《史记》的体例本来如此，而郑樵从而恢复之。其尤为重要的，则他觉得前人所搜集者，不足于用，而要于其外另增门类。他在《通志》的《总序》中，表示这种意见，而其所作的二十略，门类和内容亦确有出于前人之外的，（据《总序》自述：《氏族》《六书》《七音》《天文》《地理》《都邑》《谥》《器服》《乐》《艺文》《校雠》《图谱》《金石》《灾祥》《昆虫草木》十五略，都出自胸臆，不袭汉、唐诸儒，此就内容而言。若以门类而论，则《六书》《七音》《校雠》《图谱》《金石》《昆虫草木》，乃全为郑氏所新立）这可说是史学上的一个大变革了。

第四，以从前的人所搜辑的范围为太狭，而要扩充于其外；这种见解，从史学知识当求其完全、广博而论，是无人能加以反对的，但是仅此门类，史料日日堆积，业已不胜其烦，不可遍览了，何况再要扩充于其外呢？如此，岂不将使历史成为不可观览之物么？然而要遏止这个趋势，把材料加以删除，却又不可。这事如何是好呢？于此，中国的大史学家章学诚出来，乃想得一个适当处置之法。他把史材和作成的史籍分为两物。储蓄史材，务求其详备；而作史则要提要钩玄，使学者可读。因史料的详备，史家著述才有确实的根据，和前此仅据残缺的材料的不同。亦惟史材完备保存，读者对于作者之书有所不足，乃可以根据史材而重作。（一人的见解，总不能包括无遗，所以每一种历史，本该有若干人的著作并行）其大体完善，而或有错误、阙略之处，亦可根据史材，加以订补。因其如此，所以作史者可以放大胆，实行其提要钩玄，而不必有所顾虑。从前并史料和作成的史籍为一谈，一部书修成后，其所根据的材料，即多归于散佚。（此亦系为物力所限，今后印刷术发达，纸墨价格低廉，此等状况可望渐变）作史的人觉其可惜，未免过而存之，往往弄得首尾衡决，不成体例；而过求谨严，多所刊落，确亦未免可惜。知章氏之说，就可以免于此弊了。章氏此种见解，实可谓为史学上一大发明。其他精辟的议论还多，然其价值，都在这一发明之下。

第五，史材务求详备，作史则要提要钩玄。这在现今的史学家，立说亦不过如此。然则章学诚的意见，和现在的史学家有何区别呢？的确，章学诚的意见，和现在的史学家是无甚异同的。他的意见，和现代的史学家只差得一步。倘使再进一步，就和现在的史学家相同了。但这一步，在章学诚是无法再进的。这是为什么呢？那是由于现代的史学家，有别种科学做他的助力，而章学诚时代则无有。现代史学的进步，可说所受的都是别种科学之赐。史学所要明白的，是社会的一个总相，而这个总相，非各方面都明白，不会明白的。要求各方面都明白，则非各种科学发达不可。所以现在史学的发达，实得力于各种专门史的竞出。各种专门史日益进步，而普通史乃亦随之而进步。专门史，严格论起来，是要归入各该科学范围之内，而不能算入史学范围内的。所以说史学的发达，是受各种科学之赐。然则各种专门史发达达于极点，普通史不要给它分割完了么？不。说明社会上的各种现象，是一件事；合各种现象，以说明社会的总相，又是一件事，两者是不可偏废的。社会是整个的，虽可分科研究，却不能说各科研究所得的结果之和，就是社会的总相。社会的总相，是专研究一科的人所不能明白的。倘使强作说明，必至于鲁莽灭裂而后已。所以各种科学发达，各种专门史日出不穷，普通史，即严格的完全属于史学范围内的历史，只有相得而益彰，决不至于无立足之地。史材要求详备，作史则要提要钩玄，是了，然史材要求详备，不过是求作史根据的确实；而各项史材，非有专门家加以一番研究，为之说明，是不能信为确实的。详备固然是确实的一个条件，然非即可该确实之全，所以非有各种科学以资辅助，史学根据的确实，亦即其基础的坚固，总还嫌其美中不足；而其所谓提要钩玄的方法，亦不会有一客观的标准，倘使各率其意而为之，又不免要聚讼纷纭，莫衷一是了。所以章学诚高尚的理想，必须靠现代科学的辅助，才能够达到。所以说：他和现代的新史学，只差了一步，而这一步，却不是他所能达到的。这不是他思力的不足，而是他所处的时代如此。如以思力而论，章氏在古今中外的史学界中，也可算得第一流了。

思想的进步，是因乎时代的。第一阶段，只觉得史料散佚得可惜，所以其所注意的在搜辑、编纂。第二阶段，渐渐感觉到搜辑、编纂如何才算适当的问题，所以其所注重的在史法。第三阶段，则因知识的进步，感觉到史学范围的太狭，而要求扩充，这可说是反映着学术思想的进步。第四阶段，因史籍堆积甚多，再图扩充，不免要使本身膨胀破裂，而割弃则又不可而起，虽未说及分科，然一人的才情和精力、时间，既不能兼容并包；而各个门类，以及每一门类中的各种材料，又都不容割爱，则势非提倡分科不可。所以史学若从章学诚的据点上，再行发展下去，亦必提倡分科研究；各种专门史亦必渐次兴起。不过现在既和外国的学术思想接触，自不妨借它的助力罢了。所以学问的进化，自有一个必然的趋势，而现在所谓新史学，即作为我们自己发展出来的一个阶段，亦无不可。

史学和文学，系属两事。文学系空想的，主于感情；史学系事实的，主于理智。所以在人类思想未甚进步，主客观的分别不甚严密的时代，史学和文学的关系，总是很密切的，到客观观念渐次明了时，情形就不同了。天下的人，有文学趣味的多，而懂得科学方法的少，所以虽然满口客观客观，其实读起记事一类的书来，是欢迎主观的叙述的。喜欢读稗史而不喜欢读正史；在正史中，则喜欢四史等而不喜欢宋以后的历史，和其看现在的报纸，喜欢小报而不喜欢大报，正是同一理由。殊不知四史等的叙述，全以主观为主，时代愈后，则客观的成分愈多，作者只叙述事实的外形，而其内容如何，则一任读者的推测，不再把自己的意思夹杂进去了，这亦是史学的一个进步。

旧时历史的弊病何在

从前的历史，不适于现代人之用，这句话，是人人会说的，然则从前的历史，其弊病果安在呢？

提出这一个问题来，我们所回答的，第一句话，便是偏重于政治。"一部二十四史，只是帝王的家谱。"这一类的话，在今日，几乎成为口头禅了。这些话，或者言之太过，然而偏重政治的弊病，是百口莫能为讳的。且如衣、食、住、行，是人生最切要的事，读某一时期的历史，必须对于这种生活情形，知道一个大概，这是无待于言的了。我们读旧日的历史，所知道的却是些什么呢？我也承认，读旧日的历史，于这一类的情形，并非全无所得。然而读各正史中的舆服志，所知者，皇帝和官员所穿的衣服，所坐的车辆而已，平民的衣着，及其所用的交通工具，却并没有记载。我们读《齐书》的本纪，知道齐明帝很有俭德。当时大官所进的御膳，有一种唤作裹蒸，明帝把它画为十字形，分成四片，说：我吃不了这些，其余的可以留充晚膳。胡三省《通鉴注》说，在他这时候，还有裹蒸这种食物。是把糖和糯米、松子、胡桃仁，合着香药做成的。把竹皮包裹起来蒸熟。只有两个指头大，用不着画成四片。见齐明帝建武三年。裹蒸的大小，无关紧要，可以不必去管它。看它所用的材料和做法，大约就是现在嘉、湖细点中胡桃糕的前身，吾乡呼为玉带糕，正是用糖和糯米粉、松子、胡桃仁制成的，不过没有香药而已。因近代香药输入，不如宋、元时代的多而美。南北朝时，还没有蔗糖，就是宋、元之间，蔗糖也远不如今日之盛，胡三省所说的裹蒸，用何种糖不可知，齐明帝所吃的裹蒸，则所用的一定是米、麦糖，米、麦糖所制的点心，不甚宜于冷食，所以大官于日食时进之，等于现在席面上的点心；后来改用蔗糖，就变成现在的胡桃糕，作为闲食之用了。又据《南史·后妃传》：齐武帝永明九年，诏太庙四时祭荐其先人所喜食之物。其中荐给宣皇帝的，有起面饼一种。胡三省《通鉴注》说：
"起面饼，今北人能为之。其饼浮软，以卷肉啖之，亦谓之卷饼。"这似乎就是
现在山东薄饼的前身。胡氏又引程大昌的话，说起面饼系"入教面中，令松松
然也。教，俗书作酵"。然则在宋、元间，南人食面，尚不能发酵。面饼不发
酵则不松美，我们观此，颇可知古代北方虽多产麦，而北人仍以稻米为贵，近
代则不但北人喜食面，即南人嗜面的亦渐多的原因。这两件事，我们自谓读史
钩稽，颇有所得，然亦只是一鳞一爪而已。南北朝时，裹蒸究竟是较普遍的食
品，还是帝王贵人所专享？发酵之法，究竟发明于何时，如何普及于南方？我
们都茫无所知。然则我们读史，虽可借零碎材料，钩稽出一些史实来，然毕竟
知之不详。这就不能不追恨当时的史家所记太偏于政治，以致别种情形只能因
政治而附见了。我们虽能知道秦代的阿房宫、汉代的建章宫宏大壮丽的情形，
因而略知当时的建筑技术，然究不能知秦、汉时代普通的民居如何，其弊亦正
在此。所以说旧史偏重政治的弊病，是百口莫能为讳的。

　　偏重政治的弊病，果何从而起呢？这有一个很深远的原因在内。人类的做
事，是有惰性的，没有什么新刺激，就只会模模糊糊，一切都照旧做去。古代
国家，不过现在一县大，所谓国君，仅等于现在的县令，大夫略如乡、镇长，
士则保、甲长之类而已，他们又都是本地人，所行的政治，自然能有影响及于
社会。到后世，就远不是这一回事了。君门万里，出必警跸清道，君和民终身
没有见过一面。（康有为的《欧洲十一国游记》说：人们凡事，都易循其名而
不察其实，如听见外国有国王，便想象他是和中国的皇帝一样。其实，我在比
国，看见它的国王从宫中步行出来，人民见他，都起立致敬，他也含笑点头答
礼，比中国州县官的尊严，还相差得很多）平民于宫中之事，固毫无所知；生
长深宫之君，于民间习俗，亦一无所晓。所谓礼、乐等化民之具，在古代，是
行之于共见共闻之地的。如古代的乡射礼，意思便近于现在地方上的运动会。
在后世，则只是君和大臣，在禁卫森严的地方，关着门去行，平民永远不曾看
见，试问有何影响能及于社会？现在骂政治不好的人，总说他是纸上文章，实
际没有这回事。试问，以现在行政机关的疏阔，官吏和人民的隔绝，欲求其不
成为纸上文章，如何可得？所以在古代，确有一个时期，政治是社会上的重
要现象；社会上的大事，确可以政治上的大事为其代表；后世则久已不是这么
一回事了。而人们的见解，总还沿袭着旧时，把后世的政治，看得和小国寡民

的时代一样。譬如现在，我们看报，看人家往来的信札，往往叙述社会现象之后，总有"未知当局者何以善其后也"一类的话，其实考其内容，其事都绝非政治所能为力的。然而这种见解，并不是不读书没有见识的人才如此，即号为读书明理的人亦往往如此；其中少数杰出的能重视现实的人，虽明知其不然，然亦为旧观念所牵率，见之不能晶莹，于是古代历史偏重政治，后世亦就相沿不变了。这是社会科学上一个深切的弊病，现在议论起来，虽似乎大家能知其弊，到实际应用，又往往阴蹈之而不自知，怕一时很不容易彻底除去。

既然偏重政治，则偏重战事和过度崇拜英雄之弊，必相因而起。因为战事总是使政治发生显著的变化的，而在政治上、军事上能得到成功的人，亦总易被众人认为英雄之故。不错，战事确是能使社会起重大的变化的。然而要明白一件事，总得能知其原因结果，然后可谓之真明白。旧史所记的战事，往往只是战事而已，于其原因如何，结果如何，都茫无所及。（便是对于战事胜败的原因、结果，亦往往说不出来）此等记载，试问知之竟何所用？"英雄造时势，时势造英雄"，这两句话，到现在，还有视为难于论定的。其实所谓英雄，不过善于利用时势而已。一个社会，到危急存亡的时候，能否有英雄出来，全看这社会的情形如何，如能否造就英雄？有英雄，能否大家崇拜他，听他的指挥，把反对他的人压伏下去？这些，都是英雄能否出现的条件，而决不是有无这样的人出生与否的问题，这是明白无疑的事。英雄造时势一语，如何能与时势造英雄并列呢？过分偏重军事，则易把和平时代跳过了，如讲生物学的人，只知道突变，而不知道渐变，这个能算懂得生物学么？过分崇拜英雄，则易于发生"利人济物非吾事，自有周公孔圣人"和"啸吟风月天容我，整顿乾坤世有人"的思想。大家觉得只要有一个英雄出来，就一切问题都解决了，而忘却自己应负的责任。其肯负一些责任的，又容易模仿不适宜于时代的人物，甚而至于妄自尊大，陷于夸大狂的样子。

还有，借历史以激励爱国家、爱民族之心，用之太过亦有弊。不错，爱国家、爱民族，是确有其理的；而借历史以激励爱国家、爱民族之心，亦确是一个很好的办法。然而天下事总有一个适当的限度，超过这限度，就不是真理，而是出于矫揉造作的了，其事就不免有弊。这在欧洲，19世纪后半期各国的历史，都不免有此弊，而德国为尤甚。亚洲新兴的日本，此弊亦颇甚。中国人褊狭之见，较之德、日等国，可谓相差甚远，然亦不能绝无。中国人之有此弊，是起于宋以后的。民族主义，原因受异族的压迫而起，中国自宋以后，受异族的压迫渐次深了，所以民族主义亦渐次勃兴，这固是题中应有之义。然感情与理性，须相辅而行，偏重感情，抹杀理性，就糟了。如中国宋以后盲目的排外之论，是很足以偾事的。近代和西洋人交涉的初期，即颇受其弊。而日本人在明治的初年，亦几受其弊，幸而尊王攘夷之论，一转而为变法维新，否则日本在此时，可以激成很大的惨祸的，虽然不至于亡国。朝鲜国比日本小，而其受宋学末流的影响却深，就竟尔暂时酿成亡国的惨祸了。大抵民族主义误用的弊病有两种：（一）是把本族看得过高，如德、日两国，即犯此弊。（二）则把异族看得太低，如中国人总说蛮夷不知礼义，甚至比之于犬羊便是。这两者之弊，都由昧于事实的真相而起。昧于事实的真相，惟有求明事实的真相可以救之。所以由矫揉造作的历史所致之弊，惟有用真正的历史，可以做它对症的药。

还有，借历史以维持道德的观念，也是有流弊的。这又可分为两种：其一，借历史以维持社会的正义，如朱子编《通鉴纲目》，借书法以示褒贬。书法是借一种记事的笔法，以表示对于其事的褒贬的。如某人罢官，罢得不得当的，则书曰罢某官某；如其人咎有应得的，则削去官名，但书某罢；如无好无坏的，则书某官某罢。后人又为之发明，对于历史上的人物、事迹，一一加以批评是。其二，则借此激励读史者的修为，如昔人编纂名臣和名儒的言行录等，即出于此动机。此二者，骤看亦似无甚弊病。然凡事都贵求真，（一）历史上的记载，先是不确实的；（二）即使确实，而一件事情，关系极为复杂，亦断非但据其表面所能论定；而此等史事的批评家，往往仅据往史表面上的记录，其结果，多不免于迂腐或肤浅，就不徒无益于求真，而反足为求真之累了。

还有一事，在西洋受病颇深，中国却无其弊，那便是借历史以维护宗教。在西洋，所谓中世时代，历史几乎做了宗教的工具。是宗教事件则详，非宗教事件则略，而其所评论，亦多数是用的宗教家的眼光。这不但旧教，即新教亦未尝不如此，而且两教都利用历史，以为攻击的武器。中国亦未尝没有教，中国人所作的历史，如佛家所记的释迦本行、高僧事迹之类，然大家都只当它宗教中的书籍看，不把它当作历史，所以不受其害。还有一种，竟无好好的历史，而历史事迹，都依附宗教书籍以传之国，如印度等，那其受病之深，更不言而喻了。

还有，存着一种以史事为法戒，即所谓前车之鉴的见解，亦足使史学深受其弊的。

现代史学家的宗旨

往史之弊既如此，所以救其弊者，又将如何？

不论什么事情，总是发生在一定的环境之内的，如其不知道它的环境，这件事就全无意义了。现在试举一个例。从前汉朝时候，有一个名将，唤作韩信。他有一次和敌人打仗，把自己的兵排在水边上，背对着水，这就是所谓背水阵，是犯兵家之忌的，因为没有退路了。后来竟打了胜仗。人家问他，他说：这亦在兵法上，不过你们不留意罢了。兵法上不是有一句置之死地而后生么？我所用的兵，不是训练惯统带惯的，乃是临时聚集来的乌合之众，这和走到市集上，把许多赶集的人聚拢来，使之作战一样，不是置之死地，人人要想自己救命，谁肯出力死战呢？这是一件事。明朝时候，又有一个名将，唤作戚继光。他练兵最认真。著有一部书，唤作《练兵实纪》，对于练兵的法子，说得很详尽。清朝的曾国藩，本来是个书生，不懂得练兵的，他初出来练乡勇，就靠这一部书做蓝本，订定一切规则。可见戚继光这部书，对于练兵的方法说述的详尽，也可见得他对于练兵的认真了。相传当他检阅时，适逢大雨，他的兵都能植立雨中，一步也不移动，可见他训练之效。他所以南征北讨，所向有功，绝非偶然了。这又是一件事。两件事恰恰相反。在看重战术的人，一定说韩信的将才在戚继光之上，能不择兵卒而用之；在注重训练的人，则又要说韩信的战胜只是侥幸；其实都不其然。韩信生在汉初，承战国时代之后。战国时代，本来是举国皆兵的，所以在秦、汉之世，贾人、赘婿、闾左（这亦是当时所谓谪发、谪戍。谪是谴谪的意思，发有罪的人出去作战，谓之谪发；出去戍守，谓之谪戍。贾人、赘婿，都不能算有罪，然汉时亦在七科谪之列，那不过因当时重农贱商，赘婿大概是没有田产的，发他们出去当兵，免得扰累农民罢了。闾左，谓一条街巷的左半段。这是要发一条街巷里居民的一半去当兵，而古者地道尊右，把右边算上首，所以发其左半的人出去，秦时曾有此事），发出去都可充兵。韩信所用的兵，虽说没有经他训练过，然战争的教育，是本来受过的，对于战斗的技艺，人人娴习，所以只要置之死地，就能够人自为战。戚继光时代，则中国统一已久，人民全不知兵，对于战斗的技艺，一无所知，若不加以训练，置之活地，尚不能与敌人作战，何况置之死地呢？若使之背水为阵，非毙于敌人锋镝之下，就要被驱入水了。所以韩信和戚继光的事，看似相反，而实则相成，若非知其环境，就无从了解其真相了。况且事实原因环境而生，若不知其环境，对于事实的性质，必也茫无所知，更何论了解其经过。然则对于史事，安可不知其环境呢？

然而我们现在，对于任何史事，总不能十分明白其环境，这是什么理由？这自然是由于记载的缺乏了。记载为什么会缺乏呢？难道向来史家，对于不知环境则不能明白其事件的真相的道理，都不知道么？不，须知"常事不书"，为秉笔者的公例。我们现在虽追恨古人，叙述一事件时，不把他的环境说述清楚，以致我们不能了解，然使我们执笔为之，恐亦不免此弊；即使力求避免，其与古人，亦不过程度之差而已；将来读书的人，还不免要追怨着我们。这是因为著书的人，总得假定若干事实为读者所已知，而不必加以叙述，如其不然，就要千头万绪，无从下笔了。你天天记日记么？一个朋友，忽而今天来看你；你今天忽而想到去做一件不在预算范围内的事情；这自然要记出来的。学校中的课程，个个星期是一样；吃饭、睡觉，天天是一样；那就决无逐日记载之理，至多每学期开学之初，把课程表抄一份在日记里，以后每逢变动时，再加以记载；初记日记时，把吃饭和睡觉的时刻，记下一笔，以后则逢一顿宴会，一夜失眠等事，再加以记载罢了。这就是所谓常事不书，是秉笔者不得不然的。然而社会的变迁，虽然看不见，却无一息不在进行之中。虽其进行无一息之停，却又"正明目而视之，不可得而见，倾耳而听之，不可得而闻"，正和太阳影子的移动，没人看得见一样。然而隔着一个时间再去看，就移动了许多了。社会的变迁，亦是如此，必须隔若干年代，然后看得出。然而人寿太短，所以除非生于剧变时代的人，总不觉得它有多大的变动。寻常人所觉得的变动，总是听见父辈、祖父辈，甚或是曾、高祖父辈的人所说的，这种说述的人，尚或出于传闻而不是亲见，如此，在感情上，自然不甚亲切；而且这些零碎的事实，不能通其前后而观之，则亦不过是一个一个小小的变动而已，并不觉得如何惊心动魄，把它记载下来的人，自然少了。隔了较长远的时代，再把今昔的社会一加比较，固然也觉得它有很大的不同，然而变迁的时代，业已相离很远，无从知其因变迁生出来的影响，自更无人注意及之了。所以社会的变迁，我们所知道的，怕不过百之一二，对于任何时代的情形，我们都是茫然，自然对于任何事件的环境，我们都不明白了。

不知环境，对于任何事情，总是不能明白的，以致对于任何时代，亦都不能明白，这却如何是好呢？所以现在的史学家最重要的事情，就是"再造已往"。何谓再造已往呢？那就是已往的时代，虽然已往了，我们却要综合各方面，使其时代的情形，大略复见于眼前。史事有"特殊事实"和"一般状况"之分。对于特殊事实，普通的见解，总以为时代愈接近的人，则知之愈真切，其实不然。这许多事情，往往要隔了一个相当的时期，然后渐明；再隔了一个较长的时期，然后大白的。因为许多事情，都有其内幕，而其内幕，在当时总是秘密的。局中人固不肯宣泄，更不能宣泄；局外人既不能宣泄，抑或不肯宣泄；必隔了一个时期，其材料才得出现。而且局中人无论矣，即局外人，亦免不了利害和感情上的关系，其见解总不能平允，见解既不能平允，自然所述不能真实，亦必隔了一个时期，此等关系渐成过去，其所传的材料方能真确。又有许多事情，其内幕是永不宣泄的，所谓如何如何，只是后人据其外形，参以原因、结果，推测而得，这亦非待至事后各方面的材料大略出现之后，无从推测。这种便利，都是当时的人，或其时代较为接近的人所没有的。所以特殊事实，看似当时的人最为明白；时间愈接近的人则愈明白，其实适得其反。我们来谈唐、宋、元、明时代的特殊事实，必有一部分非其时之人所知；将来的人谈现在的历史，亦必有一部分非我们所能及。至于一般状况则不然，现在的上海，物质生活是怎样？人情风俗是怎样？将来的人，无论是怎样一个专家，对于现在的上海，无论研究得如何精密，其了解的深切，总还不如现在久居上海的一个无甚知识的人。固然，他或有种种知识，为现在的老上海所不及，然这只是多知道了若干零碎的事实，对于现在整个上海的性质的了解，决出于现在所谓老上海者之下。若使现在的上海，发生了一件特殊的事情，使将来的专家，和现在的老上海，同来猜想其原因，逆料其结果，将来专家的所言，绝不如现在老上海之近理。所以以当时的人，了解当时的事，只是苦于事实的真相不能尽知，如其知之，则其了解之程度，必出于异时人之上。这就是再造已往之所以要紧。

已往者已往矣，何法使之再现？难道能用奇秘的摄影术，使古事再现；奇秘的收音机，使古语可闻么？照寻常人想来，除非用现代的有声电影，可以把现代的情形，留起若干来，给后人知道，已往的事，是绝然无法的了，其实不然。所谓一般状况，乃是综合各种事情而推想出来的，并不是指某一个人或某一件事。若专指一人一事，那又是特殊事实了。我们现在，有许多前人所遗留下来的重大的特殊事件，尚且不能了解其时的社会，何况但保存一二琐屑的事情呢？若说我们保存得多，则岂能把现代的情形，一一保存下来？还不过和前人一样，假定若干事物为后人所能知，则置诸不论不议之列，其为我们所逆料，以为将来之人将不能知之事，则保存一二罢了。此与前人之所为，亦何以异？至多以五十步笑百步而已。所以要以现代人之所为，省却将来的人搜辑、推测之劳，决无其事。而史家的能力，就是在于搜辑、推测的。倘使能搜辑、推测，前代的情形虽然已成过去，仍有使之再现到某程度的可能。我们现在所苦的，乃是这种材料之少，而无从据之以资推测，然此种材料虽少，我们所用的搜辑的工夫，怕比它更少。况且我们于现存材料之外，还有发现新材料的可能。

所以现代史学上的格言，是"求状况非求事实"。这不是不重事实，状况原是靠事实然后明白的，所以异于昔人的，只是所求者为"足以使某时代某地方一般状况可借以明白的事实"，而不是无意义的事实而已。所以有许多事情，昔人视为重要，我们现在看起来，倒是无关重要，而可以删除的。有许多事情，昔人视为不重要，不加记载，不过因他事而附见的，我们现在看来，倒是极关重要的，要注意加以搜辑，上章所述的裹蒸和起面饼，似乎就是一个例子。所以求状况的格言，是"重常人，重常事"，常人、常事是风化，特殊的人所做的特殊的事是山崩。不知道风化，决不能知道山崩的所以然，如其知道了风化，则山崩只是当然的结果。

搜辑特殊事实，以求明了一般状况，这是很难有刻板的方法可说的。大致说起来，亦不外乎所知者博，则所测者确，所以搜辑是最紧要的事。所搜辑的材料，大致说起来，亦可分为物质状况和社会状况二者。譬如古代的地理，和现在不同，就是自然状况有异（譬如古代的长江比现在阔，所以南北战争，长江为天险的性质较后世为甚），住宅、道路等亦然。又如考校某时代的学术思想如何，便可推测其时的士大夫，对于某种政治上的事件，怀抱何种感想？若再博考其时平民社会的情形，则又可推测其时的老百姓，对国事的态度如何？既知道士大夫和老百姓对待国事的态度，就可解释其时政治上某种事件，当局者何以要取某种措置的理由，并可评论其得失。这是举一端为例，其余可以类推。"折戟沉沙铁未销，自将磨洗认前朝"，知道古今兵器之不同，则其战术的不同，亦只是当然的结果，如风化之于山崩而已。

作史的方法

作史，似乎是研究历史的人所谈不到的，然而现在的历史，正在要重作之中，惟其知道作史的方法，才能知道研究的方法，所以作史的方法，也不可以不一谈。

历史该怎样作法呢？那在理论上是无疑义的。第一，当先搜集材料。第二，当就所搜集得的材料，加以考订，使其正确。然后第三，可以着手编纂。

史事的搜辑、订正，是永无穷期的。外行的人，往往以为"历史的材料，是一成不变的。至多（一）有新发现的事实，加一些进去；（二）旧材料不完全、不正确的，被发现了，则加以补充，加以订正，如此而已。这两者都不能多，所以历史的材料，从大体上可以说是固定的，无甚变动"。这种见解，其实是错误的。历史上的年代如此之长，事实如此之多，即使我们所搜辑的范围，和从前人一样，亦不易有完备之日。何况研究的范围，是时时变动的，无论你方法如何谨严，如何自许为客观，入于研究范围之内的，总是反映着其时代所需要。一物有多少相，是没有一定的，有多少人看，就有多少相，（因为没有两个看，能占同一的空间与时间）看的人没有了，就相也没有了。哲学家说："世界上没有两件相同的东西，因为至少它所占的时间或空间是两样。"然则以不同地域、不同时代的人，看起历史上的事件来，其观点如何会相同？观点不同，其所见者，亦自然不同；所觉得要补充，要删除的，自亦随之而异了。所以史学一日不息，搜辑之功亦即一日而不息。这话或者说得太玄妙些，然即使浅而言之，现代各种科学勃兴，我们从前不甚注意，不甚了解的事实，现在知其重要的何限？岂能摒诸研究范围之外？然则史学的范围，安得而不扩充？范围扩充，搜辑的工作，安能不随之而增加呢？科学的进步永无止境，史家搜辑的工作，自亦随之而无穷了。至于订正，则从前人的记载错误的，见解不正确的，浅而言之，即随处可见。此等或可说：终有订正至正确的一日，而有的或竟无法可想了，则订正亦似有穷期。其实亦不然。真正客观的事实，是世界上所没有的。真正客观的事实，只是一个一个绝不相联属之感觉，和做影戏所用的片子一般，不把它联属起来，试问有何意义？岂复成为事实？所谓事实，总是合许多小情节而成，而其所谓小情节，又是合许多更小的情节而成，如是递推，至于最小，仍是如此。其能成为事实，总是我们用主观的意见，把它联属起来的。如此，世界上安有真客观的事实？既非客观，安得云无变动？这话或者又说得太玄妙些，然而一件事实的真相，不但限于其外形，总得推见其内部，这总是人人可以承认的。如此，则因社会状况的不同，人心的观念即随之而变，观念既变，看得事情的真相，亦就不同了。（譬如在从前尊信士大夫阶级的时代，看历史上的党争，或以为一方面确系君子，一方面实属小人；或以为两方面都系君子，出于误会。到现在，知道了阶级的性质，就知道无论哪一方，不会全是君子，其中真为国家、社会起见的，总不过是极少数人了）史事的订正，又安有穷期呢？搜辑永无穷期，订正永无穷期，历史的当改作，即已永无穷期，何况历史不是搜辑、考订了便算了事的，还要编纂成功，给大家看，而看的人的需要，又是随时不同的，然则历史安得不永远在重作之中呢？

以上所说的都是原理，以下且谈些具体的方法。

搜辑的对象，当分为书本和非书本二者。非书本之物，即：（一）人类的遗骸，（二）古物，（三）法俗，已如第二节所述。此当随时搜辑，其最重要的来源，为（一）考古学上的发现，及（二）各种新调查。这二者，在现在的中国，材料还不多，我们只能尽其所有，充分的加以利用。书本上的材料，则可谓汗牛充栋。一个人的研究，总有一个范围，如划定时间、地域，或择取某一事件等。在范围内的材料，自然有一个限度。但这种材料，很难断定某一部书内没有，于是每研究一个题目，就非把所有的书看遍，或看其十之七八不可，此岂人力所能及。从来著书的人，无论如何勤苦，怕也没人敢说材料的搜辑，业已一无遗漏，或者十得八九的。然而考证上的事情，往往多一条证据，少一条证据，如发现不足信的材料，抽去一条。事相即为之大变，材料的搜辑不能完全，总是史学家一个遗憾。然则如之何呢？绝对的理论上的完备，自然是不可能的，然亦总得尽我们之力，做到大体上没有遗憾的地步。如此说来，则我觉得史料汇编，在今日实为当务之急。所谓史料汇编，便是把每一个题目（无论其为时间别，地域别，或择取某事件），遍览群书，把其中有关系的，都抄录下来，注明篇名卷数或页数，及所据的版本。（不同的刻本，须互相校勘，见于类书或他书所征引者亦然，所以又涉及校雠问题）此自非一二人之力所能及，当集群力，以大规模的组织行之。此即昔人编纂类书之法。中国历代，多有大类书的编纂。从魏朝的《皇览》，到清朝的《图书集成》。这能替研究学问的人，把他所需要的材料，汇集在一处，省却他自行搜辑之劳，所省下来的工夫，就可用之于研究上了，其用意实为最善，惜乎其所编纂的，都不甚佳而已。因为私人之力不及，而官修之书，又每不尽善。在现代，实在各种学问，都当以此法行之，而史家相需为尤急。（论整理国故的人，总说旧学术要算一笔总账，编类书亦是算总账最好的法子）编纂史料汇编，当用前人作史抄的方法。所谓史抄，是把从前人的著作，依着我所定的条理系统，抄集下来的。不改动原文，但遇两书材料相同的，则去其重复，然亦仍须注明。（如《史记》与《汉书》《宋》《齐》《梁》《陈》《魏》《周》《隋书》与《南》《北史》是。有一字的异同，亦须注明，无之则但注某书某篇同）有须删节处，亦须注明删节。总使人家看起来，和看原书一样。为什么必要用这种体例呢？那是因为读史总要据原始材料的；而且有许多地方，史事的真相，就是据字句推勘而得；所以字句一有变动，又要生出一番校勘之劳，这个殊犯不着，所以要一概照抄，如有意见，则另注于下。善用这种体例的，亦可以成为著作，如马骕的《绎史》，便是一个例子。（罗泌的《路史》，材料实较《绎史》为丰富而可贵，如用《绎史》的体例作成，当更可贵）此种书籍，能合群力为大规模的编纂固佳，即私人亦未尝不可为。那便是：（一）择定一个题目，罄毕生之力而为之，尽其所能，做到什么地步是什么地步，其未竟之绪，则留待后人赓续。（二）或者选定若干部书，把它分门别类的抄撮起来，抄得几部是几部。这种办法，对于一个题目，固然极不完全，然使各种书籍都有人抄，而所定的门类，又大致相等（如能划一，自然更好，但恐不易办到，即亦不必勉强），则合而观之，亦不啻一完备的史料汇编了。驳我的人要说道："彰明较著，一望而知为与某题目有关系的材料，固然可以集众或由有志的人汇抄。然而史学的进步，总是从众所不能见，即置之眼前，亦不能知其有何关系的材料中得来的，此岂非专家所能着手？"这话固然不错。然此乃无可如何之事。汇抄之作，原只能省众所共见的材料的搜辑，然把这种工夫，替研究者省下来，所得业已不少。外国学者著书，往往有延聘助手代其搜辑材料的，就是为此。何况专家新发明、新订正的史料，我们亦可分类抄撮呢？

考订史事的方法，外形上记载的同异，是容易见得的，只要搜辑得完备，校勘得精细。但现在所当致力的，殊不限于此。大抵原始的史料，总是从见闻而来的，传闻的不足信，人人能言之，其实亲见者亦何尝可信？人的观察本来容易错误的。即使不误，而所见的事情稍纵即逝，到记载的时候，总是根据记忆写出来的，而记忆的易误，又是显而易见的。况且所看见的，总是许多断片，其能成为一件事情，总是以意联属起来的，这已经掺入很大的主观的成分。何况还有没看见或忘掉的地方，不免以意补缀呢？这种错误，是无论何人不能免掉的，如其要免掉，那就世界上没有史事了。这还是得之于见的，其得之于闻的，则传述者又把这些错误一一加入。传述多一次，则其错误增加一次。事情经过多次传述，就无意间把不近情理的情节删除或改动，而把有趣味的情节扩大起来。看似愈传述愈详尽，愈精彩，实则其不可信的成分愈多。这还是无意的，还有有意的作伪。那便是：（一）伪造假的事实。（二）抹杀真的事实，如清朝人的烧毁书籍，改作实录，就是其例子。这是有所为而为之的。还有（三）无所为而出于游戏性质的。如东晋晚出的伪《古文尚书》，到底是何人所造，至今很难论定。程鱼门《晚书订疑》说它是游戏的拟作，其说亦颇近情理，此说如确，就是一个很好的例子了。古今来的伪书，亦可说是汗牛充栋。辨伪之法，近人论者颇多，此书为篇幅所限，不再详述。以上所述，实在还都是粗浅的，若论其精微的，则凭你一意求真，还是不能免于不确实，虽然你已小心到十二分。因为人的心理，总有一个方向，总不能接受和这方向相反的事情。所以又有许多真确而有价值的事情，为你所视而不见，听而不闻了。心理上这种细微的偏见，是没有彻底免除的可能的；就要洗伐到相当的程度，也很不容易。读《文史通义》的《史德篇》可见。史事的不足信如此，无怪史学家说"历史只是大家同意的故事"了。史学家为求真起见，在这上面，就得费掉很大的工夫。

史料的真伪，鉴别、考订得觉其大体可信了，然后我们可进而批评史事。历史上任何事件，用现在的眼光看起来，总觉得其不甚可信。明明是个大公无私的人，反说得他诈伪阴险，如往史之于王安石。明明是件深曲隐蔽之事，说来反觉得其浅显易明，这些真是随处可见。而只知其外表，不知其内容的，更不知凡几。读史者于此，往往模模糊糊，不加注意；或则人云亦云；其偶有所见的，又或痛诋古人的错误，其实此亦不然。一件事，所能看见的，总只是外形，其内容如何，总得由观察者据着外形去推测。我们该尽我们考证之所能，推测之所至，尽量地把史事的真相阐发出来。不过推测总只是推测，不能径认为事实而已。在这一点上，昔人著述的体例，未尽善处很多，实有改良的必要。

历史不但因时代而不同，其所悬拟的读者，亦各不同。各种不同的读者，而只供给他一种书，是不很适宜的。如《资治通鉴》，本意系供君主阅览；以供平民阅览，实不尽适宜。就供给一种人看的历史，也应有几种同时并行，以资参证；而作史者亦得各抒所见；这是于史学大有裨益的。其好坏，最好任人评论。从前功令，定某种书为正经正史，使人把它的价值，看得特别高，这种办法颇不适宜。我们当祛除成见，平等相看，其信否的程度如何，一以我们按照严格的史学方法所评定者为断。

研究历史的方法

历史的性质，及其发展的经过和现在的观点，已经大略明白了，那我们就可以进而谈历史的研究方法了。

现在要想研究历史，其第一个条件，就是对于各种科学，先得要有一个常识。治史学的人，往往以为社会科学是紧要的，自然科学则不甚重要，实亦不然。有许多道理，社会科学和自然科学是相通的。如演变的观念，若不知道生物学，就不能知道得真确。又如治历史，要追溯到先史时代，则史家对于地质学，岂能茫无所知？这是举两端为例，其余可以类推。所以治史学的人，对于现代的科学，都不能不略知大概。否则用力虽深，也和一二百年前的人无以异了，安足称为现代的学问家？固然，各种社会科学，如政治学、法律学、经济学、人生哲学等，和史学的关系更为密切。然只能谓治史学者，对于此等学科，更须有超出常识以外的知识，而不能说此外诸学科，可以并常识而不具。现在再把治史学的人所宜特别加意的几种学科，略说其关系如下：

治史学第一要留意的，就是社会学了。历史是研究整个社会的变迁的，任何一种事件，用别种眼光去解释，都只能得其一方面，惟社会学才可谓能揽其全。而且社会的变迁发展，是有一定的程序的，其现象似乎不同，其原理则无以异。明白了社会进化的法则，然后对于每一事件，都能知其在进化的长途中所具有的意义；对于今后进化的途径，自然也可以预测几分。如蛮族的风俗，昔人观之，多以为毫无价值，不加研究。用社会学的眼光看起来，则知道何种社会有何种需要，各种文化的价值，都是平等的，野蛮民族的文化，其为重要，正和文明民族一样。而且从野蛮时代看到文明时代，更可知道其变迁之所以然。所以我曾说：近代的西人，足迹所至既广，他们又能尊重科学，为好奇心所驱迫，对于各种蛮族的风俗，都能尽量加以研究，这个对于史学的裨益，实非浅鲜。因为它在无意中，替我们把历史的年代延长了（现代蛮族的情形，和我们古代的情形相像，看了它，就可追想我们古代的情形了，所以说是历史年代的延长），就是使我们的知识加几倍的广博。这亦是举一端为例，其余可以类推。

把历史的年代延得更长的，就是考古学了。史学家说："假定人类的出生，有 24 万年，我们把一日设譬，则每小时要代表 2 万年，每一分钟要代表 333 年，最古的文化，在 11 点 40 分时候才出现；希腊文化，离现在只有 7 分钟；蒸汽机的发明，则只有半分钟而已。所以通常所谓古人，觉得他和我们相离很远的，其实只是同时代的人。"这种说法，所假定的人类出生的时期，为时颇短，若取普通的说法，很有加长一倍的可能，那我们历史上的文化，更浅短得不足道了。然即此假定，亦已足以破除普通人的成见了。

自然科学中，对于历史关系最密切的，自然是地理学。这因为人类无一息之间，能不受自然的影响，而地理学是一切自然条件的总括。这种道理，在现今是人人知道的，无待再说。但在历史上，地理形势不必和现在相同，用现在的地理情形，去解释史事，就要陷于误谬了。所以治史学者，对于历史地理，不能不有相当的知识。其中最重要的，就是要知道各时代地面上的情形和现在不同的，因以推知其时的地理及于其时人类的影响和现在的不同（钱君宾四曾对我说，有意做这样一部书，这是极紧要极好的事情，然此事恐不易成。不可如从前人但偏于兵事上的研究）。

治史学的人，虽不是要做文学家，然对于文学，亦不可不有相当的了解。其中（一）是训诂。这在治古史，是人人知其重要的，然实并不限于此。各时代有各时代的语言，又有其时的专门名词，如魏、晋、南北朝史中之宁馨、是处、若为，《宋史》中的推排、手实、称提等都是。（宁馨犹言这个。是处犹言处处。若为即如何的转音。推排是查轧的意思。手实是按一定的条件，自行填注。称提乃纸币跌价，收回一部分，以提高其价格之意）这些实该各有其专门的辞典。（二）文法，亦是如此。这个在古代，读俞樾的《古书疑义举例》可知，后世亦可以此推之。（三）普通的文学程度，尤其要紧。必能达到普通的程度，然后读书能够确实了解，不至于隔膜、误会。况且在古代，史学和文学关系较深，必能略知文学的风味，然后对于作史者的意旨能够领略。晚出《古文尚书》的辨伪，可谓近代学术界上的一大公案。最初怀疑的朱子，就是从文学上悟入的。他说:《今文尚书》多数佶屈聱牙,《古文尚书》则无不平顺易解,如何伏生专忘掉其易解,而记得其难解的呢? 清朝的阎若璩,可说是第一个用客观方法辨《古文尚书》之伪的人,到他出来之后,《古文尚书》之为伪作,就无复辩解的余地了,而他所著的《古文尚书疏证》中有一条,据《胤征》篇的"每岁孟春"句,说古书中无用每字的,因此断定其为魏、晋后人的伪作。宋朝的王应麟,辑鲁、齐、韩三家《诗》,只辑得一薄本,清朝的陈乔枞所辑得的,却比他加出十倍。陈乔枞的时代,后于王应麟有好几百年,只有王应麟时代有的书,陈乔枞时代没有,不会有陈乔枞时代有的书,王应麟时代没有的,巧妇难为无米之炊,陈乔枞有何异术,而能所得的十倍于王应麟呢?那是由于古书有一种义例,为陈乔枞所知,而王应麟所不知。原来自西汉的今文经学以前,学术的传授,都是所谓专门之学,要谨守师法的。(这所谓专门之学,与现在所谓专门之学,意义不同,非以学问的性质分,而以其派别分)所以师徒数代相传,所说的话,都是一样。我们(一)固可因历史上说明甲系治某种学问,而因甲所说的话,以辑得某种学问的佚文,(二)并可以因乙所说的话和甲相同,而知道乙亦系治某种学问。如是再推之于丙、丁,等等,其所得的,自非王应麟所能及了。然则甲、乙、丙、丁等所说的话的相同,并不是各有所见,而所见者相同,还只是甲一个人所说的话。我们治古史,搜罗证据,并不能因某一种说法主张者多,就以为同意者多,证据坚强,这亦是通知古书义例,有益于史学的一个证据。

讲学问固不宜预设成见,然亦有种重要的观念,在治此学以前,不可不先知道的,否则就茫无把握了。这种重要的观念,原只是入手时的一个依傍,并没叫你终身死守着他,一句不许背叛。现在就史学上的重要观念,我所认为读史之先,应该预先知道的,略说几条如下:

其中第一紧要的,是要知道史事是进化的,打破昔人循环之见。有生命之物,所以异于无生物;人所以特异于他种生物,就在进化这一点上。固然,世界上无物不在进化之中,但他种物事,其进化较迟,在一定的时期中,假定它是不变的,或者尚无大害。人类的进化,则是最快的,每一变动,必然较从前有进步(有时看系退步,然实系进步所走的曲线),这种现象,实在随处可见。然人类往往为成见所蔽,对于这种真理不能了解。尤其在中国,循环的观念入人甚深。古人这种观念,大概系由观察昼夜、寒暑等自然现象而得,因为此等现象，对于人生，尤其是农、牧民族，相关最切。这其中固亦含有一部分的真理，然把它适用于人类社会就差了。粒食的民族，几曾见其复返于饮血茹毛？黑格尔的哲学，徒逞玄想，根脚并不确实，而且不免褊狭之见，有何足取？然终不能不推为历史哲学的大家，而且能为马克思的先导，就是因为他对于历史是进化的的见解，发挥得透彻呀！

第二，马克思以经济为社会的基础之说，不可以不知道。社会是整个的，任何现象，必与其余一切现象都有关系，这话看似玄妙，其实是容易明白的，佛家所说的"帝网重重"，就是此理。（帝字是自然的意思，帝网重重，犹言每一现象，在自然法中，总受其余一切现象的束缚，佛家又以一室中同时有许多灯光，光光相入设譬，亦是此意。然关系必有亲疏，亲疏，就是直接、间接）影响亦分大小。地球上受星光之热亦不少，岂能把星光的重要，看做和太阳光相等？把一切有关系的事，都看得其关系相等，就茫然无所了解，等于不知事物相互的关系了。如此，则以物质为基础，以经济现象为社会最重要的条件，而把他种现象，看做依附于其上的上层建筑，对于史事的了解，实在是有很大的帮助。但能平心观察，其理自明。

第三，近代西洋科学和物质文明的发达，对于史事是大有影响的。人类最亲切的环境，使人感觉其苦乐最甚的，实在是社会环境，这固然是事实，然而物质环境既然是社会组织的基础，则其有所变动，影响之大，自更不容否认。在基础无甚变动时，上层建筑亦陈陈相因，人生其间的，不觉得环境有何变动，因亦认为环境不能使之变动，于是"世界是不变的"；"既有变动，亦是循环的"；"一切道理，古人都已发现了"；"世界永远不过如此，无法使之大进步，因而没有彻底改良的希望"。这种见解，就要相因而至，牢不可破了。科学发达了，物质文明进步了，就给这种观念以一个大打击。惟物质文明发达，而人类制驭自然之力始强，人才觉得环境可以改变；且可用人类的力量使之改变，人类因限于物质所受的种种苦痛，才觉得其有解除的可能。惟物质文明发达，而社会的组织亦随之而大变，人才觉得社会的组织亦是可变的，且亦可以用人类的力量使之改变的。又因物质文明进步所招致的社会变迁，使一部分人大感其痛苦，人才觉得社会实有加以改革的必要。惟物质文明发达，才能大变交通的情形，合全球为一家，使种种文化不同的人类合同而化。惟科学发达，人才不为浅短的应用主义所限，而知道为学问而学问的可贵，而为学问而学问的结果，则能有更精深的造诣，使人类的知识增加，而制驭事物之力，亦更因之而加强。人类的观念，毕竟是随着事物而变的。少所见多所怪的人，总以为西洋和东洋有多大的差异，闻见较广的人，就不然了，试将数十年以前的人对于外国的见解，和现在人的见解，加以比较便知。然不知历史的人，总还以为这小小的差异，自古即然，知道历史的人，见解就又不同了。西洋现在风俗异于中国的，实从工业革命而来，如其富于组织力，如其溺于个人的成功都是。前乎此，其根本的观念，原是无大异同的。所以近代西洋科学及物质文明的发达，实在是通于全世界划时期的一个大变。

第四，崇古观念的由来及其利弊，亦不可不加以研究的。人人都说：中国人崇古之念太深，几以为中国人独有之弊，其实不然。西洋人进化的观念，亦不过自近世以来。前乎此，其视邃古为黄金时代，其谓一切真理皆为古人所已发现，亦与中国同。而且不但欧洲，世界上任何民族，几乎都有一个邃古为黄金时代的传说，这是什么理由呢？崇古的弊病，是很容易见得的。民国三十四年之后，只会有三十五年，决不会有三十三年，然而三十四年的人，是只会知道三十三年以前，决不会知道三十五年以后的。所以世界刻刻在发展出新局面来，而人之所以应付之者，总只是一个旧办法。我们所以永远赶不上时代，而多少总有些落伍，就是为此。这固然是无可如何的事，然使我们没有深厚的崇古观念，不要一切都以古人的是非为标准；不要一切都向从前想，以致养成薄今爱古的感情，致理智为其所蔽，总要好得许多。然而人却通有这种弊病。这是什么理由呢？难道崇古是人类的天性么？不，决不。人类的所以崇古，是有一个很深远的原因的。人类最亲切的环境是社会环境，使人直接感觉其苦乐，前文业经说过了。在邃古之世，人类的社会组织是良好的，此时的社会环境亦极良好。后来因要求制驭自然的力量加强，不得不合并诸小社会而成为大社会，而当其合并之际，没有能好好的随时加以组织，于是人类制驭自然之力逐步加强，而其社会组织，亦逐步变坏，人生其间的，所感觉的苦痛，亦就逐步加深了。人类社会良好的组织，可以说自原始的公产社会破坏以来，迄未恢复。而其从前曾经良好的一种甜蜜的回忆，亦久而久之未曾忘掉。于是大家都觉得邃古之世，是一个黄金时代，虽然其对于邃古的情形并不清楚。这便是崇古主义的由来。是万人所共欲之事，终必有实规的一日的，虽然现在还受着阻碍。明乎此，则知今日正处于大变动的时代之中，但其所谓变动，必以更高的形式而出现，而非如复古主义者之所想象，这便是进化的道理。

以上所述，自然不免挂一漏万，然而最重要的观念，似亦略具于此了。社会科学，直至今日，实在本身并没有发现什么法则。一切重要观念，多是从自然科学中借贷而来的。（并非说全没有，但只零碎的描写，没有能构成条理系统）前叙循环等观念，根本是从观察无生物得来的无论矣，近代借径于生物学等，似乎比古人进步了，然亦仍有其不适用之处。无论其为动物，为人，其个体总系有机体，而社会则系超机体，有机体的条例，亦是不能适用于超机体的。如人不能恒动不息，所以一动之后，必继之以一静；社会则可以这一部分休息，那一部分换班工作，所以一个机关可以永不停滞，这便是一个例。所谓社会科学，非从感情上希望其能够如何，更非从道德上规定其应当如何，而是把社会的本身，作为研究的对象，发现其本身是如何、可以如何的问题。术是要从学生出来的，而我们自古至今，对于社会的学，实在没真明白过，所以其所谓术，也从来不能得当。一般对于社会的议论，非希望其能够如何，则斥责其不当如何，热情奎涌，而其目的都不能达到，如说食之不能获饱，试问竟有何益？社会学家说得好："社会上一切事都是合理的，只是我们没有懂得它的理。"这话深堪反省。努力研究社会，从其本身发现种种法则，实在是目前一件最为紧要的事，而这件事和史学极有关系，而且非取资于史学，是无从达其目的的，这便是史学的最大任务。

人的性质，有专门家和通才之分。在史学上，前者宜为专门史家，后者宜为普通史家。人固宜善用其所长，然亦不可不自救其所短。专门家每缺于普遍的知识，所发出来的议论，往往会荒谬可笑。这是因为一种现象的影响，只能达到一定的限度，而专门家把它看得超过其限度之故。普通史家自无此弊。然普通史的任务，在于综合各方面，看出一时代一地域中的真相，其所综合的，基础必极确实而后可，如专门的知识太乏，又不免有基础不确实的危险。所以治史学者，虽宜就其性之所长而努力，又宜时时留意矫正自己的所短，这亦不可不知。

读历史的利益何在呢？读了历史，才会有革命思想。这话怎样讲呢？那就是读了历史，才知道人类社会有进化的道理。从前的人，误以为读了历史，才知道既往，才可为将来办事的准则，于是把历史来作为守旧的护符，这是误用了历史的。若真知道历史，便知道世界上无一事不在变迁进化之中，虽有大力莫之能阻了。所以历史是维新的证佐，不是守旧的护符。惟知道历史，才知道应走的路，才知道自己所处的地位，所当尽的责任。

有人说："历史上的因果关系，是很复杂的，怕非普通人所能明白，而普通的人对于历史，也不会感觉兴味。"这话亦不尽然。今日史事的所以难明，有些实在由于因果关系的误认。譬如政治久已不是社会的原动力了，有些人却偏要说国家的治乱兴亡，全由于政府中几个人措置的得失。这种似是而非的话，如何能使人了解？如其是真实的，"现代机械的发明，到底足以使人的生活变更否？""机械发明之后，经济组织能否不随之而起变化？""资本主义，能否不发达而为帝国主义？""这种重大的变化，对于人类的苦乐如何？""现在的社会，能不革命否？"这些看似复杂，而逐层推勘，其实是容易明白的，何至于不能了解？都是和生活极有关系，极切近的事情，何至于没有兴味？

第六篇

史学与史籍

史学定义

何谓史？史也者，记事者也。此人人所能作之语也。虽然，世界之事亦多矣，安能尽记？即记亦有何益？能答是问者，则较少矣。号为学问之士，则曰：史事者，前车之鉴也。古人如何而得，则我可从而仿效之；如何而失，则我可引为鉴戒。此说似是，而稍深思，即知其非。何者？史事之有记载，亦既数千年矣，岂尝有两事真相同者。世之以为相同，皆察之不精，误以不同者为同耳；世事既实不相同，安可执古方以药今病？欧人东来后，中国交涉之所以败坏，正坐此耳。此真不远之鉴也。不宁惟是，世运愈进，则变迁愈速。一切事物，转瞬即非其故，执古方以药今病，在往昔犹可勉强敷衍者，今则不旋踵而败矣。故以史事为前车，实最危险之道也。然则读史果何用哉？天资较高者，窥破此理，乃以学问为无用，以载籍为欺人，专恃私智，以应事物，究其极，亦未有不败者。古来不学无术之英雄，皆此曹也。然则史学果有用乎？抑无用乎？

史也者，事也；而史学之所求，则为理而非事。是何也？曰：佛家之理事无碍观门言之矣，事不违理，故明于理者必明于事。然则径求其理可矣，何必更求其事？曰：此则理事无碍观门又言之矣。事外无理，故理必因事而明。然则明于事者，亦必能知理。明于事理，则不待讲应付之术，而术自出焉。犹欲制一物者，必先知其物之性质；苟深知其物之性质，则制造之法，即可由之而定也。夫明于事，则能知理者，何也？请就眼前之事物思之。物之接于吾者亦多矣，习见焉则不以为异，不复深求其故；苟一思之，则此事之所以如此，彼事之所以如彼，无不有其所以然。偶然者，世事之所无，莫知其然而然，则人自不知之耳。一切事物如此，社会何独不然？中国之社会，何以不同于欧洲，欧洲之社会，何以不同于日本，习焉则不以为异；苟一思之，则知其原因之深远，虽穷年累世，犹未易明其所以然也。一切学问之所求，亦此所以然之故而已矣。两间之事物甚繁，而人类之知识有限，学问于是乎有分科。史之所求，以人类社会为对象，然则史也者，所以求明乎人类社会之所以然者也。

然则史也者，所以求知过去者也；其求知过去，则正其所以求知现在也。能知过去，即能知现在；不知过去，即必不知现在。其故何也？曰：天地之化，往者过，来者续，无一息之停。过去、现在、未来，原不过强立之名目。其实世界进化，正如莽莽长流，滔滔不息，才说现在，已成过去，欲觅现在，惟有未来，何古何今，皆在进化之长流中耳。然则过去、现在、未来，实为一体，不知过去，又安知现在？真知现在，又安有不知将来者邪？

世事之所以然，究竟如何，不可知也。然既从事研求，则必有其见地，所见虽未必确，固不妨假定为确，使所假定者而果确焉，此即社会演进之真理也。事不违理，非徒可以知现在，抑亦可以测将来矣。吾曹今日，于此虽尚无所知，然其所研求，则正此物也。故史也者，所以求社会演进之遗迹，而因以推见其定则者也。

欲明进化之定则，必知事物之因果，然今古之界，既系强分，彼此之名，自然亦系强立。一事也，欲求其因，则全宇宙皆其因；欲求其果，则全宇宙皆其果耳。夫安能尽记，抑安能遍知，史学复何由成立哉？应之曰：史也者，非一成不变之物，而时时改作焉者也。吾侪自有知识，至于今日，所经历之事亦多矣，安能尽记？然吾之为何如人，未尝不自知也。我之知我为何如人，固恃记忆而得。然则史事岂待尽记哉？亦记其足以说明社会之所以然者可矣。惟何等事实，足以说明社会之所以然，别择甚难。此则世界之历史，所以时时在改作之中，而亦今日之治史学者，所为昕夕研求，孳孳不怠者也。

史籍溯源

史学与史籍，非一物也。会通众事而得其公例者，可以谓之史学；而不然者，则只可谓之史籍。史学缘起颇迟，而史籍之由来，则甚旧也。

英儒培根氏，根据心理，分学问为三类：一曰属于记忆者，史是也；二曰属于理性者，哲学是也；三曰属于情感者，文学是也。中国四部中之史，与其所谓属于记忆者相当，可不俟论；经、子与其所谓属于理性者相当；集与其所谓属于情感者相当，虽不密合，亦姑以辜较言之也。

文学之书，自为一类，盖自二刘立《诗赋略》始（集部后来庞杂至不可名状，然追原其始，则固所以专收文学之书，《七略》中之《诗赋略》是也。范、陈二史，著诸文士撰述，皆云诗、赋、碑、箴、颂、诔若干篇。王俭《七志》犹以诗赋为文翰志；至阮孝绪《七录》，乃以文集为一部。盖缘后人学问日杂，所著之书，不复能按学术派别分类，乃不得不以人为主，编为别集也。此自后来之迁变，不害始刨《诗赋略》者体例之纯），史则尚附《春秋》之末也。然则刘《略》以前，探索原理之经、子，记载事物之史，发抒情感之文，皆混而为一矣。此自古人学问粗略使然，然亦可见其时客观观念之阙乏也。故曰：史学之缘起颇迟也。云史籍之由来甚旧者：人类生而有探求事物根底之性，故必知既往，乃知现在之见解，人人有之。与其恋旧而不忍忘之情，故一有接构，辄思考究其起源；而身所经历，尤必记识之，以备他日之覆按。当其离群索居，则于宇宙万物，冥心探索；群萃州处，又必广搜遗闻轶事，以为谈助。思索所极，文献无征，犹或造作荒唐之辞，以炫人而自慰；况其耳目睹记，确为不诬，十口相传，实有所受者乎？此民间传述，所以远在书契以前；而史官记载，亦即起于始制文字之世也。

史官之设，亦由来已久。《玉藻》曰："王前巫而后史。"又曰："动则左史书之，言则右史书之。"《玉藻》所记，为王居明堂之礼，必邃古之遗制也。《内则》称五帝、三王，皆有惇史。而《周官》所载，有大史、小史、内史、外史、御史之分，又诸官皆有史，盖世弥降，职弥详矣。就其书之存于今者观之：《尚书》，记言之史也；《春秋》，记事之史也；《大戴记》之《帝系姓》，及《史记·秦始皇本纪》后所附之《秦纪》，小史所掌之系姓也；古所谓《礼》，即后世所谓典志，亦必史官所记，惟不知其出于何职，大约属于某官之事，即其官之史所记也。古代史官之书，留诒于后世者如此。

民间传述，起源尤古。就其所传之辞观之：有出于农夫野老者，亦有出于学士大夫者；有传之未久即著竹帛者，亦有久之乃见记载者；其所传之事，有阅世甚久者；亦有相去不远者。传之久始著竹帛者，其失实多；而不然者，其失实少。（如《管子·大、中、小匡》篇述管仲事，有可信者，有极悠缪者，即由其或以史籍为据，或出辗转传述也。所传之事，出于近世者，多系人事；其出于荒古者，则不免杂以神话。太史公谓百家言黄帝，其文不雅驯，盖即如此。纤纬荒怪之辞亦必非全无根据，盖亦以此等传说为资料也）今日读古书，固不能一一知其所出，据此求之，犹可得其大略也。

《史通》分正史为六家；一《尚书》，二《春秋》，三《左传》，四《国语》，五《史记》，六《汉书》。《史》《汉》皆出后世，《左氏》，近儒谓后人割裂《国语》为之，说若可信，《国语》则《尚书》之支流余裔耳。何以言之？《尚书》重于记言，既记嘉言，自亦可记懿行；既记嘉言懿行以为法，自亦可记莠言乱行之足为戒者也。古者设官记注，盖惟言、动二端。典礼之书，后人虽珍若球图，当日仅视同档案，等诸陈数之列，迥非多识之伦。《系世》所记，更属一家之事，故溯史职者不之及也。至《史》《汉》出，而体例大异。《汉书》原本《史记》；《史记》亦非谈、迁所自作，观《世本》之例，多与《史公书》同，则系当时史官记注成法如此，谈、迁特从而网罗之耳。《帝纪》及《世家》《年表》盖合《春秋》及《系世》而成，《列传》出于《国语》，《史记》称列传犹曰语（如《礼志》述晁错事，曰见袁盎语中），《书》《志》出于典礼。前此不以为史者，至此悉加甄采；前此只有国别史，至此则举当日世界各国之史，合为一编。史籍至此，可谓大异于其故，盖浸浸焉进于史学矣。

史学缘起

史籍非即史学，前已言之矣。然则吾国史学，果始何时乎？曰：其必始于周、秦之际矣。何以言之？

史学者，合众事而观其会通，以得社会进化之公例者也。夫合众事而观其会通，以得社会进化之公例，非易事也。必先于社会之事，多所记识；然后以吾之意，为之分类；又就各类之事，一一绎之而得其所以然，然后能立一公例；所积既众，则又合诸小公例而成一较大之公例焉，而史学之公例乃渐出。此非一朝一夕之功，亦非一手一足之烈，史学初萌，断不足以语此。先河后海，大辂椎轮，但求其记识搜辑，确以备他日绎之须，则亦可谓之史学矣。信如是也，吾必谓中国史学，起于周、秦之际。何以言之？

吾国有史，由来久矣。然其初之记识，非以供他日纳绎之资也。史官之载笔，盖如后世之胥吏；其所记识，则如后世之档案。纣之欲立微子启，则殷之大史，执简以争，此奉档案之旧例为不可违也。职是故，则珍其档案，而不忍轻弃者出焉。夏之亡也，太史终古抱其图法以奔商；商之亡也，太史向挚抱其图法以奔周（《吕氏春秋·先识篇》），则是也。儒者之"必则古昔，称先王"（《礼记·曲礼》），意亦如此。故曰："徒善不足以为政，徒法不能以自行。"《诗》曰："不愆不忘，率由旧章，遵先王之法而过者，未之有也。"（《孟子·离娄上》）此皆不脱以史籍为档案之思想，未足语于史学。又有视史事若父老相传之故事，用为鉴戒之资者：《易》曰："君子多识前言往行，以畜其德。"《诗》曰："殷鉴不远，在夏后之世。"皆此意也。此亦未足语于史学。古之能绎史事，求其公例者，其惟道家乎？《汉书·艺文志》曰："道家者流，盖出于史官，历记成败、存亡、祸福、古今之道，然后知秉要执本，清虚以自守，卑弱以自持。"观史事而得所以自处之方，可谓能绎众事，得其公例矣；然于史事初无所传，此仍只可谓之哲学，而不可谓之史学也。《韩非子》曰："孔子、墨子，俱道尧、舜，而取舍不同，皆自谓真尧、舜。尧、舜不复生，将谁使定儒、墨之诚乎？"（《显学篇》）可见当时诸家，于史事各以意说，意说而不求其真，此为非史学之诚证矣。且如孔子，删《诗》《书》，定《礼》《乐》，赞《周易》，修《春秋》，古代之史籍，几无不借以传。然《春秋》之作，实以明义。（《左氏》为《春秋》之传与否，姑不论，即谓《春秋》之传，亦只可谓治《春秋》者当兼明本事耳，不能谓《春秋》之作，非以明义也）尧、舜禅让，事究如何，殊难质言，孔子之亟称之，盖亦以示公天下之义耳。《孟子·万章上》所陈，盖即孔门书说也。此事予别有《广疑古篇》明之。《左氏》出于《国语》。《国语》者，《尚书》之流，其为士夫所传习，则吾所谓视如故事、资为鉴戒者耳。《战国策》者，纵衡家之书，今已亡佚之《苏子》《张子》等（见《汉书·艺文志》），盖当与相出入，以为史籍则缪矣。然则十家九流，信未有能知史学者也。

今称史书，必始《史记》。《史记》体例，实源于《世本》，前已明之。史公之作此书，意盖亦以为一家之著述，故曰："究天人之际，通古今之变，成一家之言。"（司马迁《报任安书》，见《汉书》本传。其告壶遂，不敢自比于《春秋》，《史记·太史公自序》。乃其谦辞耳。然《史记》论议，率与记事别行，论赞是也。间有不然者，如《伯夷列传》之类，然较少）与孔子作《春秋》，删改旧史以明义者迥别。其言曰："述故事，整齐其史传。"（《太史公自序》）则始知保存史实，以备后人之研究；与前此九流十家，但著其研究之所得者，迥不侔矣。《史记》源于《世本》，而《世本》出于战国之世（《史通》谓战国之世好事者为之），故吾谓中国史学，实始于周、秦之际也。

史不必皆史官所记；史官所记亦不必皆优于寻常人所传。然寻常人非职守所在，所记或断续无条理，又多杂以不经之谈；史官则不容如此，故古史流传，仍以史官所记为可贵。史设专职，古代盖各国皆然。（参看《史通·古今正史篇》）《史记·六国表》曰："秦既得意，烧天下诗书，诸侯史记尤甚，为其有所刺讥也。诗书所以复见者，多藏人家，而史记独藏周室，以故灭，惜哉惜哉！"此"诗书"二字，当包凡书籍言。（《秦始皇本纪》诗书与百家语对举，此处不言百家语，亦包诗书之中）"周室"二字，亦兼诸侯言之，乃古人言语，以偏概全之例，非谓是时惟周室有史，更非谓诸侯之史，皆藏周室也。（孔子如周，得百二十国之书，乃纬书妄语，古代简策繁重，周室安能藏百二十国之书邪？）当时之史，实类后世之档案，惟官家有之，故一焚而即灭《尚书》《春秋》虽借儒家之诵习而仅存；而如孟子所称晋之《乘》、楚之《梼杌》等，则皆为煨烬矣，岂不惜哉！然史籍亡于周、秦之际，而史学亦肇于是时，是则可异也。岂天其哀念下民，不忍其文献之沦亡，而有以默相之邪？非也。古籍亡灭，后人悉薿罪于始皇；其实非是。炎汉而后，更无祖龙，然各史《艺文·经籍志》所载之书，果何往哉？则历代书籍，以社会之不克负荷而亡灭者，为不少矣。（焚书之令，当时奉行如何，今不可考；然无论如何严密，谓有此一令，腹地边远皆莫不奉行惟谨，即人民亦莫敢隐藏，亦必无之事也）即史籍但藏于官中，亦非尽亡于始皇之一炬。《春秋》之世弑君三十六，亡国五十二，诸侯奔走、不得保其社稷者，不可胜数，岂能皆有向挚抱图法以适兴朝？古代系世掌于小史，《周官》。而秦、汉以后，公卿大夫，至于失其本系（唐柳芳语，见《唐书·柳冲传》），可见列国互相兼并之日，即其史记沦于兵燹之时；始皇所焚，亦其仅存者耳。夫物，完具则人莫以为意，散佚则思搜辑之者起焉。周、秦之际，实学术昌盛之时，而亦史籍沦亡之世，故悯其残阙而思搜辑之者多也，非天也，人也。

史学之家，自汉以后，盖日益众盛。然记事为史官专职，计书亦辐凑京师（《汉仪注》：天下计书，先上太史公，副上丞相，序事如古《春秋》，见《汉书·司马迁传》注引如淳说，盖太史为天子掌文书，故以正封上之也），故其能斐然有作、以诒后人者，必其能绅金匮、石室之书，居东观、兰台之署者也。然材料虽取自公家，述作实为私家之业。史谈执手，勤勤以继志为言；而史迁著书，亦欲藏之名山，传之其人；班固欲撰《汉书》，乃以私改《史记》获罪，概可知矣。自是以后，作《后汉书》者有范晔，作《三国志》者有陈寿，作《宋书》者有沈约，作《齐书》者有萧子显，作《梁书》《陈书》者有姚思廉，作《魏书》者有魏收，作《北齐书》者有李百药，作《周书》者有令孤德棻，作《南史》《北史》者有李延寿，虽其撰述多奉诏敕，然其人必史学专家，或父子相继。此特就今日立于学官者言之耳；此外作而不著、著而不传者何限，亦皆私家之业也。至唐开史馆，集众纂修，而其局乃一变。集众纂修，论者多以为诟病；然史籍降而愈繁，网罗既非国家不能，整齐亦非私家所及，其不得不出于此，亦势使然矣。此其所以虽为世所诟病，而后世修史，卒莫能易此局也。此盖史学益昌，故其撰述遂为私家所不克胜，亦不可谓非史学之进步矣。

史部大略（上）

中国以史籍之富闻天下，乙部之书亦可谓汗牛充栋矣。抑犹不止此，前人之去取，不必尽符乎后人：盖有昔人以为当属史部，而今则摒诸史部之外；昔人以为无与史部，而今则引诸史部之中者矣。然则居今日而言史学，虽谓一切书籍皆史料可也，史之为业，不亦艰巨矣乎？然合诸书而陶冶之，非旦夕间事也。史部分类，历代不同，今亦未暇遍征，但举清代《四库书目》史部分类之法如下，取其最后出也。

史部之中，昔人所最重者，厥惟正史。正史之名，防见《隋志》；宋时定著十有七，明刊监版，合《宋》《辽》《金》《元》史为二十一；清定《明史》，增《旧唐书》《五代史》为二十四；民国又加柯劭忞之《新元史》为二十五，此功令所定也。功令所定，必仍原于学者之意；读《史通》最可见之。《史通》所谓六家，盖刘氏所认为正史；其二体，则刘氏以为可行之后世者。故今正史篇所举，以此为限。其杂说所举十家，则刘氏所谓非正史者也。同一史也，何以有正与非正之分？此则当观于马端临氏之论矣。

马氏《文献通考》叙曰："《诗》《书》《春秋》之后，惟太史公号称良史，作为纪传书表，纪传以述理乱兴衰，八书以述典章经制。"斯言也，实昔时学者之公言也。夫史事不可胜穷也，人类生而有求是之性，与夫怀旧而不忍忘之情，前既言之。故文化愈高，则思就身所经历，记识之以遗后人者愈众，而史部之书遂日繁。书既繁，则不得不分别孰为最要，孰为次要。理乱兴衰，典章经制，盖昔时学者，所共认为最要之事者也。记理乱兴衰，而以时为纲，是曰编年；以人为纲，是为纪传；表亦有时可用。以事分类，是曰纪事本末。记典章经制，而限于一代者，为断代史之表志；通贯历代者；则为通史之表志及《通典》《通考》一类之政书。此四者，以昔时学者之见衡之，实皆可谓之正史。特功令所定，不如是之广耳。功令所以专取一体者，则以学者诵习，为日力所限故也。

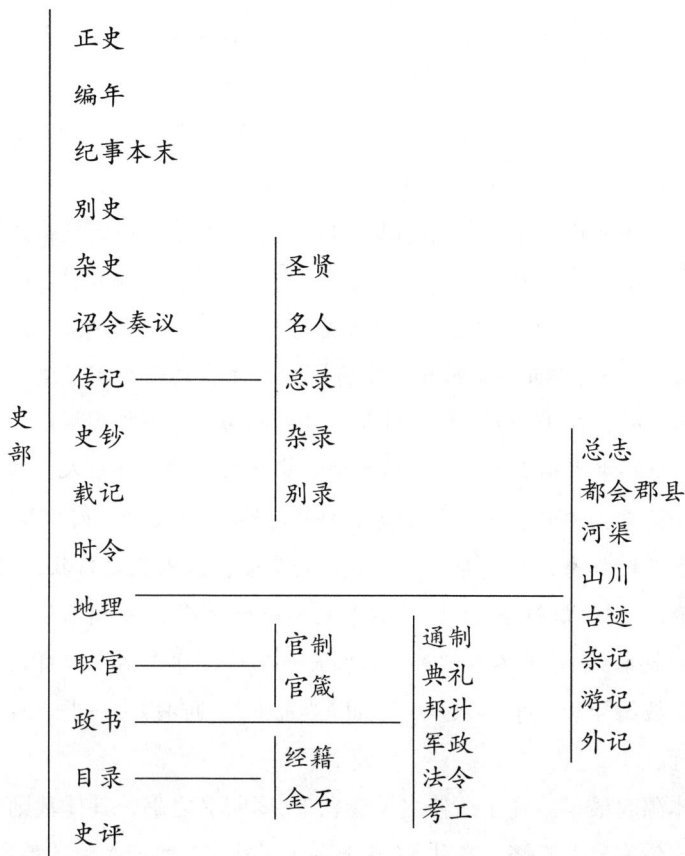

```
            正史
            编年
            纪事本末
            别史
            杂史                    圣贤
            诏令奏议                 名人
            传记 ——————            总录
            史钞                    杂录
 史          载记                    别录
 部          时令                                  总志
            地理 ——————————————————————          都会郡县
            职官 ——————   官制                    河渠
            政书 ——————   官箴        通制          山川
            目录 ——————            典礼          古迹
            史评            经籍     邦计          杂记
                          金石     军政          游记
                                  法令          外记
                                  考工
```

今俗所谓正史，专指《史》《汉》一类之书，此特就功令所定立名。若就体裁言之，则当称为表志纪传体。（世家，自《汉书》以下不用；《五代史》称十国为世家，实亦与《史记》之世家不同物也。此体昔人亦但称为纪传体，以昔时读史，知重表志者较少）史公之书，本为通体；《汉书》而下，乃皆变为断代者。（读《史通》之《六家篇》，可以见之）盖自汉以来，每易代必修前代之史，几若习为故事。而搜集编纂，皆范围狭则易精。刘知几时，史籍尚少，故此体之复重、矛盾，皆非所忌。至于清世，则史书益多，而史文烦冗，又非前代之比，故章实斋又力排断代，而称通史之便。此自时代为之，彼此不必相非也。（梁武帝敕撰《通史》六百二十二卷，又魏济阴王晖撰《科录》二百七十卷，亦通史体，皆见《史通·六家篇》，其书皆不行。郑樵生千载之后，排班固而祖马迁，《通志》之主张，实能自圆其说；然《二十略》外，亦无人过问。盖通史之作，意在除去复重。然同异即在复重之中，考据之家，一字为宝；又欲考史事，宜据原书，新书竞陈，势必舍新而取旧。具兹二义，通史之作，即诚突过前贤，犹或见弃来哲。况乎卷帙过巨，精力虽周，众纂则取诮荒芜，独修则贻讥疏漏。安得不如子玄所云："今学者宁习本书，怠窥新录"邪？）此体之长，在于有纪传以详理乱兴衰，有表志以详典章经制。昔人所重两端，盖惟此体为能该备；若取编年，则于二者有所偏阙矣。故编年、纪传，自古并称正史；（观《史通·古今正史篇》可知。唐时三史，尚以《汉纪》与《史》《汉》并列）而后世修史，卒皆用纪传体；功令所定正史，亦专取纪传也。此体之弊，在于以人为纲，使事实寸寸割裂，又不能通贯历代（此不可以咎史公。史公书本通史体，其纪传或非一时之人，即为并时人，其材料各有所本，彼此关系，亦觉甚疏，初无复重割裂之弊也。《史通·列传篇》曰："编年者，历帝王之岁月，犹《春秋》之经；列事者，录人臣之行状，犹《春秋》之传。《春秋》则传以解经，《史》《汉》则传以释纪。"信如所言，《五帝本纪》《夏本纪》《殷本纪》，岂不有纲而无目？凡诸列传，亦岂不多有目无纲邪？），不便观览，故编年、纪事本末及《二通》《通典》《通考》。一类之政书，不得不与之并行。

编年体源起最早。孔子所修之《春秋》，固明义之书，其体裁则当沿鲁史之旧，观《公羊》引不修《春秋》（庄七年），《礼记·坊记》引《鲁春秋》，其体皆与今《春秋》同，可知也。此种史盖专记国家大事，其文体极为简严。专记国家大事，则非尽人所能知；文体过于简严，则不免干燥而无味，故其流行，远不如记言体之广（参看《史通·疑古篇》）。然时固史事天然之条理，自《左氏》有作，取记言体之详尽，而按纪事体之年月编排之，遂使读者展卷之余，于各方面之情形，皆可深悉，则于一时代之大势，自易明了，以供研习，实远较纪传为优。且依时排比，可使事无复出；而记载之讹舛，亦有不待校而自明者，故作长编者，亦必有取于兹焉。此体又有二：一为温公之《通鉴》，一为朱子之《纲目》（《通鉴》专法《左氏》；《纲目》则兼法《春秋》与《左氏》者也。论纂辑，自以《通鉴》为精；论体裁，实以《纲目》为便，此亦史体之一进步，不可不知。《通鉴》无纲目之分，检阅殊为不便，温公因之乃有《目录》之作，又有《举要》之作。然《目录》与本书分离，检阅仍苦不便；《举要》之作，朱子与潘正叔书，议其"论不能备首尾，略不可供检阅"，亦系实情。《纲目》"大书以提要，分注以备言"，则此弊免矣。《左氏》为《春秋》之传与否，予实疑之，然无意中却为史书创一佳体。运会将至，有开必先，即作伪者亦不自知其所以然也）。

纪事本末，其出最晚，盖至袁枢撰《通鉴纪事本末》，而后此体出焉。所以晚出，盖亦有由，以史事愈后愈繁猥；愈繁猥，则求其头绪愈难，故删繁就简，分别部居之作，应时而出也。此体之作，最重分别部居，故必合众事为一书，乃足当之。梁任公论史学，乃立单复之名，以专记一事者为单体，则何书不可称纪事本末乎？误矣。袁氏之书，本为羽翼《通鉴》，然于无意中，乃为作史者创一佳体，以其能删繁就简，则芜秽去而精粹存；分别部居，则首尾具而因果显也。然此体以作观览之书则可，以修一代之史则不可，以零星之事，无可隶属，刊落必多；而史事关系之有无，实为天下之至赜，吾见为无关系而删之，在后人或将求之而不得也。往者议修《清史》之初，论者乃或主用是体，可谓暗于务矣。

有编年体以通观一代大势，有纪事本末体以详载一事之始末，更有纪传体之纪传以总核一人之生平，理乱兴衰之事，可以谓之无憾矣；然犹未也。典章经制，最宜通贯历代，马端临氏之说，固当认为不诬，见《通考序》。此《通典》《通考》，所以相继而作也。此类书搜采贵博，分类贵详，故《通考》之体例，实较《通典》为优；章实斋盛称《通志》而言《通考》为策括之伦（见《文史通义·答客问》），未为知言也。又此等书恒成于正史之后，其所搜采，多出于正史之外，足以补正史之阙而订其讹；故读正史者，亦宜资为考证，不仅供贯穿之用而已。

史部大略（下）

别史者，未列学官之正史也。细别之又有三：一，为正史底稿，如《东观汉纪》《东都事略》是；二，修成而未列学官者，如谢承、华峤之《后汉书》是；三，后人以前人之史为不然而重作者，如宋萧常之《续后汉书》（此书乃改《三国志》，以蜀汉为正统，吴、魏为载记）、清周保绪之《晋略》是；使两书并列学官，即如新、旧《唐书》、新、旧《五代史》、新、旧《元史》之例矣。又有虽非正史体，而所记之事，与正史相出入者，《四库》亦入此类，如《周书》是。此书俗称《逸周书》，或又称《汲冢周书》，皆非是。此类书与正史互相出入，故读正史时，可供参考之处最多。

杂史者，所记之事，亦与正史相出入，而其体例限于一时、一地者也，如《国语》是。

记一事之外形者，必推官文中为最确。诏令、奏议，皆官文书也，故以考史事，为用甚大。奏议之佳者，必能综合各方情势，娓娓言之，尤于读史者有裨。

传记一类，有当时人所撰者，亦有后人所撰者。当时人所撰者，闻见较真，自属可贵；然或不免毁誉之私，甚有因此变乱事实者，用之不可不慎。又时人所撰，苟或粗疏，事迹亦未必不误，如道宣、慧立皆玄奘弟子，而为其师作传，皆误其出游之年，即其一例。见梁任公《中国历史研究法》第五章。后人所撰，虽出捃摭；然其精密，有时转非并时人所逮，如近世考证之家，所撰昔人年谱是也。特此等书功力仅在网罗考证，其事迹终不能出于前人所留诒之外耳。

史抄一体，看似钞撮成书，然在今日，则其为用甚大。何者？苟欲钩玄提要，取精弃粗，其于昔人之书，势必不能无所去取；然去取前人之书，一入自己口气，为之改作，原书之面目，即不可得见，两书之同异信否，又生校勘考据之劳矣。惟用史抄体者，可免此弊。今日史学趋向与昔不同，别编新史之事，势必日出无已，若能推广此体而善用之，实可为读史者省却无限精力也。又史抄本有一种专为节省后人考据之力起见者，如《新旧唐书合抄》是也。

偏隅之国，正史不能甚详；载记一门，足补其阙。非徒为割据者详其行事，于考究各地方之进化，亦深有裨焉；以偏方之地，往往为割据者所资也。

时令本不当隶史部，旧时书目，无类可归，乃强隶焉，实最无理可笑者也。或谓气候与人生关系甚大，雨畅寒燠，于政治生计文化，咸有影响，隶之史部，未为不可；然则何事于人生无关涉，复何书不可隶史部乎？故谓读史者当参考时令之书则可；谓时令之书当入史部，实不可也。以旧时分类论，毋宁入之子部天文家，为较当矣。

地理亦专门之学；然往时地理，多为史学附庸，十之八九，皆读史地理而已。总志、都会、郡县、河渠、边防、山川，读史者皆当明其大概。然昔时之书，足供此用者颇少，大抵专门考据之士，然后能取资焉。古迹、杂记、游记等，披沙拣金，往往见宝，尤非初学之士所能使用。今者将普通地理，与读史地理划开，而将读史地理，撰成一简明切要、提纲挈领之书，以备初治史学者通知大要；而其余则留待专门家之取携，实相需甚殷者也。（昔时初学多读《读史方舆纪要》，然此书在今日亦不甚适用）外国之事，往史亦多不详，史部地理中外纪一门，不徒记外国之地理、风俗、物产；即彼中史事及其与华夏之交涉，亦多存焉，实治外交史及外国史者，所当奉为瑰宝也。

职官一门，昉自《周礼》，《唐六典》《明清会典》，悉沿其流。国家行政，必借机关，详各官之职司，实足挈政治之纲领。官箴一门，详在官之法戒，可考行政实在情形，亦足见民生利弊，尤习政治者所当究心也。

一代典章，于国政民生，所关极巨。正史表志所载，仅其崖略耳。若求详备，则政书尚焉。此中门类甚多，各视其所欲治者而究心焉可也。此为今后撰专门之史者所必资；然即为考证普通史籍计，取材亦不少矣。

目录中之经籍，赅括群书，实不仅为史学示其纲领；通观昔贤著述，最足见学术进步情形。我国今日，学术史尚乏善本；书目之佳者，实亦兼具学术史之用也。

金石一门，自宋以后，日蒸月盛，据其遗文，往往足以补正史籍；摩挲其物，又足以考见古代制作。今后考据之学日精，金石之出土者，必将更为人所贵；其所贵之物，且将不限于金石，可豫决也。然此类物既足资稻粱之谋，又足快好事之意，故伪品亦日出不穷，不可不察。

史评一门，有论史事者，亦有论史裁者。论史裁之书，佳作殊鲜，著名者，惟刘知几之《史通》、章学诚之《文史通义》耳。此事当有达识通才，区区计较于琐细之间，无当也。论史事者，高者借抒己见，或托讽时事，虽不可谓之无识，然史事之实则不然，此不可为论史之正；下者不考事实，妄发议论，则并不免于场屋策论之习矣。无已，其惟考据家之书乎？属辞比事，参互错综，事实既明，则不待多发议论，而其是非得失自见，此则于读史深有裨益者也。

史部之大略如此。此以言乎往日之史学，非谓今后之史学，当以此为范围也。盖治学问必先定其界说，界说异，斯其范围异；范围异，斯其所资者自不同矣，固不容一概论也。

史家宗旨今昔异同

史也者，非一成不变之物，而时时在改作之中者也。所谓改作者，非徒欲正其误谬，补其阙略而已。盖其所取之材料，实有不同焉。而材料之不同，则因宗旨之不同而生者也。

古人作史之宗旨，不同于今人者，大端有三。

一曰偏重政治。正式之史，本出史官，而史官由国家设立，其易于偏重政治者，势也。人类之做事，恒有其惰性，前人创行焉，则后人率循而不敢越。抑不仅此，古代国小而俗朴，举一国惟在上者之马首是瞻，斯时庙堂之政令，盖诚为举国之枢机；即在后世，法出而奸生，令下而诈起，然政治之力，仍足强制在下者，使之变易其外形，所及广而收效宏，盖无逾于政治则喋喋不休也。然政治之力，虽能改易举国之外形，而其所改易，亦仅及外形而止。况于国大民众，中枢之命令，不能遍及，社会程度日高，一心听令又非古昔之比，虽欲变易其外形，或且不可得乎？试观近代，政治转移社会之力，较机械为何如乎？

一曰偏重英雄。此由古代事权，恒操于一二人之手之故。其实英雄全恃凭借，亦全恃命运；试以身所接傥之人，较其成功者与败绩者，其才力相去，初不甚远可知。又英雄之称，实由庸众所赐；而庸众识力不及，往往以矫诬侥幸之徒为英雄，而真英雄转非所识。试观往史，有众所唾骂，或以为无足重轻，而今声价日增者；亦有众所归美之人，今断觉其一钱不值者。而先知先觉，眼光过于远大，与恒人相去太远者，尤易为世所缪辱。验诸并世，此等情形，尤随在可见，特人莫之察耳。以莫能察者之多，而庸众之程度可见矣；庸众之程度可见，而其所评定之英雄可知矣。即谓英雄之成功，非全侥幸，然必能利用事势，乃能成功，则确不可易。时势造英雄，盈天地间皆是。英雄造时势固非无其事，然皆世所淡漠视之者也。故真能促进社会之过程者，皆非世所谓英雄，而世所谓英雄，则皆随波逐流之徒也。

一曰偏重军事。此由外观之兴亡，每因军事而起。其实国之兴亡，由于战之胜败；而战之胜败，初不在于胜败之时，事至习见，理亦易明。时至今日，本有取人之国而不用兵者；即在浅演之世，胜负专决于兵，亦不过能慑服之，使不我抗而已。真欲同化他族，使之泯然无迹，亦必别有设施，我族同化异族之事，即其佳证也。

偏重政治，偏重英雄，偏重军事，三者弊亦相因。以政治、军事，古多合而为一；而握有此权者，苟遭际时会，恒易有所成就，而为世人目为英雄也。此盖往史最大之弊。自此以外，犹有五焉。

一曰用以奖励道德。其义又有二，一以维持社会之正义，如往史之讲褒贬、重激扬是；一资为立身之模范，如以善人为法、恶人为戒是也。

一曰用以激励爱国、爱种族。今日之史，犹未能合全世界为一。乙部大宗，大抵一国家、一民族之史也。即一国种族甚多者，亦仍以一族为主，如中国之史，以汉族为主是也。同族同国之人，其相亲爱，本已异于异族异国，况于今日种族之界限尚未能破，一民族为他族所征服，往往为之奴隶牛马，不能不思所以自保；而欲图自保，又不能无国家为利器乎？况于古代褊狭之见，又有留诒至今，未能涤除者？爱国爱族，诚未尝不可提倡；然蔽于偏见，致失史事之真，则缪矣。中西交接之初，史家此等谬误，盖未易枚举，今日读之，未见不哑然失笑者也。若乃明知非史事之真，而故为矫诬，以愚民而惑世，如日本人之所为者，则尤不足道矣。

一曰借以传播神教。教徒所作之史恒有之。试读《蒙古源流考》，观其妄援吐蕃，以为有元帝室之祖；又试读梁任公《佛教初输入》一篇，则见白马驮经之说，本道教徒之谰言，而其后辗转附会，转用以诋毁道教，即可知此等史迹，无一可信。然至今日，此等事仍不能免。往者梁任公撰《克伦威尔传》，称扬其革命之功，基督旧教所出之汇报，乃务反之。又今日奉佛之人，喜援佛经之寓言，侈陈佛之灵迹；信孔教者，亦喜引谶纬怪说，以见孔子之殊异于人。此皆予所亲见者也，其智与撰《蒙古源流考》、造白马驮经之说者何异？此等事，在今世，诚不甚多，有之亦不足惑众；然在往昔，则惑世诬民甚深。并有更无正史，欲考行事，惟有求之教中经典者矣。中国信教，不如外国之深。教徒奸乱历史亦不如外国之甚；然其崇古，亦略带迷信性质。如刘知几《疑古》《惑经》两篇，往昔论者，多诋为非圣无法是也。

一曰偏重生计。此弊旧日无之，只病视之过轻耳；今之过信唯物史观者，则颇有此弊。史事因果至为繁复，诚有如释家所谓帝网重重者，偏举一端，纵极重要，必非真相。况于戴蓝眼镜者，则所见物无一非蓝；戴黄眼镜者，则所见物无一非黄。意有偏主，读一切书，观一切事，皆若足为吾说之证，实则未足深信乎？孔子之讲大同，老子之慕郅治，所慨想者，实皆隆古部落共产之世。今日社会学者所慨慕，夫岂古人所不知，然终不谓生计制度一变，天下遂可臻于大同郅治；以社会之事，经纬万端，故非偏举一端，所可概也。

一曰偏重文学。史之源出于传述，传述之语，必求新奇可喜，感慨动人，而事之真髓因之而隐。《荷马史诗》，本类唱本者，无论矣；即学者所传，亦多不免此弊。《管子》述桓公之威，北慑离枝，西臣大夏。夫离枝即后世之鲜卑，大夏极近，亦当在今山西境。齐桓盟会，晋献讫未尝与，献公死而国乱，齐桓亦未能正，安能暴师徒以征并北之远夷？《左氏》谓山戎病燕，不过在今北平境；《公羊》谓其旗获而过鲁，则并在今山东境矣，安能远及长城之外乎？此由口耳相传，兹不谛。先秦两汉，多有此病；魏晋而降，务华饰而失真；赵宋以还，好学古而不切；近世文字，虽稍平实，然好讲史法，务求简洁雅驯，失实处仍不少也。

以上所举，皆史家之弊。至于近世，又有教育之家，因儿童不能了解，曲说史事，致失真相者。学究固非史家，生徒亦难言史学；然其人数甚多，影响颇巨，则亦不可不慎也。今日粗识之无之辈，以及耳食之徒，论三国事，无不误以演义为史实者，可知通俗教育，影响之大。

偏重之弊，厥有三端：一曰不重之事，易于漏略。二曰所重之事，易于扩大；无论有意无意。三曰原因结果，易于误认，而史事之真相失矣。史籍无论如何详博，断不能举天下事一一记载，终不能无所去取。去取必凭史家之意，意向稍歧，而史籍之误滋多矣。此古人所以有"尽信书不如无书"之叹也。

今日史家，异于往昔者，有一语焉，曰：求情状，非求事实。何谓"求情状非求事实"？曰：梅定九氏言之矣。梅氏之言：历之最难知者有二，其一里差，其一岁差。是二差者，有微有著，非积差而至于著，虽圣人不能知，而非其距之甚远，则所差甚微，非目力可至，不能入算。故古未有知岁差者，自晋虞喜，宋何承天、祖冲之，隋刘焯，唐一行始觉之。或以百年差一度，或以五十年，或以七十五年，或以八十三年，未有定说。元郭守敬，定为六十六年有八月；回回、泰西，差法略似。而守敬又有上考下求，增减岁余天周之法，则古之差迟，而今之差速，是谓岁差之差，可谓精到。若夫日月星辰之行度不变，而人所居有东西南北，正视、侧视之殊，则所见各异，谓之里差，亦曰视差。自汉至晋，未有知之者，北齐张子信，始测交道有表里，此方不见食者，人在月外，必反见食。《宣明历》本之，为气刻时三差，而《大衍历》有九服测食定晷漏法，元人四海测验七十二所。而近世欧逻巴，航海数万里，以身所经山海之程，测北极为南北差，测日食为东西差，里差之说，至是而确。是盖合数十年之积测，以定岁差；合数万里之实验，以定里差。距数愈远，差积愈多，而晓然易辨。且其为法，既推之数千年数万里而准，则施之近用，可以无惑。历至近日，屡变益精，以此。

夫史学之进步，亦若是则已矣。今日之政治，非夫古代之政治也；今日之风俗，亦非复古代之风俗也，以政治、风俗之不同也。生于其间者，其所作为，与其所成就，自亦不能无异。然政治、风俗之不同，非旦夕可见者也。烝民之生虽久，而其有史则迟，大化之迁流，岂不知往事者所能睹，则以为国家社会之为物，亘古如兹。犹前剧后剧，舞台初未尝更，特搬演于其上之人物，有不同而已。庸有当乎？试举两事为证。

韩信之破陈余也，日驱市人而战之；而戚继光之御众，则纪律极严，其兵至能植立大雨中而不动，读《练兵实纪》一书，犹可想见其规制之密、训练之勤焉。彼能驱市人而战之乎？使驱市人以战，而亦可获胜，继光何为纷纷然，何继光之不惮烦？然则继光之才，不逮韩信邪？非也。信距战国之世近，其民固人人能战，故劫之以势，则皆胜兵。若未习战之白徒，则务固其势，以壮其胆，犹且虑其奔北；若蹙之必死之地，彼非哗溃，则相挤入水耳。不观汉高彭城、苻坚淝水之败乎？古人所处之时不同，为尚论所不容遗，犹天文之有岁差也。

昔人之论佛也，曰："其微言不能出吾书，其诞者吾不信也。"此语最中肯綮。彼教怪诞之言，论者本有两说：一以为皆实语，一则以为寓言。神教非吾侪所知，以哲理论，则后说为当矣。然则佛固诞谩，不如孔子之真实邪？须知佛所处者为印度，孔子所处者为中国，佛之说，亦印度旧说，非其所自创；犹子所雅言，诗书执礼，亦虞夏商周之旧物，非其所自为也。以印度旧说之诞诋佛，亦将以诗书礼乐之违失罪孔子乎？此与訾孔子不通梵文，佛不以华言著书何异？古人所处之地不同，为尚论所不可遗，犹天文之有里差也。

此等理，原非古人所不知，然于异时地之情形，知之不悉，及其论事，终不免以异时异地之事，即在此时此地境界之中；犹评外国戏剧者，设想其即在中国舞台之上，其言必无一得当矣。职是故，今日史家之先务，遂与昔时大异，彼其重情状，不重事实，非吐弃事实也；其所求者，皆足以考证一时一地社会情形之事实云尔。社会之情形既明，而一切事实，皆不烦言而解矣。求明社会情形之事实如何？曰：有二。

一曰重恒人。谚曰："三军易得，一将难求"，斯固然；然不知兵之勇怯，亦安知将之良否？读前所论韩信、戚继光之事可见矣。故英雄犹匠人，其所凭借之社会犹土木，匠人固不能成室，而匠人技艺之优劣，亦视其运用土木如何耳。成一时一地之情形者，恒人之饮食男女、日用行习也。英雄犹浮屠之顶，为众所著见，不待考而明；恒人犹全浮屠之砖石，易见忽略，故非详加考察不可也。

一曰重恒事。恒事者，日常琐屑之事也，亦易见忽略，然实为大事之基。鲜卑者，东胡之裔。东胡盖古之山戎也，方其未强盛时，齐桓伐之而捷，秦开却之而克，至匈奴冒顿攻之，遂奔北逃窜，一若绝无能为者。然至檀石槐、轲比能，遂方制万里，使边郡之士夫，为之盱食。何哉？蔡邕之言曰：关塞不严，禁网多漏，精金良铁，皆为贼有。汉人逋逃，为之谋主，兵马利疾，过于匈奴。证以金室初兴，厚值以市商人所携之兵甲，满清猾夏，实起抚顺之互市，而鲜卑盛强之原因，可想见矣。宁城下通胡市，后书之记此，固以见汉抚驭之略，非以著鲜卑强盛之由，而吾侪连类钩考，乃能别有所得。知风化乃知山崩，地表之变动，海岸线之升降，固不让火山之暴发，洪泽湖之陷落。不知平时，固无由知革命也。

学问之道，求公例，非求例外。昔人不知各时各地之不同，则无论何事，皆有其不可解之处，而史事悉成例外矣。知之，则事实之形状不同，而其原理则一；汇万殊归一本，而公例斯主。此固凡学问之所同，不独史也。

史　材

今日史家之宗旨，既已不同于往时，即往时史家之撰述，不能尽合于今日。由史学家言之，往史之在今日，特皆史料而已。善用史料，以成合于今日之用之史，固史家所有事也。然则所谓史料者，初不限于史书，其理亦不难知矣。

史料可大判为二：一属于记载者，一属于非记载者。属于记载者又分为五：

（一）史籍，即前人有意记载，以诒后人者也。其识大识小，固因其才识境遇而不同，而其为日用则一。今者瀛海交通，古物日出，此种材料，亦日增多。如研究元史，可取资于欧洲、西亚之书；旁证旧闻，或得之于敦煌石室之籍是也。此种搜采，愈博愈妙，故秘籍之表章，佚书之搜辑，实史家之要务也。

（二）史以外之记载，谓虽亦有意记载，以诒后人，然非以之为史者，大之如官府之档案，小之如私家之日记、账簿皆是。此等物，吾侪得之，固亦与昔人有意所作之史无异；然据理言之，实不容不分为二。吾谓古代史官所记，严密论之，惟左右史之所书可称为史，以此。

（三）纪功之物，如金石刻是。此等物，或仅图夸耀一时，非欲传之永久；即其传诸永久者，意亦仅主于夸耀；并有仅欲传之子孙者，如卫孔悝之鼎铭。然后人于此，却可得无数事实，其辞虽多夸耀，究属当时人亲身之记述；去其夸辞，即得其真相矣，其为用甚大。

（四）史以外之书籍，谓非有意作史，并非有意记载，以诒后人者也，如经、子、文集皆是。人与社会不能相离，故苟涉笔，虽无意于记载，社会之情形，必寓于其中。且社会之情形极繁，人能加意记述，以诒后人者，实至有限。故有许多过去之情形，在往史中不可得，转于非史书中得之者；讲古史必取材于经子，考后世之事亦不能摈文集，以此也。不独正言庄论，即寓言亦可用，如读《庄子》之《逍遥游》，而知其时之人，理想中之小物为鲲（鱼子），大物为鹏；读《水浒传》，而知宋、元间社会情形；读《儒林外史》，而知明、清间社会情形是也。

（五）传述。传述与记载原系一事，特其所用之具不同而已。"秦人不死，验苻生之厚诬；蜀老犹存，知葛亮之多枉。"传述之足以订正史籍者何限？抑始终十口相传，未曾笔之于书者，野蛮部落中固多；即号称文明之国，亦不少也。口相传述之语，易于悠谬而失真，第一章已言之，此诚非考订不可用；然事实固存于其间，抑考其增饰之由，观其转变之迹，而可知传述之性质，此亦一史实也。

属于非记载者，其类有四：

（一）人体。此可以考古今人种之异同。因古今人种之不同，而其迁徙之由，以及文化不同之故，均可考索矣。吾国古有长狄，《三传》记载，一似确有其事，而其长则又为情理所无。（即谓有此长人，吾国古代，似亦不应有之；以果有此特异之人，《三传》而外，不应一无记载也）予尝撰《长狄考》，考定其长，不过与今欧人等，自谓颇确；然考据终只是考据，不能径以为事实）《左氏》于见杀之长狄，一一记其埋骨之处，似亦虑后人之疑惑而然。万一能案其地址，掘得其遗骸，则于人种学，于史学，皆发明匪细矣。此事诚类梦想；然吾国历代，种族之移徙及混合极多，若能多得古人遗骸，定其时代，考其骨骼，实足考种族迁移之迹，及其混合之渐也。

（二）古物。有尚存于目前者，如云冈石佛，无疑为南北朝之遗；有埋藏地下而复发见者，如郑县所得古鼎等，万人贞观，不容作伪，且其物巨大，亦不容作伪，此实三代彝器，复见于今者也。吾国地大物博，考古之学，虽不可云盛，然国民保守之性甚笃；又偏僻之区，数百千年，未经兵燹者，亦自不乏，古代遗物，实随在而有，在能搜集鉴别之耳。且不必僻远之区，吾乡有吴某者，明亡时，其祖遗衣冠一袭，亦慎藏之，以待汉族之光复；辛亥之岁，吴氏年六十余矣，无子，尝衣之，一游于市，深幸及其身，得见光复之成也。其衣，亦三百年前物，较之今日裁制，出于想象模拟者，迥不侔矣。惜当时戎马仓皇，人无固志，未能访得其人，请其将此衣捐赠公家，留为永久之纪念耳。然以吾国之大，此等古物，正自不乏，大则宫室桥梁，小则衣服械器，不待发掘而可得者，正不知凡几也。

（三）图画及模型。中国人仿造古器，以供研究者绝鲜，惟贩卖骨董之人，恒借是等伪器，为稻粱谋耳。以此淆乱耳目，其罪诚可诛；然古器形制，借此而存，其功亦不可没。如汉代之五铢，唐代之开元钱，今日犹得见其形制，不徒索诸谱录中，即其一例也。此等仿造之品又不可得，则得图画而观之，亦觉慰情胜无，如昔人所传之《三礼图》《宣和博古图》是也。又古物形制，有本国已亡，而转存于他国者，如寝衣之在日本是。

（四）政俗。二者本一物，特法律认之，又或加以修正，成为典章，则谓之政；而不然者，则谓之俗耳。政俗最可考见社会情形。如宜兴某乡，有丧，其家若干日不举火，邻人饮食之，客有往吊者，亦由邻家款以食宿。此必甚古之俗，当考其何自来，并当考其何以能保存至今也。政原于俗，俗之成，必有其故，一推迹之，而往昔社会之情形，了然在目矣。政俗之距今远者，往往遗迹无存，然他族进化较晚者，实足以资借镜：如观于蒙古，而可追想我族游牧之世之情形；观于西南之苗、瑶，而可追想我国古代山谷中之部落是也。

以上四者，皆非记载之物。然一切记载，自其又一方面观之，亦为古物之一，如宋、元书，观其版本，而考其时之纸、墨、刻工是也；又一实物亦有多方面，如观古之兵器，兼可知其时冶铸之术是也。此皆学者所宜留意也。

论搜辑

驾驭史料之法,如之何?曰不外二途:一曰正讹,一曰补佚。二者事亦相关,何则?谬说流传,则真相隐没。苟将谬误之说,考证明白,即不啻发见一新史实;而真相既出,旧时之谬说自亦不辩而明也。今请先言补佚之法。

补佚之法,是曰搜辑。旧日史家非不事搜辑也,然其所谓搜辑者,大抵昔人已认为史料之物,有所缺脱而我为之补苴而已。今也不然,两间事物有记载之价值,而为昔人所未及者,一一当为之搜其缺而补其遗;而昔人已认为史料之物,其当力求完备,更不俟论也。

史事之当搜辑,永无止息之期,是何也?曰:凡著书皆以供当时人之观览,当时之情形,自为其时之人所共晓,无待更加说述;故其所记者,大抵特异之事而已,所谓"常事不书"也。然大化之迁流,转瞬而即非其故,前一时代之情形,恒为后一时代之人所不悉;不知其情形,即知其时之事实亦无所用之,况其事亦必不能解乎?此则史事之须搜辑所以无穷期也。

搜辑之种类有二:(一)本不以为史料者。如郑樵作《通志》,其《二十略》虽略本前代史志;然其《氏族》《七音》《都邑》《草木》《昆虫》五略,实为前史所无,即其例也。今日欲作新史,此等材料何限,皆不可不加以搜辑矣。(二)则向亦以为史料,而不知其有某种关系者。如茹毛饮血,昔人但以为述野蛮之状况,而不知茹毛为疏食之源,疏食为谷食之源,于饮食之进化关系殊大也。前代事实果其无复留诒,今日岂能凭空创造?虽曰可重行发现,然其事究非易也。史事所以时生新解,多缘同一事实,今昔观点之不同耳。又有范围、解释皆同前人,特因前人搜辑有所未备,而吾为之弥缝补苴者。此则旧时所谓补佚,十八九皆属此类,虽无独创之功,亦有匡矫之益也。

凡事物有既经记载、保存而又亡佚者,亦有未经记载、保存而即亡佚者。

已经记载、保存而又亡佚者，又可分为二：（一）出无意，向来亡佚之书籍多此类也；（二）出有意，或毁真者使不存，或造伪者以乱真，如向来焚毁禁书及造伪书者皆是也。其未经记载、保存而遗失者，则不可胜举矣，凡今日欲知其事，而无从知之者，皆是。

然亦有业经亡失，阅时复见者：如已佚之古书忽然复见；又如意大利之庞贝，我国之钜鹿（宋大观二年湮没，民国八年发现），久埋土中，忽然复出是也。凡事物皆不能断其不再发现，故所谓阙佚者，亦只就现时言之尔。

凡搜集，必只能专于一部，或按事物性质分类，或限以时，或限以地，均无不可。欲辑某种专门史实者，于此种专门学问，必须深通；否则材料当前，正明目而视之不可得而见也。求一时代、一地方之史实者亦然，于其时、其地之语言、文字、风俗、制度、器物等，皆不可以不知。知其物矣，知其事矣，据其事、其物而追思其时之情形，而使之复现于目前，道异时、异地之情况，若别黑白而数米盐焉，此则史家之能事也已。

论考证

　　史事之须搜辑，永无已时，既如前章所述矣。其考证则如何？凡史事无不待考证者，何也？曰：史事必资记载，记载必本见闻，见闻殆无不误者；即不误，亦以一时一地为限耳，一也。见闻不能无误，记忆亦然；即谓不误，亦不能无脱落之处。脱落之处，必以意补之，非必出于有意。以意补之，安能无误乎？二也。事经一次传述，必微变其原形，事之大者，其范围必广，相距稍远之处，即不能不出于传闻；传闻之次数愈多，真相之改变愈甚，三也。推斯理也，史事传之愈久者，其变形亦必愈甚矣，四也。凡一大事，皆合许多小事而成，恰如影戏中之断片，为之线索者，则作史者之主观也；主观一误，各事皆失其意义，五也。事为主观所重，则易于放大；所轻，则易于缩小，六也。（每有史事大小相等，因史文之异，而人视之，遂轻重迥殊者。《史通·烦省》曰："蚩尤、黄帝交战阪泉，施于《春秋》，则城濮、鄢陵之事也；有穷篡夏，少康中兴，则王莽、光武之事也；夫差既灭，勾践霸世，施于东晋，则桓玄、宋祖之事也；张仪、马错为秦开蜀，施于三国，则钟会、邓艾之事也。"即此理）事之可见者，总止其外表；至于内情，苟非当事者自暴其隐，决无彰露之日。然当事者大抵不肯自暴者也，有时自暴，亦必仅一枝一节；即或不然，亦必隐去其一枝一节。夫隐去一枝一节，其事已不可晓，况于仅暴其一枝一节者乎？又况当事者之言，多不足信，或且有伪造以乱真者乎？更谓当事者之言，皆属真实，然人之情感、理智，皆不能无偏，当局尤甚，彼虽欲真实，亦安得而真实乎？一事也，关涉之人亦多矣，安得人人闻其自暴之语乎？七也。情感、理智之偏，无论何人皆不能免（读《文史通义·史德》篇可知），然此尚其极微者，固有甘心曲笔，以快其恩仇好恶之私；又有迫于势，欲直言而不得者矣。邻敌相诬之辞，因无识而误采；怪诞不经之语，因好奇而过存（如王隐、何法盛《晋书》有《鬼神传》，即其一例)，见《史通·采撰》篇。更不必论矣，八也。事之可见，止于外形，则其内情不能不资推测，而推测为事极难，识力不及，用心过深，其失一也；即谓识解无甚高低，而人心不同，各如其面，内情亦安可得乎？九也。异时、异地，情况即不相同；以此时、此地之事，置诸彼时、彼地情形之中，谬误必不能免，前已言之。此等弊，显者易知；其微者无论何人，皆不能免，十也。事固失真，物亦难免，何者？物在宇宙之中，亦自变化不已，古物之存于今者，必非当日之原形也，十一也。有此十一端，而史事之不能得实，无待再计矣。如摄影器然，无论如何逼肖，终非原形；如留声机然，无论如何清晰，终非原声。此固一切学问如此，然史主记载，其受病乃尤深也。欧洲史家有言："史事者，众所同认之故事耳。"岂不信哉！为众所不认者，其说遂至不传，如宋代新党及反对道学者之言论事实是也；此等不传之说，未必遂非。

史实之不实如此，安得不加以考证？考证之法有：（一）所据之物，可信与否，当先加以审察；（二）其物既可信矣，乃进而考其所记载者，虚实如何也。

史家所据，书籍为多。辨书籍真伪之法，梁任公《中国历史研究法·史料搜集》一章，所论颇为详备；惟为求初学明了起见，有失之说杀之处耳，当知之。

凡书无全伪者。如《孔子家语》，王肃以己意羼入处固伪，其余仍自古书中采辑；又其将己意羼入处，以为孔子之言则伪，以考肃说则真矣。故伪书仍有其用，惟视用之之法如何耳。凡读古书，最宜注意于其传授。读古书者，固宜先知学术流别；然学术流别，亦多因其言而见。清儒辑佚多用此法，如陈乔枞之《三家诗遗说考》，其最显而易见者也。又据文字以决书之真伪，似近主观，然其法实最可恃。此非可执形迹以求，故非于文学有相当程度者，决不足以言此。《伪古文尚书》为辨伪最大公案，然其初起疑窦，即缘文体之异同。此两法虽亦平常，然近人于此，都欠留意，故不惮更言之也。

辨实物真伪之法，如能据科学论断，最为确实；否则须注意三端：（一）其物巨大，不易伪造者；（二）发现之时，如章太炎所谓"万人贞观，不容作伪"者；（三）其物自发现至今，流传之迹如何。大抵不重古物之世，发现之物较可信，如宋人初重古物时，其所得之物，较清人所得为可信是也。以此推之，则不重古物之地，所得之物，亦必较通都大邑、商贾云集之地为可信。

考证古事之法，举其概要，凡有十端：设身处地，一也。（谓不以异时、异地之事，置之此时、此地之情形中也。如以统一后之眼光，论封建时之事；以私产时之见解，度共产时之人，均最易误）注意于时间、空间，二也。（如以某事附之某人，而此人、此时或未生，或已死，或实不在此地，或必不能为此事，即可知其说之必误）事之有绝对证据者，须力求之，三也。绝对证据，谓如天地现象等，必不可变动者。小事似无关系，然大事实合小事而成，一节模糊，则全体皆误，四也。（有时考明其小节，则大事可不烦言而解。如知宋太祖持以画地图之斧为玉斧，则知以斧声烛影之说，疑太宗篡弑之不确是也）记事者之道德、学识，及其所处之境，与所记之事之关系，皆宜注意，五也。关系在己者，如将兵之人自作战史；（关系在人者，如为知交作传志）进化、退化之大势，固足为论断之资，然二者皆非循直线，用之须极谨慎，六也。由此推之，则当知一时代中，各地方情形不同，不可一概而论，七也。如今固为枪炮之世，然偏僻之地，仍用刀剑弓矢为兵者，亦非无之。以科学定律论事物，固最可信，然科学定律，非遂无误；又科学止研究一端，而社会情形则极错杂，据偏端而抹杀其余，必误矣，八也。事不违理，为一切学术所由建立，然理极深奥，不易确知，时地之相隔既遥，测度尤易致误。故据误理推断之说，非不得已，宜勿用，九也。（据理推断之法，最易致误，然其为用实最广。此法苟全不许用，史事几无从论证矣，此其所以难也。必不得已，则用之须极谨慎。大抵愈近于科学者愈可信，如谓刘圣公本系豪杰，断无立朝群臣、羞愧流汗之理，便较近真；谓周公圣人，其杀管、蔡，必无丝毫私意，便较难信，因其事，一简单，一复杂也。《史通·暗惑》一篇，皆论据理论事之法，可参看。其实此法由来最古，《孟子·万章》《吕览·察传》所用，皆此法也。此法施之古史最难，以其所记事多不确，时代相隔远，又书缺有间，易于附会也）昔人有为言之，或别有会心之语，不可取以论史，十也。搜采惟恐不多，别择惟恐不少，此二语，固治史者所宜奉为圭臬矣。

论论史事之法

前论考证史事之法，夫考证果何所为乎？种谷者意在得食，育蚕者意在得衣，读书稽古，亦冀合众事而观其会通，有以得其公例耳。信如是也，则论定史事之法尚矣。

史事可得而论乎？曰：难言之矣。世界本一也，史事之相关如水流然，前波后波息息相续，谓千万里外之波涛，与现在甫起之微波无涉，不可得也。故曰：欲问一事之原因，则全宇宙皆其原因；欲穷一事之结果，则全宇宙皆其结果。佛说凡事皆因缘会合而成，无自相。夫无自相，则合成此事之因缘，莫非此事，因又有因，缘又有缘，即合全世界为一体矣。所谓循环无端，道通为一也。夫如是，则非遍知宇宙，不能论一事，此岂人之所能？彼自然科学所以能成为科学者，以其现象彼此相同，得其一端，即可推其全体也。而社会现象又不然，史事更何从论起乎？虽然，绝对之真理，本非人所能知；所谓学问，本安立于人知之上。就人知以言史学，则论定史事之法，亦有可得而言者焉。

凡论史事，最宜注意于因果关系。真因果非人所能知，前既言之矣，又曰注意于其因果关系者，何也？曰：天非管窥所能知也，然时时而窥之，终愈于不窥；海非蠡测所能知也，然处处而测之，终愈于不测。人类之学问，则亦如是而已。真欲明一事之因果，必合全宇宙而遍知，此诚非人之所能；就其所能而力求其所知之博、所论之确，则治学术者所当留意也。

凡事皆因缘会合而成，故决无无原因者，而其原因为人所不知者甚多。于是一事之来，每出于意计之外，无以名之，则名之曰突变；而不知突变实非特变，人自不知其由来耳。一事也求其原因，或则在数千万年以前，或则在数千万里之外，人之遇此者，则又不胜其骇异，乃譬诸水之伏流。夫知史事如水之伏流，则知其作用实未尝中断。而凡一切事，皆可为他事之原因，现在不见其影响者，特其作用尚未显，而其势力断无消失之理，则可豫决矣。伏生之论旋机，曰其机甚微，而所动者大。一事在各方面，皆可显出结果，恒人视之以为新奇。若真知自然，则其结果，真如月晕而风、础润而雨，可以操左券而致也；而事在此而效在彼者，视此矣。（造金术本欲造黄金也，乃因此发明化学；蒸汽机之始，特以省人工、便制造耳，乃使社会组织为之大变，皆使读史者，不胜惊异。然若深求其因果，则有第一步，自有第二步；有第二步，自有第三步。如拾级而登，步步着实，了无可异；人之所惊异之者，乃由只见其两端，而忽略其中间耳）凡此皆可见人于因果关系，所知不多，故其识见甚粗，措施多误也。心理学家谓人之行为，下意识实左右之。其实社会亦如是，一切社会现象，其原因隐蔽难知者，殆十之八九；而有何因，必有何果，又断非鲁莽灭裂者，所能强使之转移。此社会改革之所以难，而因改革而转以召祸者之所以多也。史学之研求，则亦求稍救此失于万分之一而已。

因果之难知，浅言之，则由于记载之阙误。一物也，掩其两端，而惟露其中间，不可识也；掩其中间，而惟露其两端者亦然。天吴紫凤慎倒焉而不可知，鹤足凫胫互易焉而不可解，史事因果之难知，正此类矣。然浅言之，记载当尸其咎；深言之，则考论者亦不能无责焉。何者？世无纯客观之记载，集薨楄而成陈宇，必已烦大臣之经营也。故考论诚得其方，不特前人之记载，不致为我所误用，而彼之阙误，且可由我而订正焉。其道维何？亦曰审于因果之间，执理与事参求互证而已矣。

凡论事贵能即小以见大。佛说须弥容芥子，芥子还纳须弥。事之大小不同，其原理则一。其原理则一，故观人之相处，猜嫌难泯，而军阀之互相嫉忌，不能以杯酒释其疑可知矣；观人之情恒欲多，至于操干戈而行阴贼而不恤，而资本主义之国恃其多财，以侵略人者，断非可缓颊说论，以易其意，审矣。诸如此类，难可枚举。要之，小事可以亲验，大事虽只能推知，故此法甚要也。

自然现象易明，而社会现象则不然者，以彼其现象，实极简单，而此则甚复杂也。职是故，史事决无相同者，以为相同，皆察之未精耳，然亦无截然不同者。故论史事，最宜比较其同异，观其同中有异、异中有同，则不待用心而自有悟入处矣（凡论史最忌空言，即两事而观其异同，就一事而求其因事义理，皆自然可见，正不待穿凿求之也）。

凡事皆因缘会合而成，则无自性。无自性，则所谓环境者，仅假定之，以便言说思虑，实则与此事一体也。然则论一事，而不知环境，实即不知此事矣。故论史事，搜考宜极博。又凡一事也，设想其易一环境当如何，亦最足明其事之真相也。（设想使人育于猿当如何，便可知人之知识，何者得诸先天，何者得诸后天）又试设想，使中国移居欧洲、欧洲人移居中国，当如何，便可知人与地理之关系。

史事论次之难如此，则知是非得失，未易断言而不可轻于论定。且如汉武之通西域，当时论者恒以为非，吾侪生两千年后，或徒歆其拓地之广，不能了解其说。然试一考当时之史实，则汉武之通西域，本云以断匈奴右臂；然其后征服匈奴，何曾得西域毫厘之力，徒如《汉书》所云汉"忧劳无宁岁"耳。当时人之非之，固无足矣。然试更观唐代回鹘败通，西域至今为梗，则知汉代之通西域，当时虽未收夹击匈奴之效，然因此而西域之守御甚严，匈奴溃败之后，未能走入天山南北路，其为祸为福，正未易断言也。梁任公《中国历史研究法》史迹之论次，一章论汉攻匈奴，与欧洲大局有关，其波澜可谓极壮阔；其实何止如此，今日欧洲与中国之交涉，方兴未艾，其原因未必不与匈奴之侵入欧有关，则虽谓汉攻匈奴，迄今日而中国还自受其影响可也。史事之论断，又何可易言乎？塞翁失马，转瞬而祸福变易，阅世愈深而愈觉此言之罕譬而喻矣。

史事果进化者乎？抑循环者乎？此极难言者也。中国之哲学，思想上主于循环，欧洲则主于进化。（盖一取法于四时，一取法于生物。两者孰为真理，不可知。主进化论，宇宙亦可谓之进化，今之春秋，非古之春秋也。主循环说，进化亦可谓系循环中之一节，如旧小说谓十二万年，浑混一次，开辟一次，后十二万年中之事与前十二万年同是也。十二万年在今之主进化论者视之，诚若旦暮然。即十二万年而十百千万之，又孰能断言其非循环乎？人寿至短，而大化悠久无疆，此等皆只可置诸不论不议之列耳）以研究学术论，则进化之说较为适宜。何者？即使宇宙真系循环，其循环一次，为时亦极悠久，已大足以供研究，人类之研究，亦仅能至此，且恐并此而亦终不能明也，又何暇骛心六合之表乎？

进化之方面，自今日言之，大略有三：一曰事权自少数人，渐移于多数。此自有史以来，其势即如是，特昔人不能觉耳。一君专制之政，所以终于倾覆，旧时之道德伦理，所以终难维持，其真原因实在于此。自今以后，事权或将自小多数更移于大多数，浸至移于全体，以至社会组织全改旧观，未可知也。二曰交通之范围日扩，其密接愈甚，终至合全世界而为一。此观于中国昔者之一统而可知。今后全世界亦必有道一风同之一日，虽其期尚远，其所由之路，亦不必与昔同，其必自分而趋合，则可断言也。三曰程度高之人，将日为众所认识，而真理将日明。凡读史者，恒觉古人之论人宽，而后世则严。宋儒则诛心之论、纯王之说，几于天下无完人，三代而下无善治，久为论者所讥弹。然试一察讥弹者之议论，其苛酷殆有甚于宋儒，且不待学士大夫，即闾阎市井之民，其论人论事，亦多不留余地。此有心人所为慨叹风俗之日漓也，其实亦不尽然；此亦可云古人之论事粗，后人之论事精。天下人皆但观表面，真是非功罪何时可明？有小慧者何惮而不作伪以欺人？若全社会之知识程度皆高，即作伪者无所仇其欺，而先知先觉之士，向为社会所迫逐、所诛夷者，皆将转居率将之位，而社会实受其福矣。凡此三者，皆社会进化之大端，自有史以来，即已阴行乎其间。昔时之人，均未见及，而今日读史之士，所当常目在之者也。

史学演进趋势

史学演进，可分四期：（一）觉现象有特异者，则从而记之，史之缘起则然也。（二）人智愈进，则现象之足资研究者愈多，所欲记载者乃愈广。太史公欲网罗天下放失旧闻，其机即已如此；至于后世，而其范围亦愈式廓矣。（凡事皆有其惰力，后世史家，尽有沿袭前人、不求真是者，章实斋所讥，同于科举之程式、官府之簿书者也。然以大体言之，所搜求之范围，总较前人为广，即门类不增，其所搜辑，亦较前人为详。《通志·总序》曰：臣今总天下之学术，条其纲目，名之曰略，凡二十略，百代之宪章，学者之能事，尽于此矣）即此思想之代表也。（三）然生有涯而知无涯，举凡足资研究之现象，悉罗而致之，卒非人之才力所堪也，于是苦史籍之繁，而欲为之提要钩玄者出焉。郑樵即已有此思想，至章学诚而其说大昌。樵谓凡著书者，虽采前人之书，必成一家之言。学诚分比次与独断为二类，记注与著述为二事，谓比次之书，仅供独断之取裁，考索之案据。"事万变而不穷，史文当屈曲而适如其事"；"纤悉委备，有司具有成书，吾特举其重且大者，笔而著之"，即此等思想之代表也。然史籍之委积，既苦其研之不可胜研矣；更欲以一人之力，提其要而钩其玄，云胡可得？目不两视而明，耳不两听而聪，涉之博者必不精，将见所弃取者，无一不失当耳。（四）故至近世，而史学之趋向又变。史学趋向之更新，盖受科学之赐。人智愈进，则觉现象之足资研究者愈多；而所入愈深，则其所能研究者亦愈少。学问之分科，盖出于事势之自然，原不自近世始；然分析之密，研究之精，实至近世而盛，分科研究之理，亦至近世而益明也。学问至今日，不但非分科研究不能精，其所取资，并非专门研究者不能解。于是史学亦随他种学问之进步，而分析为若干门，以成各种专门史焉。然欲洞明社会之所以然，又非偏据一端者所能，则又不得不合专门史而为普通史，分之而致其精，合之以观其通，此则今日史学之趋向也。

　　恒人之见，每以过而不留者为事，常存可验者为物。研究事理者为社会科学，研究物理者为自然科学，此亦恒人之见耳。宇宙惟一，原不可分，学问之分科，不过图研究之利便。既画宇宙现象之一部，定为一科而研究之，则凡此类现象，不论其为一去无迹、稍纵即逝，与暂存而不觉其变动者，皆当有事焉。此各种科学，所以无不有其历史，亦即历史之所以不容不分科也。然则史不将为他种科学分割以尽乎？是又不然，宇宙本一，画现象之一部而研究之，固各有其理；合若干科而统观之，又自有其理。此庄子所谓丘里之言，初非如三加三为六，六五所余于两三之外也。故普通史之于专门史，犹哲学之于科学。发明一种原理，科学之所有事也；合诸种原理而发明一概括之原理，哲学之所有事也。就社会一种现象，而阐明其所以然，专门史所有事也；合各种现象，而阐明全社会之所以然，普通史之所有事也。各种学问，无不相资，亦无不各有其理，交错纷纭，虽非独存，亦不相碍，所谓帝网重重也。且专门家于他事多疏，其阙误，恒不能不待观其会通者之补正，史学又安得为他科学所分割乎？有相得而益彰耳。然则将一切史籍，悉行看做材料，本现今科学之理，研究之以成各种专门史，更合之而成一普通史，则今日史学之趋向也。

　　史学能否成为科学，此为最大疑问。史学与自然科学之异有四：自然现象，异时而皆同，故可谓业已完具；史事则不然，世界苟无末日，无论何事，皆可谓尚未告终，一也。自然现象，异地而皆同，故欧洲人发明之化学、物理学，推之亚、非、澳、美而皆准；史事则不然，所谓同，皆察之不精耳，苟精察之，未有两事真相同者也。然则史事之当研究者无限，吾侪今日所知史事诚极少，然史事即可遍知，亦断无此精力尽知之也，二也。自然现象既异时异地而皆同，则已往之现象，不难推知，而材料无虞其散佚；史事则又不然，假使地球之有人类为五十万年，则所知弥少矣，而其材料，较诸自然科学所得，其确实与否，又不可以道里计也，三也。自然科学所研究之物，皆无生命，故因果易知；史事则正相反，经验不足恃，求精确必于实验，此治科学者之公言，然实验则断不能施诸史事者也，四也。由此言之，欲史学成为科学，殆不可得。然此皆一切社会科学所共，非史学所独也。社会现象所以异于自然现象者，曰：有生命则有自由，然其自由决非无限。况自然现象之单简，亦在实验中则然耳。就自然界而观之，亦何尝不复杂？社会现象，割截一部而研究之，固不如自然科学之易，而亦非遂无可为。若论所知之少，社会科学诚不容讳，自然科学亦何尝不然？即如地质学，其所得之材料亦何尝不破碎邪？故社会科学与自然科学之精确不精确，乃程度之差，非性质之异，史学亦社会科学之一，固不能谓其非科学也。

第七篇

中国史籍读法

弁　言

　　此稿乃予在华东师范大学讲学时，拟于一九五四年春夏间，为历史系毕业班学生作若干次讲演者。开学未几，予即患病，在家休息。所拟讲演之语，病闲后曾写出崖略，仅就涉想所及，既未能精密构思，亦未能详细参考，所说极为浅近，似无一顾之价值。但为初学计，作者虽诒浅陋之讥，读者或有亲切之感，所以未遽弃掷。其中仍有一部分，似乎颇涉专门者，则因旧籍性质如是，不知其性质，无从说起读法也。研究历史之事，不限于读书；读书不限于读中国书；读中国书，亦不限于旧日之史籍；所以此稿所述，不过治史学者一小部分人所有事而已。然治学固贵专精；规模亦须恢廓。目能见六合之大，再回过来治一部分的事情，则其所从事者不至于无意义；而其所取之途径，亦不致误其方向，如俗所谓钻牛角尖者。然则此稿所言，虽仅一部分人所有事，而凡治史学者，似亦不妨一览，以恢廓其眼界了。此亦所言虽极浅近，而未遽弃掷之微意也。一九五四年六月，吕思勉自记。

史学之用安在

　　史学究竟有用没有用？这个问题提出来，听者将哑然失笑。既然一种学问，成立了几千年，至今还有人研究，哪得会无用？问题就在这里了。既然说有用，其用安在？科举时代的八股文，明明毫无用处；然在昔日，锢蔽之士，亦有以为有用的。（他们说：八股文亦有能发挥义理的。这诚然，然义理并不要八股文才能加以发挥，创造八股文体，总是无谓的。这并不但八股；科举所试文字，论、策外实皆无用，而论、策则有名无实，学作应举文字的人，精力遂全然浪费，而科举亦不足以抡才了。然人才亦时出于其中，右科举者恒以是为解。正之者曰：若以探筹取士，人才亦必有出于其中的；此乃人才之得科举，而非科举之得人才，其说最通。所以一种无用之物，若以他力强行维持，亦必有能加以利用者，然决不能因此遂以其物为有用）可见一种事物，不能因有人承认其有用，而即以为有用；其所谓有用之处，要说出来在事理上确有可通。然则历史之用安在呢？

　　提出这个问题来，最易得，而且为多数人所赞同的，怕就是说历史是前车之鉴。何谓前车之鉴？那就是说：古人的行事，如何而得，则我可取以为法；如何而失，则我当引以为戒。这话乍听极有理，而稍深思即知其非。天下岂有相同之事？不同之事，而执相同之法以应之，岂非执成方以治变化万端之病？夫安得而不误！他且勿论，当近代西方国家东侵时，我们所以应付之者，何尝不取鉴于前代驭夷之策（其中诚然有许多纯任感情、毫无理智的举动和议论，然就大体观之，究以经过考虑者为多。其结果怎样呢？又如法制等，历朝亦皆取鉴前代，有所损益。当其损益之时，亦自以为存其利而去其弊，其结果又怎样呢？此无他，受措施之社会已变，而措施者初未之知而已。此由人之眼光，只会向后看，而不会向前看。鉴于前代之弊，出于何处，而立法以防之；

而不知其病根实别有在，或则前代之弊，在今代已可无虞，而弊将出于他途。此研究问题，所以当用辩证法也。譬如前代赋役之法不能精详，实由记账之法不能完善。明初鉴于前代，而立黄册与鱼鳞册，其记账之法，可谓细密了；然记账之事，则皆委之地主、富农之流，此辈皆与官吏通同作弊之人，法安得而不坏？此为历代定法总深鉴于前代，而其结果依然不能无弊一个最深切明显之例。其他若深求之，殆无不如此。此理，方正学的《深虑论》，有些见到，但仅作一鸟瞰，粗引其端，未及详细发挥而已），所以治史学，单记得许多事实，是无用的。早在希罗多德，就说治史之任务有二：（一）在整理记录，寻出真确的事实；（二）当解释记录，寻出那些事实间的理法。据李大钊在上海大学所讲演的《研究历史的任务》。希罗多德（Herodotos），希腊最早之史学家，生于公元前四八四年，即入春秋后之二百三十五年。而在中国，亦以为道家之学，出于史官，"历记成败、存亡、祸福"，所以能"秉要执本"了。《汉书·艺文志》。然则史学之所求，实为理而非事。"事不违理"，借用佛家语。这本无足为奇，然而问题又来了。

学问决没有离开实际的，离开实际的，只是"戏论"。（亦借用佛家语。佛家譬诸"龟毛、兔角"，谓想象中有其物，而实际则无之也）譬如马克思的学说，观鉴社会的变迁，因以发明其发展之由，推测其前进的方向，而决定因应及促进之法，这自然是最有用的了。然则这种学问，究竟是从读史得到的呢，还是从身所接触的事物得到的呢？这个问题提出，我们知道：马克思虽已长往，果能起诸九泉而问之，其答语，必是说：看了被压迫阶级的苦痛，深知其与社会组织相关，然后求之于史，而知其变迁、发展之由；必非于当代之事茫无所知，但闭户读书，铢积寸累，而得一贯串全史可以用诸当代的新发明。

中国有史学吗?

　　说到此，就觉得旧有史学的无用。把史部的书翻开来，自然全部都是记载。为之羽翼的，则从性质上言之，大致可分为三种：（一）注释：因前人书中之名物、训诂，后人不易明了而为之说明；（自隋以前，史学并有专门传授；唐初犹然，即由于此。《隋书·经籍志》说：正史"惟《史记》《汉书》，师法相传并有解释。《三国志》及范晔《后汉》虽有音注，既近世之作，并读之可知"，可见其注释专为文义。此为注释之正宗；若裴松之之注《三国志》，广搜佚闻，则实属补克一类矣。名物、训诂，时代相近之作，虽大体易知；然一时代特殊之语，亦有相隔稍远，即不易了解者，官文书及方俗语皆有之，实亦需要解释也）（二）考证：前人书有误处，为之纠正；（三）补充：任何一部书，不能将应有的材料搜集无遗，于其所未备的，为之补足。如清人所补各史表、志即是。这种著作，往往费掉很大的精力，其成绩亦诚可钦佩，但亦只是希罗多德所谓寻出真确的事实而已；寻出其间理法之处实甚少；更不必说如马克思般，能发明社会发展的公例了。然则饱读此等书，亦不过多知道些已往的事实而已，于现在究有何用？无怪近来论者说中国史料虽多，却并不能算有史学了。这话似是，其实亦不尽然。一切书籍，从其在心理上的根据说来，亦可分为三种：即（一）根于理智的，是为学术；（二）根于情感的，是为文辞；（三）根于记忆的，是为记载。中国书籍，旧分经、史、子、集四部。经、子虽分为两部，乃由后世特尊儒学而然；其实本系同类之物，此在今日，为众所共喻，无待于言。经、子自然是属于理智的。史部之书，与属于记忆者相当，亦无待言。集部之书，多数人都以为属于文辞，其起源或系如此；但至后来，事实上即大不然。我国学术，秦以前与汉以后（此以大致言之，勿泥），有一个大变迁，即古为专门，后世为通学。（此四字本多用于经学，今用为泛指一般学术之辞。即：专门二字，本指治经而墨守一家之说者，通学则兼采诸家；今所用：专门指专守经、子中一家之说，通学则指兼采诸家也）在古代，研究学问的人少，学问传布的机会亦少，有研究的人，大都只和一种学说接触，所以不期而成为专门；直到东周的末年，始有所谓杂家者出现。（此就学术流别言，非指今诸子书。若就今诸子书而论，则因（一）古书编纂错乱；（二）有许多人，又特别为著书之人所喜附会，殆无不可成为杂家者。如《晏子春秋》，兼有儒、墨之说，即因儒、墨二家，并欲依托晏子；管子名高，更为诸家所欲依托，则其书中，儒、道、法、兵、纵横家之言，无所不有矣。其一篇中诸说杂糅者，则编纂之错乱为之：盖古简牍难得，有所闻皆著之一编，传录者亦不加分别，有以致之也）至后世则不然了，除西汉经生锢蔽的，还或墨守一先生之说外；其大多数，无不成为通学，即无不成为杂家。一人的著述中，各种学说都有，实跨据经、子两部；（此为学术上一大进步，前人泥于尊古之见，以为今不如古，误矣。后世分别子、集，亦自谓以其学专门与否为标准，然其所谓专门者，则其书专论一种事物耳，非古所谓专门也）而同时，这种人又可系热心搜辑旧闻的人，遇有机会，即行记载。又集部的编纂，以人为主，其人自己的行事，亦往往收入其中。（如《诸葛忠武集》等即此类，实无其人执笔自作之文字也。后世之名臣奏议等，尚多如此。文人之集，固多但载其作品；然注家亦多搜考行事，务求详实，与其自己的作品，相辅而行）如此，则集部之书，又与史部无异。所以前人的文集，譬以今事，实如综合性杂志然，其内容可以无所不有。把书籍分为经、史、子、集四部，只是藏庋上的方便，并非学术上的分类。章实斋的《校雠通义》，全部不过发挥此一语而已。（要作学术上的分类，除编类书莫由）所以我们要治史，所读的书，并不能限于史部。在后世不能不兼考集部，正和治古史不能不兼考经、子相同。向来治史的人，于集部，只取其与史部性质相同，即属于记载的一部分；而不取其对于社会、政治……发表见解，与经、子相同的一部分。那自然翻阅史部之书，只见其罗列事实，而不觉得其有何发明，使人疑中国只有史料，并无史学了。

所以如此，亦有其由。前人著述，或其议论为他人所记录，涉及历史的，大致可分为三种。第一种所谓别有会心。即其人之言论，虽涉及古事；然不过因此触发，悟出一种道理，与古事的真相，并不相合。此等言论，虽亦极有价值，然另是一种道理，初不能用以解释或评论史事。（如苏子瞻论荀卿，谓李斯之焚书，原于卿之放言高论，此特鉴于当时党争之愈演愈烈，有所感而云然；

事实之真相，并非如此。后来姚姬传作《李斯论》，又说斯之焚书，特以逢迎始皇，使其所遇非始皇，斯之术将不出于此，亦特鉴于当时风气之诡随，立朝者多无直节，"一以委曲变化从世好"而云然；史事之真相，亦并非如此也。此即两先生亦自知之，其意原不在论古，特借以寄慨、托讽而已。若据此以论荀卿、李斯，便成笨伯了。）第二种则综合史事，而发明出一种道理来。有专就一类事实，加以阐发的；亦有综合多种事实，观其会通的；又有综合某一时代、某一地域的各种事实，以说明该时代、该地域的情形的。其内容千差万别，要必根据事实，有所发明，而后足以语于此。空言阔论无当也。这正和希罗多德所谓寻出事实间之理法者相当，在史学中实为难能可贵。然第三种专从事实上着眼。即前所云注释、考证、补充三类，力求事实之明了、正确、完备，与希罗多德所谓寻出真确之事实相当者，亦未可轻。因第二种之发明，必以此为根据，此实为史学之基础也。此即所谓章句之学。"章句之学"或"章句之士"四字，习惯用为轻视之辞；然欲循正当之途辙以治学问者，章句之学，又卒不能废，实由于此。"章句"二字，最初系指古书中之符号；其后古书日渐难明，加以注释，亦仍称为章句；注释之范围日广，将考证、补充等一概包括在内，章句之称，仍历时未改（说出拙撰之《章句论》，曾由商务印书馆印行，后又收入其《国学小丛书》中）。今且勿论此等详细的考据。"章句之学"四字，看做正式治学者与随意泛滥者不同的一种较谨严的方法；"章句之士"，则为用此方法以治学的人，就够了。此等人，大抵只会做解释、考证、补充一类的工作，而不能有所发明，所以被人轻视。然非此不能得正确的事实，所以其事卒不能废。异于章句之士，能寻出事实间的理法者，为世所谓"通才"，其人亦称为"通人"。天下章句之士多而通人少；故能为章实斋所谓"比次之业"者多，而能著作者少。近数十年来，专题论文，佳篇不少；而中国通史，实无一佳作，并稍可满意之作而亦无之，亦由于此。章句之学和通才，实应分业，而难兼擅：因大涵者不能细入，深入者不易显出，不徒性不相同，甚至事或相克也。刘子玄叹息于才、学、识之不易兼长，实未悟分业之理。然人宜善用所长，亦宜勤攻己短。性近通才者，于学不可太疏；性善章句者，于识亦不可太乏也。中国人的史学，实在第二、第三两种都有的。向来书籍的分类，只把性质属于第三种之书，编入史部；其属于第二种的，则古代在经、子二部，后世在集部中。浅人拘于名义，以为中国史学，限于史部之书，就谓其只有史料而无史学了，这实在是冤枉的。

再为中国史学诉冤

　　说到此，还该有一句话，为中国的旧史诉冤。那即是近来的议论，往往说旧时史家颠倒是非。旧时史家颠倒是非者诚有之，如魏收之被称为秽史是。然其所谓颠倒者，止于如此，不过偏端，并非全体。若将全体的是非，悉行淆乱，则必无人能做此事。而据近来的议论：则几谓旧史全部之是非无一可信；所载事实，无一非歪曲、伪造。问其何所见而云然？譬如说，历代的史籍，对于政府，悉视为正统，对于反抗政府的人，则悉视为叛逆；于政府之暴虐、激变，及其行军之骚扰、军队之怯懦、战争之失利，多所隐讳，而于反抗政府之人，则一一切反是便是。（此系举其一端；其他，如汉族与异族的冲突，则归曲于异族，而不着汉族压迫之迹，如近人所谓大汉族主义等皆是）须知旧时之作史者，并非各方面的材料都很完备，而据以去取；只是据其所得的材料，加以编辑，以诒后世而已。当其编辑之时，自古史家有一大体同守的公例，即不将自己的意思，和所据的史料相杂。此即《谷梁》所谓"信以传信，疑以传疑"；（见桓公五年。这句话的意思，就是说：相传的说法，无论自己以为可信，抑以为可疑，都照原来的样子传下去。人人谨守此法，则无论时代远近，读书的人，都得到和原始材料接触的机会；而后人的议论，只须发表自己的意见，而不必再行叙述，则史籍的分量，不致过多，亦可节省读者的精力也）亦即后世史家所谓"作文惟恐其不出于己，作史惟恐其不出于人"。可见其例起源甚古，沿袭甚久。其极端者，乃至于所据史料，不过照样誊写一过；于不合自己口气之处，亦不加改动，如《史通》所讥《汉书·陈胜传》仍《史记·陈涉世家》"至今血食"之文。而不知直录原文，实为古人著书之通例。（照例愈古则愈严。不但直录原文，不加改窜；即两种原文，亦不使其互相搀杂。如《史记·夏本纪》绝不及羿、浞之事，而《吴世家》详之；以《夏本纪》所据者，乃《帝系》《世本》一类之书；《吴世家》所据者，则《国语》之类，不以之相订补也。全部《史记》复缠、矛盾之处，触目皆是，初学者随意披览，即可见得，史公岂有不自知之理？所以如是者，古人著书的体例，固如是也；此例守之愈严，愈使古书之真相，有传于后）古人所缺者，乃在于原文之下，未曾注明其来历，然此至多不过行文条例不如后人之密而已。亦间有注明者，如《汉书·司马迁扬雄传》，都著其自叙云尔是也。则其余不著者，或在当时人人知之，不待加注，亦未可知。且如引书必著卷第，亦至后世而始严；古人则多但著书名而已。亦以时愈晚，书愈多，卷帙愈巨，翻检为难；在古代则并不尔也。出于他人之说，有两说异同者，古人未尝不并存。其远者，如《史记·五帝本纪》，既说"神农氏世衰，诸侯相侵伐，暴虐百姓，而神农氏弗能征"，又说"炎帝欲侵陵诸侯"；（神农古多谓即炎帝，《史记》亦不以为两人）其近者，则如《旧唐书》的《高宗王皇后传》，一篇之中，说王皇后、萧淑妃死法，即显相抵牾。所记之事，苟有一种材料，怀疑其不足信者，亦未尝不兼着其说。如《金史·后妃传》，多载海陵淫秽之事，盖据金世实录；而在《贾益谦传》，却明著"大定间，禁近能暴海陵蛰恶者，辄得美仕，故当日史官修实录，多所附会"。然则歪曲、伪造者，乃当日修实录之史官，而非修《金史》之人。历代政府一方面对于人民，平时的暴虐，临事的激变，及人民起义之后政府行军的骚扰，军队的怯懦，战事的失利，多所隐讳；而于反抗政府的一方面，则将其含冤负屈以及许多优点一笔抹杀，作此等歪曲伪造者，亦自有其人。若谓修史者，既明知所据材料之不足信，何故不加以说明，则此为全部皆然之事，人人知之，何待于言？亦何可胜言？（从前读史的人，有治学常识者，其于史文，本只当他记事之文看，并只当他一方面所说的话看，无人以其言为是非之准，并无人信其所记之事皆真实也）其有之，则学究之流而已。修史者不改原文，但加编辑，不徒不能尸诒误后人之咎；反可使后人知史料之不足信，不啻揭发其覆，使读者"闻一知二"了。（如《金史》既有《贾益谦传》之文，则《后妃传》所载者，亦可云非以著海陵之淫乱，特以著金世实录的诬罔；然晦陵亦非不淫乱，暴其恶者亦不可云尽诬，亦未便一笔抹杀，故又存其文于《后妃传》也）若说人民方面的材料，与政府方面的材料相反者，虽云缺乏，亦非一无所有，作史者何不据以参考，兼著其说？则不知史以正史为主，历代的正史，无论其为官纂、为私修，实皆带有官的性质。（其关系最大者，为所用仍系官方的材料，及著述不甚自由两端，说见下节）此乃被压迫阶级不能自有政权，而政权为压迫阶级所攘窃之故，非复著述上的问题了。说到此，则不能不进而略论中国历史的历史。

史权为统治阶级所篡

　　历史材料的来源，本有官私两方面。历史材料极其繁杂。（自理论上言之，当分为记载、非记载两种。属于非记载的，又分为：（一）人，谓人类遗体；（二）物，包括：（甲）实物，（乙）模型、图画；（三）法俗：凡有意制定而有强行性质者为法，成于无意而为众所率循者为俗。记载包括口碑，又分为：（一）有意记录，以遗后人的；（二）非欲遗后，但自记以备查检的；（三）并非从事记载，但后人读之，可知当时情状的。（一）指作史言；（二）如日记、账簿等，即官府的档案，亦可云属于此类；（三）则史部以外的书籍悉属焉。此所云者，仅（一）项中之大别而已）私家的材料，即所谓"十口相传为古"，乃由群中之人递相传述的故事。此其起源，自较官家的记载，出于史官者为早。但到后来，史料的中心，却渐移于史官所（一）记录、（二）编纂了。此其故有二：（一）只有国家，能经常设立史官，以从事于记录；而一切可充记录的材料，亦多集于政府（如卫宏《汉仪注》说：汉法，天下计书，先上大史，副上丞相），所以其材料较多而较完全。寻常人民：（甲）和国家大事，本无接触；即有所知，亦属甚少；（乙）常人对于不切己之事，多不关心，未必肯从事于记录；（丙）又或有此热情而无此机会；（如著作之眼目等）（丁）有所成就而不克流传。（如为物力或禁令所限）私史的分量，就远少于官书；其所涉及之方面亦远少；从时间上论，亦觉其时断时续了。（此所谓私史，以其材料之来源，与官方不同者为限。若编纂虽出私人，材料仍取诸官家，即不可谓之私史了。以此为衡，则私史实少。此亦不可为古人咎，实为环境所限。凡事不能孤立看。以史材论：在某一时代，能有何种性质的材料出现？其分量有若干？能保存而传诸后来的，又有若干？以著述论：某一时代，众所视为重要者，有何等问题？对于此等问题，能从事研究的有若干人？其所成就如何？能传之后来者又有几何？均为环境所限。不论环境，徒对古人痛骂一番；或则盲目崇拜，皆非也）（二）史官所记，几于全部关涉政治。只记政治上的事情，而不及社会，在今日众所共知为史学上的缺点，但此乃积久使然；当初起时，其弊并不甚著。此由后世的社会太大了，包括疆域广大、人民众多、各地方情形不同等。政府并不能任意操纵，所谓统治，不过消极的用文法控制，使其不至绝尘而驰而已。（此为治中国史者最要而宜知之义，至少自汉以后即如此。毛泽东同志在《中国革命和中国共产党》中说："如果说，秦以前的一个时代是诸侯割据称雄的封建国家，那么，自秦始皇统一中国以后，就建立了专制主义的中央集权的封建国家；同时，在某种程度上仍旧保留着封建割据的状态。"这几句话，对于向来所谓封建、一统之世同异之点，分析得极为清楚。统治阶级的利害，与被统治者恒相反。处于统治地位的，在诸侯割据之世，为有世封及世官的贵族；在中央集权之世，则代之以官僚。君主固与官僚属于同一阶级，然行世袭之制，则入其中而不得去；与官吏之富贵既得，即可离职而以祸遗后人者不同。故君主虽借官僚以行剥削；又必控制其剥削，限于一定的程度，使不致激成人民之反抗。凡英明的君主，必知此义；一朝开创之初，政治必较清明者以此。然中国疆域太大，各地方的情形太复杂，以一中央政府而欲控制各地方及各事件，其势实不可能；而每办一事，官吏皆可借以虐民；干脆不办，却无可措手。所以集权的封建之世，中央政府即称贤明，亦不过能消极地为民除害至于某一程度，而能积极为民兴利之事却甚少。旧时的政治家有一句格言说："治天下不如安天下，安天下不如与天下安。"治天下是兴利；安天下是除害；与天下安，则并除害之事亦不办了。因为要除害，还是要有些作为，官吏还可借以虐民的。此种现象的原理，实根于阶级对立而来，所以非至掌握政权的阶级改变，不能改变。但特殊的事件，可以放弃；常务则不能不行，官吏又借以虐民，则如之何？则其所以控制之者为文法。文法之治，仅求表面上与法令的条文不背；而实际是否如此，则非所问。此即所谓官僚主义，为论者所痛恶，不自今始，然仍有其相当的作用。如计簿：下级政府不能不呈报上级，地方政府不能不呈报中央，明知所报全系虚账；然既须呈报，则其侵吞总有一个限制。又如杀人：在清代，地方政府已无此权，太平天国起义后，各省督抚，乃多援军兴之例以杀人，此实为违法；然既须援军兴之例乃能杀人，则其杀人之权，亦究有一个限度，皆是也。中央集权的封建国家，号称清明之世，所能维持者，则此最小限度而已）所以但记些政治上的事件，并不能知道社会上的情形。（因为政治上所办的事情，实在太少了。且如历法，向来总以为人民不能自为，非仰赖政府不可的，其实不然。唐文宗时，西川曾请禁官历颁行以前民间先自印卖的历书；而据《新五代史·司天考》，则当时民间所用的，实别有一种历法，时人称为小历，并非政府所用之法。直至宋时，还系如此。南宋末年，西南偏僻之区，官历失颁，梧州等地大、小尽互异，民间就无所取正了，事见《困学纪闻》。即至近代，亦未能免，官用之历法久变，民间印行历本，还有据明人所造《万年历》的，以致大、小尽亦有差池。民间所用历法，或不如官法之确，然日用并不仰赖政府，则于此可见。且政府革新历法时，所用之人才，亦皆出于民间；若钦天监等官署所养成的人才，则仅能按成法做技术工作，不能创法与议法也。举此一事，其余可以类推）但在古代小国寡民之世则不然，此时政治上所办者，尚系社会的事情；而社会上最重要的事情，亦即操在政府手里。（所以政治二字，随时代之古近，范围广狭，各有不同。大致时代愈古，所包愈广）所以但记政治上的事件，即可见得社会上的情形。人类的做事，是有其惰性的，非为局势所迫，一切只会照着老样子做去。况且社会的变迁，一时是看不出来的。又且历代政府，于全局之控制虽疏，究为最高权力所在，其所措施，至少在表面上为有效。所以习惯相沿，史官所记，就都偏于政治方面了。（此所谓政治，其范围业已甚狭了）私家所知政治上的事件，固不能如史官之多；有些方面，亦不能如史官之确，（如人、地名，年、月、日，官、爵、差遣名目等）这亦使历代的史料，逐渐转移到以史官所记为重心。

　　读史必求原始的材料。真正原始的材料，现在实不易得；大体上，众共据为原始材料的，则历代所谓正史而已。（此系为物力所限。《南/北史》行，而《魏》《齐》等史即有缺佚；《新五代史》行，而《旧五代史》之原本遂不可得：足见正史修成后，尚不易完全保存，更无论所据的原料了。历代政府，所以恒视修前朝之史为重要之事；而每逢开馆修史，亦必有热心赞助之人，即由于此。前人修史，用功精密者，多先作长编。如其书修成之后，长编仍获保存，实可省后来校勘者许多精力，且可保存修书者弃而未取的材料。然长编恒不获保存，亦由为物力所限也）历代所谓正史，大体上自南北朝以前为私撰，唐以后则为官修。（可参看《史通·古今正史篇》。自唐以后，纯出私修者，一欧阳修之《新五代史》而已，然其材料并不丰富也）然即在南北朝以前：（一）所有者亦必系官家的材料；（如司马迁虽为史官，其作《史记》，实系私人事业；然其所以能作《史记》，则实因其身为史官，故能得许多材料，如所谓"绌史记金匮、石室之书"是也）（二）或则受政府的委托，由政府予以助力；（如沈约之《宋书》，萧子显之《齐书》，姚思廉之《梁／陈书》，魏收之《魏书》，均系如此）此等虽或奉敕所撰；或得政府供给材料，补助物力；然其人皆本有志于此，纂辑亦以一人为主，故仍不失其私撰的性质。（三）其或不然，则将受到政府的干涉，言论实并不自由。（如班固，即以有人告其私改国史下狱。所以自政府设立史官，从事记录、编纂以来，作史之权，即渐为统治阶级所窃。记录之权的被窃，观前言史料渐以史官所记为重心可知。编纂之权的被窃，则观唐以后正史非借官修之力不能成可知。因非有政府之权力、物力，不能征集材料，支持馆局也。在清世，万季野可谓挺挺高节，然清开史局，亦卒以布衣参史事，即由知非此《明史》必不能成，不得不在署衔、不受俸的条件下，委曲求全也。黄梨洲送季野诗云："不放河汾声价倒，太平有策莫轻题"，其不肯屈节之心，昭然可见；而犹有议其作《明夷待访录》为有待于新朝者，真可谓形同瞽鼓矣。然亦卒遣其子百家北上备史馆询访，其心，犹之季野之心也。向使作史之权，不为统治阶级所窃，史家何必如此委曲；而其所成就，亦岂止如此哉？然此为政权被攘窃后必至之势，革命者所以必争政权也）于是有（一）积极的伪造史实；[如汉末为图谶盛行之世，后汉先武即为造谶最甚之人，而又以此诬刘歆、公孙述等，说见拙撰《秦汉史》第二十章第四节；伪造先世事迹者，莫甚于拓跋魏，详见拙撰《晋南北朝史》第三章第八节。（二书皆开明书店本）此时崇尚门阀，伪造世系者尤多，如萧齐之自托于萧何，前人久发其覆矣]（二）消极的消灭史实之举；（魏大武以史案诛崔浩，其实非以作史，而由于浩欲覆魏，袁简斋在《随园随笔》中始言之；清礼亲王昭梿《啸亭续录》又及其事，然皆语焉不详；予始详发其覆，见拙撰《晋南北朝史》第八章第六节。然浩虽非以史事诛；而此案之本身，即为被消灭之一大史实，使其真相湮晦，逾于千载焉。此外魏世史实被隐没者尚多，可参看拙撰《晋南北朝史》第十一章第一节。清世实录，近世研究者证明其常在修改之中，故前后诸本不同；非徒蒋、王两《东华录》之不同，授人以可疑之隙也。此盖由清世家法，人主日读实录而然，亦见《啸亭续录》，则其消灭史实更甚矣。清初尝自号其国曰金，后以恐挑汉人恶感，讳之。然沈阳大东门额坏，旧额露出，赫然署大金天聪几年。一九二〇年，予在沈阳，尚亲见之。当时曾致书教育厅长谢君演苍，属其取下藏诸图书馆。其时之奉天，反动气氛颇甚，有力者多不欲暴清之隐，谢君亦未能行也）（三）甚且如清代，欲乘修史之便而禁书。（清康熙末年，即借修明史为名，诏民间进呈野史。其时虽有所得，不过官吏之完成任务；民间所藏，凡涉及万历末年边事者，即均行删去矣，见戴南山《与余生书》。乾隆时，乃径行搜索。三十九年上谕云："明季野史甚多。其间毁誉任意，传闻异辞，必有抵触本朝之语。正当有此一番查办，尽行销毁，杜遏邪言，以正人心而厚风俗，断不宜置之不办。"其欲消灭汉人的记载，抑明目张胆，直认不讳矣）私家所作之史，其外形，有时诚不如史官之详实；然其内容，则往往为史官所记所无有。然（一）敢笔之于书者已少；（二）即能笔之书，抑或不敢流传；（三）其流传于外者，则已多所改削；（予幼时曾见一抄本《江阴城守记》，述明末典史阎应元抗清之事。谚所谓清三王、九将被杀之说，即在其中；此外尚有江阴人之歌谣等。后来所见抄、刻本，无一得同）（四）况且还要遭禁和受祸！自然私家之史，其分量要大减了。私家作史，不求详实，甚或借此淆乱是非者，诚亦有之。然此正由其发达未能畅遂，不受人重视之故。倘使向来私家作史，一无阻力，则作者必多；作者多，即必受人重视，而引用者多；引用者多，则从事于考证者亦多，不求详实及淆乱是非之弊，自易发现；妄作者的目的，不徒不得达，反将因此受到讥弹。自然私史之作者，不徒加多，亦且程度要提高了。（借使考证之风盛行，李繁之《邺侯家传》等，必不敢出而问世）史官所记，我亦认为很重要的一部分。但以天下之大，各方面情形之复杂，断非少数因职业而从事于此的人所能尽，则可以断言。然则私史的遭阻阏，官史之获偏行，在史学上，确是一个大损失了。此皆由政权为压迫阶级所攘窃之故。所以革命必争政权，确是天经地义。

即以藏庋论，作史之权，为压迫阶级所攘窃，亦是史学上一个大损失。《史记·六国表》说："秦既得意，烧天下诗书；诸侯史记尤甚，为其有所刺讥也。诗书所以复见者，多藏人家，而史记独藏周室，以故灭，惜哉！惜哉！"这一段文字中，"诗书"犹今言书籍；"史记"犹今言历史；（今之《史记》，《汉志》名《太史公书》。"史记"乃一类书籍之总名，此书首出，遂冒其称耳）

"人家"之"人"，疑唐人避讳改字，其原文当作"民"；"周室"二字，包诸侯之国言，乃古人言语以偏概全之例（因古人言语乏总括之辞），断非陵夷衰微的东、西周，还能遍藏各国的史籍，更无待言。（当时大国，亦有能藏外国之史者。《周官》小史，"掌邦国之志"，盖指内诸侯；外史，"掌四方之志"，则指外诸侯，此其国皆现存。又云："掌三皇、五帝之书"，则指前代诸国之史。此皆史官所记。诵训氏，"掌道方志，以诏观事"，《注》云："说四方所识久远之事"；训方氏，"诵四方之传道"，《注》云："世世所传说往古之事也"，则未笔诸书者，其间当有民间之传说也。《周官》所说制度，与《管子》多同，盖齐地之学。齐为大国，又极殷富，故学术亦甚兴盛。稷下学士七十人，可见其养士之规模。其能多藏列国之史籍，亦固其所，若东、西周则断不能有此物力也。纬书谓孔子与左丘明如周，得百二十国之宝书，望而知为造作之说）凡藏于官家，秘而不出之物，最易一遭破坏而即尽。不但史籍，一切书籍，亦系如此。太史公作《史记》，欲"藏之名山，传之其人"，论者或讥其不和民众接近。殊不知他下文还有"通邑大都"四字，他藏庋要在名山，传播原是面向着通邑大都的。要学说的流行，必面向通邑大都而始广。然其地为变动剧烈之地，书籍及能通晓书籍之人，易于流散及播越；山地较为安静，古籍、古物保存的机会较多，所以太史公要分途并进。书有五厄之说，牛弘已慨乎言之;（见《隋书·经籍志》）然至后世，此弊仍不能免，即由攘窃者之自私，将其搜求所得，悉藏之于宫禁之故。倘使购求书籍的物力，不为压迫阶级所专有，而别有文化机关，以司其事；搜求所得，亦不如向来之专藏于官禁，而分藏于风波稳静之地：书籍之亡佚，决不至如此其甚，亦可断言。（清代《四库》书，分藏数处，毕竟灭亡较难，亦其一证）此话从来少人提及；然一经说明，却可令人共信。一切书籍如此；史料之未经流布者，自然更甚了。所以作史之权，为压迫阶级所攘窃，确是史学上一大损失。

虽然如此，参与作史和修史的人，毕竟是和学术有些关系的，总有些保存事实真相，以诒后世的公心。试举和我很切近的一件事情为例。我清初的祖宗吕宫，乃是明朝一个变书的士子。他入清朝便考中了状元，官做到大学士。其时年事尚轻，正可一帆风顺，大做其清朝的伪官，却忽然告病回家了。而其时实在并没有什么病。这是何缘故呢？我们族中相传有一句话，说是由于当时的皇太后要和他通奸，他知道缪毒是做不得的，将来必遭奇祸，所以赶快托病回乡了。虽有此说，也不过将信将疑的传述着，没一个人敢据为信史的。因无人敢笔之于书，但凭传说，故久而模糊也。然一读清朝的《国史列传》（中华书局所印行之《清史列传》。却得到一个证据了），传中明载着：当他告病而未获允许时，王士祯曾参他一本，说他病得太厉害了，"人道俱绝"。试问太监岂不是官？若说无关紧要，则历代宦官握有宰相实权，甚或超过宰相者甚多，"人道"的绝不绝，和做官有什么关系？这便使我们族中的传说，得到一个坚强的证据了。这便是当时作史，后来修史的人，苦心留给我们的真实史料。因他只是据官书材料叙述，所以连最善于伪造和消灭史实的清朝，也给他瞒过了。这便是从前的史家最堪矜愍和使我们感谢的苦心。所以凡事总合详求，不可轻易一笔抹杀（清修明史时，顾亭林与人书云："此番纂述，止可以邸报为本，粗具草稿，以待后人，如刘煦之《旧唐书》。"盖冀官书原文保存者多，则真实之史料保存者亦多，此亦前人之苦心也）。

读旧史宜注意之点

中国史家，既以作史惟恐其不出于人为宗旨，所以其所最尊重的，为其所根据的材料的原文；不但带有原始材料性质的正史如此，即根据正史等书而编纂的史籍，亦系如此。譬如编年史，在前一卷中，还称旧朝的君主为帝，于新朝的君主，则但称其名；到后一卷中，就可改称新朝的君主为帝，而于旧朝的君主，则改称为某主子。此其最大的理由，固为所谓"穷于辞"；然在前一卷中，所用的还多系前朝的史料，在后一卷以后，则所用的多系后朝的史料，必如此，原文的多数，乃易因仍，亦不失为一种理由。这似乎滑稽，然细思之，称号原无关褒贬，亦无甚可笑也。（近人好将前代帝王的谥号撤去，改称其姓名，如称汉武帝为刘彻是。此实甚无谓。无论谥法或庙号，均不含有尊重或褒美之意；而汉武帝是一个皇帝，则不可以不知。称之为汉武帝，则就其名称，已使人知其为某一朝的一个皇帝矣。若其名为彻，则即不知之，亦无甚妨碍，正不必徒劳人之记忆也）旧史作者，多须改入自己的口气，因此，虽极尊重原文，终不能无改动；但其改动亦有一定的体例，读书多者，自能知之。

昔人作史的体例如此，所以旧时史籍，多不能作编纂的人的话看，而只能作其所根据的原文的作者的话看，而史籍的性质，是随时代而不同的，于此，就重烦读者的注意了。

怎样说史籍的性质，随时代而不同呢？原来孤见最难传播。所以一个时代，史事传之后来的，必系其时多数人所能接受的一种说法，而其说多非真相。然则事实的真相，有没有知道的人呢？那自然是有的。然在口说流行的时代，对人无从谈起，即或谈起，亦无人为之传述；在使用文字的时代，未必皆笔之于书，即或笔之于书，其书亦少人阅读。经过一个时期，此等较近真相的说法，就随其人之衰谢而烟消云散；而其流传下来的，只是西洋史学家所谓"众所同意的故事"了。所以历史的内容，实和其时的社会程度，很有关系，此点最宜注意（或谓其时社会的程度既然甚低，何以其时的人机械变诈，曾与后世无异？殊不知为机械变诈之事者乃个人，传历史则群众之力：个人之突出者，各时代皆有之；社会之进化，则自有其一定之程序也）。

从大体上分划，过去的历史，可以分做三个时代，即：

（一）神话时代。这时候，人们还未知道人与物的区别，其文明程度，自然是很低的。然而其时代却是很早的。遂古的史料，大都隐藏于其中。这种材料，在中国人所认为正式的史籍中，似乎不多。因为众所共认为最早的正式的史籍为《史记》，当其编撰之时，社会的文明程度已颇高，故于此等说法，多不之取。《五帝本纪》说："百家之言黄帝者，其文不雅驯"，而所取者专在《大戴礼记》《尚书》一类书，即其明证。然最早的史事，实无不隐藏于神话中；不过经过程度较高的人的传述，逐渐把它人事化，读者不觉其诡异，就共认为雅驯罢了。如能就此等人事化的材料，加以分析，使之还原，还是可以发现其神话的素质的。如《诗经·商颂》说"禹敷下土方"，《书经·禹贡》亦说"禹敷土"，读来绝不见有何神怪之迹；然若将《山海经·海内经》"鲧窃帝之息壤，以湮洪水"，作为敷土的注脚，即可见其中原含有神秘的成分，不过传《诗》《书》的人，不复注重于此，仅作为一句成语传述，而不复深求其中的意义罢了。此等分析的工作，近来所谓疑古派，曾做了一些，虽其说不尽可信，亦于史学有相当的益处。但神话真的有价值；伪造的则转足淆乱史实，用之不可不极谨慎而已（将中国神话保存得最多的为《山海经》。此书非《汉志》所著录的《山海经》，《汉志》所著录的《山海经》，乃讲建设之书，即古所谓"度地居民"之法，读《汉志》原文可见；今书盖汉以前方士之记录，荟萃成编者，二书偶然同名耳。次则《楚辞》，其中《离骚》《天问》等篇，亦多含古代神话。纬书似系神话渊薮，然出汉人造作，多失原形，用之须极谨慎。道家书中，亦保存一部分神话，则又承纬书之流，其可信的程度更低了）。

（二）为传奇时代。这时代流传下来的史迹，都系人事而非神事，似乎其可信的程度增高了。然其所传的，离奇怪诞实甚，而真相反极少，所以运用起来，要打的折扣还很大。譬如西周，确实的情状，我们虽不之知；然其文明程度，决不至十分低下，则无疑义。而自幽王灭亡以后，百余年间，其地为戎、狄所据（幽王被杀，事在公元前七七一年。其后秦文公收岐以西之地，岐以东仍献之周，事在公元前七五〇年，然周实不能有；至秦穆公乃东境至河，则已在公元前七世纪中叶了），把其文明摧毁殆尽。直至战国时，东方诸侯还说秦人杂戎、狄之俗，摈之使不得与于会盟之列。而秦地所以土旷人稀，使秦人能招三晋之人任耕，而自以其民任战者，亦由于此。然则西周的灭亡，是何等大事；然其真相，我们乃绝无所知，所知者则一褒姒的物语而已。此与蒙古自遁入漠北后，至于达延汗之再兴，只传得一个洪郭斡拜济的物语何异？见《蒙古源流考》。蒙古自遁入漠北以后，至达延汗再兴以前，其自己所传的历史，实远不如《明史》所著者之翔实也。回纥自漠北走西域，《新唐书》所载，事迹颇为明白；而回纥人自己，却仅传唐人凿破其福山，以致风水被破坏，自此灾异迭起之说，亦同此例。（见《元史·亦都护传》）以此推之，《左氏》所载夏姬的事迹，亦宁非此类？不过其粉饰的程度较高而已。此等性质的传说，至汉初实尚不乏，断不容轻信为事实。（试举俗所谓鸿门宴之事为例。按当时反动之思想正盛，其视列国并立，转为常局，一统转为变局，所欲取法者，则东周之世，天子仅拥虚名，实权皆在霸主之局。不过战国时七国之君，皆已易公侯之称而为王，所以当时之人，所拟临制诸王之名为帝。齐湣王与秦昭王并称东西帝；秦围赵之邯郸，魏又使辛垣衍间入围城，劝赵尊秦为帝是也。戏下之会，以空名奉义帝；而项羽以霸王之称为诸王之长，即系实现战国以来此种理想。在当时，安有一个人想据有天下，再做秦皇帝之理？其后汉虽灭楚称皇帝，然其下仍有诸王，则与秦始皇的尽废封建，仍异其局。在当时，人人之思想，皆系如此；蒯彻劝韩信中立于楚、汉之间，韩信不听，《史记》说由韩信自信功高，汉终不夺我齐。韩信再老实些，也不会相信汉高祖是个知恩报恩、不肯背信弃义的人；不过自当时想来，皇帝任意诛灭诸王，实不能有此事耳，此乃自古相传之国际法也。汉高祖尽灭异姓诸王，乃系半靠阴谋，半靠实力，并非法律上的权利。而灭异姓诸王后，亦不能不改封同姓，仍不能一人据之，恢复秦始皇之旧局面也。汉帝对诸王权力之增大，乃由灭异姓、封同姓，中央与列国间，有宗法上统属的关系，亦非自古相传天子之国对诸侯之国的权利。然则，当秦朝甫灭之时，安有一人敢萌据有天下、继承秦皇帝之地位之想？范增说：与项王争天下者必沛公，岂是事实？且军门警卫，何等森严，安有樊哙能撞倒卫士，直达筵前，指责项王之理？古人筵宴，中间诚有离席休息之时，且或历时颇久，然亦必有一个限度；乃汉高祖可招张良、樊哙等同出，与哙等脱身回向本军，张良度其已至，然后入谢，筵宴间的特客，离席至于如此之久而无人查问；带有敌意的宾客，与数人间行出军，亦无人盘诘，项羽的军纪，有如此之废弛者？张良献玉斗于范增，范增受而碎之，骂项王"竖子不足与谋"，且当场言"夺项王天下者，必沛公也，吾属今为之虏矣"。增年已七十，素好奇计，有如此之鲁莽者乎？种种事迹，无一在情理之中。然则汉高祖与项羽此一会见，真相殆全然不传；今所传者，亦一则想象编造的故事也。此等传说，在秦、汉间实未易枚举。且如指鹿为马之说，又岂可以欺孩稚邪？）

（三）为传说时代。此期的史实，其最初的来源，仍为人口中的传说，但其所说很接近事实，绝非如传奇时代的离奇怪诞了；然仔细思之，其中所含的文学成分仍不少。譬如《史记》的《魏其武安侯列传》，详述魏其的外高亢而内实势利，喜趋附；武安的器小易盈，骄纵醒酲；以及灌夫的粗鲁任气，以一朝之愤而忘其身，可谓穷形尽相。这断不能凭空杜撰，自然其中多含史实。然观其篇末说武安侯死时，竟有冤鬼来索命，即可知篇中所言，亦仍不可尽信了。此类材料，在唐、宋史中，实尚不免，试观《旧唐书》《旧五代史》及《宋史》，多载时人评论之辞可知。至《元史》以后，则渐少了。

口传较之书面，易于变动，所以史事出于传述的，无意之中，自能将无味的材料删减，有趣的材料增加。这正如《三国演义》，其原始，实系说书先生的底本，不过抄撮历史事实，以备参考，其内容，实和正式的史籍，无甚同异；然到后来，逐渐将说时所附会增益的话，亦行写入，与旧来抄撮的材料，混杂一处，久之遂稍离其真，又久之则面目全非了。试观其愈说得多的部分，离真愈远；而说得少或不甚说及的部分，则仍和正式史籍无甚异同可知。史籍来源出于传说的，其性质实亦如此，不过程度不同罢了。天下有文学好尚的人多，有史学好尚的人少。史学要推求事实的真相；文学则必求复杂的事情简单化，晦暗的事情明朗化。从前军阀纷争的时候，彼此之间，日日钩心斗角，使政治日益紊乱，社会大受影响，这自然是人民所深切关心的。然而多数人，都喜读其时所谓小报，其中内幕新闻之类最受欢迎；而于大报，则能认真阅读者较少。此无他，大报多记事实的外形，其所以然之故，须据事实推求；小报则说得头头是道，如指诸掌，不徒使人相说以解，并可作茶余酒后的谈助而已，然其所言乃无一得实。此其故何哉？人之做事，无不受环境的制约。利用环境，虽可驯服环境，然必能利用，乃能驯服之，即其受环境的制约。所以对于某一个人的行为，苟能熟知其环境者，自易明了其所以然，正不必从幕后窥测，然要熟悉各方面的情势甚难。若将某一个人的行为，归之于其人的性格，或则云由于某一策士的阴谋，或又云由于某一事件的挑动，则其说甚易了解。如此，复杂的事情就简单化，晦暗的事情就明朗化，合乎多数人的脾胃了。这种情况，距今不过数年，总还是我们所亲历，至少是得诸"所闻"的。其来源靠得住么？然而历史事实的来源，如此者亦不乏。

任何人都有一种感觉，读古代的历史，了解及记忆均较易；时代愈后则愈难，因此薄今而爱古。其实适得其反。这正和人们喜欢读小报而不喜欢读大报相同。历史的材料有两种：一种自始即为记录，偏于叙述事情的外形，官文书为最，私家所作碑、铭、传、状等次之；一种则原始出于口传，经过若干岁月，始著竹帛，野史、小说等之来源，大率如此。官文书所说的，固然是官话；碑、铭、传、状等，亦多谀辞。然其夸张、掩饰，自有一定的限度，能伪事之内容，不能伪事之外形，（如为贪官污吏作传者，可云其未曾贪污，不能云其未曾作官吏；可讳饰其激成民变之事，不能云民未曾变也）而且极容易看得出来。将这一部分剥去，所剩下来的，就是事实了。用此等材料所作的历史，将仅剩一连串事实的外形；于内容则全未涉及，而要由读者去推测，最使人感觉苦闷。且读者之推测，乃系后世人的猜想，似不能如并时之人观察所得者的精确。然其结果多正相反。这实由后人的推测，在其事实完全暴露之后，易于原始要终，加以推论；并时的观察家，则无此便利（史事有一般情形，有特殊事件。一般情形，后人所知者，总不能如当时人之多且确。如今之北京、上海，是何情形？将来史家虽竭力考索，总不能如今日身居北京、上海之人是也。特殊事件，则正相反。身处其时者，往往于其真相全属茫然，有所推测，亦多误谬；而将来之人，则洞若观火。实因事实的全部，悉行暴露；则其中一枝一节之真相，自然明了，不待推求，且甚确实也），枝节悉行明了，全体亦无遁形矣。而其物亦本系今内幕新闻之流也。非必著述者有意欺人，其所闻者固如是也。读史者于此义，亦必不可以不知（《啸亭续录》"国史馆"条云："国初沿明制，惟修列圣实录，附载诸臣勋绩、履历、官阶。康熙中，仁庙钦定《功臣传》一百六十余人，名曰《三朝功臣传》，藏于内府。雍正中，修《八旗通志》，诸王公大臣传始备，然惟载丰、沛世家；其他中州士族，勋业懋著者，仍缺如也。所取皆凭家乘；秉笔词臣，又复视其好恶，任意褒贬，皆剽窃碑版中语。纯庙知其弊，乾隆庚辰，特命开国史馆于东华门内，简儒臣之通掌故者司之，将旧传尽行删薙，惟遵照实录、档册所载，详录其人生平功罪，案而不断，以待千古公论，真修史之良法也。后又重修《王公功绩表传》《恩封王公表传》《蒙古、回部王公表传》等书，一遵是例焉。"案列传以碑版、家乘为据，旧有是法，初非修史者敢任其好恶；然清高宗犹以是为未足，而只许依据实录、档册，盖不许天下之人有是非，而欲其一遵当朝之是非，其无道可谓甚矣。然详录其事，案而不断，以待后人论定，则比次之法，固应如是，不能以其出于清高宗之私意而非之。近代修史、立言务求有据，记事侧重外形，固为众所共趋之鹄，亦非清高宗一人之私意所能为也）。

说到此，则并可略论今后作史的方法。现在史学界所最需要的，实为用一种新眼光所作的史钞。史钞之钞，非今所谓照本抄誊之钞。今所谓照本抄誊之钞，昔人称为写、录等，不称为钞。昔人所谓钞，乃撮其精要，而刊落其余之谓。史钞之作，晋、南北朝时最多，读《隋书·经籍志》可见；唐以后就渐少了，这亦可说为史学衰替之一端。史学上的需要，随时代而不同；而每逢学术上的趋向翻然大变之时，则其变动尤剧。今日读昔人所作的历史，总觉得不能满意者以此。编撰新历史，以供今人的阅读，人人能言之。然其所作之书，多偏于议论，并未将事实叙明。此在熟于史事的人，观其议论则可；若未熟史事的人，欲因此通知史事，则势有所不能。此实可称为史论，而不可称为史抄；而其所发的议论，空洞无实，或于史事全未了解，但将理论硬套者，更无论矣。

史抄合作，必将前人所作的历史，（一）仍为今人所需要者因仍之；（二）其不需要者略去；（三）为今人所需要，而前人未经注意者，则强调之使其突出，乃足以当之而无愧。至其文字的体裁，则最好能因仍原文，不加点窜；而自己的意见则别著之，使读者仍能与我们所根据的原材料相接触。如此，分量易多，怕只宜于专门研究的人，而不适于普通的读者。供普通读者阅览之作，怕不能不入自己的口气重作。但根据某书某篇，最好一一注明，使人易于查核；而其改易原文，亦最好有一定的体例，使读者即不查核，亦易分别。此亦为编撰最要之义，不可不注意及之。

至于搜集材料，则目前最紧要之事，实为作史料汇编。除史部固有之书外，更宜将经、子、集三部中有关史事的材料，大举搜集，分为两部分：（一）属于记事的，即前所云足以证明、补充、订正史事的，与史部的记载，相辅而行；（二）为昔人有关史事的见解，此不必论史之作，凡涉及社会、政治，而其中包蕴史事者，皆当采取。因为此等作品，一方面表现昔人对于社会、政治的见解；一方面亦即表现其对于史学的见解。史学的有用，正在于此。使治史学者能多与此等材料接触，自然胸次恢廓，眼光远大，虽性近章句之士，亦不至流于拘泥、琐碎了。这于史学的进步，实在是大有关系的（更推广言之，则编纂大类书，实为今后的急务。学术本须分类，况自专门变为通学，一人的著作中，可以无所不有，则每治一门学问者，势非读遍天下之书不可，夫岂事所可能？故必合群力，举一切书籍，按学术分门，编成大类书，以供治学者之取材而后可。此其分门固极难确当；所辑得者，亦仅限于普通人所能见得，非有特别之眼光不能搜得者，所遗必多；然苟能尽普通人之力，忠实为之，已足为治学者省无限精力矣。编辑大类书，需要很大的物力，势非政府不能为。历代之政府，亦多行之者。最早者如魏世之《皇览》；最近者如明代之《永乐大典》、清代之《图书集成》是也。然政府所办之事，恒不免官僚主义，故如《大典》《集成》，均不见佳。今日的情势，已与往时不同，甚望文化高潮来临之日，政府能以此为当务之急也。史学所涉甚广，好的史料汇编，有时亦可供治他学者之用）。

附录一　古书名著选读拟目

向来古书名著选读等，系专读一两部书。现拟试改一法：于多种书籍中，选读若干篇，俾学生知识较广；如欲深研，亦可多识门径。选读之书，随所想到，举例如下：

《礼记·王制注疏》（《注》与《疏》须全读）

孙星衍《尚书今古文注疏》（择读一篇，以见清儒疏释之法）

陈立《白虎通义疏证》（择读一篇，以见古典制）

陈寿祺《五经异义疏证》(择读一篇,以知今古文异义所在)

《管子》(择有关典制者,与《轻重》各读一两篇)、《老》《庄》《荀》《墨》(《间诂》)、《韩》《商》《孙》。

《吕氏春秋》(择读一两篇,以见古人政论)、《淮南》。

《史记》(选读与经学有关者。《本纪》与《汉书》对读。《世家》,此合《春秋》与《系世》而成。《高祖列传》随体例选读若干篇)

《汉书》(除与《史记》对读者外,再读《志》一两篇)

《后汉书》(与《三国志》择同一人之传,读一两篇,以见史例简严、恢廓之异)

《晋书》(择读一两篇,以见史家多采杂说之例)

《宋》《齐》《梁》《陈》《魏》《齐》《周书》(与《南/北史》对读一两篇,一以见《南/北史》删削之例及其弊,二以见《南/北史》以私史增补官书处)

新、旧《唐书》的《昭宗纪》(对读,以见宋后立例修史者与前此但整齐官书者之异例。《四裔传》中选一两篇对读,以见新书之增事及其妄改文字)

《宋/明史》(择读一两篇,以见晚近凭官书传状修史之例)

《通鉴》(择读一两卷,必须连胡《注》《考异》读)

《纲目》(随《通鉴》读,以见二书体例之异)

《通考》(择读一两门)

《通志》(就《二十略》中择读一二)

《经世文编》(择读一两卷,此章实斋重文征之意,俾知奏议文集之重要)

《宋儒学案》《明儒学案》(择读一二)

《四库书目提要》(读数卷,以启目录学之门径)

《日知录》《廿二史札记》(读数卷,以见读书之贯穿事实及钩考有关致用之问题。《十七史商榷》中亦可选数条)

《十七史商榷》《廿二史考异》(钩考一事者,随选读之史翻阅)

《癸巳类稿》(此书为经生中最有思想者,又多治杂书,可选读一二)

以上系随意举例。教授时除指示阅读方法外,即与学生于阅后讨论,或竟破除寻常上课形式亦可。学生人数不能多。

此项科目于历史系自最有益。他科大体以社会科学为限。欲取材于中国旧籍者亦次之。国文系学生修习者，可以植根底于经、子、史之中，不致但就文论文。又有志学文者，亦可专辟一部分时间，就文学方面讲授或讨论。

附录二

关于正史（上）

[名称之由来]《史通》有《六家》《二体》篇，《隋志》只认其一，今沿用之，此体称纪、传、表、志体，简称纪传体。

正史之名，系在所载的史事较重要、较完全、较正确之观念下成立。

何种史事为较重要的？就旧日之观念言之，可以马端临《文献通考·自序》之言为其代表，即（一）理乱兴衰；（二）典章经制。

正史皆借政府之力而成。即纂述出于私人，材料亦必得自政府。自南北朝以前，皆由（一）私人，（二）政府委任私人撰述，故其性质为独修；唐以后皆由政府设局，合多人之力编纂，故其性质为众修。二者各有所长，但至后世，因材料日多，独修已成为不可能。

正史最重要之性质为保存材料。编纂者之才、学、识，固有高下之不同，然大体皆知注意于此。

因此，正史本不能看做一人之著述，即独撰者亦然。

古人之著作，原可两说并存，史家尤然，如《旧唐书·高宗王皇后传》为其最显著之例，故后人讥古人矛盾，古人不应负责处甚多。

凡正史皆非极精审之作，甚至系不精审之作，仅某一时期所能得之材料，加以编纂而已。此中又分两问题：（一）材料不全，此撰述者不能负责；（二）编纂草率，此则撰述者应负其责，而其中最重要之关键为未作长编。

正史并非最原始的史料；但作正史时所据材料，十九不存，故正史在大体上即为原始的史料。

在正史材料的预备中，国家所设立的史官，作用极大，欲知其略，可看《史通·古今正史篇》及拙撰《史通评》中此篇之评。

中国史学家之见解，大体可分三期，皆因事势而变：（一）初期：注重搜辑史料，加以编纂。此期所欲讨论者，为去取编纂之法，刘子玄之《史通》，为其代表。（二）感觉前人所搜史料范围太狭，力求推广。看郑樵《通志·总序》，可知此等见解。（三）第二期之见解仍在，但书籍日多，感觉其不胜读，乃分（甲）比次史材与（乙）著述为两事。前者所以供作史者之取材；后者则以供阅读。前者愈多愈好，故并要有增加材料的办法（亦可谓之保存）而撰述既成，所据材料仍须保存勿失，以便他人可以校勘或重作。章实斋之《文史通义》，涉史学者，几于全部发挥此思想。

正史所根据之材料，自《汉书》以下，大致相同，即皆以史官所记为本，此显而易见，不待论。惟《史记》所据，较为难明，以鄙意观之，重要者有四：（一）左史，《春秋》类，记事；（二）右史，《尚书》类，记言，其流为"语"，如《国语》《论语》，此类书由记言扩及记行，为列传所本；（三）《系世》，合此及左史，大致为本纪、世家所本；（四）典志，八书所本，表原于古代的谱，乃一种著述的体例，内容无定。

凡正史，愈后愈近于客观，因所据者：（一）愈多书面而非口说，难于走样；（二）愈多官书，注重事之外形，而不以意测度其内容；即私家著述，亦因史学程度之增高，大体上后代较前代为翔实，但欧、宋改作文字有失真处为例外。

以为正史文字古奥难解，此乃误解。反之，正史均甚接近其时之口语。晋、南北朝、隋、唐之史，虽所载文字颇多靡丽，叙事处亦不然。欧、宋为例外，然宋之文为涩体，欧亦不然。读正史所应谨慎者，特在其中多时代语、方俗语、官书语，或难解，或易误解也。

正史非初治史学者急读之书，因其以人为系统，将事实拆散。初学最要者，读《通鉴》及在《文献通考》中择读切于政治经济者十余门，此最为基本，《通鉴》须连《考异》与胡注读。昔人论史之书如《日知录》《廿二史考异》《廿二史札记》《十七史商榷》等，可泛滥，略见昔人治史之法。

关于正史（下）

表——表之为用甚广，后世国史亦均用之，约举如下：

表世系者——如《史记·三代世表》。

表国者——如《史记·六国表》《唐书·方镇表》《辽史·属国表》。

表事者——如《辽史·游幸表》《金史·交聘表》。

表　表地者——如《五代史·职方表》。

表人者——如《辽史》《王子表》《公主表》《元史·后妃表》。

表宫者——如《汉书·百官公卿表》。

书所以记载典章制度，《史记》中凡八篇，《汉书》以下概称志，志之重要者：

河渠（沟恤）

地理（郡国、州郡、地形、郡县）

平准（食货）

刑法（刑、刑）

志　艺文（经籍）

百官（职官）（《魏书》官式）

选举

兵（《辽史》营卫、兵卫）

以上各志河渠地理，治历史地理者必读，其余则普通治史者，皆不可不读也。

世家以记有土之君，但其德行功业甚高，本身虽非诸侯，而子孙受爵荣誉，可比一国之君者，亦列世家，《史记·孔子世家》是也。除《史记》外，后世用之者甚少，《晋书》之载记，亦可称世家之变例。

列传载帝王君主以外之人，可分两种：

依时代之先后，顺次编排，不另立名目者，是为类传。此例亦起于《史记》，如《刺客列传》《货殖列传》是也。后世沿用其例者甚多，普通如《儒林传》《文苑传》等是，特殊者如《五代史》之《伶官传》、《元史》之《释老传》等是。类传与普通之传不同者，以其不与时代先后编排也。但普通之传，虽不立名目，亦有具类似之性质者，如开国时群雄之传，必排在最前，叛臣逆臣必排在最后是也。此外以同类相从者尚多，但仍以时间先后为标准耳。

传中最特别者，为外国传。普通之传，皆以传人，外国传，则以传国。《晋书》另载记，亦可称外传之变例也。正史者列于学官之史也，立于学官，本汉人语。汉时"官"与"宫"通立于学宫之意，即当时学校中所刊之课本也。后世学校仅存其名，然在法律上，课程有常所习之书，亦有规定应科举者亦然。经之立于学官者，谓之正经，史之立于学官者，谓之正史，正史之名，由是而起也。

立于学官之史，原不必拘定体裁，但在事实上所立，皆为《史》《汉》等一种体裁之史。正史固立于学官之名，非体裁之名也。以体裁名之者，或谓之表志纪传体；世家少，故略去。但正史二字沿用已久，表志纪传之名，又轻累重，故用者甚少。立于学官之史，何故专取此一种体裁乎？厥故有二：

一向来史家纪事，注重理乱兴衰、典章经制两种现象。（马端临《文献通考·自序》说，此非马氏之私言，足以代表一般人之意见）我国历史记载者，除正史外，尚有编年、纪事本末、政书三者，但各有所偏，即编年史以时为系统，纪事本末以事为系统，专记理乱兴衰，政书专记典章经制是也。惟表志纪传之史，两者兼赅。立于学官之书，必求完备，不容偏于一方面，此专取此种体裁之故一也。

二读史当然以最初之本为佳，与其读第二、第三次所编订者，毋宁读第一次原本。盖第二、第三次所编之史，必以第一次之原本为根据，故原本实为原料，原则上原料恒不误也。吾国习惯后一朝必修前一朝史，所修皆为表志纪传体，故原料之史，恒属此体，此亦其得立于学官之一因也。

读旧史入手的方法

我这一次的讲演，初意拟以实用为主，卑之无甚高论的；然一讲起来，仍有许多涉及专门的话。这实缘不读旧史则已，既欲读旧史，则其性质如此。天下事不讲明其性质，是无从想出应付的方法来的，所以不得不如此。"行远自迩，登高自卑"，讲到入手的方法，我们就不能不从最浅近、最简易的地方着眼了 [大抵指示初学门径之书，愈浅近、愈简易愈好，惟不可流于陋耳。陋非少之谓，则不陋非多之谓。世惟不学之人，喜撑门面，乃胪列书名，以多为贵，然终不能掩其陋也。当一九二三、一九二四年时，胡适之在北京，曾拟一《最低限度的国学书目》，胪列书名多种，然多非初学所可阅读；甚至有虽学者亦未必阅读，仅备检查者。一望而知为自己未曾读过书，硬撑门面之作。梁任公评之云："《四史》《三通》等，中国的大学问都在此中，这书目一部没有；却有《九命奇冤》。老实说，《九命奇冤》，我就是没有读过的。我固然深知我学问的浅陋，然说我连最低限度都没有，我却不服。"（因原载此评的杂志已毁，无原文可以查检，语句不尽相符，然大致必不误）真可发一噱。任公亦自拟一通，就好得多]。

旧时史部之书，已觉其浩如烟海；而如前文所述，欲治史者，所读的书，还不能限于史部；而且并没有一个界限，竟把经、子、集三部的书都拉来了。这更使人何从下手呢？且慢，听我道来。

欲治史者，所读的书，因不能限于史部，然仍宜从史部为始；而且在史部之中，要拣出极少数、极紧要的书来。

此事从何着手？

旧史偏重政治，人人所知；偏重政治为治史之大弊，亦人人所知。然（一）政治不可偏重，非谓政治可以不重；（二）而政治以外的事项，亦可从政治记载之中见得（如旧史的《食货志》，虽偏重财政，然于社会经济情形，亦多涉及。又如《百官志》，似乎专谈政治，然某一朝的政府，对于某种经济、文化事业，曾设官加以管理，某一朝却放弃了，亦可于其中见得。举此两端为例，其余可以类推），此二义亦不可不知。所以旧时史家视为最重要的部分，仍为今日读史极重要的部分，而宜先读。

旧时史家视为最重要的部分，是哪一部分呢？这个问题，我们可以读马贵与先生的《文献通考·总序》而得到解答。他把史事分为两大类：一曰理乱兴衰，一曰典章经制。前者是政治上随时发生的事情，今日无从预知明日的；后者则预定一种办法，以控制未来，非有意加以改变，不会改变。此就形式言，其实际有效与否，另是一回事。故前者可称为动的史实，后者可称为静的史实。历史上一切现象，都可包括在这两个条件之中了。

正史之所以被认为正史，即因其有纪、传以载前一类的史实；有志以载后一类的史实。然纪、传以人为主，把事实尺寸割裂了，不便观览；（这一点，是不能为太史公咎的。因为后世的历史，纪、传所纪之事，多系同一来源，而将其分隶各篇，所以有割裂之弊。若《史记》则各篇之来源各别，如前说，古人本不使其互相羼杂，亦不以之互相订补也）所以又有编年体，与之并行。编年体最便于通览一时代的大势（任何一件事情，都和其四周的情势有关系，不考其四周的情势，则其事为无意义。然欲将四周情势叙述完备甚难；过求完备，又恐失之过繁。而时间为天然的条理，将各事按其发生之先后排列，则每一事之四周情势，及其前因、后果，均可一目了然，此编年史之所以似繁杂而实简易也。现在学生读史的，往往昧于一时代的大势，甚至有朝代先后亦弄不清楚的。这固由于其人的荒唐，然亦由所读的历史，全系纪事本末体，各事皆分开叙述之故。倘使读过一种编年史，就不至于此了。此供学习用的历史，所以贵诸体并行也。编年史在统一的时代要，在列国并立或统一后又暂行分裂的时代为尤要；欧洲历史分裂时长，又较中国为要。现在世界大通，中外史事互有关系，则追溯从前，亦宜知其相互间之关系；即无直接关系，亦宜将其彼此间的情势，互相对照。然则合古今、中外，而用编年体作一简要的新史抄，实于史学大有裨益也。编年史有两种体裁；一如《通鉴》，逐事平叙，与单看《左传》同。一如《纲目》，用简单之语提纲，其笔法如《春秋》经，事情简单的，其下即无复文字；繁复的，则于下文详叙，低一格或双行书之，谓之目。纲、目合观，恰如将《春秋》与《左传》合编一简。编年史年代长者，一事在于何时，不易检索。因此，温公作《通鉴》，曾自撰《目录》。然《目录》实不完全，且别为一编，检索仍觉不便。若《纲目》，则阅览时可兼看其目；检索时可但看其纲，而所检索者即系本书，尤较另编目录为便利。朱子创此体以救《通鉴》之失，实为后胜于前，不能以其编纂不如《通鉴》之完善而并訾之也。读《通鉴》时，宜随意取一两年之《纲目》，与之并读，以见其体裁之异同。且最适于作长编。作史必先搜集材料，材料既多，势必互有异同，互相重复，故必依一定之条理，将其编排，则同一之材料，自然汇合到一处；重复者可去，异同者亦不待考校而是非自见；其或仍不能判，即可两说并存矣。条理如何，初无一定，要必依其事之性质，实即其事所自具也。时间为最普遍的条理。无他种条理可用时，时间的条理必仍存。即按他种条理分类，每一类之中，时间之先后，仍不可不顾也），在历史年代不长时，得此已觉甚便；一长就不然了，一事的始末，往往绵亘数十百年，其伏流且可在数百千年以上，阅至后文，前文已经模糊了，要查检则极难。所以又必有纪事本末体，以救其弊。（必时间长乃觉有此需要，此纪事本末一体，所以必至袁枢因《通鉴》而始出现也。有此三者，谓纪传、编年、纪事本末三体也。纪传体以人为主，固不免将事实割裂；然人亦自为史事一重要之因素，非谓其能创造时势，乃谓其能因应时势，代表时势之需要耳。故钩求理乱兴衰一类的事实者，非有编年、纪事本末两体以补经传体之缺不可，而纪传体又卒不能废也）理乱兴衰一类的事实，可谓很有条理系统，编纂者都能使之就范了。然典章经制，亦宜通览历代；而正史断代为书，亦将其尺寸割裂。于是又有政书以弥其憾。有此四者，而旧日史家所重视的政治事项，都能俯就编纂者的范围了。

读书宜先博览而后专精。世界上一切现象，无不互相关联。万能博士，在今日固然无人能做，然治学者，（一）于普通知识，必宜完具；（二）与本人专治的学问关系密切的科目，又宜知之较深；（三）至于本科之中各方面的情形，自更不必说了。所以要治史学者，当其入手之初，必将昔人认为最重要之书，先作一鸟瞰。（一切事无不互相关联，所以专治一事者，于他事亦不可茫无所知。近来有伪造唐初钞票以欺人者，人亦竟有受其欺者，即由近人之治学门径太窄之故。若于唐代社会经济、货币、官制、印刷术等方面的知识稍形广阔，即知无论从哪一方面立论，唐初决不能有钞票也）然以中国史籍之多，即将最重要的部分作一鸟瞰，已经不容易了。于此，我们就要一个"门径之门径，阶梯之阶梯"。张之洞《輶轩语》中语。《輶轩语》者，张之洞任四川学政时，教士子以治学门径之作也。

于此，我以为学者应最先阅览的，有两部书：（一）《通鉴》。此书凡二百九十四卷，日读一卷，不及一年可毕。读时必须连《注》及《考异》读。《注》中关系官制、地理之处，更应留心细读。这两门，是胡身之用功最深处，可见得古人治学之细密。凡治史，固不必都讲考据，然考据之门径，是不能不知道的；于注释亦应留意；否则所据的全系靠不住的材料，甚至连字句都解释错了，往往闹成笑柄。[如胡适之，昔年疑井田制度时，称之为豆腐干式，将昔人设法之谈（设法，谓假设平正之例），认为实事，已可笑矣，犹可说也。后乃误古书之方几里者为几方里。不但振振有辞，且于纸角附以算式。逮为胡汉民指出，乃曰：我连《孟子》都忘了。其实此乃根本没有懂，无所谓忘也。旋又据今日之经纬度而疑《汉书·西域传》所载各国道里为不实，作为古书数字不确之证。不知《汉书》所载者，乃人行道里；经纬度两点间之直线距离，则昔人谓之天空鸟迹；截然两事，明见《尚书·禹贡》疏。不读《禹贡》疏，甚而至于不读《孟子》，本皆无足为奇；然欲以史学家自居而高谈疑古则缪矣。其说皆见昔年之《建设杂志》）]（二）次为《文献通考》。（论创作的精神，自以《通典》为优；然《通考》所分门类，较《通典》更密，不可谓非后起者胜。且马君所附考证，议论亦不乏，非徒能排比也。章实斋讥为策括之流，盖于此书实未细读，后人附和之，非知言也。《通志》二十略中，《六书》《七音》《校雠》《图谱》《金石》《昆虫》《草木》等，为旧时史志及《通典》《通考》所无，然非初学所急。故但就《通考》中裁取若干门类）可择读以下诸门：《田赋考》七卷，《钱币考》二卷，《户口考》二卷，《职役考》二卷，《征榷考》六卷，《市籴考》六卷，《土贡考》一卷，《国用考》五卷，《选举考》十二卷，《学校考》七卷，《职官考》十一卷，《兵考》十三卷，《刑考》十二卷，《封建考》十八卷；共一百零四卷，日读一卷，三个半月可毕。（三）此外，章实斋在其所著《文史通义》中，竭力强调别编文征，以补后世有关系的文字太多，正史不能备载之缺。此即予所言治史宜兼考集部中不属于记载部分之理。凡纂辑历代文字者，如《全上古三代秦汉三国六朝文》等，固均有此作用。然其时代最近，读之易于了解，且易感觉兴味者，要莫如贺耦庚的《经世文编》（此书题贺耦庚之名，实则魏默深先生所辑。续编有数种，内容之丰富，皆不逮之），可随意泛览数卷，以见其体例。前人读史，能专就一事，贯串今古，并博引史部以外的书籍，以相证明（此可见其取材之广），而深求其利弊的，莫如顾亭林的《日知录》（亭林此书，就所搜集之材料观之，似尚不如今人所作专题论文之广，然昔人之为此，意不在于考据，故于材料，必有关论旨者然后取之，余则在所吐弃，非未曾见也。严格论之，必如此，乃可称为著述；徒能翻检抄录，终不离乎比次之业耳），可先读其第八至第十三卷。其包孕史事、意在彻底改革，最富于经世致用的精神的，莫如黄梨洲的《明夷待访录》，卷帙无多，可以全读。清代考据家之书，钱辛楣的《廿二史考异》，最善校正一事的错误；王西庄的《十七史商榷》，长于钩稽一事的始末；赵瓯北的《廿二史札记》，专搜集一类的事实，将其排比贯串，以见其非孤立的现象而发生意义；均宜随意泛览，以知其治学的方法。此等并不费时间。然则我所举第一步应读之书，苟能日读一卷，不使间断，为时不过一年余耳。必有人讥议我所举的不周不备。既读《通鉴》，如何不读《续通鉴》《明通鉴》或《明纪》呢？既读《通考》，如何不读《续通考》《清通考》《续清通考》呢？难道所知者只要限于五代、宋以前么？殊不知我所言者，乃为使初学者窥见旧时史籍体例起见，非谓以此使其通知史实。若要通知史实，则所求各有不同，人人宜自为之，他人岂能越俎代庖，一一列举？老实说，所谓门径，是只有第一步可说；第二步以下，就应该一面工作，一面讲方法的。方法决不能望空讲，更不能把全部的方法一概讲尽了，然后从事于工作。譬如近人教人读史时，每使之先读《史通》《文史通义》。此两书诚为名著，然其内容，均系评论前人作史的得失；于旧史全未寓目，读之知其作何语？讲亦何从讲起？所以我所举初学应读之书，就不之及了（史部书目分类，历代各有不同，然大致亦相类。今试举最后的清代《四库书目》为例，则我所指为史部重心的，实为正史、编年、纪事本末、政书四类。居今日而治史学，重要者固不尽于此；然此四者，仍不失其最重要的性质，说已具前。四类书中，我所举者，仅及编年、政书两类。因正史事实割裂，初学不易读；纪事本末，则读《通鉴》时可以翻阅其目录，知一时代之中共有几件大事，而欲查检前文时，亦可于此中求之，则不待读而已可通知其体例矣。此四类之外，曰别史，系体裁与正史相同，而未列为正史者；曰杂史，则体例与正史相异，而所纪事实，与之相类者；曰诏令奏议，则文征之一部分耳；曰传记，专考一人之行事，正史中之列传，尚且从缓，此自暂可搁置；曰载记，系记偏方诸国之事者，少数民族之历史，或包含于其中，于研究此问题者，甚为重要，初学亦难遽及；曰时令，此本不应入史部，讲经济史者，于治农家之书时，可供参考耳；曰职官，既从《通考》中知其大略，一时自不必求详；曰目录，治学术史时宜求之，此时亦可不及；曰史评，最要者为《史通》《文史通义》两书，此时之不能读，正文中已言之矣。惟地理一门，知其大概，亦颇切用。昔人于此，均先读《读史方舆纪要》。此书之观点，太偏于军事，然在今日，尚无他书可以代之。学者若能取其《总论历代州域形势》九卷，与一种州郡名较完全的读史地图对照；于各省，则取其论封域及山川险要者，及各府下之总论，粗读一过，费时亦不过月余耳。史部之书，初学第一步当读者，略尽于此。虽简易，似不失之陋。亦从工作中求门径，非空讲方法也。经、子之学，于治古史者关系最大，别见下节。子部中之医家、天文、算法、术数、艺术等，治专门史者乃能读之。较普通者，为关涉农、工二业之农家、谱录两类，亦非初学所及也）。

凡读书，决无能一字一句，无不懂得的。不但初学如此，即老师宿儒，亦系如此。吾乡有一句俗话说："若要盘驳，性命交托。"若读书必要一字一句都能解说，然后读下去，则终身将无读完一部书之日，更不必说第二部了。其实，有许多问题，在现时情形之下，是无法求解的；有些是非专门研究，不能得解；即能专门研究，得解与否，仍未可知的；有些虽可求解，然非读下去，或读到他书，不能得解，但就本文钻研，是无益的；并有些，在我是可不求甚解的。不分轻重缓急，停滞一处，阻塞不前，最为无谓。所以前人教初学读书，譬诸略地，务求其速，而戒攻坚。但定为应读的，略读则可，越过则不可；因为越过是不读，非略读耳。

治古史的特殊方法

上节所说，乃系指普通欲读中国旧史者而言；如性喜研究古史的，则更须有一种特殊的预备工作。

此所谓古史，古、近之分，大略以周、秦为界。史事必凭记载，有无正式的记载，实为历史上一道鸿沟。我国在秦及汉初所传的史实，固多根据传说，全不可信。然史实的来源，虽系传说，而作史者所根据的材料，则多系记载；且其记载多系为记载而记载，而非凭借别种著述流传下来。当此时期，我们就算它有正式的记载了。（史公所记汉兴时事，《汉书·司马迁传赞》谓其出于《楚汉春秋》，此非指陆贾所著；春秋二字，为古史籍之通称，盖凡记楚、汉间事者皆属焉。其书既可总括称为春秋，必系为记事而作；非发表主观见解，引史事为佐证，甚或出于虚构者矣。秦、汉间史迹，仍有带此等性质者。如《史记·李斯列传》载斯在狱中上二世书，论督责之术以求免，盖儒家诋毁法家者所为。《娄敬传》载敬说汉高祖移都关中，其辞全为儒家之义（见《吕览·恃君览》），盖亦儒家所附会也。然此等渐少，故论史籍原料者，有书籍为据，与有史籍为据，仍系两事也）这种转变，大体以周、秦为界。所以治周以前的历史，即所谓先秦史者，是有一种特殊的方法的，但知道普通读史方法还嫌不够。

读古史的方法如何？即治经、子的方法而已。因为古史的材料，都存于经、子之中。所以治古史的，对于治经、子的方法，是不必如治经、子之学者之深通，亦宜通知至足以治古史的程度。史事前后相因，后世之事，无不导源于古。所以治古史之法，但欲读普通史者，亦不可全不知道；不过较专治古史者，又可浅近一些而已。因其方法特殊，所以别为一节论之。读者可视其对于古史兴味的深浅，以定其对于本节所说用功的深浅。

把书籍分为经、史、子、集四部，乃系后世之事；在古代则无集而只有子，说已见前。现存最古的书目，实为汉时刘向、刘歆父子所定的《七略》。《汉书·艺文志》，即本此而成。此为汉时王室藏书的目录。其所藏庋颇富，故据之以论古代学术的流别，最为完全。（近人讲古代学术流别，多喜引《庄子·天下》《荀子·非十二子》《淮南子·要略》，及《史记·自序》载其父谈论六家要旨之辞，此等诚皆极宝贵之材料，然皆不如《汉志》之完全）因其时代较早，学术尚守专门；所以书籍的分类，和学术的分类，大致相合，深为后人所景仰。其实此乃时代为之，不关编次者之本领也。《七略》中的《辑略》，仅总论编辑之意，其中并无书目。《六艺略》即群经，因汉人特尊儒家，乃别之于诸子之外，其实儒家亦诸子之一，说已见前。《兵书》《数术》《方技》，各为专家；因校雠者异其人，所以书亦各为一略，以学术流别论，自当列为诸子之一。《诗赋略》专收文辞、记事之书，并不别为一类。今之《史记》，《汉志》称为《太史公书》，特附《春秋》之末而已。然则就心理根据言之，其时根于记忆的记载，尚未与根于理智的学术分张，而特与根于情感的文辞对立也。《诗赋略》中的书，后世亦多入子部。然则欲治古史者，其材料，信乎都在经、子之中了。

经、子，我们本平等相看，然自汉以后，儒家之学盛行，（一）其书之传者独多；（二）而其训释亦较完备。借径于治经以治子较易，而独立以治子，则殆不可能。所以要治古史的，于经学，必不可不先知门径。

治经的门径如何？第一先须细读经的本文。凡书经熟读，则易于了解，而治之不觉费力，且随处可以触发。从前读旧书的人，小时都熟诵经文，所以长大了要治经较易。现在的学子，这一层功夫都没有了，再要补做，既势不可能，而亦事可不必。因为——熟诵，本来亦属浪费也。但古经、子究较后世之书为难解，读时用力稍多，则势不能免。所以对于古史有兴味的人，最好能于群经中先择一种浅近的注解（此只求其于本文不太捍格，可以读下去而已。既非据为典要，故任何注释皆可取，总以简明易看为主），阅读一过。觉得其有用而难解之处，则多读若干遍，至读来有些习熟，不觉费力为止。群经本文无多，昔人言读注疏虽不甚费力，亦一年可毕（谭仲修语），况于择取浅近的注？为时不逾一载，可以断言。第二须略知训诂。读古书须通古代的言语，人人所知。训诂本身，亦为一种学问，治古史者，自不必如治小学者之专精；只须通知门径，遇不应望文生义之处，能够知道，能够查检而已。其第一部应读之书，仍为《说文解字》。（无论钟鼎、甲骨文字，考释者均仍以篆书为本。不知篆书，不徒自己不能解释；即于他人之解释，亦将不能了解也）此书看似枯燥，但其中的死字可以看过便弃；熟字只有固定意义的，亦不必究心；（如鲤字是。虎字同为动物名；然有虎虎有生气等语，其含义便较广）只其有引申、假借的，须注意以求通知其条例。（字之妙用，全在引申、假借。若每字只有一义，则单字必不够用。若有一义即造一字，则单字将繁极不堪，不可复识矣。且文字所以代表语言，语言以音为主，音同义异，而各别造字，而义之同异，各人所见不同，益将纷然淆乱矣。一种言语内容的丰富，固恃复音之辞之增多，亦恃为复音之辞之基本之单字含义之丰富。单字含义之丰富，则一由引申，一资假借。引申者，同一语言，而含多义，自不必别造一字；假借者，本系两语，而其音相同，于其不虞混淆者，亦即合用而不别造，皆所以限制单字之数者也）如此，则全书字数虽有九千余，其所当注意者，实不过数百而已。全书十四篇，加《序》一篇，以段茂堂的《注》和王箓友的《句读》，同时并读，（《说文》一书，久不可读，清儒始创通条例，其首出者实为段茂堂，故段《注》虽专辄、错误处多，必不可以不读。王箓友于《说文》，亦功力甚深，《句读》系为初学而作，简浅而平正，且可附带知古书句读之法，故亦宜一读）假令半个月读一篇，为时亦不过七个半月而已。又凡字都无十分固定的意义，随着应用而都小有变化。此不能于训诂之书求之，非读书时涵泳上下文不能得。此法至清代高邮王氏父子而始精，且几乎可说，到他们而后创通。所以王伯申的《经传释词》，必须一读。不求记忆，而但求通知其条例，阅览甚易。全书十卷，日读一卷，可谓绝不费力。

经的本文既经熟习，训诂亦有相当门径；要研究古史的，自可进而阅读各种注、疏。疏谓注之注，非专指汇刻之《十三经注疏》言。但在阅读注、疏以前，尚宜有一简单的预备。因为解经大别有汉、宋二流，讲义理别是一事，治史则旨在求真，汉人之说，自较宋人为胜；（汉儒理解之力，远逊于宋儒。但宋儒喜据理推论，而不知社会之变迁，多以后世情形论古事，每陷于错误；汉儒去古近，所知古事较多，其言有时虽极可笑，究于古事为近真）而汉学中又有今、古文两派，对于经文的解释，甚至所传经文的本身，都时有异同，亦必须通知其门径也。学者于此，当先读陈恭甫的《五经异义疏证》。此书乃许慎列举今古文异义，加以评骘，而郑玄又对许氏加以驳正者，今古文异义重要的，略具于此。（今古文说，初非每事俱异。朱希祖曾在《北京大学月刊》撰文，欲依"立敌共许"之法，取经文为今古文家所共认者，立为标准，然后据以评定其异义。不知异义之存，皆用此法不能评定者也。不然，从来治经者，岂皆愚骇，有此明白简易之法而不之取邪？况就今学立场论，经文并不重于经说，因经学所重在义，义多存于口说中；且经文亦经师所传，经师所传之经文可信，其所传之经说亦可信，所传之经说不可信，则所传之经文亦不可信。朱氏偏重经文，即非立敌共许之法也）次则《白虎通义》，为今文经说的荟萃。此书有陈卓人《疏证》，浏览一过，则于经学中重要的问题，都能知道一个大概，然后进而求详，自然不觉费力，且可避免一曲之见。（廖季平的《今古文考》现在不易得。此书论今古文之异，原于一为齐学，一为鲁学，实为经学上一大发明。又前此分别今古文者，多指某书为今文，某书为古文；其细密者，亦不过指某篇为今文，某篇为古文。至廖氏，始知古书编次错乱，不但一书之中，今古杂糅；即一篇之中，亦往往如此。分别今古文者，宜就其内容互相钩考，方法可谓最密。廖氏中年以后，学说渐涉荒怪，然不能以此累其少作。此书如能得之，可以一览，卷帙甚少，不费时也）经、子所重，都在社会、政治方面，此于治经、子者固为重要；于治史者实更为重要也。《异义》三卷，《通义》十二卷，日读一卷，不过半个月；合诸前文所举，历时亦仅两年耳。

经学既有门径，同一方法，自可推以治子。治子第一步工夫，亦在细读子之本文。古子书重要的有，《老子》二卷，《庄子》十卷，（《列子》系晋张湛伪造，中亦间存古说，初学可暂缓。《荀子》二十卷，《墨子》十五卷，名家之学，道原于墨，见其书中之《经》上、下、《经说》上、下及《大取》《小取》六篇。至惠施、公孙龙等而恢廓，见《庄子·天下》篇。名家之书，今有《公孙龙子》。其书《汉志》不著录，必非古本；但辞义古奥，不似伪造，盖古人辑佚之作，初学可从缓），《管子》二十四卷，《韩非子》二十卷，《商君书》五卷，《孙子》一卷（《吴子》一卷，《司马法》一卷，亦出辑佚，无甚精义，可从缓。《六韬》，论者以其题齐太公撰而指为伪。然古书用作标题之人，本不谓书系其人手著，特谓其学原出此人耳。此说并亦不足信，然与书之真伪无关，因此乃古人所谓"名其学"，当时学术界有此风气也。《六韬》决非伪书，然多兵家专门之言，初学亦可暂缓），《吕氏春秋》二十六卷，《淮南子》二十一卷（此书虽出汉世，多述古说，与先秦诸子无异），其《周书》十卷，此书世多称为《逸周书》。逸乃儒家所用之名词，诗、书等不为儒家之经所取者，则谓之逸。不站在儒家之立场上，实无所谓逸也。（此书与儒家所传之《尚书》，体裁确甚相似，然述武王灭殷之事，即大不相同，可见古所谓书，亦春秋、战国时人作，其原出于古记言之史，然决非当时史官原作也）《战国策》三十三卷，旧入史部，然《周书》实兵家言，《战国策》实纵横家言，《鬼谷子》伪书，且无价值。并诸子之一；《山海经》十八卷，旧亦入史部；《楚辞》十七卷，则入集部，二书中藏古神话最多，且最真，说已见前，并宜阅读。诸书合计二百二十二卷，日读一卷，费时亦不及两年也。注释可择浅近易晓者读之，亦与读经同。

读古史必求之经、子，可试举一事为例。秦始皇之灭六国，实变诸侯割据的封建国家为中央集权的封建国家，其事在公元前二二一年，距今（一九五四年）不过两千一百七十五年耳。自此以前，追溯可知的历史，其年代必尚不止此。中国以中央集权成立之早，闻于世界，然其与诸侯割据之比尚如此，足见其事非容易。此自为历史上一大转变，然其事迹，求诸古代的记载，可见者甚少；而求诸古人学说之中，则反有可见其概略者。经书中言封建之制：今文为公、侯皆方百里，伯七十里，子、男五十里，不能五十里者，不达于天子，附于诸侯，曰附庸。（《礼记·王制》《孟子·万章下》篇）古文则公方五百里，侯四百里，伯三百里，子二百里，男百里。《周官·大司徒》。诸子之说，大致皆同。（诸子书《管子》多同古文，因其与《周官》同为齐学也。余皆同今文。观诸子书不与今同，即与古同，即可知其非无本之说也）古书所言制度，非古代的事实，而为学者所虚拟的方案，理极易明，无待辞费。然思想亦必有事实为背景；而向前看，非向后看之理，昔人不甚了解，故其思想，又必较时代为落后。然则今文家的学说，盖出春秋时，而其所欲仿行者，为西周初年的制度；古文家的学说，盖出战国时，而其所欲仿行者，为东周初年，亦即春秋时的制度。何以言之？按《谷梁》说："古者天子封诸侯，其地足以容其民，其民足以满城而自守也。"（襄公二十九年）此为立国自有其一定的大小，不容强事扩张，亦不容强加限制的原因。《左氏》说夏少康"有田一成"（哀公元年），此语当有所本。《易·讼卦》："其邑人三百户。"《疏》云："此小国下大夫之制。"《周礼·小司徒》："方十里为成，九百夫之地，沟渠、城郭、道路，三分去一，余六百夫，又以不易、一易、再易，定受田三百家。"《吕览》谓"海上有十里之诸侯"（《慎势篇》），《论语》谓管仲"夺伯氏骈邑三百"（《宪问篇》），正指此。然则夏代的名国，在东周时，仅为小国下大夫之封了，可以见其扩张之迹。方百里之地，划为一政治区域，在中国行之最久。此其形势，盖确定于春秋时。方七十里、五十里及不能五十里之国，在西周时，盖尚当获厕于会盟、征伐之列；然至东周之世，即浸失其独立的资格，而沦为人之私属；（如《左氏》襄公二十七年弭兵之会，齐人请邾，宋人请滕，以为私属，二国遂不与盟）而其时的大国，却扩充至五百里左右；（《礼记·明堂位》说："成王封周公于曲阜，地方七百里"；《史记·汉兴以来诸侯年表》说：周封伯禽、康叔于鲁、卫，地各四百里；太公于齐，兼五侯地。皆后来开拓的结果，说者误以为初封时事）据此形势而拟封建方案者，就起于百里而终于五百里了。然大于百里之国，初非将百里的区域撤销，而改组为二百里、三百里、四百里、五百里的区域；乃系以一较大的区域，而包含若干个方百里的区域于其中。观楚灭陈、蔡，以之为县；（《左氏》昭公十二年）晋亦分祁氏之田为七县，羊舌氏之田为三县；（《左氏》昭公二年）商君治秦，亦并小都、乡、邑聚以为县；（《史记·商君列传》）而秦、汉时之县，仍大率方百里可知（《汉书·百官公卿表》）此一基层的官治单位，迄今未有根本的改变，所以说行之最久。而五百里左右的政治区域，则为郡制成立的根源。此为郡县制度发生于割据时代的事实，亦即中央集权的封建制度，孕育于诸侯割据的封建制度之中。至于方千里之国（《左氏》襄公三十五年，子产说其时的大国，"地方数圻"，圻、畿一字，则又大于方千里。盖以其幅员言之如此；其菁华之地，则不过方千里而已，犹后世内地与边郡之别也），则今、古文家同谓之王，在周以前，从无封国能如此之大，亦从无以此等大国而受封于人的，所以拟封建方案者，并不之及了。（楚、汉之际及汉初封国，有大于此者，然只昙花一现而已）古人立说，主客观不分，将自己所拟的方案，和古代的事实，混为一谈，遂使人读之而滋疑；然苟能善为推求，事实自可因之而见。且如今文家说巡守之制：岁二月东巡守，至于岱宗；五月南巡守，至于南岳；八月西巡守，至于西岳；十有一月北巡守，至于北岳。这无论其都城在何处，巡完一方后回到都城再出，抑或自东径往南，自南径往西，自西径往北，以古代的交通论，都无此可能，其说似极不可信。然《孟子·梁惠王下》篇载晏子说巡守之制云："春省耕而补不足，秋省敛而助不给"，则后世知县之劝农耳，何来不及之有？古人所拟方案，皆本于此等小规模的制度而扩大之，而其方案遂实不可行；使其纯出虚构，倒不至于如此不合情理了。足见其中自有事实，可以推求也。举此一事为例，其余可以类推（今古文异说，今文所代表的，恒为早一期的思想，其中即隐藏着早一期的事实；古文则反是。如言兵制，古文的兵数，即多于今文）。

　　职是故，刘子玄所谓"轻事重言"之说，不得不常目在之，而利用经、子中材料的，不得不打一极大折扣。因为随意演说的，往往将其事扩大至无数倍也。[如禹之治水，如今《尚书·禹贡》等所说，在当时决无此可能。此在今日，已无待辞费。《书经·皋陶谟》（今本分为《益稷》），载禹自述之辞曰："予决九川距四海，浚畎、浍距川。"九者，多数。川者，天然之河流。四海之海，乃晦字之义，四境之外，情形暗昧不明之地，则谓之海；非今洋海之海也。畎、浍者，人力所成之沟渠。然则禹之治水，不过将境内的沟渠，引导到天然的河流中；而将天然的河流，排出境外而已。《孟子·告子下》篇：白圭自夸其治水"愈于禹"；孟子讥之，谓禹之治水，"以四海为壑，今吾子以邻国为壑"，而不知禹之所谓四海，正其时之邻国也。白圭盖尚知禹治水之真相。《论语·泰伯》篇：孔子之称禹，亦不过曰"尽力乎沟洫"而已。此等皆古事真相，因单辞片语而仅存者，一经随意推演，即全失其原形矣]又因主客观不分，所以其所谓"寓言"者，明系编造之事，而可以用真人名；（如《庄子·盗跖》篇载孔子说盗跖之事）又可将自己的话，装入他人口中。如本书所引娄敬说汉高祖之事即是。所重之言如此；而其所轻之事，则任其真相湮没。（凡单辞片语未经扩大者，其说皆可信，然其详则不传）因此，读古书的，于近人所谓"层累地造成"之外，又须兼"逐渐地剥落"一义言之，方为完备。而编次错乱一端，尚不在内。其方法，就不得不极其谨严了。但古人的思想，所走的系两极端。一方面，自己立说的，极其随便；一方面，传他人之说的，又极谨严。此即前所云传信传疑，及所据的材料、来源不同，不使其互相羼杂，亦不以之互相订补之例。书之时代愈早者，其守此例愈严。太史公的《史记》，所以胜于谯周的《古史考》、皇甫谧的《帝王世纪》者以此，此义亦决不可以不知。

　　以上的工夫既已做过，即可试读《史记》的一部分，以自验其能否了解、运用。中国所谓正史，必须以读古史的方法治之者，实惟此一部也。说到此，则又须略论史籍的起源。按古无史部之书，非谓其无历史的材料；相反，历史的材料正多，特其时的人，尚未知尊重客观的事实，莫能编纂之以行世耳。史料的来源，可分为史官记录、民间传说二者；民间传说，流传的机会较少；传世者实以史官所记录为多，说已见前。此等情形，乃系逐渐造成，在古代则又有异。古所谓史官，最重要者为左、右史。"左史记事，右史记言，言为《尚书》，事为《春秋》"（《礼记·玉藻》说："动则左史书之，言则右史书之。"郑《注》说："其书，《春秋》《尚书》其存者。"《汉书·艺文志》说："右史记事，左史记言"，左右二字怕互讹。《礼记·祭统》说："史由君右，执策命之"，亦右史记言之证也），这说法，大约是不错的。《春秋》的体例，盖原于邃古，其时文字之用尚少，而事情亦极简单，因之记事的笔法，亦随之而简单；尔后相沿未改，其为物无甚兴味，所以传述者不多。而《尚书》一体，因记言扩及记行，遂成为后来的所谓"语"，与古代社会口说流行的风习相结合，其体遂日以扩大。（语之本体，当系记人君的言语，如今讲演之类。其后扩而充之，则及于一切嘉言；而嘉言之反面为莠言，亦可存之以昭炯戒。记录言语的，本可略述其起因及结果，以备本事；扩而充之，则及于一切懿行；而其反面即为恶行。如此，其体遂日以恢廓了。《国语》乃语之分国编纂者，《论语》则孔子之语之分类编纂者也。《史记》的列传，在他篇中提及，多称为"语"，如《秦本纪》述商鞅说孝公变法曰"其事在《商君语》中"是也。《礼记·乐记》述武王灭殷之事，亦谓之"牧野之语"）此外记贵族的世系的，则有《系》《世》，出于《周官》的小史及瞽矇。又凡一切故事，官家具有记录的，总称为"图法"，即后世的典志。（《吕览·先识览》："夏之亡也，太史终古抱其图法以奔商；商之亡也，太史向挚抱其图法以奔周。"）自战国以前，历史的材料，大致如此。秦始皇的烧书，尸古书亡灭的总咎，实则其所烧者，不过官家所藏；若私家所藏，即所谓"诗书百家语"者，烧之必不能尽。然在战国以前，除《世本》一书外，殆未有能编辑史官所记以行世者，故经始皇一烧而即尽，说已见前所引《史记·六国表》。《世本》一书，盖私人所编辑，已在民间所藏"诗书百家语"之列，故为秦火所不及。然则以《世本》为最早的历史，为《史记》之前驱者，其说殆不诬也。（洪饴孙撰《史表》，即以《世本》列于《史记》之前，居正史之首）《世本》的体裁，见于诸书征引者，有本纪，有世家，有传，其名皆为《史记》所沿；有谱，则《史记》谓之表；有居篇、作篇，则记典章经制一类的事实，为《史记》所谓书，而《汉书》已下改名为志者。《世本》

原书已不可见，就《史记》而推其源，则本纪及世家，出于古左史及小史；表源于谱；传者，语之异名，排列多人，故称列传（《列女传》者，列女人之传也。女、传二字相属，列、女二字不相属。后人以列女为一名词，实误），此盖源于右史；书则图法之类也。今人每喜凿言古之某书出于更古之某书；某人之学说源于较早的某人，或受其并时某人的影响。其实书阙有间，此事甚难质言。（如《孟子·万章上》篇说尧、舜禅让，与《史记·五帝本纪》同，谓之同用孔门《书》说则可；近人凿言史公用《孟子》，即无据）然某书出于某书不可知，而其本源为古代某一类之书则可知；某说出于某人不可知，而其所据为某一派之说则可知。（如晚出之《古文尚书伪孔传》，断言其为王肃所造，并无确据，然其为肃一派之学说则无疑）明于此义，则于现存之书，可以考见其本源，读之更易明了；并可推考较现存之书更早一时期的学术状况了。

自疑古之说既起，人多以为古书之久经行世者，必多窜乱、伪造，其新发现者必真；书籍或不可信，实物则无可疑。因此，特重古物及新发现的古书。其言似极有理，然疑古亦有条理，不能执空廓之论硬套；而古物及新发现的书籍，亦尽多伪品，有所偏主而轻信之，有反上其当者。如汲冢所发现之古书，当时虽实有其物，然不久即悉行亡佚，无一传诸后世。所谓《竹书纪年》，出于明人者固伪；即后人所辑之古本，亦未尝不伪。[可参看拙撰《晋南北朝史》第二十三章第八节（页一四五四至一四五九），又《先秦史》第四章（页三九）及第七章第四节（页七六）]又如近代所谓甲骨文，其中伪物亦极多。[可参看拙撰《先秦史》第二章（页二一）]此等材料，取用不可不极谨慎。至于古物，新发现者自不易欺人；其久经流传者，真伪亦极难辨。章太炎曾谓：必（一）发现、流传、收藏，确实有据；（二）又其物巨大，牟利者不肯为，好事者不耐心为之者，乃为可信，自属稳健之说。予又益以发现、流传、收藏，在古物不值钱之时、之地，较之在值钱之时、之地者，可信的程度较高。持此鉴别，亦庶几寡过也。